우다나(自說經)

우러나온 말씀

우다나
Udāna

자설경(自說經)
우러나온 말씀

초기불전연구원

그분
부처님
공양 올려 마땅한 분
바르게 깨달으신 분께 귀의합니다.

Namo tassa Bhagavato Arahato Sammāsambuddhassa

목차

약어

√	Root(어근)
1st	First Person(1인칭)
2nd	Second Person(2인칭)
3th	Third Person(3인칭)
A.	Aṅguttara Nikāya(앙굿따라 니까야, 증지부)
AA.	Aṅguttara Nikāya Aṭṭhakathā = Manorathapūraṇī(증지부 주석서)
AAṬ.	Aṅguttara Nikāya Aṭṭhakathā Ṭīkā(증지부 복주서)
Abhi-Sgh.	Abhidhammatthasaṅgaha(아비담맛타상가하 = 아비담마 길라잡이)
Aor.	Aorist(아오리스트 과거)
ApA.	Apadāna Aṭṭhakathā(아빠다나(譬喩經) 주석서)
Ā	Ātmanepāda(the middle voice)
Be	Burmese-script edition(VRI 간행 미얀마 육차결집본)
BHD	Buddhist Hybrid Sanskrit Dictionary
BHS	Buddhist Hybrid Sanskrit
BPS	Buddhist Publication Society
Bv.	Buddhavaṁsa(佛種姓)
BvA.	Buddhavaṁsa Aṭṭhakathā

CBETA	CBETA Chinese Electronic Tripitaka Collection: CD-ROM
cf.	*confer*(=*compare,* 비교, 참조)
CDB	The Connected Discourses of Buddha(상윳따 니까야 영역)
CMA	A Comprehensive Manual of Abhidhamma(아비담맛타 상가하 영역)
CPD	Critical Pāli Dictionary

D.	Dīgha Nikāya(디가 니까야, 長部)
DA.	Dīgha Nikāya Aṭṭhakathā = Sumaṅgalavilāsinī(디가 니까야 주석서)
DAṬ.	Dīgha Nikāya Aṭṭhakathā Ṭīkā(디가 니까야 복주서)
Dhp.	Dhammapada(담마빠다, 법구경)
DhpA.	Dhammapada Aṭṭhakathā(담마빠다 주석서)
Dhs.	Dhammasaṅgaṇi(담마상가니, 法集論)
DhsA.	Dhammasaṅgaṇi Aṭṭhakathā = Aṭṭhasālinī(담마상가니 주석서)
DPL	A Dictionary of the Pali Language(Childers)
DPPN.	G. P. Malalasekera's *Dictionary of Pali Proper Names*

Ee	Roman-script edition(PTS본)
EV1	Elders' Verses I(테라가타 영역, Norman)
EV2	Elders' Verses II(테리가타 영역, Norman)

GD	Group of Discourse(숫따니빠따 영역, Norman)
Grd.	Gerund(동명사)
Ibid.	*Ibidem*(전게서, 前揭書, 같은 책)
Imp.	Imparative(명령형)
It.	Itivuttaka(如是語經)
ItA.	Itivuttaka Aṭṭhakathā(여시어경 주석서)
Jā.	Jātaka(자따까, 本生譚)
JāA.	Jātaka Aṭṭhakathā(자따까 주석서)
Khp.	Khuddakapātha(쿳다까빠타)
KhpA.	Khuddakapātha Aṭṭhakathā(쿳다까빠타 주석서)
Kv.	Kathāvatthu(까타왓투, 論事)
KvA.	Kathāvatthu Aṭṭhakathā(까타왓투 주석서)

M.	Majjhima Nikāya(맛지마 니까야, 中部)
MA.	Majjhima Nikāya Aṭṭhakathā = Papañcasūdanī(맛지마 니까야 주석서)
MAṬ.	Majjhima Nikāya Aṭṭhakathā Ṭīkā(맛지마 니까야 복주서)
Mhv.	Mahāvaṁsa(마하왐사, 大史), edited by Geiger
Mil.	Milindapañha(밀린다빤하, 밀린다왕문경)
Moh.	Mohavicchedanī(모하윗체다니)
Mtk	Mātikā(마띠까)
Mvu.	Mahāvastu(북전 大事, Edited by Senart)
MW	Monier-Williams' Sanskrit-English Dictionary

Nd1.	Mahā Niddesa(마하닛데사, 大義釋)
Nd2.	Cūla Niddesa(쭐라닛데사, 小義釋)
Netti.	Nettippakaraṇa(넷띠빠까라나, 指道論)
NetA	Nettippakaraṇa Aṭṭhakathā(넷띠빠까라나 주석서)
NMD	Ven. Ñāṇamoli's Pali-English Glossary of Buddhist Terms

Opt.	Optative(기원법)

Pass.	Passive(수동형)
PAP	Present Active Participle(현재능동분사)
PdṬ.	Paramatthadīpani-ṭīkā(빠라맛타디빠니 띠까)
Pe.	Peṭakopadesa(뻬따꼬바데사, 藏釋論)
PED	*Pāli-English Dictionary*(PTS)
pl	plural(복수)
Pm.	Paramatthamañjūsā = Visuddhimagga Mahāṭīkā(청정도론 복주서)
Pot.	Potential(가능법)
PPP	Past Passive Participle(과거수동분사)
Pre.	Present(현재시제)
Ps.	Paṭisambhidāmagga(빠띠삼비다막가, 무애해도)
Ptn..	Paṭṭhāna(빳타나, 發趣論)
PTS	Pāli Text Society
Pug.	Puggalapaññatti(뿍갈라빤냣띠, 人施設論)
PugA.	Puggalapaññatti Aṭṭhakathā(뿍갈라빤냣띠 주석서)
Pv.	Petavatthu(뻬따왓투, 餓鬼事)
Pvch.	Paramatthavinicchaya(빠라맛타 위닛차야)

Rv.	Ṛgveda(리그베다)

S.	Saṁyutta Nikāya(상윳따 니까야, 相應部)
SA.	Saṁyutta Nikāya Aṭṭhakathā = Sāratthappakāsinī(상윳따니까야 주석서)
SAṬ.	Saṁyutta Nikāya Aṭṭhakathā Ṭīkā(상윳따 니까야 복주서)
Se	Sinhala-script edition(스리랑카본)
sg	singular(단수)
Sk.	Sanskrit
Sn.	Suttanipāta(숫따니빠따, 經集)
SnA.	Suttanipāta Aṭṭhakathā(숫따니빠따 주석서)
Sv	Sāsanavaṁsa(사사나왐사, 교단의 역사)
s.v.	*sub verbō*(*under the word*, 표제어)

Te	Thai-script edition(태국본)
Thag.	Theragāthā(테라가타, 장로게)
ThagA.	Theragāthā Aṭṭhakathā(테라가타 주석서)
Thig.	Therīgāthā(테리가타, 장로니게)
ThigA.	Therīgāthā Aṭṭhakathā(테리가타 주석서)

Ud.	Udāna(우다나, 감흥어)
UdA.	Udāna Aṭṭhakathā(우다나 주석서)
Uv	Udānavarga(북전 출요경, 出曜經)
Vbh.	Vibhaṅga(위방가, 分別論)
VbhA.	Vibhaṅga Aṭṭhakathā = Sammohavinodanī(위방가 주석서)
Vin.	Vinaya Piṭaka(율장)
VinA.	Vinaya Piṭaka Aṭṭhakathā = Samantapāsādikā(율장 주석서)
VinAṬ	Vinaya Piṭaka Aṭṭhakathā Ṭīkā = Sāratthadīpanī-ṭīkā(율장 복주서)
Vin-Kaṅ-nṭ.	Kaṅkhāvitaraṇī-abhinavaṭīkā(깡카위따라니 아비나와띠까)
Vis.	Visuddhimagga(청정도론)
v.l.	*varia lectio, variant reading*(이문, 異文)
VRI	Vipassanā Research Institute(인도)
VṬ	Abhidhammaṭṭha Vibhavinī Ṭīkā(위바위니 띠까)
Vv.	Vimānavatthu(위마나왓투, 천궁사)
VvA.	Vimānavatthu Aṭṭhakathā(위마나왓투 주석서)
Yam.	Yamaka(야마까, 雙論)
YamA.	Yamaka Aṭṭhakathā = Pañcappakaraṇa(야마까 주석서)

디가 니까야	각묵 스님 옮김, 초기불전연구원, 2006, 3쇄 2010
맛지마 니까야	대림 스님 옮김, 초기불전연구원, 2012, 2쇄 2015
상윳따 니까야	각묵 스님 옮김, 초기불전연구원, 2009, 3쇄 2016
앙굿따라 니까야	대림 스님 옮김, 초기불전연구원, 2006~2007, 3쇄 2016
담마상가니	각묵 스님 옮김, 초기불전연구원, 2016, 초판.
위방가	각묵 스님 옮김, 초기불전연구원, 2018, 초판.
육차결집본	Vipassana Research Institute(인도) 간행 육차결집 본
아비담마 길라잡이	대림 스님/각묵 스님 옮김, 초기불전연구원, 2002, 14쇄 2018
청정도론	대림 스님 옮김, 초기불전연구원, 2004, 6쇄 2016
초기불교 이해	각묵 스님 지음, 초기불전연구원, 2010, 5쇄 2015
초기불교 입문	각묵 스님 지음, 초기불전연구원, 초판 2014, 개정판 2018.

Ireland	The Udāna and the Itivuttaka(영역본)
Masefield	The Udāna Commentary I&II(우다나 주석서 영역본)
리스 데이비즈	A Buddhist Manual of Psychological Ethics(담마상가니 영역본)
보디 스님	The Connected Discourses of the Buddha(상윳따 니까야 영역본)

일러두기

(1) 『우다나』(Ud.)는 미얀마 육차결집본(VRI본, 인도 Vipassana Research Institute 간행, Be)을 저본으로 하였음.

(2) Ud1:1은 『우다나』 제1품의 첫 번째 경을, Ud8:10은 『우다나』 제8품의 10번째 경을 의미하고 Ud3:5 §2는 『우다나』 제3품 5번째 경의 두 번째 문단을 뜻함.

(3) 본서에서 인용하는 문단 번호는 모두 역자가 임의로 표기하였음.

(4) 본문의 [ ] 안에 PTS본(Ee)의 쪽 번호를 넣었음.

(5) 각 경의 마지막에 표기한 { } 안의 숫자는 전체 경의 일련번호임. 그러므로 {33}은 『우다나』 80개 경들 가운데 33번째 경임을 의미함.

(6) 『담마상가니』(Dhs.)와 『위방가』(Vbh.)와 『이띠웃따까』(It.)는 미얀마 육차결집본(VRI본, Be)을 저본으로 하였고 그 외 삼장(Tipitaka)과 주석서(Aṭṭhakathā)들은 별다른 언급이 없는 한 모두 PTS본(Ee)임.

(7) 『디가 니까야 복주서』(DAṬ)를 제외한 모든 복주서(Ṭīkā)들은 VRI본(Be)이고,『디가 니까야 복주서』(DAṬ)는 PTS본(Ee)이며, 『청정도론』은 HOS본임.

(8) S56:11은 『상윳따 니까야』 56번째 상윳따의 11번째 경을 뜻하고 M.ii.123은 PTS본(Ee) 『맛지마 니까야』 제2권 123쪽을 뜻함.

(9) 빠알리어와 산스끄리뜨어는 정체로, 영어는 이탤릭체로 표기함을 원칙으로 하였음.

해제

1. 들어가는 말

역사적으로 실존하셨던 석가모니 부처님과 직계 제자들의 가르침[法, dhamma]을 담고 있는 빠알리 경장은 5부 니까야(Nikāya, 모음, 묶음)로 나뉘어져 있는데 그것은 (1) 『디가 니까야』 (Dīgha Nikāya, 長部, 길게 설하신 경들의 모음) (2) 『맛지마 니까야』 (Majjhima Nikāya, 中部, 중간 길이의 경들의 모음) (3) 『상윳따 니까야』 (Saṁyutta Nikāya, 相應部, 주제별 경들의 모음) (4) 『앙굿따라 니까야』 (Aṅguttara Nikāya, 增支部, 숫자별 경들의 모음) (5) 『쿳다까 니까야』 (Khuddaka Nikāya, 小部, 그 외 여러 가르침의 모음)이다.[1]

이 가운데 『쿳다까 니까야』 는 15개 경전들로 구성되어 있는데 그것은 ① 쿳다까빠타(Khuddakapāṭha, 小誦經), ② 담마빠다(Dhammapada, 法句經), ③ 우다나(Udāna, 自說經), ④ 이띠웃따까(Itivuttaka, 如是語經), ⑤ 숫따니빠따(Suttanipāta, 經集), ⑥ 위마나왓투(Vimānavatthu, 天宮事經), ⑦ 뻬따왓투(Petavatthu, 餓鬼事經), ⑧ 테라가타(Theragāthā, 長老偈經), ⑨ 테리가타(Therīgāthā, 長老尼偈經), ⑩ 자따까(Jātaka, 本生經), ⑪ 닛데사[義釋, ㉠ Mahā-Niddesa(大義釋), ㉡ Culla-Niddesa(小義釋)], ⑫ 빠띠삼비다막가(Paṭisambhidāmagga, 無碍解道), ⑬ 아빠다나(Apadāna, 譬喩經), ⑭ 붓다왐사(Buddhavaṁsa, 佛種姓經), ⑮ 짜리야삐따까(Cariyāpiṭaka, 所行藏經)이다.

이 15개 가르침 가운데 ② 담마빠다(법구경), ③ 우다나(자설경), ④ 이띠웃따까(여시어경), ⑤ 숫따니빠따(경집), ⑧ 테라가타(장로게경), ⑨ 테리가타

---

1) DA.i.16~17 참조

(장로니게경), ⑩ 자따까(본생경) 등은 4부 니까야와 마찬가지로 부처님 원음을 고스란히 담고 있는 경전으로 인정되고 있다. '우러나온 말씀'으로 옮기고 있는 『우다나』(Udāna)는 이처럼 빠알리 삼장 가운데 『쿳다까 니까야』의 세 번째로 전승되어 온다.

2. 우다나란 무엇인가

(1) 문자적인 의미

문자적으로 udāna는 PED에서 밝히고 있듯이 ud(*up*)+√an(*to breathe*)에서 파생된 중성명사이다. 그러므로 우다나는 숨이 자연스럽게 위로 올라오듯이 마음속의 생각이나 감정이 위로 자연스럽게 올라와서 드러나고 표현된 말이라는 뜻이다. 그래서 일찍이 CHD에서 Childers는 '뿜어내는 호흡, 열렬하거나 기쁨에 넘치는 언어 표현, [기쁘거나 슬픈] 강한 느낌의 언어적 표출(*upward aspiration, enthusiastic or joyous utterance, expression of intense feeling (whether of joy or sorrow) in words*)'로 이해하였다. PED도 '내쉬는 숨, 기쁨에 찬 함성, 즉 언어 표현임. 대부분 운율의 형태로 되어있으며 기쁘거나 슬픈 특별히 강한 감정에 의해서 고무되어 있음(*breathing out, exulting cry, i.e. an utterance, mostly in metrical form, inspired by a particularly intense emotion, whether it be joyful or sorrowful*)'으로 설명하고 있으며 BDD는 '정서적인 언어 표현(*an emotional utterance*)'으로 옮기고 있다. 이런 설명들을 참조하여 본서에서는 우다나[udāna(ud(*up*)+√an(*to breathe*))]를 '우러나온 말씀'으로 통일하여 옮겼음을 밝힌다.

그리고 이러한 기쁘거나 슬픈 강한 느낌에 대한 언어적 표현은 본서에 포함된 80개 경들과 초기불전의 여러 곳에서 'imaṁ udānaṁ udānesi(이 우러나온 말씀을 읊었다.)'로 정형화되어 나타나고 있다. 주석서 문헌에서는 드물게 '우다나가 전개되었다(udānaṁ pavattesi).'(ApA.66)나 '우다나를 설하셨다(udānaṁ abhāsi).'(UdA.189)로 나타나기도 한다.

(2) 삼장에 나타나는 udāna(우다나)라는 용어의 용례

역자는 역자의 컴퓨터에 정리되어 있는 빠알리 삼장의 텍스트 파일 자료에서 빠알리 삼장 가운데 'udānena'나 'udānassa'나 'udānānaṁ'이나 'udānāya'나 'udāne'나 'udānesu' 등으로 검색을 해봤다. 놀랍게도 빠알리 삼장 전체에서 udāna라는 용어가 나타나는 곳의 문맥은 ① 구분교의 다섯 번째인 udāna(우다나)와 ② 'udānaṁ udānesi(우러나온 말씀을 읊었다.)'의 udāna(우다나) 두 가지 외에는 없었다. 이제 이 두 가지 문맥을 중심으로 빠알리 삼장에 나타나는 우다나라는 용어의 용례를 살펴보자.

① 구분교(九分敎)의 udāna(우다나)

전통적으로 부처님의 가르침은 내용, 특히 형식에 따라 '아홉 가지 구성요소를 가진 스승의 교법(navaṅga-satthu-sāsana)', 즉 구분교(九分敎)로도 분류된다. 오히려 경장 가운데 『쿳다까 니까야』에 해당하는 부분은 북방에서는 따로 전승되어 오지 않으며 4부 니까야에 해당하는 부분만 4아함으로 전승되어 온다. 물론 『쿳다까 니까야』에 포함된 여러 경전들은 단행본으로 전승되어 중국에서 개별적으로 번역되었다. 그러나 이 구분교의 분류 방법은 상좌부 불교뿐만 아니라 북방의 여러 부파들과 대승불교에서도 공히 인정하는 방법이다.

구분교(九分敎), 즉 아홉 가지 구성요소를 가진 스승의 교법(navaṅga-satthu-sāsana)은 "① 경(經, sutta), ② 응송(應頌, geyya), ③ 상세한 설명[記別, 授記, veyyākaraṇa], ④ 게송(偈頌, gāthā), ⑤ 자설(自說, 感興語, udāna), ⑥ 여시어(如是語, itivuttaka), ⑦ 본생담(本生譚, jātaka), ⑧ 미증유법(未曾有法, abbhūtadhamma), ⑨ 문답[方等, vedalla]"[2]의 아홉 가지이

---

2) 이 구분교에 대한 설명은 『디가 니까야』 제3권 585~586쪽을 참조하기 바란다. 현장 스님은 『본사경』(本事經)에서 이를 각각 契經(계경), 應頌(응송), 記別(기별), 伽陀(가타), 無問自說(무문자설), 本事(본사), 本生(본생), 方廣(방광), 希法(희법)으로 옮겼다.

다. 우다나는 이 가운데 다섯 번째인 자설(自說, 感興語, udāna)로 나타나고 있다. 이 구분교의 정형구는 빠알리 삼장 전체에서 경장의 10개 경들과 논장의 세 곳에 나타나고 있는데(하나의 경 안에 몇 번이 나타나는 경우도 있음) 출처를 나열하면, M22 §§10~11; A4:102 §§3~6; A4:107 §3, §§5~6; A4:186 §2; A4:191 §§1~4; A5:73 §2, §6; A5:74 §2, §6; A5:155 §2, §8; A6:51 §3, §5; A7:64 §3; Vbh15 §724(Vbh.294); Pug.43; 62이다. 상좌부에서 전승되어 오는 본서 『우다나』는 중국에서 한역되지는 않았지만 이 우다나는 이러한 구분교의 분류 방법 가운데 다섯 번째인 자설(自說) 혹은 무문자설(無問自說)로 번역되어 나타난다.[3)]

② 'udānaṁ udānesi(우러나온 말씀을 읊었다.)'와 udāna(우다나)

둘째는 'udānaṁ udānesi(우러나온 말씀을 읊었다.)'로 나타나는 경우이다. 이것은 본서의 80개 경들에도 모두 나타나고 있다. 본서를 제외하면 이렇게 나타나는 곳은 경장의 41군데와 율장의 15군데로 모두 56곳이었다. 이 외에 빠알리 주석서 문헌이 아닌 빠알리 삼장에서 udāna라는 용어가 나타나는 경우는 없는 것으로 조사가 되었다. 여기서는 구분교의 다섯 번째인 udāna로 나타나는 것을 제외하고 본서의 80개 경들에 나타나는 'udānaṁ udānesi(우러나온 말씀을 읊었다.)'로 나타나는 경장과 율장의 56곳을 중심으로 좀 더 자세히 살펴보고자 한다.

먼저 살펴볼 점은 이 'udānaṁ udānesi(우러나온 말씀을 읊었다.)'라는 구문이 누구에게 적용되는가이다. 56군데의 문맥은 크게 둘로 나눌 수 있는데

---

3) 중국에서는 우다나를 질문에 대한 대답이 아니라 부처님께서 스스로에서 우러나온 말씀으로 읊으신 게송이라는 의미를 강조하여 자설(自說), 무문자설(無問自說) 혹은 자설경(自說經), 무문자설경(無問自說經)으로 옮겼다.

예를 들면, 『대반열반경』(大般涅槃經)에는 '如是諸經無問自說。是名優陀那經'으로, 『구사론기』(俱舍論記)에는 '鄔陀南 此云自說 卽十二部經中第五自說經也. 無人問佛佛自說故.'로, 『본사경』(本事經)에는 '契經應頌記別伽陀無問自說本事本生方廣希法 … 重攝前經嗢拕南'으로, 『법화의소』(法華義疏)에는 '故十二部中用無問自說經以開宗也.'로, 『대승의장』(大乘義章)에는 '第五名爲憂陀那經, 此翻名爲無問自說 不由諮請而自宣唱 故名無問自說經也.'로 나타난다.

그것은 첫째, 부처님이 우러나온 말씀을 읊으신 경우와 둘째, 다른 존재들이 읊은 경우이다. 이 두 가지 관점에서 경장과 율장으로 나누어서 이 구문이 나타나는 곳을 정리해 보면 다음과 같다.

Ⓐ 경장에 나타나는 'udānaṁ udānesi'의 용례

경장에는 이 구문이 모두 41군데에 나타나는 것으로 조사가 되었다. 이것을 세존께서 읊으신 경우와 다른 존재들이 읊은 경우로 나누어서 살펴보면 이 41곳 가운데 세존께서 읊으신 우다나는 9군데에 나타난다. 그리고 나머지 32군데 정도는 세존이 아닌 다른 사람들이나 천신들이 읊은 감격과 감흥에 어린 언어적 표현으로 나타나고 있다. 먼저 다른 존재들이 읊은 우다나를 분류해 보면 다음과 같다.

ⓐ 다른 존재들이 읊은 우다나

㉠ D21 §2.1, M27 §8, M87 §29, M91 §23, M100 §2, S7:1 §2, A2:4:6 §5, A4:194 §2 등의 여덟 곳에서는 인간이나 천신들이 '그분 세존 · 아라한 · 정등각께 귀의합니다(namo tassa bhagavato arahato sammāsambuddha-ssa).'를 세 번 읊은 것을 '세 번 감흥어를 읊었다(tikkhattuṁ udānaṁ udān-esi).'라고 언급하고 있다.

㉡ 『상윳따 니까야』의 첫 번째 상윳따인 제1권 「천신 상윳따」의 「좋음 경」(S1:33)과 「돌조각 경」(S1:38)에 담겨있는 13개의 감흥어는 천신들이 세존께 와서 세존의 면전에서 읊은 것으로 나타난다. 그래서 이 두 개의 경에는 "한 곁에 선 어떤 천신은 세존의 면전에서 이 감흥어를 읊었다(ekamantaṁ ṭhitā kho ekā devatā bhagavato santike imaṁ udānaṁ udānesi)." (S1:33 §2; S1:38 §3)나 "그러자 다른 천신이 세존의 면전에서 이 감흥어를 읊었다(atha kho aparā devatā bhagavato santike imaṁ udānaṁ udānesi)." (S1:33 §§3~7; S1:38 §§4~9)로 나타나고 있다.

㉢ 그 외 『디가 니까야』 제1권 「사문과경」(D2)에는 마가다의 왕 아자따삿뚜 웨데히뿟따가 읊은 두 개의 감흥어가 나타나고(§1, §12) 여기에 대해

서 『디가 니까야 주석서』는 "희열에 찬 말(pītivacana)은 가슴에 담아둘 수 없다. 넘쳐서 안에 넣어두지 못하고 밖으로 뛰쳐나온다. 그것을 감흥어라 한다."[4](DA.i.141)라고 우다나를 설명하고 있다.

「암밧타 경」(D3)에서는 옥까까 왕이 "오, 참으로 왕자들은 사꺄들이로구나. 오, 참으로 왕자들은 최상의 사꺄들이로구나."(D3 §16)라고 읊은 감흥어가 나타난다.

『맛지마 니까야』 제3권 「웨카낫사 경」(M80)에는 웨카낫사 유행승이 세존의 곁에서 "이것이 최상의 광명이다. 이것이 최상의 광명이다."(M80 §2)라고 읊은 것(ekamantaṁ ṭhito kho vekhanaso paribbājako bhagavato santike udānaṁ udānesi) 등이 나타나고 있다.

그리고 『상윳따 니까야』 S3:13 §6에는 빠세나디 꼬살라 왕이, D17 §2.2에는 마하수닷사나 왕이, M86 §18에는 앙굴리말라 존자가, M99 §31에는 자눗소니 바라문이, A5:58 §1에는 릿차위의 마하나마가, D33 §1.10(41)과 A5:170 §1에서는 광음천의 신들이 읊는 것으로 나타난다.

ⓑ 세존께서 읊으신 우러나온 말씀(우다나)

세존이 읊지 않으신 이런 감흥어들을 제외하면 본서를 제외하고 경장의 5부 니까야에서 세존께서 직접 읊으신 우러나온 말씀, 혹은 우다나는 9군데에 나타난다. 이 가운데 『디가 니까야』 제2권 「대반열반경」(D16)에는 §1.34와 §3.10과 §4.43에 각각 한 개씩 모두 세 개의 우러나온 말씀이 나타난다. 그리고 『상윳따 니까야』 제3권 「감흥어 경」(S22:55 §2)과 제6권 「탑묘 경」(S51:10) §15과 『앙굿따라 니까야』 제5권 「대지의 진동 경」(A8:70) §9에도 부처님께서 읊으신 각각 한 개씩의 우러나온 말씀이 나타나고 있다.

이 가운데 본서 「빠딸리 마을 경」(Ud8:6)은 「대반열반경」(D16) §§1.19~1.34와 같으며 그래서 「대반열반경」 §1.34에 나타나는 우러나온 말씀은 본서 「빠딸리 마을 경」(Ud8:6) §15와 같다. 그리고 본서 「쭌다 경」(Ud8:5)은 「대반열반경」(D16) §§4.13~4.25, §§4.39~4.43과 같다. 그래서 「대반

4) yaṁ pītivacanaṁ hadayaṁ gahetuṁ na sakkoti, adhikaṁ hutvā anto asaṇṭhahitvā bahinikkhamati, taṁ udānanti vuccati.(DA.i.141)

열반경」 §4.43은 본서 「쭌다 경」(Ud8:5) §14의 우러나온 말씀과 같다.

한편 「탑묘 경」(S51:10)과 「대지의 진동 경」(A8:70)은 『디가 니까야』 §§3.1～3.10과 같으며 이것은 본서 「수명(壽命)의 형성을 놓아버리심 경」(Ud6:1)과도 같다. 그러므로 「탑묘 경」(S51:10) §15와 「대지의 진동 경」(A8:70) §9의 우러나온 말씀은 『디가 니까야』 §3.10에 나타나는 것과 같으며 이것은 본서 「수명(壽命)의 형성을 놓아버리심 경」(Ud6:1) §15의 우러나온 말씀과 같다. 이처럼 이 6개 우러나온 말씀들은 「대반열반경」(D16) §1.34와 §3.10과 §4.43의 3개의 우러나온 말씀으로 줄어들며 이들은 모두 본서에도 나타나고 있다.

한편 『상윳따 니까야』 제3권 「감흥어 경」(S22:55) §2의 우러나온 말씀은 『맛지마 니까야』 제3권 「흔들림 없음에 적합한 길 경」(M106) §10과 『앙굿따라 니까야』 제6권 「꼬살라 경」 1(A10:29) §12에도 나타나고 이것은 본서 「깟짜나 경」(Ud7:8) §2의 우러나온 말씀과 같다. 그러나 이것은 「흔들림 없음에 적합한 길 경」(M106) §10과 「꼬살라 경」 1(A10:29) §12에서는 우러나온 말씀, 즉 감흥어라고 부르지 않고 인용으로만 나타나고 있어서 여기서 우러나온 말씀의 계산에는 넣지 않았다. 이 둘까지 넣으면 모두 11곳이 된다.

그러나 『맛지마 니까야』 제3권의 "병 없음이 최상의 이득이고 / 열반은 최상의 행복이라. / 도 가운데 불사(不死)로 인도하는 / 팔정도가 최고로 안전하네."(M75 §19)와 『상윳따 니까야』 「초전법륜 경」(S56:11)에 나타나는 "참으로 꼰단냐는 완전하게 알았구나. 참으로 꼰단냐는 완전하게 알았구나."(S56:11 §20)라는 이 두 개의 우러나온 말씀은 본서에는 나타나지 않는다. 그러나 안냐따꼰단냐 존자에 대한 이 우러나온 말씀은 『무애해도』(Ps.ii.149)에 나타나고 있다.

이처럼 경장의 5부 니까야에서 세존께서 직접 읊으신 우러나온 말씀, 즉 우다나는 9군데에 나타나고 이들은 같은 것을 하나로 모으면 모두 5개의 우다나가 되고 이 가운데 3개는 본서에 나타나고 2개는 본서에 나타나지 않는다. 여기에 대해서는 본 해제 §5-(4)도 참조하기 바란다.

이렇게 하여 경장에는 모두 41군데에서 'udānaṁ udānesi(우러나온 말씀을 읊었다.)'가 나타나는 것으로 조사가 되었다.

Ⓑ 율장에 나타나는 udāna의 용례

udān이나 혹은 udānaṁ udānesi로 검색해 보면 율장에도 udāna라는 용어만 단독으로 나타나는 곳은 없고 모두 15곳에서 udānaṁ udānesi의 구문으로 나타나고 있다. 율장에 나타나는 이 15개의 우다나 가운데 세존께서 읊으신 것은 아래에 밝히고 있듯이 모두 12개로 『마하왁가』(대품)의 9군데와 『쭐라왁가』(소품)의 3군데에 나타난다. 이 12개 가운데 11개는 본서에도 나타나고 있으며 나머지 한 개는 위에서 언급한 「초전법륜 경」(S56:11)에 나타나는 안냐따꼰단냐 존자에 대한 우러나온 말씀이다. 이 15개에 대해서도 본 해제 §5-(4)를 참조하기 바란다.

한편 논장에는 udānaṁ udānesi 구문은 나타나지 않는다. 논장에서 udāna라는 용어는 구분교의 명칭으로서만 『위방가』에서 한 곳(Vbh.294)과 『인시설론』에서 두 곳(Pug.43; 62)에 나타날 뿐이다.

이처럼 우다나라는 용어는 구분교의 문맥을 제외하면 모두 udānaṁ udānesi 구문으로 본서를 제외한 초기불전의 56곳 정도에 나타나고 있다.

3. 우다나에 대한 주석서들의 설명

이상으로 빠알리 삼장에 나타나는 udāna의 용례에 대해서 살펴보았다. 이제 이 udāna가 주석서 문헌에서는 어떻게 설명이 되고 있는가를 살펴보자.

(1) 우다나에 대한 붓다고사 스님의 설명

대주석가 붓다고사 스님은 율장과 논장과 4부 니까야를 위시한 『청정도론』 등 12개의 주석서를 남겼다.[5] 앞에서 살펴보았듯이 우다나라는 용어가

5) 붓다고사 스님이 남긴 12개의 주석서에 대해서는 본 해제 §10-(1)의 해당

구분교로서의 우다나와 udānaṁ udānesi 구문으로 나타나는 우다나의 두 가지 문맥에서 나타나고 있기 때문에 붓다고사 스님은 우다나라는 용어를 이 두 가지 문맥에서 설명하고 있다.

① 구분교의 우다나

붓다고사 스님은 『디가 니까야 주석서』 등에서 구분교를 설명하면서 구분교 가운데 다섯 번째로 나타나는 우다나를 다음과 같이 정의하고 있다.

"기쁨과 함께하고 지혜로 충만한 게송과 관련된 82개 경들이 바로 우러나온 말씀[自說, udāna]이라고 알아야 한다(somanassañāṇamayikagāthāpaṭi-saṁyuttā dveasītisuttantā udānanti veditabbā)."(MA.ii.106, AA.iii.6, DhsA.26 등)

여기서 '기쁨과 함께하고 지혜로 충만한 게송과 관련된'은 somanassa-ñāṇamayika-gāthāpaṭisaṁyuttā를 옮긴 것이다. 이 somanassañāṇa-mayika는 이전에는 '기쁨에서 생긴 지혜로 충만한'으로 주로 옮겼는데 담마빨라 스님의 설명을 참조해서 본서에서는 '기쁨과 함께하고 지혜로 충만한'으로 통일해서 옮기고 있다. 담마빨라 스님은 본서의 첫 번째 경인 깨달음 경」 1(Ud1:1) §3에 나타나는 '이 우러나온 말씀을 읊으셨다(imaṁ udānaṁ udānesi).'를 설명하면서 "기쁨과 함께하고 지혜에서 생긴(somanassa-sampayutta-ñāṇasamuṭṭhānaṁ) 이 우러나온 말씀을 읊으셨다. 즉 흡족한 마음으로 말씀을 쏟아내 놓으셨다(attamanavācaṁ nicchāresi)는 뜻이다."(UdA.44)로 설명하고 있는데 이를 참조해서 옮긴 것이다.

② udānaṁ udānesi(우러나온 말씀을 읊었다.)

붓다고사 스님은 『우다나』의 주석서를 남기지 않았다. 그러나 본서를 제외하고도 삼장의 56군데(경장 41+율장 15=56)에 'udānaṁ udānesi(우러나온 말씀을 읊었다.)'라는 구문이 나타난다. 붓다고사 스님은 '우러나온 말씀을 읊었다.'로 옮기고 있는 'udānaṁ udānesi'를 주석서들에서 udāhāraṁ

주해를 참조할 것.

udāhari로 설명하고 있다. 즉 ud+ā+√hṛ(*to carry*)에서 파생된 남성명사, 즉 위로 가져가는 것으로 설명하고 있다. PED 등은 이 udāhāra를 *utterance, speech*로 번역하고 있다. 붓다고사 스님이 지은 주석서들의 설명을 살펴보자.

"'우러나온 말씀을 읊었다(udānaṁ udānesi).'라는 것은 위로 솟아올랐다(udāhāraṁ udāhari)는 뜻이다. 마치 기름(tela)의 양을 재어 담아둘 수 없어 흘러넘쳐서 가면 그것을 넘쳐흐름(avaseka)이라 하고, 물(jala)을 호수에 담아둘 수 없어 넘쳐흘러서 가면 그것을 폭류(ogha)라고 하듯이, 희열에서 생긴 말씀(pītivacana)은 가슴에 담아둘 수 없다(hadayaṁ gahetuṁ na sakkoti). 그것은 더 크게 되어서(adhikaṁ hutvā) 안에 넣어두지 못하고(anto asaṇṭhahitvā) 밖으로 뛰쳐나온다(bahinikkhamati). 그것을 '우러나온 말씀(udāna)'이라 부른다. 이와 같이 희열로 가득한 말씀을 쏟아내 놓으셨다(pītimayaṁ vacanaṁ nicchāresi)는 뜻이다."(DA.i.141; MA.ii.198; SA.i.60; AA.ii.139 등)

이처럼 붓다고사 스님은 구분교의 하나인 우다나, 즉 본서를 설명하면서는 '기쁨과 함께하고 지혜로 충만한 게송과 관련된 것(somanassa-ñāṇa-mayika-gāthā-paṭisaṁyuttā)'으로 설명하고 우다나의 일반적인 의미로는 '희열에서 생긴 말씀(pītivacana)이나 희열로 가득한 말씀(pītimaya vacana)이 가슴 밖으로 넘쳐흐른 것'으로 설명하고 있다. 이런 의미에서 그동안 초기불전연구원에서는 이 우다나를 '감흥어'로 옮겼다.

(2) 우다나에 대한 담마빨라 스님의 설명

① 우다나의 일반적인 의미

앞에서 우다나에 대한 붓다고사 스님의 설명을 살펴보았다. 붓다고사 스님의 설명은 일반적인 것이지 우다나의 여러 측면을 고려한 해석은 아니라고 해야 한다. 그래서 이러한 붓다고사 스님의 주석을 토대로 『우다나 주석서』에서 담마빨라 스님은 우다나의 일반적인 의미를 다음과 같이 설명하고 있다.

"여기서 '우러나온 말씀(udāna)'이라고 하셨다. 무슨 뜻에서 '우러나온 말씀'이라고 하는가? '솟아올라옴(udānana)'의 뜻에서 그러하다. 이 우러나온 말씀이란 무엇인가? '희열의 충격에서 위로 솟아 나온(pītivegasamuṭṭhāpita) 솟아오름(udāhāra)'이다. 예를 들면, 길이로는 측량을 할(māna) 수가 없는 기름(tela) 등의 측량해야 하는 물건(minitabbavatthu)은 [가득 차면] 넘쳐흐르게 되는데(vissanditvā gacchati) 그것을 '넘쳐흐름(avaseka)'이라고 말한다. 못에 가두어 둘 수 없는(taḷākaṁ gahetuṁ na sakkoti) 물(jala)은 넓게 퍼져서 가는데(ajjhottharitvā gacchati) 그것을 '폭류(ogha)'라고 부르는 것과 같다. 그와 같이 희열의 충격에서 위로 솟아 나온 것은(pītivegasamuṭṭhāpita) 일으킨 생각으로 충만하고(vitakkavipphāra, DhsA.114~115; Vis.XIV.89 참조) 가슴 안에다 놓아둘 수가 없으니(antohadayaṁ sandhāretuṁ na sakkoti) 그것은 더 커져서(adhiko hutvā) 안에 넣어두지 못하고(anto asaṇṭhahitvā) 말의 문을 통해서 밖으로 벗어 나오고(bahi vacīdvārena nikkhanta) 고착시켜 둘 수가 없고(paṭiggāhakanirapekkha) 특히 위로 솟아오른 것(udāhāravisesa)이어서 우러나온 말씀(우다나)이라 부른다. 법에 대한 절박함(dhammasaṁvega)을 통해서 이러한 모습이 얻어진다."(UdA.3)

담마빨라 스님의 우다나에 대한 이러한 설명은 앞에서 소개한 붓다고사 스님의 설명 가운데 ②를 그대로 이어받은 것이다. 그리고 담마빨라 스님은 『우다나 주석서』에서 「열반과 관련됨 경」 1(Ud8:1) §2의 우러나온 말씀(우다나)을 설명하면서 부처님께서 우러나온 말씀(우다나)을 읊으시는 경우로 다음의 세 가지를 들고 있다.

"참으로 우러나온 말씀이란 것은 ㉠ 희열과 기쁨에서 솟아 나오거나(pītisomanassa-samuṭṭhāpita) ㉡ 법에 대한 절박함에서 솟아 나오거나(dhammasaṁvega-samuṭṭhāpita) ㉢ 법을 받아들일 사람이 있는 것을 기대하지 않고 우러나온 것(dhammapaṭiggāhakanirapekkha udāhāra)이다. 이러한 [방법을 통해서 우러나온 말씀들은 경(sutta)이 아니라 본서와 같은 우다

나의] 가르침들에서 전승되어 온다(āgata)."(UdA.389)

주석서의 설명을 참조하여 예를 들면 본서 「반조 경」(Ud6:3) §2의 우러나온 말씀 등은 ㉠의 경우에 해당되고 「무례함 경」(Ud5:9) §2와 「우데나 경」(Ud7:10) §3의 우러나온 말씀 등은 ㉡의 보기가 되고 「세상 경」(Ud3:10) §§3~6의 우러나온 말씀 등은 ㉢의 보기가 된다고 할 수 있다.

② 게송과 희열은 일반적인 설명일 뿐이다

다른 부분에 나타나는 담마빨라 스님의 설명을 살펴보자.

"그런 이것은 어떤 경우에는 게송으로 구성되고(gāthābandhavasena) 어떤 경우에는 문장(산문)으로 나타난다(vākyavasena pavattaṁ). 그러나 주석서들에서는 '기쁨과 함께하고 [특정 상황에 대해서는(*about some situation*)] 지혜로 충만한 게송과 관련된 것(somanassa-ñāṇamayika-gāthā-paṭisaṁyuttā)'이라고 우러나온 말씀의 특징을 설명했는데 이것은 일반적인 것을 통해서(yebhuyyavasena) 설명한 것이다. 일반적으로 우러나온 말씀은 ㉠ 게송으로 구성되어 설해졌고 ㉡ 기쁨과 함께하고 [특정 상황에 대한] 지혜로 충만한 것이기 때문이다.

그러나 그 외에도 ⓐ '비구들이여, 그러한 경지가 있으니 거기에는 땅이 없고 물이 없고 …'(「열반과 관련됨 경」 1, Ud8:1)라는 등에서는 [산문으로 나타나고], ⓑ '존재들은 행복을 바라나니 / 몽둥이로 해코지하는 자는 …'(「몽둥이 경」, Ud2:3 = Dhp {131})과, ⓒ '만일 그대들이 괴로움을 두려워하고 / 만일 그대들이 괴로움을 좋아하지 않는다면'(「아이 경」, Ud5:4)이라는 등에서는 [기쁨과 함께하지 않은 것]으로도 나타난다."(UdA.2)

즉, 붓다고사 스님이 우다나를 '희열에서 생긴 말씀'이나 '희열로 가득한 말씀'이 가슴 밖으로 넘쳐흐른 것으로 정의하거나 담마빨라 스님이 '희열의 충격에서 위로 우러나온 솟아오름'으로 정의하거나 '게송과 관련된 것'으로 설명하는 것은 '일반적인 것을 통해서(yebhuyyavasena) 설명한 것'이지 이것이 절대적인 기준이 될 수는 없다는 것이다. 담마빨라 스님은 이처럼 세 가지 보기를 들고 있지만 역자는 여기에다 사마와띠를 상수로 하는 오백 명의 여인들이 죽임을 당한 것을 통한 부처님의 우러나온 말씀을 담고 있는 「우데나 경」(Ud7:10)을 앞에서 들었다. 이 「우데나 경」(Ud7:10)의 우다나에서 세존께서 읊으신 '세상은 어리석음에 속박되어 있지만 / 가능성을 가진 것처럼 보인다. / [그러나] 어리석은 자는 재생의 근거에 속박되고 / 어둠에 휩싸여 있구나. / 영원한 것 같지만 멸진하나니 / 보면 그 어떤 것도 없구나.'{70}라는 우러나온 말씀이야말로 앞의 인용에서 담마빨라 스님이 강조한 '법에 대한 절박함(dhammasaṁvega)을 통해서 이러한 모습이 얻어진다.'(UdA.3)는 설명에 대한 가장 적절한 보기가 된다고 생각하기 때문이다. 이처럼 담마빨라 스님은 여기 본 주석서에서 이것은 일반적인(yebhuyyena) 정의라고 하면서 예외적인 경우의 보기를 들었다.

그리고 담마빨라 스님은 이 설명에서 '이것은 어떤 경우에는 게송으로 구성되고 어떤 경우에는 문장(산문)으로 나타난다.'고 밝히고 있는데 본서의 80개 우다나들 가운데 4개는 산문으로 되어 있고 한 개는 산문과 게송이 섞여 있으며 나머지 75가지는 게송만으로 되어 있다. 여기에 대해서는 아래 (3)의 셋째를 참조하기 바란다.

그리고 위에서 밝혔듯이 담마빨라 스님은 '우러나온 말씀을 읊으셨다(udānaṁ udānesi).'를 설명하면서는 "기쁨과 함께하고 지혜에서 생긴(somanassasampayutta-ñāṇasamuṭṭhānaṁ) 이 우러나온 말씀을 읊으셨다. 즉 흡족한 마음으로 말씀을 쏟아내 놓으셨다(attamanavācaṁ nicchāresi)는 뜻이다."(UdA.44)로 설명하고 있는데 이것은 붓다고사 스님이 구분교의 우다나를 설명한 내용과 일맥상통한다.

(3) 붓다고사 스님과 담마빨라 스님의 설명의 차이점

이처럼 담마빨라 스님의 설명은 기본적으로는 붓다고사 스님의 정의를 바탕으로 하고 있지만 두 분의 설명에는 몇 가지 차이점이 있다. 이를 다시 정리해 보면 다음과 같다.

첫째, 붓다고사 스님은 udāna를 udāhāra(위로 솟아오름, ud+ā+√hṛ, *to carry*)로 설명하는데, 담마빨라 스님은 '숨이 위로 솟구쳐 나옴(udānana, ud+√an, *to breathe*)'으로 설명하고 있다. 문자적으로 udāna는 담마빨라 스님의 설명처럼 ud+√an(*to breathe*)에서 파생된 중성명사이다.

둘째, 붓다고사 스님은 udāna를 희열에서 생긴 말씀(pītivacana)이나 희열로 가득한 말씀(pītimaya vacana)이 가슴 밖으로 넘쳐흐른 것(hadayaṁ … bahinikkhamati)으로 설명하고, 담마빨라 스님은 '희열의 충격에서 위로 솟아 나온(pītivegasamuṭṭhāpita) 솟아오름(udāhāra)'으로 설명한다. 그러나 본서 『우다나』에는 이러한 희열과 기쁨과 관계없는 우러나온 말씀도 적지 않다. 그래서 담마빨라 스님은 이것은 일반적인 것을 통해서(yebhuyya-vasena) 설명한 것일 뿐이라고 하면서 희열과 관계없는 세 개의 우러나온 말씀을 보기로 들었다.

셋째, 붓다고사 스님은 우다나를 '게송과 관련된 것(gāthāpaṭisaṁyuttā)'으로 설명하지만, 담마빨라 스님은 이것도 일반적인 것을 통해서(yebhuyya-vasena) 설명한 것일 뿐이라고 하면서 '이것은 어떤 경우에는 게송으로 구성되고 어떤 경우에는 문장(산문)으로 나타난다.'고 적고 있다. 실제로 본서의 「기녀 경」(Ud6:8) §3, 「열반과 관련됨 경」1(Ud8:1) §2, 「열반과 관련됨 경」3(Ud8:3) §2, 「열반과 관련됨 경」4(Ud8:4) §2의 네 개의 경의 우러나온 말씀은 산문만으로 되어 있다. 그리고 「세상 경」(Ud3:10)의 우러나온 말씀은 §§3~7에서 4개의 게송과 두 개의 산문으로 구성되어 있는데 주석서는 이것을 큰 우러나온 말씀[大感興語, mahāudāna]으로 부르고 있다(UdA.216). 이처럼 본서에 나타나는 80개의 우다나 가운데 네 곳의 우러나온 말씀은 산문으로 되어 있고 한 곳의 우러나온 말씀은 산문과 운문이 섞여 있기 때문이다.

넷째, 붓다고사 스님은 여러 주석서에서 '82개 경들이 우러나온 말씀'(dve-asītisuttantā udāna)이라고 분명하게 밝히고 있다. 그러나 담마빨라 스님은 '경으로는 80개 경들로 구성되어 있다(suttato asītisuttasaṅgahaṁ, UdA.4).'

로도 언급하고 있고, '경들은 오직 80개이다(asīti eva suttantā, UdA.5).'라고도 분명하게 언급하고 있으며, 본서의 마지막 경의 목록에서도 "80개에서 모자라지 않는 수승한 경들은 / 여기 8개 품들로 잘 분류가 되었다."라고 밝히고 있다. 그러나 역자는 이 문제에 대해서는 붓다고사 스님의 82개라는 설명에 동의한다. 왜냐하면 본서만 보면 부처님께서 읊으신 우러나온 말씀은 80개이지만 경장 전체로 보면 부처님이 읊으신 우러나온 말씀은 82개가 되기 때문이다. 여기에 대해서는 본 해제 §5-(4)를 참조하기 바란다.

4. 부처님의 다른 게송들은 우다나가 될 수 없는가

(1) 본서에서 우다나는 '부처님'의 우러나온 말씀이다

담마빨라 스님은 『우다나 주석서』에서 우다나를 위와 같이 설명하면서 일반적으로 우다나에는 우다나를 읊은 분들에 따라 "일체지자이신 부처님[一切智佛]이 설하신 것과 벽지불이 설하신 것과 제자가 설한 것의 세 가지가 있다."(UdA.2)라고 덧붙인다. 벽지불이 설한 우다나로는 『숫따니빠따』의 "모든 존재들에 대해 몽둥이를 내려놓고 / 그들 중 어느 누구도 괴롭히지 않는다."(Sn {121})라는 「무소의 뿔 경」을 들고 있고, 제자가 설한 것으로는 "나의 모든 갈망은 제거되었고 / 모든 성냄은 뿌리 뽑혔으며 / 나의 모든 어리석음은 사라졌고 / [모든 번뇌는] 꺼졌고 적멸을 이루었다."(Thag {79})라는 『테라가타』의 게송과, "몸으로 나는 잘 제어되었으며 / 말과 마음으로도 [그러하다.] / 갈애를 뿌리째 뽑아버려 / [모든 번뇌가] 꺼졌고 적멸을 이루었다."(Thig {15})라는 『테리가타』의 게송을 보기로 든다.(UdA.3)[6]

6) 이렇게 본다면 장로들과 장로니들의 오도송을 주로 담고 있는 『테라가타』와 『테리가타』도 우다나의 모음이라고 볼 수 있다. 이런 정황들이 모여서 북방불교에서는 2,000여개의 게송을 모아서 이를 『우다나와르가』(Udāna-varga, 自說品)라 부르고 있다. 중국에서는 이것을 『우다나』로 부르지 않고 축불염(竺佛念, 서기 350~417)이 전체 34품의 『출요경』(出曜經)으로 한역하였다.

그리고 계속해서 신들의 왕인 삭까(인드라)가 읊은 '오, 보시가, 저 으뜸가는 보시가 깟사빠께 잘 확립되었도다!'(「삭까의 감흥어 경」, Ud3:7 §5)라는 우다나와 바라문이나 재가자들이 읊은 우러나온 말씀도 있다고 보기를 든 뒤 계속해서 "'그분 세존 · 아라한 · 정등각께 귀의합니다.'(「아라마단다 경」, A2:4:6 §5)라는 등의 세 번의 암송을 제기하는 우러나온 말씀들도 있지만 이들은 여기서 뜻하는 바가 아니다(na tāni idha adhippetāni)."라고 강조한다.(UdA.3) 본서에서 우다나는 '부처님의 우러나온 말씀만'을 담고 있기 때문에 부처님이 읊으신 우러나온 말씀만이 본서와 본 주석서에서 말하는 우다나라는 설명이다.

그래서 담마빨라 스님은 『우다나 주석서』에서 다음과 같이 결론짓는다.

"여기서는 정등각자께서 원만하게 읊으시어 말씀하신(sāmaṁ āhacca bhāsitāni) 승자의 말씀이 되는 것들(jinavacanabhūtāni)을 두고 세존께서 교학으로서의 법(pariyattidhamma)을 아홉 가지로 분류하여 가르치신 우러나온 말씀이라고 부른다(navadhā vibhajitvā uddisantena udānanti vuttāni). 법을 결집한 [장로들](dhamma-saṅgāhakā)은 이것들을 우러나온 말씀이라고 합송을 하였다(udānanti saṅgīta). 여기서는 이것만이 칭송되어야 하는 것으로 취해졌다(saṁvaṇṇetabbabhāvena gahita)."(UdA.3)

즉 부처님의 제자들이나 천신들이나 바라문 등이 읊은 감흥어는 본서에는 나타나지 않는다. 본서는 오직 부처님께서 읊으신 우러나온 말씀들만을 포함하고 있으며 이들은 일차합송에서 법을 합송한 장로들이 『우다나』로 합송한 것이라고 주석서는 설명하고 있다.

(2) 부처님의 다른 게송들은 우다나가 될 수 없는가

만일 세존께서 읊으신 우러나온 말씀만을 우다나라 한다면 당연히 '그러면 부처님이 읊으신 우다나는 본서에 실려 있는 80개밖에 없는가?'라는 질문이 생긴다. 이러한 의문은 두 가지로 정리가 된다.

첫째, 부처님께서 읊으신 『법구경』 등에 나타나는 많은 게송들도 우다나로 봐야 하지 않는가? 우다나란 남들의 질문을 받아서 설하신 것이 아니라 특정 상황에서 '기쁨과 함께하고 지혜로 충만한 게송과 관련된 것'이고 '희열의 충격에서 위로 솟아 나온 솟아오름', 즉 가슴에서 우러나온 것을 뜻하기 때문에 『법구경』 등에도 이러한 우다나가 많이 들어있다고 할 수밖에 없다. 아니 『법구경』 자체가 부처님이 읊으신 우다나의 모음이라고 불러야 할 것이고 북방불교에서는 이런 말씀들을 모아서 『우다나와르가』(Udāna-varga, 우다나 품, 자설 품)라 부르고 있다.

『법구경』과 『우다나』의 이러한 유사한 성격 때문에 우다나는 북방불교에서 다르마뜨라따[達摩多羅, 법구, Dharmatrāta] 스님에 의해서 B.C. 1세기 경에 『우다나와르가』(Udānavarga)로 증편이 되는데(Norman, 61) 이것은 빠알리 경장 『쿳다까 니까야』에 포함된 『우다나』와 『법구경』 등과 그 외 승가에 전승되어 오던 많은 게송이 합하여져서 구성된 것이다. 이것은 설일체유부의 『법구경』이라 할 수 있다.(Ibid) 그리고 이것은 『우다나』로 중국에서 번역되지 않고 축불염(竺佛念, 서기 350~417)이 전체 34품의 『출요경』(出曜經)으로 한역하였으며 12분교 가운데 비유(譬喩, 阿波陀那, avadā-na)의 내용으로 이해되었다.

그리고 담마빨라 스님이 위에서 우다나의 보기로 『테라가타』와 『테리가타』의 게송을 든 것처럼 『테라가타』와 『테리가타』는 부처님의 직계 제자들이 열반을 실현한 뒤에 스스로 읊은 깨달음의 경지에 대한 게송들이 많기 때문에 이들도 스스로 설했거나 감흥에 의해서 설한 우다나로 여겨져야 한다. 그러나 담마빨라 스님은 이것은 우다나일 뿐만 아니라 사자후(sīhanāda)라고 적고 있다.[7] 사실 어디까지가 『우다나』(자설경)인지 어디까지가 『법구경』이고 『테라가타』나 『테리가타』인지 어디까지가 우다나이고 어디까지가 시하나다(사자후)인지 등은 분명하지는 않다. 이 점을 담마빨라 스님은 인정하고 있다.

---

7) tāni pana tesaṁ therānaṁ therīnañca na kevalaṁ udānāni eva, atha kho sīhanādāpi honti.(UdA.3)

그래서 부처님 가르침을 더 적극적으로 해석하고 세상에 더 다가가려 했음이 분명한 북방 여러 부파의 불교에서는 상좌부의 『우다나』 대신에 더 많은 우다나와 교훈적인 게송 등을 모아서 『우다나와르가』로 편성해 내었으며 9분교의 분류도 12분교로 확장하여 이것을 12분교의 아와다나(비유)의 내용으로 넣은 것일 것이다.

다른 게송들은 놓아두더라도 특히 부처님께서 보리수 나무 아래에서 깨달음을 체득하시고 읊으신 부처님의 오도송이라 할 수 있는 '많은 생을 윤회하면서(anekajātisaṁsāraṁ) …'(Dhp {153})로 시작되는 『법구경』의 게송은 분명히 남들에게 법문으로 설하신 것이 아니다. 이것은 우다나인 것이 분명하다. 이것이야말로 최초의 우러나온 말씀으로 봐야 한다. 본서의 맨 처음에 「깨달음 경」 1/2/3(Ud1:1~3)으로 밤의 초저녁[初夜]과 한밤중[中夜]과 이른 새벽[後夜]에 읊으신 세 개의 우러나온 말씀은 여기에 포함되었는데 왜 이 게송은 포함되지 않았는가? 이를 어떻게 이해해야 하는가?

둘째, 본서에 포함된 우다나 외에 다른 경들에서 부처님이 읊으신 우다나라고 언급된 경이 있다면 왜 그것은 본서에는 포함되지 않았는가? 대표적인 것이 부처님께서 최초로 법을 설하신 「초전법륜 경」(S56:11)을 들 수 있다. 부처님께서 「초전법륜 경」을 통해서 처음 법을 설하시고 안냐따꼰단냐 존자가 이를 깨닫고 예류과를 체득하자 "그때 세존께서는 '참으로 꼰단냐는 완전하게 알았구나. 참으로 꼰단냐는 완전하게 알았구나.'라고 우러나온 말씀을 읊으셨다."(atha kho bhagavā imaṁ udānaṁ udānesi, S56:11 §20)고 나타나고 있다. 이처럼 「초전법륜 경」은 이러한 세존의 우러나온 말씀을 직접 우다나라고 밝히고 있다. 「초전법륜 경」 전체가 본서 『우다나』에 포함되지 않더라도 적어도 안냐따꼰단냐 존자가 부처님의 가르침을 이해하였고 그래서 세존께서 '참으로 꼰단냐는 완전하게 알았구나. 참으로 꼰단냐는 완전하게 알았구나.'라고 우러나온 말씀을 읊으신 이 부분은 본서에 포함될 수 있을 것이다.

이처럼 불교 역사에서 아주 중요한 우러나온 말씀인 이 두 개의 우다나는 왜 세존께서 읊으신 우다나의 집대성인 본서에는 나타나지 않는가? 당연히 『우다나 주석서』는 이 두 가지 문제를 거론하여 그 이유를 설명하고 있다. 이를 살펴보자.

① 부처님의 오도송은 우다나가 아닌가

『우다나 주석서』는 이렇게 적고 있다.

"'많은 생을 윤회하면서(anekajātisaṁsāraṁ) …'(Dhp {153})로 시작되는 [『법구경』의] 게송으로 밝히신 것은 세존께서 보리수 나무 아래에서 [깨달음을 체득하시고] 우다나를 통해서 드러내신 것인데(udānavasena pavatti-tā) 이것은 [석가모니 부처님뿐만 아니라] 수십만의 정등각자들께서(anekasatasahassānaṁ sammāsambuddhānaṁ) [정등각을 성취하시고] 반드시 읊는 우러나온 말씀의 게송이다(avijahita-udānagāthā). 그런데 이 [오도송]은 세존께서 '나중에(aparabhāge)' 법의 창고지기(dhamma-bhaṇḍāgārika, AA.iii.298)인 [아난다 존자]에게 설해주신 것이다.

그런데 이것을 [법의 창고지기인 아난다 존자가 일차합송에서] 법을 합송하는 자들이(dhammasaṅgāhakehi) 『우다나』를 합송할 때에 상정을 하지 않고(udānapāḷiyaṁ saṅgahaṁ anāropetvā) 『법구경』을 합송할 때 상정을 하였기 때문이다(dhammapade saṅgītā)."(UdA.3)

다시 말하면 부처님의 이 오도송은 세존께서 후에 아난다 존자에게 말씀해주신 것이라서 아난다 존자만 알고 있는 것이다. 그런데 아난다 존자는 세존께서 반열반하신 뒤에 가진 일차합송에서 『우다나』를 합송할 때 이 게송을 상정하여서 『우다나』에 넣지 않고 『법구경』을 합송할 때에 상정하여서 넣었기 때문에 이 오도송은 『우다나』가 아니라 『법구경』에 포함되어 전승되어 온다는 설명이다.

그리고 『법구경 주석서』도 이 '나중에(aparabhāge)'라는 말을 "'많은 생을 윤회하면서'라는 이 법의 가르침은 스승께서 깨달음의 나무(보리수) 아래에 앉아 계시면서 우러나온 말씀을 통해서 스스로 읊으셨지만 나중에(aparabhāge) 아난다 장로가 질문을 하자 말씀하신 것이다."(DhpA.iii.127)

라고 덧붙이고 있다. 이 오도송은 당연히 『우다나』에 들어가야 하지만 아난다 존자가 법을 합송하는 장로들이 『우다나』를 합송할 때 제언을 하여 넣지 않고 『법구경』을 합송할 때 제언을 하여 『법구경』에 넣어서 합송하여 전승되었다는 설명이다. 한편 『우다나 주석서』를 영역한 메이스필드(Masefield) 교수는 주석서에 의하면 『쿳다까 니까야』 가운데 『법구경』이 『우다나』 보다 먼저 합송되었는데 본 문장에 따르면 『법구경』이 『우다나』 뒤에 합송되었다는 뜻이라고 주를 달고 있다.(Masefield, 4쪽과 12쪽의 39번 주해 참조)

② 「초전법륜 경」에 나타나는 기쁨에서 우러나온 말씀

부처님의 초전법륜을 듣고 꼰단냐 존자가 맨 먼저 예류과를 얻었다. 그래서 기쁨에서 우러난 말씀을 읊으셨고 이것은 「초전법륜 경」(S56:11)에서는 우다나(감흥어)라고 밝히고 있다. 이 중요한 부처님의 기쁨에서 우러난 말씀도 당연히 본서에 포함되어야 하는데 포함되지 않았다. 이를 어떻게 이해해야 하는가? 주석서의 설명을 살펴보자.

"참으로 꼰단냐는 완전하게 알았구나. 참으로 꼰단냐는 완전하게 알았구나."(S56:11 §20)라는 우러나온 말씀(udānavacana)은 만 개의 세계(dasasahassilokadhātu)를 통해서 신과 인간들에게 전할 수 있는 소리의 진동(pavedana-samattha-nigghosa-vipphāra)으로 세존에 의해서 설해진 것이 분명하다(bhagavatā bhāsitaṁ).

이처럼 세존께서 「초전법륜 경」의 가르침의 마지막에 법을 증득한 그 자리에서(adhigatadhammekadesassa) 성스러운 도를 설하셨을 때(yathādesitassa ariyamaggassa) 제자들 가운데서 제일 먼저 [꼰단냐] 장로에 의해서 그 경지가 증득되었다(sabbapaṭhamaṁ therena adhigatattā). 그러므로 세존께서는 비록 지치셨지만(attano parissamassa) 이처럼 결실이 있음을 반조함을 원인으로 하고(saphalabhāvapaccavekkhaṇahetukaṁ), 첫 번째 깨달음을 얻은 이후에(paṭhamabodhiyaṁ) 그 [다섯 명의] 모든 비구들이 그 바른 도닦음을 반조함을 원인으로 하여(sabbesaṁ eva bhikkhūnaṁ sammā-paṭipattipaccavekkhaṇahetukaṁ), [『맛지마 니까야』에서] "비구들이여, 어느 때 비구들이 내 마음을 흡족하게 했다."(M21 §7)라고 말씀을 하신 것처럼 희열과 기쁨을 생기게 하고 가져오게 하였다(pītisomanassajanitaṁ udāhāra-mattaṁ).

그러나 "참으로 법들이 분명하게 드러날 때"(Ud1:1 §3)라는 등의 [본서의 첫 번째 경 등의] 말씀처럼 발생이나 정지(pavattiyā nivattiyā vā), 즉 괴로움의 일어남이나 소멸과 같은 가르침이 드러나지는 않는다. 그래서 이 우러나온 말씀은 법을 암송하는 자들이 『우다나』에 합송해서 넣지 않았다고 보아야 한다.(UdA.3~4)

즉 「초전법륜 경」에 나타나는 "참으로 꼰단냐는 완전하게 알았구나. 참으로 꼰단냐는 완전하게 알았구나."(S56:11 §20)라는 우러나온 말씀은 희열과 기쁨에서 생긴 감격스러움에서 하신 단순한 말씀이지, 이 단순한 말씀에 발생(pavatti)과 정지(nivatti), 즉 괴로움의 일어남이나 소멸과 같은 가르침이 들어있지 않기 때문에 하나의 경으로서 본서에는 포함되지 않은 것이라고 설명하고 있다.

5. 우다나는 모두 80개인가 82개인가?

(1) 82개 - 붓다고사 스님의 견해

위에서 언급하였듯이 붓다고사 스님은 구분교를 설명하는 주석서들에서 "기쁨과 함께하고 지혜로 충만한 게송과 관련된 82개 경들이 바로 우러나온 말씀[感興語, udāna]이라고 알아야 한다."(VinA.i.28 등)라고 밝히고 있다. 현존하는 『우다나』에는 모두 80개의 경들이 전승되어 오는데 왜 붓다고사 스님은 82개라고 하였을까? 여기에 대해서 후대 주석가들은 무엇이라고 설명하고 있는가를 살펴보자.

(2) 80개 - 담마빨라 스님과 사리뿟따 스님의 견해

여기에 대해서 주석서와 복주서를 쓴 담마빨라 스님과 후대의 복주서를 쓴 스님들은 『우다나』의 경은 80개라고만 밝히고 있다. 예를 들면 12세기에 사리뿟따(Sāriputta) 스님이 지은 것으로 알려진[8] 율장의 복주서인 『사랏타디빠니 띠까』(Sāratthadīpanī-ṭīkā)는 서문(ganthārambhakathā)에서 우다나는 80개라고 밝히고 있으며 그 근거로 『우다나 주석서』를 지은 담마빨라 스님을 언급하고 있다.[9] 그 외 별다른 설명은 없는 것으로 여겨진다. 『사랏타디빠니 띠까』는 붓다고사 스님이 지은 『율장 주석서』를 토대로 설명을 진행하면서 『율장 주석서』에 나타나는 위에서 인용한 "기쁨과 함께하고 지혜로 충만한 게송과 관련된 82개 경들이 바로 우러나온 말씀[感興語, udāna]이라고 알아야 한다."를 설명하면서 다음과 같이 강조하고 있다.

"『우다나』 성전(Udānapāḷi)에는 깨달음 품 등의 여덟 개의 품 안에 열 개씩으로 만들어 오직 80개의 경들이 합송되어 있다. 그렇기 때문에 『우다나 주석서』에서 스승 담마빨라 장로는 이렇게 말씀하셨다.
'경들은 오직 80개이고 품들은 8개로 구성되어 있다.
게송은 95개로 우다나는 알려져 있다.'라고."(VinAṬ.i.101)

' ' 안의 게송은 『우다나 주석서』(UdA.4)에 그대로 나타나고 있다.

이렇게 『우다나 주석서』 서문에 나타나는 게송을 인용한 뒤에 율장의 복주서인 『사랏타디빠니 띠까』(Sāratthadīpanī-ṭīkā)의 저자인 12세기의 사리뿟따 스님은 "그러나 여기 [『율장 주석서』에서 붓다고사 스님이 밝힌] 82개의 경들(VinA.i.28)이라는 것은 옳지 않다(taṁ na sameti). 그러므로 책(주석서)에는 80개의 경들이라고 되어야 한다."(VinAṬ.i.101)라고 강조하고

---

8) Hinüber, 172.

9) "udānapāḷiyañca bodhivaggādīsu aṭṭhasu vaggesu dasa dasa katvā asītiyeva suttantā saṅgītā, tatoyeva ca ..udānaṭṭhakathāyaṁ ācariyadhammapālattherena vuttaṁ"(VinAṬ.i.101)

있다.

그리고 『우다나』를 전승한 분들도 본서 마지막의 경의 목록에서 다음과 같이 80개라고 적고 있다.

"80개에서 모자라지 않는 수승한 경들은
여기 8개 품들로 잘 분류가 되었다.
눈을 가지셨고 때 묻지 않은 그분이 보여주신
그것을 참으로 우러나온 말씀이라 부른다."10)

그러면 왜 붓다고사 스님은 자신이 지은 모든 주석서에서 『우다나』는 82개의 경들로 구성되어 있다고 하였을까? 단순한 실수이고 그래서 담마빨라 스님이나 후대 복주서의 저자들은 별다른 언급이 없이 80개로 수정을 하였을까?

역자는 붓다고사 스님이 우다나는 82개라고 설명한 이유를 두 가지로 정리해 보았다. 첫째는 본서에 82개의 우다나가 나타나기 때문이고 둘째는 본서에는 부처님께서 읊으신 우다나가 80개로 정리되어 있지만 삼장 전체에는 부처님이 읊으신 우다나가 모두 82개가 되기 때문이다.

(3) 본서에는 모두 82개의 우다나가 나타난다

본서에는 모두 82개의 우러나온 말씀이 실려 있다. 부처님께서 읊으신 감흥어 80개와 「밧디야 경」(Ud2:10)에서 밧디야 존자가 끊임없이 '아, 행복하다. 아, 행복하다.'라고 우러나온 말(감흥어)을 읊은 것(§1)과 「삭까의 감흥어 경」(Ud3:7)에서 삭까가 "오, 보시가, 저 으뜸가는 보시가 깟사빠께 잘 확립되었도다!"라고 세 번 우러나온 말을 읊은 것(§5)이다. 이처럼 본서에는 모두 82개의 우다나가 들어 있다고 할 수 있다. 그래서 붓다고사 스님은 우다나는 82개로 설명하였다고 이해할 수 있다.

---

10) asītimanūnakasuttavaraṁ, vaggamidaṭṭhakaṁ suvibhattaṁ/
dassitaṁ cakkhumatā vimalena, addhā hi taṁ udānamitīdamāhu//

그러나 붓다고사 스님은 구분교를 설명하는 주석서들에서 "기쁨과 함께 하고 지혜로 충만한 게송과 관련된 82개 경들이 바로 우러나온 말씀[感興語, udāna]이라고 알아야 한다."(VinA.i.28, DA.i.24, MA.ii.106, AA.iii.6, DhsA.26, Nd1A.ii.270 등)라고 하여 82개의 우러나온 말씀(우다나)이 아니라 82개의 경들(suttantā)임을 분명하게 밝히고 있다. 그러므로 본서에는 80개의 경들만 포함되어 있기 때문에 본서에 82개의 우다나가 들어있는 것은 붓다고사 스님의 주장과는 아무런 관계가 없다고 해야 한다.

(4) 삼장 전체에는 82개이고 본서에는 80개이다

역자는 이 사실을 어떻게 받아들여야 할까 고심하다가 빠알리 삼장에 나타나는 'udānaṁ udānesi'라는 구절을 모두 검색해 보았다. 역자는 이런 과정을 통하여 빠알리 삼장에는 게송(gāthā)이 아니라 우다나(udāna)로 언급이 되고 있는 부처님이 읊으신 우다나가 모두 82가지가 있다는 사실을 발견하였다. 즉 본서에 나타나는 80개의 우러나온 말씀 외에도 두 가지가 더 있다. 그래서 '빠알리 삼장 전체에서 부처님이 읊으신 서로 다른 우다나가 나타나는 경은 82개이고 본서에서는 80개이다.'라는 결론을 내렸다. 이제 여기에 대해서 살펴보고자 한다.

앞에서 역자는 4부 니까야에서 'udānaṁ udānesi'로 검색해 보면 대략 41군데 정도가 나타나며 니까야에 나타나는 이 41군데 가운데 32군데 정도가 세존이 아닌 다른 사람들이나 천신들이 읊은 즉흥적이면서도 감격과 감흥에 어린 간단한 말로 나타나고 있다고 밝혔다. 특히 S1:33 §§2~7의 6개 감흥어는 천신들이 보시를 찬탄하는 감흥어이고 S1:38 §§3~9의 7개의 감흥어는 천신들이 코끼리 등의 동물에 비유하며 세존을 찬탄하는 감흥어를 담고 있다.

그러므로 세존께서 직접 읊으신 우러나온 말씀은 41-32=9개가 된다. 앞에서 밝혔듯이 이 9개 가운데 같은 것을 하나로 모으면 모두 6개의 우다나가 되고 이 가운데 4개는 본서에 나타나고 2개는 본서에 나타나지 않는다.

이를 적어보면 다음과 같다.

① 「대반열반경」(D16) §1.34 = 본서 「빠딸리 마을 경」(Ud8:6) §15

② 「대반열반경」(D16) §3.10 = 「탑묘 경」(S51:10) §15 = 「대지의 진동 경」(A8:70) §9 = 본서 「수명(壽命)의 형성을 놓아버리심 경」(Ud6:1) §11

③ 「대반열반경」(D16) §4.43 = 본서 「쭌다 경」(Ud8:5) §14

④ 「감흥어 경」(S22:55) §2 = 「흔들림 없음에 적합한 길 경」(M106) §10 = 「꼬살라 경」1(A10:29) §12 = 본서 「깟짜나 경」(Ud7:8) §2

⑤ 「탑묘 경」(S51:10) §15 = 「대반열반경」(D16) §3.10 = 「대지의 진동 경」(A8:70) §9 = 본서 「수명(壽命)의 형성을 놓아버리심 경」(Ud6:1) §11

⑥ 「대지의 진동 경」(A8:70) §9 = 「대반열반경」(D16) §3.10 = 「탑묘 경」(S51:10) §15 = 본서 「수명(壽命)의 형성을 놓아버리심 경」(Ud6:1) §11

⑦ 「마간디야 경」(M75) §19

⑧ 「초전법륜 경」(S56:11) §20

⑨ 『무애해도』(Ps.ii.149) = 「초전법륜 경」(S56:11) §20

이를 같은 것끼리 묶으면 모두 다음의 6개가 된다.

① 「대반열반경」(D16) §1.34 = 본서 「빠딸리 마을 경」(Ud8:6) §15

② 「대반열반경」(D16) §3.10 = 「탑묘 경」(S51:10) §15 = 「대지의 진동 경」(A8:70) §9 = 본서 「수명(壽命)의 형성을 놓아버리심 경」(Ud6:1) §11

③ 「대반열반경」(D16) §4.43 = 본서 「쭌다 경」(Ud8:5) §14

④ 「감흥어 경」(S22:55) §2 = 본서 「깟짜나 경」(Ud7:8) §2

⑤ 「마간디야 경」(M75) §19

⑥ 「초전법륜 경」(S56:11) §20

이처럼 세존이 읊으신 이 6개의 우러나온 말씀들 가운데 『맛지마 니까야』 제3권 「마간디야 경」(M75)의,

> "병 없음이 최상의 이득이고
> 열반은 최상의 행복이라.

도 가운데 불사(不死)로 인도하는
팔정도가 최고로 안전하네."(M75 §19)

와 『상윳따 니까야』 제6권 「초전법륜 경」(S56:11)에서 읊으신, "참으로 꼰단냐는 완전하게 알았구나. 참으로 꼰단냐는 완전하게 알았구나."(S56:11 §20)라는 이 두 개의 우다나를 제외한 ①~④의 4개의 우러나온 말씀이 담긴 경들은 본서에도 그대로 나타나고 있다. 그러므로 경들 혹은 경장에 나타나는 우러나온 말씀은 본서의 80개와 이 2개가 되어 모두 82개가 된다. 그래서 붓다고사 스님은 dveasīti-suttantā, 즉 82개의 경들(suttantā)이라고 하여서 경의 개수가 82개임을 강조하고 있다고 역자는 파악한다.

그러면 율장에서는 어떻게 될까? udān이나 혹은 udānaṁ udānesi로 검색해 보면 율장에는 모두 15곳에서 udānaṁ udānesi 구문이 나타나고 있다. 율장에 나타나는 이 15개의 우다나 가운데 세존께서 읊으신 것은 아래에 밝히고 있듯이 모두 『마하왁가』(대품)의 9군데와 『쭐라왁가』(소품)의 3군데로 모두 12곳에 나타난다.[11] 그것은 다음과 같다.

① 「깨달음 경」 1(Ud1:1) = Vin.i.2
② 「깨달음 경」 2(Ud1:2) = Vin.i.2

---

11) 율장에서 세존이 읊지 않으신 우다나로는 다음의 세 가지가 나타난다.
① 『마하왁가』에 나타나는 야사 존자(Yasa kulaputta)가 읊은 다음 우다나로 『마하왁가』(Vin.i.15)에 두 번 나타난다.
"atha kho yaso kulaputto udānaṁ udānesi – 'upaddutaṁ vata bho, upassaṭṭhaṁ vata bho'ti."
② 『마하왁가』(Vin.i.343)에 나타나는 디기띠라는 꼬살라 왕의 대선인(Dīghītissa Kosalarañño mahesi)이 읊은 다음 우다나이다.
"bālakaloṇakagamanakathā – disvāna uṭṭhāyāsanā ekaṁsaṁ uttarāsaṅgaṁ karitvā yena Dīghītissa kosalarañño mahesī tenañjaliṁ paṇāmetvā tikkhattuṁ udānaṁ udānesi – 'kosalarājā vata bho kucchigato, kosalarājā vata bho kucchigato'ti."
③ 『쭐라왁가』(Vin.ii.183)에 나타나는 밧디야 존자(āyasmā Bhaddiya)가 읊은 것으로 본서 「밧디야 경」(Ud2:10) §1에 나타나는 것과 같다.

③ 「깨달음 경」 3(Ud1:3) = Vin.i.2
④ 「홍홍거림 경」 (Ud1:4) = Vin.i.3
⑤ 「무짤린다 경」 (Ud2:1) = Vin.i.3
⑥ 「소나 경」 (Ud5:6) = Vin.i.197
⑦ 「빠딸리 마을 경」 (Ud8:6) = Vin.i.226~230
⑧ 「나가 경」 (Ud4:5) = Vin.i.353
⑨ 「밧디야 경」 (Ud2:10) = Vin.ii.184
⑩ 「승가의 분열 경」 (Ud5:8) = Vin.ii.198
⑪ 「포살 경」 (Ud5:5) = Vin.ii.240
⑫ 「초전법륜 경」 (S56:11) §20 = Vin.i.12 - 본서에는 나타나지 않는다.

이렇게 하여 이들 가운데 11개는 본서에도 나타나며 한 개는 「초전법륜 경」 (S56:11)에 나타나는 "참으로 꼰단냐는 완전하게 알았구나. 참으로 꼰단냐는 완전하게 알았구나."(S56:11 §20)라는 안냐따꼰단냐 존자에 대한 우러나온 말씀이다.[12] 그러므로 율장에 나타나는 세존이 읊으신 우다나도 모두 붓다고사 스님이 강조한 이 82개에 포함이 된다.

한편 논장에는 udānaṁ udānesi 구문은 나타나지 않는다. udāna라는 용어는 구분교의 명칭으로서만 『위방가』에서 한 곳(Vbh.294)과 『인시설론』에서 두 곳(Pug.43; 62)에 나타날 뿐이라서 해당 사항이 없다.

이런 근거로 역자는 붓다고사 스님이 "기쁨과 함께하고 지혜로 충만한 게송과 관련된 82개 경들이 바로 우러나온 말씀[感興語, udāna]이라고 알아야 한다."라고 강조했다고 이해한다. 이렇게 본다면 12세기의 사리뿟따 스님이 "그러나 여기 [『율장 주석서』에서 붓다고사 스님이 밝힌] 82개의 경

12) 이 12개의 우다나들 가운데 「초전법륜 경」에 해당하는 12번째 우다나를 제외한 11개의 우다나는 본서처럼 'atha kho bhagavā etamatthaṁ viditvā tāyaṁ velāyaṁ imaṁ udānaṁ udānesi -'로 나타나고 12번째인 안냐따꼰단냐 존자에 해당하는 우다나는 'atha kho bhagavā imaṁ udānaṁ udānesi -'로 언급이 되고 있다.

들(VinA.i.28)이라는 것은 옳지 않다. 그러므로 책(주석서)에는 80개의 경들이라고 되어야 한다."(VinAṬ.i.101)라는 주장은 성급하다고 생각된다.

6. 『우다나』의 구성

(1) 주석서에서 정리하는 『우다나』의 구성

먼저 주석서는 『우다나』의 구성을 어떻게 설명하고 있는지부터 살펴보자. 『우다나 주석서』 서문의 해당 부분을 직역하면 다음과 같다.

"① 이 『우다나』는 율장 · 경장 · 논장이라는 삼장 가운데(tīsu piṭakesu) 경장(suttantapiṭaka)의 가르침에 포함된다.

② 『디가 니까야』 · 『맛지마 니까야』 · 『상윳따 니까야』 · 『앙굿따라 니까야』 · 『쿳다까 니까야』라는 다섯 가지 니까야들 가운데(pañcasu nikāyesu) 『쿳다까 니까야』에 포함된다.

③ 경(經), 응송(應頌), 상세한 설명[記別, 授記], 게송(偈頌), 자설(自說), 여시어(如是語), 본생담(本生譚), 미증유법(未曾有法), 문답[方等]의 아홉 가지 가운데서 자설(우다나)로 구성되어 있다(udānasaṅgaha).

④ [법의 무더기[法蘊, dhammakkhandha] 가운데]

"8만 2천은 부처님으로부터 받은 것이고
2천은 비구들로부터 받은 것이니
나는 8만 4천 가지의
이러한 법들을 전개하노라."(Thag.92 {1024})

라고, 이와 같이 법의 창고지기(dhamma-bhaṇḍāgārika)인 [아난다 존자가] 인정한 8만 4천 법의 무더기[法蘊, dhammakkhandha] 가운데 몇 개의 법의 무더기들로 구성되어 있다.

⑤ 품(vagga)으로는 깨달음 품, 무짤린다 품, 난다 품, 메기야 품, 소나 품, 선천적으로 눈먼 사람 품, 작은 품, 빠딸리 마을 품이라는 8개의 품이 있다.

⑥ 경(sutta)으로는 80개의 경으로 구성되어 있다.

⑦ 게송(gāthā)으로는 95개 우다나의 게송으로 구성되어 있다.[13)]

⑧ 바나와라(bhāṇavāra)[14)]로는 8개 반 정도의 바나와라이다.

⑨ 주제(결론, anusandhi)로는 「깨달음 경」(Ud1:1)에는 질문에 따른 주제(pucchānusandhi)를 통해서 하나의 주제가 있고, 「숩빠와사 경」(Ud2:8)에는 질문에 따른 주제(pucchānusandhi)와 순서에 따른 주제(yathānusandhi)를 통해서 두 개의 주제가 있고, 나머지 [경들]에는 순서에 따른 주제(yathānusandhi)를 통해서 각각 하나의 주제이고 성향에 따른 주제(ajjhāsayānusandhi)는 여기에는 없다.[15)] 이렇게 하여 [『우다나』는] 모두 81개의 주제로 구성되어 있다.

⑩ 단어(pada)로는 21,000개에 몇 백 개를 더한 것이 있다.

⑪ 게송의 구[偈頌句, gāthāpāda]로는 8,423개가 있다.[16)]

⑫ 음절(akkhara)로는 67,382개의 음절들이 있다."(UdA.4~5)

---

13) 운문으로 된 것은 모두 90개이고 산문으로 된 것이 5개이다. 그래서 모두 95개라고 하였다.

14) '바나와라(bhāṇavārā)'는 문자 그대로 '암송(bhānā)의 전환점(vāra)'이라는 말인데 성전을 외워 내려가다가 한 바나와라가 끝나면 쉬었다가 다시 외우는 것이 반복되고 그다음 바나와라가 끝나면 또 다시 쉬었다가 시작한다. 한 바나와라는 8음절로 된 사구게(四句偈)로 250게송의 분량이라 한다. 그래서 총 4×8×250=8,000음절이 된다.
그러므로 『디가 니까야』는 모두 64×250=16,000송이 되며 『맛지마 니까야』는 80×250=2만 송, 『상윳따 니까야』는 100×250=2만 5천 송, 『앙굿따라 니까야』는 120×250=3만 송의 분량이며 4부 니까야 전체는 모두 9만 1천 송으로 구성되어 있다. 한편 삼장은 모두 2,547개에 해당되는 바나와라, 즉 636,750송의 분량이라고 한다.(『청정도론』 제3권 427쪽 주해 참조)

15) 『디가 니까야 주석서』는 이렇게 설명한다.
"경에는 세 가지에 따른 주제(tayo anusandhī)가 있으니 그것은 ① 질문에 따른 주제(pucchānusandhi)와 ② 성향에 따른 주제(ajjhāsayānusandhi)와 ③ 순서에 따른 주제(yathānusandhi)이다."(DA.i.122~123)

16) 즉 음절로는 67,382개의 음절이 있다고 하였는데 이것을 전체 32음절로 구성되는 아누슈뚭 운율로 된 4구게의 한 구절을 구성하고 있는 8음절로 나누면 67,382÷8=8,422.75가 되고 이를 반올림하면 여기에 나타나는 8,423과 같아진다.

한편『우다나 주석서』는『우다나』에 실려 있는 '이와 같이 나는 들었다.' 등의 산문은 일차합송에서 아난다 존자가 읊은 것이라고 밝히고 있다.17)

(2) 각 경의 구성 및 전개 방법

『우다나』에 들어있는 80개의 경들은 다음의 다섯 부분으로 구성되어 있다고 역자는 정리한다.

① 서문[因由分, nidāna]

첫째는 경의 서문, 즉 그 경이 설해진 인연을 밝히는 인유분(因由分, nidā-na)이다.『우다나』의 80개 경들은 산문으로 시작하는 니까야의 다른 경들처럼 모두 evaṁ me suttaṁ으로 시작된다. 그리고 각 경들의 우러나온 말씀을 읊으신 장소 등을 니까야의 다른 경들과 똑같은 방법으로 '한때(ekaṁ samayṁ) …' 등으로 밝히고 있다. 4부 니까야의 경우처럼『우다나』의 반이 넘는 45개 경들은 급고독원에서 설하신 것이고 4개는 녹자모 강당에서 설하셔서 모두 49개 정도의 경들이 사왓티에서 설해졌다. 그 외에도 왕사성 등에서 설하신 것이 적지 않고 특히 4부 니까야에는 나타나지 않는 세존의 이복동생인 난다 존자(āyasmā Nanda, Ud3:2)와 야소자 존자(āyasmā Yaso-ja, Ud3:3) 등의 깨달음에 대한 일화를 담은 경들도 나타난다.

② 배경이 되는 일화

둘째, 각 경들에 나타나는 우러나온 말씀의 배경이 되는 일화가 기술된다. 대부분이 간단명료하지만 긴 내용을 담은 경들도 적지 않다. 예를 들면「바히야 경」(Ud1:10),「숩빠와사 경」(Ud2:8),「난다 경」(Ud3:2),「야소자 경」(Ud3:3), 세존에 대한 외도들의 음해를 담은「순다리 경」(Ud4:8),「나환자 숩빠붓다 경」(Ud5:3),「소나 경」(Ud5:6)과 장님 코끼리 만지기의 비유로 잘 알려진「여러 외도 경」1(Ud6:4) 등이다.

---

17) "'이와 같이 나는 들었다.'로 시작하는 [이 경들은] 아난다 존자가 일차합송 때에 설한 인연으로부터 시작된다(tassāpi evaṁ me sutantiādikaṁ āyasma-tā ānandena paṭhamamahāsaṅgītikāle vuttanidānamādi)."(UdA.5)

③ 일화와 우러나온 말씀을 연결하는 정형구

셋째, 그다음에는 '그때 세존께서는 이 의미를 아시고 그 즉시 바로 이 우러나온 말씀을 읊으셨다(atha kho bhagavā etamatthaṁ viditvā tāyaṁ velāyaṁ imaṁ udānaṁ udānesi).'라는 정형구로 앞의 산문으로 된 일화의 내용과 바로 다음의 우러나온 말씀을 연결 짓고 있다.

본서 『우다나』에 나타나는 80개 경들 가운데 76개 경들은 바로 이 정형화된 문장을 통해서 전반부와 후반부로 나누어진다. 전반부는 산문으로 되어 있고 후반부는 우러나온 말씀으로 되어 있다. 이 문장 가운데 전반부를 지칭하는 키워드는 ① 'attha(의미)'이고 후반부를 지칭하는 키워드는 ② 'udāna(우러나온 말씀)'이다.

④ 'attha(의미)'와 'udāna(우러나온 말씀)'를 통한 주석서의 정리

넷째, 특히 주석서는 이 80개 우러나온 말씀을 설하신 배경을 다시 한 번 ① 'attha(의미)'와 ② 'udāna(우러나온 말씀)'라는 이 키워드들을 통해서 각 경들의 주제를 정리하고 있다.

예를 들면 『우다나 주석서』는 본서 「깨달음 경」 2(Ud1:2) §3을 설명하면서 본경에서 ① attha(의미)의 내용으로는 12연기의 역관에 의한 괴로움의 무더기의 소멸(dukkhakkhandhassa nirodha)을, ② 본경에서 udāna(우러나온 말씀)의 내용으로는 이 역관을 깨달으신 위력(avabodhānubhāva)을 들고 있다.

역자는 주석서의 이러한 요약과 정리가 각각의 경들에 들어있는 우러나온 말씀을 이해하는 키워드가 된다고 생각하여 주석서의 이 설명들을 모두 주해로 실었다. 주석서에 이런 정리가 나타나지 않는 곳은 두 군데 정도뿐이다. 나타나지 않는 이유는 그 특정한 경이나 우러나온 말씀이 바로 앞의 경과 밀접한 관계가 있고 이미 앞 경의 주석에서 설명을 하였기 때문이라고 주석서는 밝히고 있다.(「답바 경」 2, Ud8:10 §3의 주해 참조)

⑤ 첨언이 없이 우러나온 말씀으로 끝남

다섯째, 이렇게 하여 우러나온 말씀을 드러내고 더 이상의 정리나 소개 없이 각각의 경들은 끝을 맺고 있다. 예를 들면『이띠웃따까』에서는 게송으로 된 가르침이 마무리되어 경들이 끝날 때에도 이들 112개의 경들은 모두 '이러한 뜻 또한 세존께서는 말씀하셨으니 이처럼 저는 들었습니다(ayampi attho vutto bhagavatā, iti me sutanti).'로 끝나고 있지만『우다나』에서는 그렇지 않다. 본서의 80개 경들은 그 경의 우러나온 말씀(우다나)을 마지막에 드러내고 각각의 경들은 자연스럽게 끝이 난다.

다시 정리해 보면『우다나』에 나타나는 80개의 경들 가운데 76개 경들은 모두 '그때 세존께서는 이 의미를 아시고 그 즉시 바로 이 우러나온 말씀을 읊으셨다(atha kho bhagavā etamatthaṁ viditvā tāyaṁ velāyaṁ imaṁ udānaṁ udānesi).'라는 똑같은 문장을 기준으로 전반부와 후반부로 나누어진다. 전반부는 산문으로 되어 있고 후반부는 우러나온 말씀으로 되어 있다. 이 문장 가운데 전반부를 지칭하는 키워드는 'attha(의미)'이고 후반부를 지칭하는 키워드는 'udāna(우러나온 말씀)'이다.『우다나 주석서』는 각각의 경들을 설명하면서 이 두 개 키워드의 내용을 간단명료하게 요약하여 밝히고 있다.

전반부는 우다나를 읊으시게 된 배경을 간단하게 밝히는 경우가 대부분이며 경우에 따라서는 니까야의 경들처럼 문답식으로 길게 대화를 하는 경우도 있으며(예를 들면「난다 경」(Ud3:2)) 드물지만 법을 설하시고 이를 요약하는 형태로 우다나를 말씀하신 곳도 있다.(예를 들면「메기야 경」(Ud4:1))

이처럼 76개 경들은 모두 정확하게 '그때 세존께서는 이 의미를 아시고 그 즉시 바로 이 우러나온 말씀을 읊으셨다(atha kho bhagavā etamatthaṁ viditvā tāyaṁ velāyaṁ imaṁ udānaṁ udānesi).'라는 문장으로 되어 있다.

그러나「나가 경」(Ud4:5) §7,「우빠세나 경」(Ud4:9) §2,「반조 경」(Ud6:3) §2,「사랑분별의 멸진 경」(Ud7:7) §2는 이 경들의 문맥에 따라서 우다나를 도입하는 부분이 조금 다르게 나타난다.[18] 그렇지만 이 네 개의 경들에서도 우러나온 말씀은 모두 "그 즉시 바로 이 우러나온 말씀을 읊으셨다(tāyaṁ velāyaṁ imaṁ udānaṁ udānesi)."라는 정형구를 통해서 읊고 계신다.

이렇게 해서 『우다나』의 80개 경들은 모두 산문으로 된 도입부, 즉 특정 우러나온 말씀을 읊으신 상황이나 배경 일화를 먼저 밝히고 위의 정형구로 우러나온 말씀을 소개하고 있다.

그리고 이 네 개의 경들 가운데 「우빠세나 경」(Ud4:9)을 제외한 세 개의 경들은 모두 세존께서 자신을 반조해 보시고 우러나온 말씀을 읊으신 경우이다. 이처럼 본서 80개 경들은 모두 산문으로 세존께서 특정한 우러나온 말씀을 읊으시게 된 일화나 그때의 상황 등을 설명한 뒤 똑같은 문장과 방법으로 특정한 우러나온 말씀을 도입하고 있다.

7. 각 품의 개관

우다나에 대한 이러한 이해를 바탕으로 『우다나』의 80개 경들에서 설해지고 있는 중요한 주제를 먼저 각 품별로 살펴보자. 우다나는 질문에 대한 대답의 형식으로 전개되는 경(sutta)들과는 달리 부처님께서 특정한 상황에서 일어난 생각과 판단을 즉각적으로 드러내시는 방법으로 전개된다. 그래서 이런 측면을 강조하기 위해서 중국에서는 이를 무문자설(無問自說)로 옮기기도 하였다. 그러므로 부처님의 근본 사상을 다른 어느 경들보다 분명하게 알 수 있다.

---

18) 「나가 경」(Ud4:5) §7과 「우빠세나 경」(Ud4:9) §2에는 "마음에 일어난 생각을 잘 아시고 그 즉시 바로 이 우러나온 말씀을 읊으셨다(cetasā ceto-parivitakkamaññāya tāyaṁ velāyaṁ imaṁ udānaṁ udānesi)."로 나타난다.
「반조 경」(Ud6:3) §2와 「사량분별의 멸진 경」(Ud7:7) §2에는 그곳의 문맥에 맞게 정리한 뒤에 "그 즉시 바로 이 우러나온 말씀을 읊으셨다.(tāyaṁ velāyaṁ imaṁ udānaṁ udānesi)"로 나타난다.

4부 니까야에서는 각 품에 들어있는 경들이 서로 관련성이나 통일성을 발견하기 힘든 경우도 적지 않지만 『우다나』의 8개 품에 포함된 80개의 경들은 나름대로 서로 비슷한 특징을 가진 경들을 같은 품에 넣어서 전승하고 있다고 해야 한다.

(1) 제1품 깨달음 품(Bodhi-vagga, Ud1:1~10)

『우다나』의 제1품은 깨달음 품(Bodhi-vagga)이며 「깨달음 경」 1(Ud1:1)부터 「바히야 경」(Ud1:10)까지의 열 개의 경들이 담겨있다. 제1품 깨달음 품은 품의 명칭이 보여주듯이 세존의 깨달음과 관계된 세 개의 경과 특히 참된 바라문이란 무엇인가를 두고 우러나온 말씀을 담은 6개 경들(Ud1:4~9)과 볼 때는 단지 봄만이 있다는 가르침으로 잘 알려진 「바히야 경」(Ud1:10)을 담고 있다. 그런데 제1품 전체에 공통되는 키워드는 바라문이다. 제1품의 10개 경들의 모든 우다나에는 '바라문'이라는 키워드가 들어있다. 부처님께서는 초기불전의 도처에서 특히 『숫따니빠따』나 『법구경』에 포함된 최초기의 가르침에는 참된 바라문, 참된 종교인을 천명하시는 가르침이 많다. 우다나를 결집한 일차합송에 참여한 오백 아라한들은 이런 참된 바라문에 대한 부처님의 우러나온 말씀을 제1품에 모아놓은 것이다. 이것이 제1품의 가장 중요한 특징이라 할 수 있다.

(2) 제2품 무짤린다 품(Mucalinda-vagga, Ud2:1~10)

본서의 제2품인 무짤린다 품(Mucalinda-vagga)에는 「무짤린다 경」(Ud2:1)부터 「밧디야 경」(Ud2:10)까지의 열 개의 경들이 담겨있다. 제2품 무짤린다 품에 포함된 10개의 경들에 담긴 우러나온 말씀의 주제를 한 단어로 말해 보라면 그것은 바로 행복(sukha)이다. 세존께서는 본 품의 「몽둥이 경」(Ud2:3)에서 '존재들은 행복을 바라나니'(§2 {13})라고 강조하시는데 본 품에 담긴 10개의 경들은 진정한 행복, 으뜸가는 행복이 무엇인지를 드러내시는 부처님의 말씀과 우러나온 말씀을 담고 있다. 「무짤린다 경」(Ud2:1)에서 세존께서는 멀리 여윔도 행복이고, 탐욕의 빛바램도 세상에서 행복이며, '나다.'라는 자만(asmimāna)을 길들임은 참으로 궁극적 행복이라고 우러나온 말씀을 읊으신다.(§4) 그리고 「왕 경」(Ud2:2)에서는 이 세상의 감각적 쾌락을 누리는 행복과 천상에서 누리는 행복은 갈애의 멸진으로 오는 행복의 16분의 1에도 미치지 못한다고 읊으신다.(§4)

(3) **제3품 난다 품**(Nanda-vagga, Ud3:1~10)

『우다나』 제3품은 난다 품(Nanda-vagga)인데 「업이 익어서 생김 경」(Ud3:1)부터 「세상 경」(Ud3:10)까지의 열 개의 경들이 담겨있다. 제3품 난다 품은 세존의 이복동생인 난다 존자(āyasmā Nanda)의 깨달음의 일화를 담고 있는 「난다 경」(Ud3:2)을 담고 있어서 난다 품으로 불리게 되었다. 이처럼 본 품에는 사리뿟따 존자나 마하목갈라나 존자나 마하깟사빠 존자와 같은 부처님 제자들의 삶의 일면을 보여주는 간단한 경들 9개를 담고 있다. 그리고 특히 마지막의 「세상 경」(Ud3:10)은 세존께서 처음 완전한 깨달음을 성취하시고 나서 해탈의 행복을 누리시면서 첫 번째 칠 일을 한자리에서 가부좌하고 삼매에 드신 후 삼매로부터 출정하셔서 부처의 눈[佛眼]으로 세상을 두루 살펴보신 뒤에 읊으신 상대적으로 긴 우러나온 말씀을 담고 있다. 이 우러나온 말씀은 두 개의 산문과 네 개의 게송으로 구성되어 있는데 '이 세상은 고통스러운 것'으로부터 시작해서 '여여한 자는 모든 존재들을 넘어섰도다.'로 마무리가 된다.(§§3~6) 주석서는 이 우러나온 말씀을 '큰 우러나온 말씀[大感興語, mahāudāna]'으로 부르고 있다.

(4) **제4품 메기야 품**(Meghiya-vagga, Ud4:1~10)

제4품 메기야 품(Meghiya-vagga)에는 「메기야 경」(Ud4:1)부터 「사리뿟따의 고요함 경」(Ud4:10)까지의 열 개의 경들이 담겨있다. 제4품 메기야 품은 세존의 시자를 잠시 살았던 메기야 존자의 일화를 담은 「메기야 경」(Ud4:1)에서 따온 명칭이다. 본 품에 포함된 10개의 경들 가운데 8개의 경들은 비구들과 승단의 일화를 담고 있는데 특히 「순다리 경」(Ud4:8)은 외도들이 순다리 유행녀를 몰래 죽여서 세존을 공격한 순다리 유행녀 사건을 담고 있다. 그리고 「소치는 사람 경」(Ud4:3)은 세존께 공양을 올리고 세존의 설법을 들은 소치는 사람이 살해되는 사건을 담고 있다. 그리고 「나가 경」(Ud4:5)은 세존께서 혼자 동행인 없이 유행을 떠나셔서 어떤 코끼리 우두머리와 만난 일화를 담고 있다.

(5) 제5품 소나 품(Soṇa-vagga, Ud5:1~10)

『우다나』 제5품은 소나 품(Soṇa-vagga)으로, 「더 사랑스러움 경」(Ud5:1)부터 「쭐라빤타까 경」(Ud5:10)까지의 열 개의 경들이 담겨있다. 제5품 소나 품은 소나 꾸띠깐나 존자의 일화를 담고 있는 「소나 경」(Ud5:6)에서 따온 명칭이다. 본 품에 포함된 10개의 경들 가운데 여섯 개 경들은 비구나 비구들의 일화를 담고 있다. 그리고 본 품의 첫 번째인 「더 사랑스러움 경」(Ud5:1)은 빠세나디 꼬살라 왕과 말리까 왕비의 일화를 담고 있는 『상윳따 니까야』 제1권 「말리까 경」(S3:8)과 같다. 본 품에는 특히 나환자 숩빠붓다의 깨달음의 일화를 담은 「나환자 숩빠붓다 경」(Ud5:3)이 있고 세존께서 물고기를 괴롭히는 아이들에게 설하시고 우러나온 말씀을 읊으신 「아이 경」(Ud5:4)도 포함되어 있다. 아마 이 경은 세속의 아이들에게 설법하신 것으로 초기불전에 나타나는 유일한 경이 아닌가 생각된다. 세존께서는 아이들에게 괴로움을 두려워하고 괴로움을 좋아하지 않는다면 나쁜 업을 짓지 말라고 우러나온 말씀을 읊으신다.(§3)

(6) 제6품 선천적으로 눈먼 사람 품(Jaccandha-vagga, Ud6:1~10)

본서 제6품은 선천적으로 눈먼 사람 품(Jaccandha-vagga)인데 「수명(壽命)의 형성을 놓아버리심 경」(Ud6:1)부터 「출현함 경」(Ud6:10)까지의 열 개의 경들이 담겨있다. 이 제6품 선천적으로 눈먼 사람 품은 본 품에 포함된 「여러 외도 경」 1(Ud6:4)에 나타나는 우리에게 장님 코끼리 만지기의 비유로 알려진 선천적으로 눈먼 사람의 비유에서 품의 명칭을 따왔다. 본 품에 포함된 10개의 경들 가운데 5개의 경들은 유행승이나 외도들의 견해 등을 담고 있다. 예를 들면 「여러 외도 경」 1/2/3(Ud6:4~6)은 외도들이 가지는 십사무기(十事無記)에 대한 의미 부여와 자아와 세상에 대한 16가지 견해를 들고 있다. 세존께서는 그들은 자만에 속박되어 견해들에 대해서 말하지만 윤회를 넘어서지 못한다고 읊으신다.(Ud6:6 §5) 그리고 「헝클어진 머리를 한 일곱 고행자 경」(Ud6:2)에는 헝클어진 머리를 한 고행자들과 니간타들과 나체 수행자들과 한 벌 옷만 입는 수행자들과 유행승들이 언급되어 있고 「출현함 경」(Ud6:10)에는 외도 유행승들이 언급되고 있다.

그리고 「반조 경」(Ud6:3)은 세존께서 자신에게서 제거된 여러 가지 사악하고 해로운 법들과 닦아서 성취된 여러 가지 유익한 법들을 반조해 보신 뒤에 읊으신 우러나온 말씀을 담고 있다. 많은 날벌레들이 기름 등불들에 떨어져 재앙에 처하는 것을 보시고는 오취온으로 치달려 가기만 하고 심재(心材)로는 향하지 않는 가련한 자들을 경책하는 우러나온 말씀을 담은 「치달려 감 경」(Ud6:9)도 특히 중요하게 여겨진다.

(7) 제7품 작은 품(Cūḷa-vagga, Ud7:1～10)

『우다나』 제7품의 명칭은 작은 품(Cūḷa-vagga)이고 「라꾼따까 밧디야 경」 1(Ud7:1)부터 「우데나 경」(Ud7:10)까지의 열 개의 경들이 담겨있다. 제7품 작은 품에 포함된 경들은 상대적으로 그 길이가 작기 때문에 작은 품으로 이름을 붙였다고 여겨진다. 10개 중의 9개 경들은 비구나 비구들에 관한 것인데 세 개의 경(Ud7:1～2; 5)은 볼품없고 못생겼지만 큰 신통력과 위력을 가진 라꾼따까 밧디야 존자에 관한 것이며 두 개의 경(Ud7:3～4)은 사왓티 사람들이 대체로 감각적 쾌락을 지나치게 탐하는 것을 아시고 읊으신 우러나온 말씀을 담고 있다. 그리고 「사량분별의 멸진 경」(Ud7:7)은 세존께서 자신의 사량분별이 함께한 인식의 더미를 버렸음을 아시고 우러나온 말씀을 읊으신 것이다.

특히 「우데나 경」(Ud7:10)은 우데나의 사마와띠 왕비와 500명의 시녀들이 마간디야와 그녀의 삼촌 삼촌의 계략으로 모두 불에 타서 죽은 사건을 비구들로부터 들으시고 읊으신 우러나온 말씀을 담고 있다.

(8) 제8품 빠딸리 마을 품(Pāṭaligāmiyavagga, Ud8:1～10)

마지막으로 본서 제8품은 빠딸리 마을 품(Pāṭaligāmiyavagga)이며 「열반과 관련됨 경」 1(Ud8:1)부터 「답바 경」 2(Ud8:10)까지의 열 개의 경들이 담겨있다. 제8품 빠딸리 마을 품은 본 품에 포함되어 있는 「빠딸리 마을 경」

(Ud8:6)에서 명칭을 따왔다. 본경은 『디가 니까야』 제2권 「대반열반경」 (D16) §§1.19~1.34와 같다. 본 품의 「쭌다 경」 (Ud8:5)의 경우처럼 「대반열반경」 (D16)의 첫 번째 바나와라도 §1.34에 나타나는 우러나온 말씀으로 마무리가 되기 때문에 「대반열반경」 의 이 부분은 우러나온 말씀들을 합송한 본서에도 포함되어 결집되었다고 이해하면 되겠다.

이러한 품의 명칭이 암시하듯이 본 품은 열반과 반열반과 관계된 경들을 포함하고 있다. 특히 처음의 네 개의 경들, 즉 「열반과 관련됨 경」 1/2/3/4(Ud8:1~4)는 열반에 대한 부처님의 분명한 말씀을 담고 있으며 『우다나 주석서』 도 열반에 대한 담마빨라 스님의 명쾌한 설명을 담고 있다. 이런 이유 때문에 이 『우다나 주석서』 는 메이스필드(Masefield) 교수에 의해서 1995년에 영역(英譯)이 되었다고 생각한다. 메이스필드 교수는 7,000개가 넘는 주해를 달면서 심혈을 기울여 영역을 하였다.

본 품의 「빠딸리 마을 경」 (Ud8:6)과 「쭌다 경」 (Ud8:5)은 경의 제목이 암시하듯이 부처님의 마지막 발자취와 반열반에 관한 경이며 「대반열반경」 에 나타나는 것과 같다. 한편 「두 갈래 길 경」 (Ud8:7)은 세존의 말씀을 듣지 않고 잘못된 길로 들어서서 곤경에 처한 나가사말라 존자의 일화를 담고 있는데 열반을 실현하지 못하는 그릇된 길을 상징하는 일화로 간주하여 본 품에 넣은 것으로 여겨진다.

그리고 「위사카 경」 (Ud8:8)은 손녀의 죽음을 당하고 세존을 뵈러온 위사카 청신녀를 만나서 읊은 우러나온 말씀을 담고 있으며 마지막의 두 경 「답바 경」 1/2(Ud8:9~10)는 답바 존자의 반열반을 보고 읊으신 우러나온 말씀을 담고 있다.

8. 『우다나』 에 나타나는 경들의 분류

위와 같은 구조로 본서에는 부처님의 우러나온 말씀을 담은 80개의 경들이 담겨있다. 이제 이 80개의 경들을 설하신 곳과 설하신 대상과 설하신 주제를 중심으로 전체적으로 고찰해 보자.

(1) 우다나를 읊으신 곳

본서에 들어있는 80개의 우다나 가운데 45개가 사왓티의 급고독원에서 읊으신 것이고 사왓티의 녹자모 강당에서 읊으신 것이 4개가 된다. 이렇게 하여 본서의 80개 경들 가운데 반이 넘는 49개의 경들이 사왓티에서 설해진 것이다. 4부 니까야에 포함된 경들 가운데서도 사왓티 그중에서도 사왓티의 급고독원에서 설하신 것이 압도적으로 많은데 이것은 세존의 44번의 안거 가운데 23번의 안거를 이곳 사왓티(급고독원에서 18번, 녹자모 강당에서 5번)에서 하신 것과 무관하지 않다고 생각된다.

두 번째로 많은 곳이 라자가하의 대나무 숲으로 10개의 경들이 이곳을 배경으로 하고 있다. 그리고 세존께서 깨달음을 증득하신 우루웰라를 배경으로 한 것이 8개의 경들인데 세존께서는 깔라 용왕의 거처가 있는(Kāla-nāgarājassa bhavana) 만제리까(Mañjerika, ApA.77)라는 숲에서 깨달으셨는데 세존께서 깨달으시고 49일 동안 깨달은 바로 그 자리와 그 나무[菩提樹, bodhi-rukkha]와 네란자라 강둑에 있는 염소치기의 니그로다 나무 아래와 무짤린다 나무 아래 등에 머무시면서 우러나온 말씀들을 읊으셨기 때문이다.

그 외에도 꼬살라에서 두 번, 말라에서 두 번 우다나를 읊으셨다. 그리고 빠와, 가야시사, 꼴리야, 아누삐야, 짤리까, 꾸시나라, 웨살리, 꼬삼비, 마가다의 빠딸리 마을도 각각 한 번씩 나타나고 있다.

(2) 우다나를 읊으신 대상

그다음에는 우다나를 읊으신 대상에 대해서 살펴보자. 경들은 부처님께서 그 경을 설하신 대상이 있다. 4부 니까야의 경들 가운데는 늘 세존을 모시고 함께 머무는 비구들이나 특정 비구를 대상으로 설하신 경들이 압도적으로 많다. 특히 상대적으로 길이가 짧은 『상윳따 니까야』와 『앙굿따라 니까야』의 경들이 그러하다. 본서 『우다나』는 어떠할까? 본서에 포함된 우다나 경들 가운데서도 비구대중을 대상으로 우다나를 읊으신 경들이 22개가 되고 사리뿟따 존자나 아난다 존자 등의 부처님의 직계 제자들 가운데 특정 제자를 대상으로 읊으신 경도 32개나 된다. 이렇게 하여 비구들을 대상으로 우다나를 읊으신 경우가 54개가 되어 4부 니까야의 경들의 경우와 비슷한 비율이 되는 것 같다.

특히 제자들을 대상으로 한 36개의 경들 가운데 사리뿟따 존자를 대상으로 한 것이 7개, 아난다 존자를 대상으로 한 것이 6개, 마하목갈라나 존자가 2개, 마하깟사빠 존자가 2개, 라꾼따까 밧디야 존자가 3개, 답바 존자가 2개로 22개가 되고 그 외 상가마지, 밧디야, 이복동생 난다, 야소자, 삘린다왓차, 메기야, 삔돌라 바라드와자, 우빠세나, 소나 꾸띠깐나, 깡카레와따, 쭐라빤타까, 수부띠, 안냐따꼰단냐, 나가사말라 존자 등을 대상으로 읊으신 우다나가 나타나고 있다.

그런데 남들을 대상으로 하지 않고 스스로에게서 우러나온 말씀을 담은 우다나도 6개가 있다. 우루웰라의 깨달음의 나무[菩提樹] 아래에서 읊으신 본서의 첫 번째부터 세 번째까지의 우러나온 말씀이 대표적인 것이다. 역시 이곳에서 읊으신 본서 「세상 경」(Ud3:10)의 산문과 운문이 섞인 긴 우러나온 말씀은 특히 중요하다. 그리고 자신에게서 제거된 여러 가지 사악하고 해로운 법들과 닦아서 성취된 여러 가지 유익한 법들을 앉아서 반조하면서 읊으신 「반조 경」(Ud6:3)의 우다나가 있고 같은 방법으로 자신의 사량분별이 함께한 인식의 더미를 버렸음을 반조하신 「사량분별의 멸진 경」(Ud 7:7)도 있다.

나아가 청신사를 대상으로 한 경이 4개, 청신녀를 대상으로 한 것이 3개, 왕 2개, 바라문 2개, 외도들 3개, 아이들 2개, 약카 1개, 용왕 1개, 동물(코끼리) 1개, 날벌레 1개도 있다. 이처럼 특히 세존께서 아이들을 대상으로 한 경이 두 개가 있다. 이 가운데 날벌레들이 등불에 치달려 가서 떨어지는 것을 보고 읊으신 「치달려 감 경」(Ud6:9)의 우러나온 말씀도 있는데 특히 이 시대 비구들과 불자들이 뼈아프게 점검해 봐야 할 부분이다.

그리고 「몽둥이 경」(Ud2:3)은 뱀을 때리는 아이들을 보시고 스스로 읊으신 것이고 특히 「아이 경」(Ud5:4)에서는 물고기를 괴롭히는 아이들을 보시고 그들과 직접 이러한 대화를 나누시고 우러나온 말씀을 읊으신다.

"얘들아, 너희들은 괴로움을 두려워하느냐? 너희들은 괴로움을 좋아하지 않지 않느냐?"

"세존이시여, 그렇습니다. 세존이시여, 저희들은 괴로움을 두려워합니다. 저희들은 괴로움을 좋아하지 않습니다."(§2)

이런 의미에서 본경은 니까야에서 세존께서 세속의 아이들에게 설법을 하신 유일한 경이 아닐까 생각된다.

(3) 게송으로 된 우다나와 산문으로 된 우다나

그리고 여기서 분명히 해야 할 점은 우러나온 말씀은 운문만으로 구성되어있지 않다는 점이다. 『우다나』에는 산문으로 된 우러나온 말씀이 4개 있고 산문과 운문이 섞여있는 우러나온 말씀도 한 개가 있다. 즉 「기녀 경」(Ud6:8) §3, 「열반과 관련됨 경」 1(Ud8:1) §2, 「열반과 관련됨 경」 3(Ud8:3) §2, 「열반과 관련됨 경」 4(Ud8:4) §2이라는 네 개의 경의 우러나온 말씀은 산문만으로 되어 있다. 그리고 「세상 경」(Ud3:10)의 우러나온 말씀은 §§3 ~7에서 4개의 게송과 산문으로 구성되어 있는데 주석서는 이것을 큰 우러나온 말씀[大感興語, mahāudāna]으로 부르고 있다(UdA.216).

① 산문으로 된 우다나 4개

② 산문과 운문이 섞인 우다나 1개 – 「세상 경」(Ud3:10): 4개의 게송과 산문으로 됨

③ 게송만으로 된 우다나 75개

1개의 게송으로 된 우다나 – 64개 경

2개의 게송으로 된 우다나 – 10, 11, 13, 17, 31, 32, 39, 44, 60, 78번 경 = 10개 경

3개의 게송으로 된 우다나 – 56번 경 = 1개 경

그래서 본서는 모두 (64×1)+(10×2)+(1×3)+(1×4) = 91개의 게송들을 담고 있고, 산문으로 된 우러나온 말씀을 담고 있는 경들이 4개가 있다. 그래서 『우다나 주석서』는 '게송(gāthā)으로는 95개의 우다나의 게송으로 구

성되어 있다.'(UdA.5)고 밝히고 있다.

⑷ 삼장에 나타나는 본서의 경들과 동일한 경들

본서에는 부처님의 우러나온 말씀(우다나)을 중심에 두고 아난다 존자를 인도자로 하여(dhuraṁ katvā, DA.i.13) 모은 부처님의 가르침 80개가 담겨 있다. 그러므로 이 80개의 가르침들 가운데는 아난다 존자가 들어서 일차합송에서 500 비구들과 함께 합송하여 전승한 경장 4부 니까야와 우빨리 존자가 주축이 되어 역시 일차합송에서 합송해 낸 율장의 일화들과 같은 내용을 담은 경들이 있을 수밖에 없다.

역자가 조사해 본 바로는 본서의 80개 가르침들 가운데 대략 22개의 경들이 빠알리 삼장 가운데 경장의 4부 니까야에 포함된 경들과 율장에 포함된 일화들과 전체적으로나 부분적으로 일치한다. 예를 들면, 본서의 11개의 경들은 율장의 『마하왁가』(8개)와 『쭐라왁가』(3개)와 일치한다. 그리고 본서의 4개의 경들은 경장 4부 니까야의 6개 경들과 일치하고(중복 포함), 본서의 2개의 경들은 4부 니까야 2개의 경들과 산문 부분만 일치하고, 본서의 5개 경들은 4부 니까야 5개의 경들과 게송, 즉 감흥어만 일치하고, 본서의 하나의 경은 4부 니까야 가운데 하나의 경과 상황이 같다. 이들에 대해서는 아래 <도표: 『우다나』의 경들과 같은 경들의 목록>을 참조하기 바란다.

<도표: 『우다나』의 경들과 같은 경들의 목록>

	경 이름	경 번호	같은 경	경 번호/쪽	비고
1	깨달음 경1	Ud1:1	마하왁가	Vin.i.2	모두
2	깨달음 경2	Ud1:2	마하왁가	Vin.i.2	모두

3	깨달음 경3	Ud1:3	마하왁가	Vin.i.2	모두
4	흥흥거림 경	Ud1:4	마하왁가	Vin.i.3	모두
5	바히야 경	Ud1:10 §11	흐름 경	S1:27 §3	게송만
6	무짤린다 경	Ud2:1	마하왁가	Vin.i.3	모두
7	존경 경	Ud2:4 §1	수시마 경	S12:70 §2	게송만
8	밧디야 경	Ud2:10	쭐라왁가	Vin.ii.184	모두
9	야소자 경	Ud3:3 §1~4	짜뚜마 경	M67 §§2~5	상황만
10	나가 경	Ud4:5	마하왁가	Vin.i.353	모두
11	더 사랑스러움 경	Ud5:1	말리까 경	S3:8	모두
12	포살 경	Ud5:5	쭐라왁가	Vin.ii.240	모두
13	소나 경	Ud5:6	마하왁가	Vin.i.197	모두
14	승가의 분열 경	Ud5:8	쭐라왁가	Vin.ii.198	모두
15	무례함 경	Ud5:9 §2	오염원 경	M128 §6 |2|	게송만
16	수명의 형성을 놓아버리심 경	Ud6:1	대반열반경 =탑묘경 =대지의 .. 경	D16§§3.1~10 S51:10 A8:70	모두
17	… 고행자 경	Ud6:2	… 고행자 경	S3:11 산문만	산문만
18	라꾼따까 … 경3	Ud7:5	라꾼따까… 경	S21:6 산문만	산문만
19	라꾼따까 ... 경3	Ud7:5 §3	까마부 경1	S41:5 §3	게송만
20	깟짜나 경	Ud7:8 §2	감흥어 경	S22:55 §2	게송만
21	쭌다 경	Ud8:5	대반열반경	D16 §§4.13~	모두
22	빠딸리 마을 경	Ud8:6	마하왁가 대반열반경	Vin.i.226~230 D16 §§1.19~34	모두

9. 『우다나』의 주제

(1) 가부좌를 하고 앉음 - 24개 정도의 경들

부처님을 위시한 출가자들이 하는 가장 중요한 일과는 좌선일 것이다. 그래서 니까야의 수백 곳에서 '해거름에 [낮 동안의] 홀로 앉음에서 일어나(sāyanhasamayaṁ paṭisallānā vuṭṭhito)'라는 표현이 나타나고 있다. 이것은 세존께도 적용되고(D14 §1.14 등) 제자들에게도 적용된다(M8 §2 등). 여기서 '홀로 앉음'은 paṭisallāṇa의 역어이다. paṭisallāṇa는 prati(대하여)+saṁ(함께)+√lī(*to cling, to adhere*)에서 파생된 명사이다. 경에서는 주로 부처님이나 비구들이 공양을 마치고 낮 동안 나무 아래나 승원에서 홀로 앉아 지내는 것을 나타낸다. 그래서 '홀로 앉음'으로 옮겼다. 주석서에서는 "홀로 앉음(paṭisallāna)이란 혼자 있는 상태(ekībhāva)이다."(DA.iii.1040)로 설명하고 있다.

그리고 "'홀로 앉음에서 일어남(paṭisallāṇā vuṭṭhita)'이란 과의 증득(phala-samāpatti)에서 출정한 것을 말한다."(MA.i.181)라는 주석서의 설명에서 보듯이 부처님이나 직계 제자들의 이러한 홀로 앉음은 열반을 대상으로 한 과(果)의 증득의 경지에 든 것이기도 하다.

그러므로 부처님의 우러나온 말씀을 모은 본서에서는 부처님이나 직계 제자들의 가부좌를 하고 앉음이나 삼매에 대한 언급이 많다. 본서에서는 세존과 관계된 것으로는 8개 정도의 경들을 들 수 있고 제자들과 관련된 것으로는 16개 정도가 나타난다. 이렇게 하여 24개 정도의 경들이 부처님과 제자들의 홀로 앉음, 가부좌를 하고 앉음, 삼매에 대한 일화와 우러나온 말씀을 담고 있다.

① 세존의 성도와 연관된 가부좌하고 앉음 - 8개 정도의 경들

먼저 세존의 성도와 연관된 경들을 살펴보자. 「깨달음 경」 1/2/3(Ud1:1~3)과 「세상 경」(Ud3:10)의 네 개 경은 깨달음의 나무 아래에서, 「홍홍

거림 경」(Ud1:4)은 염소치기의 니그로다 나무 아래에서, 「무짤린다 경」(Ud2:1)은 무짤린다 나무 아래에서 앉아 계셨는데 이 6개 경들에는 모두 "그때 세존께서는 해탈의 행복을 누리시면서 칠 일 동안 단 한 번의 가부좌로 앉아 계셨다."(§1)라고 언급이 되고 있다. 세존께서는 이러한 칠 일이 지난 뒤 그 삼매로부터 출정하셔서 우러나온 말씀을 읊으신 경이 이 여섯 개의 경들이다.

위에서 언급한 세존께서 앉아서 자신을 반조해 보시는 경들 두 개, 즉 자신에게서 제거된 여러 가지 사악하고 해로운 법들과 닦아서 성취된 여러 가지 유익한 법들을 반조하면서 앉아 계셨던 「반조 경」(Ud6:3)과 자신의 사량분별이 함께한 인식의 더미를 버렸음을 반조하면서 앉아 계셨던 「사량분별의 멸진 경」(Ud7:7)도 여기에 포함시킬 수 있다.

② 직계 제자들의 가부좌하고 앉음 – 16개 정도의 경들

다음에는 직계 제자들의 가부좌하고 앉음과 관련된 일화를 담고 있는 경들을 살펴보자. 『우다나』의 11개의 경들은 세존의 제자들이 가부좌하고 앉아있는 것을 보고 읊으신 우러나온 말씀을 담고 있는데 이 경들은 "그때 XX 존자는 세존으로부터 멀지 않은 곳에서 가부좌를 틀고 상체를 곧추세우고 YY로 앉아있었다."(Ud3:1 §1 등)라는 기본 정형구로 되어 있다.

여기서 XX에는 존자들의 이름이 들어가고, YY에는 '몸에 대한 마음챙김을 안으로 잘 확립하여'나, '몸에 대한 마음챙김을 잘 확립하여'나, '자신의 고요함을 반조하면서' 등이 들어간다. 이 11개의 경들 가운데 세 개의 경은 사리뿟따 존자에 관한 것이고(Ud3:4, Ud4:7, Ud4:10) 나머지는 마하목갈라나 존자(Ud3:5), 삔돌라 바라드와자 존자(Ud4:6), 깡카레와따 존자(Ud5:7), 쭐라빤타까 존자(Ud5:10), 수부띠 존자(Ud6:7), 안냐따꼰단냐 존자(Ud7:6), 마하깟짜나 존자(Ud7:8), 그리고 어떤 비구(Ud3:1)에 관한 것이다.

'어떤 삼매를 증득하여 칠 일 동안 단 한 번의 가부좌로 앉아있었다.'(§1)로 나타나는 「삭까의 감흥어 경」(Ud3:7)의 마하깟사빠 존자도 여기에 포함시킬 수 있다. 그리고 「야소자 경」(Ud3:3)에 나타나는 야소자를 상수로

하는 500명의 비구들은 왁구무다 강의 언덕에서 나뭇잎으로 움막을 만들어서 안거를 시작하였고 그 안거 동안 그들은 모두 세 가지 명지[三明]를 실현하였는데 세존께서는 이들에 대해서 "나와 이 500명의 비구들은 모두 흔들림 없는 삼매에 들어 좌정하고 있었느니라."(§11)라고 하신 본경도 이 범주에 넣을 수 있다.

그리고 어떤 삼매의 경지에 들어있는 사리뿟따 존자를 약카가 공격을 했다가 바로 대지옥에 떨어졌다는 일화를 담은 「약카의 공격 경」(Ud4:4)도 여기에 포함시킬 수 있고, 아울러 답바 존자의 반열반과 관계되어 있으며 '하늘에 올라간 뒤 허공의 빈 공간에서 가부좌를 틀고 앉아서 불의 요소를 통해서 삼매에 들었다가 출정하여 반열반에 들었다.'(§2 등)로 나타나는 「답바 경」 1/2(Ud8:9~10)의 두 개의 경도 여기에 넣을 수 있다.

이처럼 16개의 경들은 직계 제자들의 이러한 가부좌를 하고 앉은 좌선과 삼매 수행을 보고 읊으신 것이다. 이처럼 제자들의 좌선과 삼매 수행과 삼매를 통해 드러내는 특별한 경지는 세존의 우러나온 말씀의 중요한 대상이 될 수밖에 없을 것이다. 이런 경우들에서 udāna는 붓다고사 스님의 설명대로 '기쁨과 함께하고 지혜로 충만한 게송' 바로 감흥어(感興語)로 옮길 수 있겠다.

(2) 제자들의 일상생활 및 일화 - 11개 정도의 경들

부처님 제자들의 일상은 당연히 부처님의 우러나온 말씀의 중요한 대상이 된다. 그래서 『우다나』에는 위의 제자들 외에도 여러 부처님 제자들이 언급된다.

끊임없이 '아, 행복하다. 아, 행복하다.'(§1)라고 우러나온 말을 읊었다는 밧디야 존자의 일화를 담은 「밧디야 경」(Ud2:10)과, 세존의 이복동생인 난다 존자의 깨달음의 일화를 담고 있는 「난다 경」(Ud3:2)과, 500생 동안 바라문이어서 익힌 습관 때문에 비구들을 비천하다는 말로 대하였던 삘린다왓차 존자의 일화를 담은 「삘린다왓차 경」(Ud3:6)과, 한때 세존의 시자로 있었고 세존께서 9개의 요긴한 가르침을 주고 계시는 메기야 존자의 일화를 담은 「메기야 경」(Ud4:1)과, 아라한이었던 우빠세나 존자의 일화를 담은 「우빠세나 경」(Ud4:9)이 있다. 그리고 청신사로 마하깟짜나 존자의 시자로 있다가 늦게 출가하여 세존을 뵈었고 세존께서 "비구여, 왜 그대는 이처럼 늦었는가?"(§11)라고 말씀하신 소나 꾸띠깐나 존자의 일화를 담은 「소나 경」(Ud5:6)이 있고, 따로 승가의 갈마를 행하여 승가의 분열을 획책하는 데와닷따의 일화를 담은 「승가의 분열 경」(Ud5:8)이 있으며, 두 갈래 길에서 세존의 말씀을 듣지 않고 마음대로 갔다가 '도중에 도둑들을 만나서 손과 발로 구타를 당하고 발우가 부수어지고 가사가 찢어진'(§3) 나가사말라 존자의 일화를 담은 「두 갈래 길 경」(Ud8:7)도 있다. 본경은 특히 부처님이 계시지 않는 지금 시대를 살아가는 우리 사부대중이 어떤 태도로 수행과 신행을 해야 할지를 보여주는 의미심장한 일화라고 역자는 받아들인다.

그리고 못생기고 보기 흉하고 기형이고 대부분의 비구들이 경멸하는 라꾼따까 밧디야 존자이지만 "비구들이여, 이 비구는 크나큰 신통력이 있고 크나큰 위력이 있다. 그리고 이 비구가 이미 얻지 못한 증득[等持]을 찾기란 쉽지 않다."(§2)라고 말씀하시는 라꾼따까 밧디야 존자의 일화를 담은 세 개의 경인 「라꾼따까 밧디야 경」 1/2/3(Ud7:1~2; 5)이 있다.

(3) 제자들의 한담 - 3개 정도의 경들

한편 비구들이 모여서 한담을 나누는 장면도 부처님의 우러나온 말씀의 대상이 될 수밖에 없다. 그래서 비구들이 모여서 세니야 빔비사라 마가다 왕과 빠세나디 꼬살라 왕 중에서 누가 더 재물, 재산, 영토, 군대, 번영, 위력이 있는가를 두고 한담하는 비구대중을 경책하신 「왕 경」(Ud2:2)과, 역시 모여앉아 탁발에 대해서 이러쿵저러쿵 한담을 해대는 비구대중에게 경책을 하시는 「탁발하는 자 경」(Ud3:8)과, 세상의 여러 가지 기술에 대해서 역시 한담을 해대는 비구대중에게 경책을 하시는 「기술 경」(Ud3:9)이 본서에 포함되어 있다. 당연히 이 세 개의 경들에서 공히 세존께서는 비구들에게 "비구들이여, 그대들이 함께 모이면 오직 두 가지 할 일이 있나니, 법담을 나누거나 성스러운 침묵을 지키는 것이다(dhammī vā kathā ariyo vā tuṇhībhāvo)."(Ud2:2 §3 등)라고 분명하면서도 엄하게 경책을 하신다.

(4) 여러 가지 행복 - 무짤린다 품의 10개 경들 등

특히 제2품 무짤린다 품(Ud2:1~10)에 포함된 열 개의 경들은 행복에 관계된 경들로 구성되었다. 「무짤린다 경」(Ud2:1)의 우러나온 말씀은 만족하는 자의 멀리 여읨, 악의 없음, 탐욕의 빛바램도 행복이요, '나다.'라는 자만을 길들임은 참으로 궁극적 행복이라고 강조하신다.(§4)

「왕 경」(Ud2:2)의 우다나에서는 감각적 쾌락을 누리는 행복, 천상에서 누리는 행복은 갈애의 멸진으로 오는 행복의 16분의 1에도 미치지 못한다고 궁극적 행복을 강조하신다.(§4)

「몽둥이 경」(Ud2:3)에서도 몽둥이로 뱀을 때리는 아이들을 보시고 "존재들은 행복을 바라나니"(§2 {13})라고 강조하시면서 몽둥이로 생명을 해코지하는 자는 자신의 행복을 추구하나 죽은 뒤에 행복을 얻지 못하지만, 몽둥이로 이들을 해코지 않는 자는 자신의 행복을 추구하여서 죽은 뒤에 행복을 얻는다고 강조하신다.

「청신사 경」(Ud2:5)과 「임산부 경」(Ud2:6)의 우다나에서 세존께서는 소유하지 않은 자, 무소유인 자들이 행복한 자들이라고 하시면서 소유한 자는 고통스러워한다고 말씀하신다.

「외동아들 경」(Ud2:7)의 우다나에서는 슬픔과 괴로움과 불만족 등은 사랑스러운 대상으로부터 발생하지만 사랑스러운 대상이 없으면 이들은 그 어디에도 존재하지 않는다고 말씀하신다.

「숩빠와사 경」(Ud2:8)은 칠 년째 전치태반(前置胎盤)으로 난산의 고통을 겪은 숩빠와사였지만 더 많은 아들을 가지고 싶어 하는 세속적 행복을 바라는 모습을 담았다.

「위사카 경」(Ud2:9)에서는 어떤 일로 빠세나디 꼬살라 왕과 얽혀 있었던 위사카 청신녀에게 남의 통제를 받는 것은 모두 괴로움이고 지배를 할 수 있는 것은 모두 즐거움, 즉 행복이라는 세상의 이치를 우다나로 말씀하신다.

「밧디야 경」(Ud2:10)은 출가하기 전에 왕국을 통치한 밧디야 존자가

'아, 행복하다. 아, 행복하다.'라고 감흥어를 읊고 다니는 일화를 담고 있는데 세존께서는 우러나온 말씀으로 "그의 내면에 분노가 없고 / 이런저런 것을 건넜으며 / 두려움이 없고 행복하고 슬픔 없는 그를 / 신들도 볼 수가 없도다."(§7 {20})라고 칭찬하고 계신다.

물론 이 외에도 「깨달음 경」 1/2/3(Ud1:1~3)과 「세상 경」(Ud3:10)의 네 개 경은 깨달음의 나무 아래에서, 「흥흥거림 경」(Ud1:4)은 염소치기의 니그로다 나무 아래에서, 「무짤린다 경」(Ud2:1)은 무짤린다 나무 아래에서 앉아 계시면서 세존께서 누리신 해탈의 행복(vimutti-sukha)을 언급하고 있다. 그리고 「나가 경」(Ud4:5) §5에서는 혼자 지내는 행복(anākiṇṇa sukha)을, 「답바 경」 2(Ud8:10) §3에서는 흔들림 없는 행복(acala sukha)을 말씀하고 계신다.

(5) 나쁜 상황이나 비극적인 상황

한편 앞에서도 계속해서 살펴보았듯이 붓다고사 스님은 우다나를 "기쁨과 함께하고 지혜로 충만한 게송과 관련된 82개 경들"(VinA.i.28 등)이라고 정의하였듯이 우다나는 많은 경우에 감흥어(感興語)로 옮겨졌다. 그러나 감흥이라는 단어의 사전적인 의미가 '마음에 깊이 감동되어 일어나는 흥취'이기 때문에 본서의 제목인 우다나의 역어로는 적당해 보이지는 않는다. 본서 80개의 우다나 가운데 흥취로 이해되어서는 안 되는 죽음 등의 비극적인 상황이나 나쁜 상황에 대한 우러나온 말씀이 적지 않기 때문이다. 이제 여기에 대해서 살펴보자.

가장 먼저 언급해야 할 경이 「순다리 경」(Ud4:8)이다. 「존경 경」(Ud2:4)에서처럼 본경도 그 당시에 부처님은 많은 사람들로부터 큰 존경을 받고 있었고 네 가지 필수품도 어렵지 않게 구할 수 있었지만 다른 외도 수행자들은 존경을 받지도 못했고 필수품도 쉽게 구할 수가 없었음을 언급한다. 외도 수행자들은 이러한 사실을 참을 수 없자 부처님을 곤경에 빠뜨릴 계략을 꾸몄다. 그들은 순다리(Sundari)라는 여자 유행승(paribbājikā)에게 밤마다 제따 숲을 찾아가서 다음날 날이 밝을 때 돌아와 사람들이 부처님을 의심하도록 했다. 그들은 얼마 후에 그녀를 살해하여 제따 숲 근처에 매장하고는 빠세나디 왕에게 이 유행녀가 보이지 않는다고 고했다. 외도들은 그곳을 뒤져서 그녀의 시체를 발견했고, 그 시체를 사왓티에 보내어 부처님의 소행이라고 비난을 시작했고, 사람들도 그 말을 믿고는 부처님과 비구 승가에게 비난의 화살을 돌렸다. 부처님께서는 탁발에서 돌아온 비구들에게서 그 사실을 전해 듣고 비구들에게 "그런 말은 오래 가지 않을 것이다. 7일을 넘기지 않을 것이다. 7일이 지나면 사라질 것이다."(§7)라고 말씀하시고 인내하며 참으신다. 사건이 끝나자 세존께서는 이런 우러나온 말씀을 읊으셨다.

"제어되지 못한 사람들은 말로 사람을 꿰찌르니 / 마치 화살로 전쟁터의 코끼리를 꿰찌르는 것과 같구나. / 자기에게 쏟아진 거친 말을 듣더라도 / 비구는 성 내지 않는 마음으로 견뎌내야 하리."(§11 {38})

본서뿐만 아니라 초기불전에서 가장 안타까운 사건을 담은 경은 우데나 왕의 정원에 있던 내전이 불에 타서 사마와띠를 상수로 하는 오백 명의 여인들이 죽임을 당한 사건을 담은 「우데나 경」(Ud7:10)일 것이다. 세존께서는 이 슬픈 소식을 듣고 "비구들이여, 그 청신녀들 가운데는 예류자가 있고 일래자가 있고 불환자가 있다. 비구들이여, 그 청신녀들은 모두 결실이 없이 죽은 것은 아니다."(§2)라고 말씀하시고,

> "세상은 어리석음에 속박되어 있지만
> 가능성을 가진 것처럼 보인다.
> [그러나] 어리석은 자는 재생의 근거에 속박되고
> 어둠에 휩싸여 있구나.
> 영원한 것 같지만 멸진하나니
> 보면 그 어떤 것도 없구나."(§3 {70})

라고 우러나온 말씀을 읊으셨다.

사랑하는 손녀가 죽은 위사카 청신녀에게 "위사카여, 백 명의 사랑하는 사람을 가진 자들에게는 백 개의 괴로움이 있다. … 한 명의 사랑하는 사람

을 가진 자들에게는 한 개의 괴로움이 있다. 사랑하는 사람이 없는 자들에게는 아무 괴로움이 없다. 그들은 슬픔이 없고 티끌이 없고 절망이 없다고 나는 말한다."(§4)라고 말씀하시고 우러나온 말씀을 읊으신 「위사카 경」(Ud8:8)도 이 영역에 넣을 수 있을 것이다.

그리고 송아지를 가진 암소가 나무껍질로 만든 옷을 입은 바히야를 공격하여 생명을 빼앗아버린 일화를 담은 「바히야 경」(Ud1:10)도 있다. 물론 본경 §§7~8에서 보듯이 그는 탁발하시는 부처님으로부터 법을 듣고 그 자리에서 바로 아라한과를 증득하였기 때문에 『앙굿따라 니까야』 제1권 「하나의 모음」(A1:14:3-8)에서 "빠르게 최상의 지혜(초월지)를 얻은 자(khippa-abhiññā)들 가운데서 으뜸"이라고 부처님의 칭찬을 받게 되었다. 문자적으로 바히야(bāhiya)는 외국인 혹은 이방인을 뜻하므로(UdA.78) 인도 밖, 즉 외국 출신 스님들을 이렇게 부른 것이 아닌가 생각된다.

송아지를 가진 암소의 공격으로 생명을 잃은 일화로는 「나환자 숩빠붓다 경」(Ud5:3)도 있다. 가난하고 불쌍한 인간이었던 나환자 숩빠붓다는 예류과를 얻었다.

세존께 공양을 올리고 세존의 법문을 들은 어떤 소치는 사람이 마을의 경계에서 살해를 당한 「소치는 사람 경」(Ud4:3)도 있다. 여기에 대해서 세존께서는

"도둑이 도둑에게 저지르고
적이 적에게 저지르는 것보다
그 그릇되게 지향된 마음은
그를 더욱 사악하게 만들 것이로다."(§6 {33})

라고 읊으셨다. 많은 아이들이 사왓티와 제따 숲 사이에서 물고기를 괴롭히는 것을 보시고는 "만일 그대들이 사악한 업을 / 지으려고 하거나 짓고 있다면 / 그대들이 아무리 위로 날아 도망친다 하더라도 / 괴로움으로부터 벗어나지 못하리라."(§3 {44})라고 우러나온 말씀을 읊으신 「아이 경」(Ud5:4)이 있다.

「기녀 경」(Ud6:8)은 산문으로 된 우러나온 말씀을 담고 있는데 라자가하의 두 파벌이 어떤 기녀(妓女)에 홀리고 마음이 묶여 말다툼을 하고 분쟁하여 고통받은 사실을 담은 우다나이다.

그리고 요즘 사람들처럼 그 당시 사왓티 사람들도 대체로 감각적 쾌락에 지나치게 매달리고 탐하고 갈망하고 묶이고 홀리고 집착하여 감각적 쾌락에 취해서 지냈는데 이를 걱정하시는 우러나온 말씀을 담은 두 개의 경, 즉 「들러붙음 경」 1/2(Ud7:3~4)도 관심을 끈다. 그리고 바로 아래에서 언급하고 있는 (6) 바라문들과 외도 유행승들에 대한 일화를 담은 경들 등은 모두 나쁜 일화를 담은 우러나온 말씀이다. 이처럼 본서에는 좋지 않은 상황과 나쁜 상황에 대한 우다나도 적지 않게 들어있다.

(6) 바라문들과 외도 유행승들

본서 「여러 외도 경」 1/2/3(Ud6:4~6)에는 '여러 외도의 사문들과 바라문들과 유행승들(nānā-titthiya-samaṇa-brāhmaṇa-paribbājakā)'이라는 언급이 나타나고 있다. 여기서 외도는 titthiya/añña-titthiya/titthī/añña-titthī를, 사문은 samaṇa를, 바라문은 brāhmaṇa를, 유행승은 paribbājaka를 옮긴 것이다. 이들에 대해서 살펴보자.

① 외도(titthiya)

초기불전에서 '외도'는 titthiya/añña-titthiya/titthī/añña-titthī 등으로 나타난다. 본서에서는 「나가 경」(Ud4:5) §1, §5에서는 titthiyā(외도들)로 나타나고, 「존경 경」(Ud2:4) §§1~2와, 「순다리 경」(Ud4:8) §§1~4와, 「여러 외도 경」 1/2/3(Ud6:4~6)의 §4 등과, 「출현함 경」(Ud6:10) §§2~3에는 aññatitthiyā paribbājakā(외도 유행승들)로 나타나며 「외도 경」 1/2/3(Ud6:4~6) §1에는 nānātitthiya-samaṇa-brāhmaṇa-paribbājakā(여러 외도의 사문들과 바라문들과 유행승들)로 나타나고 있다.

여기서 '외도'로 옮기는 titthiya는 √tṝ(*to cross*)에서 파생된 명사

tittha(Sk. tīrtha, 성소(聖所)의 계단)와 관계가 있다. 문자적으로 titthiya는 이 'tittha에 속하는 자'라는 뜻이다. tittha(Sk. tīrtha)는 인도 바라나시의 강가 강 등의 성스러운 곳[聖所]의 기슭에 있는 계단을 말하며 añña-tittha는 다른 쪽(añña)에 있는 성소의 계단이라는 뜻이고 그래서 añña-titthiya는 다른 쪽 성소의 계단에 속하는 자라는 의미에서 외도를 뜻한다. 주석서는 이렇게 설명하고 있다.

"'외도(añña-titthiya)'라는 것은 견해(dassana)도 외관(ākappa)도 처신(kutta)도 행실(ācāra)도 거처(vihāra)도 행동거지(iriyāpatha)도 모두 다른 쪽에 있는 자라고 해서 외도라 한다."(DA.iii.833)

② 사문(沙門, samaṇa)

『우다나』에는 Ud1:7부터 Ud8:7까지 모두 16개 정도의 경들에서 '사문(samaṇa)'이라는 용어가 나타나고 있다. 이 가운데 사문과 바라문 혹은 사문/바라문의 문맥으로 나타나는 곳은 다음과 같다.

㉠ '사문이나 바라문(samaṇā vā brāhmaṇā vā)'으로 나타나는 곳(Ud2:6 §3; Ud3:10 §4)

㉡ '사문/바라문을 포함하는(sassamaṇabrāhmaṇiyā)'(Ud8:5 §5)

㉢ '그가 바라문이고 그가 사문이고 그가 비구이다(so brāhmaṇo so samaṇo sa bhikkhu).'(Ud3:6 §4)

㉣ '사문 고따마(samaṇa gotama)'(Ud5:3 §3; Ud7 :9 §1; Ud8:6 §13)

㉤ 앞에서 인용한 '여러 외도의 사문들과 바라문들과 유행승들(nānātitthiya-samaṇa-brāhmaṇaparibbājakā)'로도 나타남.

그 외 Ud1:7 §2 등의 7개 정도의 경들에서는 samaṇa가 단독으로 나타나고 있다. 특히 「우물 경」(Ud7:9) §1에서는 투나에 사는 말라족의 바라문들이 사문들을 '까까머리 사문들(muṇḍakā samaṇakā)'이라고 비하하고 있다.

초기불전에서는 집을 떠나 독신생활을 하는 수행자를 '사문(沙門, samaṇa, Sk. śramaṇa)'이라 통칭하고 있으며 계급과 관계없이 누구나 사문이 될 수 있다. 육사외도(六邪外道, 「심재 비유의 짧은 경」(M30) §2의 주해 참조)로 불리는 집단과 불교 교단이 대표적인 사문 집단이다. 사문 집단에 대한 경전적 설명은 『디가 니까야』 제3권 「세기경」(D27) §26을 참조할 것. 네 종류의 사문에 대해서는 『앙굿따라 니까야』 제2권 「음식 경」(A4:87)을 참조하기 바란다.

③ 바라문(婆羅門, brāhmaṇa)

'바라문(brāhmaṇa)'이라는 용어는 본서의 20개 정도의 경들에서 나타나고 있다. 특히 본서 제1품 깨달음 품(Bodhi-vagga)에 포함된 10개의 경들에는 이 바라문(brāhmaṇa)이라는 용어가 모두 나타나고 있다. 그리고 바로 앞 ②에서 보았듯이 본서의 7개 정도의 경들에서는 사문과 바라문이라는 문맥으로 나타나며, 그 외에도 사문이라는 용어와 함께 나타나는 경들이 4개 정도가 더 있다.

여기서 보듯이 '바라문(婆羅門)'은 brāhmaṇa(Sk.와 동일)를 음역한 것이다. 바라문은 인도의 종교인과 지식인을 대표하는 사람들로 바라문이라는 특정 계급 출신이라야 하며, 결혼을 하고 독신이 아니다. 물론 8세부터 20세까지 12년간은 스승의 문하에서 독신으로 금욕 생활을 하면서 베다 등을 학습한다. 부처님 제자들 가운데서도 사리뿟따, 목갈라나, 깟사빠, 뿐나, 만따니뿟따 등등 교단을 대표하는 많은 인물들이 바라문 출신들이었다. 주석서들에서는 "'바라문(brāhmaṇa)'이란 최상(seṭṭha)이며 결점이 없다는(niddosa) 뜻이다."(AA.iii.4)라거나 "사악함을 내몰았기(bāhita-pāpatā) 때문에 바라문이라는 용어가 생긴 것이니 번뇌 다한 자(khīṇāsava)를 말한다."(AAṬ.ii.203)라는 등으로 바라문을 정의하고 있다.

특히 『맛지마 니까야』 제10장 바라문 품(Brāhmaṇa-vagga, M91~100)에 포함된 열 개의 경들은 부처님 당시의 유명했던 바라문들에 대한 일화를 담고 있다. 본 품은 인도의 종교인과 지식인으로 대표되는 바라문들과 관계되는 경들을 모은 것이다. 초기불전의 도처에 나타나듯이 바라문들은 세존과 심도 있는 대화가 가능한 지적이고도 양심적인 사람들이 대부분이었다. 그러나 그들 가운데는 바라문 계급의 우월주의에 빠진 사람들이 많았다. 그래서 『맛지마 니까야』의 이 바라문 품에도 여기에 대한 부처님의 강한 비판이 담겨 있는 경들이 많다.

그리고 본서 제1품에 포함된 10개의 경들의 모든 우러나온 말씀에는 '바라문(brāhmaṇa)'이라는 키워드가 들어있다. 이것도 제1품의 특징 가운데 하나이다. 세존께서는 제1품의 10개의 경들에서 깨달음을 체득하고 열반을 실현한 완성된 인간, 완성된 존재, 이상적인 인간, 이상적인 존재를 바라문이라 부르고 계신다. 본서뿐만 아니라 『숫따니빠따』와 『법구경』 등에서도 이처럼 바라문은 완성된 인격체를 뜻하는 용어로 쓰였다. 특히 『맛지마 니까야』 「와셋타 경」(M98)에서 세존께서는 57개의 게송으로 진정한 바라문이 무엇인지를 말씀하시는데 이것은 세존께서 와셋타 바라문 학도와 바라드와자 바라문 학도에게 설하신 내용을 담고 있다.

그렇지만 바라문 계급의 사람들 가운데는 나쁜 인격을 가진 존재도 적지 않았을 것이다. 많은 바라문 학도들이 세존으로부터 멀지 않은 곳에서 무례한 모습으로 지나가는 일화를 담은 본서 「무례함 경」(Ud5:9)과, 세존의 일행이 물을 마시지 못하도록 우물을 풀과 왕겨로 가장자리까지 채워버린 투나라는 말라들의 바라문 마을 일화를 다룬 본서 「우물 경」(Ud7:9)을 나쁜 바라문들의 일화로 들 수 있다.

④ 유행승(遊行僧, paribbājaka)

본서에서 '유행승(paribbājaka)'이라는 용어는 8개 정도의 경들에서 나타나는데 모두 앞의 ①에서 밝힌 외도 유행승들(aññatitthiyā paribbājakā)과 여러 외도의 사문들과 바라문들과 유행승들(nānātitthiya-samaṇa-brāhmaṇa-paribbājakā)로 나타나고 있다.

'유행승(遊行僧, paribbājaka)'에 대해서는 본서 「헝클어진 머리를 한 일곱 고행자 경」(Ud6:2) §2의 해당 주해를 참조하기 바란다.

그리고 본서의 외도 혹은 외도 유행승에 관계된 경들도 모두 나쁜 상황에 대한 우러나온 말씀을 담고 있다. 특히 앞에서 언급한 「순다리 경」(Ud4:8)이 그러하다. 그리고 존경과 존중을 받지 못함을 견디지 못하는 외도 유행승을 언급하는 「존경 경」(Ud2:4)과 임신한 아내가 기름을 먹고 싶다고 하자 빠세나디 꼬살라 왕의 곳간에 가서 기름을 원하는 대로 마셨지만 집으로 와서 위로 토해낼 수도 없었고 아래로 내릴 수도 없었고 괴롭고 날카롭고 거칠고 찌르는 느낌들에 닿아서 이리저리 데굴데굴 굴렀다는 유행승의 일화를 담은 「임산부 경」(Ud2:6)이 있다.

본서에는 특히 제6품 선천적으로 눈먼 사람 품을 중심으로 외도들에 관계된 우다나도 적지 않게 실려 있다. 제6품의 명칭인 선천적으로 눈먼 사람 품이 바로 「여러 외도 경」 1(Ud6:4)에 나타나는 "비구들이여, 외도 유행승들은 눈먼 사람들이고 눈이 없는 자들이다."(§4)로 시작하는 장님 코끼리 만지기의 비유에서 가져온 것이다.

빠세나디 꼬살라 왕이 헝클어진 머리를 한 고행자들 등을 향해 합장을 하고 공경한 뒤 "세상에는 아라한들이나 아라한의 길을 증득한 자들이 있는데 저분들은 그들 가운데 일부입니다."(§3)라고 하자 세존께서 "그대가 이들이 아라한들인지 아니면 아라한의 길을 증득한 자들인지 알기란 어렵습니다."(§4)라고 하시고 "계행은 함께 살아야 알 수 있습니다. … 어리석은 사람에 의해서는 알 수 없습니다."(§5)라고 말씀하신 「헝클어진 머리를 한 일곱 고행자 경」(Ud6:2)이 있다.

「여러 외도 경」 1/2/3(Ud6:4~6)에서는 그들이 각각 다른 견해를 가지고 각각 다른 신념을 가지고 각각 다른 취향을 가져서 각각 다른 견해의 의지처에 의지하고 있음을 십사(十事)와 16가지 견해를 통해서 드러내신다.

특히 여러 「외도 경」 1(Ud6:4)에서 세존께서는 "비구들이여, 외도 유행승들은 눈먼 사람들이고 눈이 없는 사람들이다. 그들은 이로운 것을 모른다. 그들은 이롭지 않은 것을 모른다. 그들은 법을 모른다. 그들은 비법(非法)을 모른다. 그들은 이로운 것을 모르고 이롭지 않은 것을 모르고 법을 모르고 비법을 모르기 때문에 '이런 것이 법이고 저런 것은 법이 아니다. 이런 것은 법이 아니고 저런 것이 법이다.'라고 하면서 논쟁을 하고 말다툼을 하고 분쟁하면서 혀를 무기 삼아 서로를 찌르면서 머문다."(§4)라고 말씀하시고 저 유명한 선천적으로 눈먼 사람의 비유를 드셨다.

(7) 깨달음의 경지와 열반에 대한 명쾌한 말씀

『우다나』는 부처님께서 네란자라 강의 언덕에 있는 깨달음의 나무[菩提樹] 아래에서(bodhirukkhamūle) 깨달음을 체득하시고 읊으신 우러나온 말씀들로 시작해서 맨 마지막인 제8품 빠딸리 마을 품(Ud8:1~10)의 열반과 반열반과 관계된 우러나온 말씀들로 끝을 맺는다. 본서가 무엇보다도 소중한 것은 본서에는 이처럼 깨달음의 경지와 열반에 대한 부처님의 우러나온 말씀들이 담겨있다는 점일 것이다. 사실 깨달음과 열반은 동전의 양면과도 같다. 깨달음을 체득하는 것은 열반을 실현하는 것이고 열반을 실현해야 깨달음이 체득되기 때문이다. 이제 깨달음의 경지와 열반에 대한 부처님의 우러나온 말씀들을 살펴보자.

① 깨달음을 체득하시고 읊으신 6개의 우러나온 말씀들

본서 『우다나』에는 부처님께서 네란자라 강의 언덕에 있는 깨달음의 나무 아래에서 깨달음을 체득하시고 읊으신 감흥어가 6개 실려 있다. 그것은 「깨달음 경」 1/2/3(Ud1:1~3)과 「흥흥거림 경」(Ud1:4)과 「무짤린다 경」(Ud2:1)과 「세상 경」(Ud3:10)이다. 이 여섯 개 경은 모두 '세존께서 해탈의 행복을 누리시면서 칠 일 동안 단 한 번의 가부좌로 앉아 계신'(§1) 뒤에 읊으신 우러나온 말씀을 담고 있다.

이 가운데 처음 세 개의 경은 12연기의 유전문과 환멸문을 통해서 괴로움의 발생구조와 소멸구조를 드러내고 계시며 그래서 "참으로 법들이 분명하게 드러날 때 / 그의 모든 의문들은 사라지나니"(Ud1:1~3 §1)라고 우러나온 말씀에서 밝히고 계신다. 이 세 개의 경을 통해서 부처님의 깨달음은 12연기의 유전문과 환멸문을 통한 연기법의 자각임이 밝혀졌다.

「흥흥거림 경」(Ud1:4)에서 세존께서는 자만으로 가득한 바라문에게 지혜를 구족하여 청정범행을 완성한 바라문이야말로 진정한 바라문이라는 우러나온 말씀을 읊으셨다.

「무짤린다 경」(Ud2:1)에서 세존께서는 깨달음의 실현을 통해서 성취된 멀리 여읨과 악의 없음과 탐욕의 빛바램이 바로 행복임을 말씀하신 뒤 '나다.'라는 자만을 길들임이 궁극적 행복이라고 읊으시는데 깨달음의 체득이야말로 진정한 행복이요 궁극적인 행복임을 역설하시는 우다나라 하겠다.

그리고 「세상 경」(Ud3:10)에서는 산문과 운문이 섞인 긴 길이의 우러나온 말씀을 읊으시는데 '존재에 대한 갈애는 제거되고 [그렇다고 해서] 존재하지 않음을 기뻐하지 않는다. … 여여한 자는 모든 존재들을 넘어섰도다.'(§6)라고 사자후를 토하시는 우러나온 말씀이 담겨있다. 주석서는 "이처럼 세존께서는 무여열반의 경지[無餘涅槃界]를 정점으로 하여 이 큰 우러나온 말씀(mahāudāna)을 완성시키셨다."(UdA.216)라고 찬탄하고 있다. 이처럼 주석서는 이 우러나온 말씀을 '큰 우러나온 말씀(mahāudāna)'이라 찬탄하는데 단지 길이가 길어서가 아니라 존재[有]에 집착하고, 존재에 압도되어서도 또 존재를 즐기고, 그러면서도 또 즐기는 그것을 두려워하고 그래서 괴로움을 겪는 중생에 대한 부처님의 내면 깊숙한 곳에서 우러나온 연민으로 가득한 이 말씀이야말로 가장 감동적이고 위대하다고 판단해서 주석가들은 이것을 이렇게 '큰 우러나온 말씀'이라고 표현을 하였을 것이다.

이처럼 깨달음을 실현하시고 읊으신 여섯 개의 우러나온 말씀들 가운데 처음의 넷은 지혜를, 다섯 번째는 행복을, 여섯 번째는 자비를 말씀하고 계신다. 깨달음의 완성은 지혜와 자비와 행복의 완성이라고 세존께서는 우러나온 말씀을 통해서 사자후를 토하고 계신다 하겠다.

② 열반에 대한 부처님의 우러나온 말씀들

한편 『우다나』의 마지막인 제8품 빠딸리 마을 품(Ud8:1~10)은 열반과 반열반과 관계된 경들로 이루어져 있다. 그 가운데 특히 처음의 네 개의 경들, 즉 「열반과 관련됨 경」 1/2/3/4(Nibbānapaṭisaṁyutta-sutta, Ud8:1~4)는 열반에 대한 부처님의 분명한 말씀을 담고 있으며 『우다나 주석서』도 열반에 대한 담마빨라 스님의 명쾌한 설명을 담고 있다.

열반의 실현(nibbānassa sacchikiriya, D22 §1 등)은 궁극적 행복(parama-sukha, DhpA.iii.261)이며 그래서 불교의 궁극적인 목적이 된다. 그러나 4부 니까야의 경전들에서 열반은 탐욕의 소멸, 성냄의 소멸, 어리석음의 소멸로 설명이 되고19) '전적으로 염오함, 이욕, 소멸, 고요함, 최상의 지혜, 바른 깨달음, 열반(ekantanibbidā virāga nirodha upasama abhiññā sambodha nibbā-na, S46:20 §3 등)'으로 설명이 되고, '모든 재생의 근거를 완전히 놓아버림, 갈애의 멸진, 탐욕의 빛바램, 소멸(sabbūpadhipaṭinissagga taṇhā-kkhaya virāga nirodha, M26 §19 등)'로도 설명이 되지만 더 이상의 열반에 대한 구체적인 설명은 나타나지 않는 것으로 여겨진다.

그런데 본 품의 「열반과 관련됨 경」 1/2/3/4(Ud8:1~4)의 우러나온 말씀들은 열반을 조금 더 적극적으로 설명하고 있다. 이 네 개의 우러나온 말씀 가운데 첫 번째, 세 번째, 네 번째 경의 우러나온 말씀은 산문으로 되어 있고 두 번째 경의 우러나온 말씀은 게송으로 되어 있다. 이 가운데서도 "비구들이여, 그러한 경지가 있으니 거기에는 ① 땅이 없고 … ⑤ 공무변처도 없고 … 거기에는 역시 ⑬ 옴이 없고 … ⑳ 참으로 이것은 대상이 없다고 나는 말한다. 이것이 바로 괴로움의 끝이다."(§2 {71})로 설하시는 첫 번째 경, 즉 「열반과 관련됨 경」 1(Ud8:1)의 산문으로 설하신 우러나온 말씀은 이처럼 열반을 '20가지가 아닌 것'으로 설명하고 계신다.

여기에 대해서 주석서는 이 우러나온 말씀은 '법에 대한 배제를 방법으로 함(dhamma-apohana-mukha)'에 의해서 열반이 궁극적인 의미에서 존재하고 있음을 분석하는 우다나라고 찬사를 보내고 있다.(UdA.390)

여기서 배제로 옮긴 apohana(아뽀하나)는 불교 인식논리학의 거장 딕나가(Dignāga) 스님이 제창한 아뽀하(apoha, 타(他)의 배제) 논리에 해당하는 술어이다. 예를 들면 같은 담마빨라 스님이 지은 『청정도론』의 복주서인

---

19) 그래서 사리뿟따 존자도 "도반이여, 탐욕의 소멸, 성냄의 소멸, 어리석음의 소멸 - 이를 일러 열반이라 합니다."(『상윳따 니까야』 제4권 「열반 경」(S38:1) §3)라고 설명하고 있다.

『빠라맛타만주사』에는 "단어의 다른 의미를 배제함(saddantaratthāpohana)에 의해서 단어는 의미를 드러내는데 머리털(kesā)이라고 말하면 머리털이 아닌 것들이 아니다(akesā na honti)라는 이 의미를 알게 한다(saddantarattha-apohanavasena saddo attham̐ vadatīti 'kesā'ti vutte 'akesā na hontī'ti ayam attho viññāyati)."(Pm.i.300, *cf.* UdA.12)라고 나타나는데 '단어의 다른 의미를 배제함(saddantaratthāpohana)'이 아뽀하 혹은 아뽀하나의 기본 의미이다.

본경에서도 세존께서는 '① 땅이 없고'부터 '⑳ 참으로 이것은 대상이 없다.'까지를 통해서 20가지를 배제하는 방법으로 열반을 드러내고 계시기 때문에 이것을 『우다나 주석서』의 저자 담마빨라 스님은 '법에 대한 배제를 방법으로 함(dhamma-apohana-mukha)'이라고 설명하여 다른 의미를 배제함(antaratthāpohana)을 통해서 열반을 드러내신 것으로 이해하고 있다.

한편 컴퓨터로 빠알리 문헌들을 검색해 보면 배제로 옮긴 이 apohana라는 용어는 빠알리 삼장과 붓다고사 스님이 지은 주석서 문헌들에는 나타나지 않고 담마빨라 스님이 지은 『우다나 주석서』와 『이띠웃따까 주석서』 및 복주서들에서 12번 정도 나타나는데 주로 앞에서 인용한 'saddantara-tthāpohanavasena saddo attham̐ vadati(단어의 다른 의미를 배제함에 의해서 [특정] 단어는 그 의미를 드러낸다).'(UdA.12, Pm.i.300, DAṬ.i.48 등, *cf.* UdA.390)라는 문맥으로 나타나고 있다. 그리고 apoha도 itarāpohe vā 등으로 복주서 문헌에만 서너 번 정도 나타나는데 apohana와 같은 의미이지만 중요한 빠알리 용어로 정착되지는 않은 듯하다.

apohana 혹은 apoha(apa+√ūh, ūhati, 1류, *to remove*, 중국에서 除(제)나 離(이)로 옮김)는 PED나 BDD 등의 어떤 빠알리 사전에도 표제어로 등재되지 않았고 불교 산스끄리뜨 사전인 BSD에도 나타나지 않으며 범영사전에는 *exclusion*으로 나타난다.

그리고 「열반과 관련됨 경」3(Ud8:3)의 우러나온 말씀에서는 "비구들이여, 태어나지 않았고 존재하지 않았고 만들어지지 않았고 형성되지 않은 것이 있다. … 비구들이여, 태어나지 않았고 존재하지 않았고 만들어지지 않았고 형성되지 않은 것이 있기 때문에 태어났고 존재했고 만들어졌고 형성된 것으로부터 벗어남을 천명하게 된다.”(§2 {73})라고 하시어 ‘열반의 요소(nibbānadhātu)는 궁극적인 의미에서 존재함(paramatthato sambhavo)’(UdA. 396)을 천명하셨다. 역자는 이 네 개의 경들, 즉 「열반과 관련됨 경」 1/2/3/4(Ud8:1~4)에 대한 설명으로 『우다나 주석서』의 해당 부분을 주해에서 많이 인용하였으므로 참조하기 바란다.

그리고 본서의 마지막 경인 「답바 경」 2(Ud8:10)는 “말라의 후예 답바가 하늘에 올라간 뒤 허공의 빈 공간에서 가부좌를 틀고 앉아서 불의 요소를 통해서 삼매에 들었다가 출정하여 반열반에 들자 그의 몸은 불타고 다 타버려서 재조차도 남지 않았고 그을음조차도 알려지지 않았다.”(§2)로 설명이 마무리가 되고 “그와같이 바르게 해탈하였고 / 감각적 쾌락의 속박인 폭류를 건넜으며 / 흔들림 없는 행복을 증득한 분들의 / 행처는 드러낼 수 없도다.”(§3 {80})로 부처님의 우러나온 말씀도 마무리가 된다. 이처럼 반열반을 맨 마지막에 놓는 방식으로 『우다나』는 대단원의 막을 내린다.

10. 『우다나 주석서』의 저자 담마빨라 스님에 대해서

『우다나』를 접하면서 우리는 담마빨라(Dhammapāla)라는 상좌부 불교의 또 한 분의 중요한 주석가를 만나게 되었다. 상좌부 불교의 2,600년 단절 없는 흐름에서 가장 중요한 역할을 한 두 분을 들라면 붓다고사 스님과 담마빨라 스님을 꼽을 수밖에 없다. 전자는 상좌부 불교 전통에서 전승되어 오던 초기불전에 대한 논의와 설명을 『청정도론』과 빠알리 삼장의 주석서들로 정리해서 체계화한 분이며, 후자는 이 전통을 『빠라맛타만주사』와 3부 니까야의 복주서로 계승해서 정착시킴과 동시에 붓다고사 스님이 완성하지 못한 나머지 주석서들을 완성시킨 분이다. 『우다나 주석서』도 바로 이 담마빨라 스님이 지었다. 이제 『우다나 주석서』와 이 주석서의 저자인 담마빨라 스님에 대해서 살펴보고자 한다.[20]

---

20) 여기에서 전개하고 있는 담마빨라 스님에 대한 글은 대부분이 초기불전연구

(1) 담마빨라 스님의 저술 18가지

담마빨라 스님은 방대한 주석서와 복주서를 지은 분이며 그래서 그는 상좌부 불교에서 아짜리야 담마빨라(Ācariya Dhammapāla)로, 즉 스승(ācariya)으로 호칭되고 있다. 상좌부 불교 역사에서 중요한 두 분을 들라면 바로 대주석가 붓다고사 스님과 이 아짜리야 담마빨라 스님이다. 전통적으로 붓다고사 스님은 『청정도론』을 포함한 13개의 주석서를 지은 것으로 인정된다.[21]

원 원장인 대림 스님의 박사학위 청구논문인 'A Study in Paramatthamañjūsā'의 제1장 서문(Chapter one, INTRODUCTION)을 한글로 옮겨서 인용한 것임을 밝힌다. 허락을 해주신 대림 스님께 감사드린다.

21) 『마하왐사』와 『간다왐사』 등에 의하면 전통적으로 『청정도론』 외에도 다음 12가지 주석서들이 붓다고사 스님의 저작으로 나타난다.

(1) 율장의 주석서들
① 사만따빠사디까(Samantapāsādika): 율장의 주석서(VinA)
② 깡카위따라니(Kaṅkhāvitaraṇī): 빠띠목카에 대한 주석서

(2) 경장의 주석서들
③ 수망갈라윌라시니(Sumaṅgalavilāsinī): 디가 니까야 주석서(DA)
④ 빠빤짜수다니(Pāpañcasūdanī): 맛지마 니까야 주석서(MA)
⑤ 사랏탑빠까시니(Sāratthappakāsinī): 상윳따 니까야 주석서(SA)
⑥ 마노라타뿌라니(Manorathapūraṇī): 앙굿따라 니까야 주석서(AA)
⑦ 빠라맛타조띠까(Paramatthajotikā): 쿳다까빠타(Khuddakapāṭha)와 숫따니빠따(Suttanipāta)의 주석서(KhuA, SnA)
⑧ 담마빠다앗타까타(Dhammapadatthakathā): 법구경 주석서(DhpA)
⑨ 자따까앗타까타(Jātakatthakathā): 자따까 주석서(JāA)

(3) 논장의 주석서들
⑩ 앗타살리니(Aṭṭhasālinī): 담마상가니 주석서(DhsA)
⑪ 삼모하위노다니(Sammohavinodanī): 위방가 주석서(VbhA)
⑫ 빤짜빠까라나앗타까타(Pañcapakaraṇatthakathā): 나머지 다섯 논장의 주석서

이들에 대한 논의는 대림 스님이 번역한 『청정도론』 제1권 해제 §5. 붓다고사 스님이 지은 주석서들(41쪽 이하)을 참조하기 바란다.

17세기에 미얀마에서 난다빤냐(Nandapañña)가 지은 상좌부 불교 문헌에 대한 역사서라 할 수 있는 『간다왐사』(Gandhavaṁsa)를 토대로 정리해 보면 담마빨라 스님은 아래에서 언급하는 모두 18개의 주석서와 복주서를 지은 것으로 인정되고 있다. 이 18개는 아래의 다섯 종류로 나누어진다.[22)]

I. 빠라맛타디빠니(Paramatthadīpanī)
① 담마빠다 주석서(DhpA)
② 우다나 주석서(UdA)
③ 이띠웃따까 주석서(ItA)
④ 숫따니빠따 주석서(SnA)
⑤ 테라가타 주석서(ThagA)
⑥ 테리가타 주석서(ThigA)
⑦ 자따까 주석서(JāA)

이들은 『쿳다까 니까야』에 포함된 게송을 포함하는 7개의 경들에 대한 주석서이다.

II. 『빠라맛타만주사』(Paramtthamañjūsā, Pm) - 청정도론 복주서

III. 리낫타빠까시니(Līnatthappakāsinī, 숨은 뜻을 밝힘) - 경장의 복주서
① 디가 니까야 복주서(DAṬ)
② 맛지마 니까야 복주서(MAṬ)
③ 상윳따 니까야 복주서(SAṬ)
④ 자따까 복주서(JāAṬ)이다.

IV. 리낫타완나나(Līnatthavaṇṇanā, 숨은 뜻을 설명함) - 논장의 복주서
① 담마상가니 복주서(DhsAṬ)

---

22) 대림 스님 박사학위 청구 논문, 'A Study in Paramatthamañjūsā'의 10쪽에서 인용함. 『간다왐사』(Gandhavaṁsa)에서는 14개로 언급되고 있는데 이 가운데 『리낫타빠까시니』(Līnatthapakāsinī)와 『리낫타완나나』(Līna-tthavaṇṇanā)를 아래 본문처럼 각각 세 권으로 계산하면 모두 18개가 된다.

② 위방가 복주서(VbhAṬ)

③ 빤짜빠까라나 복주서(Pañcapakaraṇa-mūlaṭīkā) – 5론의 복주서

V. ① 넷띠빠까라나 주석서(Nettippakaraṇa-aṭṭhakathā)

② 넷띠빠까라나 복주서(Nettippakaraṇa-ṭīkā)

③ 붓다왐사 복주서(Buddhavaṁsa-ṭīkā)

그런데 이 『붓다왐사 복주서』(BvAṬ)는 히뉘버(Hinüber) 교수의 *Hand-book*에는 언급되지 않는다. 이렇게 하여 18개의 주석서와 복주서 문헌들이 담마빨라 스님의 저술로 전해온다.

여기서 보듯이 『우다나 주석서』는 『빠라맛타디빠니』(Paramatthadīpanī)에 포함되어 『쿳다까 니까야』의 다른 여섯 개 경들의 주석서와 함께 전해온다. 역자는 VRI본 삼장과 주석서들과 복주서들을 FoxPro를 이용하여 컴퓨터로 정리한 개인적인 자료를 통해서 이 『우다나 주석서』를 읽고 검색과 인용을 하였다. 그리고 이 『우다나 주석서』는 1995년에 메이스필드(Masefield) 교수에 의해서 'The Udāna Commentary'(Vol. I/II)로 영역이 되어 PTS에서 출간이 되었다. 전체 8품 가운데 제3품 난다 품(Ud3:1~10)에 대한 주석까지가 이 책의 제1권에 포함되어 있고 제4품 메기야 품(Ud4:1~10)의 주석부터 마지막까지가 제2권에 포함되어 있다. 이 책의 제1품의 영어 번역에는 1,500개가 넘는 주해가 달려 있고 제2품에는 1,200개가 넘는 주해가 들어있으며 나머지 품들에도 각각 700개가 훨씬 넘는 주해가 달려 있으니 전체적으로 주해는 7,000개가 넘는다. 가히 빠알리 문헌의 번역에서 격조 높은 방법을 제시했다고 여겨진다. 역자는 『우다나 주석서』를 이해하는 데 이 책의 도움을 많이 받았다.

(2) 담마빨라 스님에 대한 자료 5가지

현대에 들어와서 담마빨라 스님에게는 다음의 세 가지 문제가 늘 따라다닌다.

첫째, 담마빨라 스님은 한 명인가, 두 명인가, 아니면 여러 명인가?

둘째, 담마빨라 스님과 북방불교의 대논사 다르마빨라 스님은 같은가, 다른가?

셋째, 담마빨라 스님은 어느 때 사람인가?

물론 이 가운데 세 번째는 첫 번째와 두 번째 문제에 의존해 있다.23) 그리고 두 번째 문제에 대해서 거의 모든 학자들은 이 두 스님은 다른 분인 것으로 의견이 일치하는 것 같다. 제일 중요한 문제이며 아직도 결정되지 않은 것이 담마빨라 스님은 한 명인가 두 명인가, 아니면 더 많을 수 있는가이다.

이 세 가지 질문에 대한 대답은 다음의 다섯 가지 자료에 바탕을 두고 있다.

① 『쿳다까 니까야』의 일곱 경전에 대한 주석서인 『빠라맛타디빠니』의 간기(刊記, nigamana)

② 『넷띠빠까라나 주석서』의 간기(刊記)

③ 『청정도론』의 복주서인 『빠라맛타만주사』(Pm)의 간기

④ 17세기에 미얀마의 난다빤냐(Nandapañña) 스님이 지은 『간다왐사』(Gandhavaṁsa)

⑤ 북방불교에 나타나는 다르마빨라(Dharmapāla, 護法) 스님에 대한 자료.

이제 이 다섯 가지 자료를 중심으로 담마빨라 스님에 대해서 살펴보자.

① 담마빨라 스님에 대한 가장 중요한 첫 번째 자료는 요즘처럼 책의 맨 마지막에 넣는 저자 등에 대한 간행 기록[刊記, nigamana, *colophon*]이다. 『쿳다까 니까야』의 일곱 경전에 대한 주석서인 『빠라맛타디빠니』와 『청정도론』의 복주서인 『빠라맛타만주사』와 『넷띠빠까라나 주석서』의 간기에는 모두 저자가 "바다라띳타 승원에 거주하는 아짜리야 담마빨라(Ācariya Dhammapāla)"24)로 나타나고 있다. 그러므로 담마빨라 스님에 대해서 논하는 학자들은 모두 이 자료를 첫 번째로 언급한다. A. Pieris는 이 바다라띳타는 승원의 이름이 아니라 지역의 명칭이라고 설명한다.

---

23) A. Pieris, p. 65.

24) "badaratitthavihāravāsinā ācariyadhammapālena katā [udānassa aṭṭhakathā] samattā"(UdA.463; ItA.ii.194; VvA.355; PvA287; ThagA.iii.210; ThigA.301; CpA.336; NettiA.249; Pm.ii.535)

② 두 번째 자료는 『넷띠빠까라나 주석서』의 간기(刊記)이다. 『넷띠빠까라나 주석서』의 게송으로 된 간기에는 저자가 성스러운 법이 전승되어 온 곳, 즉 인도에 있으며 아소까 왕의 이름과 관련된 나가빳따나에 있는 승원에 머물렀다고 나타난다.[25)]

그래서 붓다닷따(Buddhadatta) 스님은 첫 번째와 두 번째 자료를 연결하여 바다라띳타는 남인도 해변가에 있는 네가빠딴(Negapatan, Nāgapaṭṭana의 현재 지명)의 북쪽과 꼰지와람(Conjeevaram, Kāñcipura)의 남쪽에 있는 승원이었다고 주장한다. 그러나 A. Pieris는 너무 성급한 결론이라면서 동의하지 않는다.[26)]

③ 세 번째 자료는 『청정도론』의 복주서인 『빠라맛타만주사』(Pm)의 간기이다. 이것은 가장 중요하면서도 논쟁의 여지가 있는 자료이다. Pm의 이 간기에서 저자는 싯다가마의 빠리웨나(Siddhagāma-pariveṇa)에 살고 있는 다타나가(Dāṭhanāga)라는 현명한 장로의 요청으로 이 책을 썼다고 적고 있다.[27)] 스리랑카의 역사서인 『쭐라왐사』(Cūḷavaṃsa)에 의하면 이 빠리웨나는 세나 4세 왕(서기 954~956) 때 그가 왕위를 물려받기 전에 승려로서 머물렀던 곳에 지은 것이라고 한다. 그의 왕위 계승자인 마힌다 4세 왕(서기 956~972)은 다타나가 장로를 주지로 임명하였다고 한다. 만일 이것이 사실이라면 담마빨라 스님은 Pm을 싯다가마 빠리웨나에 거주하는 바로 이 다타나가 장로의 요청으로 쓴 것이 된다. 이렇게 되면 Pm은 10세기 후반에 쓰여진 것이 된다.

이 세 번째 자료를 토대로 붓다닷따(Buddhadatta) 스님은 이들 주석서와 복주서의 저자가 10세기 때의 스님이라고 결론 내리고 있고 아래 다섯 번

---

25) saddhammāvataraṭṭhāne paṭṭane Nāgasavhaye
dhammāsoka-mahārāja-vihāre vasatā mayā.(NettiA.249)

26) A. Pieris, pp. 66-7.

27) āyācito siddhagāma-pariveṇanivāsinā
therena dāṭhanāgena, suddhācārena dhīmatā.(Pm.ii.535)

째에서 언급되는 북방불교의 다르마빨라 스님일 수가 없다고도 결론짓는다. 사실 이 세 번째 자료는 두 명 혹은 세 명의 담마빨라 스님이 있다는 주장의 가장 강력한 근거가 된다.

그래서 삿다띳사(Saddhatissa) 스님도 아래 네 번째 자료를 함께 언급하면서 두 명의 담마빨라 스님이 있어서 주석서들의 저자와 복주서들의 저자는 다르다고 주장한다. 전자는 6세기 때 스님이고 후자는 10세기 때 스님이며, 전자는 아짜리야 담마빨라이고 후자는 아래 네 번째 자료에서 언급하는 쫄라 담마빨라 스님이며, 전자는 인도 사람이고 후자는 스리랑카 출신이라고 역설한다.

저명한 초기불교 학자인 노만 교수(K. R. Norman)도 아래 네 번째 자료를 함께 언급하면서 두 명의 담마빨라 스님이 있어서 주석서들의 저자와 복주서들의 저자는 다를 가능성이 높다고 적고 있다.[28)]

그러나 한 명의 저자라고 믿는 학자들은 이 세 번째 자료를 크게 신뢰하지 않는다. 그들은 이 자료를 다르게 이해하고 해석한다. 그래서 릴리 드 실바(Lily de Silva) 교수는 싯다가마(Siddhagāma)라는 명칭과 가까운 이름이 지금은 타밀에서 다르게 발음하지만, 예를 들면 Siddhakovil, Siddhamalai, Saddhavādi Nāḍu, Siddhapura 등이 깐찌뿌라 주위의 여러 곳에 있다고 주장한다. 이 가운데 싯다뿌라는 아소까 칙령이 있던 곳이기도 하다. A. Pieris도 담마빨라 스님은 한 분이라는 것에 동의하는데 그는 이 자료는 엄정한 검증을 하지 않는 한 담마빨라 스님의 연대를 아는 데 결정적인 역할을 하지 못한다고 주장한다. 그 이유 중의 하나로 구문으로 볼 때 이 게송은 간기에 나타나는 다른 게송들과 어울리지 않기 때문이라고 주장한다.[29)]

④ 네 번째 자료는 17세기에 미얀마의 난다빤냐(Nandapañña)가 지은 『간다왐사』(Gandhavaṁsa)이다. 『간다왐사』의 '저자들이 태어난 곳'이라는 장에 의하면 담마빨라라는 이름을 쓰는 스님들이 네 명 언급된다.[30)] 첫

28) K. R. Norman, p. 149.

29) A. Pieris, pp. 74-7.

번째가 10명의 큰 스승들에 대한 언급에 나타나는 아짜리야 담마빨라이며 그는 붓다닷따 스님과 아난다 스님 바로 다음에 언급되고 있으며 위에서 밝혔듯이 14개의 저술(『리낫타빠까시니』와 『리낫타완나나』를 각각 3개로 풀어내면 모두 18개가 됨)을 남겼다고 한다. 두 번째는 쭐라 담마빨라 스님인데 디빵까라와 깟사빠 스님 다음에 언급되며 그는 『삿짜상케빠』의 저자로 언급되고 아난다 스님의 상수 제자라고 밝히고 있다고 한다.31) 세 번째는 상가락킷따와 아누룻다 스님 사이에 언급되고 있으며, 네 번째는 마리맛다나뿌라의 스님들의 목록에 나타난다고 한다. 물론 이 세 번째와 네 번째는 지금의 논점에서 벗어나 있다.32)

이것도 담마빨라 스님의 저술로 알려진 18권의 저자가 두 명이라고 믿게 하는 중요한 자료가 된다. 삿다띳사 스님은 그래서 복주서들은 이 쭐라 담마빨라가 지었다고 주장하지만 릴리 드 실바 교수가 반박하였다.33)

한편 말랄라세께라(Malalasekera) 교수는 DPPN에서 쭐라 담마빨라는 와나라따나 아난다 스님의 수제자였으며 『삿짜상케빠』를 지었다고 언급한다. 그리고 이 담마빨라 스님이 복주서들을 지었고 아난다 스님의 『물라띠까』에 대한 아누띠까인 『리낫타완나나』(Līnatthavaṇṇanā)를 지었다고 주장하는데34) 근거는 없다.

⑤ 다섯 번째는 북방불교에 나타나는 다르마빨라(Dharmapāla, 護法) 스님에 대한 자료인데 현장 스님의 『대당서역기』와 현장 스님의 행장이다. 이 자료에 의하면 다르마빨라는 남인도 깐찌뿌라(Kāñcipura)에서 태어났으며 날란다(Nālanda) 대학의 가장 유명한 교수사 가운데 한 사람이었다. 그의 제자인 실라바드라 스님이 날란다 대학에 있을 때인 서기 640년에 현장

30) See G. P. Malalasekera, p. 112; DAṬ(R), xli.

31) DAṬ(R), xliii.

32) Ibid, xlviii.

33) Ibid, xliii-xlvi.

34) G. P. Malalasekera, pp. 114-5.

스님은 날란다 대학을 방문했다고 한다. 이 다르마빨라 스님은 유식의 대가였으며 북방불교의 대논사 다르마끼르띠 스님과 실라바드라 스님의 스승이었다.[35]

그리고 우리가 논의하는 상좌부 불교의 담마빨라 스님도 깐찌뿌라 출신이었음을 말랄라세께라 교수와 삿다떳사 스님과 릴리 드 실바 교수는 인정하고 있다. 대부분의 현대 학자들은 그렇다고 해서 다르마빨라 스님과 담마빨라 스님이 동일인이라고 여길 하등의 이유가 없다고 말한다.[36]

삿다떳사 스님과 릴리 드 실바 교수는 붓다닷따 스님이 모은 자료를 토대로[37] 담마빨라가 깐찌뿌라 출신이라고 주장하지만 남방의 담마빨라와 북방의 다르마빨라가 같은 사람이라는 결정적인 증거는 없다.[38] 리스 데이비즈 교수나 노만 교수나 오스카 히뉘버 교수나 더 이전의 윈터니쯔 교수나 빌헬름 가이거 교수는 이를 의심하고 받아들이지 않는다. 그리고 다르마빨라 스님은 유식학파에 속하는 스님인데 담마빨라 스님은 Pm에서 유식의 견해를 비판하고 있다. 그렇지만 Pm에 나타나는 담마빨라 스님의 논리학 등에 대한 방대한 지식과 담마빨라 스님이 지은 『우다나 주석서』와 『디가 니까야 복주서』 등과 같은 상좌부 불교 문헌에 나타나고 있는 apohana(배제)의 이론[39] 등을 볼 때 비슷한 시대에 같은 곳에서 태어났으며 이름까지 같은 두 분이 동일인이 아닐까 하는 관심을 역자도 가지고는 있다.

---

35) A. Pieris, p. 68.

36) Rhys Davids and all the later scholars like Norman and Oskar von Hinüber and earlier scholars like M. Winternitz and Wilhelm Geiger

37) Ibid.

38) A. Pieris, pp. 69-70.

39) '배제'로 옮긴 이 apohana에 대해서는 본 해제 §9. 우다나의 주제의 (7)-③의 해당 부분이나 본서 「열반과 관련됨 경」 1(Ud8:1) §2의 해당 주해를 참조할 것.

(3) 담마빨라 스님은 한 명으로 보는 것이 타당하다

이상의 자료를 토대로 하여 진행되는 담마빨라 스님이 한 명이다, 두 명이다, 혹은 여러 명이다라거나 생존 연대에 대한 여러 학자들의 추정과 논의와 주장은 명료하지 못하다. 그리고 담마빨라 스님이 인도 출신인지 스리랑카 출신인지도 분명하지 못하다. A. Pieris와 히뉘버(Hinüber) 교수의 제언처럼 우리는 담마빨라 스님이 지은 주석서들과 복주서들 상호간의 상호 참조(*cross reference*)나 내적인 통일성 등의 더 많은 증거를 모아야 한다.

릴리 드 실바 교수의 다음과 같은 지적은 이런 측면에서 유용하다 할 수 있다. 『디가 니까야 복주서』는 쭐라 담마빨라 스님이 지은 『삿짜상케빠』와 유사점이 없다. 그리고 만일 쭐라 담마빨라 스님이 Pm과 복주서들을 지었다고 한다면 culla(cūla, 작은)라는 용어는 이런 중요한 많은 저술을 한 담마빨라 스님에게 어울리는 용어가 아니다. 그리고 『디가 니까야 복주서』에 나타나는 문법 용어들은 10세기에 유행했을 깟짜야나 문법의 용어들이 아니라 붓다고사 스님의 주석서들에 나타나는 것과 같다.[40] 그리고 릴리 드 실바 교수는 『디가 니까야 복주서』의 문장들이 『우다나 주석서』나 『이띠웃따까 주석서』나 『짜리야삐따까 주석서』와 놀라울 정도로 같은 보기들을 제시하고 있다. 이것도 주석서들을 쓴 담마빨라 스님과 복주서들을 지은 담마빨라 스님이 동일인임을 판단하는 중요한 자료가 된다.

예를 들면, VRI에서 발행한 육차결집본 텍스트 파일을 검색해 보면 'imasmiṁ sati eva, nāsati. imassuppādā eva, nānuppādā. anirodhā eva, na nirodhāti(오직 이것이 있을 때이지 없을 때가 아니고, 오직 이것이 일어날 때이지 일어나지 않을 때가 아니며, 소멸이 아님 때문이지 소멸 때문이 아니라는 것이다.).'라는 문장을 중심으로 한 '이것이 있을 때 저것이 있다(imasmiṁ sati idaṁ hoti)로 시작되는 연기의 정형구에 대한 설명이 『우다나 주석서』(UdA.38)에 나타나는데 이 문장은 빠알리 문헌 전체 가운데 『상윳따 니까

40) A. Pieris, p. 73; DAṬ(R), xliii-xlvi.

야 복주서』에만 "imasmiṁ sati eva, nāsati, imassa uppādā eva, nānuppādā, nirodhā eva, nānirodhāti"(SAṬ.ii.260)로 나타난다. 거의 같은 설명들이 담마빨라 스님이 지은 『빠라맛타만주사』(Pm)에도 나타나고 있다.(Pm.ii.246)

그리고 이 문맥에서 'tenedaṁ lakkhaṇaṁ antogadhaniyamaṁ idha paṭiccasamuppādassa vuttanti(이러한 것을 통해서 여기서 이 연기의 특징은 정해진 법칙으로 암묵적으로 분명하게 설해진 것이라고 알아야 한다.).'라는 문장이 나타나는데 이 문장도 빠알리 문헌 전체에서 『우다나 주석서』(UdA.38)와 『상윳따 니까야 복주서』(SAṬ.ii.260)에 나타나고 더군다나 담마빨라 스님이 지은 『청정도론』의 복주서인 『빠라맛타만주사』(Pm)에도 그대로 나타나고 있고(Pm.ii.246) 붓다고사 스님이 지은 주석서들에는 나타나지 않는다.

이런 자료들도 주석서들의 저자인 담마빨라 스님과 복주서의 저자인 담마빨라 스님이 동일인임을 판단하는 근거가 될 것이다.[41] 만일 역자가 이런 관심을 가지고 VRI본 빠알리 문헌 텍스트 파일의 자료들을 살펴보았다면 훨씬 많은 자료들을 모았을 것이라고 분명하게 말할 수 있다.

나아가 히뉘버 교수는 담마빨라 스님이 동일인이라는 것을 결정하는 중요한 근거를 밝혔다. 그는 『우다나 주석서』(UdA.94)에 나타나는 "kathāvatthupakaraṇassa ṭīkāyaṁ gahetabbo(『까타왓투』 논서의 복주서에서 취해야 한다)."[42]를 예로 든다. 여기 『우다나 주석서』에서 담마빨라 스님은 아난다 스님이 지은 『까타왓투 띠까』(KvAṬ)를 언급하지 않고 자신이 지은 『까타왓투 아누띠까』(KvAnuṬ.122)를 들고 있다. 이처럼 주석서 문헌인 『우다나 주석서』에서 주석서보다 후대의 문헌인 자신이 지은 복주서가 언급되고 있다. 그러므로 이것은 『우다나 주석서』뿐만 아니라 복주서에 속

41) 그리고 본서 「열반과 관련됨 경」1(Ud8:1) §2의 apohana(배제)에 대한 해당 주해도 참조할 것.

42) "vitthāro pana paṭibimbassa udāharaṇabhāvasādhanādiko antarābhavakathāvicāro kathāvatthupakaraṇassa ṭīkāyaṁ gahetabbo."(UdA.94)

하는 논장의 아누띠까도 담마빨라 스님 자신이 지었음을 드러내는 결정적인 증거라 할 수 있다. 그래서 히뉘버 교수는 "이 결정적인 상호 참조는 이런 일관성이 있는 일련의 복주서들도 담마빨라의 저술임을 보증하는 것으로 여겨진다."[43]라고 적고 있다.

계속해서 그는 "이처럼 [『쿳다까 니까야』의 주석서인] 『빠라맛타디빠니』와 아비담마의 복주서인 『리낫타완나나』가 상호 참조에 의해서 서로 연결되어 있기 때문에 두 명의 담마빨라가 존재한다는 주장과 이 주석서들과 복주서들의 통일성 문제에 대한 새로운 논의가 있어야만 한다."[44]라고 적고 있다.

그러므로 대림 스님의 제언처럼 담마빨라 스님은 ① 먼저 아비담마 칠론의 아누띠까인 『리낫타완나나』를 짓고 ② 다음에 『쿳다까 니까야』의 시로 된 7개 경전들의 주석서인 『빠라맛타디빠니』를 짓고 ③ 그다음에 Pm과 『디가 니까야』와 『맛지마 니까야』와 『상윳따 니까야』의 복주서를 지었다고 말할 수 있다.[45] 왜냐하면 대림 스님의 언급처럼 Pm에 『쿳다까 니까야』의 『짜리야삐따까 주석서』(CpA)를 참조하라는 언급이 나타나기 때문에 7개 주석서들이 Pm보다는 먼저 쓰여졌다고 해야 하기 때문이다.[46]

그런데 논장의 복주서들이 경장 『쿳다까 니까야』의 주석서들보다 먼저

---

43) "This crucial cross reference seems to guarantee the unity of this set of subcommentaries as works of Dhammapāla."(Hinüber, p. 168.)

44) Ibid, 169.

45) It is more likely to say that Pm forms a unit together with ṭīkās on DA, MA, SA, because we can find one reference of SAṬ in Pm. It is: tā pana asammohantena saṁyuttasuttaṭīkāyaṁ. vitthārato dassitāti tattha vuttanayena veditabbā. (Pm. III. §43)

46) "*ayamettha saṅkhepo, vitthārato pana pāramitāsu yaṁ vattabbaṁ, taṁ* ***paramatthadīpaniyaṁ cariyāpiṭakavaṇṇanāyaṁ*** *vuttanayeneva veditabbaṁ, ativitthārabhayena na vitthārayimha.*"(Pm.i.392 = IX.274)

만들어졌다는 것을 이상하게 볼 필요는 전혀 없다. 경장의 『쿳다까 니까야』에 대한 주석서가 만들어지기 전에 아난다 스님이 이미 논장의 띠까를 먼저 완성하였으며, 아난다 스님의 제자이거나 적어도 영향을 많이 받았음이 분명한 담마빨라 스님은 여기에 대한 아누띠까(복복주서)를 지어서 상좌부 불교 교학의 집대성인 상좌부 아비담마를 완벽한 구조로 정착시켰다고 보는 것이 더 타당하다고 여겨진다. 이러한 작업을 끝내고 이를 토대로 그다음에 『쿳다까 니까야』 7개 경전에 대한 주석서를 완성하고 그다음에 『청정도론』의 복주서인 『빠라맛타만주사』와 경장의 복주서들을 완성한 것이다.

그리고 불교의 적통인 상좌부의 논장 칠론과 주석서와 복주서와 『청정도론』 등의 방대하면서도 결코 쉽지 않은 문헌을 통해서 아비담마를 체계적으로 공부한다는 것은 수월한 일이 아니다. 초심자에게는 현애상을 내게 할 뿐이다. 그래서 아비담마의 모든 주제를 간결하면서도 일목요연하게 설명한 책이 절실하게 요구되었으며 그에 따라 이미 5세기 때부터 많은 책들이 나타나기 시작했다. 이들 중에서 최초는 아마 붓다고사 스님과 동시대 스님으로 알려진 붓다닷따(Buddhadatta) 스님이 지은 『아비담마 아와따라』(Abhidhammāvatāra, 아비담마 입문)일 것이다. 이 책은 담마빨라 스님의 『빠라맛타만주사』에도 언급되고 있다. 그 외에도 중요한 아비담마 개설서들이 일찍부터 상좌부 불교에 등장하고 있다. 여기에 대해서는 『아비담마 길라잡이』 역자 서문 §8. 아비담마 발전의 세 단계를 참조하기 바란다.

(4) 담마빨라 스님의 연대

담마빨라 스님은 붓다고사 스님(5세기)보다는 후대이고 『앙굿따라 니까야 복주서』를 지은 사리뿟따 스님(12세기) 보다는 이전이라는 사실 외에는 알려진 것이 없다. 그래서 다른 자료를 찾아봐야 한다.

릴리 드 실바 교수는 담마빨라 스님이 아난다 스님이 지은 『담마상가니 복주서』를 언급하면서 "『물라띠까』에서 말하기를(Mūlaṭīkāyam āha)"[47]

---

47) DAṬ.iii. 67 (PTS: 85,22): jivhātālucalanādikaravitakkasamuṭṭhitaṁ

이라는 표현 대신에 '아난다 스승이 말하기를(Ānandācariyo avoca)'이라는 어법을 사용하는 것을 예로 들면서 아난다 스님은 담마빨라 스님에게 아주 익숙한 스님이라고 말한다.[48] 여기에 대해서 히뉘버 교수는 담마빨라 스님이 여기서 일반적인 과거분사로 표현하지 않고 avoca라는 보통은 잘 쓰지 않는 아오리스트 과거를 사용한 것은 빠니니 문법(Pāṇini 3.3.175)에서 밝히듯이 가까운 과거를 뜻한다고 첨언을 하고 있다. 그래서 히뉘버 교수는 "아난다 스님은 그의 스승이라는 것이 확정적인 것 같다."[49]라고 말한다.

담마빨라 스님이 붓다고사 스님과 적통 상좌부인 대사(大寺, Mahāvihāra)의 입장을 옹호하고 아난다 스님의 입장에 반대하는 경우가 있지만 이러한 관점은 일부분에 지나지 않는다. 그와는 반대로 담마빨라 스님은 아난다 스님의 『물라띠까』의 입장을 아주 많이 인용하고 있다.

특히 그는 아난다 스님의 『위방가』의 『물라띠까』를 많이 인용하기도 하는데 오히려 그가 지은 아누띠까는 이러한 아난다 스님의 『물라띠까』를 더 자세히 설명하고 보완하기 위해서 『쿳다까 니까야』에 대한 7개의 주석서들(Paramatthadīpani)보다 먼저 아누띠까, 즉 『리낫타완나나』(Līnattha-vaṇṇanā)를 지은 것이라고 해야 한다. 이러한 사실은 그가 아난다 스님의 제자였거나 적어도 아난다 스님으로부터 많은 영향을 받은 것을 뜻한다. 그는 결코 아난다 스님과 다른 입장에 서있는 사이는 아니다. 아난다 스님이 지은 아비담마 『물라띠까』와 담마빨라 스님이 지은 『빠라맛타만주사』(청정도론 복주서)는 상좌부 불교에서 가장 어렵다고 정평이 나있는 저술로 쌍벽을 이룬다.

A. Pieris는 담마빨라 스님이 적통 상좌부의 교학을 옹호하는 조띠빨라 스님을 자주 인용하는 사실을 든다. 조띠빨라 스님은 악가보디 1세(Agga-

---

sukhumasaddaṁ dibbasotena sutvā ādisatīti sutte vutta''nti ānandācariyo avoca.

48) DAṬ(R), xliv-xlv.

49) Hinüber, p. 170.

bodhi I)의 통치기간인 6세기 말경에 인도에서 온 분이다. 그래서 Pieris는 담마빨라 스님의 연대를 10세기가 아닌 6세기로 제안한다.50)

노만 교수는 두 분의 담마빨라 스님을 인정하지만 주석서들을 지은 담마빨라 스님의 저술에서 우빠세나(Upasena)나 마하나마(Mahānāma) 같은 이름이 언급되지 않는 것을 들어서 이 세 사람은 동시대 사람이라고 간주한다. 그래서 주석서들을 지은 담마빨라 스님의 연대를 서기 6세기로 추정하고 있다.51)

히뉘버 교수는 뽀라나간티빠다(Porāṇagaṇṭhipada) – 담마시리간티빠다(Dhammasirigaṇṭhipada) – 아난다(Ānanda) – 와지라붓디(Vajirabuddhi)의 연표를 제시하면서 이 와지라붓디 스님과 담마빨라 스님은 동시대 사람이고 남인도 출신이라고 결론짓고 이 연표에 나타나는 스님들은 서기 450년부터 600년 사이에 살았을 것이라고 말한다. 그래서 그는 담마빨라 스님은 550~600년의 어느 때의 인물이라고 제시한다.52)

이처럼 『청정도론』과 12개의 주석서들을 지은 붓다고사 스님과 아비담마 칠론에 대한 『물라띠까』(근본복주서)를 지은 아난다 스님과 『빠라맛타만주사』를 위시한 18개의 주석서들과 복주서들을 지은 담마빨라 스님이 활동한 서기 5~6세기는 상좌부 불교의 교학이 정리되고 체계화되고 심화되고 전파된 가장 역동적인 시대였다고 할 수 있다.

이상으로 역자는 대림 스님의 박사학위 청구 논문인 'A Study in Paramatthamañjūsā.'의 제1장 서문의 'Dhammapāla - the author of Pm'을 전적으로 의지하여 『우다나 주석서』와 『이띠웃따까 주석서』의 저자인 담마빨라 스님에 대해서 적어보았다.53)

---

50) A. Pieris, p. 74.

51) K. R. Norman, p. 137.

52) Hinüber, pp. 170-1.

53) 대림 스님의 논문에 사용된 참고 자료를 여기에 옮겨 보면 다음과 같다.

간추리면, 18개의 주석서들과 복주서들을 지은 담마빨라 스님은 한 분이며 6세기 후반부에 실존했던 분이고 남인도 출신이며 아난다 스님의 제자이고 북방의 다르마빨라(護法) 스님과는 동일인이 아니다.

Abhidhamma Studies, by Ven. Nyanaponika Thera, Kandy: BPS, 1965, 1998.
The Colophon to the Paramatthamañjūsā and the Discussion on the Date of Ācariya Dhammapāla, by Aloysius Pieris, 1978.
The Early History of Buddhism in Ceylon, by E.W. Adikaram, Ceylon, 1946.
The Fundamental Abhidhamma, by Ven. U Nandamala, Maryland, 1997.
Guide through the Abhiddhamma Piṭaka, by Nyanatiloka Thera, Kandy: BPS, 1971.
A Handbook of Pāḷi Literature, by Oskar von Hinüber, Berlin, 1996.
History of Buddhism in Ceylon, by Rev. W. Rāhula
History of Indian Literature, by M. Winternitz, English trans. By Batakrishna Ghosh, Revised edition, Delhi, 1983.
History of Pali Literature, by B.C. Law, London, 1933 (2 Vol.s)
Indian Buddhism, by A.K. Warder, 2nd rev. ed. Delhi, 1980.
The Life and Work of Buddhaghosa, by B.C. Law, Calcutta, 1923.
Mahasi Biography, compiled by Ashin Silanandabhivamsa, English trans. by U Min Swe, Yangon, 1982.
Pāḷi Literature – Including the Canonical Literature in Prakrit and Sanskrit of All the Hīnayāna Schools of Buddhism, by K. R. Norman, Wiesbaden, 1983.
Pali Literature and Language, by W. Geiger, English trans. By Batakrishna Ghosh, 1948, 3th reprint. Delhi, 1978.
Pāḷi Literature of Burma, by Mabel Bode
The Pali Literature of Ceylon, by G.P. Malalasekera, 1928. Reprint. Colombo, 1958.
The Psychological Attitude of Early Buddhist Philosophy, by Lama Anagarika Govinda, London, 1961, Reprint. Delhi, 1991.

우러나온 말씀

우다나

Udāna

자설경(自說經)

namo tassa bhagavato arahato sammāsambuddhassa
그분 부처님, 공양받아 마땅한 분, 바르게 깨달으신 분께 귀의합니다

제1품
깨달음 품

Bodhi-vagga(Ud1:1~10)

깨달음 경1(Ud1:1)[54]

Bodhi-sutta

1. 이와 같이 [1] 나는 들었다. 한때 세존께서는 처음 완전한 깨달음을 성취하시고 나서[55] 우루웰라의 네란자라 강의 언덕에 있는 깨달음의 나무[菩提樹] 아래에서 머무셨다.[56] 그때 세존께서는 해탈

54) 우러나온 말씀[自說, udāna]을 포함한 본경은 율장 『마하왁가』(대품) 제1편 대 편(Mahākhandhaka)의 첫 번째 설명인 깨달음에 대한 설명(Bodhi-kathā)의 첫 번째 부문(pathamavāra, Vin.i.2)으로도 나타나고 있다. 즉 율장 『마하왁가』도 본경으로부터 시작하고 있다.

55) '처음 완전한 깨달음을 성취하시고 나서'는 paṭhamābhisambuddho를 주석서를 참조하여 풀어서 옮긴 것이다. 주석서는 "처음으로 완전히 깨달은 분이 되시고 나서(paṭhamaṁ abhisambuddho hutvā)라는 말이며 모든 것의 처음이라는 뜻이다(sabbapaṭhamaṁyevāti attho)."(UdA.27)라고 설명한다.

56) '처음 완전한 깨달음을 성취하시고 나서 우루웰라의 네란자라 강의 언덕에 있는 깨달음의 나무[菩提樹] 아래에서 머무셨다.'는 Uruvelāyaṁ viharati najjā Nerañjarāya tīre bodhirukkhamūle paṭhamābhisambuddho를 옮긴 것이다. 여기서 보듯이 우루웰라(Uruvelā)는 부처님께서 성도하신 지역의 이름이고 그곳을 흐르는 강이 네란자라 강(nadi Nerañjarā)이며 그곳에 있는 나무 아래에서(rukkhamūle) 세존께서는 깨달음을

의 행복을 누리시면서[57] 칠 일 동안 단 한 번의 가부좌로 앉아 계셨다.[58] 그러자 세존께서는 그 칠 일이 지난 뒤 그 삼매로부터 출정하셔서 밤의 초저녁[初夜]에[59] 연기를 발생하는 구조로[流轉門][60] 이처

증득하셨다. 여기서 깨달음은 네 가지 도에 대한 지혜이며(bodhi vuccati catūsu maggesu ñāṇaṁ) 그래서 그 나무를 이렇게 깨달음의 나무(Bodhi-rukkha), 즉 보리수라고 부르고 있다.(VinA.v.952)

『우다나』의 첫 구절인 본경의 이 구문은 본경을 포함한 『우다나』의 6개 경들(Ud1:1; 2; 3; 4; 11; 30)의 첫 구절로 나타나며 4부 니까야 가운데 D16 §3.34; D21 §1.6; S4:1～3 §1; S4:24 §1; S6:1～2 §1; S47:18 §1; S47:43 §3; S48:57 §1; A4:21～22 §1의 13개의 경들과 율장 『마하왁가』(대품)의 맨 첫 구절(Vin.i.1)로도 나타나고 있다.

57) '해탈의 행복을 누리시면서'는 vimuttisukha-paṭisaṁvedī를 옮긴 것이다. 주석서는 이 해탈의 행복을 과의 증득의 행복(phalasamāpatti-sukha)으로 설명한다.(UdA.32)

계속해서 주석서는 해탈을 다섯 가지 해탈(pañca vimuttiyo), 즉 ① 억압에 의한 해탈(vikkhambhana-vimutti) ② 반대되는 것으로 대체함에 의한(paccanīkavasena pariccattāhi tadaṅga-vimutti, SA.iii.209) 해탈 ③ 근절에 의한 해탈(samuccheda-vimutti) ④ 편안함에 의한 해탈(paṭi-ppassaddhi-vimutti) ⑤ 벗어남에 의한 해탈(nissaraṇa-vimuttīti)로 나열하고 이 다섯 가지를 설명한다. 그러면서 ⑤ 벗어남에 의한 해탈이란 것은 모든 형성된 것들로부터 벗어났기 때문에(sabbasaṅkhata-nissaṭattā) 모든 형성된 것들[諸行]로부터 해탈한(sabbasaṅkhāra-vimutta) 열반(nib-bāna)을 뜻한다고 설명한다. 그리고 주석서는 이러한 열반을 대상으로 가지는 것(nibbānārammaṇā)이 바로 이 과의 증득(phalasamāpatti)이라고 마무리한다.(UdA.33)

다섯 가지 해탈에 대해서는 『맛지마 니까야』 제4권 「경이롭고 놀라운 일 경」(M123) §2의 해당 주해를 참조하기 바란다.

58) "'단 한 번의 가부좌로(ekapallaṅkena)'라고 하였다. 위사카 달의 보름에(visākhāpuṇṇamāya) 아직 태양이 떠오르지 않았을 때(anatthaṅgate-yeva sūriye) 패하지 않는 으뜸가는 자리인(aparājitapallaṅkavare) 금강의 제단[金剛壇, vajirāsane]에 앉으신 때로부터 시작하여(nisinnakālato paṭṭhāya) 단 한 번도 일어서시지 않고(sakimpi anuṭṭhahitvā) 가부좌를 트신 그대로(yathāābhujitena) 단 한 번의 가부좌로(ekeneva pallaṅkena)라는 뜻이다."(UdA.31; VinAṬ.iii.132)

59) '밤의 초저녁[初夜]에'는 rattiyā paṭhamaṁ yāmaṁ을 옮긴 것이다. 여기

럼61) 잘 마음에 잡도리하셨다.62)

2. '이것이 있을 때 저것이 있다. 이것이 일어날 때 저것이 일어난다. — 즉 무명을 조건으로 [업]형성들[行]이, [업]형성들을 조건으로 알음알이[識]가, 알음알이를 조건으로 정신·물질[名色]이, 정신·물질을 조건으로 여섯 감각장소[六入]가, 여섯 감각장소를 조건으로 감각접촉[觸]이, 감각접촉을 조건으로 느낌[受]이, 느낌을 조건으로 갈애[愛]가, 갈애를 조건으로 취착[取]이, 취착을 조건으로 존재[有]가, 존재를 조건으로 태어남[生]이, 태어남을 조건으로 늙음·죽음과 슬픔·탄식·육체적 고통·정신적 고통·절망[老死優悲苦惱]이 발생한

에 대해서는 다음의 「깨달음 경」 2(Ud1:2) §1의 주해를 참조하기 바란다.

60) "'발생하는 구조로[流轉門, anulomaṁ]'라고 하셨다. 이것은 '무명을 조건으로 [업]형성들[行]이'라는 등의 방법으로 설하신 무명 등으로 시작하는 [12연기의] 조건의 형태가(avijjādiko paccayākāro) 자신이 해야 할 역할을 실행하고 있기 때문에(attanā kattabbakiccakaraṇato) 발생하는 구조라고(anulomoti) 말씀하신 것이다.
혹은 처음부터 시작해서 끝에 도달하도록 하면서 설해졌기 때문에(ādito paṭṭhāya antaṁ pāpetvā vuttattā) 혹은 전개됨에 의해서 발생하는 구조로 되기 때문에(pavattiyā vā anulomato) 발생하는 구조인데(anulomo) 그런 '발생하는 구조로(anulomaṁ)'라는 뜻이다."(UdA.37~38)

61) 여기서 '이처럼'은 iti를 옮긴 것이다. 이 용어는 PTS본에는 "yāmaṁ paṭiccasamuppādaṁ anulomaṁ sādhukaṁ manasākāsi iti: imasmiṁ sati …"로 편집되어 나타나고 VRI본에는 "yāmaṁ paṭiccasamuppādaṁ anulomaṁ sādhukaṁ manasākāsi - iti imasmiṁ sati …"로 편집되어 나타난다.. 역자는 전자로 읽어서 옮겼다. 그런데 주석서는 iti를 'imasmiṁ sati …'와 함께 설명하고 있기 때문에(UdA.38) VRI본의 편집이 주석서의 입장과는 더 어울리는 것으로 여겨진다.

62) 부처님의 성도 과정과 성도 후의 일화를 담고 있는 『맛지마 니까야』 「성스러운 구함 경」(M26)에 해당하는 『맛지마 니까야 주석서』(MA.ii.181~186)에는 세존께서 깨달음을 증득하신 뒤 7×7=49일 동안에 하셨던 일을 자세하게 적고 있다. 여기에 대해서는 본서 「홍홍거림 경」(Ud1:4) §1의 해당 주해를 참조할 것.

다.[63] 이와 같이 이러한 전체 괴로움의 무더기[苦蘊]가 발생한다.'[64] 라고.[65]

---

63) 여기 「깨달음 경」 1/2/3(Ud1:1~3)에 나타나는 무명 등의 12연기의 구성요소들에 대한 설명은 『초기불교 이해』 299쪽 이하의 <(5) 12가지 연기의 구성요소들에 대한 정의>를 참조하고 『아비담마 길라잡이』 제8장의 <I. 연기의 방법 — §3. 기본 정형구>(제2권 179쪽 이하)의 해설도 참조하기 바란다.

64) "'이와 같이(evaṁ)'라는 단어는 설명되는 것(niddiṭṭha)을 보여준다. 그러므로 이것이 무명 등의 원인(kāraṇa) 때문에 있는 것이지 자재신이 창조했기 때문이라는 등이 아니라는 것을 보여준다(na issaranimmānādīhīti dasseti). '이러한(etassa)'이라는 것은 이미 말한 것의(yathāvuttassa)라는 뜻이다. '전체(kevalassa)'라는 것은 섞이지 않은 혹은 모두의(asammissa-ssa sakalassa vā)란 뜻이다. '괴로움의 무더기[苦蘊, dukkhakkhandha-ssa]'란 괴로움의 덩어리(dukkhasamūha)라는 뜻이고 중생(satta)이 아니고 영혼[壽者, jīva]도 아니고 아름다움이나 즐거움 등(subhasukhādi)도 아니라는 뜻이다. '발생한다(samudayo hoti)'란 생성이 있게 된다(nibbatti sambhavati)라는 뜻이다."(UdA.44)
비슷한 설명이 『청정도론』 제17장(XVII) §50에도 나타난다.

65) "이것이 있을 때 저것이 있다. 이것이 일어날 때 저것이 일어난다. — 즉 무명을 조건으로 [업]형성들[行]이 … 이와 같이 이러한 전체 괴로움의 무더기[苦蘊]가 발생한다.'라고.'는 imasmiṁ sati idaṁ hoti, imassuppādā idaṁ uppajjati, yadidaṁ – avijjāpaccayā saṅkhārā, … evametassa kevalassa dukkhakkhandhassa samudayo hoti를 옮긴 것이다. 여기서 '이것이 있을 때 저것이 있다. 이것이 일어날 때 저것이 일어난다.'와 다음 경의 '이것이 없을 때 저것이 없다. 이것이 소멸할 때 저것이 소멸한다(imasmiṁ asati idaṁ na hoti imassa nirodhā idaṁ nirujjhati).'(Ud1:2 §2)와 함께 연결되어서 연기의 추상화된 정형구로 나타나고 있다.
본서에서처럼 '이것이 있을 때 저것이 있다. 이것이 일어날 때 저것이 일어난다.'와 '이것이 없을 때 저것이 없다. 이것이 소멸할 때 저것이 소멸한다.'가 12연기의 유전문의 정형구(Ud1:1 §2)와 환멸문의 정형구(Ud1:2 §2)에 분리되어서 나타나는 경우는 『맛지마 니까야』 제2권 「갈애 멸진의 긴 경」(M38)에서 §19와 §22로 분리되어 나타나는 것과 『빠띠삼비다 막가』(무애해도, Ps.i.114)에서 발생구조만이 언급되는 것 외에는 니까야의 경들에서는 찾아보기 힘들다.

이 연기의 추상화된 정형구와 12연기의 유전문, 환멸문, 순관, 역관 등에 대해서는 『초기불교 이해』 230~231를 참조할 것. 그리고 이 연기의 추상화된 정형구에 대한 담마빨라 스님의 심오하면서도 긴 주석은 『우다나

3. 그때 세존께서는 이 의미[66]를 아시고 그 즉시 바로 이 우러나온 말씀을 읊으셨다.[67]

주석서』(UdA.38~42)에 들어있다. 관심 있는 분들은 Masefield가 번역한 『The Udāna Commentary I』 의 66~72쪽을 일독할 것을 권한다.

66) 여기서 '의미'로 옮긴 용어는 attha이다. 범어 일반에서 attha(Sk. artha)는 다양한 뜻으로 쓰인다. 초기불교에서는 주로 ① '이로운 것, 이익' ② '뜻, 의미' ③ '이치, 목적, 주제, 본질'이라는 세 가지 뜻을 나타낸다. 냐나몰리 스님은 이 셋을 각각 ① *benefit, good* ② *meaning* ③ *purpose, aim, goal, need*로 정리하고 있다.(NMD *s.v.* attha)

① '이로운 것, 이익'의 뜻으로 쓰일 때는 "많은 사람의 이익을 위하고 많은 사람의 행복을 위하고 세상을 연민하고 신과 인간의 이로움과 이익과 행복을 위하여"(D14 §3.22 등)라는 문맥 등에 많이 나타난다.
② '뜻, 의미'로는 "의미와 표현을 구족하여 더할 나위 없이 완벽하고 지극히 청정한 범행(梵行)을 드러낸다."(D2 §40 등)라는 정형구에서 보듯이 '의미(attha)와 표현(byañjana)'이라는 문맥에서 많이 쓰인다.
③ '이치, 목적, 주제, 본질'의 뜻으로 쓰일 경우에는 "그들이 [드러내는] 그 궁극적인 이치는 청정하나니(tesaṁ so attho paramo visujjhati)"(It3:49 §4) 등으로 나타나며 특히 아비담마에서는 빠라맛타(paramattha, parama + attha, 구경, 궁극의 이치, 궁극적인 것)라고 정착이 되었고 중국에서는 勝義, 眞實, 第一義(승의, 진실, 제일의) 등으로 번역하였다. 이 문맥에서 attha는 인도의 육파철학, 특히 논리학에서의 빠다르타(padārtha, Pāli: padattha, pada + attha, 논의의 주제, 즉 그 파에서 주장하고 정리하고 논의하고 관심을 가지는 근본주제)와 일맥상통하는 용어로도 쓰인다. 여기에 대해서는 『아비담마 길라잡이』 역자 서문 §2를 참조할 것.

attha가 가지는 이 세 가지 뜻이 모두 본경 이 문맥의 attha에 적용된다고 볼 수 있지만 특히 세 번째의 의미가 강하다. 바로 다음 주해도 참조하기 바란다.

67) "'이 의미를 아시고(etamatthaṁ viditvā)'라고 하였다. 여기서는 이처럼 무명 등을 통해서 [업]형성들[行] 등의 괴로움의 무더기가 일어난다고 말씀하셨는데 모든 측면에서(sabbākārena) [앞에 서술된 부분의] 이 의미를, 아시고라는 뜻이다. '그 즉시 바로(tāyaṁ velāyaṁ)'라는 것은 그 의미를 아신 그 즉시에(tassa atthassa viditavelāyaṁ)라는 말이다.
'이 우러나온 말씀을 읊으셨다(imaṁ udānaṁ udānesi).'라는 것은 그 의미를 아셨을 때(tasmiṁ atthe vidite) 원인과 원인에서 생긴 법들을 꿰뚫어 아는 위력을 밝히는 것이며(hetuno ca hetusamuppannadhammassa

ca pajānanāya ānubhāvadīpakaṁ) ‘참으로 법들이 분명하게 드러날 때’로 시작하는 이 우러나온 말씀을 읊으신 것이다. 이것은 기쁨과 함께하고 지혜에서 나온 것이다(somanassa-sampayutta-ñāṇa-samuṭṭhānaṁ).”(UdA.44)

한편 『상윳따 니까야 주석서』는 ‘이 의미를 아시고(etamatthaṁ viditvā)’를 “그 경우(측면)를 아신 뒤에(taṁ kāraṇaṁ jānitvā)”(SA.i.144)로 설명하고 있는데 attha를 kāraṇa로 해석하고 있다. 한편 냐나몰리 스님은 kāraṇa의 용례로 ① *act of causing to do* ② *instrument* ③ *cause, reason* ④ *case, instance*의 네 가지를 들고 있다.(NMD *s.v.* kāraṇa)

한편 Ireland는 본 문장을 “*Then, on realizing its significance, the Lord uttered on that occasion this inspired utterance.*”(Ireland, 13 등)로 옮겼고, 타닛사라 스님은 “*Then, on realizing the significance of that, the Blessed One on that occasion exclaimed:*”(Ṭhānissara, 26 등)로 옮겼으며, Masefield는 “*Fathoming this matter at that time the blessed One gave rise to this Udāna.*”(Masefield, 74~75)로 옮겼다. 이처럼 앞의 두 역자는 attha를 *significance*(중요성)로 옮겼고 후자는 *matter*로 옮겼다.

68) “‘근면하고 참선을 하는 바라문에게(ātāpino jhāyato brāhmaṇassa)’라고 하셨다. 여기서 ‘근면하고(ātāpino)’란 바른 노력[正勤]으로 정진하는 자(sammappadhānavīriyavato)이고 ‘참선을 하는(jhāyato)’이란 대상을 명상하고(ārammaṇūpanijjhāna) 특징을 명상하는 것(lakkhaṇūpanijjhāna)으로 참선을 하는 자이다. ‘바라문에게(brāhmaṇassa)’란 사악함을 내몰아 버린(bāhita-pāpassa) 번뇌 다한 자에게(khīṇāsavassa)라는 뜻이다.”(UdA.44)

한편 ‘사악한 법을 내쫓아 버린 바라문(yo brāhmaṇo bāhitapāpadhammo)’이라는 표현이 본서 Ud1:4 §3과 Ud1:5 §3의 우러나온 말씀에 나타나는데 부처님께서는 바라문, 즉 brāhmaṇa라는 단어의 유래를 문자적으로 이처럼 **bāhita-pāpa-dhamma**로 설명하신다. 그리고 본서 「아자깔라빠까 경」(Ud1:7) §3에 해당하는 주석서도 “사악한 법들을 내몰았기 때문에 궁극적 의미에서 바라문이다(bāhitapāpadhammatāya paramatthabrāhmaṇo).”라고 바라문을 정의하고 있는데 주석서도 brāhmaṇa를 **bāhita+dhamma**로 설명한다.(UdA.70) 다른 주석서들도 여기서처럼 “사악함을 몰아내어(bāhita-pāpa) 번뇌가 다한(khīṇāsava) 바라문”(SA.i.20, *cf.* AAṬ.ii.203)이라고 바라문을 설명한다.

『법구경』(Dhp) {388}, {396}~{423} 등에서도 부처님은 바라문(brāhma

참으로 법들이 분명하게 드러날 때
그의 모든 의문들은 사라지나니
원인을 가진 법을 꿰뚫어 알기 때문이로다."69) {1}

-ṇa)으로 불려진다. 아울러 『맛지마 니까야』 제3권 「와셋타 경」(M98) §10 이하의 게송들과 『법구경』의 바라문 품(Dhp.390~423) 등에서 부처님께서는 진정한 바라문을 여러 가지로 정의하고 계시는데 태생에 의해서 바라문이 되는 것이 아니라 탐・진・치가 다하고 번뇌가 다한 성자야말로 진정한 바라문이라고 강조하신다. 바라문 집단의 출현(brāhmaṇa-maṇḍala)에 대한 부처님의 말씀은 『디가 니까야』 제3권 「세기경」(D27) §22를 참조하기 바란다.

한편 『맛지마 니까야 주석서』는 "'참선을 하라(jhāyatha).'는 것은 대상을 명상하는 것(ārammaṇ-ūpanijjhāna)으로 38가지 대상을, 특징을 명상하는 것(lakkhaṇ-ūpanijjhāna)으로 무더기[蘊], 감각장소[處] 등을 무상 등으로 명상한다는 말이다. 사마타와 위빳사나를 증장시키라고 말씀하시는 것이다."(MA.i.195)로 설명한다.

여기서 말하는 38가지 대상은 38가지 명상주제(kammaṭṭhāna)를 말한다. 『청정도론』에서 명상주제는 모두 40가지로 정리되어 나타나는데 주석서 문헌에서는 이처럼 38가지로도 나타난다. 38가지로 정리한 것은 경에 나타나는 10가지 까시나 가운데 마지막의 두 가지 까시나(허공의 까시나와 알음알이의 까시나)를 제외한 것이다. 이 두 가지 까시나는 네 가지 무색의 증득 가운데 처음의 둘인 공무변처의 증득과 식무변처의 증득에 포함되기 때문에 주석서 문헌에서는 이를 제외하고 38가지 명상주제라고 언급하고 있다. 그러나 『청정도론』에서는 이 둘을 제한된 허공의 까시나(paricchinnākāsa-kasiṇa)와 광명의 까시나(āloka-kasiṇa)로 대체해서 모두 40가지 명상주제로 정리하고 있다. 경에 나타나는 열 가지 까시나 등에 대해서는 본서 「답바 경」1(Ud8:9) §2의 해당 주해를 참조할 것. 40가지 명상주제에 대해서는 『청정도론』 III.103 이하와 『아비담마 길라잡이』 제9장 §6 이하와 <도표 9.1>을 참조할 것.

69) 『우다나 주석서』는 부처님께서 정등각을 체득하고 읊으신 우러나온 말씀들을 시간의 선후로 나누어 정리하고 있다.(UdA.208~209) 여기에 대해서는 본서 「세상 경」(Ud3:10) §3의 해당 주해를 참조하기 바란다. 『우다나 주석서』는 부처님의 첫 번째 우러나온 말씀으로 아래에 적고 있는 『법구경』의 게송(Dhp {153}~{154})을 들고 있다.(UdA.208)

"많은 생을 윤회하면서
나는 지혜를 얻지 못하여 치달려왔다.

집 짓는 자를 찾으면서
거듭되는 태어남은 괴로움이었다.
집 짓는 자여, [드디어] 그대는 드러났구나.
그대 다시는 집을 짓지 못하리.
그대의 모든 골재들은 무너졌고
집의 서까래는 해체되었다.
[이제] 마음은 [업]형성을 멈추었고
갈애의 부서짐을 성취하였다."
(anekajātisaṁsāraṁ, sandhāvissaṁ anibbisaṁ
gahakāraṁ gavesanto, dukkhā jāti punappunaṁ
gahakāraka diṭṭhosi, puna gehaṁ na kāhasi
sabbā te phāsukā bhaggā, gahakūṭaṁ visaṅkhataṁ
visaṅkhāragataṁ cittaṁ, taṇhānaṁ khayamajjhagā ti, Dhp.23 {153}~{154})

계속해서 『우다나 주석서』에서 담마빨라 스님은 본서 여기 Ud1:1~Ud1:3에 나타나는 이 세 개의 우러나온 말씀은 부처님의 두 번째 우러나온 말씀이라고 적고 있다.(UdA.208) 그리고 부처님의 세 번째 우러나온 말씀은 본서 「세상 경」(Ud3:10) §3의 "이 세상은 고통스러운 것"으로부터 시작하여 "여여한 자는 모든 존재들을 넘어섰도다."로 끝나는 것이라고 밝히고 있다.(UdA.208) 여기에 대해서는 본서 「세상 경」(Ud3:10) §3의 해당 주해도 참조할 것.

『법구경』에 실려 있는 이 게송(Dhp {153}~{154})은 석가모니 부처님의 오도송으로 잘 알려져 있기도 하다. 『디가 니까야 주석서』 서문은 이것이 부처님의 첫 번째 말씀이라고 설명한다.(DA.i.16 = 『디가 니까야』 제3권 부록 『디가 니까야 주석서』 서문 §42(567쪽) 참조.) 한편 『법구경 주석서』는 『법구경』에 나타나는 이 오도송은 스승께서 깨달음의 나무 아래에 앉으셔서 우러나온 말씀을 통해서 읊으신 뒤 나중에 아난다 장로가 질문을 하자 말씀해 주셨다고 설명한다.(imaṁ dhammadesanaṁ satthā bodhirukkha-mūle nisinno udānavasena udānetvā aparabhāge ānandattherena puṭṭho kathesi, DhpA.iii.127)

『율장 주석서』 가운데 바라이죄에 대한 주석(pārājikakaṇḍa-aṭṭhakathā)의 서문(ganthārambhakathā, VinA.i.17)에서도 붓다고사 스님은 『법구경』의 이 오도송(Dhp {153}~{154})이 부처님의 첫 번째 우러나온 말씀이라고 적고 있다. 그러면서 율장 『마하왁가』(대품)에서는 본서에 나타나는 Ud1:1~Ud1:3을 첫 번째로 말씀하셨는데 그것은 "그러나 이것은 [12연기의 유전문과 환멸문으로] 수행을 하시던 그날에 일체지(一切知)를 얻으셨기 때문에 기쁨으로 가득한 지혜로 조건(paccaya, 緣, 緣起)의 구조를 반조하실 때 일어난 감흥어의 게송이지, [깨달으신 후에 첫 번째로 읊으신 게송은 아니]라고 알아야 한다."(esā pana pāṭipadadivase sabbaññubhāva-ppattassa somanassamayañāṇena paccayākāraṁ paccavekkhanta-ssa uppannā udānagāthāti veditabbā, VinA.i.17; DA.i.16 = 『디가 니까야』 제3권 부록 『디가 니까야 주석서』 서문 §42(567쪽) 참조.)라고 설명한다.

이처럼 비록 율장 『마하왁가』는 본서에 나타나는 이 세 가지 게송을 맨 처음에 언급하지만 부처님의 첫 번째 우러나온 말씀은 위에 소개한 오도송(Dhp {153}~{154})이라는 것이 『율장 주석서』에서 붓다고사 스님의 설명이다.

한편 『담마상가니 주석서』 서문(『담마상가니』 제2권 부록 『담마상가니 주석서』 서문 §§39~40(510~512쪽 참조)은 본서 여기 Ud1:1~Ud1:3에 나타나는 세 개의 우러나온 말씀이 부처님의 첫 번째 우러나온 말씀이라고 적고 있다.(DhsA.17 = 『담마상가니 주석서』 서문 §39) 그런 뒤에 "그러나 『법구경』을 암송하는 자들은 … [위의 게송] … 이것이 첫 번째 부처님의 말씀이라고 주장한다."(DhsA.18 = §40)라고 하면서 『법구경』의 위의 오도송(Dhp {153}~{154})을 적고 있다.

이처럼 같은 붓다고사 스님이 지은 주석서 가운데 『디가 니까야 주석서』 서문 등은 『법구경』의 오도송(Dhp {153}~{154})이 부처님의 첫 번째 우러나온 말씀이라는 입장이고, 『담마상가니 주석서』 서문은 본서 Ud1:1~Ud1:3에 나타나는 세 개의 우러나온 말씀이 부처님의 첫 번째 우러나온 말씀이라는 입장이다. 같은 붓다고사 스님이 지은 주석서들 가운데서도 이렇게 입장이 다른 것은 붓다고사 스님이 주석서를 지을 때 저본으로 사용한 각각의 경들에 대한 싱할리 주석서 등의 필사본들의 입장이 달랐기 때문이라고 여겨진다.

한편 붓다고사 스님이 지은 것으로 전해지는 『쿳다까빠타』(小誦經)의 주석서는 이렇게 덧붙인다. 『법구경』의 오도송(Dhp {153}~{154})은 부처님의 모든 말씀 가운데 처음이다(sabbassāpi buddhavacanassa ādi). 그러나 이것은 마음으로써 말씀하신 것을 통해서는 처음이지만 말로써 말씀하신 것으로서는 그렇지 않다(tañca manasāva vuttavasena, na vacībhed-aṁ katvā vuttavasena). 그런 뒤에 본서 Ud1:1~Ud1:3의 게송들이 말로서 말씀하신 것 가운데 처음이라고 설명하고 있다.(KhpA.13)

깨달음 경2(Ud1:2)[70]

1. 이와 같이 [2] 나는 들었다. 한때 세존께서는 처음 완전한 깨달음을 성취하시고 나서 우루웰라의 네란자라 강의 언덕에 있는 깨달음의 나무[菩提樹] 아래에서 머무셨다. 그때 세존께서는 해탈의 행복을 누리시면서 칠 일 동안 단 한 번의 가부좌로 앉아 계셨다. 그러자 세존께서는 그 칠 일이 지난 뒤 그 삼매로부터 출정하셔서 밤의 한밤중[中夜][71]에 연기를 소멸하는 구조로[還滅門][72] 이처럼 잘 마음

---

70) 우러나온 말씀을 포함한 본경은 율장 『마하왁가』 제1편 대 편(Mahākhandha-ka)의 첫 번째 설명인 깨달음에 대한 설명(Bodhikathā)의 두 번째 부문(dutiyavāra, Vin.i.2)으로 나타나고 있다.

71) 여기 본서 Ud1:1부터 Ud1:3까지에서 각각 나타나는 '초저녁[初夜]'(Ud1:1)과 '한밤중[中夜]'(Ud1:2)과 '이른 새벽[後夜]'(Ud1:3)은 각각 pathama yāma와 majjhima yāma와 pacchima yāma를 옮긴 것이다.

중국을 위시한 동양 삼국, 특히 우리나라에서는 전통적으로 하룻밤을 다섯으로 구분하였다. 이 다섯은 각각 초경(初更, 오후 7시~9시), 이경(二更, 밤 9시~11시), 삼경(三更, 밤 11시~1시), 사경(四更, 밤 1시~3시), 오경(五更, 새벽 3시~5시)이다. 그리고 초경을 갑야(甲夜) 또는 술시(戌時), 이경을 을야(乙夜) 또는 해시(亥時), 삼경을 병야(丙夜) 또는 자시(子時), 사경을 정야(丁夜) 또는 축시(丑時), 오경을 무야(戊夜) 또는 인시(寅時)라 한다. 이 다섯 가지 구분, 즉 오경(五更)은 오야(五夜)라고도 하며 각각 초야, 이야, 삼야, 사야, 오야로 부르기도 한다.

그러나 초기불전에서 밤은 항상 셋으로 분류되어 나타나는데 그것은 rattiyā paṭhama yāma, rattiyā majjhima yāma, rattiyā pacchima yāma(M4 §28, S35:120 §7, A3:16 §4 등)이고 니까야의 14곳 정도에 나타나고 있다. 『위방가』(§519)와 주석서 문헌들(DA.i.185 등)에는 rattiyā paṭhama-yāma, rattiyā majjhimayāma, rattiyā pacchimayāma로 합성어로 나타나기도 한다. 초기불전연구원에서는 이를 초경, 중경, 말경으로 옮기기도 하고 초야, 중야, 후야로 옮기기도 하였다. 그러나 초경이나 초야로 옮기면 앞에서 소개한 우리 전통의 오경(五更) 혹은 오야(五夜)와 혼동이 된다. 그래서 『위방가』에서는 이 셋을 각각 밤의 초저녁[初夜], 한밤중[中夜], 이른 새벽[後夜]으로 옮겼다.(Vbh12 §519)

본서에서도 여기서처럼 rattiyā paṭhama yāma(Ud1:1), rattiyā majjhima

에 잡도리하셨다.

---

yāma(Ud1:2), rattiyā pacchima yāma(Ud1:3)로 나타날 때는 '밤의(rattiyā)'를 넣어서 '밤의 초저녁[初夜]', '밤의 한밤중[中夜]', '밤의 이른 새벽[後夜]'으로 옮기고 rattiyā가 없이 paṭhama yāma, majjhima yāma, pacchima yāma(Ud3:3 §§9~10; Ud5:5 §§1~2)로만 나타날 때는 '밤의'를 빼고 '초저녁[初夜]', '한밤중[中夜]', '이른 새벽[後夜]'으로 옮기고 있다.

72) "'소멸하는 구조로[還滅門, paṭilomaṁ]'라고 하셨다. 이것은 '무명을 조건으로 [업]형성들[行]이'라는 등의 방법으로 설하신 무명 등으로 시작하는 [12연기의] 조건의 형태가(avijjādiko paccayākāro) 취착 없는 소멸에 의해서 소멸되면서(anuppādanirodhena nirujjhamāno) 자신이 해야 할 역할을 실행하지 않기 때문에(attano kattabbakiccassa akaraṇato) 소멸하는 구조라고(anulomoti) 말씀하신 것이다. 그런데 전개됨에 의해서 거꾸로 되는 구조[逆觀, vilomana]로 되기 때문에(pavattiyā vā vilomanato) 소멸하는 구조(paṭilomo)라 하거나 끝이나 중간으로부터 시작해서(antato pana majjhato vā paṭṭhāya) 처음에 도달하도록 하면서 설해지지 않았기 때문에(ādiṁ pāpetvā avuttattā) [소멸하는 구조]와는 다른 [거꾸로 되는 구조[逆觀]로 라는] 뜻에서(ito aññenatthena) 여기서 소멸하는 구조가 됨은 적용되지 않는다(paṭilomatā na yujjati)."(UdA.46~47)

즉 여기서 소멸하는 구조[還滅門, paṭiloma]를 거꾸로 되는 구조[逆觀, vilomana]와 혼동하지 말라는 설명이다. 북방의 『아비달마대비바사론』(阿毘達磨大毘婆沙論)이나 『아비달마순정리론』(阿毘達磨順正理論) 등에서는 12연기를 정의하는데 유전문(流轉門)・환멸문(還滅門)과 순관(順觀)・역관(逆觀)이라는 용어를 사용한다. 여기서 유전문은 괴로움이 발생하는 구조, 즉 12연기의 발생구조를 뜻하고 환멸문은 괴로움이 소멸하는 구조, 즉 12연기의 소멸구조를 뜻하며 순관은 무명부터 시작해서 늙음・죽음의 순서로 12연기를 순서대로 전개하는 것이고 역관은 거꾸로 늙음・죽음부터 무명까지의 순서로 12연기를 거꾸로 되는 구조로 전개하는 것이다. 유전문(流轉門)・환멸문(還滅門)과 순관(順觀)・역관(逆觀)을 구분하여 경들에 나타나는 12연기의 정형구에 적용하면 다음과 같다.

① 무명연행 행연식 … 생연노사 ==> 유전문이면서 순관(S12:1 §3)
② 무명멸즉행멸 행멸즉식멸 … 생멸즉노사멸 ==> 환멸문이면서 순관(S12:1 §4)
③ 생연노사 유연생 … 행연식 무명연행 ==> 유전문이면서 역관(S12:10 §§4~14)
④ 생멸즉노사멸 유멸즉생멸 … 무명멸즉행멸 ==> 환멸문이면서 역관(S12:10 §§17~274)

여기에 대해서는 『초기불교 이해』 230~231쪽을 참조하기 바란다.

2. '이것이 없을 때 저것이 없다. 이것이 소멸할 때 저것이 소멸한다. — 즉 무명이 소멸하기 때문에 [업]형성들이 소멸하고, [업]형성들이 소멸하기 때문에 알음알이가 소멸하고, 알음알이가 소멸하기 때문에 정신 · 물질이 소멸하고, 정신 · 물질이 소멸하기 때문에 여섯 감각장소가 소멸하고, 여섯 감각장소가 소멸하기 때문에 감각접촉이 소멸하고, 감각접촉이 소멸하기 때문에 느낌이 소멸하고, 느낌이 소멸하기 때문에 갈애가 소멸하고, 갈애가 소멸하기 때문에 취착이 소멸하고, 취착이 소멸하기 때문에 존재가 소멸하고, 존재가 소멸하기 때문에 태어남이 소멸하고, 태어남이 소멸하기 때문에 늙음 · 죽음과 슬픔 · 탄식 · 육체적 고통 · 정신적 고통 · 절망이 소멸한다. 이와 같이 이러한 전체 괴로움의 무더기가 소멸한다.'라고.

3. 그때 세존께서는 이 의미를 아시고 그 즉시 바로 이 우러나온 말씀을 읊으셨다.[73]

---

73) "'이 의미를 아시고(etamattharn viditvā)'라고 하였다. '무명이 소멸함 등을 통해서 [업]형성들[行] 등이라는 괴로움의 무더기의 소멸이 있다.'라고 말씀하신 것을 모든 측면에서(sabbākārena) 이 의미를 아시고라는 말이다. '이 우러나온 말씀을(imaṁ udānaṁ)'이라고 하였다. 이 의미를 아셨을 때 '무명이 소멸하기 때문에 [업]형성들이 소멸하고'라고 이와 같이 분명하게 말씀하신 무명 등의 조건들의 멸진(paccayānaṁ khaya)을 깨달으신 위력을 밝히는(avabodhānubhāvadīpaka) 이 우러나온 말씀을 읊으신 것이다." (UdA.48)

여기서 보듯이 본서 『우다나』에 나타나는 80개의 경들 가운데 3개의 경들을 제외한 77개 경들은 모두 '그때 세존께서는 이 의미를 아시고 그 즉시 바로 이 우러나온 말씀을 읊으셨다(atha kho bhagavā etamatthaṁ viditvā tāyaṁ velāyaṁ imaṁ udānaṁ udānesi).'라는 이 문장을 기준으로 전반부와 후반부로 나누어진다. 전반부는 산문으로 되어 있고 후반부는 우러나온 말씀으로 되어 있다. 이 문장 가운데 전반부를 지칭하는 키워드는 'attha (의미)'이고 후반부를 지칭하는 키워드는 'udāna(우러나온 말씀)'이다. 『우다나 주석서』는 각각의 경들을 설명하면서 이 두 개 키워드의 내용을 간단

"근면하고 참선을 하는 바라문에게
참으로 법들이 분명하게 드러날 때
그의 모든 의문들은 사라지나니
조건들의 멸진을 체득했기 때문이로다." {2}

깨달음 경3(Ud1:3)[74]

1. 이와 같이 나는 들었다. 한때 세존께서는 처음 완전한 깨달음을 성취하시고 나서 우루웰라의 네란자라 강의 언덕에 있는 깨달음의 나무[菩提樹] 아래에서 머무셨다. 그때 세존께서는 해탈의 행복을 누리시면서 칠 일 동안 단 한 번의 가부좌로 앉아 계셨다. 그러자 세존께서는 그 칠 일이 지난 뒤 그 삼매로부터 출정하셔서 밤의 이른 새벽[後夜]에 연기를 발생하는 구조와 소멸하는 구조로[流轉門·還滅門][75] 이처럼 잘 마음에 잡도리하셨다.

명료하게 요약하여 밝히고 있다.
예를 들면 위의 주석서의 인용에서 보듯이 본경에서는 attha(의미)의 내용으로 12연기의 환멸문에 의한 괴로움의 무더기의 소멸(dukkhakkhandhassa nirodha)을, udāna(우러나온 말씀)의 내용으로는 이 환멸문을 깨달으신 위력(avabodhānubhāva)을 들고 있다.

74) 우러나온 말씀을 포함한 본경도 율장 『마하왁가』 제1편 대 편(Mahākhandha-ka)의 첫 번째 설명인 깨달음에 대한 설명(Bodhikathā)의 세 번째 부문(tatiyavāra, Vin.i.2)으로 나타나고 있다.

75) "'발생하는 구조와 소멸하는 구조로[流轉門·還滅門, anulomapaṭilomaṁ]'라는 것은 발생하는 구조와 그리고 소멸하는 구조로(anulomañca paṭi-lomañca), 앞에서 설하신 발생하는 구조를 통해서(yathāvuttānuloma-vasena ceva) 그리고 소멸하는 구조를 통해서(paṭilomavasena ca)라는 뜻이다. 그런데 앞에서도 발생하는 구조를 통해서와 소멸하는 구조를 통해서 연기를 마음에 잡도리하는 과정(manasikārappavatti)을 두 개의 경들에서 설하셨다. 그러면 왜 여기서 다시 이 둘을 통해서(punapi tadubhaya-vasena) 마음에 잡도리하는 과정을 설하셨는가? 이 두 과정을 통해서 세 번

2. '이것이 있을 때 저것이 있다. 이것이 일어날 때 저것이 일어난다. 이것이 없을 때 저것이 없다. 이것이 소멸할 때 저것이 소멸한다.76) — 즉 무명을 조건으로 [업]형성들[行]이, [업]형성들을 조건으

째로(tatiyavāraṁ) 거기서 마음에 잡도리함의 과정이 있었기 때문이다(pavattitattā).

그런데 어떻게 이 둘을 통해서 마음에 잡도리함이 진행되는가? 참으로 전도 후도 없이(apubbaṁ acarimaṁ) 발생하는 구조와 소멸하는 구조를(anulomapaṭilomaṁ) [동시에 적용시켜서] 연기를 마음에 잡도리함을 진행시킬(pavattetuṁ) 수는 없지 않은가? [없다.] '그 둘을 한꺼번에 마음에 잡도리하셨다(tadubhayaṁ ekajjhaṁ manasākāsi).'고 그렇게 봐서는 결코 안 된다(na kho panetaṁ evaṁ daṭṭhabbaṁ).
참으로 세존께서는 첫 번째로 발생하는 구조를 통해서(anulomavasena) 연기를 마음에 잡도리하신 뒤 거기에 어울리는(tadanurūpaṁ) 첫 번째 우러나온 말씀을 읊으셨다. 두 번째에도 소멸하는 구조를 통해서(paṭilomavasena) 그것을 마음에 잡도리하신 뒤 거기에 어울리는 우러나온 말씀을 읊으셨다. 그러나 세 번째에는(tatiyavāre) 어떤 때에는 발생하는 구조로(kālena anulomaṁ), 어떤 때에는 소멸하는 구조로(kālena paṭilomaṁ) 마음에 잡도리함을 통해서 발생하는 구조와 소멸하는 구조로(anulomapaṭilomaṁ) 마음에 잡도리하셨다.

그래서 '발생하는 구조와 소멸하는 구조로[流轉門·還滅門, anulomapaṭi-lomaṁ]'라는 것은 발생하는 구조와 그리고 소멸하는 구조로, 앞에서 설하신 발생하는 구조를 통해서 그리고 소멸하는 구조를 통해서라는 뜻이다.'라고 [위에서] 설명하였다. 이것에 의해서 마음에 잡도리함의 능숙한 힘의 상태와 자유자재함을 밝히신 것이다(paguṇabalavabhāvo ca vasībhāvo ca pakāsito hoti). 그리고 여기서 이들 [셋]의 차이점은(nesaṁ vibhāgo) '발생하는 구조로 마음에 잡도리할 것이다. 소멸하는 구조로 마음에 잡도리할 것이다. 발생하는 구조와 소멸하는 구조로 마음에 잡도리할 것이다.'라고 이와 같이 생겨나는 처음에 가졌던 관심들을 통해서(pubbābhogānaṁ vasena) 그렇게 된다고 알아야 한다."(UdA.49)

한편 『맛지마 니까야 복주서』는 '처음에 가졌던 관심'으로 옮긴 pubbābhoga를 이렇게 설명한다. "'처음에 가졌던 관심에 의해서(pubbābhogena)'라는 것은 증득(본삼매)에 들기 전에 생긴 관심에 의해서(samāpajjanato pubbe pavattāabhogena)라는 말이고 '끊은 뒤에(paricchinditvā)'라는 것은 증득의 순간(samāpajjanakkhaṇa)을 끊은 뒤에라는 말이다."(MAṬ. ii.201)

로 알음알이[識]가, 알음알이를 조건으로 정신 · 물질[名色]이, 정신 ·

---

76) '이것이 있을 때 저것이 있다. 이것이 일어날 때 저것이 일어난다. 이것이 없을 때 저것이 없다. 이것이 소멸할 때 저것이 소멸한다.'는 'imasmiṁ sati idaṁ hoti, imassuppādā idaṁ uppajjati. imasmiṁ asati idaṁ na hoti, imassa nirodhā idaṁ nirujjhati.'를 옮긴 것이다. 『우다나 주석서』에서 담마빨라 스님은 이 정형구를 아래와 같이 먼저 간략하게 설명한다.

"'이것이 있을 때 저것이 있다(imasmiṁ sati idaṁ hoti).'라는 것은 이 무명 등이라는 조건이 있을 때(paccaye sati) 저 [업]형성들 등이라는 결과가 있다(phalaṁ hoti)라는 [뜻이다]. '이것이 일어날 때 저것이 일어난다(imassuppādā idaṁ uppajjati).'라는 것은 이 무명 등이라는 조건의 일어남 때문에(paccayassa uppādā) 이 [업]형성들 등이라는 결과가 일어난다는 뜻이다(phalaṁ uppajjatīti attho).
'이것이 없을 때 저것이 없다. 이것이 소멸할 때 저것이 소멸한다(imasmiṁ asati idaṁ na hoti, imassa nirodhā idaṁ nirujjhati).'라는 것은 무명 등이 존재하지 않을 때(abhāve) [업]형성들 등이 존재하지 않음과(abhāvassa) 무명 등이 소멸할 때(nirodhe) [업]형성들 등이 소멸함을(nirodhassa ca) 뜻한다. 이렇게 하여 이러한 [앞의(purasmiṁ, PTS본에는 나타남)] 조건의 특징에 있는 정해진 법칙을 보여주신 것이다(paccayalakkhaṇe niyamo dassito hoti).
즉 오직 이것이 있을 때이지 없을 때가 아니고(imasmiṁ sati eva, nāsa-ti) 오직 이것이 일어날 때이지 일어나지 않을 때가 아니며(imassuppā-dā eva, nānuppādā), 소멸 때문이지 소멸 아님 때문이 아니라는 것이다(nirodhā eva, nānirodhāti, SAṬ.ii.260). 이러한 것을 통해서 여기서 이 연기의 특징은 정해진 법칙으로 암묵적으로 분명하게(antogadha-niyamaṁ) 설해진 것이라고 알아야 한다.
그리고 '소멸(nirodha)'이라는 것은 무명 등이 빛바램을 얻음에 의해서(virāgādhigamena) 미래에 일어나지 않음과 전개되지 않음이다(āyatiṁ anuppādo appavatti). 그래서 "그러나 무명이 남김없이 빛바래어 소멸하기 때문에 [업]형성들[行]이 소멸하고"(Ud1:2~3 §2)라는 등을 말씀하셨다. 그리고 소멸을 통한 소멸은(nirodhanirodhī) 일어남의 소멸에 의해서(uppādanirodhībhāvena) '이것이 소멸할 때 저것이 소멸한다(imassa nirodhā idaṁ nirujjhati).'라고 설해진 것이다."(UdA.38)

『우다나 주석서』에서 담마빨라 스님은 이렇게 먼저 연기의 추상화된 정형구를 간략하게 설명한 뒤에 다시 상세하게 주석을 달고 있다.(UdA.38~42) 연기의 추상화된 정형구에 대한 담마빨라 스님의 길지만 심오한 이 주석에 관심 있는 분들은 Masefield가 번역한 『The Udāna Commentary I』의 66~72쪽을 일독할 것을 권한다.

물질을 조건으로 여섯 감각장소[六入]가, 여섯 감각장소를 조건으로 감각접촉[觸]이, 감각접촉을 조건으로 느낌[受]이, 느낌을 조건으로 갈애[愛]가, 갈애를 조건으로 취착[取]이, 취착을 조건으로 존재[有]가, 존재를 조건으로 태어남[生]이, 태어남을 조건으로 늙음· 죽음과 슬픔·탄식·육체적 고통·정신적 고통·절망[老死優悲苦惱]이 발생한다. 이와 같이 이러한 전체 괴로움의 무더기[苦蘊]가 발생한다.

그러나 무명이 남김없이 빛바래어 소멸하기 때문에[77] [업]형성들이 소멸하고, [업]형성들이 소멸하기 때문에 알음알이가 소멸하고, 알음알이가 소멸하기 때문에 정신·물질이 소멸하고, 정신·물질이 소멸하기 때문에 여섯 감각장소가 소멸하고, 여섯 감각장소가 소멸하기 때문에 감각접촉이 소멸하고, 감각접촉이 소멸하기 때문에 느낌이 소멸하고, 느낌이 소멸하기 때문에 갈애가 소멸하고, 갈애가 소멸하기 때문에 취착이 소멸하고, 취착이 소멸하기 때문에 존재가 소멸하고, 존재가 소멸하기 때문에 태어남이 소멸하고, 태어남이 소멸하기 때문에 늙음·죽음과 슬픔·탄식·육체적 고통·정신적 고통·절망이 소멸한다. 이와 같이 이러한 전체 괴로움의 무더기가 소멸한다.'라고. [3]

3. 그때 세존께서는 이 의미를 아시고 그 즉시 바로 이 우러나온 말씀을 읊으셨다.[78]

---

77) '그러나 무명이 남김없이 빛바래어 소멸하기 때문에'는 avijjāya tveva asesavirāganirodhā를 옮긴 것이다. 이 정형구는 본서 앞의 두 번째 경(Ud1:2) §2의 정형구에는 나타나지 않는다. 물론 12연기의 정형구가 포함되어 있는 니까야의 많은 경들에도 이 정형구가 나타나고 있다. 『상윳따 니까야』 제2권 「연기 상윳따」(S12)의 72개의 경들 가운데 12연기를 담고 있는 것은 34개의 경들이다. 그 가운데 대략 25개 경들에서 이 정형구가 나타나고 있다.

78) "'이 의미를 아시고(etamatthaṁ viditvā)'라고 하였다. '무명 등을 통해서

"근면하고 참선을 하는 바라문에게
참으로 법들이 분명하게 드러날 때
그는 마라의 군대79)를 흩어버리고 서 있나니
마치 태양이 중천에서 빛을 발하는 것처럼." {3}80)

[업]형성들 등이라는 괴로움의 무더기의 일어남과 소멸이 있는데 이것은 무명 등의 일어남과 소멸 때문에 그러하다.'라고 말씀하신 것을 모든 측면에서(sabbākārena) 이 의미를 아시고라는 말이다. '이 우러나온 말씀을 읊으셨다(imaṁ udānaṁ udānesi)'라고 하였다. 그 도(magga)에 의해서 괴로움의 무더기의 일어남과 소멸이라 일컬어지는(samudayanirodhasaṅkhāto) 이 의미가 역할과 대상에 의해 드러났으니(kiccavasena ārammaṇakiriyā-ya ca) 알아졌으니 그러한 성스러운 도의 위력을 밝히는(ariyamaggassa ānubhāvadīpakaṁ) [이렇게] 설하신 형태의 이 우러나온 말씀을 읊으신 것이다."(UdA.49~50)

79) 마라(Māra)와 '마라의 군대(Mārasena)'에 대해서는 본서 「수명의 형성을 놓아버리심 경」(Ud6:1) §4의 해당 주해를 참조할 것.

80) 한편 율장 『마하왁가』에도 본서 「깨달음 경」 1/2/3(Ud1:1~3)과 같은 내용이 『마하왁가』의 제일 처음에 나타나고 있다. 그런데 이 세 곳에는 모두 다음과 같이 시작되고 있다.

"tena samayena buddho bhagavā uruvelāyaṁ viharati najjā nerañjarāya tīre bodhirukkhamūle paṭhamābhisambuddho. atha kho bhagavā bodhirukkhamūle sattāhaṁ ekapallaṅkena nisīdi vimutti-sukhapaṭisaṁvedī. atha kho bhagavā rattiyā paṭhamaṁ yāmaṁ paṭiccasamuppādaṁ anulomapaṭilomaṁ manasākāsi – ''avijjā-paccayā saṅkhārā, … avijjāya tveva asesavirāganirodhā saṅkhāra-nirodho, …(그 무렵 부처님 세존께서는 처음 완전한 깨달음을 성취하시고 나서 우루웰라의 네란자라 강의 언덕에 있는 깨달음의 나무[菩提樹] 아래에서 머무셨다. 그때 세존께서는 깨달음의 나무 아래에서 해탈의 행복을 누리시면서 칠 일 동안 단 한 번의 가부좌로 앉아 계셨다. 그러자 세존께서는 밤의 초저녁[初夜]에 연기를 발생하는 구조와 소멸하는 구조로[流轉門·還滅門] 잘 마음에 잡도리하셨다. 무명을 조건으로 [업]형성들[行]이, … 그러나 무명이 남김없이 빛바래어 소멸하기 때문에 [업]형성들[行]이 소멸하고 …)"(Vin.i.1)

본서 「깨달음 경」 1(Ud1:1)은 다음과 같이 시작된다.
"evaṁ me sutaṁ – ekaṁ samayaṁ bhagavā uruvelāyaṁ viharati

najjā nerañjarāya tīre bodhirukkhamūle paṭhamābhisambuddho. tena kho pana samayena bhagavā sattāhaṁ ekapallaṅkena nisinno hoti vimuttisukhapaṭisaṁvedī. atha kho bhagavā tassa sattāhassa accayena tamhā samādhimhā vuṭṭhahitvā rattiyā paṭhamaṁ yāmaṁ paṭiccasamuppādaṁ anulomaṁ sādhukaṁ manasākāsi ''iti imasmiṁ sati idaṁ hoti, imassuppādā idaṁ uppajjati, yadidaṁ – avijjā-paccayā saṅkhārā, …(이와 같이 나는 들었다. 한때 세존께서는 처음 완전한 깨달음을 성취하시고 나서 우루웰라의 네란자라 강의 언덕에 있는 깨달음의 나무[菩提樹] 아래에서 머무셨다. 그때 세존께서는 해탈의 행복을 누리시면서 칠 일 동안 단 한 번의 가부좌로 앉아 계셨다. 그러자 세존께서는 그 칠 일이 지난 뒤 그 삼매로부터 출정하셔서 밤의 초저녁[初夜]에 연기를 발생하는 구조로[流轉門] 이처럼 잘 마음에 잡도리하셨다. '이것이 있을 때 저것이 있다. …)"

이 둘을 비교해 보면 다음의 차이점을 들 수 있다.
첫째, 본경이 '그 칠 일이 지난 뒤 그 삼매로부터 출정하셔서'라고 더 자세하게 상황을 언급하고 있다.
둘째, 가장 현저하게 다른 것은 이 점이다. 즉 『마하왁가』는 '초저녁[初夜]'(Ud1:1)과 '한밤중[中夜]'(Ud1:2)과 '이른 새벽[後夜]'(Ud1:3)에 모두 연기를 발생하는 구조와 소멸하는 구조로[流轉門 · 還滅門] 마음에 잡도리하셨다고 언급하지만 본서의 세 개 경들은 초저녁[初夜]에는 유전문을(Ud1:1), 한밤중[中夜]에는 환멸문을(Ud1:2), 이른 새벽[後夜](Ud1:3)에는 『마하왁가』처럼 연기를 유전문과 환멸문을 함께 마음에 잡도리하신 것으로 나타나는 것이다.
셋째, 『마하왁가』에는 '이것이 있을 때 저것이 있다.'로 시작하는 연기의 추상화된 정형구가 나타나지 않는다. 5부 니까야 전체로 보면 이 정형구가 나타나지 않는 경들이 훨씬 많다. 예를 들면 연기의 가르침을 담고 있는 『상윳따 니까야』 제2권 「연기 상윳따」(S12)에서 12연기를 담고 있는 34개의 경들 가운데 7개 경들에만 이 연기의 추상화된 정형구가 나타나고 있다.
넷째, 『마하왁가』에는 '그러나 무명이 남김없이 빛바래어 소멸하기 때문에 [업]형성들[行]이 소멸하고(avijjāya tveva asesavirāganirodhā saṅ-khāranirodho)'로 남김없이 빛바래어 소멸함(asesavirāganirodhā)이라는 용어가 세 곳에 다 나타난다. 그러나 본서에서는 두 번째 경(Ud1:2)에서는 나타나지 않고 유전문과 환멸문이 다 언급되는 세 번째 경(Ud1:3)에서만 나타나고 있다.
다섯째, 그러므로 『마하왁가』에 언급되는 산문으로 된 세 개의 일화는 모두 같고 세 개의 일화에 나타나는 감흥어들만이 서로 다르다. 물론 이

흥흥거림 경(Ud1:4)81)

Huṁhuṅka-sutta

1. 이와 같이 나는 들었다. 한때 세존께서는 처음 완전한 깨달음을 성취하시고 나서 우루웰라의 네란자라 강의 언덕에 있는 염소치기의 니그로다 나무82) 아래에서 머무셨다. 그때 세존께서는 해탈

들 각각은 본서 Ud1:1~3의 감흥어들과 각각 같다.

81) 우러나온 말씀을 포함한 본경은 율장 『마하왁가』 제1편 대 편(Mahākhandha-ka)의 두 번째 설명인 아자빨라 [나무]에 대한 설명(Ajapālakathā, Vin.i. 2~3)으로도 나타나고 있다. Ireland는 니그로다 나무 경(Nigrodha Sutta)으로 제목을 달았다.

82) 앞의 Ud1:1부터 Ud1:3까지의 세 개 경이 부처님이 깨달음을 이루신 바로 그 나무, 즉 보리수(菩提樹) 아래에(bodhirukkhamūle) 머물면서 읊으신 우러나온 말씀(감흥어)을 담고 있는 경이라면 본경은 거처를 염소치기의 니그로다 나무로 옮겨서 칠 일을 좌정하신 뒤에 어떤 바라문의 질문을 받고서 읊으신 우러나온 말씀을 담고 있다.
여기서 '염소치기의 니그로다 나무'로 옮긴 원어는 ajapāla-nigrodha이다. 수자따(Sujātā)가 고행을 그만두신 세존께 우유죽을 공양올린 곳이 바로 이 나무 아래였다.(J.i.16, 69)
부처님의 성도 과정과 성도 후의 일화를 담고 있는 『맛지마 니까야』 「성스러운 구함 경」(M26)에 해당하는 『맛지마 니까야 주석서』(MA.ii.181~186)에는 세존께서 깨달음을 증득하신 뒤 49일 동안에 하셨던 일을 자세하게 적고 있다. 그것을 간단하게 정리하면 다음과 같다.(*cf.* UdA.52)

① 세존께서는 깔라 용왕의 거처가 있는(Kālanāgarājassa bhavana) 만제리까(Mañjerika, ApA.77)라는 숲에서 깨달으셨는데 첫 번째 칠 일은 깨달은 바로 그 장소에서 가부좌한 한 자세로 좌정하고 계셨다.
② 두 번째 칠 일은 깨달음을 증득하신 바로 그 자리와 그 나무[菩提樹, bodhi-rukkha]를 눈을 깜빡이지 않고 쳐다보면서 보내셨다.
③ 세 번째 칠 일은 그곳 가까이에서 동에서 서로 길게 포행을 하시면서 보내셨다.
④ 네 번째 칠 일은 신들에게 논장(論藏, Abhidhamma-piṭaka)을 자세하게 설하셨다.
⑤ 다섯 번째 칠 일은 보리수 아래로부터 염소치기의 니그로다 나무로 가셔서 아비담마에 대한 조직적인 도(naya-magga)를 명상하셨다.

⑥ 여섯 번째 칠 일은 무짤린다(Mucalinda) 나무 아래에서 머무셨다.
⑦ 일곱 번째 칠 일은 왕의 처소(Rājāyatana)라 불리는 나무 아래에서 머무셨다.

이렇게 일곱 번의 칠 일을 보내신 뒤에 여덟 번째 칠 일에는 다시 염소치기의 니그로다 나무 아래로 가셔서 「성스러운 구함 경」(M26) §19 이하와 『상윳따 니까야』 제1권 「권청(勸請) 경」(S6:1)에 나타나는 전법을 주저하는 사유를 하셨고 사함빠띠 범천은 세존께 이 세상에 법을 설해 주시기를 간청하게 된다.
이렇게 하여 세존께서는 사함빠띠 범천의 권청을 받아들여 오비구에게 『상윳따 니까야』 제6권의 「초전법륜 경」(S56:11)을 설하셨고 그들은 그 후에 「무아의 특징 경」(S22:59)을 듣고 모두 아라한이 되었다.

이처럼 부처님께서는 보드가야의 보리수 아래서 깨달음을 이루신 후에 두 번 이곳 염소치기의 니그로다 나무로 가셨다. 『우다나 주석서』는 이 「훙훙거림 경」(Ud1:4)은 이 다섯 번째 칠 일의 삼매에서 출정하신 뒤에 이 건방진(mānathaddha) 바라문을 만나서 나누신 일화라고 적고 있다.(UdA.52) 그리고 사함빠띠 범천이 부처님께 법륜을 굴리기를 간청한 곳도 이곳이었으며(「권청 경」(S6:1) §4; Vin.i.5~7), 마라가 세존이 깨달으신 직후에 바로 열반에 드시기를 간청한 곳도 이곳이었다.(D16. §3.34 참조)

그런데 율장의 『대품』(Vin.i.1~4)에는 본 주석서에 나타나는 두 번째 칠 일부터 네 번째 칠 일까지의 일화는 나타나지 않는다. 『대품』에는 깨달으신 자리에서 칠 일, 니그로다 나무 아래에서 칠 일, 무짤린다 나무 아래에서 칠 일, 왕의 처소라는 나무 아래에서 칠 일 동안 머무셨고, 그 뒤에 다시 니그로다 나무 아래로 가셔서 전법에 대한 사유를 하신 것으로 나타나고 있다. 물론 천상의 신들에게 아비담마를 설하신 것과 아비담마 칠론(七論)에 대한 조직적인 명상에 대한 일화도 율장의 『대품』에는 나타나지 않는다.

한편 『상윳따 니까야』 전체에서 세존께서 깨달음을 성취하신 뒤에 염소치기의 니그로다 나무 아래에서 머무신 일화가 모두 여덟 곳에 나타난다. 주석서는 이 가운데 「칠 년 동안 경」(S4:24)과 「존중 경」(S6:2)은 다섯 번째 칠 일의 일화라고 밝히고 있다. 「권청 경」(S6:1)은 당연히 이 여덟 번째 칠 일의 일화라고 주석서는 밝히고 있다. 그런데 『상윳따 니까야』 제1권의 마라와 관계된 「고행 경」(S4:1)과 「코끼리 경」(S4:2)과, 사함빠띠 범천이 네 가지 마음챙김의 확립을 칭송하는 제5권의 「범천 경」(S47:18)과 「도 경」(S47:43)과 다섯 가지 기능을 칭송하는 「사함빠띠 범천 경」(S48:57)은 어느 때인지 분명하지 않다. 그러나 여덟 번째 칠 일의 일화는 세존께 법을 설해 주시기를 간청하는 것이기 때문에 이 세 일화도 모두 다섯 번째 칠 일의 일화라고 보는 것이 나을 듯하다. 그런데 『상윳따 니까야』 제1권 「고행 경」(S4:1)에 해당하는 주석서는 그 경의 일화를 깨달으신 후 칠 일 안에

의 행복을 누리시면서 칠 일 동안 단 한 번의 가부좌로 앉아 계셨다. 그러자 세존께서는 그 칠 일이 지난 뒤 그 삼매로부터 출정하셨다.

2. 그때 흥흥거리는[83] 어떤 바라문이 세존께 다가갔다. 가서는 세존과 함께 환담을 나누었다. 유쾌하고 기억할 만한 이야기로 서로 담소를 하고 한 곁에 섰다.[84] 한 곁에 서서 그 바라문은 세존께 이렇

(anto-satta-ahasmiṁ) 있었던 것으로 표현하고 있는데 위 주석서의 문맥과는 잘 맞지 않는다.

그리고 주석서는 왜 이 니그로다 나무를 염소치기의 니그로다 나무라 부르는가에 대해서 몇 가지로 설명을 한다. 첫째는 이 나무의 그늘에서 염소치기들이 쉬었기 때문이며(tassa kira chāyāyaṁ ajapālā gantvā nisīdanti), 둘째는 나이든 바라문들이 나이가 들어서 더 이상 베다를 암송하지 못하게 되자(ajapā) 이곳에 거처를 마련하고 살았기 때문이며(tattha vede sajjhā-yituṁ asamatthā mahallakabrāhmaṇā pākāraparikkhepayuttāni nivesanāni katvā sabbe vasiṁsu … na japantīti ajapā, mantānaṁ anajjhāyakāti attho, ajapā lanti ādiyanti nivāsaṁ etthāti ajapāloti), 셋째는 한밤에 염소들에게 의지처가 되었기 때문(majjhanhike samaye anto paviṭṭhe aje attano chāyāya pāleti rakkhati)이라고 한다.(UdA. 51) 그리고 북방불교의 전승에 의하면 이 나무는 부처님께서 육 년 고행을 하실 동안 의지처를 마련해 드리기 위해서 염소치기가 심은 것이라고 한다.(Mvu.iii.302) 이런 정황을 참작하여 '염소치기의 니그로다 나무'로 옮겼다.

이상은 『상윳따 니까야』 제5권 「범천 경」(S47:18) §1의 해당 주해를 여기 본경의 문맥에 맞게 옮겨온 것이다.

83) '흥흥거리는'은 huṁhuṅkajātiko(PTS본: huhuṅkajātiko)를 옮긴 것이다. 주석서는 이렇게 설명한다.

"그는 상서로운 징후를 본 사람(diṭṭha-maṅgalika)인데 자만으로 뻣뻣해져서(mānathaddha) 자만(māna)과 분노(kodha)로 모든 비천한 태생(avokkhajātika)을 보고는 그것을 혐오하여(jigucchanto) 흥흥거리면서(huṁhunti karonto) 다녔다고 한다. 그래서 '흥흥거리는'이라고 말한다. 'huhukkajātiko'로 표기된 이본(異本, pāṭha)도 있다. 이 바라문은 태생으로 바라문(jātiyā brāhmaṇa)이다."(UdA.52)

84) 니까야의 모든 경들의 서문(nidānakathā)에 해당하는 곳에는 그 경을 듣는 여러 부류의 사람들이나 신들이 세존께 다가와서 세존께 인사를 드리는 방법이 묘사되고 있다. 그 가운데 12개 정도의 경에는(D4 §9; M41 §3; S55:7

게 말씀드렸다.

"고따마 존자시여, 어떻게 해서 바라문이 됩니까? 그리고 어떤 것이 진정한 바라문이 되는 법들입니까?"

3. 그때 세존께서는 이 의미를 아시고 그 즉시 바로 이 우러나온 말씀을 읊으셨다.[85]

---

§3; A3:63 §2 등) 여러 사람들이나 신들이 세존께 다가와서 세존께 인사를 드리는 방법이 대략 5가지로 정리되어 정형구로 나타나고 있는데 모든 경들에 나타나는 인사법들은 이 다섯 가지로 요약이 된다고 할 수 있다. 『맛지마 니까야』 제2권 「살라 경」(M60)을 예로 들면 다음과 같다.

"그러자 살라에 사는 바라문 장자들은 세존을 뵈러 갔다. 세존을 뵙고는 ① 어떤 자들은 세존께 절을 올리고 한 곁에 앉았다. ② 어떤 자들은 세존과 함께 환담을 나누고 유쾌하고 기억할 만한 이야기로 서로 담소를 나누고 한 곁에 앉았다. ③ 어떤 자들은 세존께 합장하여 절을 올리고 한 곁에 앉았다. ④ 어떤 자들은 세존의 앞에서 이름과 성을 말한 뒤 한 곁에 앉았다. ⑤ 어떤 자들은 말없이 한 곁에 앉았다."(M60 §3)

빠알리 원문은 다음과 같다.

"atha kho sāleyyakā brāhmaṇagahapatikā yena bhagavā tenupasaṅ-kamiṁsu; upasaṅkamitvā ① appekacce bhagavantaṁ abhivādetvā ekamantaṁ nisīdiṁsu. ② appekacce bhagavatā saddhiṁ sammodiṁ-su; sammodanīyaṁ kathaṁ sāraṇīyaṁ vītisāretvā ekamantaṁ nisīdiṁsu. ③ appekacce yena bhagavā tenañjaliṁ paṇāmetvā ekam-antaṁ nisīdiṁsu. ④ appekacce bhagavato santike nāmagottaṁ sāvetvā ekamantaṁ nisīdiṁsu. ⑤ appekacce tuṇhībhūtā ekam-antaṁ nisīdiṁsu.

본경에서 바라문은 ②의 방법으로 인사를 나누고 한 곁에 앉지 않고 서 있는 경우에 해당한다. 이런 경우도 초기불전의 적지 않은 경들에 나타나고 있다. 이 경우에 세존께서는 자리에 앉으라고 권하기도 하신다.(M54 §3; M56 §2)

85) "'이 의미를 아시고(etamatthaṁ viditvā)'라고 하셨다. 여기서 세존께서는 그가 제기한 질문이 정점에 도달한(sikhāpatta) 뜻임을 아시고 그 즉시 바로 이 우러나온 말씀을 읊으신 것이다. 그런데 세존께서는 ① 그 바라문에게 법을 설하지는 않으셨다. 왜 그런가? 그가 법을 설해줄 만한 그릇이 되지 않았기 때문이다(abhājana-bhāvato). 그 바라문은 참으로 이 게송을 듣고도 진리를 관통하지(saccābhisamaya) 못하였다. 이것은 ② 아지와까 [유행승]인 우빠까(M26 §25 참조)에게 부처님의 덕을 드러내신(Buddhaguṇa-

"사악한 법을 내쫓아 버렸고[86] 흥흥거리지 않고

쓥쓰레함[87]이 없고 제어되어 있으며

지혜의 끝에 도달했고[88]

---

ppakāsana) 경우와 같다. 초전법륜에 앞서서 세존께서 ③ 따뿟사와 발리까(A1:14:6-1, A6:119, A6:120 참조, A1:14:6-1에는 따빳수(Tapassu)로 나타남)가 듣도록 설하시어 그들이 귀의를 하도록 하신 것(saraṇadāna)과도 같아서 이것은 단지 훈습에 동참하는 것(vāsanābhāgiya)은 되었지만 유학(有學)에 동참하는 것(sekkhabhāgiya)도 아니고 꿰뚫음(열반)에 동참하는 것(nibbedhabhāgiya)도 아니기 때문이다."(UdA.54)

주석서의 설명처럼 부처님께서는 최초의 설법인 「초전법륜 경」(S56:11)을 설하시기 전에 본경의 바라문의 경우를 포함하여 세 번 법을 설하실 조건을 만났지만(위 ①~③) 법을 설하지 않으셨다. 주석서는 이것을 법을 이해할 그릇이 되지 못함(abhājana-bhāva)으로 설명한다.

한편 『앙굿따라 니까야』 제4권 「따뿟사 경」(A6:119)과 「발리까 등의 경」(A6:120)에 의하면 따뿟사 장자(gahapati)와 발리까 장자는 부처님에 대한 흔들림 없는 청정한 믿음(aveccappasāda), 법에 대한 흔들림 없는 청정한 믿음, 승가에 대한 흔들림 없는 청정한 믿음, 성스러운 계, 성스러운 지혜, 성스러운 해탈을 갖추어 여래에 대해 확고함을 가졌고(niṭṭhaṅgata) 불사(不死)를 보았고(amataddasa) 불사를 실현하여 지낸다고 나타난다. 그들은 처음 부처님을 뵙고 귀의한 뒤로 확고한 믿음과 수행을 통해서 이러한 유학의 경지에 도달하였을 것이다.

86) '사악한 법을 내쫓아 버렸고 … 바라문이야말로'는 yo brāhmaṇo bāhita-pāpadhammo를 문맥에 맞게 풀어서 옮긴 것이다. 부처님께서는 바라문, 즉 brāhmaṇa라는 단어의 유래를 문자적으로 **bāh**ita-pāpa-dha**mma**로 설명하신다. 이것은 아래 Ud1:5 §3에도 나타난다. 그리고 본서 「깨달음 경」 1(Ud1:1) §3과 「아자깔라빠까 경」(Ud1:7) §3에 나타나는 '바라문'을 설명하는 주석서에도 그대로 채택되고 있으므로 참조하기 바란다.

87) "'쓥쓰레함(kasāvā, 시큼함)'이란 떫고(kasaṭā) 맛없는 것(nirojā)이다. 갈망 등과 몸으로 짓는 나쁜 행위(kāyaduccarita) 등에는 단 하나라도 뛰어난 영양분이 없다(ojavantaṁ natthi). 그래서 [다른 곳에서는] '갈망은 쓥쓰레함이고(rāgo kasāvo)'라는 등을 말씀하셨다."(VbhA.499)

88) '지혜의 끝에 도달했고'는 베단따구(vedantagū)를 옮긴 것이다. 주석서는 이렇게 설명한다.
"여기서 [지혜의 끝(vedanta, 즉 베다들의 끝)이란] 네 가지 도의 지혜라 일

청정범행을 완성한 바라문이야말로
법답게 바라문이라는 말을 할 수가 있나니
그에게는 [다섯 가지] 혹[89]이
세상 그 어디에도 없기 때문이다." {4}

바라문 경(Ud1:5)

Brāhmaṇa-sutta

1. 이와 같이 나는 들었다. 한때 세존께서는 사왓티[90]에서 제

컬어지는(catumaggañāṇa-saṅkhātehi) 베다들의 끝(vedehi anta)이요 형성된 것들의 마지막인(saṅkhāra-pariyosāna) 열반이다. 이러한 베다들의 끝에 도달함(gatattā)이 '지혜의 끝에 도달함(vedantagū, 베단따구)'이다."(UdA.55)

세존께서는 가르침(Dhamma)을 이 바라문의 성향에 맞게 하기 위해서 일부러 베다(veda, 지혜) 혹은 베단따(vedanta, 지혜의 끝)라는 바라문교의 술어를 사용하신 것이 분명하다.

『상윳따 니까야 주석서』도 이렇게 설명한다.
"'지혜의 끝에 도달한(vedantagū)'이란 네 가지 도라는 지혜의 끝(magga-vedānaṁ antaṁ)에 도달했다, 혹은 네 가지 도의 지혜로 오염원들의 끝에 도달했다(kilesānaṁ antaṁ gato)는 말이다."(SA.i.235)

89) "① 탐욕의 혹(rāgussada) ② 성냄의 혹(dosussada) ③ 어리석음의 혹(mohussada) ④ 자만의 혹(mānussada) ⑤ 사견의 혹(diṭṭhussada)이라는 [다섯 가지] '혹(ussada)'이 없으니 남김없이 제거하였다는 뜻이다." (UdA.55)

국어사전에서 '혹'은 병적으로 불거져 나온 살덩이를 말하기도 하고 방해물이나 짐스러운 물건, 일 따위를 비유하여 이르는 말이라고도 설명하고 있다. 한편 이 다섯 가지 혹은 『위방가』에 나타나는 ① 탐욕 ② 성냄 ③ 어리석음 ④ 자만 ⑤ 사견 ⑥ 의심 ⑦ 해태 ⑧ 들뜸 ⑨ 양심 없음 ⑩ 수치심 없음의 열 가지 오염원의 토대 가운데 앞의 다섯 가지에 해당한다.(dasa kilesa-vatthūni – lobho, doso, moho, māno, diṭṭhi, vicikicchā, thinaṁ, uddhaccaṁ, ahirikaṁ, anottappaṁ, Vbh16 §819)

90) 사왓티(Sāvatthi)는 꼬살라(Kosala) 국의 수도였다. 꼬살라는 부처님 재세시에 인도에 있었던 16국(16국은 본서 「야소자 경」(Ud3:3) §4의 해당 주

따 숲[91]의 아나타삔디까 원림(급고독원)[92]에 머무셨다. 그때 사리뿟

해를 참조할 것.) 가운데 하나였으며 16국은 차차 서로 병합되어 나중에는 마가다(Magadha)와 꼬살라 두 나라로 통일되었다. 부처님 재세 시에는 빠세나디(Pasenadi) 왕이 꼬살라를 통치하였고, 그의 아들 위두다바(Viḍūḍa-bha)가 계승하였다. 부처님께서 말년에 24년 정도를 이곳 사왓티에 머무시는 등 부처님과 아주 인연이 많았던 곳이다.

본서에서도 제따와나 급고독원에서 설하신 경들이 46개이고 동쪽 원림[東園林]에 있는 미가라마따(녹자모) 강당에서 설하신 경들이 4개로 본서에 들어있는 80개의 경들 가운데서도 50개 경들이 사왓티에서 설해진 것이다.

주석서에 의하면 사왓티라는 이름은 두 가지에서 유래했다고 한다. 첫째는 사왓타(Savattha)라는 선인(仙人, isi)의 거처가 있던 곳이었기 때문에 붙인 이름이라 한다. 마치 꾸삼바 선인의 거처가 있던 곳을 꼬삼비라 하는 것과 같다. 둘째는 이곳에 대상(隊商, sattha)들이 모여들어서 '어떤 상품이 있어요?'라고 물으면 '모든 게 다 있습니다(sabbam atthi).'라고 대답했다고 해서 sāvatthi라 했다고 한다.(SnA.i.300; UdA.55, PsA.iii.532 등) 주석서들에서 사왓티를 당시 인도의 가장 큰 6대 도시 가운데 하나라고 했을 정도로 사왓티는 번창한 곳인데 이런 사정을 보여주는 설명이라 할 수 있겠다.

91) '제따 숲'은 Jetavana를 옮긴 것이다. 여기서 제따(Jetā)는 사왓티(Sk. 슈라와스띠)를 수도로 한 꼬살라의 빠세나디 왕의 왕자 이름으로 √ji(*to win*)에서 파생되었으며 '승리자'라는 뜻이다. 아나타삔디까(Anāthapiṇḍika, 급고독) 장자가 자신의 고향인 사왓티에다 원림을 만들려고 이 땅을 구입하기 위해 수많은 수레에 황금을 가득히 가져와서 땅에 깔았고(이 일화는 인도와 남방불교와 북방불교에 그림과 조각으로 많이 남아 있다.) 그 신심에 감격한 왕자가 공동으로 기증해서 원림(ārama)을 만들었다는 감동적인 이야기는 불자들이 잘 알고 있다. 주석서에 의하면 아나타삔디까 장자는 이 땅을 구입하기 위해서 1억 8천만의 돈을 지불했다고 하며 제따 왕자는 이 돈을 모두 대문을 짓는 데 사용했다고 한다.(UdA.56; MA.i.50)

92) 아나타삔디까 원림(Anāthapiṇḍikassa ārāma), 즉 급고독원(給孤獨園)은 사왓티의 금융업자(seṭṭhi, 혹은 상인)였으며, 수마나 상인(Sumana-seṭṭhi)의 아들이었고 우리에게 수보리 존자로 잘 알려진 수부띠 존자(āyasmā Subhūti)의 형이었던 아나타삔디까(급고독) 장자(Anāthapiṇḍika gahapati)가 제따 왕자와 함께 제따 숲(Jetavāna)에 지어서 승단에 기증한 사원이다.

이 제따 숲의 아나타삔디까 원림은 초기불전에서 가장 많이 나타나는 승원이고, 우리나라에서 기원정사(祇園精舍)로 알려진 곳이며, 세존께서 말년 19년 동안을 여기서 보내셨다고 한다.(DhA.i.3; AA.i.314) 본서에 실려 있는 80개의 우러나온 말씀들(우다나) 가운데 반이 넘는 46개가 이곳에서 읊

따 존자와 마하목갈라나 존자와 마하깟사빠 존자와 마하깟짜나 존자[93])와 마하꼿티따 존자[94])와 마하깝삐나 존자[95])와 마하쭌다 존자[96])와 아누룻다 존자[97])와 레와따 존자[98])와 아난다 존자[99])가 세존

으신 것이다.

아나타삔디까 장자가 처음 세존을 친견한 일화는 율장(Vin.ii.154~159)에 아주 상세하게 묘사되어 나타난다. 율장에 따르면 급고독 장자가 세존을 처음 뵌 것은 세존께서 성도하신 다음 해에 그가 사업상 라자가하를 방문했을 때라고 한다.(Vin.ii.154) 그의 원래 이름은 수닷따(Sudatta)였으며 아나타삔디까(Anāthapiṇḍika)는 애칭으로 '무의탁자들에게 음식을 베푸는 자'라는 뜻이다.

93) 사리뿟따 존자(āyasmā Sāriputta)에 대해서는 본서 「사리뿟따 경」(Ud3:4) §1의 해당 주해를 참조하고, 마하목갈라나 존자(āyasmā Mahā-moggallāna)에 대해서는 본서 「마하목갈라나 경」(Ud3:5) §1의 해당 주해를 참조하고, 마하깟사빠 존자(āyasmā Mahākassapa)에 대해서는 본서 「마하깟사빠 경」(Ud1:6) §1의 해당 주해를 참조하고, 마하깟짜나 존자(āyasmā Mahākaccāna)에 대해서는 본서 「소나 경」(Ud5:6) §1의 해당 주해를 참조할 것.

94) 마하꼿티따 존자(āyasmā Mahākoṭṭhita)는 『앙굿따라 니까야』 제1권 「하나의 모음」(A1:14:3-10)에서 무애해체지(paṭisambhidā)를 얻은 비구들 가운데 최상이라고 언급되는 분이다. 그는 사왓티의 부유한 바라문 가문에서 태어났으며 삼베다에 통달했다고 하며 부처님의 설법을 듣고 출가하여 곧 아라한이 되었다고 한다.(AA.i.286)

95) 마하깝삐나 존자(āyasmā Mahakappina)는 꾹꾸따와띠(Kukkuṭavatī)라는 변방에 있는 나라의 왕가에서 태어났다. 그의 아버지가 죽자 마하깝삐나라는 이름의 왕이 되었다. 그는 세존보다 나이가 많았다고 한다. 세존이 정각을 이루신 뒤에 사왓티에서 온 상인들로부터 부처님이 출현하셨다는 말을 듣고 전율을 느낀 그는 왕위를 버리고 그의 대신들과 함께 세존을 찾아와서 출가하여 모두 아라한이 되었다고 한다. 그의 아내 아노자(Anojā)도 왕이 대신들과 함께 출가하였다는 말을 듣고 대신들의 아내들과 함께 역시 출가하여 예류과를 얻었다고 한다.(AA.i.318 이하)

96) 마하쭌다 존자(āyasmā Mahā-Cunda)는 쭌다 존자로도 불리고, 쭌다까(Cundaka) 존자로도 불리고, 쭌다 사미(Cunda samaṇuddesa)로도 불린다. 그는 사리뿟따 존자의 동생이었으며, 구족계를 받은 후에도 이 사미라는 호칭이 애칭으로 불리기도 했다고 한다.(DA.iii.907) 한때 그는 세존의 시자 소임을 맡기도 하였다.(ThagA.ii.124; J.iv.95 등) 사리뿟따

존자에게는 세 명의 남동생과 세 명의 여동생이 있었는데, 쭌다 장로는 그중의 한 사람이다. 그들은 모두 출가하여 세존의 제자가 되었다.(DhpA.ii.188)
본서 「쭌다 경」(Ud8:5) §11에서는 쭌다까 존자(āyasmā Cundaka)로도 언급이 된다.

97) 아누룻다 존자(āyasmā Anuruddha)는 부처님의 사촌이고 사꺄의 아미또다나(Amitodāna)의 아들이다. 성도 후에 까삘라왓투를 방문하신 부처님을 따라서 사꺄의 아누삐야(Anupiya)에서 밧디야(Bhaddiya), 아난다(Ānanda), 바구(Bhagu), 낌빌라(Kimbila), 데와닷따(Devadatta) 같은 왕자와 이발사 우빨리(Upāli)를 비롯한 많은 사꺄의 청년들과 함께 출가하였다.(Vin.ii.180; AA.i.108; DhpA.i.133; iv.127)
존자는 『앙굿따라 니까야』 「하나의 모음」(A1:14:1-5)에서 천안을 가진 자들 가운데 제일이라고 언급되듯이 우리에게 천안제일로 알려진 분이다. 그는 부처님께 대한 한없는 신뢰를 가진 분이었으며 부처님 입멸 후 마하깟사빠 존자가 당도할 때까지 승가를 통솔하였다.
1차결집에서 『앙굿따라 니까야』는 아누룻다 존자의 제자들에게 부촉해서 전승하도록 하였다 한다.(『디가 니까야』 제3권 564~565쪽 참조)

98) "여기서 레와따는 카디라와니야 레와따(Khadiravaniya Revata)이고 깡카 레와따(Kaṅkhā Revata)가 아니다."(UdA.57)
레와따 존자(āyasmā Revata)는 카디라와니야 레와따(Khadiravaniya Revata)와 깡카 레와따(Kaṅkhā Revata)의 두 명의 존자가 있다. 그중에서 카디라와니야, 즉 아카시아 숲에 머무는 레와따(Revata Khadiravaniya) 존자는 법의 사령관인 사리뿟따 존자의 막내 동생이다. 그의 어머니는 그의 자녀들이 하나 둘 출가하는 것을 보고 막내는 출가를 못하게 하기 위해서 그를 일곱 살에 결혼을 시켰다고 한다. 결혼식에서 하객들이 신부에게 할머니 나이만큼 살라고 축복의 말을 하는 것을 듣고 120살이 된 신부 할머니의 늙은 모습을 보고 저 예쁜 신부도 그와 같이 될 것이라고 깨닫고 결혼 행렬에서 빠져나와 출가를 하였다고 한다.
다른 숲속에 거주하는(āraññika) 비구들은 나무숲도 있고 물도 있고 탁발도 할 수 있는 숲에서 머물렀지만 그는 모래와 자갈과 바위로 된 험한 아카시아 숲에 머물렀기 때문에 세존께서 이렇게 칭송하시는 것이라고 주석서는 밝히고 있다.(AA.i.223~224)
그리고 사리뿟따 존자에게는 세 명의 남동생, 즉 쭌다(Cunda), 우빠세나(Upasena), 레와따(Revata)와 세 명의 여동생, 즉 짤라(Cālā), 우빠짤라(Upacālā), 시수빠짤라(Sīsūpacālā)가 있었는데 모두 출가하였다고 한다.(DhpA.ii.188) 쭌다는 본경에서 언급되는 마하쭌다 존자이다.
깡카레와따(Kaṅkhā-Revata) 존자에 대해서는 『맛지마 니까야』 「고싱가

께 다가갔다.100)

2. 그때 [4] 세존께서는 그 존자들이 멀리서 오는 것을 보셨다. 보신 뒤에 비구들을 불러서 "비구들이여, 이 바라문들이 오는구나. 비구들이여, 이 바라문들이 오는구나."101)라고 말씀하셨다. 이렇게 말씀하시자 어떤 바라문 태생인 비구가 세존께 이렇게 말씀드렸다.

"세존이시여, 어떻게 해서 바라문이 됩니까? 그리고 어떤 것이 진정한 바라문으로 만드는 법들입니까?"

3. 그때 세존께서는 이 의미를 아시고 그 즉시 바로 이 우러나온 말씀을 읊으셨다.102)

살라 긴 경」(M32) §3의 주해를 참조할 것.

99) 아난다 존자(āyasmā Ānanda)에 대해서는 『맛지마 니까야』 제2권 「고싱가살라 긴 경」(M32) §3의 해당 주해를 참조할 것.

100) VRI본에는 이 가운데 마지막의 아난다 존자 대신에 난다 존자(āyasmā Nanda)로 나타난다. 그리고 PTS본에는 레와따 존자와 아난다 존자 사이에 데와닷따(Devadatta)가 들어가서 모두 11명의 직계 제자들이 언급되고 있다. 그리고 데와닷따가 빠지고 아난다 존자가 들어간 10명은 PTS본 『맛지마 니까야』 제4권 「들숨날숨에 대한 마음챙김 경」(M118) §1에도 함께 언급되고 있으며 VRI본도 그러하다. 역자는 M118 §1을 존중하여 VRI본 난다 존자 대신에 아난다 존자로 읽었고 데와닷따는 넣지 않았다.

101) '비구들이여, 이 바라문들이 오는구나.'는 ete, bhikkhave, brāhmaṇā āgacchanti를 옮긴 것이다. 이처럼 세존께서는 10명의 비구들을 바라문이라 부르고 계신다. 주석서는 이렇게 설명한다.

"세존께서는 이들이 계행과 삼매와 통찰지 등의 덕을 구족하고(sīlasamādhi-paññādi-guṇasampannā) 최상의 고요함(upasama)을 구족하고 최상의 모습을 갖추고(ākappasampatti) 다가오는 것을 보시고 편안한 마음(pasannamānasa)으로 그들의 특별한 덕을 칭송할 목적(guṇavisesa-parikittanattha)으로 비구들을 [바라문이라고] 부르신 것이다."(UdA.58)

102) "'이 의미를 아시고(etamatthaṁ viditvā)'라는 것은 이 바라문이라는 단어(brāhmaṇasadda)가 가지는 궁극적 의미에서(paramatthato) 정점에 도달한 의미(sikhāpatta attha)를 아신 뒤에(jānitvā)라는 말이다. '이 우러나

"사악한 법을 내쫓아 버리고[103]
항상 마음챙겨 유행하는
족쇄[104]를 부수어버린 깨달은 분들[105]
참으로 그들이 세상에서 바라문이로다."[106] [107] {5}

온 말씀을(imaṁ udānaṁ)'이라고 하였다. 궁극적인 의미에서 바라문이 됨을 밝히는(paramattha-brāhmaṇabhāva-dīpaka) 이 우러나온 말씀을 읊으신 것이다."(UdA.58)

103) '사악한 법을 내쫓아 버리고'는 bāhitvā pāpake dhamme를 옮긴 것이다. 부처님께서는 바라문, 즉 brāhmaṇa라는 단어의 유래를 문자적으로 **bāhitvā pāpake dhamme**로 설명하신다. 이것은 아래 Ud1:7 §3의 우러나온 말씀을 설명하는 주석서에도 그대로 채택되고 있다.(Ud1:7 §3의 해당 주해 참조)

104) 여러 부류의 성자와 10가지 족쇄(saṁyojana)에 대해서는 『맛지마 니까야』 제1권 「뿌리에 대한 법문 경」(M1) §99의 주해나 『이띠웃따까』 「강의 흐름 경」(It4:10) §2의 주해를 참조할 것.

105) "'깨달은 분들(buddhā)'이라고 하셨다. 네 가지 진리를 완전하게 깨달음(catusaccasambodha)에 의해서 깨달은 분들이다. 여기에는 제자로서의 깨달은 분들(sāvakabuddhā), 벽지불들(paccekabuddhā), 정등각자들(sammāsambuddhā)의 셋이 있다. 이들 가운데 여기서는 제자로서의 깨달은 분들을 말한다."(UdA.58)

한편 『앙굿따라 니까야 주석서』는 아래와 같이 네 가지 부처님을 들고 있다. "네 가지 부처님이 있다. 문불(聞佛, suta-buddha), 사제불(四諦佛, catu-sacca-buddha), 연각불(緣覺佛, pacceka-buddha), 일체지불(一切知佛, sabbaññu-buddha)이다.
이 가운데 많이 배운 비구가 ① 문불(배운 부처)이다. 번뇌 다한 [아라한이] ② 사제불(사성제를 통찰한 부처)이다. 2십만이 넘는 아승지겁(asaṅkhyeyya kappa)을 바라밀을 완성하여(pāramiyo pūretvā) 자기 스스로(sāmaṁ) 연각의 깨달음의 지혜를 꿰뚫은 자를 ③ 연각불이라 한다. 4십만, 8십만, 백육십만이 넘는 아승지겁 동안을 바라밀을 완성하여 세 가지 마라의 머리를 쳐부수고 일체지의 지혜[一切知智]를 꿰뚫은 분(paṭividdha-sabbaññuta-ññāṇa)이 ④ 일체지불이다. 이런 네 부처님들 가운데서 일체지불(一切知佛)은 유일한 분이다(adutiyo nāma). 이러한 일체지불과 다른 일체지불은 같은 시기에 출현할 수 없다."(AA.i.115)

106) "'참으로 그들이 세상에서 바라문이로다(te ve lokasmi brāhmaṇā).'라고

마하깟사빠 경(Ud1:6)

Mahākassapa-sutta

1. 이와 같이 나는 들었다. 한때 세존께서는 라자가하[108]에서 대나무 숲[竹林][109]의 다람쥐 보호구역[110]에 머무셨다. 그때 마하깟

하셨다. 수승하다는 뜻에서(seṭṭhatthena) 바라문이라 한다. 이러한 바라문이라 불리는 법에서 성스러운 태어남으로 태어나셨기 때문에, 혹은 바라문이 되신 세존의 가슴으로부터 태어난 아들들(orasaputtā)이라고 해서 이 중생세상에서 궁극적인 의미에서 바라문이라 하셨다. 태생이나 족성만으로(jāti-gottamattehi) 되는 것이 아니고 헝클어진 머리를 하는 것 등만으로(jaṭādhāraṇādimattena) 되는 것이 아니라는 뜻이다."(UdA.59)

107) "이 두 개의 경(Ud1:4, Ud1:5)에서 바라문을 만드는 법들(brāhmaṇakarā dhammā)은 아라한됨을 얻도록 하시고 나서 말씀하신 것이다. [이 두 경은] 중생들의 다양한 성향(nānajjhāsayatā)을 [만족시키기] 위해서 가르침을 장엄함(desanāvilāsa)과 담론의 다양함(abhilāpanānatta)으로 가르침을 다양하게 하신 것(desanānānatta)이라고 알아야 한다."(UdA.59)

108) 라자가하(Rājagaha)는 부처님 시대에 인도 중원의 16국 가운데서 꼬살라(Kosala)와 더불어 가장 강성했던 나라인 마가다(Magadha)의 수도였다. 빔비사라(Bimbisāra) 왕과 그의 아들 아자따삿뚜(Ajātasattu)가 부처님 재세 시에 이곳의 왕위에 있었다. 라자가하(Rājagaha)는 '왕(rāja)의 집(gaha)'으로 직역되며 그래서 중국에서 왕사성(王舍城)으로 옮겨져서 우리에게도 익숙한 지명이며, 지금도 전세계 불교도들의 순례 행렬이 끊이지 않고 있다.

109) 라자가하의 '대나무 숲[竹林, Veḷuvana]'은 마가다의 빔비사라 왕의 정원(uyyāna)이었다. 주석서(SnA.ii.386)에 의하면 빔비사라 왕은 세존께서 깨달음을 얻으면 제일 먼저 라자가하를 방문해 주시기를 청하였고 세존께서는 약속을 하셨다(Bimbisārarañño dinnapaṭiññā). 성도 후에는 실제로 그렇게 하셔서 가섭 삼형제와 그의 제자들 1,000명을 제자로 하여 우루웰라에서 라자가하로 올라가시다가 가야시사(Gayāsīsa)에서 「불타오름 경」(S35:28)을 설하시어 1,000명이 모두 아라한이 된다. 이렇게 방문하시었고 왕은 그가 존경하는 우루웰라깟사빠 존자가 왕과 왕사성의 많은 군중들 앞에서 그가 부처님의 제자임을 선언하는 것을 듣고 백성들과 함께 부처님께 귀의한다.
라자가하에서 세존께서 처음 머무신 곳이 이곳 대나무 숲의 랏티와나 정원(Laṭṭhivanuyyāna)이다.(AA.i.299; ApA.87 등) 왕은 공양을 올린 후 부처님과 제자들이 머무실 곳으로 이곳을 지목하였고 부처님께서는 승낙하셨

사빠 존자[111])가 삡빨리 동굴[112])에서 중병에 걸려 극심한 고통에 시

다. 이렇게 해서 대나무 숲[竹林]은 불교 교단 최초의 승원이 된다. 이렇게 하여 세존께서 머무시도록 지은 최초의 승원이 우리에게 죽림정사(竹林精舍)로 알려진 이곳 웰루와나(Veḷuvana)이다.(Vin.i.35ff)

이 대나무 숲 혹은 죽림정사는 대나무로 에워싸여 있었고 18완척(腕尺, ratana, cubits) 높이의 담으로 둘러싸였으며 문과 망루들이 있었다고 한다.(SA.ii.419; VinA.iii.576)

110) '다람쥐 보호구역'은 Kalandakanivāpa를 옮긴 것이다. 『디가 니까야 주석서』는 "nivāpa란 먹이(bhatta)를 말한다. 공작들이 아무 두려움 없이 먹이를 먹을 수 있도록 먹이를 주는 그런 장소를 뜻한다."(DA.iii.835 등)라고 설명하고 있고 『율장 복주서』도 nivāpa를 "음식을 보상으로 주는 것(bhatta-vetana)"(VinAṬ.ii.151)으로 설명하고 있어서 이렇게 옮겼다.

여기서 보듯이 이 다람쥐 보호구역은 라자가하의 대나무 숲에 있으며 세존께서 대나무 숲에 와서 머무실 때는 대부분을 여기서 머무셨다. 율장의 많은 율의 조목들이 이곳에서 제정되었고 「아바야 왕자 경」(M58) 등 여러 경들이 이곳에서 설해졌으며 본서에만 9개의 우러나온 말씀들이 이곳에서 설해졌다.

한편 다른 경들에는 공작 보호구역(Mora-nivāpa, D25 §6; M77 §2; A3:141 §1등)도 나타나고 있다. 이처럼 여러 곳에 공작 보호구역이나 다람쥐 보호구역이나 사슴 동산(녹야원, Migadāya) 등 동물 보호구역이 그 당시에도 상당수 있었고 이런 곳은 자연스럽게 수행자들의 의지처가 되었다.

111) 마하깟사빠 존자(āyasmā Mahā-Kassapa)는 마가다의 마하띳타(Mahā-tittha)에서 바라문으로 태어났으며 이름은 삡빨리(Pippali)였다. 그는 일찍 결혼하였으나 아내(Bhaddā)와 논의하여 둘 다 출가하였다. 『앙굿따라 니까야』 제1권 제14장 「하나의 모음」 으뜸 품에서 밧다 까삘라니(Bhaddā-Kapilānī) 장로니는 전생을 기억하는 자들 가운데서 으뜸으로 불리고 있다.(A1:14:5-10의 밧다 까삘라니 주해 참조) 그리고 이 으뜸 품에서 세존께서는 "두타행을 하는 자(dhuta-vāda)들 가운데서 마하깟사빠(대가섭)가 으뜸"(A1:14:1-4)이라고 그를 칭찬하고 계시며, 그는 부처님이 반열반하신 후 교단을 이끌었던 분이기도 하다. 북방에서도 마하깟사빠 존자는 두타제일로 꼽힌다. 『상윳따 니까야』 제2권 「깟사빠 상윳따」(S16)의 여러 경들은 그의 출중한 경지를 잘 드러내어 주고 있다. 그는 교단에서 장수한 인물로 꼽히며 120세까지 살았다고 한다. 주석서는 초기교단에서 장수한 인물로 마하깟사빠 존자, 박꿀라 존자, 아난다 존자를 들고 있는데 모두 120세까지 사신 분들로 알려져 있다.(AA.iii.243~244)

깟사빠(Kassapa)는 지금도 인도에서 유력한 바라문의 족성이다. 그러므로 부처님 제자 가운데도 깟사빠 성을 가진 분들이 많았다. 그래서 이를 구분하

달리고 있었다. 그 후에 마하깟사빠 존자는 그 병으로부터 쾌차하였다.[113] 그때 마하깟사빠 존자는 그 병으로부터 쾌차하여 '나는 참으로 라자가하로 탁발을 가리라.'라는 생각이 들었다.

2. 그때 500명의 천신들은 마하깟사빠 존자의 탁발음식을 준비하는 일에 몰두하고 있었다. 그때 마하깟사빠 존자는 그들 500명의 천신들을 거절한 뒤 오전에 옷매무새를 가다듬고 발우와 가사를 수하고 라자가하의 가난한 자들이 사는 거리와 불운한 자들이 사는 거리와 직공들이 사는 거리로 탁발을 갔다. 세존께서는 마하깟사빠 존자가 라자가하에서 가난한 자들이 사는 거리와 불운한 자들이 사는 거리와 직공들이 사는 거리에서 탁발을 하는 것을 보셨다.

3. 그때 세존께서는 이 의미를 아시고 그 즉시 바로 이 우러나온 말씀을 읊으셨다.[114]

기 위해서 일차합송을 주도한 깟사빠 존자를 마하깟사빠(대가섭, 大迦葉)라 칭하고, 1,000명의 제자와 함께 귀의한 가섭 삼형제는 우루웰라 깟사빠(우루빈라 가섭, 優樓頻螺 迦葉)라 부르며, 나체 수행자 출신 깟사빠는 아쩰라 깟사빠(무의가섭, 無衣迦葉)라 부른다. DPPN에는 Kassapa라는 표제어가 모두 28개나 된다. 초기불교 문헌에 나타나는 깟사빠라는 이름을 가진 분이 적어도 28명은 된다는 말이다.

112) 주석서에 의하면 이 동굴의 입구에 삡빨리 나무(pippalirukkha)가 서 있었기 때문에 '삡빨리 동굴(pippaliguhā)'이라 불렀다고 한다.(UdA.60)

113) 본경에 해당하는 일화가 『상윳따 니까야』 제5권 「병 경」 1(Gilānā-sutta, S46:14)에 나타나고 있다. 「병 경」 1(S46:14)에 의하면 세존께서 마하깟사빠 존자에게 문병을 가서 칠각지를 설해 주셨고 그래서 마하깟사빠 존자는 쾌차하였다. 이런 이유로 「병 경」 1(S46:14)과 「병 경」 2(S46:15)는 스리랑카에서 보호주 혹은 호주(護呪, paritta)로 여겨져서 싱할리어로 된 Maha Pirit Pota(대보호주를 모은 책)에 포함되어 있으며 스님들이 환자들을 위해서 자주 독송하는 경이다. 보호주(paritta)에 대해서는 『상윳따 니까야』 제1권 「깃발 경」(S11:3)의 경 제목에 대한 주해를 참조할 것.

114) "'이 의미를 아시고(etamatthaṁ viditvā)'라고 하였다. 마하깟사빠 존자가

500명의 요정들(accharā)이 가져온 여러 가지 국과 여러 가지 반찬으로 된 천상의 탁발음식(dibbapiṇḍapāta)을 거절한 뒤(paṭikkhipitvā) 불운한 사람들을 돕는 도닦음을 실천한 것(kapaṇajana-anuggahappaṭipatti)을 말한다. '이 우러나온 말씀을(imaṁ udānaṁ)'이라고 하였다. 이 으뜸가는 소욕을 보여주심을 방법으로 하여(paramappicchatā-dassanamukhena) 번뇌 다한 분의 여여(如如)함의 위력을 밝히는(khīṇāsavassa tādibhāva-anubhāva-dīpakaṁ) 이 우러나온 말씀을 읊으신 것이다."(UdA.62)

여기서 '여여(如如)함'은 tādi-bhāva를 옮긴 것이다. 이 tādi(Sk. tādṛś)는 tad(*that*) + √dṛś(*to see*)에서 파생된 형용사로 '그렇게 보이는'이라는 문자적인 뜻을 가진다. 불교 산스끄리뜨에서는 tāyi로도 나타나며 자이나 아르다마가디에서는 tāi로 나타난다. 『청정도론』에서 이 용어는 다음의 문맥에서 나타난다.

"그것(통찰지)은 원하거나 원하지 않는 것들에 대해(iṭṭhāniṭṭhesu) 여여함을 유지하게 하기 때문에(tādibhāvāvahanato) 좋은 것(kalyāṇā)이다." (Vis.I.10)

『청정도론』의 복주서인 『빠라맛타만주사』는 이렇게 설명한다.

"'여여함을 유지하게 하기 때문에(tādibhāvāvahanato)'라고 하였다. ① 마치(yādiso) 원하는 것들과 얻은 것 등에 대해서(iṭṭhesu lābhādīsu ca) 친밀함이 존재하지 않는 것처럼(anunaya-abhāvato), 그처럼(tādiso) 원하지 않는 것들과 얻지 못한 것 등에 대해서 적대감이 존재하지 않기 때문이다(paṭigha-abhāvato). ② 혹은 이와 마찬가지로(tato eva) 영역에 들어오지 않은(anāpāthagatesu) 원하거나 원하지 않는 것들에 대해서(iṭṭhāniṭṭh-esu) 그러한 것처럼(yādiso), 그처럼(tādiso) 영역에 들어온 것들에 대해서도 마찬가지라고 해서 여여(如如, tādi)이고 이러한 상태가 여여함(tassa bhāvo tādibhāvo)이며 이것을 유지하게 하기 때문이다(āvahanato)."(Pm.i.19)

초기불전연구원에서는 tādi가 명사로 쓰여 부처님이나 아라한을 뜻하면 '여여(如如)한 [분]'으로 옮기고(M86 §18, S6:15 §8 등) 여기서처럼 주로 주석서 문헌에서 tādibhāva로 쓰여서 특정한 상태(bhāva)를 나타내면 여여함이나 평정함이나 공평함으로 옮겼는데 본서에서는 모두 '여여함'으로 통일해서 옮기고 있다.

"'여여하신(tādina)'이라고 하였다. 이것은 [눈 등의 여섯 문에서] 여섯 가지 구성요소를 가진 평온을 통해서(chaḷaṅgupekkhāvasena) 모든 곳에서(sabbattha) 원하는 것 등에 대해서 하나의 고유성질을 가짐이라 일컬어지는(ekasabhāvatā-saṅkhāta) 여여함을 특징으로 가지신(tādilakkhaṇa) 여여하신 분(tādi)을 말한다."(ItA.i.167)

"남을 부양하지 않고115) 구경의 지혜를 가졌으며
잘 제어되고 심재(心材)116)에 확고하며117)

"여기서 "여기 번뇌 다한 비구가 있어 마음챙기고 알아차리면서 눈으로 형색을 보고 기뻐하지도 슬퍼하지도 않고 평온하게 머문다."(「공양받아 마땅함 경」 1, A6:1 §3)라고 전승되어 오는 번뇌 다한 자에게 여섯 가지 문으로 원하고 싫어하는 여섯 가지 대상이 나타날 때 청정한 본래의 성품을 버리지 않는 형태의 평온을 여섯 가지 구성요소를 가진 평온(chaḷaṅgupekkhā)이라 한다."(Vis.IV.157)

115) "남을 부양한다고 해서 남을 부양하는 자(aññaposī)이다. 남을 부양하는 자가 아니라고 해서 '남을 부양하지 않는 자(anaññaposī)'이다. 자신에 의해서 부양되어야 하는 다른 자가 존재하지 않아서 배우자가 없는 자(adutiya)이며 독신(ekaka)이라는 뜻이다. 이것은 장로가 부양하기 쉬움(subharata)을 보여주는 것이다. 장로는 몸을 보호하는(kāya-parihārika) 옷(cīvara)과 위장을 지탱하는(kucchi-parihārika) 탁발음식(piṇḍapāta)으로 오직 자신만을 부양하면서(attānameva posento) 으뜸가는 소욕을 실천하는 자(paramappiccha)가 되어 머물기 때문이다. 그는 친척이나 친구 등 가운데서 어느 누구도 부양하지 않고 어디에도 집착하지 않기 때문이다.
혹은 다른 사람에 의해서 부양되지 않기 때문에(posetabbatāya abhāvato) '남의 부양을 받지 않는 자'로도 [해석된다.] 필수품을 보시하는 단 한 사람에게라도 네 가지 필수품으로 묶이게 되면(paṭibaddhacatupaccayo) 그는 남의 부양을 받지 않는 자가 아니니, 그는 한 사람에 의지하여서 생존하기 때문이다(ekāyattavuttito). 그러나 장로는 "마치 벌이 꽃들을 그리하듯이"(Dhp {49})라는 게송에서 설하신 방법대로 자신의 발의 힘(jaṅghā-bala)에 의지하여 탁발을 행하면서 여러 집들 가운데 항상 처음 방문하는 자처럼 하여서(niccanavo hutvā) 섞인 음식을 얻어 연명한다(missaka-bhattena yāpeti). 그래서 세존께서는 그를 달의 비유를 통한 도닦음(cand-ūpamappaṭipadā)으로 칭찬하셨다(「달의 비유 경」(S16:3) §3)."(UdA.62~63)

『상윳따 니까야 주석서』는 이렇게 설명한다.
"'남을 부양하지 않고(anañña-posi)'란 [지금의] 자기 존재(atta-bhāva) 외에 [내생의] 다른 자기 존재를 부양하지 않는다는 뜻이다.(내생에 다른 몸을 받지 않는다는 뜻임) 혹은 아들이나 아내와 같은 다른 존재를 부양하지 않는다는 뜻도 된다."(SA.i.207)

116) '심재(心材)'는 sāra를 옮긴 것이다. 이것은 나무의 속재목, 즉 적목질(赤木質, *heartwood*)을 뜻한다. 초기불전연구원에서는 '고갱이'로도 옮겼고(M56 §27; Vis.XIV.224) '속재목'으로도 옮겼다.(S22:88 §7) 그리고 나무

번뇌가 다하고 결점을 토해버린[118]
그를 나는 바라문이라고 부른다." {6}

아자깔라빠까 경(Ud1:7)

Ajakalāpaka-sutta

1. 이와 같이 나는 들었다. 한때 세존께서는 빠와[119]에서 아자깔라빠까 탑묘[120]의 아자깔라빠까 약카[121]의 거처에 머무셨다. 그

의 심재(心材)가 나무의 핵심을 나타내듯이 이 용어는 문맥에 따라 실체나 본질이나 핵심(*substance. essence*)을 뜻하기도 한다. 이 경우에는 '실체'로 옮겼다.(S22:95 §3) 특히 여기에 부정접두어를 붙인 nissāra와 asāra는 '실체 없음'이나 '실체가 없음'으로 옮겼는데 『상윳따 니까야』 제3권 「포말 경」(S22:95) §3 이하에서 키워드로 나타나고 있다.(SA.ii.321; VbhA.32 참조) 이처럼 이미 초기불전에서부터 부처님께서는 asāra라는 용어를 사용하여 오온이 실체가 없음을 강조하고 계신다.

한편 주석서는 나무를 심재(sāra)와 백목질(白木質, pheggu)과 껍질(taca)과 마른 껍질(papaṭika)의 네 부분으로 나누고 있다.(DA.iii.839)

117) "'심재(心材)에 확고하며(sāre patiṭṭhitaṁ)'란 해탈의 심재(vimuttisāra)에 굳건하다(avaṭṭhita), 혹은 무학의 계의 무더기 등으로 이루어진(asekkha-sīlakkhandhādika) 계 등의 심재(sīlādisāra)에 확고하다는 뜻이다."(UdA.59)

118) "'번뇌가 다하고 결점을 토해버린(khīṇāsavaṁ vantadosaṁ)'이라고 하셨다. 감각적 쾌락의 번뇌 등(kāmāsavādi) 네 가지 번뇌를 남김없이 제거하였기 때문에(pahīnattā) 번뇌가 다하였다. 그래서 갈망 등의 결점들(rāgādi-dosā)을 모든 곳에서 토해 내어 버렸기 때문에 결점을 토해버렸다고 한다."(UdA.59)

119) 빠와(Pāva)는 말라(Malla)들의 도시이다. 말라(Malla)는 인도 중원의 16국 가운데 하나였다. 부처님 시대에는 빠와(Pāvā)와 꾸시나라(Kusināra)의 두 부분으로 나누어져 있었는데 각각 빠와의 말라들은 빠웨이야까말라(Pāveyyaka-Malla)라 불리었고 꾸시나라의 말라들은 꼬시나라까(Kosi-nāraka)라 불리었다. 말라(Malla)에 대해서는 본서 「우물 경」(Ud7:9) §1의 주해를 참조할 것.

120) "'아자깔라빠까 탑묘(ajakalāpaka cetiya)'란 아자깔라빠까라는 약카가 점유하고 있기 때문에(pariggahitattā) 아자깔라빠까라는 이름을 가졌고 인

간들이 존중하는 장소(cittīkataṭṭhāna)이다. 이 약카는 염소들을 무리지어 묶어서(aje kalāpe katvā bandhanena) 염소의 부위(ajakoṭṭhāsa)와 함께 바친 공물(bali) 외에 다른 것은 수용하지(paṭicchati) 않는다고 한다. 그래서 아자깔라빠까라고 알려졌다.

어떤 자들은 말하기를 '염소처럼 중생들에게 소리를 내게 한다(ajake viya satte lāpeti)고 해서 아자깔라빠까라 한다.'라고 말한다. 이 약카에게 중생들이 공물을 가져올 때 그들이 염소 소리를 낸 뒤에(ajasaddaṁ katvā) 공물을 바치면 그는 만족한다(tussati)고 한다. 그래서 아자깔라빠까라고 부른다고 한다.

그 약카는 위력을 가지고 있고(ānubhāvasampanna) 무자비하고(kakkhaḷa) 거세었는데(pharusa) 이런 그가 거기에 머물고 있어서 사람들은 그 장소를 존중하여 때때로 공물을 가져오는 것이다. 그래서 '아자깔라빠까 탑묘'라 부른다."(UdA.63~64)

121) '약카(yakkha, Sk. yakṣa)'는 중국에서 야차(夜叉)로 한역되었다. 이 단어는 √yakṣ(*to move quickly*)에서 파생된 명사인데 문자적으로는 '재빨리 움직이는 존재'를 뜻한다. 그러나 빠알리 주석서에서는 √yaj(*to sacrifice*)에서 파생된 명사로 간주하여 "그에게 제사 지낸다. 그에게 제사음식을 가져간다고 해서 약카라 한다."(VvA.224) 혹은 "예배를 받을 만한 자라고 해서 약카라 한다."(VvA.333)로 풀이하고 있다.

『디가 니까야』 제2권 「빠야시 경」(D23) §23에서 보듯이 약카는 일반적으로 비인간(amanussa)으로 묘사되고 있다. 본경에서 세존께서는 천신을 이처럼 약카로 부르고 있다. 주석서에 의하면 그들은 아귀(peta)들보다 높은 존재로 묘사되고 있으며 선한 아귀들을 약카로 부르는 경우도 있다.(PvA. 45; 55) 그들은 많은 계통이 있는데 후대 문헌으로 올수록 우리말의 정령, 귀신, 요괴, 유령, 도깨비 등 나쁜 비인간인 존재들을 모두 일컫는 말로 정착이 되고 있다. 이런 의미에서 힌두 문헌의 삐샤짜(Piśāca, 도깨비, 유령, 악귀 — 본경 §2와 §3에도 '유령(pisāca)'으로 나타나고 있고 『상윳따 니까야』 「요정 경」(S1:46) §2와 「삐양까라 경」(S10:6) §3 등에도 나타난다.)와 거의 같은 존재를 나타낸다 할 수 있다.

일반적으로 약카는 힘이 아주 센 비인간을 뜻한다. 그래서 『디가 니까야』 제1권 「암밧타 경」(D3)에는 금강수 약카(Vajirapāṇī)가 금강저(벼락)를 손에 들고 부처님 곁에 있는 것으로 묘사되기도 한다. 그래서 신들의 왕인 삭까(Sakka, Indra)도 약카로 표현되기도 하며(M37 §5; J.iv.4), 『상윳따 니까야』 「삭까 상윳따」(S11)의 「삭까의 예배 경」 2(S11:19)에서 삭까의 마부(수행원) 마딸리는 부처님도 약카로 지칭하고 있으며 『맛지마 니까야』 「우빨리 경」(M56/i.386) §29의 부처님을 찬탄하는 게송에서 우빨리 장자도 부처님을 약카로 부르고 있다. 자이나교에서도 약카는 신성한 존재로 숭때 세존께서는 칠흑같이 어두운 밤에 [5] 노지에 앉아 계셨고 가끔 비가 부슬부슬 내리기도 하였다.

2. 그때 아자깔라빠까 약카는 세존께 두려움과 공포를 일으키고 털이 곤두서게 하려고 세존께 다가갔다.[122] 가서는 세존으로부터 멀지 않은 곳에서 "악꿀로, 빡꿀로!"라고 무서운 소리를 세 번 지르면서[123] "사문아, 너를 [잡아먹는] 유령이 왔다!"[124]라고 무서운 소

배되고 있는데 이러한 영향이 아닌가 한다. 그리고 삐사짜(pisāca)는 사람을 잡아먹기도 하는 유령이나 나쁜 신들을 뜻한다고 여겨진다.

육도윤회의 입장에서 보면 약카는 사대왕천의 북쪽에 거주하며 꾸웨라(Kuvera, 웻사와나(Vessavaṇa)라고도 함. 『아비담마 길라잡이』 제5장 §5의 [해설] 참조.)가 그들의 왕이라고 한다.(『디가 니까야』 제3권 「아따나띠야 경」(D32) §7 참조) 『마하바라따』(Mahābhārata) 등의 힌두 문헌에도 약카(Sk. Yakṣa)는 꾸웨라의 부하들로 묘사되고 있다.

122) 비슷한 장면이 『상윳따 니까야』 제1권 「마라 상윳따」(S4)의 「아름다움 경」(S4:3) §2 등에도 나타난다.

123) '"악꿀로 빡꿀로"라고 무서운 소리를 세 번 지르면서'는 tikkhattuṁ akkulo pakkuloti akkulapakkulikaṁ akāsi를 옮긴 것이다. 주석서는 '악꿀로, 빡꿀로(akkulo pakkulo)!'라는 이 소리는 겁을 주기 위한 것이고(bhiṁsāpetu-kāmatāya) 그것을 흉내 낸 소리(anukaraṇasadda)라고 설명하고 있어서(UdA.66) 이렇게 음역을 하였다.

PED는 akkula를 ākula(ā+√kul, *to turn round*)라는 형용사로 이해하여 당황하다, 어리둥절하다(*entangled, confused, upset, twisted, bewilder-ed*)로 설명하고, pakkula를 pākula(pa+ākula)라는 형용사로 이해하여 전자와 같은 뜻으로 설명한다. 그리고 √kul은 산스끄리뜨 동사 어근을 정리한 빠니니의 『다뚜빠타』(Pāṇini Dhātupāṭha)에도 'kula saṁstyāne bandhuṣu ca(√kul은 돌리다와 묶다의 [뜻이다].)'로 나타난다.

124) '사문아, 너를 [잡아먹는] 유령이 왔다!'는 eso te, samaṇa, pisāco(사문이여, 이것은 그대에게 유령이다.)를 의역해서 옮겨본 것이다. 주석서는 "'야 이 사문아. 너의 살점으로 제단을 만들(pisitāsana) 유령이 여기 대령했다(upaṭṭhita).'라고 하면서 그 약카가 크고 무시무시한 형상을(mahantaṁ bheravarūpaṁ) 만들어(abhinimminitvā) 세존의 앞에 서서(ṭhatvā) 그러한 자기 자신을 두고 말한 것이다."(UdA.68)라고 풀이하고 있다.
여기서 '유령'은 pisāca를 옮긴 것이다. 주석서는 '유령의 모태(pisāca-

리로 부르짖었다.

3. 그때 세존께서는 이 의미를 아시고 그 즉시 바로 이 우러나온 말씀을 읊으셨다.125)

"자신의 법들에 대해서
통달한 자126)가 바라문이니127)

---

yoni)'는 유령이라는 약카의 모태(pisāca-yakkha-yoni)를 뜻한다고 설명하고 있으며(SA.i.309), 복주서는 다시 "아귀계와 비슷한 약카의 모태(petti-visaya-sadisa-yakkha-yoni)"(SAṬ.i.275)라고 풀이하고 있다. 인도 문헌 전체에서 볼 때 유령으로 옮긴 삐사짜는 여기서처럼 사람을 잡아먹는 것이 그 특징이라 할 수 있겠다.(Ireland, 194쪽 12번 주해도 참조할 것.)

125) "'이 의미를 아시고(etamatthaṁ viditvā)'라고 하였다. ① 그 약카가 몸과 말로써 드러내는 이 볼썽사나운 모습(vippakāra)과 ② [부처님] 자신에게는 그 [약카]에 의해서 압도당할 수 없는 원인이 되는(anabhibhavanīya-ssa hetubhūtaṁ) 세상의 법들에서 오점이 없음을(nirupakkilesataṁ) 모든 측면에서(sabbākārato) 아시고라는 뜻이다. '그 즉시 바로(tāyaṁ velāyaṁ)': 그 볼썽사나운 모습을 만드는 그 즉시 바로(vippakāra-karaṇa-velāyaṁ). '이 우러나온 말씀을(imaṁ udānaṁ)'이라고 하였다. 그 볼썽사나운 모습을 고려하지 않으시고(agaṇetvā) 그 고려하지 않는 원인이 되는 법의 위력을 밝히는(dhammānubhāvadīpaka) 이 우러나온 말씀을 읊으신 것이다."(UdA.68)

126) "'자신의 법들에 대해서 / 통달한 자'는 yadā sakesu dhammesu, pāragū hoti를 옮긴 것이다. 여기서 관점은 '자신의 법들에 대해서(sakesu dhamme-su)'가 구체적으로 무엇에 대해서인가 하는 것인데 주석서는 이를 두 가지로 설명한다.

첫째는 '자신의 법들(sakā dhammā)'을 자신을 구성하고 있는 오취온으로 해석한다. 그래서 자기 자신의 존재라 불리는(sakāttabhāvasaṅkhātā) 이 오취온의 법들(pañca upādānakkhandhadhammā)과 그 일어남과 소멸과 소멸로 인도하는 도닦음의 사성제를 통달지로 관통함을 구족하여(pariññā-bhisamaya-pāripūrivasena) 저 언덕에 도달했다(pāraṅgata)고 해서 '통달한 자(pāragū)'라고 한다고 해석한다.(UdA.68~69)
둘째는 '자신의 법들'을 자신의 이익을 바라는 사람의(atthakāmassa puggalassa) 계·정·혜·해탈 등의 선법으로 해석한다. 그래서 계·정·혜·해탈 등의 깨끗한 법들은(sīlasamādhipaññāvimuttiādayo vodāna

그가 이 유령과 유령의 광포한 소리를
넘어서게 된다."128) {7}

상가마지 경(Ud1:8)

Saṅgāmaji-sutta

1. 이와 같이 나는 들었다. 한때 세존께서는 사왓티에서 제따 숲의 아나타삔디까 원림(급고독원)에 머무셨다. 그 무렵 상가마지 존자129)가 세존을 친견하기 위해서 사왓티에 당도하였다. 상가마지 존

-dhammā) 전적으로 이익과 행복을 성취하므로 인간들은 그 법들을 자신의 법들이라고 부른다고 설명한다. 그리고 이러한 자신의 법들을 완성하여(pāripūriyā) 자신의 흐름에서(attano santāne) 아라한과를 증득하여 저 언덕에 도달하는 것(pāraṁ pariyantaṁ gato)을 자신의 법들에 대해서 통달한 자(pāragū)로 해석한다.(UdA.69)

127) 여기서도 주석서는 "사악한 법들을 내몰았기 때문에 궁극적 의미에서 바라문이다(bāhitapāpadhammatāya paramatthabrāhmaṇo)."라고 바라문을 정의하고 있다. 즉 brāhmaṇa를 **bāh**ita+dha**mma**로 설명한다.(UdA.70)

128) 이러한 부처님의 여여(如如)하심을 뵙고(tādibhāvaṁ disvā) 약카는 이 사람은 굉장한 분이로구나(aho acchariyamanusso vatāyaṁ)라고 하면서 범부에 속하는 믿음이지만(pothujjanikāya saddhāya) 마음에 청정한 믿음이 생겨서(pasannamānaso) 스승의 면전에서 재가 신도가 되었다고 주석서는 적고 있다.(UdA.70)

129) 상가마지 존자(āyasmā Saṅgāmaji)는 사왓티의 부유한 상인의 아들(mahāvibhavassa seṭṭhino putta)로 태어났다. 그는 아버지의 주선으로 결혼을 하였다. 어느 날 사왓티의 신도들이 아침에는 보시를 하고 낮 동안은 계를 지키고 저녁에는 설법을 들으러 제따 숲으로 가는 것을 보고 그도 함께 가서 사성제에 대한 부처님의 말씀을 듣고 예류과를 얻었으며 출가하기를 원하였다. 세존께서는 부모의 동의를 받을 것(anuññāta)을 말씀하셨고 부모는 완강히 반대하였다. 그는 나중에 꼭 그들을 방문하러 올 것이라고 언약하고(paṭiññaṁ datvā) 출가하여 숲속에서 안거를 하였고(araññāvāse vassaṁ vasitvā) 육신통을 구족하여(chaḷabhiñño hutvā) 아라한과를 얻었다. 그는 세존께 인사를 드리고 부모와의 약속을 지키기 위해서 사왓티로 와서 본경에서처럼 숲에서 머물고 있을 때 부모가 와서 환속할 것을 애원을 하였지만 들은 척도 하지 않았다. 그러자 부모가 아름답게 장식을 한 그의

자의 이전의 배우자[130]는 상가마지 존자가 사왓티에 당도하였다고 들었다. 그녀는 어린애를 데리고 제따 숲으로 갔다.

2. 그 무렵 상가마지 존자는 낮 동안의 머묾을 위해 어떤 나무 아래 앉아있었다. 그때 상가마지 존자의 이전의 배우자는 상가마지 존자에게 다가갔다. 가서는 상가마지 존자에게 이렇게 말했다. "사문이시여, 저는 어린 아들을 가졌습니다. 저를 돌봐주십시오." 이렇게 말했을 때 상가마지 존자는 침묵하고 있었다.

3. 두 번째로 상가마지 존자의 이전의 배우자는 상가마지 존자에게 이렇게 말했다. "사문이시여, 저는 어린 아들을 가졌습니다. 저를 돌봐주십시오." 두 번째도 상가마지 존자는 침묵하고 있었다.

세 번째로 상가마지 존자의 이전의 배우자는 상가마지 존자에게 이렇게 말했다. "사문이시여, 저는 어린 아들을 가졌습니다. 저를 돌봐주십시오." 세 번째도 상가마지 존자는 침묵하고 있었다.

4. 그때 상가마지 존자의 이전의 배우자는 그 어린애를 상가마지 존자의 무릎에[131] 내려놓고 "사문이시여, 이 아이는 당신의 아들입니다. 그를 돌봐주십시오."라고 한 뒤에 떠나갔다. 그러자 상가마지 존자는 그 어린애를 쳐다보지도 않았고 말을 하지도 않았다. 그러자 상가마지 존자의 이전의 배우자는 [6] 멀지 않은 곳에 가서 이 광

아내와 그의 어린 아들을 본경에서처럼 보낸 것이다.(UdA.70 ff.)

130) '이전의 배우자'는 purāṇadutiyikā를 옮긴 것이다. 주석서는 여기서 dutiyi-kā를 아내(bhariyā)라고 설명한다.(UdA.70) 『담마상가니』에서도 두 번째를 뜻하는 dutiyā는 배우자의 뜻으로 쓰이는데 탐욕(lobha)의 많은 동의어들 가운데 하나로 나타나고 있다.(Dhs §1065)

131) '무릎에'로 옮긴 원어는 '앞에'로 직역되는 purato인데 주석서에서 '무릎에(aṅke)'로 설명하고 있어서(UdA.73) 이렇게 옮겼다.

경을 쳐다보면서 상가마지 존자가 그 어린애를 쳐다보지도 않고 말을 하지도 않는 것을 보았다. 이 광경을 보자 '이 사문은 아들조차 원하지 않는구나.'라는 생각이 들었다. 그러자 거기로 돌아와서 어린애를 데리고 떠났다.

세존께서는 인간의 능력을 넘어선 청정하고 신성한 눈[天眼]으로 상가마지 존자의 이전의 아내의 이런 볼썽사나운 모습[132]을 보셨다.

5. 그때 세존께서는 이 의미를 아시고 그 즉시 바로 이 우러나온 말씀을 읊으셨다.[133]

"다가오는 것을 기뻐하지 않고
물러가는 것을 슬퍼하지 않나니
결박[134]으로부터 벗어난 상가마지,

---

132) "'이런 볼썽사나운 모습(imaṁ evarūpaṁ vippakāraṁ)'이라고 하였다. 앞에서 설명한 것처럼 출가자들에게 어울리지 않게(pabbajitesu asāruppaṁ) 무릎에(aṅke) 아들을 내려놓는 아름답지 못한 행동(virūpakiriya)을 말한다."(UdA.73)

133) "'이 의미를 아시고(etamatthaṁ viditvā)'라고 하였다. 상가마지 존자의 아들과 아내 등에 대해서(puttadārādīsu) 모든 경우에 아무것도 바라지 않는 상태라 일컬어지는(nirapekkhabhāvasaṅkhātaṁ) 이 의미를 모든 측면에서 아시고라는 뜻이다. '이 우러나온 말씀을(imaṁ udānaṁ)'이라고 하였다. 그런 원하거나 원하지 않는 등에 대해서(iṭṭhāniṭṭhādīsu) 그의 여여(如如)함을 밝히는(tādibhāvadīpaka) 이 우러나온 말씀을 읊으신 것이다."(UdA.73)

134) "여기서 '결박(saṅga)'은 갈망의 결박, 성냄의 결박, 어리석음의 결박, 자만의 결박, 사견의 결박(rāgasaṅga dosa-moha-māna-diṭṭhi-saṅga)이라는 다섯 가지 결박이다. 이러한 결박들을 근절과 편안함의 해탈(samuccheda-ppaṭipassaddhi-vimutti)을 통해서 해탈했다(vimutta)고 해서 상가마지(Saṅgāmaji) 비구이다."(UdA.73)
빠알리 삼장에서 이 다섯 가지 결박은 『위방가』에 나타난다. Vbh17 §940 ④를 참조할 것.

그를 나는 바라문이라 부른다."[135] {8}

헝클어진 머리를 한 고행자 경(Ud1:9)

Jaṭila-sutta

1. 이와 같이 나는 들었다. 한때 세존께서는 가야에서 가야시사에 머무셨다.[136] 그때 많은 헝클어진 머리를 한 고행자들[137]이 추운 겨울밤들 중에서 눈이 내리는 시기[138]의 중간 8일[139]에 가야에서

---

135) "'그를 나는 바라문이라 부른다(tamahaṁ brūmi brāhmaṇaṁ).'라고 하셨다. 여여함을 증득한(tādibhāvappatta) 번뇌 다한(khīṇāsava) 그는 모든 곳에서 사악함을 내몰았기 때문에(sabbaso bāhitapāpattā) 나는 그를 바라문이라고 일컫는다(vadāmi)는 뜻이다."(UdA.74)

136) 가야(Gayā)는 부처님 성도지인 보드가야(Bodhgayā) 가까이에 있는 고도(古都)이며, 힌두교의 7대 성지 가운데 하나이다. 가야시사(Gayāsīsa)는 가야 근처에 있는 언덕이다. 이곳은 세존께서 가섭 삼형제를 비롯한 1,000명의 비구에게 「불타오름 경」(Āditta-sutta, S35:28)을 설하시어 모두 아라한이 되게 하셨던 곳이기도 하며, 데와닷따가 승단을 분열시켜 그를 추종하는 비구들을 데리고 승단을 떠나서 머물던 곳이기도 하다. 여기에 대해서는 본서 「승가의 분열 경」(Ud5:8) §2의 데와닷따(Devadatta)에 대한 주해를 참조할 것.

137) '헝클어진 머리를 한 고행자들'은 자띨라(jaṭilā)를 풀어서 옮긴 것이다. 여기서 자띨라(jaṭila)는 헝클어진 머리(jaṭa)를 한 자를 뜻한다. 부처님 당시에 대표적인 헝클어진 머리 수행자들로는 맏형인 우루웰라깟사빠(Uruvela-Kassapa)와 둘째인 나디깟사빠(Nadī-Kassapa)와 셋째인 가야깟사빠(Gayā-Kassapa)의 가섭 삼형제를 들 수 있다. 그들은 주석서에 헝클어진 머리 삼형제(Tebhātika-Jaṭila)로 표현되고 있다. 이들은 부처님께서 6년 고행을 하신 우루웰라의 네란자라(Nerañjarā) 강의 언덕에 살고 있었다. 맏형인 우루웰라 깟사빠는 500명의 제자를 거느리고 제일 상류에, 둘째인 나디깟사빠는 300명의 무리와 함께 중류에, 셋째인 가야깟사빠는 200명의 무리와 함께 하류에 살고 있었다고 한다. 그들은 불을 섬기는 자들이었고 부처님을 만나 부처님의 출가제자가 되었으며 바로 이곳 가야시사(Gayāsīsa)에서 부처님으로부터 "비구들이여, 일체는 불타오르고 있다(sabbaṁ bhikkhave ādittaṁ)."로 시작되는 「불타오름 경」(S35:28)을 듣고 모두 아라한이 되었다.

[물 위로] 솟아오르기도 하고 [물 아래로] 내려가기도 하고 솟아오르고 내려가기를 반복하기도 하고 불에 제사를 지내면서 이것으로 청정하게 된다고 하였다.

2. 세존께서는 많은 헝클어진 머리 고행자들이 추운 겨울밤들 중에서 눈이 내리는 시기의 중간 8일에 가야에서 [물 위로] 솟아오르기도 하고 [물 아래로] 내려가기도 하고 솟아오르고 내려가기를 반복하기도 하고 불에 제사를 지내면서 이것으로 청정하게 된다고 하는 것을 보셨다.

3. 그때 세존께서는 이 의미를 아시고 그 즉시 바로 이 우러나온 말씀을 읊으셨다.[140]

---

138) 여기서 '눈이 내리는 시기'는 hemantikā를 옮긴 것이다. 지금 가야 지방에는 눈이 내리지 않지만 여기서 hema는 눈을 뜻하는 hima에서 파생된 명사이므로 '눈이 내리는 시기'로 옮겼다. 주석서도 "눈이 내리는 시기에(hima-pātasamaye) 포함된 이 추운 밤들이(sītā rattiyo) 되었음을 뜻한다."(ThegA.ii.165)라고 설명한다. 타닛사라 스님은 *when the snow was falling*으로 옮겼고 Masefield는 *in the season of snowfall*로 옮겼다.

139) "'중간 8일(antaraṭṭhakā)'이란 마가 달(음력 1월)의 마지막 4일과 팍구나 달(음력 2월)의 처음 4일을 말한다."(MA.ii.48)

빠알리 문헌에 나타나는 12달의 이름은 다음과 같다. 찟따(Citta, Citra, 음 3월), 웨사카(Vesākha, 음 4월), 젯타(Jeṭṭha, 음 5월), 아살하(Āsāḷha, 음 6월), 사와나(Sāvaṇa, 음 7월), 뽓타빠다(Poṭṭhapāda, 음 8월), 앗사유자(Assayuja, 음 9월), 깟띠까(Kattika, 음 10월), 마가시라(Māgasira, 음 11월), 풋사(Phussa, 음 12월), 마가(Māgha, 음 1월), 팍구나(Phagguna, 음 2월)이다. 지금 인도를 비롯한 남방에서는 우리의 음력 3월에 해당하는 찟따 달을 한 해의 시작으로 간주한다.

140) "'이 의미를 아시고(etamatthaṁ viditvā)'라고 하였다. ① 물에 들어가는 것 등의 청정하지 못한 도(udakorohanādiasuddhimagge)와 ② 그 청정을 위한 도를 집착하는 자들이(suddhimaggaparāmasanaṁ) 진리라는 등으로 [주장하는] 청정을 위한 도에 대해서 자신은 전도(顚倒)되지 않았음을 자각하신(aviparītāvabodhaṁ) 이 의미를 모든 측면에서 아시고라는 뜻이

"물에 의해서 청정해지는 것이 아닌데도
많은 사람은 여기서 목욕을 한다.
내면에 진리와 법이 있는 자[141]
그가 청정한 자이고 그가 바라문이다."[142] {9}

바히야 경(Ud1:10)

Bāhiya-sutta

1. 이와 같이 나는 들었다. 한때 세존께서는 사왓티에서 제따 숲의 아나타삔디까 원림(급고독원)에 머무셨다. 그때 나무껍질로 만든 옷을 입은 바히야[143]가 숩빠라까[144]에서 해안가 언덕에 살고 있었

다. '이 우러나온 말씀을(imaṁ udānaṁ)'이라고 하였다. ① 이 물을 통한 청정(udakasuddhi)이 청정을 위한 도가 되지 못함을 밝히고(asuddhi-maggabhāvadīpaka) ② 진리 등의 법들이(saccādidhammānaṁ) 바로(yāthāvato) 청정을 위한 도가 됨을 밝히는(suddhimaggabhāvadīpaka) 이 우러나온 말씀을 읊으신 것이다."(UdA.76)

141) "여기서 '진리(sacca)'는 말에 의한 진리(vacīsacca)와 절제에 의한 진리(viratisacca)이다. 혹은 지혜에 의한 진리(ñāṇasacca)와 궁극적인 의미의 진리[勝義諦, paramatthasacca]이다. '법(dhamma)'이란 성스러운 도(道)의 법(ariyamagga-dhamma)과 과(果)의 법(phala-dhamma)이며 이 모든 것이 어떤 사람 안에서 얻어지면 '그가 청정한 자이고 그가 바라문이다(so sucī so ca brāhmaṇo).' 그 성스러운 사람(ariyapuggalo), 특히 번뇌 다한 자(visesato khīṇāsavo)는 지극히 청정하기 때문에(accanta-suddhiyā) '그가 청정한 자이고 그가 바라문이다.'"(UdA.77)

142) 마지막 두 구절 'yamhi saccañca dhammo ca, so sucī so ca brāhmaṇo'는 『법구경』(Dhp {393})에도 나타난다.

143) 나무껍질로 만든 옷을 입은 바히야(Bāhiya Dārucīriya) 존자는 바히야 혹은 바루깟차(Bhārukaccha)의 상인이었다고 한다. 바루깟차는 지금 인도 구자라트 주의 바루치(Broach, Bharuch)라고 한다. 그는 일곱 번을 배를 타고 교역을 하여 크게 성공을 하였는데 여덟 번째에는 수완나부미(Suvaṇṇa-bhūmi)로 향하던 중 배가 풍랑에 가라앉아 숩빠라까(Suppāraka) 부근에 아무것도 걸치지 않은 채 떠밀려 왔다고 한다. 그래서 그는 나무껍질로 옷을

다. 그는 존경받고 존중받고 공경받고 숭배받고 경배받으면서 의복과 탁발음식과 거처와 병구완을 위한 약품을 얻었다. 그때 나무껍질로 만든 옷을 입은 바히야가 한적한 곳에 가서 홀로 앉아 [명상하던] 중에 이런 생각이 마음에 떠올랐다.

'세상에서 아라한들145)이나 아라한도를 증득한 어떤 자들이 있다면 나도 그들 가운데 한 사람이다.'라고.

삼아 음식 구걸을 다녔는데 그 후 그는 누가 옷을 주어도 입지 않고 나무껍질로 만든 옷을 입고 검소하게 탁발하는 수행자가 되었다고 한다. 그래서 그를 나무껍질로 만든 옷을 입는 자(dāru-cīriya)라고 부른다.(ApA.510; UdA.77~78)

본경 §§7~8에서 보듯이 그는 탁발하시는 부처님으로부터 법을 듣고 그 자리에서 바로 아라한과를 증득하였기 때문에 『앙굿따라 니까야』 제1권 「하나의 모음」 제14장 으뜸 품에서 "빠르게 최상의 지혜(초월지)를 얻은 자(khippa-abhiñña)들 가운데서 으뜸"(A1:14:3-8)이라고 부처님의 칭찬을 받게 된 것이다. 빠르게 최상의 지혜를 얻은 자에 대해서는 『앙굿따라 니까야』 제2권 「상세하게 경」(A4:162)과 「흐름을 따름 경」(A4:5) §1의 최상의 지혜에 대한 주해를 참조할 것.
문자적으로 바히야(bāhiya)는 외국인 혹은 이방인을 뜻하므로(UdA.78) 인도 밖, 즉 외국 출신 스님들을 이렇게 부른 것이 아닌가 생각된다.

144) 주석서는 숩빠라까(Suppāraka)가 항구(paṭṭana)라고만 밝힐 뿐 구체적인 설명은 하지 않고 있다. DPPN에 의하면 숩빠라까는 뿐나 존자(āyasmā Puṇṇa)의 고향인 수나빠란따(Sunāparanta)의 항구였다고 하며 현재 인도 뭄바이의 교통 요지인 타나(Thāna) 구에 있는 Sopāra라고 한다.

145) 여기서 보듯이 아라한이라는 용어는 불교 이전부터 인도인들이 사용하던 것인데 불교에서 번뇌 다한 분을 아라한으로 정의해서 사용하고 있다.
문자적으로 '아라한(阿羅漢, Arahan, 應供)'은 √arh(*to deserve*)의 현재분사를 취해서 명사화한 것으로 '존경을 받을 만한 사람'이라는 뜻이다. 이 단어는 이미 바라문교 『제의서』의 하나인 『샤따빠타 브라흐마나』(Śatapathabrāhmaṇa) 등 베다 문헌에도 등장하고 있는데 『샤따빠타 브라흐마나』에는 마치 아라한, 즉 존경받아야 할 분이 그 마을을 방문하면 소를 잡아서 대접하는 것과 같다는 문구가 나타난다.(『금강경 역해』 54쪽 참조) 이 술어는 자이나 문헌에도 나타난다. 본경의 여기 이 문맥에 나타나는 아라한은 이런 의미로 이해하면 되겠다.

2. 그때 [7] 나무껍질로 만든 옷을 입은 바히야의 예전 혈육이었던 어떤 천신이 나무껍질로 만든 옷을 입은 바히야를 연민하고 그의 이익을 원하여 마음으로 그의 마음의 일으킨 생각을 잘 알고서 나무껍질로 만든 옷을 입은 바히야에게 다가갔다. 다가가서는 나무껍질로 만든 옷을 입은 바히야에게 이렇게 말했다.

"바히야여, 당신은 결코 아라한이 아니고 아라한도를 증득한 것도 아닙니다. 당신에게는 당신이 아라한이라거나 그 [아라한이] 아라한도를 증득한 그러한 도닦음146)도 없습니다."

3. "그러면 신을 포함한 이 세상에서 도대체 누가 아라한들이고 누가 아라한도를 증득한 자입니까?"

"바히야여, 북쪽 지방에 사왓티라는 도시가 있습니다. 거기에는 그분 세존 · 아라한 · 정등각께서 지금 머무르고 계십니다. 바히야여, 그분 세존께서 아라한과 아라한됨을 위한 법을 설하십니다."

4. 그러자 나무껍질로 만든 옷을 입은 바히야는 그 천신에 의해서 절박함이 생겨서 그 숩빠라까를 떠났다. 가는 곳마다 하룻밤만을 머물면서 사왓티 제따 숲의 아나타삔디까 원림으로 다가갔다. 그 무렵 많은 비구들이 노지에서 포행을 하고 있었다. 그러자 나무껍질로 만든 옷을 입은 바히야는 그 비구들에게 다가갔다. 다가가서는 그 비

---

146) "여기서 '도닦음(paṭipadā)'은 계청정을 비롯한 여섯 가지 청정(cha visuddhiyo)이다."(UdA.83)

일곱 단계의 청정(칠청정) 가운데 마지막인 지견청정은 도와 과를 증득한 경지이므로 여기 도닦음에는 포함시키지 않는다. 칠청정에 대해서는 『아비담마 길라잡이』 제9장 II.2. 청정의 분석(visuddhi-bheda) §§28~34를 참조할 것. 이 일곱 단계의 청정의 분석은 『청정도론』의 대요를 가장 간략하게 요약한 것이라 할 수 있다. 이런 측면에서 이것을 '청정도론 길라잡이'라 불러도 된다.

구들에게 이렇게 말하였다.

"존자들이여, 지금 세존·아라한·정등각께서는 어디에 머물고 계십니까? 저는 그분 세존·아라한·정등각을 친견하고자 합니다."

"바히야여, 세존께서는 탁발을 위해서 마을 안으로147) 들어가셨습니다."

5. 그러자 나무껍질로 만든 옷을 입은 바히야는 서둘러 제따 숲을 나와서 사왓티에 들어가서 사왓티에서 탁발을 하고 계신 세존을 뵈었다. 그분은 청정한 믿음을 내게 하고 믿음을 주고 감각기능[根]들이 고요하고 마음도 고요하고 최상의 제어를 통한 [최상의] 사마타에 드셨으며 제어되었고 보호되었고 감각기능들이 고요한 용148) 이시었다. 그는 이러한 그분을 보고는 세존께 다가갔다. 가서는 세존의 발아래 머리를 조아려 엎드리고 세존께 이렇게 말씀드렸다.

"세존이시여, 세존께서는 제게 법을 설해 주소서. 오랜 세월 저의 이익과 행복을 위해서 선서(善逝)께서는 법을 설해 주소서."

이렇게 말씀드리자 세존께서는 나무껍질로 만든 옷을 입은 바히야에게 이렇게 말씀하셨다.

"바히야여, 지금은 적당한 시간이 아니다. 나는 탁발을 위해서 마을 안에 들어와 있다."149)

---

147) 여기서 '마을 안으로'로 옮긴 단어는 antaragharaṁ으로 직역하면 '집 안으로'가 된다. 그러나 본경의 문맥상 '마을 안으로'가 되어야 한다. 『상윳따 니까야 복주서』는 이 문맥의 antaragharaṁ을 "마을 안(antare gharāni etassāti antaragharaṁ antogāmo)"(SAṬ.ii.35)이라고 설명한다. 이를 참조하여 '마을 안으로'로 옮겼다.

148) '용(nāga)'의 어원에 대한 주석서의 설명은 본서 「약카의 공격 경」(Ud4:4) §6의 주해를 참조할 것.

149) "'바히야여, 지금은 적당한 시간이 아니다(akālo kho tāva bāhiya).'라는 것은 지금은 그대에게(tava) 법을 설하기에(dhammadesanāya) 적당한 시

6. 두 번째로 나무껍질로 만든 옷을 입은 바히야는 세존께 이렇게 말씀드렸다.

"세존이시여, 세존께서 생명이 다하실 것인지 아니면 제가 생명이 다할 것인지 이것은 알기가 어렵습니다. [8] 세존이시여, 세존께서는 제게 법을 설해 주소서. 오랜 세월 저의 이익과 행복을 위해서 선서께서는 법을 설해 주소서."

두 번째로 세존께서는 나무껍질로 만든 옷을 입은 바히야에게 이렇게 말씀하셨다.

"바히야여, 지금은 적당한 시간이 아니다. 나는 탁발을 위해서 마을 안으로 들어와 있다."

세 번째로 나무껍질로 만든 옷을 입은 바히야는 세존께 이렇게 말씀드렸다.

"세존이시여, 세존께서 생명이 다하실 것인지 아니면 제가 생명이 다할 것인지 이것은 알기가 어렵습니다. 세존이시여, 세존께서는 제게 법을 설해 주소서. 오랜 세월 저의 이익과 행복을 위해서 선서께서는 법을 설해 주소서."

간이 아니라는 뜻이다. 그런데 세존께서는 중생들의 이익을 실천하시는 분이신데(sattahitapaṭipatti) '적당하지 않은 시간(akāla)'이란 것이 있는가? 세존께서는 시기에 맞는 말을 하시는 분(kālavādi)이시지 않은가?
적당한 시간이란(kāloti) 여기서는 인도되어야 할 사람들의(veneyyānaṁ) 기능이 무르익은 시기(indriyaparipākakāla)를 두고 하신 말씀이라고 말해진다. 그때는 바히야 자신의 기능들이 무르익은 상태인지 무르익지 않은 상태인지를 알기 어려웠기(paripakkāparipakkabhāvo dubbiññeyyo) 때문에 세존께서는 [법을 설하시는] 말씀을 하시지 않고 자신이 탁발하는 과정 속에 계시는 것(antaravīthiyaṁ ṭhitabhāva)을 그 이유로 지목하시면서(kāraṇaṁ apadisanto) '나는 마을 안으로 들어와 있다.'라고 말씀하셨다." (UdA.89)

7. "바히야여, 그렇다면 그대는 이와 같이 공부지어야 한다.150) '볼 때는 단지 봄만이 있을 것이고151) 들을 때는 단지 들음만이 있을

---

150) 세존께서는 본경 §7의 이 가르침을 『상윳따 니까야』 제4권 「말룽꺄뿟따 경」(S35:95) §§12~13에서 말룽꺄뿟따 존자에게도 똑같이 설하고 계신다.

151) 주석서는 이 의미를 다음과 같이 세 가지로 정리해서 설명한다.
"'볼 때는 단지 봄만이 있을 것이고(diṭṭhe diṭṭhamattaṁ bhavissati)'라고 하였다. [이것은 다음의 세 가지 의미로 해석할 수 있다.]
① 눈의 알음알이[眼識]에 의해 형색의 감각장소[色處]가 보일 뿐이다. 왜냐하면 눈의 알음알이는 단지 형색에 대해 형색만을 볼 뿐이지 항상하다거나 하는 그런 고유성질(niccādi-sabhāva)은 보지 않기 때문이다. 이처럼 다른 알음알이들 [속행의 마음들, 즉 업을 짓는 알음알이들 - SAṬ]에 대해서도 '단지 봄만이 있는(diṭṭhamatta)' 알음알이가 있을 것(혹은 있게 할 것)이라는 뜻이다.
② 혹은, '볼 때는 봄이 있다(diṭṭhe diṭṭhaṁ)'란 것은 눈의 알음알이인데 이것은 형색에서 형색을 아는 것(rūpa-vijānana)을 말한다. '단지(matta)'라는 것은 제한(pamāṇa)을 뜻한다. 그러므로 '단지 보는 것일 뿐이라고 해서 단지 보는 마음을 말한다. [여기서는 본문의 diṭṭha-matta(문자적으로는 봄뿐임을 뜻함)를 소유복합어[有財釋, Bahuvrīhi]로 해석해서 이것이 마음(citta)을 수식하는 것으로 설명한다. 그래서 diṭṭha-matta를 '단지 보는 것일 뿐인 마음'을 뜻한다고 해석하고 있다.] 그 뜻은 '나의 마음은 단지 눈의 알음알이일 뿐이다.'라는 뜻이다. 다시 말하면 이런 뜻이다. 눈의 알음알이는 눈의 영역에 들어온 형색(āpātha-gata-rūpa)에 대해서 탐하지 않고 성내지 않고 어리석지 않다. 그와 같이 탐욕 등이 없는 단지 눈의 알음알이가 속행의 마음(javana, 즉 업을 짓는 알음알이)이 되도록 할 것이다. 나는 눈의 알음알이를 한계로 가진(cakkhu-viññāṇa-pamāṇa) 속행의 마음을 확립되게 할 것이다.
③ 혹은 '봄(diṭṭha)'이란 눈의 알음알이로 보여진 형색이고 '볼 때는 봄만이(diṭṭhe diṭṭha-matta)'라는 것은 거기에서 일어난 받아들이는 마음, 조사하는 마음, 결정하는 마음(sampaṭicchana-santīraṇa-voṭṭhabbana)이라 불리는 세 가지 마음(citta-ttaya)을 말한다. '마치 이것이 탐하지 않고 성내지 않고 어리석지 않듯이 나는 눈의 영역에 들어온 형색에 대해서 받아들이는 마음 등을 한계로 가지는 속행의 마음이 일어나게 할 것이다. 나는 그 한계(pamāṇa)를 넘어서서 탐욕 등을 통해서 일어나게 하지 않게 할 것이다.'라는 뜻이다. 이것은 들음(suta)과 감지함(muta)에도 적용된다."(SA.ii.383~384)

『상윳따 니까야 주석서』의 이러한 설명은 본서의 주석서인 『우다나 주석

것이고 감지할 때는 단지 감지함만이[152] 있을 것이고 알 때는 단지 앎만이 있을 것이다.'[153]라고. 바히야여, 참으로 그대는 이와 같이 공

서』에도 거의 그대로 나타나고 있다.(UdA.90~91) 한편 본 주석을 이해하려면 상좌부 아비담마에서 설하는 인식과정(vīthi-citta)을 이해해야 한다. 상좌부에서는 다섯 가지 감각의 문으로 대상을 받아들일 때는 오문전향의 마음, 전오식(안식부터 신식까지) 가운데 하나, 받아들이는 마음, 조사하는 마음, 결정하는 마음, 속행의 마음, 여운의 마음의 순서로 마음이 찰나 생멸하면서 대상을 인식한다고 설명한다. 여기서 속행의 마음만이 업을 짓는 마음이고 다른 마음들은 과보로 나타난 마음이거나 작용만 하는 마음이다. 그러므로 전오식 등의 마음들에서는 탐욕, 성냄, 어리석음으로 대표되는 업을 짓는 마음이 일어날 수 없다. 그래서 이런 마음은 볼 때는 봄만 있는 마음이 된다. 그러므로 수행자는 업을 짓는 속행의 마음에서도 이런 마음들처럼 볼 때는 봄만 있는 그런 마음이 되도록 노력해야 한다는 의미로 주석서는 해석하고 있다.(UdA.90~91; SA.ii.383~384)
여기에 나타난 여러 마음들에 대해서는 『아비담마 길라잡이』 제3장 §8의 해설 등을 참조할 것.

152) "여기서 '감지함(muta)'이란 여운의 알음알이들과 함께하는(tadārammaṇa-viññāṇehi saddhiṁ) 냄새와 맛과 감촉의 감각장소(gandha-rasa-phoṭṭh-abbāyatana)라고 알아야 한다."(UdA.91)

한편 『닛데사 주석서』 에는 이렇게 나타난다.
"'감지할 때는 단지 감지함만이(mute mutamatto)'라는 것은 코와 혀와 몸의 알음알이로 얻은 뒤에 받아들일 때에는 단지 받아들임만이(gahite gahita-matto)라는 뜻이다."(Nd1A.ii.347)

153) "'알 때는 단지 앎만이 있을 것이다(viññāte viññātamattaṁ bhavissati).' 라고 하셨다. 여기서 '앎(viññāta)'이란 것은 의문전향의 마음(mano-dvār-āvajjana)을 통해서 안 대상(viññāt-ārammaṇa)을 말한다. '알 때에는 단지 앎만이 있다.'는 것은 전향의 마음을 한계로 하는 것(āvajjana-pamāṇa)이다. '마치 단지 전향만으로는 사람이 탐하지 않고 성내지 않고 어리석지 않는 것처럼, 나도 탐욕 등을 통해서 [속행의 마음이] 일어나게 하지 않고 오직 전향의 마음만을 한계로 하는 마음을 확립할 것이다.'라는 것이 그 뜻이다."(SA.ii.384, *cf.* UdA.91)

마노의 문으로 대상을 받아들일 때는 의문전향의 마음 바로 다음에 업을 짓는 속행의 마음이 일어난다. 그러므로 단지 작용만 하는 마음인 의문전향의 마음에서 탐·진·치로 대표되는 업을 짓지 않듯이 수행자는 그와 같이 속행의 마음에서도 그런 업을 짓지 않아야 한다고 주석서는 설명한다.

부지어야 한다.

바히야여, 참으로 그대에게 볼 때는 단지 봄만이 있을 것이고 들을 때는 단지 들음만이 있을 것이고 감지할 때는 단지 감지함만이 있을 것이고 알 때는 단지 앎만이 있을 것이면 그대에게는 '그것에 의함'[154]이란 것이 있지 않다.[155] 바히야여, '그것에 의함'이 있지 않으면 그대에게는 '거기에'라는 것이 있지 않다.[156] 바히야여, 그대에게 '거기에'가 있지 않으면 그대에게는 여기 [이 세상도] 없고 저기 [저 세상도] 없으며 이 둘의 가운데도 없다.[157] 이것이 바로 괴로움의 끝

---

154) "'그것에 의함(tena)'이란 것은 그 봄 등에 의함이나(tena diṭṭhādinā) 봄 등에 묶여있는(diṭṭhādipaṭibaddha) 갈망 등에 의함(rāgādinā)을 뜻한다." (UdA.92)

155) 여기에 대해서 『상윳따 니까야 주석서』는 이렇게 설명한다.
"'그것에 의함'이란 것이 있지 않다(na tena).'는 것은 그 갈망(rāga)으로 탐하지(ratta) 않고 성냄(dosa)으로 성내지(duṭṭha) 않고 어리석음(moha)으로 어리석지(mūḷha) 않게 될 것이라는 뜻이다."(SA.ii.384)
즉 탐·진·치가 없어질 것이라는 뜻이다.

156) "'그대에게는 '거기에'라는 것이 있지 않다(tvaṁ na tatthā).'는 것은 그대가 이러한 탐·진·치로 탐하고 성내고 어리석지 않게 되면 그대는 그러한 보고 듣고 감지하고 안 것에 묶이거나(paṭibaddha) 집착하거나(allīna) 확고하게 되지(patiṭṭhita) 않을 것이라는 뜻이다."(SA.ii.384, *cf.* UdA.92)

157) '여기 [이 세상]도 없고 저기 [저 세상도] 없고 이 둘의 가운데도 없다.'는 nevidha na huraṁ na ubhayamantarena를 주석서를 참조하여 옮긴 것이다. 주석서는 '여기(idha)'를 '이 세상에(idhaloke)'로, '저기(huraṁ)'를 '저 세상에(paraloke)'로 설명한다.(UdA.92)

상좌부 아비담마의 입장에서 보자면, 여기서도 '둘의 가운데(ubhayam antarena)'를 중유(中有, 中陰, antarā-bhava)로 해석하면 안 된다. 그래서 『우다나 주석서』와 『상윳따 니까야 주석서』는 이렇게 강조한다. 먼저 본경에 해당하는 『우다나 주석서』부터 살펴보자.

"그런데 '이 둘의 가운데(ubhayamantarena)'라는 구문을 취하여 중유(中有, 中陰, antarā-bhava)라는 것을 [상정하기를] 원하는 자들의 그것은 그릇된 것(micchā)이다. 중유의 존재는 아비담마에서 거부되었기 때문이다(paṭikkhittoyeva). 여기서 '가운데(antarena)'라는 단어는 다른 대안을 말

이다.158)"159)

8. 그때 나무껍질로 만든 옷을 입은 바히야는 이러한 세존의 간략한 법의 가르침을 통해서 바로 취착이 없어져서 번뇌들로부터 마음이 해탈하였다. 그때 세존께서는 나무껍질로 만든 옷을 입은 바히

하는 것(vikappantara-dīpana)이다. 그러므로 여기서는 '이 [세상]도 없고 저 [세상]도 없고 이 둘 다가 아닌 다른 것을 상상함(vikappa)도 없다.'는 뜻이 된다."(UdA.92)

거의 같은 방법으로 『상윳따 니까야』 제4권 「찬나 경」(S35:87)에 해당하는 『상윳따 니까야 주석서』는 이렇게 설명한다.

"그런데 '이 둘의 가운데(ubhayam antarena)'라는 말씀을 취해서 중유(中有)를 인정하려고 하는 사람들의 주장(vacana)은 아무 쓸모가 없다(nir-atthaka). 중유라는 존재는 아비담마에서 거부되었기 때문이다. 여기서 '가운데(antarena)'라는 단어는 다른 것을 상정하여 말하는 것(vikappantara-dīpana)이다. 그러므로 여기서는 '이 [세상]도 없고 저 [세상]도 없고 이 둘 다가 아닌 다른 것을 상정함(vikappa)도 없다.'는 뜻이 된다."(SA.ii.373)

이처럼 『상윳따 니까야 주석서』를 쓴 붓다고사 스님도, 『우다나 주석서』를 지은 담마빨라 스님도 중유의 존재를 인정하지 않는다. 상좌부 아비담마(『논사』(Kv.362~366) 참조)와 주석서 문헌들은 한결같이 중유를 인정하지 않지만 본경의 본 문단처럼 니까야에는 중유를 인정하는 듯한 문구가 나타나고 있다. 여기에 대해서는 『상윳따 니까야』 제4권 「말룽꺄뿟따 경」(S35:95) §13의 주해와 제5권 「계(戒) 경」(S46:3) §13 (7)의 주해도 참조하고 특히 제5권 「토론장 경」(S44:9) §7과 주해를 참조하기 바란다.

158) "'이것이 바로 괴로움의 끝이다(esevanto dukkhassa).'라고 하셨다. 이것이 바로 오염원의 괴로움(kilesadukkha)과 윤회의 괴로움(vaṭṭadukkha)의 끝이고(anta) 이것은 윤회가 더 이상 없다(parivaṭum-abhāva)는 것이 여기서의 뜻이다."(UdA.92)

159) 본경의 이 §7번 문단은 『상윳따 니까야』 제4권 「말룽꺄뿟따 경」(S35:95) §§12~13과 같다. 그러나 「말룽꺄뿟따 경」(S35:95) §§12~13에서는 여기 본경에 두 번 나타나는 "볼 때는 단지 봄만이 있을 것이고 …" 바로 앞에 '그대가 보고 듣고 감지하고 알아야 하는 법들에 대해서(te diṭṭhasutamuta-viññātabbesu dhammesu)'가 나타나서 "그대가 보고 듣고 감지하고 알아야 하는 법들에 대해서 볼 때는 단지 봄만이 있을 것이고 …"로 되어 있는 것만이 다르다.

야에게 이러한 간략한 교계로 교계를 하신 뒤 떠나셨다. 세존께서 떠나신 지 오래지 않아서 송아지를 가진 암소가 나무껍질로 만든 옷을 입은 바히야를 공격하여 생명을 빼앗아 버렸다.

9. 그때 세존께서는 사왓티에서 탁발하여 공양을 마치고 탁발에서 돌아오셔서 많은 비구들과 함께 도시로부터 나와서 나무껍질로 만든 옷을 입은 바히야가 임종한 것을 보셨다. 그것을 보시고 비구들을 불러서 말씀하셨다.

"비구들이여, 나무껍질로 만든 옷을 입은 바히야의 시신을 수습하라. 평상에 올려 실어 와서 화장을 하라. 그의 탑묘를 만들어라. 비구들이여, 그대들의 동료 수행자가 임종을 하였도다."160)

---

160) '화장을 하라. 그의 탑묘를 만들어라. 비구들이여, 그대들의 동료 수행자가 임종을 하였도다.'는 jhāpetha; thūpañcassa karotha. sabrahmacārī vo, bhikkhave, kālaṅkato를 옮긴 것이다. 주석서는 세존께서 이렇게 말씀하신 이유를 다음과 같이 설명한다.

"이 뜻은 이러하다. — '그대들이 수승하다는 뜻에 의해서(seṭṭhatthena) 범천(brahma = 거룩함)인 높은 계 등의 도닦음의 법(adhisīlādi-paṭipatti-dhamma)을 스스로 보아 행한 것을 그도 행하였다. 그도 그대들과 동등한 거룩함을 행하였다(so tumhehi samānaṁ brahmaṁ acari). 이처럼 그대들의 동료 수행자(sabrahmacārī)인 그가 사망할 시간이 되어서 임종을 하였다. 그러므로 그대들은 그를 평상에 올려 실어 와서 화장을 하고 탑묘를 만들어라(mañcakaṁ āropetvā nīharitvā jhāpetha; thūpañcassa karo-tha).' — 라고 하신 것이다."(UdA.97)

그는 구족계를 받고 부처님 문하로 출가하지는 않았지만 이처럼 임종한 후에는 부처님의 지시로 부처님의 출가제자로 대접을 받았다.
비슷한 경우가 『맛지마 니까야』 제4권 「요소의 분석 경」(Dhātuvibhaṅga Sutta, M140)의 뿍꾸사띠 존자(āyasmā pukkusāti)의 일화로 나타난다. 뿍꾸사띠는 아직 불법이 전해지지 않은 딱까실라의 왕이었다. 그래서 아직 부처님의 제자로 정식 출가를 하지 않았지만 세존을 스승으로 생각하며 스스로 삭발을 하고 출가자가 되었다.(§3) 그는 먼 길을 떠나 왕사성의 도기공 박가의 작업장에서 세존이신 줄 모른 채로 세존의 설법을 듣고 불환자가 되었다. 그는 세존으로부터 정식으로 구족계를 받기 위해서 발우와 가사를 구

10. "그렇게 하겠습니다, 세존이시여."라고 그 비구들은 세존께 응답한 뒤 나무껍질로 만든 옷을 입은 바히야의 시신을 평상에 올려 실어 와서 화장을 하고 그의 탑묘를 만든 뒤에 세존께 다가갔다. 다가가서는 세존께 절을 올리고 한 곁에 앉았다. 한 곁에 앉아서 그 비구들은 세존께 이렇게 아뢰었다.

"세존이시여, 나무껍질로 만든 옷을 입은 바히야의 시신은 화장이 되었고 그의 탑묘는 만들어졌습니다. 그가 태어날 곳[行處]은 어디이고, 그는 내세에 어떻게 되겠습니까?"

"비구들이여, 나무껍질로 만든 옷을 입은 바히야는 현자이다. 그는 [출세간]법에 적합한 법을[161] 닦았다. 그는 법을 이유로 나를 [9] 성가시게 하지 않았다. 비구들이여, 나무껍질로 만든 옷을 입은 바히야는 완전한 열반에 들었다."

11. 그때 세존께서는 이 의미를 아시고 그 즉시 바로 이 우러나온 말씀을 읊으셨다.[162]

하러 다니다가 어떤 떠돌이 소에 받혀서 생명을 잃어버렸다.(§35)

그런데 여기 『우다나』의 본경에서 바히야에게는 '존자(āyasmā)'라는 존칭이 한 번도 사용되지 않고 나무껍질로 만든 옷을 입은 바히야(Bahiya Dāru-cīriya)로만 불리고 있지만 M140에서 뿍꾸사띠는 부처님 가르침을 이해한 그때부터(§35 이하) 그를 뿍꾸사띠 존자(āyasmā Pukkusāti)로 부르고 있다. 이미 그는 스스로 삭발하고 출가를 하였고(§3) 세존께서도 이미 그를 비구(bhikkhu)라고 부르셨기(§5 이하) 때문인 것 같다.

161) 여기서 '[출세간]법에 적합한 법을'은 dhammassa anudhammaṁ을 옮긴 것이다. 주석서는 이렇게 설명한다.
"'법을(dhammassa)'이라는 것은 출세간법(lokuttara-dhamma)을 뜻한다. '적합한 법(anudhammaṁ)'이라는 것은 계의 청정 등 [7청정]의 법을 말한다. 혹은 '법을'이라는 것은 열반의 법이다. '적합한 법'이라는 것은 성스러운 도와 과의 법(ariya-magga-phala-dhamma)을 말한다."(UdA.97)

162) "'이 의미를 아시고(etamatthaṁ viditvā)'라고 하였다. 바히야 장로가 무

"물과 땅, 불과 바람,
이들이 굳게 확립 못하는 곳163)
거기에는 별들은 빛나지 않고
태양은 빛을 발하지 않으며
거기에는 달은 비치지 않고
거기에는 어둠도 존재하지 않는다. |1|

성자인 바라문이 지혜를 통해서
스스로 이것을 체득했을 때164)

여열반의 요소로 반열반의 경지를 얻은 것과 그처럼 반열반에 든 번뇌 다한 분들의 행처(gati)를 일반 사람들(pacurajanā)이 알기 어려운 상태임(dubbiññeyyabhāva)을 모든 측면에서(sabbākārato) 아시고라는 뜻이다. '이 우러나온 말씀을(imaṁ udānaṁ)'이라고 하였다. 의지처가 없는 반열반의 위력을 밝히는(appatiṭṭhita-parinibbāna-anubhāva-dīpaka) 이 우러나온 말씀을 읊으신 것이다."(UdA.98)

여기서 '의지처가 없는 반열반(appatiṭṭhita-parinibbāna)'이란 이 용어는 중국에서 무주처열반(無住處涅槃)으로 옮긴 대승 유식불교 계열의 apratiṣṭhita-nirvāṇa와 같은 표현이라 할 수 있다. 한편 중국에서 무주처(無住處)로 옮긴 이 appatiṭṭha는 본서 「열반과 관련됨 경」 1(Ud8:1) §2에 나타나는 20가지 열반의 동의어 가운데 19번째로도 나타나고 있는데 거기서는 '의지함이 없는'으로 옮겼다.(Ud8:1 §2의 해당 주해 참조)

163) 여기서 '물과 땅, 불과 바람, / 굳게 확립 못하는 곳'은 yattha āpo ca pathavī, tejo vāyo na gādhati를 옮긴 것이다. 주석서는 이것은 열반을 뜻한다고 설명한 뒤 "열반의 형성되지 않은[無爲] 고유성질 때문이다. 거기에는 형성된 법들의 파편조차도 없기 때문이다."(UdA.98)라고 그 이유를 설명한다.

그리고 이 첫째 구절은 『상윳따 니까야』 제1권 「흐름 경」(S1:27)의 §3의 첫째 구절과 같다. 『디가 니까야』 「께왓다 경」(D11) §85도 참조할 것.

164) '스스로 이것을 체득했을 때'는 yadā ca attanāvedi를 옮긴 것이다. 주석서는 이렇게 설명한다.
"으뜸가는 도의 순간에(aggamaggakkhaṇe) 자기 스스로가 구전되어 온 것 등(anussavādikā)을 버린 뒤 자기 자신이 직접 경험하여(atta-paccakkhaṁ katvā) 열반을 체득했다(vedi), 꿰뚫어 알았다(paṭivijjhi)는 뜻이

물질과 비물질로부터
그리고 즐거움과 괴로움으로부터 해탈하노라." |2| {10}

이 우러나온 말씀 또한 세존께서 말씀하셨으니 이처럼 나는 들었다.165)

다."(UdA.98)

"여기서 '자기 자신이 직접 경험하여'란 남(다른 것)을 조건하지 않고 직접 경험을 하여 실현한 것(parappaccayena vinā paccakkhakaraṇaṁ sacchi-kiriyāti āha attapaccakkhatāyāti)을 말한다."(DAṬ.ii.359)

165) '이 우러나온 말씀 또한 세존께서 말씀하셨으니 이처럼 나는 들었다.'는 ayampi udāno vutto bhagavatā iti me sutaṁ을 옮긴 것이다. PTS본과 VRI본은 이 문장을 본서 전체에서 여기 첫 번째 품의 마지막에만 나타나고 있는 것으로 편집하고 있다. 그런데 『우다나 주석서』에서 이 문장은 본서의 첫 번째 경인 「깨달음 경」 1(Ud1:1)을 주석하는 마지막 부분에서 주석을 하고 있다.
주석서는 "성전에 [적혀있는] 이 말씀(pāḷi)은 몇몇 필사본들에서 나타난다(kesuciyeva potthakesu dissati)."(UdA.45)라고 간략하게 언급한다. 그런 뒤에 이 문장에 나타나는 단어들, 예를 들면 pi, vuttaṁ, iti 등과 같은 단어들을 설명하고 있으며 특히 iti me sutaṁ은 『이띠웃따까 주석서』에서 설명한 방법이 여기서도 적용된다고 적고 있다. 주석서의 마지막 부분의 설명을 살펴보자.

"'이처럼 나는 들었다(iti me sutaṁ).'에서 '이처럼(iti)'은 이와 같이(evaṁ)이고 '나는 들었다(me sutaṁ).'는 이 두 단어의 뜻은 본경의 들어가는 말 [즉 evaṁ me sutaṁ]에 대한 설명(nidānavaṇṇanā)에서 설명한 뜻과 같은데 여기서는 맺는 말(nigamana)로 '이처럼 나는 들었다.'라고 다시 언급한 것이다. 이미 설한 뜻을(vuttasseva hi atthassa) 다시 맺는말로 쓴 것이다(puna vacanaṁ nigamanaṁ).
여기서 '이처럼'이라는 단어(itisadda)가 드러내는 의미(atthuddhāra)는 '이와 같이'라는 단어(evaṁ-sadda)와 같은 의미가 되기 때문에(samān-atthatāya) '이와 같이 나는 들었다.'처럼 『이띠웃따까』의 해설에서 설명한 방법이 여기서도 그 뜻이 적용되어야 한다.(UdA.45~46)

주석서가 여기서 지적하듯이 본경의 맨 마지막에만 나타나는 ayampi udāno vutto bhagavatā, iti me sutaṁ, 즉 '이 우러나온 말씀 또한 세존께서 말씀하셨으니 이처럼 나는 들었다.'라는 이 문장은 attho 대신에 udāno가 쓰였을 뿐 『이띠웃따까』에 실려 있는 112개 경들 전부의 맨 마지막에 나타나제1품 깨달음 품이 끝났다.

첫 번째 품에 포함된 경들의 목록은 –

①~③ 세 가지 깨달음

④ 흥흥거림 ⑤ 바라문

⑥ 깟사빠 ⑦ 아자깔라빠까 ⑧ 상가마지

⑨ 헝클어진 머리를 한 자 ⑩ 바히야이다.

는 ayampi attho vutto bhagavatā, iti me sutaṁ, 즉 '이러한 뜻 또한 세존께서 말씀하셨으니 이처럼 나는 들었다.'와 똑같은 문장이다. 이런 것으로 봐서 담마빨라 스님이 『우다나 주석서』를 만들 때 사용하였던 여러 가지 필사본들 가운데에는 이 문장이 본서의 여기뿐만 아니라 본서에 실린 80개 경들의 맨 마지막에 모두 나타나고 있었던 것이 있었을 것이다. 그래서 담마빨라 스님이 맨 첫 번째 경에서 이 문장을 주석하였을 것이다.

그러면 니까야의 경들과는 달리 왜 본서 『우다나』와 『이띠웃따까』에만 이런 문장이 있어야 하는 것일까? 이 우러나온 말씀(우다나)들은 부처님께서 대중을 위해서 설하신 것이 아니라 문자 그대로 세존의 마음에서 즉각적으로 우러나온 말씀들이기 때문에 아난다 존자도 듣지 못한 경우가 대부분이었을 것이다. 예를 들면, 특히 여기 제1품에 포함된 10개의 우러나온 말씀(우다나)들 가운데 처음의 네 개의 경들은 부처님께서 정등각을 이루시고 초전법륜을 설하시기 전에 있었던 일화를 담고 있기 때문에 이 우다나들은 부처님께서 뒤에 아난다 존자에게 설명해 주시지 않았다면 전승될 수 없는 내용들이다. 그리고 다른 우러나온 말씀들도 대중을 상대로 설하신 것이 아니라 부처님께서 즉각적으로 혼자 읊으신 것이기 때문에 대중들과는 공유할 수 없는 말씀들이다.

『법구경 주석서』에도 밝히고 있는 것처럼(DhpA.iii.127) 부처님의 오도송(Dhp {153}~{154})도 나중에 부처님께서 아난다 존자에게 설명해 주셨듯이 본서의 우러나온 말씀(우다나)들은 세존께서 뒤에 따로 아난다 존자에게 설명해 주신 것이 대부분이었을 것이다. 이러한 사실을 밝히기 위해서 아난다 존자는 일차합송에서 '이 우러나온 말씀도 세존께서 말씀하셨으니 이처럼 나는 들었다(ayampi udāno vutto bhagavatā iti me sutaṁ).'라는 문장을 넣어서 전승하였다고 역자는 생각해 본다.

제2품

무짤린다 품

Mucalinda-vagga(Ud2:1~10)

무짤린다 경(Ud2:1)[166]

Mucalinda-sutta

1. 이와 같이 [10] 나는 들었다. 한때 세존께서는 처음 완전한 깨달음을 성취하시고 나서 우루웰라의 네란자라 강의 언덕에 있는 무짤린다 나무[167] 아래에서 머무셨다. 그때 세존께서는 해탈의 행복을 누리시면서 칠 일 동안 단 한 번의 가부좌로 앉아 계셨다.[168]

---

166) 우러나온 말씀을 포함한 본경은 율장 『마하왁가』 제1편 대 편(Mahākhandha-ka)의 세 번째 설명인 무짤린다 [용왕]에 대한 설명(Mucalindakathā, Vin.i.3)으로도 나타나고 있다.

167) 주석서에 의하면 이 '무짤린다 나무(mucalinda)'는 니빠 나무(Nīpa-rukkha)라고 한다.(UdA.100) PED 등의 사전은 이 니빠 나무는 Nauclea cadamba이고 아소까(Asoka) 나무의 일종이라 적고 있다. 그런데 BDD와 DPL은 이 무짤린다 나무를 바링토니아 아쿠탕굴라(Barringtonia acutangula), 즉 민물 맹그로브 나무라고 밝히고 있다. 주석서는 무짤라(Mucala)가 이 나무의 이름이었고 이것이 그 숲에서 가장 오래되었기 때문에(vanajeṭṭhakatāya) 지배자를 뜻하는 inda(Sk. indra)를 붙여서 무짤린다(Mucalinda)라고 불렀다고 적고 있다.(UdA.100)

168) 세존께서는 성도하신 후 여섯 번째 칠 일을 이 무짤린다 나무(Mucalinda) 아래에서 머무셨다.(율장의 계산에 의하면 세 번째 칠 일이 됨. 부처님께서 성도하신 뒤 7×7=49일간의 행적은 본서 Ud1:4 §1의 주해를 참조할 것.)

2. 그 무렵 때아닌 큰 구름이 생겨서 칠 일간 끊이지 않고 비가 내렸고 차가운 바람이 휘몰아치는 사나운 날씨가 계속되었다.169) 그 때 무짤린다 용왕170)이 자신의 거처로부터 나와서 "세존께서 춥지 않으시기를, 세존께서 덥지 않으시기를, 세존께서 날파리 · 모기 · 바람 · 뙤약볕 · 파충류에 닿지 않으시기를."이라고 하면서 똬리를 틀어 세존의 몸을 일곱 번 에워싼 뒤 그의 목을 크게 펼쳐 세존의 머리 위를 감싸고 서 있었다.

3. 그때 세존께서는 그 칠 일이 지나서 그 삼매로부터 출정하셨다. 그때 무짤린다 용왕은 하늘이 맑아지고 비를 내리던 먹구름이 사라진 것을 알고 세존의 몸으로부터 똬리를 튼 것을 풀었다. 아울러 자신의 모습을 바꾸어 청년의 모습을 만들어낸 뒤 합장을 하고 세존께 예배를 하면서 세존의 앞에 서 있었다.

---

169) '칠 일간 끊이지 않고 비가 내렸고 차가운 바람이 휘몰아치는 사나운 날씨가 계속되었다.'는 sattāhavaddalikā sītavātaduddinī를 주석서를 참조하여 옮긴 것이다. 주석서는 이렇게 설명한다.
"'칠 일간 끊이지 않고 비가 내렸고(sattāhavaddalikā)'라는 것은 [큰 구름이] 생긴 칠 일 동안(sattāhaṁ) 끊임없이 비가 내렸다(avicchinnavuṭṭhikā ahosi)는 말이다. '차가운 바람이 휘몰아치는 사나운 날씨가 계속되었다(sītavātaduddinī).'라고 하였다. 그리고 그 칠 일 동안 끊이지 않고 내린 비는 물에 닿고 섞여서(udakaphusitasammissa) 차가운 바람(sītavāta)으로 온통(samantato) 휘몰아쳐서(paribbhamantena) 사나운 날씨가 되었기 때문에(dusitadivasattā) 사나운 날씨(duddinī)가 되었다는 뜻이다." (UdA.100)

170) 주석서는 '무짤린다 용왕(Mucalinda nāgarāja)'은 무짤린다 나무 근처에 있는 연못(pokkharaṇi) 밑의 용의 거처에 사는 큰 위력을 가진(mahānubhāva) 용왕이라고 적고 있다.(UdA.100)
이 용왕이 살던 연못은 지금도 부처님께서 정각을 이루신 보드가야 대보리사의 대보리좌(Mahā-bodhi-maṇḍa) 뒤쪽에 보존되어 있다.
용(nāga)의 어원에 대한 주석서의 설명은 본서 「약카의 공격 경」(Ud4:4) §6의 주해를 참조할 것.

4. 그때 세존께서는 이 의미를 아시고 그 즉시 바로 이 우러나온 말씀을 읊으셨다.171)

"만족하는 자172)의 멀리 여읨은 행복이고173)

---

171) "'이 의미를 아시고(etamatthaṁ viditvā)'라고 하였다. 멀리 여읨의 행복을 경험하는 자(viveka-sukha-ppaṭisaṁvedi)에게는 어디서든 행복이 있다는 이 의미를 모든 측면에서 아시고라는 뜻이다. '이 우러나온 말씀을(imaṁ udānaṁ)'이라고 하였다. 멀리 여읨의 행복의 위력을 밝히는(viveka-sukhānubhāvadīpaka) 이 우러나온 말씀을 읊으신 것이다."(UdA.101)

172) "'만족하는 자(tuṭṭha)'란 네 가지 도의 지혜를 통한 만족(catumaggañāṇa-santosa)으로 만족하는 자를 말한다."(UdA.101)

173) "'멀리 여읨은 행복이고(sukho viveko)'라는 것은 열반이라 불리는(nibbāna-saṅkhāta), 재생의 근거를 멀리 여읨(upadhiviveka)은 행복이라는 말씀이다."(UdA.100)
"'재생의 근거를 멀리 여읨(upadhi-viveka)'이란 다섯 가닥의 얽어매는 감각적 쾌락을 멀리 여의는 것을 말한다."(MA.iii.145)

초기불전연구원에서는 viveka를 문맥에 따라 ① 한거 ② 떨쳐버림 ③ 멀리 여읨으로 옮겼다.
① 『맛지마 니까야』 제1권 「법의 상속자 경」(M3) §6의 "스승이 끊임없이 한거하여 머무실 때 제자들이 한거를 따라서 공부짓지 않는 것(satthu pavivittassa viharato sāvakā vivekaṁ nānusikkhanti)"을 『맛지마 니까야 주석서』는 이렇게 설명한다.
"'한거를 따라 공부짓지 않는 것(vivekaṁ nānusikkhanti)'은 [몸과 마음과 재생의 근거의 한거(kāya-citta-upadhi-viveka)라는] 세 가지 한거(viveka) 가운데서 몸의 한거(kāya-viveka)를 공부짓지 않는 것이다(na anusikkhanti). 즉 원만하게 갖추지 못한다(na paripūrenti)는 의미이다."(MA.i.101)
이런 설명을 참조해서 한적한 곳에 가서 혼자 머무는 것을 의미하는 경우에는 한거(閑居)로 옮겼다.

② 『맛지마 니까야』 제1권 「모든 번뇌 경」(M2) §21 등의 "여기 비구는 떨쳐버림을 의지하고 탐욕의 빛바램을 의지하고 소멸을 의지하고 철저한 버림으로 기우는 …"에서 주석서는 떨쳐버림을 이렇게 설명한다.
"'떨쳐버림(viveka)'에는 다섯 종류가 있다. 유익한 법으로 대체함(tadaṅga)에 의한 떨쳐버림, 억압(vikkhambhana)에 의한 떨쳐버림, 근절(samuccheda)에 의한 떨쳐버림, 편안함(paṭippassaddhi)에 의한 떨쳐버림, 벗어

법을 들은 자, [혜안으로] 본 자[174]의 경우도 그러하도다.
악의 없음은 세상에서 행복이고
생명을 가진 존재들에 대해서 제어함[175]도 그러하도다. {1}

탐욕의 빛바램도 세상에서 행복이니
감각적 쾌락을 건넘이란 그런 것이다.[176]
'나다.'라는 자만을 길들임 —

남(nissaraṇa)에 의한 떨쳐버림이다.(MA.i.85)
아비담마 마띠까에 대한 종합적인 주석서요 깟사빠 스님이 서기 1200년경에 지은(Hinüber, 163~164쪽) 『모하윗체다니』(Mohavicchedanī)는 다섯 가지 떨쳐버림을 각각 위빳사나(vipassanā), 초선부터 비상비비상처까지의 여덟 가지 증득(aṭṭha samāpatti), 도(magga), 과(phala), 열반(nibbāna)에 배대하고 있다.

③ 『앙굿따라 니까야』 제5권 「힘 경」 2(A8:28) §5에는 "번뇌 다한 비구의 마음은 멀리 여읨으로 향하고, 멀리 여읨으로 기울고, 멀리 여읨에 기대고, 멀리 여읨에 머문다(khīṇāsavassa bhikkhuno vivekaninnaṁ cittaṁ hoti vivekapoṇaṁ vivekapabbhāraṁ vivekaṭṭhaṁ)."가 나타나는데 주석서는 이렇게 설명한다.
"'멀리 여읨으로 향한다(viveka-ninna).'는 것은 과를 증득함(phala-samā-patti)으로써 열반으로 향한다는 뜻이다. … '멀리 여읨에 머문다(viveka-ṭṭha).'는 것은 오염원(kilesa)을 모두 죽였거나 혹은 오염원으로부터 아주 멀리 있다는 뜻이다."(AA.iv.116)

174) "'본 자(passato)'는 그 멀리 여읨(viveka)을 본 자이다. 보아야 할 것은 무엇이든지 모두 자신의 정진의 힘으로 얻은(vīriyabalādhigata) 지혜의 눈(ñāṇacakkhu)으로 보는 자를 말한다."(UdA.101~102)

175) "'생명을 가진 존재들에 대해서 제어함(pāṇabhūtesu saṁyamo)'이란 중생들에 대해서 제어하는 것을 말하며 해코지하지 않음이 행복(avihiṁsana-bhāvo sukho)이라는 뜻이다."(UdA.102)

176) '탐욕의 빛바램도 세상에서 행복이니 / 감각적 쾌락을 건넘이란 그런 것이다.'는 sukhā virāgatā loke, kāmānaṁ samatikkamo를 주석서를 참조하여 옮긴 것이다. 주석서는 "'감각적 쾌락들을 건넘'이라 불리는 탐욕이 빛바래어짐(vigatarāgatā)이라는 것도 행복이라는 뜻이다. 이것으로 불환도(anāgāmimagga)를 말씀하셨다."(UdA.102)라고 설명한다.

이것은 참으로 궁극적 행복이로다."177) |2| {11}

왕 경(Ud2:2)

Rāja-sutta

1. 이와 같이 나는 들었다. 한때 세존께서는 사왓티에서 제따 숲의 아나타삔디까 원림(급고독원)에 머무셨다. 그때 많은 비구들은 공양을 마치고 탁발에서 돌아와 [11] 강당에 함께 모여 앉아 이런 이야기를 하고 있었다.

"도반들이여, 두 명의 왕 가운데 누가 더 많은 재물을 가졌고 더 많은 재산을 가졌고 더 많은 창고를 가졌고 더 많은 영토를 가졌고 더 많은 운송 수단을 가졌고 더 많은 군대를 가졌고 더 많은 번영을 가졌고 더 많은 위력을 가졌습니까? 세니야 빔비사라 마가다 왕178)

177) "'나다.'라는 자만을 길들임(asmimānassa yo vinayo)'으로는 아라한됨(arahatta)을 말씀하셨다. 아라한됨은 '나'라는 자만을 가라앉힘에 의한 길들임(paṭippassaddhivinaya)이라 불리기 때문에 이것을 넘어선(ito paraṁ) 행복이란 것이 없다. 그래서 '이것은 참으로 궁극적 행복이로다(etaṁ ve paramaṁ sukhaṁ).'라고 말씀하신 것이다. 이와 같이 아라한됨을 통해서 가르침의 정점(desanāya kūṭa)을 취하신 것이다."(UdA.102)

178) '세니야 빔비사라 마가다 왕(rājā Māgadha Seniya Bimbisāra)'은 부처님 당시에 마가다의 왕이었다. 주석서는 "많은 군대(senā)를 가졌다고 해서 '세니야'라 한다. '빔비'는 황금(suvaṇṇa)이다. 그러므로 뛰어난(sāra) 황금과 같은 색깔(vaṇṇa)을 가졌기 때문에 '빔비사라'라고 한다."(DA.i.280)라고 그의 이름을 설명한다. 빠세나디 꼬살라 왕처럼 마가다의 빔비사라 왕도 부처님께 대한 믿음이 아주 돈독하였다. 특히 절세미인이었던 빔비사라 왕의 첫째 왕비도 부처님의 가르침을 듣고 아라한이 되어서 출가하였으니 그가 바로 비구니 케마(Khemā) 스님이다. 세존께서는 『앙굿따라 니까야』 제1권 「하나의 모음」 제14장 으뜸 품에서 그를 "큰 통찰지를 가진 비구니 제자들 가운데서 케마가 으뜸"(A1:14:5-2)이라고 칭찬하셨으니 가히 비구니계의 사리뿟따 스님이다.

빔비사라 왕은 15세에 왕위에 올라서 52년간을 왕위에 있었다고 한다. 부처입니까, 아니면 빠세나디 꼬살라 왕179) 입니까?"

님은 빔비사라 왕보다 다섯 살이 위였다고 하며(Mhv.ii.25; Dpv.iii.50) 빠세나디 꼬살라 왕은 부처님과 동갑이었다.(M89 §19 참조) 『숫따니빠따』 「빱바자 경」(Pabbajā Sutta, Sn.72 {405} 이하)에서 세존이 아직 깨달음을 증득하시기 전에 그와 나누는 대화가 나타난다. 주석서(SnA.ii.386)에 의하면 빔비사라 왕은 세존께서 깨달음을 얻으면 제일 먼저 라자가하를 방문해 주시기를 청하였고 세존께서는 실제로 그렇게 하셨다. 세존께서는 정등각을 성취하신 지 오래지 않아 우루웰라의 네란자라(Nerañjarā) 강의 언덕에 살고 있던 가섭 삼형제와 그들의 제자 1,000명을 교화하여 제자로 받아들이셨으며 그들과 함께 왕사성으로 가다가 가야시사(Gayāsīsa)에서 부처님의 세 번째 설법에 해당하는 「불타오름 경」(S35:28)을 설하셔서 그들을 모두 아라한이 되게 하셨다. 왕은 그가 존경하는 우루웰라깟사빠 존자가 왕과 왕사성의 많은 군중들 앞에서 그가 부처님의 제자임을 선언하는 것을 듣고 백성들과 함께 부처님께 귀의한다.
그래서 세존께서 머물도록 지은 최초의 절이 우리에게 죽림정사로 알려진 웰루와나(Veḷuvana)이다.(Vin.i.35ff; 본서 「마하깟사빠 경」(Ud1:6) §1의 대나무 숲[竹林]에 대한 주해 참조) 이렇게 빔비사라는 세존이 깨달음을 증득하신 때부터 그가 아들 아자따삿뚜에게 시해될 때까지 37년간을 부처님의 든든한 후원자가 되어, 불교가 인도 중원에 정착하는 데 큰 기여를 한 왕이다.(DhA.i.385ff.; AA.i.220)

179) '빠세나디 꼬살라 왕(rājā Pasenadi Kosala)'은 부처님의 가장 중요한 재가신도 중의 한 사람이었다. 그는 마하꼬살라(Mahākosala)의 아들이었다. 그는 그 당시 인도 최고의 상업 도시요 교육 도시로 알려진 딱까실라(Takka-silā)로 유학하여 릿차위의 마할리(Mahāli)와 말라의 반둘라(Bandhula) 왕자 등과 함께 공부하였으며 여러 학문과 기술에 능통하였다고 한다. 그가 공부를 마치고 돌아오자 마하꼬살라 왕은 그에게 왕위를 물려주었다고 한다.(DhpA.i.338) 『상윳따 니까야』 제1권 「꼬살라 상윳따」(S3)의 여러 경들이 보여주듯이 그는 선정(善政)에 힘썼으며 뇌물과 부패를 청산하려고 애를 썼다고 한다.
그는 일찍부터 부처님과 교분을 맺었으며 죽을 때까지 변함없는 부처님의 신도였다. 그의 아내는 말리까(Mallikā) 왕비였는데 부처님께 크나큰 믿음을 가진 사람이었으며 그래서 말리까 왕비가 기증한 정사도 있었다. 그의 여동생 꼬살라데위(Kosaladevī)는 마가다의 빔비사라 왕과 결혼하였다. 한편 그의 딸 와지라(Vajirā)도 아버지 빔비사라 왕을 시해하고 왕이 된 아자따삿뚜 왕과 결혼시키는 등 마가다와 정략적인 관계를 유지하였다.
『맛지마 니까야』 제3권 「법탑 경」(M89) §19에 의하면 그는 부처님과 같은 해에 태어났으며, 그래서 부처님과는 흉금을 터놓고 이야기하는 사이였다고 한다. 그가 얼마나 부처님을 존경하고 흠모하였는지는 「법탑 경」

2. 그러나 그 비구들의 이런 이야기는 여기서 중단되었다. 세존께서 해거름에 [낮 동안의] 홀로 앉음을 풀고 자리에서 일어나 강당으로 오셨기 때문이다. 오셔서는 마련해 드린 자리에 앉으셨다. 자리에 앉으셔서 세존께서는 비구들을 불러서 말씀하셨다.

"비구들이여, 무슨 이야기를 하기 위해 지금, 여기에 모였는가? 그리고 그대들이 하다 만 이야기는 무엇인가?"

"세존이시여, 저희들은 공양을 마치고 탁발에서 돌아와 여기 강당에 함께 모여 앉아 이런 이야기를 하고 있었습니다. '도반들이여, 두 명의 왕 가운데 누가 더 많은 재물을 가졌고 더 많은 재산을 가졌고 더 많은 창고를 가졌고 더 많은 영토를 가졌고 더 많은 운송 수단을 가졌고 더 많은 군대를 가졌고 더 많은 번영을 가졌고 더 많은 위력을 가졌습니까? 세니야 빔비사라 마가다 왕입니까, 아니면 빠세나디 꼬살라 왕입니까?'라고. 세존이시여, 이것이 참으로 저희들이 하다 만 이야기였습니다. 그때 세존께서 오셨습니다."

3. "비구들이여, 그대들이 이런 이야기를 나누는 것은 믿음으로

(M89) 등 여러 곳에 나타나고 있다.
여러 문헌(DhpA.i.339; J.i.133; iv.144 등)에 의하면 그는 부처님과 인척 관계를 맺고 싶어 하였으며 그래서 사까족의 딸과 결혼하고자 하였다. 자부심이 강한 사까족은 마하나마(Mahānāma)와 하녀 사이에서 난 딸인 와사바캇띠야(Vāsabhakhattiyā)를 보냈으며, 이들 사이에서 난 아들이 바로 위두다바(Vidūdabha) 왕자이다. 위두다바 왕자가 커서 까삘라왓투를 방문하였다가 이 이야기를 듣고 격분하였고, 그래서 후에 위두다바는 사까를 정복하여 남녀노소를 가리지 않고 무참한 살육을 하였다고 한다.
빠세나디 꼬살라 왕은 「법탑 경」(M89)에서 마지막으로 부처님을 뵙고 세존에 대한 최상의 믿음을 표한 뒤 그날 아들 위두다바(Viḍūḍabha)의 모반으로 왕국을 잃고 조카가 되는 마가다의 왕 아자따삿뚜의 도움을 받으려고 마가다의 왕사성으로 갔지만 밤이 되어 성문이 닫혀 있어서 성 안으로 들어가지 못하고 성문 밖 객사에서 임종을 하였다.(MA.iii.354~355)

집을 나와 출가한 그대 좋은 가문의 아들들에게 참으로 어울리지 않는다. 비구들이여, 그대들이 함께 모이면 오직 두 가지 할 일이 있나니, 법담을 나누거나 성스러운 침묵을 지키는 것이다."180)

4. 그때 세존께서는 이 의미를 아시고 그 즉시 바로 이 우러나온 말씀을 읊으셨다.181)

"감각적 쾌락에 바탕한 이 세상의 행복
저 천상의 행복
이들은 갈애의 멸진에서 오는 행복의
16분의 1에도 미치지 못한다." {12}

---

180) '법담을 나누거나 성스러운 침묵을 지키는 것이다.'는 dhammī vā kathā ariyo vā tuṇhībhāvo를 옮긴 것이다. 주석서는 이렇게 설명한다.

"'법담(dhammī kathā)'이란 사성제의 법을 벗어나지 않는 담론(catusacca-dhammato anapetā kathā)을 뜻하는데 [네 가지 성스러운 진리처럼] 발생(pavatti), [발생하게 함(pavattana)], 정지(nivatti), [정지하게 함(nivatta-na)]으로(Vis.XVI.23 참조) 표현되는 법에 대한 이야기(dhamma-desanā)라는 뜻이다. '성스러운(ariya)'이란 전적으로 이로움을 가져오기 때문에(ekantahitāvahattā) 성스럽고, 청정하고(visuddha) 으뜸이라고(uttama) 해서 성스럽다. '침묵(tuṇhībhāva)'은 사마타와 위빳사나 수행을 하여(sama-tha-vipassanā-bhāvanābhūta) 말을 하지 않는 것이다."(UdA.106)

발생(pavatti)과 정지(nivatti)에 대해서는 본서 「소나 경」(Ud5:6) §12의 해당 주해도 참조할 것. 그리고 『상윳따 니까야』 제2권 「꼴리따 경」(S21:1)에서 마하목갈라나 존자는 제2선도 성스러운 침묵(ariya tuṇhī-bhāva)이라고 설하고 있으므로 살펴보기 바란다.

181) "'이 의미를 아시고(etamatthaṁ viditvā)'라고 하였다. 그 비구들이 칭송하는 감각적 쾌락을 누리는 것보다(kittitakāmasampattito) 禪 등을 성취하는 것(jhānādisampatti)이 더 오래가고 더 수승하다는 이 의미를 모든 측면에서 아시고라는 뜻이다. '이 우러나온 말씀을(imaṁ udānaṁ)'이라고 하였다. 성스러운 머묾의 행복의 위력을 밝히는(ariyavihārasukhānu-bhāvadīpaka) 이 우러나온 말씀을 읊으신 것이다."(UdA.107)

몽둥이 경(Ud2:3)

Daṇḍa-sutta

1. 이와 같이 나는 들었다. 한때 세존께서는 사왓티에서 제따 숲의 아나타삔디까 원림(급고독원)에 머무셨다. 그때 많은 아이들이 사왓티와 제따 숲 사이에서 몽둥이로 뱀을 때리고 있었다. 그때 세존께서는 오전에 옷매무새를 가다듬고 발우와 가사를 수하시고 사왓티로 탁발을 가셨다. 세존께서는 많은 아이들이 사왓티와 제따 숲 사이에서 몽둥이로 뱀을 때리고 있는 것을 보셨다. [12]

2. 그때 세존께서는 이 의미를 아시고 그 즉시 바로 이 우러나온 말씀을 읊으셨다.182)

"존재들은 행복을 바라나니
몽둥이로 해코지하는 자는

---

182) "'이 의미를 아시고(etamatthaṁ viditvā)'라고 하였다. ① '이 아이들은 자신의 즐거움을 위해서(attasukhāya) 남을 괴롭히기 때문에(paradukkhaṁ karontā) 스스로가 차후에(parattha) 즐거움을 얻지 못할 것이다(sukhaṁ na labhissanti).'라는 이런 의미를 아시고서라고 어떤 분들은 설명한다. 품행이 나쁜(duppaṭipannā) 다른 사람들의 경우에는 행복을 추구하더라도(sukhapariyesana) 미래에 괴롭게 되고 품행이 좋은(suppaṭipannā) 사람들의 경우는 전적으로(ekantena) 행복이 있게 된다. 그러므로 '우리가 남을 해치는 것으로부터 벗어나서(paravihesāvinimuttā) 전적으로 행복을 함께 나눌 때(sukhabhāgino) [스승의] 교계에 보답하게 된다(ovādappaṭikarā).'고 스승(satthā)께서는 기쁨으로 이 우러나온 말씀을 읊으신 것이라고 그들은 주장한다.
② 다른 분들은, '이와 같이 그 아이들이 저지른 남을 해코지함(paraviheṭhana)을 모든 측면에서 위험하다고(ādīnavato) 아시고 남들을 해치고 남들을 연민하는 순서대로(yathākkamaṁ) 위험과 이익이 됨을 설명하시는(ādīnavānisaṁsavibhāvana) 이 우러나온 말씀을 읊으신 것이다.'라고 이렇게 설명한다."(UdA.110~111)

자신의 행복을 추구하지만
죽은 뒤에 행복을 얻지 못한다.[183] |1|

존재들은 행복을 바라나니
몽둥이로 해치지 않는 자는
자신의 행복을 추구하고는
죽은 뒤에 행복을 얻는다."[184] |2| {13}

존경 경(Ud2:4)

Sakkāra-sutta

1. 이와 같이 나는 들었다. 한때 세존께서는 사왓티에서 제따 숲의 아나타삔디까 원림(급고독원)에 머무셨다. 그 무렵 세존께서는 존경받고 존중받고 공경받고 숭배받고 경배받으면서 의복과 탁발음식과 거처와 병구완을 위한 약품을 얻으셨다. 비구 승가도 역시 존경받고 존중받고 공경받고 숭배받고 경배받으면서 의복과 탁발음식과 거처와 병구완을 위한 약품을 얻었다. 그러나 외도 유행승들[185]은

183) "즉 '죽은 뒤에(pecca)' 다른 세상(paraloka)에서 인간의 행복(manussa-sukha)과 천상의 행복(dibbasukha)과 열반의 행복(nibbānasukha)이라는 이 세 가지 행복을 얻지 못한다. 그 대신에 그 몽둥이(daṇḍa)로 괴로움(dukkha)을 얻는다는 뜻이다."(UdA.111)

184) "그 사람은 다른 세상에서 인간이 되어(manussabhūta) 인간의 행복(manussasukha)을, 천신이 되어(devabhūta) 천상의 행복(dibbasukha)을, 이 둘을 넘어서서(atikkamanta) 열반의 행복(nibbānasukha)을 얻는다."(UdA.111)

185) 여기서 '외도'는 aññatitthiya를, '유행승'은 paribbājaka를 옮긴 것이다. 설명은 『맛지마 니까야』 제1권 「사자후의 짧은 경」(M11) §3의 해당 주해와 『맛지마 니까야』 제3권 해제 §2의 (1) 제8장 「유행승 품」(M71~M80)을 참조하기 바란다.

존경받지 못했고 존중받지 못했고 공경받지 못했고 숭배받지 못했고 경배받지 못했으며 의복과 탁발음식과 거처와 병구완을 위한 약품을 얻지 못하였다.[186] 그러자 그 외도 유행승들은 세존과 비구 승가가 존경받는 것을 견디지 못하여서 마을이나 숲에서 비구들을 보면 오만불손하고 거친 말로 욕하고 비난하고 분노하고 힐난하였다.

2. 그때 많은 비구들이 세존께 다가갔다. 다가가서는 세존께 절을 올리고 한 곁에 앉았다. 한 곁에 앉아서 그 비구들은 세존께 이렇게 말씀드렸다.

"세존이시여, 요즘 세존께서는 존경받고 존중받고 공경받고 숭배받고 경배받으면서 의복과 탁발음식과 거처와 병구완을 위한 약품을 얻으십니다. 비구 승가도 역시 존경받고 존중받고 공경받고 숭배받고 경배받으면서 의복과 탁발음식과 거처와 병구완을 위한 약품을 얻습니다. 그러나 외도 유행승들은 존경받지 못하고 존중받지 못하고 공경받지 못하고 숭배받지 못하고 경배받지 못하며 의복과 탁발음식과 거처와 병구완을 위한 약품을 얻지 못합니다. 그러자 그 외도 유행승들은 세존과 비구 승가가 존경받는 것을 견디지 못하여서 마을이나 숲에서 비구들을 보면 오만불손하고 거친 말로 욕하고 비난하고 분노하고 힐난합니다."

3. 그때 세존께서는 이 의미를 아시고 그 즉시 바로 이 우러나온 말씀을 읊으셨다.[187]

---

186) 이 문단은 『상윳따 니까야』 제2권 「수시마 경」(S12:70) §2와 같다.

187) "'이 의미를 아시고(etamatthaṁ viditvā)'라고 하였다. 천성적으로 질투하는(issāpakatāna) 외도들의 잘못된 도닦음(vippaṭipatti)을 모든 측면에서 아시고라는 뜻이다. '이 우러나온 말씀을(imaṁ udānaṁ)'이라고 하였다. 그들이 저지른 볼썽사나운 모습(vippakāra)과 청정한 마음을 가진(pasanna

"마을에서 숲에서
즐거움과 괴로움을 겪나니
이것을 자신의 탓으로도
남의 탓으로도 돌리지 말라.
재생의 근거188)를 반연하여
감각접촉을 겪나니
재생의 근거 없는 자
어찌 감각접촉을 겪게 되겠는가?" {14}

-cittā) 다른 사람들이 지은 도움(upakāra)에 대한 여여(如如)함의 위력을 밝히는(tādibhāva-anubhāva-dīpaka) 이 우러나온 말씀을 읊으신 것이다."(UdA.114)

188) '재생의 근거'는 upadhi를 옮긴 것이다. 이 단어는 upa+√dhā(*to put*)에서 파생된 명사로 문자적으로는 '그 위에 무엇이 놓여진'을 의미하며 그래서 삶에 필요한 토대나 소지품이나 설비 등을 뜻한다. 그래서 『디가 니까야 복주서』는 "여기에 괴로움이 놓이기 때문에 우빠디(upadhi, 재생의 근거)라고 한다. 즉 무더기[蘊] 등을 말한다."(DAṬ.ii.76)라고 설명한다. 『우다나 주석서』도 "재생의 근거란, 무더기 등이라는 재생의 근거(khandhādiupadhi)이다."(UdA.213)라고 설명한다.

이것은 외적인 입장과 내적인 입장에서 살펴볼 수 있다. 외적인 입장에서(*objectively*) 보자면 얻어진 것들을 뜻하는데 자신의 재산이나 소유물을 뜻한다.(S1:12 §2 참조) 내적인 입장에서(*subjectively*) 보자면 갈애가 생겨서 소유하려는 행위를 말한다. 이것은 다시 태어남(재생)의 근거가 된다. 이 두 입장을 고려해서 초기불전연구원에서는 '재생의 근거'로 정착시키고 있다. 『상윳따 니까야』 제1권 「기뻐함 경」(S1:12)의 주해와 『맛지마 니까야』 제2권 「메추라기 비유 경」(M66) §14의 주해와 『앙굿따라 니까야』 제1권 「노력 경」(A2:1:2)의 주해를 참조할 것.

주석서에 의하면 네 가지 재생의 근거가 있는데 그것은 무더기[蘊]라는 재생의 근거(khandha-upadhi), 오염원이라는 재생의 근거(kilesa-upadhi), [업]형성력이라는 재생의 근거(abhisaṅkhāra-upadhi), 다섯 가닥의 얽어매는 감각적 쾌락이라는 재생의 근거(kāma-upadhi)이다.(MA.iii.170)

청신사 경(Ud2:5)

Upāsaka-sutta

1. 이와 같이 [13] 나는 들었다. 한때 세존께서는 사왓티에서 제따 숲의 아나타삔디까 원림(급고독원)에 머무셨다. 그 무렵 어떤 잇차낭갈라[189]의 청신사가 어떤 볼일이 있어서 사왓티에 도착하였다. 그러자 그 청신사는 사왓티에서 그 볼일을 본 뒤 세존을 뵈러 갔다. 가서는 세존께 절을 올리고 한 곁에 앉았다. 한 곁에 앉은 그 청신사에게 세존께서는 이렇게 말씀하셨다.

"청신사여, 그대는 오랜만에 여기에 올 기회를 만들었구나."

"세존이시여, 저는 오랫동안 세존을 친견하러 오고 싶어 했습니다. 그러나 저는 이런저런 해야 할 일들에 빠져 지냈습니다. 그래서 저는 세존을 친견하러 오지 못하였습니다."

2. 그때 세존께서는 이 의미를 아시고 그 즉시 바로 이 우러나온 말씀을 읊으셨다.[190]

---

189) 『앙굿따라 니까야』 「나기따 경」(A5:30) §1 등에 의하면 잇차낭갈라(Icchā-naṅgala)는 꼬살라의 바라문 마을이다. 『맛지마 니까야』 「와셋타 경」(M98) 등에 의하면 짱끼 바라문, 따룩카 바라문, 뽁카라사띠 바라문, 자눗소니 바라문, 또데야 바라문과 다른 아주 잘 알려진 바라문의 큰 가문 출신들이 잇차낭갈라에 살고 있었다고 한다. 이처럼 당시에 유명했던 바라문 마을이었던 것은 분명하다.

190) "'이 의미를 아시고(etamatthaṁ viditvā)'라고 하였다. 만나기 어려운 부처님의 출현과(dullabhe buddhuppāde) 인간의 [몸을] 얻었지만(manussa-ttalābhe) 중생들은 무엇을 소유한 상태로(sakiñcanabhāvena) 어떤 일에 전념하기 때문에(kicca-pasutatā) 유익함에 장애가 된다(kusalantarāya) — 물론 무소유인 자에게는 그렇지 않다(na akiñcanassa) — 라는 이 의미를 모든 측면에서 아시고라는 뜻이다. 그리고 바로 이런 의미를 밝히는(tad-atthaparidīpanameva) '이 우러나온 말씀을(imaṁ udānaṁ)' 읊으신 것이다."(UdA.116)

"법에 능통하고 많이 배워191)
아무것도 소유하지 않은 자에게 참으로 행복이 있나니
소유한 자가 고통스러워하는 것을 보라.
사람은 사람에게 강하게 얽매이는 모습을 가진다." {15}

임산부 경(Ud2:6)

Gabbhinī-sutta

1. 이와 같이 나는 들었다. 한때 세존께서는 사왓티에서 제따 숲의 아나타삔디까 원림(급고독원)에 머무셨다. 그 무렵 어떤 유행승에게 바라문 출신의 젊은 아내192)가 있었는데 임신을 하여 출산을 하려 하였다. 그때 그의 아내가 그 유행승에게 이렇게 말하였다.

"바라문이여,193) 당신은 가서 기름을 구해 오십시오. 저는 그것을

---

191) "'법에 능통하고 많이 배워(saṅkhātadhammassa bahussutassa)'라고 하셨다. 네 가지 도의 헤아림(maggasaṅkhā)으로 16가지 역할의 성취(soḷasa-kiccanipphatti)에 의해서 '법에 능통하고' 꿰뚫음으로 많이 배움(paṭivedha-bāhusacca)으로 '많이 배움'이다."(UdA.116)

"네 가지 진리(sacca) 각각에 대해서 철저히 앎과 버림과 실현함과 닦음(pariññā-pahāna-sacchi-kiriya-bhāvanā)이라는 네 가지 도로써 모두 16가지 방법이 있다."(SA.i.205)

『상윳따 니까야 주석서』에 의하면 '헤아림(saṅkhā)'에는 세 가지 의미가 있다. 첫째는 통찰지(paññā)를 뜻하고 둘째는 산수 계산(gaṇana)을 뜻하고 셋째는 개념(paññatti)을 뜻한다고 한다.(SA.i.46)

192) '바라문 출신의 젊은 아내'는 daharamāṇavikā pajāpati를 옮긴 것이다. '바라문 출신'은 māṇavikā를 옮긴 것인데 주석서는 "바라문의 딸(brāhmaṇa-dhītā)에 대한 인습적 표현(vohāra)"(UdA.117)이라고 설명하고 있어서 이렇게 옮겼다. 이 용어의 남성명사인 māṇavaka는 초기불전의 도처에 나타나는 바라문 출신 젊은이 혹은 학도를 뜻하며 그래서 '바라문 학도'(D3 §1.3의 주해 참조)로 옮기고 있다.

193) "그는 바라문 태생이었고(brāhmaṇajātika) 아내와 함께(sabhariya) 밀림

출산할 때 사용하고자 합니다."

2. 이렇게 말하자 그 유행승은 아내에게 이렇게 말하였다.

"여보, 그런데 내가 어디서 기름을 구해 온단 말이오?"

두 번째로 그 아내가 그 유행승에게 이렇게 말하였다.

"바라문이여, 당신은 가서 기름을 구해 오십시오. 저는 그것을 출산할 때 사용하고자 합니다."

두 번째로 그 유행승은 아내에게 이렇게 말하였다.

"여보, 그런데 내가 어디서 기름을 구해 온단 말이오?"

세 번째로 그 아내가 그 유행승에게 이렇게 말하였다.

"바라문이여, 당신은 가서 기름을 구해 오십시오. 저는 그것을 출산할 때 사용하고자 합니다."

3. 그 무렵 빠세나디 꼬살라 왕의 [14] 곳간에서는 사문이나 바라문에게 버터기름이나 기름을 원하는 대로 마실 수 있도록 하였지만 가져가지는 못하게 하였다.

그러자 그 유행승에게 이런 생각이 들었다.

'빠세나디 꼬살라 왕의 곳간에서는 사문이나 바라문에게 버터기름이나 기름을 원하는 대로 마실 수 있도록 하였지만 가져가지는 못하게 한다. 그러니 나는 빠세나디 꼬살라 왕의 곳간에 가서 기름을 원하는 대로 마신 뒤 집으로 와서 토해내어서 주어야겠다. 그래서 그것으로 출산할 때 사용하게 해야겠다.'라고.

속의 아쉬람(vanapatthassama)에 머물고 있었다고 한다. 그래서 사람들은 아내를 거느린 그를 두고 유행승이라는 인습적 표현(paribbājakavohāra)으로 그를 대했다. 그러나 그의 아내(bhariyā)는 그가 바라문 태생이기 때문에 '바라문(brāhmaṇa)'이라 부르는 것이다."(UdA.117)

4. 그때 그 유행승은 빠세나디 꼬살라 왕의 곳간에 가서 기름을 원하는 대로 마셨지만 집으로 와서 위로 토해낼 수도 없었고 아래로 내릴 수도 없었다. 그는 괴롭고 날카롭고 거칠고 찌르는 느낌들에 닿아서 이리저리 데굴데굴 굴렀다.

그때 세존께서는 오전에 옷매무새를 가다듬고 발우와 가사를 수하시고 사왓티로 탁발을 가셨다. 세존께서는 그 유행승이 괴롭고 날카롭고 거칠고 찌르는 느낌들에 닿아서 이리저리 데굴데굴 구르는 것을 보셨다.

5. 그때 세존께서는 이 의미를 아시고 그 즉시 바로 이 우러나온 말씀을 읊으셨다.194)

> "무소유195)인 자들은 참으로 행복한 자들이니
> 지혜의 달인들196)은 아무것도 소유하지 않노라.
> 소유한 자가 고통스러워하는 것을 보라.197)

---

194) "'이 의미를 아시고(etamattharin viditvā)'라고 하였다. 무엇을 소유한 자(sakiñcana)에게는 숙고하지 않고 수용함을 원인으로 하여(appaṭisaṅkhā-paribhogahetukā) 이 괴로움이 생겨났지만 무소유인 자(akiñcana)에게는 그 어디에도 이런 것이 없다는 이런 의미를 모든 측면에서(sabbākārato) 아신 뒤에 그 의미를 드러내는(tadatthappakāsana) 이 우러나온 말씀을 읊으신 것이다."(UdA.118~119)

195) "'무소유인 자들(ye akiñcanā)'이라고 하셨다. 갈망 등의 소유(rāgādi-kiñcana)와 거머쥠의 소유(pariggaha-kiñcana)가 없기 때문에 '무소유(akiñcana)'이다."(UdA.119.)

196) "성스러운 도의 지혜라 불리는(ariyamaggañāṇasaṅkhāta) 베다(veda), 즉 지혜에 도달했다, 증득했다(gatā adhigatā). 그런 베다(지혜)로 열반에 도달했다(vedena nibbānaṁ gatā)고 해서 '지혜의 달인들(vedaguno)'이다."(UdA.119)

197) 이와 같이 게송의 앞부분에는 아라한을 칭찬하신 뒤(pasaṁsitvā) 뒷부분에서는 눈먼 범부들을 책망하시면서(garahanto) '소유한 자를 보라(sakiñ-

사람은 사람에게 강하게 얽매이는 마음을 가진다." {16}

외동아들 경(Ud2:7)

Ekaputtaka-sutta

1. 이와 같이 나는 들었다. 한때 세존께서는 사왓티에서 제따 숲의 아나타삔디까 원림(급고독원)에 머무셨다. 그 무렵 어떤 재가신도의 사랑스럽고 소중한 외동아들이 죽었다.

2. 그러자 많은 청신사들이 옷이 젖고 머리가 젖은 채 한낮에 세존을 뵈러 갔다. 가서는 세존께 절을 올리고 한 곁에 앉았다. 한 곁에 앉은 그 청신사들에게 세존께서는 이렇게 말씀하셨다.

"청신사들이여, 그대들은 왜 옷이 젖고 머리가 젖은 채 한낮에 이리로 왔는가?"

이렇게 말씀하시자 그 청신사가 세존께 이렇게 말씀드렸다.

"세존이시여, 저희들의 사랑스럽고 소중한 외동아들이 죽었습니다. 그래서 저희들은 옷이 젖고 머리가 젖은 채 한낮에 세존을 뵈러 왔습니다."

3. 그때 세존께서는 이 의미를 아시고 그 즉시 바로 이 우러나온 말씀을 읊으셨다.198)

---

canaṁ passā).'고 말씀하셨다.

198) "'이 의미를 아시고(etamatthaṁ viditvā)'라고 하였다. 슬픔과 괴로움과 불만족 등(soka-dukkha-domanassādayo)은 사랑스러운 대상으로부터 발생한다(piyavatthusambhavā). 사랑스러운 대상이 없으면 이들은 그 어디에도 존재하지 않는다는 이 의미를 모든 측면에서 아시고 그 의미를 드러내는 이 우러나온 말씀을 읊으신 것이다."(UdA.120)

"신들의 무리와 대부분의 사람들은
사랑스러운 모습의 달콤함에 빠져있도다.199) [15]
[늙음과 죽음 등의] 재난에 처한200) 그들은
죽음의 왕의 지배를 받도다. |1|

그러나 낮과 밤으로 방일하지 않고
사랑스러운 모습을 버려버린
그들은 참으로 재난의 뿌리를 파버리나니
넘어서기 어려운 죽음의 미끼를!" |2| {17}

숩빠와사 경(Ud2:8)

Suppavāsā-sutta

1. 이와 같이 나는 들었다. 한때 세존께서는 꾼디까201)에서 꾼

---

199) '사랑스러운 모습의 달콤함에 빠져있도다.'는 piyarūpassāda-gadhitāse를 옮긴 것이다. 주석서는 "사랑스러운 고유성질을 가진 물질의 무더기 등에 대한 즐거운 느낌의 달콤함(sukhavedanassāda)에 의해서 마음이 묶여있다(paṭibaddhacittā)."(UdA.121) 로 풀이하고 있다.

200) '재난에 처한'은 aghāvino parijunnā를 의역하여 옮긴 것이다. 주석서는 aghāvino(고통받는)를 '육체적 · 정신적 괴로움으로 괴로운(dukkhitā)'으로, parijunnā를 늙음과 병 등의 재난으로 젊음과 건강함 등의 번영이 제거된 것으로 설명한다.(UdA.121)

201) "꾼디까(Kuṇḍikā)는 꼴리야(Koliyā)의 도시였다. 그리고 꾼다다나 숲(Kuṇḍadhānavana)은 그 도시에서 멀지 않은 곳에 있는 꾼다다나라 불리던 숲이었다.
옛날에 꾼다(Kuṇḍa)라는 어떤 약카가 그 숲에 살고 있었다. 그는 항아리에 넣은 여러 가지로 혼합된(kuṇḍadhāna-missaka) 공물을 바치는 의식(balikamma)으로 만족하였다고 한다. 여기저기서 그에게 공물을 바친 숲이라고 해서 그곳은 꾼다다나 숲(Kuṇḍadhānavana)이라고 알려지게 되었다. 혹은 그 근처에 여자 촌장(gāmapatikā)이 있었는데 그녀도 그 약카의 보호를 받았다(paripālitattā)고 한다. 그래서 그녀는 꾼디까(Kuṇḍikā)로 알려지게 되었다고 한다. 후에 꼴리야의 왕이 그곳에 도시를 건설하고 이전

다다나 숲에 머무셨다. 그 무렵 꼴리야[202]의 딸 숩빠와사[203]가 칠 년째 임신 중이었다.[204] 그러다 칠 일을 난산(難産)으로[205] 괴롭고

의 관습대로(purimavohārena) 그곳을 꾼디까라고 불렀다고 한다. 그리고 그 숲에 꼴리야 왕이 세존과 비구 승가가 머물도록 하기 위해서 승원(vihāra)을 짓게 하였는데 그것도 꾼다다나 숲(Kuṇḍadhānavana)이라고 알려지게 되었다."(UdA.122)

202) 꼴리야(Koḷiya/Koliya)는 공화국 체제를 유지한 나라였는데 로히니(Rohiṇi) 강을 사이에 두고 사꺄(Sākya, 석가족)와 인접해 있었다. 꼴리야의 선조가 사꺄의 여인과 결혼해서 꼴리야 나라를 만들었다고 할 정도로 사꺄와는 형제국이나 다름없는 사이였다고 한다.(DPPN) 라마가마(Rāmagāma)와 데와다하(Devadaha)가 주요 도시였으며 그 외에도 여러 곳이 초기경에 언급될 정도로 부처님과 제자들과도 인연이 많은 나라였다.

203) 숩빠와사(Suppavāsā)는 초기경에 자주 언급되는 릿차위 마할리(Licchavi Mahāli)의 아내였다고도 하며(DhpA.i.337~338) 사꺄 청년의 아내였다고도 한다.(AA.i.453) 꼴리야 사람인 그녀는 부처님의 가르침을 처음 듣고 바로 예류과를 얻었다고 한다.(Ibid) 세존께서 본경을 숩빠와사에게 설하실 정도로 그녀는 훌륭한 보시자였다. 그래서 『앙굿따라 니까야』 제1권 「하나의 모음」 제14장 으뜸 품에서는 "뛰어난 보시를 하는 자들(paṇīta-dāyikā) 가운데서 꼴리야의 딸 숩빠와사가 으뜸"(A1:14:7-6)이라고 언급되고 있다. 그녀는 본경에서 태아로 언급되고 있는 시왈리 존자(āyasmā Sīvali, 본경 §4의 주해 참조)의 어머니이기도 하다.

204) '칠 년째 임신 중이었다.'는 satta vassāni gabbhaṁ dhāreti를 직역한 것이다. 주석서는 이렇게 설명한다.
"여기서 '칠 년째(satta vassāni)'이라는 것은 일곱 해(satta saṁvaccharāni)를 말한다. 그리고 이것은 직접 목적의 뜻에서(accantasaṁyoge) 목적격(upayogavacana)이다. '임신 중이었다(gabbhaṁ dhāreti)'는 것은 태아를 지니고 있었다(gabbhaṁ vahati)는 말인데 임산부였다(gabbhinī hoti)는 뜻이다."(UdA.123)

이처럼 주석서도 숩빠와사가 칠 년 동안 임신을 하고 있었다고 설명한다. Ireland도 '칠 년째 임신을 하고 있었다(*had been pregnant for seven years*).'로 직역을 하였다(Ireland, 197쪽).

205) 여기서 '난산(難産)으로'는 mūḷhagabbhā([분만하기] 어려운 태아를 가짐)를 옮긴 것이다. Masefield는 *foetus awry*(태아가 자리를 잘못 잡아서[前置胎盤, 전치태반])로, 타닛사라 스님은 *in difficult labor*로 옮겼다. 주석서는 이것을 byākulagabbhā([출산이] 어려운 태아를 가짐)로 설명한 뒤 출산이 어려웠음(byākula)을 태아의 머리가 자궁의 위로 갔다가 아래로 갔다

날카롭고 거칠고 찌르는 느낌들에 닿았지만 그녀는 세 가지 생각으로 감내하고 있었다.

'그분 세존께서는 참으로 정등각이시니 이런 형태의 괴로움을 제거하기 위해서 법을 설하신다. 그분 세존의 제자들의 승가는 참으로 잘 도를 닦으시니 이런 형태의 괴로움을 제거하기 위해서 도를 닦으신다. 저 열반은 참으로 지극한 행복이니 그곳에는 이런 형태의 괴로움이 존재하지 않는다.'라고.

2. 그때 꼴리야의 딸 숩빠와사는 남편을 불러서 말하였다.

"이리 오십시오, 여보. 당신은 세존을 뵈러 가십시오. 가서는 제 이름으로 세존의 발에 머리 조아리고, '세존이시여, 꼴리야의 딸 숩빠와사가 세존의 발에 머리 조아려 절을 올립니다. 그리고 병은 없으신지 어려움은 없으신지, 가볍고 힘 있고 편안하게 머무시는지 문안을 여쭙니다.'라고 세존께서 병은 없으신지 어려움은 없으신지, 가볍고 힘 있고 편안하게 머무시는지 문안드리십시오.

그런 후에 이렇게 말씀드려 주십시오. '세존이시여, 꼴리야의 딸 숩빠와사가 칠 년째 임신 중에 있습니다. 그러다 칠 일을 난산(難産)으로 괴롭고 날카롭고 거칠고 찌르는 느낌들에 닿았지만 그녀는 세 가지 생각으로 감내하고 있습니다. '그분 세존께서는 참으로 정등각이시니 이런 형태의 괴로움을 제거하기 위해서 법을 설하신다. 그분 세존의 제자들의 승가는 참으로 잘 도를 닦으시니 이런 형태의 괴로움을 제거하기 위해서 도를 닦으신다. 저 열반은 참으로 지극한 행복이니 그곳에는 이런 형태의 괴로움이 존재하지 않는다.'라고.'"

가 하는 등으로 설명하고 있어서(UdA.123) 역자는 난산(難産)으로 옮겼다.

3. "최고입니다."206)라고 그 꼴리야의 후손은 꼴리야의 딸 숩빠와사에게 대답하고 세존을 뵈러 갔다. 가서는 세존께 절을 올리고 한 곁에 앉았다. 한 곁에 앉은 꼴리야의 후손은 세존께 이렇게 말씀드렸다.

"세존이시여, 꼴리야의 딸 숩빠와사가 세존의 발에 머리 조아려 절을 올립니다. 그리고 병은 없으신지 어려움은 없으신지, 가볍고 힘 있고 편안하게 머무시는지 문안을 여쭙니다."

그런 후에 이렇게 말씀드렸다.

"세존이시여, 꼴리야의 딸 숩빠와사가 칠 년째 임신 중에 있습니다. 그러다 칠 일을 [16] 난산으로 괴롭고 날카롭고 거칠고 찌르는 느낌들에 닿았지만 그녀는 세 가지 생각으로 감내하고 있습니다. '그분 세존께서는 참으로 정등각이시니 이런 형태의 괴로움을 제거하기 위해서 법을 설하신다. 그분 세존의 제자들의 승가는 참으로 잘 도를 닦으시니 이런 형태의 괴로움을 제거하기 위해서 도를 닦으신다. 저 열반은 참으로 지극한 행복이니 그곳에는 이런 형태의 괴로움이 존재하지 않는다.'라고."

4. "꼴리야의 딸 숩빠와사가 행복하기를. 그녀가 병이 없이 건강한 아들을 낳게 되기를."이라는 세존의 말씀과 함께 꼴리야의 딸 숩빠와사는 행복해지고 병이 없어져서 건강한 아들을 낳았다.207)

---

206) 여기서 '최고입니다.'는 paramaṁ을 옮긴 것이다. 주석서는 이렇게 설명한다. "여기서 '최고입니다(paramaṁ).'라는 것은 말을 받아들이는 것(vacana-sampaṭicchana)이다. 그래서 '좋습니다, 경이롭습니다(sādhu, bhadde), 말한 대로 그렇게 받아들이겠습니다(paṭipajjāmi).'라는 의미를 보여준다." (UdA.126)

207) 이렇게 해서 낳은 아들이 바로 시왈리 장로(Sīvalitthera)이다.(UdA.123) 시왈리 존자(āyasmā Sīvali)는 본경에서 보듯이 꼴리야(Koliya)의 딸인

5. "세존이시여, 감사합니다."라고 그 꼴리야의 후손은 세존의 말씀을 크게 기뻐하고 감사드리면서 자리에서 일어나 세존께 절을 올리고 오른쪽으로 돌아 [경의를 표한] 뒤 자신의 집으로 돌아갔다. 그 꼴리야의 후손은 꼴리야의 딸 숩빠와사가 행복해지고 병이 없어져서 건강한 아들을 낳은 것을 보았다. 그것을 보고 그에게 이런 생각이 들었다.

'오, 여래의 크나큰 신통력과 크나큰 위력은 참으로 경이롭구나. 참으로 놀랍구나. 세존의 말씀과 함께 꼴리야의 딸 숩빠와사가 행복해지고 병이 없어져서 건강한 아들을 낳다니!'라고.

그는 마음으로 흡족해하고 환희로워하고 기뻐하고 즐거워하였다.

6. 그러자 꼴리야의 딸 숩빠와사는 남편을 불러서 말하였다.

"이리 오십시오, 여보. 당신은 세존을 뵈러 가십시오. 가서는 제 이름으로 세존의 발에 머리 조아리고, '세존이시여, 꼴리야의 딸 숩빠와사가 세존의 발에 머리 조아려 절을 올립니다. 그리고 병은 없으신지 어려움은 없으신지, 가볍고 힘 있고 편안하게 머무시는지 문안을 여쭙니다.'라고 세존께서 병은 없으신지 어려움은 없으신지, 가볍고 힘 있고 편안하게 머무시는지 문안드리십시오.

그런 후에 이렇게 말씀드려주십시오.

숩빠와사(Suppavāsa)의 아들이다. 그는 본경에서 보듯이 어머니의 뱃속에 7년 7일을 있었다고 하는 신비한 인물이다. 그래서 태어나자마자 바로 말을 하였고 태어나는 날 바로 사리뿟따 존자가 데리고 가서 출가를 시켰는데 머리를 깎으면서 첫 번째 머리칼이 떨어질 때 예류과를 얻었고 두 번째 머리칼이 떨어질 때 일래과를 얻었다고 한다.(ThegA.i.147~148) 그는 신들의 공양[天供]을 많이 받는 등 세존을 제외하고는 비구들 가운데 가장 많은 공양을 받았기 때문에 세존께서는 『앙굿따라 니까야』 제1권 「하나의 모음」 제14장 으뜸 품에서 "공양을 얻는 자(lābhi)들 가운데서 시왈리가 으뜸"(A1:14:2-10)이라고 하셨다.

'세존이시여, 꼴리야의 딸 숩빠와사는 칠 년째 임신 중에 있었습니다. 그러다 칠 일을 난산으로 [괴로워]하였던 그녀는 이제 행복해지고 병이 없어져서 건강한 아들을 낳았습니다. 그녀는 칠 일 동안 부처님을 상수로 하는 비구 승가에 음식으로 공양청을 하옵니다. 세존이시여, 참으로 세존께서는 비구 승가와 더불어 꼴리야의 딸 숩빠와사의 일곱 가지 음식을 허락하여 주십시오.'라고."

7. "최고입니다."라고 그 꼴리야의 후손은 꼴리야의 딸 숩빠와사에게 대답하고 세존을 뵈러 갔다. 가서는 세존께 절을 올리고 한 곁에 앉았다. 한 곁에 앉은 꼴리야의 후손은 세존께 이렇게 말씀드렸다.

"세존이시여, 꼴리야의 딸 숩빠와사가 세존의 발에 머리 조아려 절을 올립니다. 그리고 다시 말씀드립니다.

'세존이시여, 꼴리야의 딸 숩빠와사는 칠 년째 임신 중에 있었습니다. 그러다 칠 일을 난산으로 [괴로워]하였던 그녀는 이제 행복해지고 병이 없어져서 건강한 아들을 낳았습니다. 그녀는 칠 일 동안 부처님을 상수로 하는 비구 승가에 음식으로 공양청을 하옵니다. 세존이시여, 참으로 세존께서는 비구 승가와 더불어 꼴리야의 딸 숩빠와사의 일곱 가지 음식을 허락하여 주십시오.'라고."

8. 그 무렵 어떤 청신사가 이미 부처님을 상수로 하는 비구 승가에게 이미 내일 음식의 공양청을 하였다. 그 청신사는 마하목갈라나 존자의 신도였다. 그때 세존께서는 마하목갈라나 존자를 불러서 말씀하셨다.

"목갈라나여, 이리 오라. 그대는 그 청신사에게 가거라. [17] 가서는 그 청신사에게 이렇게 말해라.

'꼴리야의 딸 숩빠와사는 칠 년째 임신 중에 있었습니다. 그러다 칠 일을 난산으로 [괴로워]하였던 그녀는 이제 행복해지고 병이 없어져서 건강한 아들을 낳았습니다. 그녀는 칠 일 동안 부처님을 상수로 하는 비구 승가에 음식으로 공양청을 하였습니다. [먼저] 꼴리야의 딸 숩빠와사가 일곱 가지 음식 공양을 올리게 하십시오. 그런 뒤에 그대가 공양을 올리게 될 것입니다.'라고."

9. "그렇게 하겠습니다, 세존이시여."라고 마하목갈라나 존자는 세존께 응답한 뒤 그 청신사에게 다가갔다. 가서는 그 청신사에게 이렇게 말하였다.

"꼴리야의 딸 숩빠와사는 칠 년째 임신 중에 있었습니다. 그러다 칠 일을 난산으로 [괴로워]하였던 그녀는 이제 행복해지고 병이 없어져서 건강한 아들을 낳았습니다. 그녀는 칠 일 동안 부처님을 상수로 하는 비구 승가에 음식으로 공양청을 하였습니다. [먼저] 꼴리야의 딸 숩빠와사가 일곱 가지 음식 공양을 올리게 하십시오. 그런 뒤에 그대가 공양을 올리게 될 것입니다."

10. "존자시여, 만일 마하목갈라나 존자께서 제게 재물과 수명과 믿음의 세 가지 법을 보증[208]해 주신다면 저는 [먼저] 꼴리야의 딸 숩빠와사가 일곱 가지 음식 공양을 올리도록 하고 그런 뒤에 제가 공

---

208) '보증'은 pāṭibhoga를 옮긴 것이다. 『이띠웃따까 주석서』는 이렇게 설명한다.

"여기서 '빠띠보가(pāṭibhoga)'는 보증(paṭibhū)을 뜻한다. 채무자를 반연하여 채권자에게, 채권자를 반연하여 채무자에게 담보(paṭinidhi)가 되어 채권자에게 예속된 위탁물 등(haraṇādi)이라 불리는 재산(bhoga)이라고 해서 보증이라 한다."(ItA.i.40)

여기에 대해서는 『이띠웃따까』 「하나의 모음」(It1)의 첫 번째 품인 보증품(Paṭibhoga-vagga)의 제목에 대한 주해와 「탐욕 경」(It1:1) §1의 해당 주해를 참조하고 『이띠웃따까』 해제 §5-(1)과 §7-(1)의 설명도 참조하기 바란다.

양을 올리겠습니다."

"도반이여, 나는 그대에게 재물과 수명의 두 가지 법을 보증합니다. 믿음은 그대가 오직 보증해야 합니다."

"존자시여, 만일 마하목갈라나 존자께서 제게 재물과 수명의 두 가지 법을 보증해 주신다면 저는 [먼저] 꼴리야의 딸 숩빠와사가 일곱 가지 음식 공양을 올리게 하고 그런 뒤에 제가 공양을 올리겠습니다."

그러자 마하목갈라나 존자는 그 청신사의 허락을 받은 다음 세존께 다가갔다. 가서는 세존께 이렇게 말씀드렸다.

"세존이시여, 저는 그 청신사의 허락을 받았습니다. [먼저] 꼴리야의 딸 숩빠와사가 일곱 가지 음식 공양을 올리게 하십시오. 그런 뒤에 그가 공양을 올릴 것입니다."

11. 그래서 꼴리야의 딸 숩빠와사는 칠 일 동안 부처님을 상수로 하는 비구 승가에게 딱딱한 음식과 부드러운 음식 등 맛있는 음식을 손수 충분히 대접하고 만족시켜 드렸다. 그리고 그 어린애가 세존과 모든 비구 승가에 예배하도록 하였다.

그러자 사리뿟따 존자가 그 어린애에게 이렇게 말했다.

"어린애야, 어떠하냐? 견딜 만하느냐? 지낼 만하느냐? 괴롭지는 않느냐?"

"사리뿟따 존자시여, 어찌 제가 견딜 만하겠습니까? 어찌 제가 지낼 만하겠습니까? 저는 칠 년을 피가 든 항아리에서 보냈습니다."

12. 그때 꼴리야의 딸 숩빠와사는 '나의 아들이 법의 대장군과 함께 대화를 하는구나.'라고 하면서 마음으로 흡족해하고 환희로워하고 기뻐하고 즐거워하였다. 그러자 세존께서는 꼴리야의 딸 숩빠

와사가 마음으로 흡족해하고 환희로워하고 기뻐하고 즐거워하는 것을 아시고 꼴리야의 딸 숩빠와사에게 이렇게 말씀하셨다.

"숩빠와사여, 그대는 이런 모습을 한 다른 아들을 가지기를 원하느냐?"

"세존이시여, 저는 이런 모습을 한 다른 아들 일곱 명을 더 원하옵니다." [18]

13. 그때 세존께서는 이 의미를 아시고 그 즉시 바로 이 우러나온 말씀을 읊으셨다.209)

"불편함은 편안한 모습으로
사랑스럽지 않음은 사랑스러운 모습으로
괴로움은 즐거운 모습으로
방일한 자를 덮어버린다."210) {18}

---

209) "'이 의미를 아시고(etamatthaṁ viditvā)'라고 하였다. 이와 같이 칠 일을 더한 칠 년을(sattadivasādhikāni satta saṁvaccharāni) 자궁에 들어있는 등으로 생긴 큰 괴로움을 한 번에 잊어버리고(ekapade visaritvā) 아들들을 [더 가지고자 하는] 열망으로(puttalolatāvasena) 그녀가 말한 의미를 아시고라는 뜻이다.
'이 우러나온 말씀을(imaṁ udānaṁ)'이라고 하였다. 마음의 행복에 취한 자가 그러하듯이 갈애와 애정(taṇhā-sineha)은 방일한(pamatta) 인간에게서 소원의 형태로 그 사람을 속여(iṭṭhākārena vañcetvā) 큰 손실이 됨을 밝히는(mahānatthakarabhāvadīpakaṁ) 이 우러나온 말씀을 읊으신 것이다."(UdA.157)

210) 주석서는 이 우러나온 말씀을 다음과 같이 설명한다.
"그들은 전도됨을 버리지 못하였기 때문에(appahīna-vipallāsattā) '불편하고(asātaṁ)', '사랑스럽지 않고(appiyaṁ)', '괴롭기만 한(dukkhameva)' 윤회에 떨어지는(vaṭṭagata) 이 모든 [업]형성에 의한 태어남(saṅkhāra-jāta)을 지혜롭게 마음에 잡도리하지 않는다(ayonisomanasikārena). 그들은 오히려 이러한 것을 원하는 것으로(iṭṭhaṁ viya) 사랑스러운 것으로(piyaṁ viya) 즐거운 것으로 삼아(sukhaṁ viya) 시중들면서 지낸다.(upa-ṭṭhahamānaṁ) 마음챙김이 없기(sati-vippavāsa) 때문에 이런 것은 '방

위사카 경(Ud2:9)

Visākhā-sutta

1. 이와 같이 나는 들었다. 한때 세존께서는 사왓티에 있는 동쪽 원림[東園林][211]의 미가라마따(녹자모) 강당[212]에 머무셨다. 그 무렵 위사카 미가라마따[鹿子母][213]가 어떤 일로 빠세나디 꼬살라 왕과

일한' 인간(pamattapuggala)을 넘어서고 지배하고 덮어버린다(ativattati abhibhavati ajjhottharati).

그렇기 때문에 편안함 등으로 위장된(sātādi-patirūpaka) 괴로움을 아들이라 불리는 애정의 토대가 주는 즐거움(puttasaṅkhāta-pemavatthu-sukha)으로 여기게 하여서, 이 숩빠와사로 하여금 다시 일곱 번을(sattakkhattuṁ) 이런 모습의 이 불편하고 사랑스럽지 않고 괴로운 것에 빠져들게 하는 것이다(ajjhottharati)."(UdA.157)

211) '동쪽 원림[東園林, Pubbārāma]'은 사왓티의 동쪽 대문 밖에 있는 원림이다. 세존께서는 사왓티의 제따 숲 아나타삔디까 원림(급고독원)에 머무시면서 낮 동안에는 이 동쪽 원림에서도 지내셨다고 한다.(DhpA.i.413; MA.i.369) 바로 이곳에 위사카(Visākhā)가 세존과 승단을 위해서 본경의 이 녹자모 강당(Migāramātu-pāsāda)을 건립하였다.

212) '미가라마따(녹자모) 강당(Migāramātu-pāsāda)'은 위사카 미가라마따(Visakhā Migāramātā)가 지은 강당이다. 동쪽 원림[東園林, Pubbārāma]은 그녀가 9천만의 돈을 들여 구입하였고, 여기에 다시 9천만의 돈을 들여 2층으로 된 큰 건물을 지었다고 하는데 이것이 녹자모 강당이다. 각층에는 각각 500개씩의 방이 있었다고 한다.(uparibhūmiyaṁ pañcagabbhasatāni heṭṭhābhūmiyaṁ pañcagabbhasatāni, UdA.158) 부처님께서 후반부 20여 년을 사왓티에 머무실 때 이곳과 아나타삔디까 원림을 번갈아가면서 머무셨다고 한다. 그러므로 여러 경들이 이곳에서 설해진 것으로 나타난다.

213) '미가라마따[鹿子母, Migāramātā]'는 여신도 위사카(Visākhā)를 뜻한다.(AA.ii.124) 위사카는 앙가(Aṅga)의 밧디야(Bhaddiya)에서 다난자야라는 아주 부유한 장자의 딸로 태어났다. 그녀는 어렸을 때 자기 고장으로 오신 부처님의 법문을 듣고 예류과를 얻었다고 한다. 뒤에 아버지가 꼬살라의 사께따로 이사를 가게 되어 사께따에 정착해서 살았으며 그래서 사왓티에 사는 미가라(Migāra) 뿐나왓다나(Puṇṇavaḍḍhana)와 결혼하였다고 한다. 세존께서는 『앙굿따라 니까야』 제1권 「하나의 모음」 제14장 으뜸 품에서 "보시자들 가운데서 미가라마따(녹자모) 위사카가 으뜸"(A1:14:7-2)

얽혀있었다. 빠세나디 꼬살라 왕은 그녀가 바라는 대로 그 일을 끝내지 못했다.[214]

2. 그때 위사카 미가라마따는 한낮에 세존을 뵈러 갔다. 가서는 세존께 절을 올리고 한 곁에 앉았다. 한 곁에 앉은 위사카 미가라마따에게 세존께서는 이렇게 말씀하셨다.

"위사카여, 이 한낮에 그대는 어디에서 왔는가?"

"세존이시여, 저는 어떤 일로 빠세나디 꼬살라 왕과 얽혀있었습니다. 빠세나디 꼬살라 왕은 제가 바라는 대로 그 일을 끝내지 못했습니다."

이라고 칭찬하셨다.

위사카는 상인이었던 미가라(Migāra)의 며느리였다. 그런데도 위사카가 미가라마따(Migāra-mātā), 즉 미가라의 어머니(녹자모, 鹿子母)라 불린 데는 재미있는 일화가 있다. 그녀의 시아버지 미가라는 니간타(Nigaṇṭha)의 열렬 신도였는데 나중에 위사카의 설득으로 휘장으로 가리고(sāṇiyā parikkhipiṁsu) 부처님의 설법을 듣고 예류과를 얻었다고 한다. 그래서 그의 며느리에게 너무도 감사하여 '오, 어머니여. 당신은 오늘부터 나의 어머니요(tvaṁ, amma, ajja ādiṁ katvā mama mātā).'라고 하였다고 한다.(AA.i.417) 그래서 그녀는 위사카라는 이름보다 미가라의 어머니, 즉 미가라마따(Migāra-mātā)로 더 알려지게 되었다고 한다.(AA.i.404ff; DhpA.i.387; MA.ii.296; UdA.158; AA.i.220)

214) '어떤 일로 빠세나디 꼬살라 왕과 얽혀있었다(kocideva attho raññe Pasenadimhi Kosale paṭibaddho hoti).'라고 하였다. 주석서에 의하면 위사카의 친척집(ñātikula)에서 위사카에게 보석 등으로 장식이 된 멋진 물품(bhaṇḍajāta)을 선물(paṇṇākāra)로 보냈는데 성문에 나가있던 세금 징수원들(suṅkikā)이 그것을 들여보내주지 않고 과도한 세금(suṅka)을 매기려고 압류를 하고 있었다고 한다. 그래서 위사카는 왕에게 그 사실을 알리려고(nivedetukāmā) 그 일에 적합한 측근들을 데리고 빠세나디 꼬살라 왕을 만나러 갔지만 꼬살라 왕은 왕의 내전으로 말리까 왕비를 만나러 가서 좀처럼 나오지 않았다. 그래서 오랜 시간을 지체하게 되었고 위사카는 바라는 대로 일을 끝내지 못하였다고 한다.(UdA.159)

3. 그때 세존께서는 이 의미를 아시고 그 즉시 바로 이 우러나온 말씀을 읊으셨다.215)

"남의 통제를 받는 것은 모두 괴로움이고
지배를 할 수 있는 것은 모두 즐거움이로다.
함께하는 것은 고통스러운 것이니216)
속박은 참으로 건너기 어려운 것이기 때문이로다." {19}

---

215) "'이 의미를 아시고(etamattharin viditvā)'라고 하였다. 남에게 속해 있기 때문에(parāyattatāya) 의도한 것을 성취하지 못함이라 불리는(adhippāya-asamijjhanasaṅkhāta) 이 의미를 아시고라는 뜻이다. '이 우러나온 말씀을(imaṁ udānaṁ)'이라고 하였다. 남에게 의지해 있거나 남에게 의지해 있지 않는 일상생활에서(parādhīnāparādhīnavuttīsu) 위험과 이익을 밝히는(ādīnavānisaṁsaparidīpaka) 이 우러나온 말씀을 읊으신 것이다."(UdA. 159)

216) "'함께하는 것은 고통스러운 것이니(sādhāraṇe vihaññanti)'라는 것은 앞의 '남의 통제를 받는 것은 모두 괴로움이고(sabbaṁ paravasaṁ dukkhaṁ)'라는 이 [첫] 구절의 뜻을 드러내는 것(atthavivaraṇa)이다. 이것의 뜻은 이러하다. — 함께함(sādhāraṇa)과 목적(payojana)과 성취해야 하는 것(sādhetabba)이 있을 때 그는 남들에게 예속되어서(parādhīnatāya) 의도하는 대로(yathādhippāyaṁ) 성취하지 못하기 때문에(nipphādanato) 이 중생들은 고통스럽게 되고(vihaññanti) 곤혹스럽게 되고(vighātaṁ āpajja-nti) 상심하게 된다(kilamanti).
왜? '속박은 참으로 건너기 어려운 것이기 때문이다(yogā hi duratikkamā).' 왜냐하면 감각적 쾌락의 속박과 존재의 속박과 사견의 속박과 무명의 속박(kāmayoga-bhavayoga-diṭṭhiyoga-avijjāyogā)은 시작이 없는 시간을 가졌고(anādikālabhāvitā) 유익함[善]의 더미를 모으지 않고서는(anupa-cita-kusala-sambhāra) 버릴 수가 없기 때문에(asakkuṇeyyatāya) 건너기 어려운 것이다. 이 가운데 사견의 속박은 첫 번째 도에 의해서 건너야 하고(atikkamitabba) 감각적 쾌락의 속박은 세 번째 도에 의해서, 그리고 나머지 둘은 으뜸가는 도(aggamagga = 아라한도)에 의해서 그렇게 된다." (UdA.160)

밧디야 경(Ud2:10)[217]

Bhaddiya-sutta

1. 이와 같이 나는 들었다. 한때 세존께서는 아누삐야[218]에서 망고 숲[219]에 머무셨다. 그때 깔리고다[220]의 아들 밧디야 존자[221]

217) 우러나온 말씀을 포함한 본경은 율장 『쭐라왁가』 제7편 승가의 분열 편(Saṅghabhedaka-kkhandhaka)의 여섯 사까 사람의 출가에 대한 설명(Chasakyapabbajjākathā, Vin.ii.183~184)에도 나타나고 있다.

218) '아누삐야(Anupiyā)'는 까삘라왓투의 동쪽에 있는 사꺄(Sākya, 석가족)의 성읍이다. 『디가 니까야』 제3권 「빠띠까 경」(D24) §1.1에 의하면 아누삐야는 말라들의 성읍(Mallānaṁ nigama)이었다. 부처님께서는 처음 출가하셔서 아노마(Anomā)로부터 이곳의 망고 숲에 오셔서 스스로 사문이 되어 7일을 이곳에서 보내셨다고 한다.(Jā.i.65~66) 성도 후에 까삘라왓투를 방문하신 후 다시 이곳을 들르셨으며 사꺄의 밧디야(Bhaddiya), 아누룻다(Anuruddha), 아난다(Ānanda), 바구(Bhagu), 낌빌라(Kimbila), 데와닷따(Devadatta) 같은 왕자와 이발사 우빨리(Upāli)를 비롯한 많은 사꺄의 청년들이 여기서 출가를 했다고 한다.(Vin.ii.180f.; AA.i.108; DhpA.i.133; iv.127)

219) "이곳에서 멀지 않는 곳에 말라 왕들의 망고 숲이 있었는데 왕들이 세존의 승원을 짓도록 하여(vihāra kārita) 망고 숲(ambavana)이라 불렀다."(Ud A.161)
즉 이곳에 지은 승원을 그냥 망고 숲이라고 불렀다는 말이다.

220) '깔리고다(Kāḷigodhā)'는 『상윳따 니까야』 제5권 「깔리고다 경」(S55:39)에 나타나는 사꺄의 여인 깔리고다(Kāḷigodhā Sākiyānī)이다. 주석서에 의하면 그녀의 이름은 고다(Godhā)였는데 그녀의 피부가 검었기 때문에(kāḷa-vaṇṇā) 깔리고다라 불리었다고 한다. 그녀는 당시 사꺄의 여인들 가운데서 가장 연장자(sabba-jeṭṭhikā)였다고 한다.(AA.i.193~194)

221) '깔리고다의 아들 밧디야(Bhaddiya Kāḷigodhāya putta) 존자'는 사꺄(Sākya, 석가족)의 왕자였으며 성도 후에 까삘라왓투를 방문하신 부처님을 따라서 사꺄의 아누삐야(Anupiya)에서 아누룻다(Anuruddha), 아난다(Ānanda), 바구(Bhagu), 낌빌라(Kimbila), 데와닷따(Devadatta) 같은 왕자와 이발사 우빨리(Upāli)를 비롯한 많은 사꺄의 청년들과 함께 출가하였으며 오래지 않아 아라한이 되었다. 아누룻다 존자와는 둘도 없는 친구였으며, 아누룻다의 어머니는 밧디야가 같이 간다면 출가를 허락하겠다 하여 아누룻다는 밧디야를 설득하여 함께 출가하였다고 한다.(AA.i.192ff; Theg A.iii.52) 세존께서는 『앙굿따라 니까야』 제1권 「하나의 모음」 제14장 으뜸

가 숲에 들어가서도 나무 아래에 가서도 빈집에 가서도 끊임없이 '아, 행복하다. 아, 행복하다.'라고 우러나온 말(감흥어)을 읊었다.

2. 그때 많은 비구들이 깔리고다의 아들 밧디야 존자가 이 숲에 들어가서도 나무 아래에 가서도 빈집에 가서도 끊임없이 '아, 행복하다. 아, 행복하다.'라고 우러나온 말을 읊는다는 것을 들었다. 그것을 듣고 그들에게 이런 생각이 들었다.

'도반들이여, 의심할 여지가 없이 이 깔리고다의 아들 밧디야 존자는 아무런 기쁨 없이 청정범행을 닦고 있습니다. 그는 그가 출가하기 전의 왕의 즐거움을 회상하면서 숲에 들어가서도 [19] 나무 아래에 가서도 빈집에 가서도 끊임없이 '아, 행복하다. 아, 행복하다.'라고 우러나온 말을 읊는 것입니다.'

3. 그때 많은 비구들이 세존을 뵈러 갔다. 가서는 세존께 절을 올리고 한 곁에 앉았다. 한 곁에 앉아서 그 비구들은 세존께 이와 같이 말씀드렸다.

"세존이시여, 깔리고다의 아들 밧디야 존자가 이 숲에 들어가서도 나무 아래에 가서도 빈집에 가서도 끊임없이 '아, 행복하다. 아, 행복하다.'라고 우러나온 말을 읊습니다. 세존이시여, 의심할 여지가 없이 이 깔리고다의 아들 밧디야 존자는 아무런 기쁨 없이 청정범행을 닦고 있습니다. 그는 그가 출가하기 전의 왕의 즐거움을 회상하면서 숲에 들어가서도 나무 아래에 가서도 빈집에 가서도 끊임없이 '아, 행

품에서 "고귀한 가문 출신인 자들(uccā-kulikā) 가운데서 깔리고다의 아들 밧디야가 으뜸"(A1:14:1-6)이라고 말씀하셨다.
그는 500생을 왕이었다고 하며 그래서 세존께서는 그를 고귀한 가문 출신인 자들 가운데서 으뜸으로 꼽으셨다고 주석서는 설명한다.(AA.i.193)

복하다. 아, 행복하다.'라고 우러나온 말을 읊는 것입니다."

4. 그러자 세존께서는 어떤 비구를 불러서 말씀하셨다.

"오라, 비구여. 그대는 내 말이라 전하고 깔리고다의 아들 밧디야 비구를 불러오라. '도반 밧디야여, 스승께서 그대를 부르십니다.'라고."

"그렇게 하겠습니다, 세존이시여."라고 그 비구는 세존께 대답하고 깔리고다의 아들 밧디야 존자를 만나러 갔다. 가서는 깔리고다의 아들 밧디야에게 이렇게 말했다.

"도반 밧디야여, 스승께서 그대를 부르십니다."

"도반이여, 잘 알겠습니다."라고 깔리고다의 아들 밧디야 존자는 그 비구에게 대답하고 세존을 뵈러 갔다. 가서는 세존께 절을 올리고 한 곁에 앉았다. 한 곁에 앉은 깔리고다의 아들 밧디야 존자에게 세존께서는 이렇게 말씀하셨다.

5. "밧디야여, 그대가 숲에 들어가서도 나무 아래에 가서도 빈집에 가서도 끊임없이 '아, 행복하다. 아, 행복하다.'라고 우러나온 말을 읊는다는 것이 사실인가?"

"그렇습니다, 세존이시여."

"밧디야여, 그러면 그대는 무슨 이익을 보면서 숲에 들어가서도 나무 아래에 가서도 빈집에 가서도 끊임없이 '아, 행복하다. 아, 행복하다.'라고 우러나온 말을 읊는가?"

6. "세존이시여, 제가 출가하기 전에 왕국을 통치할 때에는 내전의 안에도 호위가 잘 마련되어 있었고 내전의 밖에도 호위가 잘 마련되어 있었으며 도시의 안에도 호위가 잘 마련되어 있었고 도시의 밖에도 호위가 잘 마련되어 있었으며 지방의 안에도 호위가 잘 마련

되어 있었고 지방의 밖에도 호위가 잘 마련되어 있었습니다. 세존이시여, 그런 저는 이와 같이 호위되고 보호되어 있었지만 두렵고 동요하고 믿지 못하고 무서워하며 지냈습니다.

세존이시여, 그러나 요즈음 저는 숲에 들어가서도 [20] 나무 아래에 가서도 빈집에 가서도 혼자이지만 두려워하지 않고 동요하지 않고 믿지 못하지 않고 무서워하지 않으며 담담하고 차분하고 다른 사람의 시주물로만 살고 사슴과 같은 마음으로 머뭅니다.222)

세존이시여, 저는 이러한 이익을 보면서 숲에 들어가서도 나무 아래에 가서도 빈집에 가서도 끊임없이 '아, 행복하다. 아, 행복하다.'라고 우러나온 말을 읊습니다."

7. 그때 세존께서는 이 의미를 아시고 그 즉시 바로 이 우러나온 말씀을 읊으셨다.223)

"그의 내면에 분노가 없고
이런저런 것을 건넜으며224)

---

222) "'사슴과 같은 마음으로 머문다(migabhūtena cetasā viharanti).'는 것은 인적이 없는 쪽(apaccāsīsana-pakkha)을 의지하여 머문다는 뜻이다. 마치 사슴은 공격(pahāra)을 받으면 사람이 사는 곳으로 가서 약(bhesajja)이나 연고(vaṇa-tela)를 얻어 오리라는 생각을 하는 대신 인적이 없는 숲으로 들어가서 공격당한 부분을 아래로 향하게 하고 낮추어서 상처가 아물면 일어나서 간다. 이와 같이 사슴은 인적이 없는 쪽을 의지하여 머문다."(MA.iii.167, *cf.* UdA.163.)

223) "'이 의미를 아시고(etamatthaṁ viditvā)'라고 하였다. 밧디야 장로의 범부의 영역을 넘어선(puthujjanavisayātīta) 멀리 여윔의 행복이라 불리는(vivekasukhasaṅkhāta) 이 의미를 모든 측면에서 아시고라는 뜻이다. '이 우러나온 말씀을(imaṁ udānaṁ)'이라고 하였다. 원인을 가진 두려움과 슬픔이 떠나버린 위력을 밝히는(sahetuka-bhayasoka-vigamānubhāva-dīpaka) 이 우러나온 말씀을 읊으신 것이다."(UdA.163~164)

224) "'이런저런 것을 건넜으며(itibhavābhavatañca vītivatto)'라고 하셨다.

두려움이 없고 행복하고 슬픔 없는 그를
신들도 볼 수가 없도다." {20}

제2품 무짤린다 품이 끝났다.

'이런 것(bhava)'이란 성취(sampatti)이고 '저런 것(abhava)'이란 재난(vipatti)이다. 그처럼 이런 것이란 향상(vuddhi)이고 저런 것이란 퇴보(hāni)이다. 혹은 이런 것이란 항상함(sassata)이고 저런 것이란 단멸(uccheda)이다. 혹은 이런 것이란 공덕(puñña)이고 저런 것이란 악함(pāpa)이다. 혹은 이런 것이란 선처(sugati)이고 저런 것이란 악처(duggati)이다. 이런 것이란 사소한 것(khuddaka)이고 저런 것이란 큰 것(mahanta)이다. 이처럼 여러 형태의 '이런저런 상태(itibhavābhavatā)'를 설했다. 네 가지 성자의 도(ariya-maggā)를 통해서 적절하게 이런저런 방법으로 이런 것과 저런 것이 됨을 '건너고(vītivatta)' 넘어서게 된다. 뜻에 따라 분석(vibhatti)이 달라져야 한다."(UdA.164)

한편 『맛지마 니까야 주석서』는 초기불전의 여러 곳에 나타나는 27가지 쓸데없는 이야기의 정형구(D1 §1.17; M76 §4; S56:10 §3 등)에 나타나는 '이렇다거나 이렇지 않다는 이야기(itibhavābhava-kathā)'를 다음과 같이 설명한다.

"'이렇다거나 이렇지 않다는 이야기(iti-bhava-abhava-kathā)'에서, 이렇다(bhava)는 것은 영속(sassata)에 관한 이야기이고, 이렇지 않다(abhava)는 것은 단멸(uccheda)에 관한 것이다. 이렇다는 것은 증장(vaḍḍhi)에 관한 것이고, 이렇지 않다는 것은 퇴보(hāni)에 관한 것이다. 이렇다는 것은 감각적 쾌락(kāma-sukha)에 관한 것이고, 이렇지 않다는 것은 자기 학대(atta-kilamatha)에 관한 것이다.
이와 같이 이 여섯 종류의 이렇다거나 이렇지 않다는 이야기와 함께 서른두 가지 쓸데없는 이야기(bāttiṁsa-tiracchānakathā)가 있다."(MA.iii.223~224)

한편 『청정도론』 IV.38에는 여기서 언급되는 27가지에다 5가지를 더하여 모두 32가지 쓸데없는 이야기(담론)를 정리하고 있다. 『청정도론』의 복주서인 『빠라맛타만주사』(Pm)에 의하면 이 27가지에다 산, 강, 섬에 대한 이야기와 천상과 해탈에 대한 것도 쓸데없는 이야기에 포함시켜서 모두 32가지라고(Pm.59) 설명한다.

두 번째 품에 포함된 경들의 목록은 –

① 무짤린다 ② 왕 ③ 몽둥이

④ 존경 ⑤ 청신사

⑥ 임산부 ⑦ 외동아들 ⑧ 숩빠와사

⑨ 위사카 ⑩ 깔리고다의 밧디야이다.

제3품

난다 품

Nanda-vagga(Ud3:1~10)

업이 익어서 생김 경(Ud3:1)

Kammavipākaja-sutta

1. 이와 같이 [21] 나는 들었다. 한때 세존께서는 사왓티에서 제따 숲의 아나타삔디까 원림(급고독원)에 머무셨다. 그때 어떤 비구가 세존으로부터 멀지 않은 곳에서 가부좌를 틀고 상체를 곧추세우고 전생의 업이 익어서 생긴 괴롭고 날카롭고 거칠고 찌르는 느낌을 견디면서 마음챙기고 알아차리고 흔들림 없이 앉아있었다.

2. 세존께서는 그 비구가 세존으로부터 멀지 않은 곳에서 가부좌를 틀고 상체를 곧추세우고 전생의 업이 익어서 생긴 괴롭고 날카롭고 거칠고 찌르는 느낌을 견디면서 마음챙기고 알아차리고 고통스러워하지 않으면서 앉아있는 것을 보셨다.

3. 그때 세존께서는 이 의미를 아시고 그 즉시 바로 이 우러나온 말씀을 읊으셨다.225)

---

225) "'이 의미를 아시고(etamatthaṁ viditvā)'라고 하였다. 의사들 등을 통해서(vejjādīhi) 치료가 될(tikicchanattha) 그러한 질병(roga)일지라도 번뇌 다한 분들(khīṇāsavā)은 세속적인 법들에 의해서(lokadhammehi) [치료 받을] 의향이 없기 때문에(anussukkāpajjana-kāraṇa) [약을] 바르지 않

"모든 업을 제거한 비구는226)
이전에 만든 먼지를 털어내면서
내 것 없이 서 있는 여여한 자227)이니
그는 남에게 알릴 필요가 없도다." {21}

난다 경(Ud3:2)

Nanda-sutta

1. 이와 같이 나는 들었다. 한때 세존께서는 사왓티에서 제따 숲의 아나타삔디까 원림(급고독원)에 머무셨다. 그때 세존의 이복동생228)인 난다 존자229)가 많은 비구들에게 이와 같이 말했다.

는다고 일컬어진다(anupalepitasaṅkhātaṁ). 이러한 의미를 모든 측면에서 아시고라는 뜻이다. '이 우러나온 말씀을(imaṁ udānaṁ)'이라고 하였다. 형성된 법들[有爲法, saṅkhatadhammā]의 [측면에서] 이런저런 괴로운 법들(dukkhadhammā)에 의해서일지라도 곤혹스럽지 않음의 성취를 설명하시는(avighātapatti-vibhāvana) 이 우러나온 말씀을 읊으신 것이다." (UdA.166)

226) "'모든 업을 제거한 비구(sabbakammajahassā bhikkhuno)'라고 하셨다. 으뜸가는 도(aggamagga)를 증득하는 순간부터 시작하여 아라한의 모든 유익하거나 해로운 업들은 제거된다(pahīnāni)고 한다. 재생연결(paṭisandhi)을 주는 것이 불가능하기 때문이다(asamatthabhāvato). 그래서 아라한도의 지혜를 업의 멸진을 만드는 것(kammakkhayakara)이라고 말한다. 여기서 '비구'라는 것은 오염원을 잘라버렸기 때문에 비구(**bhi**nna**ki**lesatāya bhikkhu)라 한다."(UdA.166)

227) "'여여한 자(tādino)'라고 하셨다. '혐오스럽지 않은 [대상]에 대해 혐오하는 인식을 가지고 머무른다(paṭikūle appaṭikūlasaññī viharati, Ps.ii.212, *cf.* S46:54 §9; A5:144 §2 등).'는 등의 방법으로 말씀하신 5가지 성자들의 신통(ariyiddhi, Vis.XII.36 참조)과 8가지 세속적인 법들(aṭṭhā lokadhammā, Vbh §954 참조)에 의해서 흔들리지 않는(akampaniyā) 여섯 가지 구성요소를 가진 평온(chaḷaṅgupekkhā, Vis.IV.147 참조)을 구족한 자는 원하는 것 등(iṭṭhādī)에 대해서 동일한 상태라 불리는(ekasadisatāsaṅkhāta) 여여함(tādībhāva)에 의해서 여여한 자라는 말씀이다."(UdA. 167)

228) 난다 존자(āyasmā Nanda)는 숫도다나[淨飯, Suddhodana] 왕과 마하빠자빠띠 고따미(Māhapajāpati Gotami) 왕비 사이에서 태어났기 때문에 세존의 '이복동생(bhātā mātucchāputta)'이다.(UdA.168)

마하빠자빠띠 고따미(Mahāpajāpati Gotami) 왕비는 데와다하(Devadaha)의 숩빠붓다(Suppabuddha)의 딸이며 부처님의 어머니인 마하마야(Mahā-māyā) 왕비의 동생이기도 하다. 마하마야 왕비가 세존을 낳은 지 7일 만에 돌아가시자 세존을 양육하였으며 세존의 아버지인 숫도다나 왕과 결혼하여 세존의 계모(cūḷamātu)가 되었다. 숫도다나 왕 사이에서 난다(Nanda)를 낳았는데 난다는 유모에게 맡기고 자신은 세존을 돌봤다고 한다.

세존께서 사꺄족과 꼴리야족 사이에 로히니 강물 때문에 일어난 분쟁을 중재하러 오셨을 때 500명의 사꺄족 남자들이 출가하였다. 마하빠자빠띠는 그들의 아내들과 함께 세존께 여인들도 출가하게 해달라고 간청을 하였지만 세존께서는 거절하셨다. 세존께서 웨살리로 가시자 그녀는 500명의 여인들과 함께 맨발로 웨살리까지 가서 간청을 하였지만 세존께서는 역시 거절하셨다. 아난다 존자가 그녀의 편을 들어서 팔경계법으로 중재를 하여 마침내 비구니 교단이 성립되게 되었다.(『앙굿따라 니까야』 제5권 「고따미 경」(A8:51); Vin.ii.253ff; A.iv.274ff) 그래서 마하빠자빠띠 장로니는 비구니들 가운데서 가장 구참(rattaññū)이 된다. 팔경계법과 비구니의 출가에 대해서는 「고따미 경」(A8:51)을 참조할 것.

229) 부처님께서 까삘라왓투를 방문하시던 삼 일째 되던 날은 난다가 태자의 대관식 겸 자나빠다깔랴니 난다(Janapadakalyāṇī Nandā, 절세미인 난다라는 뜻, 그녀도 난다 존자가 아라한이 되던 날 출가하여 비구니가 됨, SnA.i.240)와 결혼식을 올리던 날이었다. 세존께서는 난다를 데리고 와서 출가하게 하셨다.(UdA.169~170) 세존의 말씀을 거절하지 못한 난다는 출가는 하였지만 아내 생각 때문에 몸도 상하고 의기소침하게 되어 환속하려 하기까지 하는 것이다.
그러자 세존께서는 신통력으로 난다를 데리고 삼십삼천의 천상으로 가셔서 압사라(요정)들을 보여주신 유명한 일화가 등장하는 것이 바로 본경이다.(본경 §5) 이런 과정을 거치면서 그는 열심히 정진하여 아라한이 되었다. 그 후 난다 존자는 스스로를 잘 제어하고 육근을 잘 방호하고 단속하였기 때문에 세존께서는 『앙굿따라 니까야』 제1권 「하나의 모음」 제14장 으뜸 품에서 "감각기능들의 문을 잘 보호하는 자(indriyesu gutta-dvāra)들 가운데서 난다가 으뜸"(A1:14:4-12)이라고 칭찬하셨다.

"마하나마(Mahānāma)는 아누룻다 장로와는 형제지간이고, 세존의 작은아버지의 아들이다. 세존의 부친인 숫도다나(Suddhodana)와 숙꼬다나(Sukk-odana), 삭꼬다나(Sakkodana), 도또다나(Dhotodana), 아미또다나(Ami-todana)는 다섯 명의 형제이고, 아미따(Amitā)라는 이름의 왕비는 그들

"도반들이여, 저는 아무런 기쁨 없이 청정범행을 닦고 있습니다. 저는 청정범행을 영위할 수가 없습니다. 저는 공부지음을 버리고 낮은 [재가자의] 삶으로 되돌아가고자 합니다."

2. 그때 어떤 비구가 세존을 뵈러 갔다. 가서는 세존께 절을 올리고 한 곁에 앉았다. 한 곁에 앉아서 그 비구는 세존께 이렇게 말씀드렸다.

"세존이시여, 세존의 이복동생인 난다 존자가 많은 비구들에게 이와 같이 말했습니다. '도반들이여, 저는 아무런 기쁨 없이 청정범행을 닦고 있습니다. 저는 청정범행을 영위할 수가 없습니다. 저는 공부지음을 버리고 낮은 [재가자의] 삶으로 [22] 되돌아가고자 합니다.'라고."

3. 그러자 세존께서는 어떤 비구를 불러서 말씀하셨다.

"오라, 비구여. 그대는 내 말이라 전하고 난다 비구를 불러오라. '도반 난다여, 스승께서 그대를 부르십니다.'라고."

"그렇게 하겠습니다, 세존이시여."라고 그 비구는 세존께 대답하고 난다 존자를 만나러 갔다. 가서는 난다 존자에게 이렇게 말했다.

"도반 난다여, 스승께서 그대를 부르십니다."

"도반이여, 잘 알겠습니다."라고 난다 존자는 그 비구에게 대답하고 세존을 뵈러 갔다. 가서는 세존께 절을 올리고 한 곁에 앉았다. 한 곁에 앉은 난다 존자에게 세존께서는 이렇게 말씀하셨다.

의 누이였는데, 띳사 장로가 그녀의 아들이다.
세존과 난다 장로는 숫도다나의 아들이고, 마하나마와 아누룻다는 숙꼬다나의 아들이고, 아난다 장로는 아미또다나의 아들이다. 아난다는 세존의 손아래(kaniṭṭha) [사촌 동생]이고, 마하나마는 손위의(mahallaka-tara) [사촌 형으로] 일래과를 얻은 성스러운 제자였다."(MA.ii.61)

4. "난다여, 그대가 많은 비구들에게 말하기를 '도반들이여, 저는 아무런 기쁨 없이 청정범행을 닦고 있습니다. 저는 청정범행을 영위할 수가 없습니다. 저는 공부지음을 버리고 낮은 [재가자의] 삶으로 되돌아가고자 합니다.'라고 한 것이 사실인가?"

"그렇습니다, 세존이시여."

"난다여, 그러면 그대는 무엇 때문에 아무런 기쁨 없이 청정범행을 닦고 있고 청정범행을 영위할 수가 없어서 공부지음을 버리고 낮은 [재가자의] 삶으로 되돌아가고자 하는가?"

"나라에서 제일가는 미녀[230]인 사까의 여인이 제가 출가할 때 반쯤 빗은 머리칼을 하고 저를 쳐다보면서 제게 '서방님, 빨리 돌아오십시오.'라고 말하였습니다. 세존이시여, 그런 저는 그녀를 떠올리면서 아무런 기쁨 없이 청정범행을 닦고 있습니다. 저는 청정범행을 영위할 수가 없습니다. 저는 공부지음을 버리고 낮은 [재가자의] 삶으로 되돌아가고자 합니다."

5. 그러자 세존께서는 손을 잡고 난다 존자를 밖으로 데리고 나가서 마치 힘센 사람이 구부린 팔을 펴고 편 팔을 구부리듯이 그렇게 제따 숲에서 사라져 삼십삼천의 천상에 나타나셨다.

그때 비둘기의 발을 가진[231] 500명 정도의 압사라(요정)[232]들이

---

230) '나라에서 제일가는 미녀(janapada-kalyāṇi)'에 대해서는 『디가 니까야』 제1권 「뽓타빠다 경」(D9) §35와 『맛지마 니까야』 제3권 「사꿀루다이 긴 경」(M79) §10과 「웨카낫사 경」(M80) §3과 『상윳따 니까야』 제2권 「미녀 경」(S17:22) §3과 제5권 「경국지색 경」(S47:20) §3의 비유를 참조할 것.

231) "'비둘기의 발을 가진 [자들](Kakuṭapādāni)'이란 붉게 물든 색깔(ratta-vaṇṇatā) 때문에 비둘기와 같은 발을 가진 자들(pārāvatasadisapādāni)이다. 그들은 모두 깟사빠 세존의 제자들에게 발에 바르는 기름을 보시(pāda-makkhana-tela-dāna)하여 그와 같은 우아한 발들(sukumāra-pādā)을

신들의 왕 삭까[233])를 시중들기 위해서 오고 있었다. 그러자 세존께서는 난다 존자를 불러서 말씀하셨다.

"난다여, 그대는 비둘기의 발을 가진 저 500명의 압사라들을 보는가?"

"그러합니다, 세존이시여."

"난다여, 이를 어떻게 생각하는가? 누가 더 멋있고 더 아름답고 더 우아한가? 나라에서 제일가는 미녀인 사꺄의 여인인가, 아니면 비둘기의 발을 가진 저 500명의 압사라들인가?"

"세존이시여, 예를 들면 귀와 코가 잘려나간 화상을 입은 암원숭이와 같습니다.[234]) 세존이시여, 그와 같이 나라에서 제일가는 미녀인 사꺄의 여인과 이 500명의 압사라들과 [23] 견주면 명칭조차 없으

가지게 되었다."(UdA.172)

232) '압사라'는 accharā를 옮긴 것인데 이것의 산스끄리뜨인 apsarā(apsaras)를 음역한 것이다. 주석서는 "압사라는 신의 딸(deva-dhīta)을 말한다. 이들은 무리지어(samūha) 다니기 때문에 압사라의 무리(gaṇa)라 한다."(SA.i.29~30)라고 설명한다. 그래서 중국에서는 천녀(天女)나 낙천(樂天)으로 옮겼다. 베다 전통에서도 압사라는 많이 등장하는데 서양 신화의 요정(님프, nymph)과 유사한 존재라 여겨진다. 산스끄리뜨 apsaras는 'āp(물)에서 유래한(sarati) 존재'라는 뜻이며 그래서 *water nymph*(PED)라고 설명하기도 한다.

233) '신들의 왕 삭까'(Sakka devānaminda)에 대해서는 본서 「삭까의 감흥어 경」(Ud3:7) §3의 해당 주해를 참조할 것.

234) '귀와 코가 잘려나간 화상을 입은 암원숭이'는 paluṭṭhamakkaṭī kaṇṇa-nāsacchinnā를 옮긴 것인데 kaṇṇa(귀와)-nāsa(코가)-cchinnā(잘려나간) paluṭṭha(화상 입은)-makkaṭī(암원숭이)로 직역을 한 것이다. 주석서는 이렇게 설명을 덧붙이고 있다.
"세존께서는 신통의 힘(iddhibala)으로 그를 삼십삼천으로 데려가시는 도중에 불이 난 어떤 들판(jhāmakhetta)에서 타다 남은 그루터기 위에(jhāma-khāṇumatthake) 앉아있는 귀와 코와 꼬리가 잘려나간(chinna-kaṇṇa-nāsā-naṅguṭṭha) 화상을 입은 암원숭이(paluṭṭha-makkaṭi) 한 마리를 보여주신 뒤에 삼십삼천으로 데리고 가셨다."(UdA.171)

며 작은 조각에도 미치지 못하며 비교 자체가 불가합니다. 이들 500명의 압사라들이 더 멋있고 더 아름답고 더 우아합니다."

6. "기뻐하라, 난다여, 기뻐하라, 난다여. 내가 그대에게 보증하리니[235] 그대는 비둘기의 발을 가진 500명의 압사라들을 얻게 될 것이다."

"세존이시여, 만일 세존께서 제가 비둘기의 발을 가진 500명의 압사라들을 얻게 될 것이라고 보증을 하신다면 저는 세존의 아래에서 청정범행을 닦는 것을 기뻐할 것입니다."

그러자 세존께서는 난다 존자의 손을 잡고 마치 힘센 사람이 구부린 팔을 펴고 편 팔을 구부리듯이 그렇게 삼십삼천의 천상에서 사라져서 제따 숲에 나타나셨다.

7. 비구들은 '세존의 이복동생인 난다 존자는 압사라들을 원인으로 하여 청정범행을 닦는다. 세존께서는 비둘기의 발을 가진 500명의 압사라들을 얻게 될 것이라고 보증을 하셨다고 한다.'라고 들었다.

그러자 난다 존자의 도반 비구들이 난다 존자에 대해 하인이라는 말과 수매꾼이라는 말을 퍼뜨리며 다녔다.[236]

---

235) '보증' 혹은 '보증인'으로 옮기는 pāṭibhoga에 대해서는 본서 「숩빠와사 경」(Ud2:8) §10의 해당 주해와 『이띠웃따까』 「탐욕 경」(It1:1) §1의 해당 주해를 참조할 것.

236) '하인이라는 말과 수매꾼이라는 말을 퍼뜨리며 다녔다.'는 bhatakavādena ca upakkitakavādena ca samudācarantī를 옮긴 것이다. 주석서는 이렇게 설명한다.

"보수를 받고 일을 하는 자는(yo hi bhatiyā kammaṁ karoti) '하인(bhataka)'이라 불린다. 이 존자도 요정과 즐기는 표상(accharā-sambhoga-nimitta)으로 청정범행을 닦으니 하인과 같다고 해서 하인이라고 말한다. 동전 등으로 무엇을 사들이는 자는(yo kahāpaṇādīhi kiñci kiṇāti) '수매꾼(upakkitaka)'이라 부른다. 이 존자도 요정을 원인으로 자신의 청정범행

"난다 존자는 하인이라고 한다. 난다 존자는 수매꾼이라고 한다. 그는 압사라들을 원인으로 하여 청정범행을 닦는다. 세존께서는 비둘기의 발을 가진 500명의 압사라들을 얻게 될 것이라고 보증을 하셨다고 한다."라고.

8. 그때 난다 존자는 도반 비구들의 하인이라는 말과 수매꾼이라는 말로 고통스러워하고 혐오스러워하고 넌더리를 내면서 혼자 은둔하여 방일하지 않고 열심히, 스스로 독려하며 지냈다. 그는 오래지 않아 좋은 가문의 아들들이 바르게 집을 떠나 출가하는 목적인 그 위없는 청정범행의 완성을 지금·여기에서 최상의 지혜로 알고 실현하고 구족하여 머물렀다. '태어남은 다했다. 청정범행은 성취되었다. 할 일을 다 해 마쳤다. 다시는 어떤 존재로도 돌아오지 않을 것이다.'라고 꿰뚫어 알았다. 난다 존자는 아라한들 중의 한 분이 되었다.

9. 그때 어떤 천신이 밤이 깊어갈 즈음 아름다운 모습으로 온 제따 숲을 환하게 밝히면서 세존께 다가왔다. 와서는 세존께 절을 올리고 한 곁에 섰다. 한 곁에 서서 그 천신은 세존께 이렇게 말씀드렸다.

"세존이시여, 세존의 이복동생인 난다 존자는 모든 번뇌가 멸진하여 아무 번뇌가 없는 마음의 해탈[心解脫]과 통찰지를 통한 해탈[慧解脫][237]을 바로 지금·여기에서 스스로 최상의 지혜로 알고 [24] 실현

을 사들이는 자이다. 그래서 수매꾼이라는 이런 말을 한 것이다."(UdA.173)

237) "'아무 번뇌가 없는(anāsavaṁ)'이라는 것은 편안함(paṭipassaddhi)을 통해서 모든 곳으로부터 번뇌를 제거한 것(pahīnāsava)이다. '마음의 해탈[心解脫, cetovimutti]'은 아라한과의 삼매(arahatta-phalasamādhi)이고 '통찰지를 통한 해탈[慧解脫, paññā-vimutti]'은 아라한과의 통찰지(arahatta-phalapaññā)이다. 이 두 용어는 도(magga)에서처럼 과(phala)에서도 사마타와 위빳사나가 조화롭게 존재함을 보여주시기 위한 것(yuganandhabhāva-dassanattha)이다."(UdA.177)

하고 구족하여 머뭅니다.”

세존께도 ‘난다는 모든 번뇌가 멸진하여 아무 번뇌가 없는 마음의 해탈[心解脫]과 통찰지를 통한 해탈[慧解脫]을 바로 지금·여기에서 스스로 최상의 지혜로 알고 실현하고 구족하여 머문다.’라는 지혜[智][238]가 생겨났다.

10. 그러자 난다 존자는 그 밤이 지나자 세존을 뵈러 갔다. 뵈러 가서 세존께 절을 올리고 한 곁에 앉았다. 한 곁에 앉아서 난다 존자는 세존께 이와 같이 말씀드렸다.

“세존이시여, 세존께서 제게 비둘기의 발을 가진 500명의 압사라들을 얻게 될 것이라고 보증하셨는데 세존께서는 이 약속[239]을 지키지 않으셔도 됩니다.”

“난다여, 나도 그대에 대해서 ‘난다는 모든 번뇌가 멸진하여 아무 번뇌가 없는 마음의 해탈[心解脫]과 통찰지를 통한 해탈[慧解脫]을 바로 지금·여기에서 스스로 최상의 지혜로 알고 실현하고 구족하여 머문다.’라고 마음으로 마음을 통하여 분명하게 알았다. 천신도 역시 ‘세존이시여, 세존의 이복동생인 난다 존자는 모든 번뇌가 멸진하여 아무 번뇌가 없는 마음의 해탈[心解脫]과 통찰지를 통한 해탈[慧解脫]

“여기서 조화롭게(yuganandhā)란 한 순간에 함께 존재하여 조화롭게(eka-kkhaṇika-yuganandhā)라는 뜻이다. 증득(samāpatti, 즉 사마타)은 다른 순간에(aññasmiṁ khaṇe) 존재하고 위빳사나는 다른 순간에 존재하여 [함께하지 않는다]. 이처럼 이 둘은 다른 순간에 존재하는 것(nānā-khaṇikā)이다. 그러나 성스러운 도(ariya-magga)에서는 한 순간에 존재한다.”(MA.v.104)

238) “여기서 ‘지혜[智, ñāṇa]’는 [세존이 가지신] 일체지의 지혜[一切知智, sabbaññutaññāṇa]를 말한다.”(UdA.177)

239) “여기서 ‘약속(paṭissava)’이란 보증의 약속(pāṭibhogappaṭissava)이다.”(UdA.178)

을 바로 지금·여기에서 스스로 최상의 지혜로 알고 실현하고 구족하여 머뭅니다.'라고 이 뜻을 나에게 전하였다. 난다여, 이제 그대가 취착 없이 번뇌들로부터 마음이 해탈하였으니 나는 이제 이 약속을 지키지 않아도 되는구나."

11. 그때 세존께서는 이 의미를 아시고 그 즉시 바로 이 우러나온 말씀을 읊으셨다.240)

"수렁을 건넜고241)
감각적 쾌락의 가시덤불을 부수어버렸으며
어리석음의 멸진에 도달하여
그 비구는 즐거움과 괴로움에 동요하지 않는다." {22}

야소자 경(Ud3:3)
Yasoja-sutta

1. 이와 같이 나는 들었다. 한때 세존께서는 사왓티에서 제따 숲의 아나타삔디까 원림(급고독원)에 머무셨다. 그때 야소자242)를 상

---

240) "'이 의미를 아시고(etamatthaṁ viditvā)'라고 하였다. 난다 존자가 모든 번뇌를 내던져버려(sabbāsave khepetvā) 행복 등에 대해서 여여함의 증득이라 일컬어지는(tādibhāvappatti-saṅkhātaṁ) 이 의미를 모든 측면에서 아셨다는 뜻이다."(UdA.178)

241) "'수렁을 건넜다(yassa nittiṇṇo paṅko).'는 것은 그 성자가 성스러운 도의 다리[橋梁]로(ariyamaggasetunā)로 모든 견해의 수렁(diṭṭhipaṅka)이나 윤회의 수렁(saṁsārapaṅka)을 열반의 저 언덕에 도달함(nibbāna-pāra-gamana)을 통해서 건넜다는 말이다."(UdA.178)

242) 주석서에 의하면 야소자(Yasoja) 존자는 사왓티의 성문 근처에 있는 (Sāvatthinagaradvāre) 어부들의 마을(kevaṭṭagāma)에서 태어났다고 한다. 그의 아버지는 그 어촌의 오백 가문의 수장이었다. 야소자는 이 어부들의 아들 오백 명과 친하게 지냈고(vayappatta) 야소자가 이들 가운데 으

수로 하는 500명의 비구들이 세존을 친견하기 위해서 사왓티에 도착했다. 그 방문객 비구들은 이곳에 이미 거주하고 있는 비구들과 더불어 서로 담소를 나누고, 침구와 좌구를 준비하고, 발우와 가사를 정리하면서 큰 소리로 시끄럽게 떠들고 있었다.243)

2. 그러자 세존께서는 아난다 존자를 불러서 말씀하셨다.

"아난다여, 그런데 이들은 누구인데 이렇게 큰 소리로 시끄럽게 떠드는가? 꼭 어부가 물고기들을 끌어올릴 때와 같구나."

"세존이시여, 야소자를 상수로 하는 오백 명의 비구들이 세존을 뵈러 사왓티에 도착했습니다. 그 방문객 비구들은 이곳에 이미 거주하고 있는 비구들과 더불어 서로 담소를 나누고, 침구와 좌구를 준비하고, 발우와 가사를 정리하면서 큰 소리로 시끄럽게 떠들고 있습니다."

뜸(agga)이었다.

그들은 어느 날 아찌라와띠 강(Aciravati nadi)에서 물고기를 잡다가 그물로 황금색 물고기(suvaṇṇavaṇṇa maccha)를 잡았다고 한다. 그들은 기뻐하며(haṭṭhatuṭṭhā) 그 물고기를 배(nāva) 안에 넣어 그 배를 함께 울러 메고 왕에게 가져갔고 왕은 세존께서 이 황금색 물고기의 유래를 아실 것이라고 하면서 물고기를 들게 하고 세존께 가져갔다. 세존께서는 그 물고기가 깟사빠 부처님 교단에서 출가한 비구였는데 그릇된 도를 닦아서 교단으로부터 추방되었으며 죽어서는 어머니와 여동생(mātu-bhagini)과 함께 지옥에 떨어졌다가 다시 이 아찌라와띠 강의 물고기로 태어났다고 말씀하셨다.

그 물고기의 전생에 얽힌 이야기를 듣고 야소자와 오백 명의 어부의 아들들은 절박함이 생겨서(saṁvegajātā) 세존의 곁으로 출가하여 구족계를 받았고 한거를 하시는 세존을 친견하기 위해서 여기에 온 것이다.(UdA.180) 본 경을 통해서 보듯이 야소자와 오백 명의 비구들은 세존으로부터 쫓겨나는 엄한 경책을 받고 열심히 정진하여 모두 세 가지 명지[三明, tisso vijjā]를 갖추게 되었다.

243) 이하 본경 §4까지는 『맛지마 니까야』 제2권 「짜뚜마 경」(M67) §§2~5에 나타나는 상황과 같다. 「짜뚜마 경」은 사리뿟따 존자와 마하목갈라나 존자를 상수로 하는 오백 명의 비구들이 세존을 친견하기 위해 짜뚜마(Cātumā)에 온 일화를 담고 있다.

"아난다여, 그렇다면 내 말이라 전하고 그 비구들을 불러오라. '존자들이여, 스승께서 그대들을 부르십니다.'라고."

3. "그렇게 하겠습니다, 세존이시여."라고 아난다 존자는 세존께 대답하고 그 비구들을 만나러 갔다. [25] 가서는 그 비구들에게 이렇게 말했다.

"존자들이여, 스승께서 그대들을 부르십니다."

"도반이여, 잘 알겠습니다."라고 그 비구들은 아난다 존자에게 대답하고 세존을 뵈러 갔다. 가서는 세존께 절을 올리고 한 곁에 앉았다. 한 곁에 앉은 그 비구들에게 세존께서는 이렇게 말씀하셨다.

"그런데 왜 그대들은 이렇게 큰 소리로 시끄럽게 떠드는가? 꼭 어부가 물고기들을 끌어올릴 때와 같구나."

이렇게 말씀하시자 야소자 존자는 세존께 이렇게 말씀드렸다.

"세존이시여, 오백 명의 비구들이 세존을 뵈러 사왓티에 도착했습니다. 이 방문객 비구들은 여기 거주하고 있는 비구들과 더불어 서로 담소를 나누고, 침구와 좌구를 준비하고, 발우와 가사를 정리하면서 큰 소리로 시끄럽게 떠들었습니다."

4. "비구들이여, 물러가라. 나는 그대들을 내쫓는다. 그대들은 나와 함께 머물 수 없다."

"그렇게 하겠습니다, 세존이시여."라고 그 비구들은 세존께 대답하고 자리에서 일어나서 세존께 절을 올리고 오른쪽으로 돌아 [경의를 표한] 뒤 침구와 좌구를 정리하고 발우와 가사를 수하고 왓지244)

---

244) 왓지(Vajjī)는 당시 인도 중원의 16국 가운데 하나였다. 웨살리(Vesāli)를 수도로 하였으며 공화국 체제를 유지한 강성한 국가였다. 강가(Gaṅgā) 강을 경계로 하여 남쪽으로는 강대국 마가다가 있었다. 왓지국은 몇몇 부족들로 이루어져 있었다고 하는데 그 가운데서 릿차위(Licchavī)와 위데하

를 향하여 유행을 떠났다.

왓지에서 차례로 유행하여 왁구무다 강[245]에 다가갔다. 다가가서는 왁구무다 강의 언덕에서 나뭇잎으로 움막을 만들어서 안거를 시작하였다.

5. 그때 야소자 존자는 안거를 시작하는 비구들을 불러서 말했다. "도반들이여, 우리의 번영을 바라고 이익을 기원하며 연민하시는 세존께서는 연민을 가지시어 우리를 내치셨습니다. 도반들이여, 그러니 이제 우리는 여기서 머뭅시다. 그러면 세존께서 우리의 머묾을 기뻐하실 것입니다."

"그렇게 하겠습니다, 도반이시여."라고 그 비구들은 야소자 존자에게 응답했다. 그때 그 비구들은 은둔하여 방일하지 않고 열심히, 스스로 독려하며 지냈다. 그 안거 동안 그들은 모두 세 가지 명지[三明]를 실현하였다.

(Videha)가 강성하였다고 하며, 『브르하다란냐까 우빠니샤드』(3.1.1; 4.1.1~7 등)에 의하면 바라문 전통에서 성군으로 칭송받는 자나까(Janaka) 왕이 위데하의 왕이었다. 부처님 당시에는 릿차위가 강성하여(MA.i.394.) 초기불전에서는 릿차위와 왓지는 동일하게 되다시피 하고 있다.

인도 중원의 16국은 "앙가, 마가다, 까시, 꼬살라, 왓지, 말라, 쩨띠, 왕가, 꾸루, 빤짤라, 맛차, 수라세나, 앗사까, 아완띠, 간다라, 깜보자(Aṅga, Magadha, Kāsī, Kosala, Vajjī, Malla, Ceti, Vaṅga, Kuru, Pañcāla, Maccha, Surasena, Assaka, Avanti, Gandhāra, Kamboja)"(『앙굿따라 니까야』 「팔관재계 경」(A3:70) §17)이다.

245) 왁구무다 강(Vaggumudā nadi)은 왓지(Vajjī)에 있는 강으로 왁가무다(Vaggamudā)라고도 전승되어 온다. 왁구무다 강의 언덕에 머물렀던 야소자를 상수로 하는 이 오백 명의 비구들은 왁구무다 강의 언덕에 머물면서 서로가 서로를 두고 인간을 초월한 법을 얻었다고 신도들에게 떠벌려서 많은 필수품을 공양받아 네 번째 바라이죄인 대망어계를 제정할 구실을 준 율장에 나타나는 왁구무다 강의 언덕에 머물던 비구들(Vaggumudātīriyā bhikkhū)과는 다르다.(Vin.iii.87 이하; VinA.ii.481 이하)

6. 그때 세존께서는 사왓티에서 원하는 만큼 머무신 뒤 웨살리를 향하여 유행을 떠나셨다. 차례로 유행하시다가 웨살리에 도착하셨다. 그곳에서 세존께서는 웨살리 큰 숲[大林]의 중각강당에 머무셨다.246)

그때 세존께서는 마음으로 마음을 통하여 왁구무다 강의 언덕에 있는 비구들을 마음에 잡도리하신 뒤 아난다 존자를 불러서 말씀하셨다.

"아난다여, 이 방향은 내게 광명이 생긴 것과 같구나. 아난다여, 이 방향은 내게 광채가 생긴 것과 같구나. 왁구무다 강의 언덕에 있는 비구들이 머물고 있는 그 방향에 가거나 마음에 잡도리하는 것은 내게 [26] 전혀 거슬리지 않는구나.247) 아난다여, 그대는 왁구무다 강의 언덕에 있는 비구들에게 전령을 보내거라. '스승께서 그대들을 부르십니다. 스승께서 그대들을 보고자 하십니다.'라고."

7. "그렇게 하겠습니다, 세존이시여."라고 아난다 존자는 세존께 응답한 뒤 어떤 비구에게 다가갔다. 가서는 그 비구에게 이렇게 말했다.

"오시오, 도반이여. 그대는 왁구무다 강의 언덕에 있는 비구들에게 가시오. 가서는 왁구무다 강의 언덕에 있는 비구들에게 이렇게 말하

---

246) 웨살리(Vesāli)와 큰 숲 [大林, Mahāvana]과 중각강당(Kūṭāgārasālā)에 대해서는 본서 「수명(壽命)의 형성을 놓아버리심 경」(Ud6:1) §1의 해당 주해들을 참조할 것.

247) "'전혀 거슬리지 않는구나(appaṭikūlā).'라는 것은 혐오스럽지 않다(na paṭi-kūlā)는 말이고 마음에 흡족하고(manāpā) 마음을 끈다(manoharā)는 뜻이다. 그 지역에 계행 등의 덕을 구족한 대선인들이(sīlādiguṇasampannā mahesino) 머물고 있으면 그것이 거칠고 가파르고 고르지 못하고 접근하기가 어려운 곳(ukkūla-vikūla-visama-duggākāra)일지라도 마음에 들고(manuñña) 아름답게 되기(ramaṇīya) 때문이다."(UdA.184)

시오.

'스승께서 그대들을 부르십니다. 스승께서 그대들을 보고자 하십니다.'라고."

"그렇게 하겠습니다, 도반이여."라고 그 비구는 아난다 존자에게 응답한 뒤 마치 힘센 사람이 구부린 팔을 펴고 편 팔을 구부리듯이 그렇게 중각강당에서 사라져서 왁구무다 강의 언덕에 있는 비구들의 앞에 나타났다.

그때 그 비구는 "스승께서 그대들을 부르십니다. 스승께서 그대들을 보고자 하십니다."라고 말하였다.

8. "그렇게 하겠습니다, 도반이여."라고 그 비구들은 그 비구에게 대답한 뒤 거처를 정돈하고 가사와 발우를 수하고 마치 힘센 사람이 구부린 팔을 펴고 편 팔을 구부리듯이 그렇게 왁구무다 강의 언덕에서 사라져서 중각강당에 계시는 세존의 앞에 나타났다. 그때 세존께서는 흔들림 없는 삼매[248]에 들어서 앉아 계셨다. 그러자 그 비구

---

248) "'흔들림 없는 삼매(āneñjasamādhi)'는 제4선을 기초가 되는 [禪]으로 한(catutthajjhānapādaka) 가장 높은 과위인 [아라한과의] 삼매(aggaphala-samādhi)도 되고 무색계선을 기초로 한 禪(arūpajjhānapādaka)도 역시 그렇다고 말한다."(UdA.185)

일반적으로 '흔들림 없음' 혹은 '흔들림 없는 경지(āneñja/aniñjita)'는 무색계를 뜻한다. 그래서 『디가 니까야 주석서』에는 "흔들림 없는 행위(āneñja-abhisaṅkhāra)란 네 가지 무색계의 유익한 의도와 동의어이다."(DA.iii.998)라고 나타나고 『청정도론』(Vis.XVII.181)도 그러하다. 그런데 『맛지마 니까야』 제2권 「메추라기 비유 경」(M66) §25는 제4선도 '흔들림 없음' 혹은 '흔들림 없는 경지'에 속한다는 경전적 근거가 된다. 위에 인용한 주석서도 그러하다.

한편 냐나몰리 스님은 『맛지마 니까야』 제3권 「수낙캇따 경」(M105) §10 이하와 「흔들림 없음에 적합한 길 경」(M106) §3 이하에서의 '흔들림 없음(āneñja)'은 색계 제4禪과 무색계의 낮은 두 가지(공무변처와 식무변처)인 세 가지 증득만을 말한다고 설명한다.(냐나몰리 스님/보디 스님 1309쪽

들에게 이런 생각이 들었다.

'지금 세존께서는 어떤 머묾으로 머물고 계시는가?'

그러자 그 비구들에게 이런 생각이 들었다.

'지금 세존께서는 흔들림 없는 삼매의 머묾으로 머무시는구나.'

그들 모두는 흔들림 없는 삼매에 들어 좌정하였다.

9. 그때 아난다 존자는 밤이 깊어져서 초저녁[初夜]249)이 지나갈 즈음에 자리에서 일어나 한쪽 어깨가 드러나게 윗옷을 입고 세존을 향해 합장하고 세존께 이렇게 말씀드렸다.

"세존이시여, 밤이 깊어져서 초저녁[初夜]이 지나갑니다. 방문객 비구들은 오랫동안 앉아있습니다. 세존이시여, 세존께서는 방문객 비구들과 담소를 나누십시오."

이렇게 말씀드렸지만 세존께서는 침묵하셨다.

10. 두 번째로 아난다 존자는 밤이 깊어져서 한밤중[中夜]이 지나갈 즈음에 자리에서 일어나 한쪽 어깨가 드러나게 윗옷을 입고 세존을 향해 합장하고 [27] 세존께 이렇게 말씀드렸다.

"세존이시여, 밤이 깊어져서 한밤중[中夜]이 지나갑니다. 방문객 비구들은 오랫동안 앉아있습니다. 세존이시여, 세존께서는 방문객 비구들과 담소를 나누십시오."

이렇게 말씀드렸지만 두 번째에도 세존께서는 침묵하셨다.

세 번째로 아난다 존자는 밤이 깊어져서 여명이 떠오르고 기쁜 얼

1000번 주해 참조) 무색계 4禪 가운데 무소유처와 비상비비상처는 「수낙캇따 경」(M105) §12와 §14에서 따로 언급되기 때문에 흔들림 없음에는 포함되지 않는다. 그러므로 냐나몰리 스님의 설명은 정확하다 할 수 있다. 여기에 대해서는 「수낙캇따 경」(M105) §10의 주해 등을 참조할 것.

249) 여기서 '초저녁[初夜]' 등은 paṭhama yāma 등을 옮긴 것이다. 여기에 대해서는 본서 「깨달음 경」 2(Ud1:2) §1의 주해를 참조하기 바란다.

굴을 한 이른 새벽[後夜]이 지나갈 즈음에 자리에서 일어나 한쪽 어깨가 드러나게 윗옷을 입고 세존을 향해 합장하고 세존께 이렇게 말씀드렸다.

"세존이시여, 밤이 깊어져서 여명이 떠오르고 기쁜 얼굴을 한 이른 새벽[後夜]이 지나갑니다. 방문객 비구들은 오랫동안 앉아있습니다. 세존이시여, 세존께서는 방문객 비구들과 담소를 나누십시오."

11. 그때 세존께서는 그 삼매로부터 출정하셔서 아난다 존자를 불러서 말씀하셨다.

"아난다여, 만일 그대가 알았더라면 그대는 그렇게 말하지 않았을 것이다. 나와 이 500명의 비구들은 모두 흔들림 없는 삼매에 들어 좌정하고 있었느니라."

12. 그때 세존께서는 이 의미를 아시고 그 즉시 바로 이 우러나온 말씀을 읊으셨다.250)

"감각적 쾌락의 가시덤불과
욕설과 폭력과 구속까지도 정복하여
산처럼 흔들림 없이 서 있으니
그 비구는 즐거움과 괴로움에 동요하지 않는다."251) {23}

---

250) "'이 의미를 아시고(etamatthaṁ viditvā)'라고 하였다. 그 비구들 자신에 의해서 바르게, 흔들림 없는 삼매를 증득한 사마타의 경지라 일컬어지는(āneñjasamādhi-samāpajjana-samatthatā-saṅkhāta) 자유자재함이라는 이 의미(vasībhāvattha)를 모든 측면에서 아시고라는 뜻이다. '이 우러나온 말씀을(imaṁ udānaṁ)'이라고 하였다. 그 비구들이 갈망 등을 남김없이 버림을 성취하는 등의 고유성질을 밝히는(anavasesarāgādippahāna-saṁsiddhitādi-sabhāvadīpanaṁ) 이 우러나온 말씀을 읊으신 것이다." (UdA.187)

251) "'그 비구는 즐거움과 괴로움에 동요하지 않는다(sukhadukkhesu na

사리뿟따 경(Ud3:4)

Sāriputta-sutta

1. 이와 같이 나는 들었다. 한때 세존께서는 사왓티에서 제따 숲의 아나타삔디까 원림(급고독원)에 머무셨다. 그때 사리뿟따 존자[252]는 세존으로부터 멀지 않은 곳에서 가부좌를 틀고 상체를 곧추 세우고 전면에 마음챙김을 확립하여 앉아있었다.[253] 세존께서는 사

---

vedhatī sa bhikkhu).'라고 하셨다. 오염원을 잘라버린(bhinnakilesa) 그 비구는 원하는 대상과 결합하여 생긴(iṭṭhārammaṇasamāyogata) 즐거움들과 원하지 않는 대상과 결합하여 생긴 괴로움들에 대해서 동요하지 않고 흔들리지 않으며(na vedhati na kampati) 그 표상에 대해서 마음의 변화(cittavikāra)가 일어나지 않는다. 여기서 '즐거움과 괴로움'은 단지 가르침을 위한 것일 뿐(desanāmatta)이다. 모든 세상의 법들에 대해서도 동요하지 않는다고 알아야 한다."(UdA.179)

252) 사리뿟따 존자(āyasmā Sāriputta)는 날란다 지방의 큰 바라문 가문에 태어났으며 『맛지마 니까야』 제1권 「역마차 교대 경」(M24) §17에서 존자 스스로가 자신의 이름이 우빠띳사(Upatissa)라고 말하고 있다. 어머니의 이름이 사리(Sārī)였기 때문에 사리뿟따(Sāriputta, 사리의 아들)로 불리게 된 것이다. 그는 불가지론자(不可知論者)였던 산자야 벨랏티뿟따(Sañjaya Belaṭṭhiputta)의 제자였는데 오비구 가운데 한 분이었던 앗사지(Assaji) 존자가 읊은 게송의 첫 번째 두 구절을 듣고 예류과를 얻었다고 한다.(앗사지 존자와 존자가 읊은 게송에 대해서는 「삿짜까 짧은 경」(M35) §3의 주해 참조) 그리고 존자는 「디가나카 경」(M74) §§10~13에서 세존께서 디가나카(사리뿟따 존자의 조카임)에게 설하신 느낌에 대한 말씀을 듣고 §14에서 아라한이 된다.

『디가 니까야』 제2권 「대전기경」(D14)에서 세존께서 "지금의 나에게는 사리뿟따와 목갈라나라는 고결한 두 상수 제자(agga bhadda-yuga)가 있다."(D14 §1.9)라고 하셨듯이 그는 부처님의 상수 제자였다. 그리고 그는 『앙굿따라 니까야』 제1권 「하나의 모음」 제14장 으뜸 품에서 "큰 통찰지를 가진 자들 가운데서 사리뿟따(사리불)가 으뜸"(A1:14:1-2)이라고 하셨듯이 통찰지(지혜) 제일로 꼽히며 그는 법의 대장군 사리뿟따 장로(dhamma-senāpati-sāriputta-tthera)라 불린다.(DA.i.15 등) 북방불교에서도 사리뿟따 존자는 지혜제일로 꼽힌다.

253) '전면에 마음챙김을 확립하여 앉아있었다.'는 nisinnaṁ … parimukhaṁ

리뿟따 존자가 멀지 않은 곳에서 가부좌를 틀고 상체를 곧추세우고 전면에 마음챙김을 확립하여 앉아있는 것을 보셨다.

2. 그때 세존께서는 이 의미를 아시고 그 즉시 바로 이 우러나온 말씀을 읊으셨다.254)

"마치 저 바위산도
흔들리지 않고 확고하듯이
어리석음을 멸진한 비구도

---

satiṁ upaṭṭhapetvā를 옮긴 것이다. 『우다나 주석서』는 먼저 이 구문의 뜻을 전통적인 방법에 따라 설명한다. 여기에 대해서는 『위방가』(Vbh12) §537의 주해들과 『디가 니까야』 제1권 「사문과경」(D2) §67의 해당 주해와 『청정도론』(Vis.VIII.161) 등을 참조하기 바란다.

계속해서 『우다나 주석서』는 여기서는 이 마음챙김을 상수(上首)로 하여(satisīsena) 禪(jhāna)을 말씀하신 것이라고 강조하고 있다. 그리고 "비구들이여, 몸에 대한 마음챙김을 맛보는 자는 불사(不死)를 맛본다(amataṁ te, bhikkhave, paribhuñjanti ye kāyagatāsatiṁ paribhuñjanti)."(A1:21:48)를 보기로 든다.(UdA.188) 계속해서 주석서는 마음챙김을 상수(上首)로 하는 이 禪은 색계 제4선을 기초가 되는 [禪으로] 하여 증득한 아라한과의 禪이고(rūpāvacaracatutthajjhānaṁ pādakaṁ katvā samāpannaṁ arahattaphalajjhānaṁ) 흔들림 없는 삼매에 계합한 것(āneñjasamādhi-yoga)이라고 설명한다.(Ibid)

그리고 장로가 이렇게 앉아있는 것은 진리를 꿰뚫기 위한 것이 아니라(na cāyaṁ nisajjā therassa saccappaṭivedhāya) 지금·여기에서 행복하게 머물기 위한 것(diṭṭhadhammasukhavihārāya)이라고 밝히고 있다. 본 주석서의 설명대로 사리뿟따 장로는 이미 세존께서 「디가나카 경」(M74)에서 존자의 조카인 디가나카 유행승에게 법을 설하실 때 진리를 꿰뚫어서 그 정수리(saccappaṭivedhakicca matthaka)를 체득하였기 때문이다.(UdA.189)

254) "'이 의미를 아시고(etamatthaṁ viditvā)'라고 하였다. [세존께서는] 장로가 흔들림 없는 삼매에 계합하였고(āneñjasamādhiyogena) 여여함을 증득하였기 때문에(tādibhāvappattiyā ca) 어떤 것에 의해서도 동요될 수 없음이라 일컬어지는(akampanīyatāsaṅkhāta) 그 의미(attha)를 모든 측면에서 아시고(sabbākārato viditvā) 그 의미를 설명하시는(vibhāvana) 이 우러나온 말씀을 읊으신 것이다."(UdA.189)

저 산처럼 동요하지 않는다." {24}

마하목갈라나 경(Ud3:5)

Mahāmoggallāna-sutta

1. 이와 같이 나는 들었다. 한때 세존께서는 사왓티에서 제따 숲의 아나타삔디까 원림(급고독원)에 머무셨다. 그때 [28] 마하목갈라나 존자255)는 세존으로부터 멀지 않은 곳에서 가부좌를 틀고 상체를 곧추세우고 몸에 대한 마음챙김256)을 안으로257) 잘 확립하여258) 앉

---

255) 마하목갈라나 존자(āyasmā Mahā-Moggallāna)는 라자가하의 꼴리따 마을(Kolitagāma)의 바라문 가문에서 태어났으며 마을 이름을 따서 꼴리따(Kolita)라 불리었다. 어머니의 이름이 목갈리(Moggalī 혹은 Moggalinī)였기 때문에 목갈라나로 불리게 되었다. 어릴 적부터 사리뿟따 존자와 절친한 친구였으며 같이 산자야 벨랏티뿟따 문하에서 수학하다가 사리뿟따 존자와 함께 부처님의 제자가 되었으며(AA.i.148 이하), 사리뿟따 존자와 함께 부처님의 두 상수 제자(agga sāvaka-yuga)로 불린다.

존자는 『앙굿따라 니까야』 제1권 「하나의 모음」 제14장 으뜸 품에서 "신통을 가진 자(iddhi-manta)들 가운데서 마하목갈라나(대목련)가 으뜸"(A1:14:1-3)이라고 칭송되고 있다. 북방불교에서도 마하목갈라나 존자는 신통제일이라 불린다. 『앙굿따라 니까야』 제4권 「졸고 있음 경」(A7:58)은 마하목갈라나 존자가 아라한과를 증득한 인연을 담고 있다.

256) "'몸에 대한 마음챙김(kāyagatā sati)'이란 몸을 따라 관찰함[身隨觀, kāy-ānupassanā]을 통해서 몸으로 향한(kāye gatā), 즉 몸을 대상으로 하는 마음챙김(kāyārammaṇā sati)이라는 말이다."(UdA.189)

257) 『담마상가니 주석서』에 의하면 "여기서 안[內, ajjhatta]이라는 단어는 ① 영역으로서의 안(gocarajjhatta)과 ② 자기 것으로서의 안(niyakajjhatta)과 ③ 안에 있는 것으로서의 안(ajjhattajjhatta)과 ④ 대상으로서의 안(visayajjhatta)이라는 네 가지 의미가 있다."(DhsA.46)고 한다. 이것을 통해서 『우다나 주석서』의 설명을 살펴보자.

"'안으로(ajjhattaṁ)'라고 하였다. 여기서 안으로라는 것은 [위 『담마상가니 주석서』 ②의] 자기 것으로서의 안(niyakajjhattaṁ)을 말한다. 그러므로 자기 안에서, 즉 자기의 흐름에서(attani attasantāne)라는 뜻이다. 혹은 명상주제가 되는(kammaṭṭhānabhūta) 머리털 등의 32가지 부위의 일어남

아있었다.[259] 세존께서는 마하목갈라나 존자가 멀지 않은 곳에서 가

(dvattiṁsakoṭṭhāsasamudāya)이 여기서 몸과 동의어이다. 그러므로 '안으로'라는 단어에 대해서 [위 『담마상가니 주석서』 ④의] 대상으로서의 안으로(gocarajjhattaṁ)라는 뜻으로도 알아져야 한다."(UdA.189)

258) "'잘 확립하여(sūpaṭṭhitāya)'라는 것은 ② 자기 것으로서의 안이 되고 ④ 대상으로서의 안이 되는 몸에 잘 확립되었다(kāye suṭṭhu upaṭṭhitāya)는 뜻이다."(UdA.189)

259) '몸에 대한 마음챙김(kāyagata-sati)'은 『디가 니까야』 제2권 「대념처경」(D22)이나 『맛지마 니까야』 제1권 「마음챙김의 확립 경」(염처경, M10)의 주제인 몸・느낌・마음・법 [身・受・心・法]이라는 네 가지 마음챙김의 대상 가운데 첫 번째인 몸에 마음챙기는 것을 말한다. 『맛지마 니까야』 제4권 「몸에 대한 마음챙김 경」(M119)이나 『디가 니까야』 제2권 「대념처경」(D22) 등에 의하면 이 몸에 대한 마음챙김은 ① 들숨날숨(ānāpāna, M10 §4) ② 네 가지 자세[四威儀, iriyāpatha, §5] ③ 네 가지 분명하게 알아차림[正知, catu-sampajañña, §6] ④ 32가지 몸의 부위에 대한 관찰(혹은 혐오를 마음에 잡도리함, paṭikūla-manasikāra, §7) ⑤ 네 가지 근본물질[四大]을 마음에 잡도리함(dhātu-manasikāra, §8) ⑥~⑭ 아홉 가지 공동묘지의 관찰(nava-sivathika, §§9~17)로 이루어진 열네 가지 형태의 몸의 관찰(kāya-anupassanā)을 총칭하는 것이다.

본경에 해당하는 『우다나 주석서』는 이 14가지 주제 가운데 ③ 네 가지 분명하게 알아차림[正知, catu-sampajañña, §6]과 ⑤ 네 가지 근본물질 [四大]의 관찰(dhātu-manasikāra)을 제외한 12가지는 "근접삼매와 본삼매를 통해서(upacārappanāvasena) 몸에 확립된 마음챙김(kāye upaṭṭhitā sati) 이 몸에 대한 마음챙김(kāyagatā sati)이라 불린다."(UdA.190)라고 하여 이들이 사마타 수행의 주제임을 밝히고 있다.
주석서는 계속해서 여기 본경에서 언급되는 '안으로 몸에 대한 마음챙김을 잘 확립하여(kāyagatāya satiyā ajjhattaṁ sūpaṭṭhitāya)'라는 것은 땅의 요소 등의 네 가지 근본물질[四大]을 마음에 잡도리함(dhātu-manasikāra)을 뜻하며 "그것들의 무상 등의 특징을 주시함(aniccādi-lakkhaṇa-sallakkhaṇa)을 통해서 확립된 위빳사나와 결합된 마음챙김(vipassanā-sampayuttā sati)인데 바로 이것이 여기서 뜻하는(adhippetā) 몸에 대한 마음챙김이다."(Ibid)라고 설명한다.

계속해서 주석서는 "목갈라나 장로는 이렇게 위빳사나를 하여(vipassitvā) 자신의 과의 증득에 들어서 앉아있었다(attano phalasamāpattimeva samāpajjitvā nisīdi)."(Ibid)라고 설명한다. 그리고 여기서도 목갈라나 장로가 이렇게 앉아있는 것은 진리를 꿰뚫기 위한 것이 아니라(na cāyaṁ nisajjā therassa saccappaṭivedhāya) 지금・여기에서 행복하게 머물기

부좌를 틀고 상체를 곧추세우고 몸에 대한 마음챙김을 잘 확립하여 앉아있는 것을 보셨다.

2. 그때 세존께서는 이 의미를 아시고 그 즉시 바로 이 우러나온 말씀을 읊으셨다.260)

“몸에 대한 마음챙김을 확립하고
여섯 가지 감각접촉의 감각장소를 잘 제어하여
언제나 삼매에 든 비구는
자신의 열반을 알고 있도다.”261) {25}

위한 것(diṭṭhadhammasukhavihārāya)이라는 앞의 사리뿟따 장로의 경우에 “설명한 것이 여기서도 적용되어야 한다(vuttanayānusārena yojetabbā).”(Ibid)라고 적고 있다.

260) “‘이 의미를 아시고(etamatthaṁ viditvā)’라고 하였다. 장로는 네 가지 요소[四大, 근본물질]를 구분하는 것을 방법으로 하여(catudhātu-vavatthāna-mukhena) 몸의 관찰이라는 마음챙김의 확립(kāyānupassanā-sati-paṭṭhāna)으로 위빳사나에 깊이 들어가서(ogāhetvā) 과의 증득을 증득함이라 불리는(phalasamāpatti-samāpajjana-saṅkhātaṁ) 이 의미를 아시고라는 뜻이다. ‘이 우러나온 말씀을(imaṁ udānaṁ)’이라고 하였다. 마음챙김의 확립의 수행(satipaṭṭhānabhāvanā)으로 열반의 증득을 밝히는(nibbāna-adhigama-dīpaka) 이 우러나온 말씀을 읊으신 것이다.”(UdA.190)

261) “‘자신의 열반을 알고 있도다(jaññā nibbānamattano).’라고 하셨다. [열반은] 다른 범부들에게는 꿈속에서라도(supinantepi) 대상이 되지 않지만(agocarabhāvato) 성자들에게는 그들 각각에게 특별한 것이 되고(āveṇikattā) ‘자기 자신’과 같은 것이 된다(attasadisattā ca). 이처럼 ‘자신(attā)’이라는 인습적 표현을 가진(laddhavohāra) 도와 과의 지혜(maggaphalañāṇa)의 굉장한 대상이 되기 때문에(sātisayavisayabhāvato) 전적으로 행복을 가져오는(ekantasukhāvaha) 열반이라는 무위의 요소(asaṅkhatadhātu)를 ‘자신의(attano)’라고 말씀하신 것이다. 그러한 열반을 알아야 한다(jaññā jāneyya), 도와 과의 지혜로 꿰뚫어야 한다(paṭivijjheyya), 실현해야 한다(sacchikareyya)는 뜻이다. 이러한 말씀으로 성자들이 열반에 확신이 있음(adhimuttatā)을 보여주고 계신다.”(UdA.191)

뻴린다왓차 경(Ud3:6)

Pilindavaccha-sutta

1. 이와 같이 나는 들었다. 한때 세존께서는 라자가하에서 대나무 숲의 다람쥐 보호구역에 머무셨다. 그 무렵 뻴린다왓차 존자[262]는 비구들을 비천하다는 말로 대하였다.[263] 그때 많은 비구들이 세존께 다가갔다. 가서는 세존께 절을 올리고 한 곁에 앉았다. 한 곁에 앉아서 그 비구들은 세존께 이렇게 말씀드렸다.

"세존이시여, 뻴린다왓차 존자가 비구들을 비천하다는 말로 대합니다."

2. 그러자 세존께서는 어떤 비구를 불러서 말씀하셨다.

"오라, 비구여. 그대는 내 말이라 전하고 뻴린다왓차 비구를 불러 오라. '도반 뻴린다왓차여, 스승께서 그대를 부르십니다.'라고."

"그렇게 하겠습니다, 세존이시여."라고 그 비구는 세존께 대답하

---

262) 『디가 니까야 주석서』에 의하면 뻴린다왓차(Pilinda-Vaccha) 존자는 사왓티의 바라문 가문에 태어났다. 뻴린다는 그의 이름이고 왓차는 족성이다. 그는 쭐라간다라 주문(Cūla-Gandhāra-vijjā, D11. §5의 주해 참조)에 능통하였는데 세존께서 정각을 이루신 날부터 그 주문이 듣지를 않았다. 그는 마하간다라(Mahā-Gandhāra) 주문이 쭐라간다라 주문을 듣지 않게 한다는 말을 듣고 부처님이 그 주문을 아실 것이라 여기고 부처님 문하로 출가하였다고 한다. 그는 부처님이 가르치신 대로 수행하여 아라한이 되었다. 전생에 그의 지도로 수행하여 천상에 태어나게 된 신들이 그에게 고마움을 표하기 위해서 아침저녁으로 그의 시중을 들었다고 한다.(DA.i.276~277) 그래서 세존께서는 『앙굿따라 니까야』 제1권 제14장 「하나의 모음」 으뜸 품에서 존자를 두고 "신들이 좋아하고 마음에 들어 하는 자(devatānaṁ piya-manāpa)들 가운데서 뻴린다왓차가 으뜸"(A1:14:3-7)이라고 말씀하고 계신다.

263) "'비천하다는 말로 대하였다(vasalavādena samudācarati).'라는 것은 '비천한 자여, 이리 오너라. 비천한 자여, 저리 가거라(ehi, vasala, apehi, vasala).'라는 등으로 비구들을 비천하다는 말로 부르고 사용하는 것이다(voharati ālapati)."(UdA.192)

고 삘린다왓차 존자를 만나러 갔다. 가서는 삘린다왓차 존자에게 이렇게 말했다.

"도반 삘린다왓차여, 스승께서 그대를 부르십니다."

"도반이여, 잘 알겠습니다."라고 삘린다왓차 존자는 그 비구에게 대답하고 세존을 뵈러 갔다. 가서는 세존께 절을 올리고 한 곁에 앉았다. 한 곁에 앉은 삘린다왓차 존자에게 세존께서는 이렇게 말씀하셨다.

"삘린다왓차여, 그대가 비구들을 비천하다는 말로 대한 것이 사실인가?"

"그렇습니다, 세존이시여."

3. 그러자 세존께서는 삘린다왓차 존자의 전생을 마음에 잡도리하신 뒤에 비구들을 불러서 말씀하셨다.

"비구들이여, 그대들은 왓차 비구에 대해서 성가시게 여기지 말라. 비구들이여, 왓차는 화가 나서 비구들을 비천하다는 말로 대한 것이 아니다. 비구들이여, 왓차 비구는 500생을 빠짐없이 바라문 가문에 거듭해서 태어났다. 그는 오랫동안 비천하다는 말에 [29] 젖어있었던 것이다.264) 그래서 왓차는 비구들을 비천하다는 말로 대하는 것이다."

4. 그때 세존께서는 이 의미를 아시고 그 즉시 바로 이 우러나

---

264) 주석서는 그가 이처럼 비천하다는 말(vasalavāda)을 쓰면서 오랫동안 빠져있었던(dīgharattaṁ samudāciṇṇa) 이유(kāraṇa)는 훈습(薰習, vāsanā) 때문이라고 설명한다.(UdA.194) 그리고 비구들은 그가 "아라한이 되었어도(arahāva samāno) 훈습이 제거되지 않았기 때문에(appahīna-vāsanattā) 이와 같이 [비천하다고] 말하는 것을 알지 못했던 것"(UdA.192~193)이라고 설명한다. 주석서에 의하면 이 훈습(vāsanā)은 세존의 상속(相續, 흐름, santāna)에는 없지만 제자들[聲聞, sāvakā]과 벽지불들(paccekabuddhā)의 상속에는 남아있다고 한다.(UdA.194)

온 말씀을 읊으셨다.265)

> "속임수가 없고 자만이 없으며
> 탐욕이 없고 내 것이 없고 바람[願]이 없으며
> 분노를 쫓아 버려 적멸을 이룬 자
> 그가 바라문이고 그가 사문이고 그가 비구이다." {26}

삭까의 감흥어 경(Ud3:7)266)

Sakkudāna-sutta

1. 이와 같이 나는 들었다. 한때 세존께서는 라자가하에서 대나무 숲의 다람쥐 보호구역에 머무셨다. 그 무렵 마하깟사빠 존자는 삡빨리 동굴에 머물렀는데 어떤 삼매를 증득하여267) 칠 일 동안 단 한

---

265) "'이 의미를 아시고(etamatthaṁ viditvā)'라고 하였다. 삘린다왓차 존자가 비록 비천하다는 [말을] 쓰고 있지만(satipi vasalasamudācāre) 그것이 성냄이 없이 그렇게 한 것이라고 일컬어지는(dosantarābhāvasaṅkhātaṁ) 이 의미를 아시고라는 뜻이다. '이 우러나온 말씀을(imaṁ udānaṁ)'이라고 하였다. 그가 으뜸가는 과위를 증득한 것을 설명하시는(aggaphala-adhigama-vibhāvana) 이 우러나온 말씀을 읊으신 것이다."(UdA.194)

266) 우러나온 말씀을 포함한 본경은 『법구경 주석서』에서 『법구경』 {56}번 게송(Dhp.8)을 설명하는 '마하깟사빠 장로에게 탁발음식을 보시한 일화(Mahā-kassapattherapiṇḍapātadinnavatthu)' 안에 거의 같은 형태로 인용이 되고 있다.(DhpA.i.427ff)
한편 Ireland는 본경의 제목을 깟사빠 경(Kassapa Sutta)으로 하였다.

267) '어떤 삼매를 증득하여'는 aññataraṁ samādhiṁ samāpajjitvā를 옮긴 것이다. 어떤 삼매에 들어서 움직이지 않고 칠 일을 보냈다는 뜻이다. 그러면 마하깟사빠 존자는 어떤 삼매에 들어서 칠 일을 보냈을까? 주석서는 두 가지 주장을 소개한다. 첫째는 아라한과의 삼매(arahattaphalasamādhi)이고(UdA.195) 둘째는 멸진정(nirodhasamāpatti)이다.(UdA.196)

① 마하깟사빠 존자는 지금·여기에서의 행복을 위해서(diṭṭhadhamma-sukhavihārattha) 이 아라한과의 삼매에 자주 머물렀다고 하며 여기서 언급되는 '어떤 삼매(aññatara samādhi)'는 이것을 말한다고 주석서는 설명

번의 가부좌로[268] 앉아있었다.

2. 그때 마하깟사빠 존자는 그 칠 일이 지나고 그 삼매로부터 출정하였다.[269] 그때 그 삼매로부터 출정한 마하깟사빠 존자에게 이런 생각이 들었다.

'나는 이제 라자가하로 탁발을 가리라.'라고.

그때 500명의 천신들은 마하깟사빠 존자의 탁발음식을 준비하는 일에 몰두하고 있었다. 그때 마하깟사빠 존자는 그들 500명의 천신들의 [탁발음식을] 거절한 뒤 오전에 옷매무새를 가다듬고 발우와 가사를 수하고 라자가하로 탁발을 갔다.

3. 그 무렵 신들의 왕 삭까[270]가 마하깟사빠 존자에게 탁발음

한다.(UdA.195)

② 멸진정의 경우는 사마타와 위빳사나의 힘으로 멸진정에 들어 머물렀다고 하며 특히 중생들을 연민하는 마음이 컸기 때문에(sattesu anukampāya) 멸진정에 들었다고 한다. 멸진정에 들었다 출정한 분을 위해서 짓는 공경은 비록 그것이 적을지라도(tañhi samāpajjitvā vuṭṭhitassa kato appakopi sakkāro) 특별하게 큰 결실(mahapphala)이 있고 큰 이익(mahānisaṁsa)이 있기 때문이라고 주석서는 설명한다.(UdA.196~197)

268) '칠 일 동안 단 한 번의 가부좌로 앉아있었다.'는 sattāhaṁ ekapallaṅkena nisinno hoti를 옮긴 것이다. 여기서 '한 번의 가부좌로'는 하나의 가부좌로로 직역할 수 있는 ekapallaṅkena인데 주석서에서 "단 한 번도 일어서지 않고(sakimpi anuṭṭhahitvā) 가부좌를 한 그대로, 단 한 번의 가부좌로(ekeneva pallaṅkena)라는 뜻이다."(VinA.v.953, *cf.* UdA.31)라고 설명하고 있어서 이렇게 옮겼다. 즉 가부좌를 한 채로 움직이지 않고 칠 일을 보냈다는 뜻이다. 본서 「깨달음 경」 1(Ud1:1) §1의 해당 주해도 참조할 것.

269) "'출정하였다(vuṭṭhāsi).'라는 것은 아라한과의 마음이 일어남을 통해서(arahattaphalacittuppattiyā) 출정한 것이다. 멸진정을 증득한(nirodhaṁ samāpanna) 아라한은 아라한과의 일어남으로, 불환자는 불환과의 일어남으로 출정하기 때문이다."(UdA.197)

270) '신들의 왕 삭까'는 Sakko devānamindo를 옮긴 것이다. 삭까(Sakka, Sk. Śakra)는 중국에서 제석(帝釋) 혹은 석제(釋提)로 음역되었고 천주(天主)

식을 보시하고자 하였다. 그는 직공의 모습을 만들어낸 뒤 베틀에서 베를 짜고 있었다. 아수라의 여인 수자[271]는 [베틀의] 북[紡錐, 방추]

로 번역되기도 한 신이며, 인도의 베다에서부터 등장하는 인도의 유력한 신인 인드라(Indra)를 말한다. 『상윳따 니까야』 제1권 「삭까 상윳따」(S11)의 「삭까의 이름 경」(S11:12) §3에는 그의 이름 7가지를 열거하는데 그 가운데 세 번째에서 그는 인간으로 있을 때 철저하게 보시를 베풀었다(sakkaccam dānam adāsi)고 해서 삭까(Sakka)라 한다고 설명한다. 그러나 Sakka의 산스끄리뜨 Śakra는 √śak(*to be able*)에서 파생된 단어로 베다에서부터 '힘센, 막강한'이라는 형용사로도 쓰였고 인도 서사시 『마하바라따』에서부터 인드라의 이름으로 정착이 된 것으로 보인다.

초기불전들에서는 또 하나의 Sakka라는 표기가 나타나는데 석가족(釋迦族, Sākya)을 뜻한다. 그러나 이 단어는 산스끄리뜨 샤꺄(Śākya)의 빠알리 표기이지 인드라를 뜻하는 산스끄리뜨 Śakra가 Sakka로 표기된 본 단어와는 전혀 다른 것이다. 본서 전체에서 역자는 '삭까(Sakka)'는 인드라(Indra)를 뜻하는 것으로, '사꺄(Sākya)'는 석가족(釋迦族)을 나타내는 것으로 통일하여 이 둘을 구분하고 있다.

베다에서 이미 인드라는 끄샤뜨리야의 신으로 자리매김이 되었다. 베다의 후기 시대부터 인도의 모든 신들에게도 사성(四姓) 계급이 부여되는데 아그니(Agni, 불의 신)는 바라문 계급의 신으로, 인드라는 끄샤뜨리야의 신으로 베딕 문헌에 나타난다. 베다 문헌들에서 신들은 자주 '인드라를 비롯한 신들(Indraśreṣṭāḥ devāḥ)'로 표현되어 나타난다. 이를 받아들여서 본경뿐만 아니라 『상윳따 니까야』 제1권 「삭까 상윳따」(S11)에 포함되어 있는 25개의 모든 경들에서도 "신들의 왕 삭까(Sakko devānam indo)"로 나타나고 있으며 다른 경들에서도 모두 이렇게 나타난다.

삭까는 구체적으로는 삼십삼천의 신들의 왕이며 그래서 삼십삼천은 제석천이라고도 부른다. 『상윳따 니까야』 제1권 「삭까의 예배 경」 1/2(S11:18) 등에 의하면 인드라는 삼십삼천의 웨자얀따(Vejayanta) 궁전에 거주한다. 초기불전에서 인드라가 부처님께 와서 설법을 듣고 가는 것을 묘사한 경전이 몇몇 있으며, 마하목갈라나 존자가 이 궁전을 발끝으로 진동시켜 신들에게 무상의 법칙을 일깨웠다는 경전도 나타난다.(M37 §11) 『디가 니까야』 제2권 「제석문경」(D21)은 이런 신들의 왕 삭까가 세존과의 문답을 통해서 예류자가 되는 것을 기술하고 있다. 삭까(제석천)는 초기불교에서부터 불교를 보호하는 신[護法善神]으로 일찍부터 받아들여졌다.

271) '아수라의 여인 수자'는 Sujā asurakaññā를 옮긴 것이다. 삭까는 옛날에 마가(Magha)라는 바라문 학도였다. 그래서 그는 마가완(Maghavan)이라고도 불린다.(S11:12 §3) 주석서에 의하면 그는 33명의 친구들의 우두머리

을 채웠다.

그때 마하깟사빠 존자는 라자가하에서 걸어서 탁발을 하면서 신들의 왕 삭까의 거처로 다가갔다. 신들의 왕 삭까는 마하깟사빠 존자가 멀리서 오는 것을 보았다. 그를 보고 집에서 나와 그를 만나러 가서는 그의 손으로부터 발우를 건네받아서 집으로 들어가 항아리에서 쌀밥을 퍼내어 발우를 가득 채운 뒤 마하깟사빠 존자에게 주었다. 그 탁발음식에는 여러 가지 국이 들어 있었고 여러 가지 반찬이 들어 있었으며 여러 가지 맛있는 향신료가 들어 있었다.

4. 그러자 마하깟사빠 존자에게 이런 생각이 들었다.

"이러한 형태의 신통과 위력[272]을 가진 [30] 이 중생은 도대체 누

였는데 함께 공덕행을 지었다고 한다. 그는 일곱 가지 서계의 조목(vata-pada)을 실천하여 죽은 뒤 33명의 친구들과 함께 삼십삼천에 태어났으며 그래서 삼십삼천이라는 이름이 생겼다고 한다.(SA.i.348 = S11:13에 대한 주석)

이런 마가에게는 네 명의 부인이 있었다고 하는데 그중의 한 명이 수자(Sujā)였다. 그래서 신들의 왕 삭까는 수잠빠띠(Sujampati), 즉 수자의 남편이라고도 불린다.(S11:12 §3) 삭까가 어떻게 해서 이수라 왕 웨빠찟띠의 딸인 수자(Sujā)의 남편이 되었는가 하는 것은 『법구경 주석서』(DhpA.i.278~279; BL 1:323)와 『자따까』(J.i.206)에 나타나고 있다. 삭까의 이름 7가지에 관한 부처님의 설명은 『상윳따 니까야』 제1권 「삭까 상윳따」(S11)의 「삭까의 이름 경」(S11:12) §3과 주해들을 참조하고 이수라에 대해서는 본서 「포살 경」(Ud5:5) §7의 주해를 참조하기 바란다.

272) 여기서 '신통과 위력'은 iddhānubhāva를 옮긴 것이다. 본경에 해당하는 주석서는 이 용어를 언급하지 않는다. 『맛지마 니까야 주석서』와 『디가 니까야 복주서』는 이렇게 정의한다.

"'신통과 위력(iddhānubhāva)'이라고 하였다. 원하는 대로 이루기 때문에(yathākāmaṁ kattabbabhāvato) 여기서는 자유자재함(vasībhāva)을 신통(iddhi)이라고도 하고 위력(anubhāva)이라고도 한다는 뜻이다."(MA.ii.160)

"'신통과 위력'이라는 것은 지혜의 신통(ñāṇiddhi)이나 업의 과보에서 생긴 신통(kammavipākajiddhi)에 의한 힘(pabhāva)과 광명(teja)이라는 뜻이다."(DAṬ.ii.201)

구인가?"

그때 마하깟사빠 존자에게 '이 자는 신들의 왕 삭까이구나.'라는 생각이 들었다. 이렇게 알고서 신들의 왕 삭까에게 이렇게 말했다.

"꼬시야[273]여, 당신이 이렇게 하였군요. 다시는 이런 것을 하지 마시오."

"깟사빠 존자여, 우리에게도 공덕은 의미가 있습니다. 우리도 공덕을 지어야 합니다."

5. 그때 신들의 왕 삭까는 마하깟사빠 존자에게 절을 올리고 오른쪽으로 돌아 [경의를 표한] 뒤 하늘에 올라가 허공의 빈 공간에서 세 번 우러나온 말을 읊었다.

"오, 보시가, 저 으뜸가는 보시가 깟사빠께 잘 확립되었도다!"
"오, 보시가, 저 으뜸가는 보시가 깟사빠께 잘 확립되었도다!"
"오, 보시가, 저 으뜸가는 보시가 깟사빠께 잘 확립되었도다!"

6. 세존께서는 인간의 능력을 넘어선 청정하고 신성한 귀의 요소로[天耳通] 신들의 왕 삭까가 하늘에 올라가 허공의 빈 공간에서,

---

여기서 보듯이 전자는 iddha와 anubhāva로, 즉 병렬복합어[相違釋, 드완드와, Dvandva]로 해석하고 있고 후자는 신통에 의한 위력으로 격한정복합어[依主釋, 땃뿌루샤, Tatpuruṣa]로 해석하고 있다. 역자는 전자를 따라서 '신통과 위력'으로 옮겼다.

273) '꼬시야(Kosiya)'는 산스끄리뜨 까우쉬까(Kauśika)에서 온 말로 『리그베다』에서부터 나타나는 인드라의 다른 이름이다. Kauśika는 Kuśika의 곡용형으로 '꾸쉬까의 아들, 꾸쉬까 가문에 속하는'이라는 뜻이다. 꾸쉬까(kuśi-ka)는 사팔뜨기란 뜻이다. 꾸쉬까는 『리그베다』에서부터 나타나는 위슈와미뜨라(Viśvamitra)의 아버지 혹은 할아버지였다고도 하며 인드라의 아버지였다고도 한다. 그래서 인드라는 꼬시야, 까우쉬까, 즉 꾸쉬까의 아들이라고 불리는 것이다. 그래서 『우다나 주석서』는 "꼬시야(Kosiya)는 신들의 왕 삭까를 족성(gotta)으로 부른 것이다(gottena ālapati)."(UdA.200)라고 설명한다.

"오, 보시가, 저 으뜸가는 보시가 깟사빠께 잘 확립되었도다!"
"오, 보시가, 저 으뜸가는 보시가 깟사빠께 잘 확립되었도다!"
"오, 보시가, 저 으뜸가는 보시가 깟사빠께 잘 확립되었도다!"라고 세 번 우러나온 말을 읊는 것을 들으셨다.

7. 그때 세존께서는 이 의미를 아시고 그 즉시 바로 이 우러나온 말씀을 읊으셨다.274)

"탁발을 하는 비구는
스스로를 부양하고 남을 양육하지 않노라.
그는 고요하고 항상 마음챙기나니
신들은 그런 여여한 자를 부러워하도다." {27}

탁발하는 자 경(Ud3:8)
Piṇḍapātika-sutta

1. 이와 같이 나는 들었다. 한때 세존께서는 사왓티에서 제따 숲의 아나타삔디까 원림(급고독원)에 머무셨다. 그때 많은 비구들이 공양을 마치고 탁발에서 돌아와 까레리 원형천막275)에 함께 모여 앉

---

274) "'이 의미를 아시고(etamatthaṁ viditvā)'라고 하였다. '바른 도닦음(sammāpaṭipatti)으로 공덕의 특별함에 확립되었으며 인간을 능가하여(purisātisayaṁ) 신들도 인간들도 공경심이 생겨(ādarajātā) 아주 부러워한다(pihayanti).'라는 이 의미를 모든 측면에서 아시고 그 의미를 밝히는 이 우러나온 말씀을 읊으신 것이다."(UdA.201)

275) '까레리 원형천막'은 Karerimaṇḍalamāḷa를 옮긴 것이다. 주석서는 이렇게 설명한다.
"여기서 까레리(Kareri)라는 것은 와루나 나무(varuṇa-rukkha)의 이름이다. … 그러므로 이것은 까레리 나무 가까이에 만든, 앉는 강당이라 불리는(nisīdanasālasaṅkhāta) 원형천막이다. 이것은 풀과 나뭇잎으로 덮어서(tiṇapaṇṇacchadana) 비를 피하도록 한 것(anovassaka)이다."(UdA.202

아 이런 이야기를 하고 있었다.

2. "도반들이여, 탁발하는 비구는 탁발을 하면서 때로는 눈으로 마음에 드는 형색을 보게 되기도 하고 때로는 귀로 마음에 드는 소리를 듣게 되기도 하고 때로는 코로 마음에 드는 냄새를 맡게 되기도 하고 때로는 혀로 마음에 드는 맛을 맛보게 되기도 하고 때로는 몸으로 마음에 드는 감촉에 닿게 되기도 합니다. 도반들이여, 탁발을 하는 비구는 존경받고 존중받고 공경받고 숭배받고 경배받으면서 탁발을 다닙니다.

도반들이여, 참으로 우리도 탁발을 하는 자입니다. 우리도 탁발을 하면서 때로는 눈으로 마음에 드는 형색을 보게 되기도 할 것이고 때로는 귀로 마음에 드는 소리를 듣게 되기도 할 것이고 때로는 코로 마음에 드는 냄새를 맡게 되기도 할 것이고 때로는 혀로 마음에 드는 맛을 맛보게 되기도 할 것이고 때로는 몸으로 마음에 드는 감촉에
[31] 닿게 되기도 할 것입니다. 도반들이여, 우리도 존경받고 존중받

~203)
"까레리 원형천막(maṇḍalamāḷa)은 까레리 천막(maṇḍapa)으로부터 그리 멀지 않은 곳에 만든 건물이다. 이 까레리 천막은 간다 토굴과 [살랄라] 건물 사이에 있었다고 한다."(DA.ii.407)

한편 "제따 숲 안에는 까레리 토굴(Kareri-kuṭi), 꼬삼바 토굴(Kosamba-kuṭi), 간다 토굴(Gandha-kuṭi), 살랄라(강당) 건물(Salaḷāgāra)이라는 네 개의 큰 숙소(mahā-geha)가 있었는데 각각은 십만의 비용을 들여 완공하였다. 이 가운데서 살랄라 건물은 빠세나디 왕이 지은 것이며 나머지는 급고독 장자가 지었다."(DA.ii.407)고 주석서는 적고 있다. 부처님께서 머무시던 곳은 간다 토굴이었으며(dasabalena vasita-gandhakuṭi, DA.i.7; VinA.i.8) 지금도 그 터는 잘 보존되어 있다. 그리고 여기서 언급되는 까레리 토굴 등은 아나타삔디까 원림(급고독원)이라는 당대 최대의 승원에 있는 건물의 이름이지 외딴 거처로서의 토굴(kuṭi)은 아니다.
그리고 칠불의 일대기를 밝히는 『디가 니까야』 제2권 「대전기경」(大傳記經, Mahāpadāna Sutta, D14)도 이곳에서 설해졌다.

고 공경받고 숭배받고 경배받으면서 탁발을 다니게 될 것입니다."

3. 그러나 그 비구들의 이런 이야기는 여기서 중단되었다. 세존께서 해거름에 [낮 동안의] 홀로 앉음을 풀고 자리에서 일어나 강당으로 오셨기 때문이다. 오셔서는 마련해 드린 자리에 앉으셨다. 자리에 앉으셔서 세존께서는 비구들을 불러서 말씀하셨다.

"비구들이여, 무슨 이야기를 하기 위해 지금, 여기에 모였는가? 그리고 그대들이 하다 만 이야기는 무엇인가?"

"세존이시여, 여기 저희들은 공양을 마치고 탁발에서 돌아와 까레리 원형천막에 함께 모여 앉아 이런 이야기를 하고 있었습니다.

'도반들이여, 탁발하는 비구는 탁발을 하면서 때로는 눈으로 마음에 드는 형색을 보게 되기도 하고 … 때로는 몸으로 마음에 드는 감촉에 닿게 되기도 합니다. 도반들이여, 탁발을 하는 비구는 존경받고 존중받고 공경받고 숭배받고 경배받으면서 탁발을 다닙니다.

도반들이여, 참으로 우리도 탁발을 하는 자입니다. 우리도 탁발을 하면서 때로는 눈으로 마음에 드는 형색을 보게 되기도 할 것이고 … 때로는 몸으로 마음에 드는 감촉에 닿게 되기도 할 것입니다. 도반들이여, 우리도 존경받고 존중받고 공경받고 숭배받고 경배받으면서 탁발을 다니게 될 것입니다.'라고.

세존이시여, 이것이 참으로 저희들이 하다 만 이야기였습니다. 그때 세존께서 오셨습니다."

4. "비구들이여, 그대들이 이러한 이야기를 나누는 것은 믿음으로 집을 나와 출가한 그대 좋은 가문의 아들들에게 참으로 어울리지 않는다. 비구들이여, 그대들이 함께 모이면 오직 두 가지 할 일이 있나니, 법담을 나누거나 성스러운 침묵을 지키는 것이다."

5. 그때 세존께서는 이 의미를 아시고 그 즉시 바로 이 우러나온 말씀을 읊으셨다.276)

"탁발을 하는 비구는
스스로를 지탱하고 남을 양육하지 않노라.
만일 칭송과 명성에 기대지 않는다면
신들은 그런 비구를 부러워하도다." {28}

기술 경(Ud3:9)

Sippa-sutta

1. 이와 같이 나는 들었다. 한때 세존께서는 사왓티에서 제따 숲의 아나타삔디까 원림(급고독원)에 머무셨다. 그때 많은 비구들이 공양을 마치고 탁발에서 돌아와 원형천막에 함께 모여 앉아 이런 이야기를 하고 있었다.

"도반들이여, 누가 기술을 압니까? 누가 무슨 기술을 공부했습니까? 무슨 기술이 기술들 가운데 으뜸입니까?"

2. 거기서 어떤 자들은 코끼리 조련술이 기술들 가운데 으뜸이라고 말하였다. 어떤 자들은 말 조련술이 … 마차를 모는 기술이 … 활 쏘는 기술이 … 칼 쓰는 기술이 … 손을 써서 셈을 하는 기술

---

276) "'이 의미를 아시고(etamatthaṁ viditvā)'라고 하였다. 소욕과 지족과 [번뇌를] 지워 없앰(appicchatāsantuṭṭhitāsallekha)을 통해서 오염원들을 흩어버리고(dhunituṁ) 갈애를 말려버리기 위해서(visosetuṁ) 수행을 하는 탁발하는 자(piṇḍapātika)가 있을 때 신들은 그를 부러워하고(devā pihayanti) 그의 도닦음(paṭipatti)을 귀중하게 여겨(ādarajātā) 좋아하지 그 외 다른 것을 그리하는 것은 아니라는 이러한 의미를 아시고 그 의미를 밝히는(tadatthadīpana) 이 우러나온 말씀을 읊으신 것이다."(UdA.204)

이[277] … 셈하는 기술[278]이 … [32] 숫자에 대한 기술[279]이 … 글 쓰는 기술이 … 시를 짓는 기술이 … 처세술[280]이 … 통치술이 기술들 가운데 으뜸이라고 말하였다.[281]

3. 그러나 그 비구들의 이런 이야기는 여기서 중단되었다. 세존께서 해거름에 [낮 동안의] 홀로 앉음을 풀고 자리에서 일어나 강당으로 오셨기 때문이다. 오셔서는 마련해 드린 자리에 앉으셨다. 자리에 앉으셔서 세존께서는 비구들을 불러서 말씀하셨다.

"비구들이여, 무슨 이야기를 하기 위해 지금, 여기에 모였는가? 그리고 그대들이 하다 만 이야기는 무엇인가?"

"세존이시여, 여기 저희들은 공양을 마치고 탁발에서 돌아와 원형

---

277) '손을 써서 셈을 하는 기술'은 muddā-sippa를 옮긴 것인데 주석서에서 "손의 움직임으로 셈을 하는 기술(hatthamuddāya gaṇanasippaṁ, UdA.205)"이라고 설명하고 있어서 이렇게 옮겼다.

278) '셈하는 기술'은 gaṇanasippa를 문자대로 옮긴 것인데 복주서에서 이방인 등처럼(milakkhakādayo viya) 9로 끝나는 것을 통한 셈(navantavasena gaṇanā)이라는 설명이 나오는 것으로 봐서(DAT.i.168) 인도 밖에서 들어온 셈법이 아닌가 생각한다.

279) '숫자에 대한 기술'은 saṅkhānasippa를 문자대로 옮긴 것이다. 주석서는 "덧셈과 뺄셈 등(saṅkalanapaṭuppādanādi)을 통해서 뭉쳐서 셈하는 기술(piṇḍagaṇanasippa)이다. 여기에 숙달된 자는 나무를 보고(rukkhampi disvā) '여기에는 이 정도의 잎들이 있다.'라고 셈하여 안다."(UdA.205)라고 설명한다. 눈어림으로 하는 셈 혹은 목산(目算)을 뜻하는 듯하다.

280) '처세술'은 lokāyatasippa를 옮긴 것으로 초기불전의 여러 곳에 나타난다. 순세론자(順世論者)로 옮기는 lokāyatika(S12:48)와 같은 맥락의 용어이다. 주석서는 이렇게 설명한다.

"'까마귀는 희다 뼈가 희기 때문이다. 왜가리는 붉다 피가 붉기 때문이다.'라는 이런 등의 방법으로 전개하면서 저 세상과 열반을 부정하는(paralokanibbānānaṁ paṭisedhaka) 궤변론자의 기술(vitaṇḍasattha-sippa)이다."(UdA.205)

281) "이것을 12가지 큰 기술(mahāsippāni)이라 한다. 그래서 여기저기서 '기술 가운데 으뜸(sippānaṁ agga)'이라고 하는 것이다."(UdA.205)

천막에 함께 모여 앉아 이런 이야기를 하고 있었습니다.

'도반들이여, 누가 기술을 압니까? 누가 무슨 기술을 공부했습니까? 무슨 기술이 기술들 가운데 으뜸입니까?'라고.

거기서 어떤 자들은 코끼리 조련술이 기술들 가운데 으뜸이라고 말하였습니다. 어떤 자들은 말 조련술이 … 마차를 모는 기술이 … 활 쏘는 기술이 … 칼 쓰는 기술이 … 손을 움직여 셈을 하는 기술이 … 셈하는 기술이 … 숫자에 대한 기술이 … 글 쓰는 기술이 … 시를 짓는 기술이 … 처세술이 … 통치술이 기술들 가운데 으뜸이라고 말하였습니다. 세존이시여, 이것이 참으로 저희들이 하다 만 이야기였습니다. 그때 세존께서 오셨습니다."

4. "비구들이여, 그대들이 이런 이야기를 나누는 것은 믿음으로 집을 나와 출가한 그대 좋은 가문의 아들들에게 참으로 어울리지 않는다. 비구들이여, 그대들이 함께 모이면 오직 두 가지 할 일이 있나니, 법담을 나누거나 성스러운 침묵을 지키는 것이다."

5. 그때 세존께서는 이 의미를 아시고 그 즉시 바로 이 우러나온 말씀을 읊으셨다.[282]

"기술로 생계를 유지하지 않고
단출하고 [세상의] 이익을 바라며[283]

---

282) "'이 의미를 아시고(etamatthaṁ viditvā)'라고 하였다. 이 모든 기술의 영역들(sabbasippāyatana)은 생계를 위한 것이기 때문에(jīvikatthatāya) 윤회의 괴로움으로부터 벗어난 상태가 아니다(vaṭṭadukkhato anissaraṇa-bhāvaṁ). 계행 등이 지극히 청정한 벗어남의 상태이며(suparisuddhā-naṁ nissaraṇabhāvaṁ) 이것을 구족한 것이 비구의 상태임을(taṁ sam-aṅginoyeva ca bhikkhubhāvaṁ) 모든 측면에서 아시고(sabbākārato viditvā) 그 의미를 설명하시는(tadatthavibhāvana) 이 우러나온 말씀을 읊으신 것이다."(UdA.205~206)

감각기능을 제어하고 모든 곳에서 벗어났으며
집 없이 유행하고 내 것이 없고 바람[願]이 없으며
자만을 버려 혼자 다니는 자, 그가 비구이다." {29}

세상 경(Ud3:10)

Loka-sutta

1\. 이와 같이 나는 들었다. 한때 세존께서는 처음 완전한 깨달음을 성취하시고 나서 우루웰라의 네란자라 강의 언덕에 있는 깨달음의 나무[菩提樹] 아래에서 머무셨다.[284] 그때 세존께서는 해탈의 행복을 누리시면서 칠 일 동안 단 한 번의 가부좌로 앉아 계셨다.

2\. 그때 세존께서는 그 칠 일이 지나고 그 삼매로부터 출정하셔서 부처의 눈[佛眼][285]으로 세상[286]을 두루 살펴보셨다. 세존께서는

---

283) "'이익을 바라며(atthakāmo)'라는 것은 신들을 포함한 세상의 이익을 바라는 것(atthameva kāmeti)을 뜻한다. 여기서는 이것으로 중생들의 해로움을 피하는 것(anatthaparivajjana)을 드러내셨기 때문에 살생 등의 해로움을 금하는 것을 밝히는 것(pāṇātipātādianatthaviramaṇaparidīpana)을 통해서 계목(戒目)의 단속에 관한 계(pātimokkhasaṁvarasīla)를 보이신 것이다."(UdA.206)

284) 이것은 첫 번째 칠 일이다. 세존께서 깨달음을 증득하신 뒤 49일 동안에 하셨던 일화를 간단하게 정리한 주해는 본서 「훙훙거림 경」(Ud1:4)을 참조할 것.

285) "여기서 [중생들의, SAṬ.ii.281] 성향과 잠재성향을 아는 지혜(āsayānusaya-ñāṇa)와 [그들의] 기능[根]의 성숙을 아는 지혜(indriya-paropariyatta-ñāṇa)를 '부처의 눈[佛眼, Buddha-cakkhu]'이라 한다."(UdA.207)

"일체를 아는 지혜[一切知智, sabbaññuta-ññāṇa]를 '모두를 볼 수 있는 눈[普眼, samanta-cakkhu, S6:1 §5 {559}]'이라 부르고 세 가지 낮은 단계의 도를 아는 지혜(magga-ñāṇa)를 법의 눈[法眼, dhamma-cakkhu]이라 한다."(SA.i.200)

여기 [부처의 눈, 모두를 볼 수 있는 눈, 법의 눈]에다 신성한 눈[天眼, dibba

부처의 눈[佛眼]으로 세상을 두루 살펴보시면서 중생들이 여러 가지 고통으로 고통받고 있고287) 여러 가지 열병[熱惱]으로 타오르고 있음

-cakkhu, S12:70 §12 등]과 육체적인 눈[肉眼, maṁsa-cakkhu]을 합하면 모두 다섯 가지가 되고, 이것을 부처님의 오안(五眼)이라 부른다.(『상윳따 니까야』 제1권 「권청 경」(S6:1) §6의 주해를 참조할 것.)

그리고 주석서들은 초기불전에 나타나는 여러 종류의 '눈[眼, cakkhu]'을 언급하고 있다. 여기에 대해서는 『상윳따 니까야』 제4권 「안의 무상 경」(S35:1) §3의 주해를 참조하기 바란다.

286) 본경에 해당하는 『우다나 주석서』는 "여기서 '세상(loka)'은 중생 세상(idhāpi sattaloko veditabbo)이다."라고 설명한다.(UdA.207)

한편 『디가 니까야 주석서』는 세상에 대해서 "① [눈에] 보이는 세상[器世間, okāsa-loka] ② 중생 세상[衆生世間, satta-loka] ③ 형성된 세상[有爲世間, saṅkhāra-loka]의 세 가지 세상이 있다."(DA.i.173)고 설명한다. ① 보이는 세상은 보통 우리가 말하는 세상으로 눈에 보이는 이 물질적인 세상, 즉 중국에서 기세간(器世間)으로 이해한 것을 말한다. ② 『상윳따 니까야』 제3권 「꽃 경」(S22: 94) §3에서 "비구들이여, 나는 세상과 다투지 않는다. 세상이 나와 다툴 뿐이다."라고 하신 세상은 바로 중생으로서의 세상을 뜻한다. 중국에서는 중생세간(衆生世間)으로 정착이 되었다. ③ 모든 형성된 것(saṅkhata)을 형성된 세상[有爲世間]이라 한다. 물론 형성된 세상은 모든 유위법(有爲法, saṅkhata-dhammā)을 뜻하며 오취온으로 정리된다.

『상윳따 니까야』 제3권 「꽃 경」(S22:94)에 대한 『상윳따 니까야 주석서』도, "본경에는 세 가지 세상을 설하고 있다. [§3의] '나는 세상과 다투지 않는다.'는 것은 중생 세상[衆生世間, satta-loka]이다. [§6의] '비구들이여, 세상에는 세상의 법이 있나니'라는 것은 형성된 세상[有爲世間, saṅkhāra-loka]이다. [§8의] '여래는 세상에서 태어나서 세상에서 자랐지만'이라는 것은 [눈에] 보이는 세상[器世間, okāsa-loka]이다."(SA.ii.320)라고 주석을 달고 있다.

287) '여러 가지 고통으로 고통받고 있고'는 anekehi santāpehi santappamāne를 옮긴 것이다. 주석서는 여기서 "고통(dukkha)은 참으로 태우고 압박하는 뜻에서 태움(santāpa)이라 불린다(dukkhañhi santāpanapīḷanaṭṭhena santāpoti vuccati)."(UdA.208)라고 하여 santāpa(태움)를 고통(dukkha)으로 설명한 뒤 이 문구를, "여러 가지 고통으로 태워지고 압박받고 억압받고 있다(anekehi dukkhehi santappamāne pīḷiyamāne bādhiyamāne)."(Ibid)는 뜻으로 해석하고 있어서 고통으로 옮겼다.

을 보셨으니 그것은 탐욕에서 생겼고 성냄에서 생겼고 어리석음에서 생긴 것들이다.

3. 그때 세존께서는 이 의미를 아시고 그 즉시 바로 이 우러나온 말씀을 읊으셨다.288)

---

288) 주석서에 의하면 이 우러나온 말씀은 부처님께서 정등각을 이루신 뒤 세 번째로 읊으신 것이라고 한다. 첫 번째는 보리수 나무 아래 가부좌하고 앉으신(bodhirukkhamūle aparājitapallaṅke nisinno) 그 밤이 끝나갈 무렵[後夜]에 성스러운 도를 증득하시어(ariyamaggādhigamena) 스스로 오염원이 사라지고 파괴되어 정등각자가 되시어(abhisambuddho hutvā) 바로 읊으신 "많은 생을 윤회하면서(anekajātisaṁsāraṁ) …"라는 우러나온 말씀이다.(본서 Ud1:1 §3의 해당 주해 참조) 두 번째는 이 첫 번째 우러나온 말씀을 읊으신 뒤(udānaṁ udānetvā) 그 가부좌를 한 자세로(teneva pallaṅkena) 칠 일을 해탈의 행복을 체험하시면서(sattāhaṁ vimuttisukha-paṭisaṁvedī) 칠 일째 초저녁과 한밤중과 이른 새벽(초야·중야·후야)에(sattamāya rattiyā tīsu yāmesu) 읊으신 것으로 본서 Ud1~3의 세 가지 우러나온 말씀(tīṇi udānāni)이다.(UdA.208)

그리고 세 번째가 본경에 나타나는 바로 이 우러나온 말씀인데 본서 Ud1:1~Ud1:3의 우러나온 말씀들 가운데 세 번째 우러나온 말씀을 읊으신 것에 바로 이어서(tīṇi udānāni udānetvā tatiyaudānānantaraṁ) 부처의 눈[佛眼]으로 세상을 굽어보시면서 '이 모든 중생들은 윤회의 괴로움을 받고 있고(vaṭṭadukkha) 오염원을 뿌리로 하고 있다(kilesamūlaka). 이 오염원들은 괴로움을 전개시키는 것이니 미래에도 괴로움의 원인이 된다. 이 중생들은 이것들에 의해서 고통받고 있고 타오르고 있다.'라고 보시면서 이 큰 우러나온 말씀(mahāudāna)을 읊으셨다고 주석서는 설명한다.(UdA.208~209) 주석서는 다음과 같이 설명한다.

"'이 의미를 아시고(etamatthaṁ viditvā)'라고 하였다. 세상은 앞에서 설명한 고통과 열병(yathāvutta-santāpapariḷāhā)의 지배를 받고 있다(abhibhuyyamānatā)는 이 의미를 모든 측면에서 아시고라는 뜻이다. '이 우러나온 말씀을(imaṁ udānaṁ)'이라고 하였다. 이 모든 고통과 열병(sabba-santāpa-pariḷāha)으로부터 [벗어난] 완전한 열반을 설명하시는(parinibbāna-vibhāvana) 이 큰 우러나온 말씀(mahāudāna)을 읊으신 것이다."(UdA.209)

'큰 우러나온 말씀(mahāudāna)'에 대해서는 본경 §6의 마지막 주해를 참조할 것.

"이 세상은 고통스러운 것[289]
감각접촉에 압도되어서 병을 자기 것이라 말한다.[290]
그 어떤 것을 사량하더라도
그것으로부터 그것은 다르게 되어버린다.[291] |1|

다른 상태로 되어가면서 세상은 존재[有]에 집착하고
존재에 압도되어서도 존재를 즐긴다.[292]

---

289) "'이 세상은 고통스러운 것(ayaṁ loko santāpajāto)'이라고 하셨다. 이 모든 세상은 늙음과 질병과 죽음과(jarārogamaraṇehi ca) 여러 종류의 재난들과(nānāvidhabyasanehi ca) 오염원의 묶임들에 의해서(kilesa-pariyuṭṭhānehi ca) 생긴 고통을 가지고 있다(jāta-santāpa). 즉 생겨난 육체적이고 정신적인 괴로움의 지배를 받는다(uppanna-kāyika-cetasika-dukkhābhibhava)는 뜻이다."(UdA.209)

'이 세상은 고통스러운 것'은 ayaṁ loko santāpajāto를 옮긴 것이다. 주석서는 여기서 santāpa-jāta(고통이 생긴)를 jāta-santāpa(생긴 고통을 가진)로 설명하고 있고(UdA.209, NetA.362) 위에서 인용한 주석서에서 보듯이 여기서 jāta는 uppanna(생긴, 일어난)의 의미이다.

복주서는 이것을 친지의 재난 등을 통해서 생긴 슬픔으로 고통스러운 것(ñātibyasanādivasena jāta-soka-santāpa)과 갈망 등을 통해서 생긴 열병으로 고통스러운 것(rāgādivasena jāta-pariḷāha-santāpa)의 두 가지로 설명한다.(NetAṬ.429~430)

290) "'감각접촉에 압도되어서 병을 자기 것이라 말한다(phassapareto rogaṁ vadati attato).'라고 하셨다. 감각접촉을 조건으로 일어나는 느낌이라 불리는 병(vedanāsaṅkhāta roga)이 괴로움이라고 [있는 그대로 알지 못하고], 무더기 다섯 가지(오온, khandhapañcakameva)를 있는 그대로 알지 못하면서 '나'라는 [전도된] 인식(saññā) 때문에 견해에 의한 거머쥠(diṭṭhigāha)을 통해서 '나는 즐겁다, 괴롭다.'라고 하면서 자기 것이라고(attato) 말한다. '자신의(attano)'로 읽기도 한다(paṭhanti)."(UdA.209)

291) '그 어떤 것을 사량하더라도 / 그것으로부터 그것은 다르게 되어버린다.'는 yena yena hi maññati, tato taṁ hoti aññathā를 옮긴 것이다. 이 우러나온 말씀은 『상윳따 니까야』 제4권 「뿌리 뽑는 데 도움이 됨 경」 1(S35:31) §3에서는 "'그것은 나의 것이다.'라고 사량하는 그것으로부터 그것은 다르게 되어버린다(yaṁ meti maññati, tato taṁ hoti aññathā.)."로 나타난다.

292) 본 우러나온 말씀은 『상윳따 니까야』 제4권 「뿌리 뽑는 데 도움이 됨 경」

즐기는 것 [33] 그것이 두려움이고
두려워하는 것 그것이 괴로움이니
존재를 버리기 위해서 이 청정범행을 성취한다." |2|

4. "어떤 사문들이든 바라문들이든[293] 존재[有, bhava]를 통해서 존재의 해탈을 설했던 자들은 모두 존재로부터 해탈하지 못하였다고 나는 말한다.[294] 그리고 어떤 사문들이든 바라문들이든 존재

1(S35:31) §3과 밀접한 관계가 있어 보인다. 오히려 「뿌리 뽑는 데 도움이 됨 경」 1(S35:31) §3은 본 우러나온 말씀에 대한 상세한 설명이라 부를 수도 있겠다. 그래서 「뿌리 뽑는 데 도움이 됨 경」 1(S35:31) §3을 여기에 옮겨 실어본다.

"비구들이여, 그러면 어떤 것이 일체의 사량을 뿌리 뽑는 데 도움이 되는 도닦음인가?
비구들이여, 여기 비구는 눈을 사량하지 않고, 눈에서 사량하지 않고, 눈으로부터 사량하지 않고, '눈은 나의 것이다.'라고 사량하지 않는다. 형색을 … 눈의 알음알이를 … 눈의 감각접촉을 … 눈의 감각접촉을 조건으로 하여 일어나는 즐거운 느낌이나 괴로운 느낌이나 괴롭지도 즐겁지도 않은 느낌을 사량하지 않고, 이것에서 사량하지 않고, 이것으로부터 사량하지 않고, '이것은 나의 것이다.'라고 사량하지 않는다.
비구들이여, 왜냐하면 그것을 사량하고, 그것에서 사량하고, 그것으로부터 사량하고, '그것은 나의 것이다.'라고 사량하는 그것으로부터 그것은 다르게 되어버리기 때문이다.
세상은 이처럼 다른 상태로 되어가면서 존재[有]에 집착하고 오직 존재를 기뻐한다." (§3)
「뿌리 뽑는 데 도움이 됨 경」 1(S35:31) §3에 실린 해당 주해들도 참조하기 바란다.

293) "'어떤 사문들이든 바라문들이든(ye hi keci samaṇā vā brāhmaṇā vā)'이라고 하셨다. 여기서 '사문들(samaṇā)'은 단지 출가만으로(pabbajjūpagamana-mattena) 사문이지 악(惡)을 가라앉힌(samita-pāpa) [참된 사문들은] 아니다. '바라문들(brāhmaṇā)'은 출생만으로(jātimattena) 바라문이지 악을 멀리 내쫓아 버린(bāhita-pāpā) [참된 바라문들]은 아니다."(UdA.211)

294) 『우다나 주석서』는 본문의 '존재[有, bhava]를 통해서 존재의 해탈을 설했던 자들은 모두 존재로부터 해탈하지 못하였다고 나는 말한다

(bhavena bhavassa vippamokkhamāhaṁsu, sabbe te avippamuttā bhavasmā ti vadāmi).'를 다음과 같이 세 가지 관점에서 설명한다.

첫째는, 현법열반론자(現法涅槃論者)들의 견해가 여기에 해당된다고 설명한다. 주석서는 이렇게 말한다.

"'존재[有, bhava]를 통해서 존재의 해탈을 설했던(bhavena bhavassa vippamokkhamāhaṁsū)'이라고 하셨다. 어떤 자들은 욕계 존재에 의하거나 색계 존재에 의한 모든 존재로부터의 해탈(sabbabhavato vimutti)을 윤회로부터의 청정(saṁsārato suddhiṁ, NdA.i.234)으로 설하였다는 뜻이다."

주석서는 이들의 보기로 먼저 『디가 니까야』 제1권 「범망경」(D1) §§3.19~3.25를 보기로 인용하면서 지금·여기에서 열반을 실현한다고 주장하는 자들, 즉 현법열반론자(現法涅槃論者, diṭṭhadhammanibbānavādi)들을 언급하면서 지금·여기에서 다섯 가닥의 감각적 쾌락을 얻는 것을 궁극적인 완전한 평화(적멸, nibbuti)를 얻은 것으로 여기거나 색계선들 가운데 초선부터 제4선까지를 구족하는 것을 지금·여기에서 궁극적인 완전한 평화(nibbuti)를 얻은 것이라고 말하는 것을 들고 있다. 이 현법열반론자들이 가지는 이 다섯 가지 견해는 「범망경」(D1) §§3.19~3.25를 참조하기 바란다.

이렇게 설명을 한 뒤 주석서는 이 현법열반론자들의 견해를 다음과 같이 정리한다.

"그러나 일단 원하는 만큼 빨아먹어서 아주 만족한(yāvadatthaṁ pītattā suhitā) 거머리(jalūkā)가 충분히 피를 빨아 마시고는(ruhirapipāsā) [대상으로부터 떨어져 나오는 것처럼] 감각적 쾌락 등의 즐거움들을 충분히 즐긴 그런 자에게는 자신의 감각적 쾌락을 추구함 등은(kāmesanādayo) 이제 존재하지 않을 것이다. 그것이 존재하지 않으면 그것이 바로 존재의 존재하지 않음이다(bhavassa abhāvoyeva). 그리고 이런저런 존재에 머무는 자의 이런 방법이 없어질 때마다 바로 그런 존재를 통해서 모든 존재로부터의 해탈이 있다(sabbabhavato vimutti hoti)고 설명한다. 그래서 '존재[有, bhava]를 통해서 존재의 해탈을 설했다.'고 말씀하신 것이다."(UdA.211)

즉 현법열반론자들에게는 감각적 쾌락의 존재이든 선정의 경지로서의 존재이든 그런 존재에 물릴 정도로 충분히 만족하는 것이 그 존재로부터 해탈하게 되는 것이라는 뜻이다.

둘째, 그리고 주석서는 막칼리 고살라의 윤회를 통한 청정(saṁsāra-suddhi, D2 §19~21)을 예로 들면서 "그리고 '이 정도의 시간을 윤회한 뒤에 어리석은 자들이나 현자들이나 최후의 존재에 서서 윤회로부터 해탈한다.'는 신념을 가진 그들도 존재를 통한 존재의 해탈을 주장하게 된다. "그리고 8백4십만의 대겁(大劫)이 있습니다. 어리석은 자나 현자나 같이 그것을 모두 치달

않음[無有, vibhava]을 통해서 존재의 벗어남을 설했던 자들도 모두 존재로부터 흘러나가지 못하였다고 나는 말한다."[295] [296]

리고 윤회하고 나서야 괴로움의 끝을 냅니다."(D2 §20)라고 이렇게 주장하였기 때문이다."(UdA.212)라고 덧붙이고 있다.

이처럼 수많은 겁을 존재한 뒤에 존재로부터의 해탈이 있다고 주장하기 때문에 막칼리 고살라도 존재를 통해서 존재의 해탈을 설했던 자들에 속하는 것이다.

셋째, 계속해서 주석서는 여기서 존재는 존재에 대한 견해를 뜻하고 이 존재에 대한 견해는 항상하다는 견해[常見, sassataditthi]를 뜻한다고 설명한다. 주석서를 옮겨보면 다음과 같다.

"혹은 '존재[有, bhava]를 통한'이란 존재에 대한 견해(bhavaditthi)를 통한을 뜻한다. 존재한다, 영원히 머문다라고 전개되기 때문에 항상하다는 견해[常見]가 존재에 대한 견해라 불린다. 존재에 대한 견해가 오직 여기서 [견해라는] 뒤의 단어가 생략되어 존재에 대한 갈애 등에서처럼 존재라고 설해진 것이다. 그리고 존재에 대한 견해를 통해서 어떤 자들은 존재의 특별함을 오염원들의 가라앉음을 위한 수단으로 하여 수명을 오랜 세월 동안 머물기 위해서 항상함 등의 고유성질을 가진 존재의 해탈을 상정한다. 예를 들면 바까 범천이 "이것은 항상하고, 이것은 견고하고, 이것은 영원하고, 이것은 완전하고 …"(M49 §2)라고 말한 것과 같다.

이와 같이 전도된 거머쥔 자들(viparītagāhī), 즉 벗어남이 아닌 것에 대해서 벗어남이라는 견해를 가진 자들(anissaraṇe nissaraṇaditthī)에게 어디에 존재로부터의 해탈이 있겠는가. 그래서 세존께서는 [본경에서] '그들은 모두 존재로부터 해탈하지 못하였다.'라고 말씀하셨다."(UdA.212)

그런 뒤에 주석서는 "그래서 세존께서는 '모두 존재로부터 해탈하지 못하였다고 나는 말한다.'라고 말씀하신 것이다."(Ibid)라고 결론을 짓고 있다.

295) 계속해서 주석서는 본문의 '존재 않음[無有, vibhava]을 통해서 존재의 벗어남을 설했던 자들도 모두 존재로부터 흘러나가지 못하였다고 나는 말한다(vibhavena bhavassa nissaraṇamāhaṁsu, sabbe te anissaṭā (a+nis+sarati, √sṛ, *to flow*) bhavasmā'ti vadāmi).'를 이렇게 설명한다.

"여기서 '존재 않음[無有, vibhava]'은 단멸(uccheda)이다. '존재의 벗어남을 설했던 자들(bhavassa nissaraṇamāhaṁsu)'은 모든 존재로부터 떠나버림(sabbabhavato niggamana)과 벗어나버림(nikkhanti)을 윤회의 청정(saṁsārasuddhi)이라고 말하였다. 그래서 그들은 존재에 의해서 존재로부터 벗어남을 주장하는 자들의 주장(vāda)을 인정하지 않으며(ananujānantā) 존재를 멸절함을 통해서 벗어남(bhavūpacchedena nissaraṇa)을 인정하였다.

혹은 '존재 않음[無有]을 통해서(vibhavato)'라는 것은 단멸한다는 견해를 통해서(ucchedadiṭṭhivasena)이다. '자아와 세상은 존재하지 않고 파멸하고 단멸한다(vibhavati vinassati ucchijjati attā ca loko ca).'라고 전개하기 때문에 단멸한다는 견해(ucchedadiṭṭhi)가 앞에서 설명한 방법대로 존재 않음(vibhava)이라 불린다. 단멸론을 통해서 중생들은 이것을 확신하여(adhimuccitvā) 태어나는 곳마다 단멸하는데(tattha tattha uppannā ucchijjanti) 이것이 바로 윤회의 청정이라고 단멸론자들(ucchedavādino)은 주장한다."(UdA.212~213)

주석서는 이 보기로 '존자여, 이 자아는 물질을 가졌고, 사대(四大)로 이루어졌으며, 부모에서 생겨났기 때문에 몸이 무너지면 단멸하고 파멸하여 죽은 후에는 더 이상 존재하지 않습니다. … 비상비비상처(非想非非想處)를 얻은 자의 자아입니다. 존자여, 바로 이런 자아야말로 몸이 무너지면 단멸하고 파멸하고 죽은 후에는 더 이상 존재하지 않습니다. 존자여, 이런 까닭에 이 자아는 실로 철저하게 단멸합니다.'(D1 §§3.10~3.16)라는 『디가 니까야』 제1권 「범망경」(D1)의 [사후]단멸론자들(ucchedavādino)의 견해를 소개하고 있다.(UdA.213)

296) "'모두 존재로부터 흘러나가지 못하였다고 나는 말한다(sabbe te anissaṭā bhavasmāti vadāmi).'라고 하셨다. 참으로 성스러운 도를 수행하여(ariya-maggabhāvanāya) 오염원을 남김없이 근절시키지 못하고서는 결코 존재로부터 벗어남에 의한 해탈(nissaraṇa-vimuttīti, 다섯 가지 해탈에 대해서는 M123 §2의 주해를 참조할 것)은 생기지 않기 때문이다. 거기서 참으로 그들 사문·바라문들에게는 있는 그대로의 깨달음이 존재하지 않기 때문에(yathābhūtāvabodhābhāvato) 그들은 있다거나 없다라는(atthi natthīti) 양극단에 떨어져서(antadvayanipatitā) 갈애와 사견을 통해서 초조하고 동요하게 된다(samparitasita-vipphanditamatta).

그래서 그 사견에 사로잡힌 자들은 삶을 진행하게 하는 원인들(pavatti-hetū)에 대해서도 미혹하여서 자기 자신이라는 토대(sakkāyabhūmi)에 깊이 파묻혀 전도된 이해로 뻣뻣해지고(viparīta-dassana-thambha) 갈애의 속박(taṇhābandhana)에 묶여 가죽 끈에 묶인 개처럼(gaddulabandhanā viya sā) 속박된 곳(bandhanaṭṭhāna)을 끊어버리지 못하는데 그들에게 어디에 해탈(vimokkha)이 있겠는가?

그러나 네 가지 진리를 정확하게 이해하여(catusaccavibhāvanena) 발생(pavatti) 등에서 미혹하지 않기 때문에(asammohato) 이 양극단에 떨어지지 않고(antadvayaṁ anupagamma) 중간의 도닦음[中道, majjhimā paṭipadā]을 증장시키는(samāruḷhā) 자들에게는 존재로부터 풀려남(bhavavippamokkha)과 벗어남(nissaraṇa)이 있음을 보여주시면서 스승께서는 "참으로 재생의 근거를 조건으로 하여(upadhiñhi paṭicca)" 등을

5. "참으로 재생의 근거[297]를 조건으로[298] 이 괴로움은 발생하고 모든 취착이 멸진하기 때문에 괴로움의 발생은 있지 않다. 이 세상을 보라. 무명에 압도된 범속한[299] 존재들은 존재에 빠져 벗어나지 못한다. 어떠한 존재들이든, 모든 곳에서 [천상과 비참한 곳과

말씀하셨다."(UdA.213)

발생(pavatti)에 대해서는 『청정도론』(Vis.XVI.23)과 본서 「왕 경」(Ud2:2) §3의 해당 주해도 참조할 것.

297) '재생의 근거(upadhi)'에 대해서는 본서 「존경 경」(Ud2:4) §3의 주해를 참조할 것.

298) '재생의 근거를 조건으로'는 VRI본 'upadhiñhi paṭicca'를 옮긴 것이다. 그런데 PTS본에는 'na upadhī hi paṭicca'로 나타나는데 문맥상 전혀 맞지 않는다. Ireland도 판본에 대한 언급 없이 '*This suffering arises dependent upon clinging.*'로 옮겼다. Ireland는 이미 그의 『우다나』와 『이띠웃따까』 영어 번역본의 역자 서문에서, 1889년에 출간된 PTS본 『우다나』 교정본에는 아주 많은 편집상의 오류가 있어서 오류가 없는 페이지가 없다고 할 정도라고 혹평을 하였는데(Ireland, 4쪽) 이것도 그중의 하나라 할 수 있다. 그러면 주석서의 설명을 살펴보자.

"여기서 '재생의 근거(upadhi)'는 오온 등이라는 재생의 근거(khandhādi-upadhi)이다. '참으로(hi)'는 단지 불변화사(nipātamatta)이다. '조건으로(paṭicca)'는 의지하여(nissāya), 조건 지어(paccayaṁ katvā)라는 뜻이다. '괴로움(dukkha)'은 태어남 등의 괴로움이다. 무엇을 말씀하시는가?
이들 사견에 빠진 자들(diṭṭhigatikā)은 해탈이라는 인식을 가진 자들(vimokkhasaññino)이지만 그들의 경우는 무더기와 오염원과 [업]형성이라는 재생의 근거들(khandhakilesābhisaṅkhārūpadhayo)을 얻은 것(adhigatā)에 지나지 않는다. 거기 어디에 괴로움으로부터 벗어남(dukkha-nissaraṇa)이 있는가? 오염원들(kilesā)이 있는 곳, 그곳에서는 윤회의 괴로움을 되돌리지 못한다(vaṭṭadukkhassa anivatti). [업]형성으로부터 생겼기 때문에(abhisaṅkhārasambhavato) 존재에 묶여있는 것을 결코 자르지 못하기 때문이다(bhavapabandhassa avicchedoyeva). 그래서 말씀하셨다. '참으로 재생의 근거를 조건으로 이 괴로움은 발생한다(upadhiñhi paṭicca dukkhamidaṁ sambhoti).'라고."(UdA.213)

299) "'범속한(puthū)'이란 많은(bahū), 따로따로 존재하는(visuṁ visuṁ)이라는 말이다."(UdA.214)

인간으로 분류되는] 모든 존재하는 것들[300] — 그 모든 존재들은 무상하고 괴로움이고 변하기 마련인 법이다."

6. "이와 같이 이것을 있는 그대로
바른 통찰지로 보게 되면
존재에 대한 갈애는 제거되고
존재하지 않음을 기뻐하지 않는다.[301] |3|

모든 곳에서 갈애들을 멸진하여서
남김없이 빛바래어 소멸함이 열반이라.
그 적멸을 이룬 비구에게는[302]
취착이 없어졌기 때문에 다시 태어남이란 없다.
마라를 정복하고 전쟁에서 승리하여
여여한 자는 모든 존재들을 넘어섰도다."[303] |4| {30}

---

300) "'모든 존재하는 것들(sabbatthatāya)'이란 천상과 처참한 곳과 인간 등으로 구분되는 것(saggāpāyamanussādivibhāgena)을 말한다."(UdA.215)

301) "'존재에 대한 갈애는 제거되고(bhavataṇhā pahīyati)'라는 것은, 존재는 항상하다(bhavo nicco)라는 등의 방법으로 전개되는 존재들에 대한 갈애가 제거된다(bhavesu taṇhā pahīyati)는 뜻이다. … '존재하지 않음을 기뻐하지 않는다(vibhavaṁ nābhinandati).'라는 것은, 단견(ucchedadiṭṭhi)을 모두 제거하였기 때문에(pahīnattā) 존재하지 않음(vibhava), 즉 멸절(viccheda)을 기뻐하지 않는다, 바라지 않는다(na pattheti)는 뜻이다."(UdA.215)

302) "이와 같이 갈애를 제거함을 출구로 하여(taṇhāya pahānamukhena) 유여열반(有餘涅槃, saupādisesanibbāna), 즉 [오온이] 남아있는 열반을 보여주신 뒤 이제 무여열반(無餘涅槃, anupādisesanibbāna), 즉 [오온이] 남아있지 않은 열반을 보여주시기 위해서 '그 적멸을 이룬 비구에게는(tassa nibbutassa bhikkhuno)'이라는 등을 말씀하셨다."(UdA.216)

무여열반과 유여열반에 대해서는 『이띠웃따까』 「열반의 요소 경」(It2:17)과 해당 주해와 「대반열반경」(D16) §3.20의 주해와 『아비담마 길라잡이』 제6장 §31의 해설을 참조할 것.

제3품 난다 품이 끝났다.

세 번째 품에 포함된 경들의 목록은 –

① 업 ② 난다 ③ 야소자
④ 사리뿟따 ⑤ 꼴리따
⑥ 삘린다 ⑦ 깟사빠 ⑧ 탁발
⑨ 기술 ⑩ 세상의 열 가지이다.

---

303) "이처럼 세존께서는 무여열반의 경지[無餘涅槃界, anupādisesa nibbāna-dhātu]를 정점(kūṭa)으로 하여 이 큰 우러나온 말씀(mahāudāna)을 완성시키셨다."(UdA.216)

여기서 주목할 점은 주석서는 본경의 이 우러나온 말씀을 큰 우러나온 말씀[大感興語, mahāudāna]으로 부르고 있다는 것이다. 큰 우러나온 말씀(mahāudāna)이라는 이 용어는 빠알리 문헌 전체에서 『우다나 주석서』의 여기에만 두 번 나타나는 것으로 검색이 되었다.(본경 §3의 첫 번째 주해도 참조할 것) 물론 역자가 §3부터 §6까지로 문단 번호를 매겨본 이 우러나온 말씀은 산문까지 포함하여 그 길이가 길어서 큰 우러나온 말씀(mahā-udāna)이라고 한 것도 있겠지만, 존재[有]에 집착하고, 존재에 압도되어서도 또 존재를 즐기고, 그러면서도 또 즐기는 그것을 두려워하고, 그래서 또 괴로움을 겪는 중생에 대한 부처님의 내면 깊숙한 곳에서 우러나온, 연민으로 가득한 이 말씀이야말로 가장 감동적이고 위대하다고 판단해서 주석가들은 이것을 이렇게 '큰 우러나온 말씀'이라고 표현을 한 것이 아닌가 하고 역자는 숙연한 마음으로 생각해 본다.

제4품

메기야 품

Meghiya-vagga(Ud4:1~10)

메기야 경(Ud4:1)[304]

Meghiya-sutta

1. 이와 같이 [34] 나는 들었다. 한때 세존께서는 짤리까에서 짤리까 산에 머무셨다.[305] 그 무렵 메기야 존자[306]가 세존의 시자로 있었다.[307] 그때 메기야 존자는 세존께 다가갔다. 가서는 세존께 절

304) 본경은 『앙굿따라 니까야』 제5권 「메기야 경」(A9:3)과 같은 내용을 담고 있다. 「메기야 경」(A9:3)에는 본경의 마지막에 나타나는 부처님의 우러나온 말씀이 없는 것만이 다르다. 본경의 한글 번역과 주해는 대림 스님이 옮긴 「메기야 경」(A9:3)을 여기에 맞게 전재(轉載)한 것이다.

305) 짤리까(Cālikā)는 도시 이름이다. 이 도시의 문을 열면 출렁이는 소택지(cala-paṅka)로 둘러싸여 있어서 마치 도시 전체가 움직이는 것처럼 여겨져서 짤리까(Cālikā 혹은 Cāliyā)라 불렀다고 한다.(UdA.217) 이곳에 있는 산이 짤리까 산(Cālikāpabbata)인데 세존께서는 성도 후 열세 번째, 열여덟 번째, 열아홉 번째 안거를 이곳에서 보내셨다고 한다.(AA.ii.124) 이곳에는 큰 승원(mahā-vihāra)이 있었으며 세존께서는 이곳에 머무셨다고 한다.(AA.iv.164)

306) 메기야 존자(āyasmā Meghiya)는 사꺄(Sākya, 석가족)의 까삘라왓투(Kapilavatthu) 출신이며 본경에서 보듯이 한때 세존의 시자 소임을 맡았다. 그는 본경의 가르침을 통해서 아라한이 되었다고 한다.(DPPN) 『법구경 주석서』는 예류과(sotāpatti-phala)를 얻었다고 적고 있다.(DhpA.i.289)

307) 주석서 문헌에 의하면 세존의 시자 소임을 본 분은 모두 여덟 분이었다. 성도하신 뒤 처음 20년 동안은 나가사말라(Nāgasamala), 나기따(Nāgita),

을 올리고 한 곁에 섰다. 한 곁에 서서 메기야 존자는 세존께 이렇게 말씀드렸다.

"세존이시여, 저는 잔뚜가미[308]에 탁발을 가고자 합니다."

"메기야여, 지금이 적당한 시간이라면 그렇게 하도록 하라."

2. 그때 메기야 존자는 오전에 옷매무새를 가다듬고 발우와 가사를 수하고 탁발을 위해 잔뚜가마로 들어갔다. 잔뚜가마에서 탁발하여 공양을 마치고 탁발에서 돌아와 끼미깔라 강의 언덕으로 갔다. 메기야 존자는 끼미깔라 강의 언덕에서 이리저리 경행하다가 깨끗하고 아름답고 쾌적한 망고 숲을 보았다. 그것을 보자 '이 망고 숲은 참으로 깨끗하고 아름답고 쾌적하여 정진을 원하는 선남자가 정진하기에 좋은 곳이구나. 만일 세존께서 허락해 주신다면 나는 이 망고 숲으로 정진하러 와야겠다.'라는 생각이 들었다.

3. 그러자 메기야 존자는 세존께 다가갔다. 가서는 세존께 절을 올리고 한 곁에 앉았다. 한 곁에 앉아서 메기야 존자는 세존께 이렇게 말씀드렸다.

"세존이시여, 여기 저는 오전에 옷매무새를 가다듬고 발우와 가사

우빠와나(Upavāṇa), 수낙캇따(Sunakkhatta), 사미라 불린 쭌다(Cunda samaṇuddesa), 사가따(Sāgata), 메기야(Meghiya) 존자가 소임을 보았고,(AAṬ.iii.247~248) 성도 후 21년째 되던 해부터 반열반(般涅槃)하시기까지 대략 25년 동안은 아난다 존자가 시자 소임을 맡았다.

『우다나 주석서』는 이렇게 밝히고 있다.
"세존께서는 처음 깨달음을 얻으신(paṭhamabodhiyaṁ) 20년 동안은(vīsati-vassāni) 시자들이 정해지지 않았다(anibaddhā upaṭṭhākā ahesuṁ). 그 뒤 반열반에 드실 때까지 25년은(pañcavīsativassāni) 아난다 존자가 그림자처럼 시봉을 하였다(chāyāva upaṭṭhāsi)."(UdA.425)

308) "잔뚜가마(Jantugāma)는 짤리까 산에 있는 승원 가까이에 있는 마을 이름이다."(AA.iv.164)

를 수하고 잔뚜가마로 탁발을 갔습니다. 잔뚜가마에서 탁발하여 공양을 마치고 탁발에서 돌아와 끼미깔라 강의 언덕으로 갔습니다. 저는 끼미깔라 강의 언덕에서 이리저리 경행하다가 깨끗하고 아름답고 쾌적한 망고 숲을 보았습니다. 그것을 보자 '이 망고 숲은 참으로 깨끗하고 아름답고 쾌적하여서 정진을 원하는 선남자가 정진하기에 좋은 곳이구나. 만일 세존께서 허락하신다면 나는 이 망고 숲으로 정진하러 와야겠다.'라는 생각이 들었습니다. 세존께서 만일 허락해 주신다면 저는 그 [35] 망고 숲으로 정진하러 가겠습니다."

이렇게 말씀드리자 세존께서는 메기야 존자에게 이렇게 말씀하셨다.

"메기야여, 어떤 다른 비구가 [나에게] 올 때까지 여기 있도록 하라."309)

4. 두 번째로 메기야 존자는 세존께 이렇게 말씀드렸다.

"세존이시여, 세존께서는 다시 더 해야 할 것이 없으시고 더 보태야 할 것도 없으십니다.310) 세존이시여, 그러나 저는 다시 더 해야 할 것도 있고 더 보태야 할 것도 있습니다. 세존께서 만일 허락해 주신다면 저는 그 망고 숲으로 정진하러 가겠습니다."

---

309) "세존께서 메기야 장로의 지혜(ñāṇa)가 아직 성숙하지 않은 것(na paripāka gata)을 아시고 허락하지 않으시면서(paṭikkhipanta) 하신 말씀이다."(UdA.218; AA.iv.165)

310) "네 가지 진리들에 대해서 네 가지 도를 통해서 철저하게 앎 등(pariññādi)의 16가지 역할들(kiccā)을 다 하였고 정등각(abhisambodhi)을 통해서 증득하셨기 때문에(adhigatattā) '다시 더 해야 할 것이 없으시다(natthi kiñci uttari karaṇīyaṁ).' '더 보태야 할 것도 없으시다(natthi katassa vā paticayo).'는 것은 이미 닦은 도(bhāvitamagga)를 더 닦아야 할 필요가 없고, 이미 버린 오염원들(pahīnakilesā)을 다시 또 버릴 필요가 없다는 뜻이다."(UdA.218. *cf.* AA.iv.165)

두 번째도 세존께서는 메기야 존자에게 이렇게 말씀하셨다.

"메기야여, 어떤 다른 비구가 [나에게] 올 때까지 여기 있도록 하라."

5. 세 번째로 메기야 존자는 세존께 이렇게 말씀드렸다.

"세존이시여, 세존께서는 다시 더 해야 할 것이 없으시고 더 보태야 할 것도 없으십니다. 세존이시여, 그러나 저는 다시 더 해야 할 것도 있고 더 보태야 할 것도 있습니다. 세존께서 만일 허락해 주신다면 저는 그 망고 숲으로 정진하러 가겠습니다."

"메기야여, 그대가 정진한다고 말하는데 내가 무슨 말을 하겠는가? 메기야여, 지금이 적당한 시간이라면 그렇게 하도록 하라."

6. 그때 메기야 존자는 세존께 절을 올리고 오른쪽으로 돌아 [경의를 표한] 뒤 망고 숲으로 갔다. 그는 망고 숲으로 들어가서 낮 동안의 머묾을 위해 어떤 나무 아래 앉았다. 메기야 존자가 그 망고 숲에 머물 때 대체적으로 세 가지 나쁘고 해로운 생각이 일어났는데 그것은 감각적 쾌락에 대한 생각, 악의에 대한 생각, 해코지에 대한 생각이었다.[311]

그러자 메기야 존자에게 이런 생각이 들었다. '참으로 경이롭구나. 참으로 놀랍구나. 나는 믿음으로 집을 나와 출가했다. 그런데도 나는 감각적 쾌락에 대한 생각과 악의에 대한 생각과 해코지에 대한 생각

---

311) '감각적 쾌락에 대한 생각, 악의에 대한 생각, 해코지에 대한 생각'은 각각 kāmavitakka, byāpādavitakka, vihiṁsāvitakka를 옮긴 것이다. 이 세 가지 생각은 팔정도의 정사유(sammā-saṅkappa)의 내용인 출리에 대한 사유(nekkhamma-saṁkappa), 악의 없음에 대한 사유(avyāpāda-saṁkappa), 해코지 않음에 대한 사유(avihiṁsā-saṁkappa)와 반대되는 내용이다.(D22 §21; M141 §25; Vbh §487 등 참조)

이라는 세 가지 나쁘고 해로운 생각에 빠져있다니!'

7. 그러자 메기야 존자는 세존께 다가갔다. 가서는 세존께 절을 올리고 한 곁에 앉았다. 한 곁에 앉아서 메기야 존자는 세존께 이렇게 말씀드렸다.

"세존이시여, 제가 그 망고 숲에 머물 때 대체적으로 세 가지 나쁘고 해로운 생각이 일어났는데 그것은 감각적 쾌락에 대한 생각, 악의에 대한 생각, 해코지에 대한 생각이었습니다. 그러자 제게 이런 생각이 들었습니다. '참으로 경이롭구나. 참으로 놀랍구나. 나는 믿음으로 집을 나와 출가했다. [36] 그런데도 나는 감각적 쾌락에 대한 생각과 악의에 대한 생각과 해코지에 대한 생각이라는 세 가지 나쁘고 해로운 생각에 빠져있다니!'라고"

"메기야여, 다섯 가지 법은 아직 성숙하지 않은 마음의 해탈을 성숙하게 한다. 무엇이 다섯인가?"312)

8. "메기야여, 여기 비구는 좋은 친구, 좋은 동료, 좋은 벗을 가졌다. 메기야여, 이것이 아직 성숙하지 않은 마음의 해탈을 성숙하게 하는 첫 번째 법이다."313)

9. "다시 메기야여, 여기 비구는 계를 잘 지킨다. 그는 계목의 단속으로 단속하면서 머문다. 바른 행실과 행동의 영역을 갖추고, 작

---

312) 이하 본경에서 제시하는 '아직 성숙하지 않은 마음의 해탈(aparipakkā cetovimutti)을 성숙하게 하는 법'은 『앙굿따라 니까야』 제5권 「깨달음 경」(A9:1) §3의 두 번째 문단부터 §8까지와 같은 내용이다.

313) "이것이 첫 번째 비난받지 않는 법(anavajjadhamma)이어서 청정하지 않은 믿음의 [기능] 등(saddhādi)을 청정하게 만듦(visuddhikaraṇa)을 통해 '마음의 해탈을 성숙하게 한다(cetovimuttiyā paripākāya saṁvattati).'는 말씀이다."(UdA.222)

은 허물에 대해서도 두려움을 보며, 학습계목을 받아 지녀 공부짓는다. 메기야여, 이것이 아직 성숙하지 않은 마음의 해탈을 성숙하게 하는 두 번째 법이다."

10. "다시 메기야여, 여기 비구는 완전한 염오로, 탐욕의 빛바램으로, 소멸로, 고요함으로, 최상의 지혜로, 바른 깨달음으로, 열반으로 인도하는[314] 엄격하고 마음을 여는 데 도움이 되는 이야기, 즉 소

---

314) '완전한 염오로, 탐욕의 빛바램으로, 소멸로, 고요함으로, 최상의 지혜로, 바른 깨달음으로, 열반으로 인도하는'은 ekantanibbidāya virāgāya nirodhā-ya upasamāya abhiññāya sambodhāya nibbānāya saṁvattati를 옮긴 것이다. 이것은 니까야의 여러 곳(D19 §61; M83:21; S46:20 §3; A5:69 §1 등)에 나타나는 정형구이다. 본경 여기와 아래 §13에 나타나는 이 정형구는 『앙굿따라 니까야』 제5권 「메기야 경」(A9:3)에는 나타나지 않는다. 『우다나 주석서』는 이 구문을 이렇게 설명한다.

"이제 염오 등을 가져오셔서 오염원을 지워 없애고(ābhisallekhikā) 마음을 활짝 여는 데 도움이 되는(ceto-vivaraṇa-sappāyā, 사마타와 위빠사나를 닦는 데 도움이 되는, MA.iv.164, M122 §12) 이 [10가지] 이야기를 설하신다. 이것을 보여주시기 위해서 '완전한 염오로(ekantanibbidāya)' 등을 말씀하셨다.
'완전한 염오로(ekantanibbidāya)': 윤회의 괴로움으로부터(vaṭṭadukkha-to) 전적으로(ekaṁseneva) 염오하도록 [인도하고],
'탐욕의 빛바램으로(virāgāya), 소멸로(nirodhāya)': 그것의 탐욕을 빛바래도록, 그리고 소멸하도록 [인도하고],
'고요함으로(upasamāya)': 모든 오염원들의 고요함으로(sabbakilesūpa-samāya) [인도하고],
'최상의 지혜로(abhiññāya)': 모든 최상의 지혜로 알아야 할 것을 최상의 지혜로 알도록(abhiññeyyassa abhijānanāya) [인도하고],
'바른 깨달음으로(sambodhāya)': 네 가지 도의 바른 깨달음으로(catu-magga-sambodhāya) [인도하고],
'열반으로(nibbānāya)': 무여열반으로(anupādisesanibbānāya) 인도한다. 이 가운데 처음의 세 가지 용어들(padā)로는 위빳사나(vipassanā)를 설하셨고 두 가지로는 도(magga)를, 두 가지로는 열반(nibbāna)을 설하셨다. 이 모두는 사마타와 위빳사나(samathavipassanā)로부터 시작하여(ādiṁ katvā) 열반으로 귀결되는(nibbānapariyosāna) 인간을 초월한 법(uttari-manussadhamma)인데 이러한 열 가지 논의의 토대를 얻는 자에게

욕에 대한 이야기, 지족에 대한 이야기, 한거(閑居)에 대한 이야기, [재가자들과] 교제하지 않는 이야기, 열심히 정진함에 대한 이야기, 계에 대한 이야기, 삼매에 대한 이야기, 통찰지에 대한 이야기, 해탈에 대한 이야기, 해탈지견에 대한 이야기[315] 등을 원하기만 하면 얻을 수 있고, 힘들이지 않고 얻을 수 있고, 어려움 없이 얻을 수 있다. 메기야여, 이것이 아직 성숙하지 않은 마음의 해탈을 성숙하게 하는 세 번째 법이다."

11. "다시 메기야여, 여기 비구는 해로운 법들을 제거하고 유익한 법들을 두루 갖추기 위해 열심히 정진하며 머문다. 그는 굳세고 분투하고 유익한 법들에 대한 임무를 내팽개치지 않는다. 메기야여, 이것이 아직 성숙하지 않은 마음의 해탈을 성숙하게 하는 네 번째 법이다."

12. "다시 메기야여, 여기 비구는 통찰지를 가졌다. 그는 일어나고 사라짐을 꿰뚫고, 성스럽고, 통찰력이 있고, 바르게 괴로움의 소멸로 인도하는 통찰지를 구족했다. 메기야여, 이것이 아직 성숙하지 않은 마음의 해탈을 성숙하게 하는 다섯 번째 법이다."

13. "메기야여, 좋은 친구, 좋은 동료, 좋은 벗을 가진 비구에게는 '그는 계를 잘 지킨다. 계목의 단속으로 단속하면서 머물고, 바른 행실과 행동의 영역을 갖추고, 작은 허물에 대해서도 두려움을 보며,

---

(dasakathāvatthulābhino) 유용함을 보여주고 있다(sijjhatīti dasseti)." (UdA.227)

315) 바로 앞의 주해에서 보듯이 『우다나 주석서』는 이 열 가지를 '열 가지 논의의 토대/주제(dasakathāvatthu)'라 부르고 있다.(UdA.227) 그리고 『청정도론』의 복주서인 『빠라맛타만주사』도 이렇게 부르고 있다.(Pm.i.59, Vis.IV.38 참조)

학습계목을 받아 지녀 공부짓는다.'는 것이 기대된다.

메기야여, 좋은 친구, 좋은 동료, 좋은 벗을 가진 비구에게는 [37] '그는 완전한 염오로, 탐욕의 빛바램으로, 소멸로, 고요함으로, 최상의 지혜로, 바른 깨달음으로, 열반으로 인도하는 엄격하고 마음을 여는 데 도움이 되는 이야기, 즉 소욕에 대한 이야기, … 해탈지견에 대한 이야기 등을 원하기만 하면 얻을 수 있고, 힘들이지 않고 얻을 수 있고, 어려움 없이 얻을 수 있다.'는 것이 기대된다.

메기야여, 좋은 친구, 좋은 동료, 좋은 벗을 가진 비구에게는 '그는 해로운 법들을 제거하고 유익한 법들을 두루 갖추기 위해 열심히 정진하며 머문다. 그는 굳세고 분투하고 유익한 법들에 대한 임무를 내팽개치지 않는다.'는 것이 기대된다.

메기야여, 좋은 친구, 좋은 동료, 좋은 벗을 가진 비구에게는 '그는 통찰지를 가졌다. 그는 일어나고 사라짐을 꿰뚫고, 성스럽고, 통찰력이 있고, 바르게 괴로움의 소멸로 인도하는 통찰지를 구족한다.'는 것이 기대된다."

14. "메기야여, 비구는 이러한 다섯 가지 법에 굳게 서서 다시 네 가지 법을 더 닦아야 한다. 탐욕을 제거하기 위해 부정함을 닦아야 한다. 악의를 제거하기 위해 자애를 닦아야 한다. 일으킨 생각을 자르기 위해 들숨날숨에 대한 마음챙김을 닦아야 한다. '나는 있다.'라는 자만316)을 뿌리 뽑기 위해 무상이라고 [관찰하는 지혜에서 생

316) "'나는 있다.'라는 자만'(asmimāna)은 『위방가』에서 오온 각각에 대해서 '나는 있다.'라고 하는 자만, 열의 등으로 설명되고 있다.(Vbh §883) 그래서 아비담마 마띠까[論母]에 대한 종합적인 주석서인 『모하윗체다니』는 "오온에 대해서 '나는 있다(ahamasmi).'라는 등으로 전개되는(pavatta) 자만이 '나는 있다.'라는 자만(asmimāna)이다."(Moh.298)라고 설명하고 있다.

긴] 인식317)을 닦아야 한다.

메기야여, 무상이라고 [관찰하는 지혜에서 생긴] 인식을 가진 비구는 무아라고 [관찰하는 지혜에서 생긴] 인식이 확립된다. 무아라고 [관찰하는 지혜에서 생긴] 인식을 가진 자는 '나는 있다.'라는 자만을 뿌리 뽑게 되고 지금 · 여기에서 열반을 증득한다."

15. 그때 세존께서는 이 의미를 아시고 그 즉시 바로 이 우러나온 말씀을 읊으셨다.318)

"저열한 생각들과 세세한 생각들
이들을 따라오는 마음의 들떠 오름들 —

317) '무상이라고 [관찰하는 지혜에서 생긴] 인식'은 anicca-saññā를 주석서를 참조해서 풀어서 옮긴 것으로 '무상(無常)의 인식'으로 직역할 수 있다. 주석서는 이렇게 설명한다.

"무상의 인식이란 무상을 관찰[隨觀]하는 지혜에서 생긴 인식(anicca-anupassanā-ñāṇe uppanna-saññā)이다."(AA.iii.363; DA.iii.1033)

"즉 그 지혜와 함께한 [인식]이라는 뜻이다(tena ñāṇena sahagatāti attho)." (DAṬ.iii.327; AAṬ.iii.100)
주석서는 '무아라고 [관찰하는 지혜에서 생긴] 인식(anattasaññā)'도 같은 방법으로 풀이하고 있다.

한편 다른 주석서에는 "'무상의 인식'은 오취온이 일어나고(udaya) 사라지고(vaya) 다르게 변화하는 것(aññathatta)을 철저하게 이해한 것인데 오온에 대해서 무상함을 [관찰]하여 생긴 인식을 말한다."(AA.ii.78)로 설명한다.

『우다나 주석서』는 간단하게 "무상을 관찰함을 통해서 무상의 인식을 가진 자이다(aniccānupassanāvasena aniccasaññino)."(UdA.236)로 설명한다.

318) "'이 의미를 아시고(etamatthaṁ viditvā)'라고 하였다. 메기야 존자에게 일어난, 그릇된 사유라는 도둑들에 의해서(micchāvitakkacorehi) 유익함[善]이라는 물품의 파멸(kusalabhaṇḍ-upaccheda)이라 불리는 이 의미를 아시고라는 뜻이다. '이 우러나온 말씀을(imaṁ udānaṁ)'이라고 하였다. 감각적 쾌락에 대한 사유 등을 제거하지 못함과 제거함에 대해서(avinodane vinodane ca) 위험과 이익 등을 밝히는(ādīnavānisaṁsa-dīpaka) 이 우러나온 말씀을 읊으신 것이다."(UdA.236)

이런 마음속 생각들을 알지 못하고319)
마음이 산란한 자는 이리저리로 치달리도다. |1|

이런 마음속 생각들을 알고서
근면하고 마음챙기는 자는 단속을 하나니
이들을 따라오는 마음의 들떠 오름들을320)
깨달은 자는321) 이들을 남김없이 제거하였도다." |2| {31}

---

319) "'이런 마음속 생각들을 알지 못하고(ete avidvā manaso vitakke)'라고 하셨다. 이들 감각적 쾌락에 대한 사유 등과 같은(kāmavitakkādike) 마음의 생각들을 달콤함과 위험과 벗어남(assādādīnavanissaraṇa)을 통해서 ① 안 것의 [통달지]와 ② 조사의 [통달지]와 ③ 버림의 통달지(ñāta-tīraṇa-pahāna-pariññā, Vis.XX.3 참조)로 있는 그대로 알지 못하고(yathā-bhūtaṁ ajānanto)라는 말씀이다."(UdA.237)

320) '이들을 따라오는 마음의 들떠 오름들을'은 anugate manaso uppilāve를 옮긴 것이다. 이것은 본경 |1|의 게송의 두 번째 구인 '이들을 따라오는 마음의 들떠 오름들(anugatā manaso uppilāvā)'과 같은 문장인데 |1|에서는 anugatā와 uppilāvā가 남성 주격 복수로 나타나고 여기서는 anugate manaso uppilāve로 남성 목적격 복수로 나타난다. 그래서 각각 본문처럼 우리말로 옮겼다.

그런데 『우다나 주석서』는 여기서 VRI본과 PTS본에 똑같이 나타나는 anugate 대신에 anuggate[an(부정접두어)+ud(위로)+√gam(*to go*)의 과거분사]로 읽어서 "얻기 어려움을 뜻하는 일어나지 않은(dullabhavasena anuppanne)"으로 설명한다. 즉 '이들을 따라오는 마음의 들떠 오름들을' 대신에 '일어나지 않은 마음의 들떠 오름들을'로 해석하고 있다.(UdA.237) 주석가 담마빨라 스님이 저본으로 삼은 필사본들 가운데 anuggate로 나타나는 것이 있었을 것이고 스님은 이것을 일차 자료로 택한 것이다. 물론 주석서는 이것을 먼저 택하여 설명한 뒤에 anugate로 읽어도 된다고도 밝히고 있다.(UdA.238) 역자는 anugate로 읽어서 옮겼다.

321) 여기서 '깨달은 자'는 buddha(붓다)를 주석서를 참조하여 옮긴 것이다. 주석서는 이렇게 설명한다.
"네 가지 진리를 깨달음(catusaccappabodha)에 의해서 '깨달은 자(buddha)'이니 성스러운 제자(ariyasāvaka)를 말한다. 그는 아라한됨을 증득하여(arahattādhigamena) 이들 감각적 쾌락에 대한 생각 등을 남김없이 제거하였다(pajahāsi), 뿌리 뽑았다(samucchindi)."(UdA.237~238)

경솔함 경(Ud4:2)

Uddhata-sutta

1. 이와 같이 나는 들었다. 한때 세존께서는 꾸시나라[322]에서 우빠왓따나에 있는[323] 말라[324]들의 살라 숲에 머무셨다. 그 무렵 많은 비구들이 세존으로부터 멀지 않은 곳에서 숲의 토굴에 머물렀는데 경솔하고 거들먹거리고 우쭐대고 입이 거칠고 산만하게 말하고 마음챙김을 놓아버리고 분명하게 알아차림[正知]이 없고 삼매에 들지 못하고 마음이 산란하고 감각기능이 제어되어 있지 않았다.[325]

---

322) 꾸시나라(Kusinārā)는 인도 중원의 16국 가운데 하나인 말라(Malla)의 수도였으며 부처님께서 반열반에 드신 곳으로 우리에게 잘 알려진 곳이다.

323) '우빠왓따나'는 Upavattana(upa+√vṛt, *to be, to turn*)를 음역하여 옮긴 것이다. upavattana는 문자적으로 '근처, 근교'라는 뜻이다. 그러므로 upavattane는 '근처에 있는'을 뜻한다. 그러나 이 Upavattana를 여기 꾸시나라에 있는 말라들의 살라 숲의 이름으로 보면 이것은 고유명사가 된다. 초기불전연구원에서도 '근처에 있는'이라고도 옮기고(D16 §4.38, A4:76 §1 등) '우빠왓따나'로도 옮겼다.(S6:15 §1) 타닛사라 스님과 Ireland와 Masefield는 Upavattana라고 지명으로 옮겼다. 본서에서 역자도 '우빠왓따나'로 옮겼다. 본경에 해당하는 『우다나 주석서』의 내용도 해석에 따라 이 upavattana를 고유명사로도 볼 수 있고 '근처에 있는'으로도 설명할 수 있다. 주석서는 이렇게 설명한다.

"마치 [스리랑카] 아누라다뿌라의 투빠아라마처럼 꾸시나라의 공원은 남서쪽에 있다. 마치 투빠아라마로부터 남문으로 도시로 들어가는 도로는 동쪽으로 가서 북쪽으로 돌아가듯이 이 공원으로부터 살라 나무의 줄은 동쪽으로 간 뒤 북쪽으로 돌아간다(pācīnamukhā gantvā uttarena nivatta). 그러므로 우빠왓따나(Upavattana)라고 한 것이다."(UdA.238)

324) 말라(Malla)는 인도 중원의 16국 가운데 하나였다. 말라는 왓지 족처럼 공화국 체제를 유지하였으며 말라의 수장들이 돌아가면서 정치를 하였고 그런 의무가 없을 때는 상업에 종사하였다고 한다.(DA.ii.569) 부처님 시대에는 빠와(Pāvā)와 꾸시나라(Kusināra)의 두 부분으로 나누어져 있었는데 각각 빠와의 말라들은 빠웨이야까말라(Pāveyyaka-Malla)라 불리었고 꾸시나라의 말라들은 꼬시나라까(Kosināraka)라 불리었다. 말라(Malla)에 대해서는 본서 「우물 경」(Ud7:9) §1의 주해도 참조할 것.

2. 세존께서는 그 많은 [38] 비구들이 세존으로부터 멀지 않은 숲의 토굴에 머물면서 경솔하고 거들먹거리고 우쭐대고 입이 거칠고 산만하게 말하고 마음챙김을 놓아버리고 분명하게 알아차림[正知]이 없고 삼매에 들지 못하고 마음이 산란하고 감각기능이 제어되어 있지 않은 것을 보셨다.

3. 그때 세존께서는 이 의미를 아시고326) 그 즉시 바로 이 우러나온 말씀을 읊으셨다.

"몸은 보호되지 않고
그릇된 견해에 빠져있고
해태와 혼침에 덮여 있으면327)
마라의 통제를 받도다. |1|

그러므로 마음이 보호되어 있고
바른 사유를 자신의 영역으로 삼고

---

325) '경솔하고'부터 '감각기능이 제어되어 있지 않았다.'까지는 uddhatā unnaḷā capalā mukharā vikiṇṇavācā muṭṭhassatino asampajānā asamāhitā vibbhantacittā pākatindriyā를 옮긴 것이다. 이것은 니까야의 여러 곳에서 정형구로 나타나고 있다. 이 용어들에 대한 주석서의 설명은 『상윳따 니까야』 제1권 「잔뚜 경」(S2:25) §2의 주해를 참조하기 바란다.

326) "'이 의미를 아시고(etamatthaṁ viditvā)'라고 하였다. 그 비구들이 들뜸 등을 통해서(uddhaccādivasena) 이처럼 방일하게 머무는 것을 아시고(pamādavihāraṁ jānitvā)라는 뜻이다. '이 우러나온 말씀을(imaṁ udānaṁ)'이라고 하였다. 방일하여 머묾과 방일하지 않고 머묾에 대해서 순서대로(yathākkamaṁ) 위험과 이익을 설명하는(ādīnavānisaṁsa-vibhāvana) 이 우러나온 말씀을 읊으신 것이다."(UdA.239)

327) '해태와 혼침에 덮여 있으면'은 thinamiddhābhibhūtena를 옮긴 것이다. abhibhūta(abhi+√bhū, *to become*의 과거분사)는 주로 '정복된'이나 '지배받는'을 뜻하지만 주석서는 ajjhotthaṭa(abhi+ava+√sthā, *to stand*의 과거분사)로 설명하고 있어서(UdA.239) '덮인'으로 옮겼다.

바른 견해를 앞세우고[328)]
일어나고 사라짐을 알고서
해태와 혼침을 정복한 비구는
모든 악처를 버리노라." |2| {32}

소치는 사람 경(Ud4:3)

Gopālaka-sutta

1. 이와 같이 나는 들었다. 한때 세존께서는 많은 비구 승가와 함께 꼬살라에서 유행하셨다. 그때 세존께서는 길을 벗어나 어떤 나무 아래로 가셨다. 가셔서는 마련된 자리에 앉으셨다.

2. 그때 어떤 소치는 사람[329)]이 세존께 다가갔다. 가서는 세존

---

328) "'바른 견해를 앞세우고(sammādiṭṭhipurekkhāro)'라고 하셨다. 그릇되게 봄, [즉 그릇된 견해]를 떨쳐버린 자(vidhūtamicchādassana)는 바른 사유를 자신의 영역으로 하기 때문에(sammāsaṅkappagocaratāya) 가장 먼저(puretaraṁyeva) 업이 자신의 주인이 됨을 [아는 것을] 특징으로 하고(kammassakatālakkhaṇa) 그런 후에는 있는 그대로 봄을 특징으로 하는(yathābhūtañāṇalakkhaṇa) 바른 견해를 앞에 놓는다(purato katvā)는 말씀이다. 이렇게 하여 위에서 설한 방법대로 계와 삼매에 몰두하고 몰입하여(yutto payutto) 위빳사나를 시작하여(vipassanaṁ ārabhitvā) 형성된 것들[行]을 명상한다(saṅkhāre sammasanto)는 뜻이다."(UdA.240)

329) 주석서에 의하면 이 '소치는 사람(gopālaka)'의 이름은 난다(Nanda)였다. 그는 아주 부유하였으며(aḍḍha mahaddhana mahābhoga) 땋은 머리를 한 고행자 께니야(Keṇiya jaṭila, M92 참조)처럼 그도 자신의 재산을 보호하기 위해서 출가자처럼(pabbajjāvasena) 살았으며 아나타삔디까(급고독) 장자의 소떼를 돌보는 소치는 사람으로 지내면서 자기 가문의 재산을 보호했다(kuṭumbaṁ rakkhati)고 한다.
그는 소에서 생긴 [우유, 소똥 등의] 다섯 가지 산출물(pañca-gorasa)을 급고독 장자의 집에 가져다주면서 거기 오시는 부처님을 뵙고 법문을 듣고 자신의 집에도 방문해 주시기를 청하였다. 세존께서는 그의 지혜가 무르익음(ñāṇaparipāka)을 기다리시어 이렇게 본경에서처럼 그의 집을 방문하신 것이다. 그는 본경의 일화를 통해서 부처님의 가르침을 듣고 예류과(sotāpatti

께 절을 올리고 한 곁에 앉았다. 세존께서는 한 곁에 앉은 그 소치는 사람을 법다운 말씀으로 가르치고 격려하고 분발하게 하고 기쁘게 하셨다.

3. 그때 그 소치는 사람은 세존께서 해 주신 법다운 말씀으로 가르침을 받고 격려를 받고 분발되고 기뻐하여 세존께 이렇게 말씀드렸다.

"세존이시여, 세존께서는 비구 승가와 함께 내일 저의 공양을 허락하여 주십시오."

세존께서는 침묵으로 허락하셨다. 그러자 그 소치는 사람은 세존께서 허락하신 것을 알고 자리에서 일어나 세존께 절을 올리고 오른쪽으로 돌아 [경의를 표한] 뒤 물러갔다.

4. 그러자 그 소치는 사람은 그 밤이 지나자 자신의 거처에서 충분한 양의 걸쭉한 우유죽과 정제된 버터기름을 준비하게 하여 세존께 시간을 알려드렸다.

"세존이시여, [가실] 시간이 되었습니다. 음식이 준비되었습니다."

그때 세존께서는 오전에 옷매무새를 가다듬고 발우와 가사를 수하시고 비구 승가와 함께 그 소치는 사람의 거처로 가셨다. 가서는 비구 승가와 함께 마련된 자리에 앉으셨다. 그러자 그 소치는 사람은 부처님을 비롯하여 비구 승가에게 걸쭉한 우유죽과 정제된 버터기름을 손수 충분히 대접하고 만족시켜 드렸다.

그때 그 소치는 사람은 세존께서 공양을 마치시고 발우에서 손을 떼시자 어떤 낮은 [39] 자리를 잡아 한 곁에 앉았다. 그러자 세존께서는 한 곁에 앉은 그 소치는 사람을 법다운 말씀으로 가르치고 격려하

-phala)를 얻었다고 한다.(UdA.241)

고 분발하게 하고 기쁘게 하신 뒤 자리에서 일어나 떠나셨다. 세존께서 떠나신 지 얼마 되지 않아 어떤 사람이 마을의 경계에서 그 소치는 사람을 살해하였다.330)

5. 그때 많은 비구들이 세존께 다가갔다. 가서는 세존께 절을 올리고 한 곁에 앉았다. 한 곁에 앉아서 그 비구들은 세존께 이렇게 말씀드렸다.

"세존이시여, 오늘 부처님을 상수로 한 비구 승가에게 걸쭉한 우유죽과 정제된 버터기름을 손수 충분히 대접하고 만족시켜 드린 그 소치는 사람이 어떤 사람에 의해서 마을의 경계에서 생명을 잃었습니다."

6. 그때 세존께서는 이 의미를 아시고 그 즉시 바로 이 우러나온 말씀을 읊으셨다.331)

"도둑이 도둑에게332) 저지르고

---

330) 주석서에 의하면 그는 하나의 연못(eka taḷāka) 때문에 마을 사람들과 다툼(kalaha)이 생겨서 그들을 제압하고 그 연못을 취하였지만 적개심에 사로잡힌 어떤 한 사람이 스승의 발우(satthu patta)를 들고 가는 그를 멀리까지 뒤따라가서 두 마을 사이에 있는 숲속에서(araññappadese) 혼자 가는 그를 화살(sara)로 꿰찔러서 죽게 하였다고 한다.(UdA.243)

331) "'이 의미를 아시고(etamatthaṁ viditvā)'라고 하였다. 이처럼 견해를 구족한(diṭṭhisampanna) 기뻐하는(nanda) 성스러운 제자(ariyasāvaka)를 죽인 사람은 무간지옥에 떨어지는 업(ānantariyakamma)을 아주 많이(bahula) 지어서(pasuta) 전혀 공덕이 되지 않는다(apuñña). 그러므로 이러한 중생들의 그릇되게 지향된 마음(micchāpaṇihita citta)은 도둑들과 적들이(corehi ca verīhi ca) 지은 것보다 더 무시무시한 것(ghoratara)이라는 그 의미를 밝히는(tadatthadīpana) 이 우러나온 말씀을 읊으신 것이다."(UdA.243)

332) 여기서 '도둑이 도둑에게'는 diso disaṁ을 옮긴 것인데 주석서는 coro coraṁ, 즉 '도둑이 도둑에게'로 설명하고 있어서(UdA.243) 아래 구절의

적이 적에게 저지르는 것보다
그 그릇되게 지향된 마음은
그를 더욱 사악하게 만들 것이로다."[333] {33}[334]

약카의 공격 경(Ud4:4)[335]

Yakkhapahāra-sutta

1. 이와 같이 나는 들었다. 한때 세존께서는 라자가하에서 대나무 숲의 다람쥐 보호구역에 머무셨다. 그 무렵 사리뿟따 존자와 마하목갈라나 존자가 비둘기 협곡 승원[336]에 머물고 있었다. 그때 사리

---

veri(적)와 구분하기 위해서 이렇게 옮겼다.

333) "'그 그릇되게 지향된 마음은 / 그를 더욱 사악하게 만들 것이로다(micchā-paṇihitaṁ cittaṁ pāpiyo naṁ tato kare).'라는 것은, 그 사람을 그보다 더 사악하게 만들 것이다(naṁ purisaṁ pāpataraṁ tato kareyya)라는 말씀이다. 참으로 앞에서 말씀하신 형태의 도둑(disa)이나 적(veri)은 그의 도둑이나 적에게 이 [생에서의] 자기 존재에게만(imasmiṁyeva attabhāve) 괴로움을 생기게 하거나 생명을 빼앗게 될 것이다(jīvitakkhayaṁ vā kareyya).
그러나 [10가지] 해로운 업의 길들[不善業道, akusala-kammapathā]에서 그릇되게 확정된(micchāṭhapita) 마음은 지금·여기에서는(diṭṭheva dhamme) 재앙(anayabyasana)을 불러오고 아울러 [미래생들의] 수십만의 자기 존재들에게도(attabhāvasatasahassesupi) 4악도(catu apāyā)에 떨어지게 하여 그의 머리(sīsa)를 쳐들지도 못하게 한다."(UdA.244)

334) 본 우러나온 말씀은 『법구경』(Dhp) {42}번 게송으로도 나타난다.

335) 본경에 있는 '삼매가 충만함에 의한 신통(samādhivipphārā iddhi)'의 보기는 『청정도론』 XII.31에 다음과 같이 정리되어 나타나고 있다.
"31. 사리뿟따 존자가 마하목갈라나 존자와 함께 비둘기 협곡 승원에서 머물 때 보름날 저녁에 깨끗이 삭발을 하고는 노지에 앉아있었다. 그때 한 나쁜 야차가 그의 동료 야차의 경고에도 불구하고 머리를 쳤다. 그 소리는 마치 천둥과 같았다. 그가 칠 때 장로는 증득[等至]에 들어있었다. 그의 일격에 조금도 통증이 없었다. 이것이 그 존자에게 있었던 삼매가 충만함에 의한 신통(samādhivipphārā iddhi)이다. 이 일화는 『우다나』에 전승되어 온다."(Vis.XII.31)

뿟따 존자는 달이 뜬 밤에 새로 머리를 깎고 어떤 삼매를 증득하여 노지에 앉아있었다.

2. 그 무렵 동료인 두 약카[337]가 어떤 일 때문에 북쪽 방향에서 남쪽 방향으로 가고 있었다. 그 약카들은 사리뿟따 존자가 달이 뜬 밤에 새로 머리를 깎고 노지에 앉아있는 것을 보았다. 그를 보고 한 약카가 다른 약카에게 이렇게 말했다.

"여보게, 나에게 영감이 떠올랐네. 이 사문의 머리를 공격해야겠네."

그렇게 말하자 그 약카는 처음 약카에게 이렇게 말했다.

"여보게, 그만하게. 사문을 때리지는 말게. 여보게, 저 사문은 크나큰 신통력과 크나큰 위력을 가졌다네."

두 번째로 … [40] 세 번째로 한 약카는 다른 약카에게 이렇게 말했다.

"여보게, 나에게 영감이 떠올랐네. 이 사문의 머리를 공격해야겠네."

그렇게 말하자 그 약카는 처음 약카에게 이렇게 말했다.

"여보게, 그만하게. 사문을 때리지는 말게. 여보게, 저 사문은 크나큰 신통력과 크나큰 위력을 가졌다네."

3. 그러자 그 약카는 다른 약카를 고려하지 않고 사리뿟따 장로의 머리에 일격을 가하였다. 그것은 큰 일격이었다. 그 일격으로 7큐빗[338]이나 7.5큐빗 정도나 되는 [큰] 코끼리를 쓰러뜨릴 수 있고 큰

---

336) "전에 많은 비둘기들(kapotā)이 그 산의 협곡(pabbatakandarā)에 살고 있었다고 해서 그 산의 협곡을 비둘기 협곡(Kapotakandarā)이라 한다. 나중에는 그곳에 지은 승원(kata-vihāra)도 비둘기 협곡이라고 알려지게 되었다. 그래서 이것은 비둘기 협곡이라는 이런 이름을 가진 승원(evaṁnāmaka vihāra)을 말한다."(UdA.244)

337) '약카(yakkha, Sk. yakṣa)'에 대해서는 본서 「아자깔라빠까 경」(Ud1:7) §1의 주해를 참조할 것.

산의 꼭대기를 무너뜨릴 수 있었다. 그러나 그 약카는 "불이 타는구나, 불이 타는구나!"라고 소리 지르며 거기서 바로 대지옥에 떨어졌다.

4. 마하목갈라나 존자는 인간의 능력을 넘어선 청정하고 신성한 눈[天眼]으로 그 약카가 사리뿟따 존자의 머리에 일격을 가하는 것을 보았다. 그것을 보고 사리뿟따 존자에게 다가갔다. 가서는 사리뿟따 존자에게 이렇게 말했다.

"도반이여, 견딜 만합니까? 지낼 만합니까? 통증은 없습니까?"

"견딜 만합니다, 도반 목갈라나여. 지낼 만합니다, 도반 목갈라나여. 내 머리에 조금의 통증은 있습니다."

5. "경이롭습니다, 도반 사리뿟따여. 놀랍습니다, 도반 사리뿟따여. 사리뿟따 존자는 크나큰 신통력과 크나큰 위력을 가졌습니다. 도반 사리뿟따여, 여기 어떤 약카가 당신의 머리에 일격을 가하였습니다. 그것은 큰 일격이었습니다. 그 일격으로 7큐빗이나 7.5큐빗 정도나 되는 [큰] 코끼리를 쓰러뜨릴 수 있고 큰 산의 꼭대기를 무너뜨릴 수 있었습니다. 그러나 사리뿟따 존자는 '견딜 만합니다, 도반 목갈라나여. 지낼 만합니다, 도반 목갈라나여. 내 머리에 조금의 통증은 있습니다.'라고 말했습니다."

6. "경이롭습니다, 도반 목갈라나여. 놀랍습니다, 도반 목갈라

---

338) 큐빗으로 옮긴 원어는 '라따나(ratana)'이다. 이것은 팔꿈치를 뜻하는 ratani (Sk. aratni)에서 파생된 용어이다.(PED *s.v.* ratana2) 라따나(ratana)는 핫타(hattha, 문자적으로 손을 뜻함)와 같은 길이의 도량 단위라고 한다. 핫타는 팔꿈치부터 손가락 끝까지의 길이인데 이것은 서양의 큐빗(*cubit*)과도 같은 길이이다.(NMD *s.v.* hattha, ratana2) 그래서 큐빗으로 옮겼다. 1큐빗은 약 18인치, 곧 45.72cm에 해당한다. 라따나와 핫타도 대략 이 정도의 길이로 보면 되겠다.

나여. 마하목갈라나 존자는 크나큰 신통력과 크나큰 위력을 가졌습니다. 약카까지도 볼 수 있다니요. 우리는 방금 흙먼지 도깨비조차도 보지 못하였습니다."339)

세존께서는 인간의 능력을 넘어선 청정하고 신성한 귀의 요소[天耳界]로 그들 두 큰 용들340) 사이의 이런 형태의 대화를 들으셨다.

7. 그때 세존께서는 이 의미를 아시고 그 즉시 바로 이 우러나온 말씀을 읊으셨다.341)

"바위산을 닮은 [41] 마음으로
확고하여 흔들리지 않는 자는
매혹적인 것들에 물들지 않고

---

339) "'흙먼지 도깨비조차도 보지 못하였습니다(paṁsupisācakampi na passāma).'라는 것은 쓰레기 더미 등(saṅkārakūṭādi)에서 배회하는 작은 아귀조차도(vicaraṇakakhuddakapetampi) 보지 못하였다는 말이다. 이처럼 증득한 것이 알려지기를 바라지 않는 자들[少欲] 가운데 으뜸이 되는(adhigamappicchānaṁ aggabhūto) 대장로도 그 시간에 전향을 하지 않으면(anāvajjanena) 그들을 보지 못하는 것을 두고 말한 것이다. 그래서 '방금(etarahi)'이라고 한 것이다."(UdA.247)

340) '큰 용들'은 mahā-nāgā를 옮긴 것이다. 주석서는 용으로 옮기는 나가(nāga)의 어원을 다음과 같이 설명한다.
"상수 제자들(agga-sāvakā)을 '큰 용들(mahā-nāgā)'이라 부른다. 이것의 어원은 다음과 같다. ① 욕구(chanda) 등에 바탕하여 나아가지 않기(na gacchanti) 때문에 나가(nāga)라 하고, ② 각각의 도로써 버려진 오염원들(kilesā)은 다시 나타나지 않기(na āgacchanti) 때문에 나가라 하고, ③ 여러 종류의 죄(āgu)를 범하지 않기(na karonti) 때문에 나가라 한다. … 큰 용들이란 다른 번뇌 다한 용들(khīṇāsava-nāgā, 아라한들)보다 더 존경받고 더 칭송받는다는 뜻이다."(MA.i.153)

341) "'이 의미를 아시고(etamatthaṁ viditvā)'라고 하였다. 사리뿟따 존자의 증득의 힘에 의지한(samāpattibalūpagata) 신통과 위력의 크나큼(iddhānubhāva-mahantatā)을 아시고라는 뜻이다. '이 우러나온 말씀을(imaṁ udānaṁ)'이라고 하였다. 그의 여여함의 증득을 밝히는(tādibhāvappattidīpaka) 이 우러나온 말씀을 읊으신 것이다."(UdA.247)

분노하기 마련인 것에 분노하지 않는다.
이와 같이 마음을 닦는 자에게
어디서 괴로움이 찾아오겠는가?" {34}

나가[342] **경**(Ud4:5)[343]

Nāga-sutta

1. 이와 같이 나는 들었다. 한때 세존께서는 꼬삼비[344]의 고시따 원림[345]에 머무셨다. 그 무렵 세존께서는 비구들과 비구니들과 청신사들과 청신녀들과 왕들과 대신들과 외도들과 외도의 제자들에 둘러싸여 머무셨다. 둘러싸여서 고통스러울 뿐 편안하게 머물지 못하셨다.[346] 그때 세존께 이런 생각이 드셨다.

---

342) 본경에서 '나가(nāga)'는 '코끼리 우두머리(hatthi-nāga)'를 의미한다. 여기에 대해서는 본경 §3의 해당 주해를 참조할 것.

343) 우러나온 말씀을 포함한 본경과 같은 내용이 율장 『마하왁가』 제8편 의복편(Cīvarakkhandhaka)의 빠릴레야까로 가심에 대한 설명(Pārileyyaka-gamana-kathā, Vin.i.352~353)으로도 나타나고 있다.

344) 꼬삼비(Kosambī)는 인도 중원의 16국 가운데 하나인 왐사(Vaṁsa, Sk. Vatsa)의 수도였다.(J.iv.28; vi.236) 부처님 재세 시에는 빠란따빠(Parantapa)가 왕이었으며 그의 아들 우데나(Udena, 본서 7:10 §1 참조)가 대를 이었다.(MA. ii.324) 주석서에 의하면 꾸숨바(Kusumba, Kusumbha) 선인이 머물던 아쉬람의 근처에 도시를 만들었다고 해서 꼬삼비(Kosambī)라고 한다.(UdA. 248) 또 다른 설명에 의하면 큰 꼬삼바 나무(Kosamba-rukkha, 님 나무)들이 도시의 주위에 많이 있다고 해서 꼬삼비라고 한다.(MA.ii.389; PsA. ii.584) 꼬삼비는 야무나 강변에 위치하며 현재 인도 웃따라쁘라데쉬 주의 알라하바드(Allahabad)에서 150km 정도 떨어진 Kosam이라는 두 마을이라고 학자들은 말한다.(DPPN)

345) 주석서에 의하면 꼬삼비에는 세 개의 원림이 있었는데 본경에 나타나는 고시따 원림(Gositārāma)은 고시따 상인(seṭṭhi)이 만든 것이고 꾹꾸따 상인이 만든 꾹꾸따 원림(Kukkuṭārāma)과 빠와리까 상인이 기증한 빠와리까 망고 숲(Pāvārikambavana)이 있었다고 한다.(DA.i.319) 그 외에도 꼬삼비의 우데나 공원과 심사빠 숲(Siṁsapāvana)이 다른 경에 나타난다.

'지금 나는 비구들과 비구니들과 청신사들과 청신녀들과 왕들과 대신들과 외도들과 외도의 제자들에 둘러싸여서 머문다. 나는 둘러싸여서 고통스러울 뿐 편안하게 머물지 못한다. 그러니 나는 무리에서 빠져나와서 혼자 머물러야겠다.'라고.

2. 그때 세존께서는 오전에 옷매무새를 가다듬고 발우와 가사를 수하시고 꼬삼비로 탁발을 가셨다. 꼬삼비에서 탁발하여 공양을 마치고 탁발에서 돌아오셔서 손수 거처를 정돈한 뒤 발우와 가사를 수하시고 시중드는 사람들에게 알리지도 않고 비구 승가에게 작별을 고하지도 않고 혼자 동행인 없이 빠릴레야까347)로 유행을 떠나셨다.348) 차례로 유행을 하시어 빠릴레야까에 도착하셨다. 그곳 빠릴

---

346) '둘러싸여서 고통스러울 뿐 편안하게 머물지 못하셨다.'는 ākiṇṇo dukkhaṁ na phāsu viharati를 옮긴 것이다. 여기서 '고통스러운'은 dukkhaṁ을 옮긴 것이다. 주석서는 이렇게 설명한다.
"여기서 '고통스러운(dukkhaṁ)'은 행복하지 않은 것(na sukhaṁ)이고 만족스럽지 못한 마음이어서(anārādhita-cittatāya) [이런 것을] 바라지 않는다(na itthaṁ)는 뜻이다. 그래서 '편안하게 머물지 못하셨다.'고 하였다."(UdA.249)로 설명한다.
그리고 『맛지마 니까야 복주서』는 이 '만족스럽지 못한 마음(anārādhita-citta)'을 초기불전의 여러 곳에 나타나는 '마음이 흡족하지 않음(anattamana)'(D1 §1.5; M16 §7 등)으로 설명하고 있다.(MAṬ.ii.108)

347) 빠릴레야까(Pālileyyaka)는 여기서 보듯이 꼬삼비에서 가까운 곳에 있는 도시(pālileyya-nagara)이다.(SA.ii.305) 세존께서는 열 번째 안거를 이곳 빠릴레야까의 숲에서 하셨다.(AA.ii.124)

348) 『우다나 주석서』는 이 일화의 배경으로 『맛지마 니까야』 제4권 「오염원 경」(M128)을 언급하고 있다. 주석서는 먼저 "참으로 이 세상 어디에서나 / 원한은 원한으로 결코 그치지 않고"라는 「오염원 경」(M128) §6의 게송을 인용한다. 그리고 꼬삼비 비구들 사이에서 생긴 논쟁(bhaṇḍana)과 말다툼(kalaha)과 언쟁(viggaha)과 분쟁(vivāda)에 대해서 세 번이나 "비구들이여, 논쟁하지 마라. 말다툼하지 마라. 언쟁하지 마라. 분쟁하지 마라."라고 간곡하게 타이르셨지만 그들은 "세존이시여, 법의 주인이신 세존께서는 기다려주소서. 세존께서는 염려 마시고 지금·여기에서 편안하게 머무소서. 저

레야까에서 세존께서는 보호받는 숲에서 상서로운 살라 나무 아래에 머무셨다.349)

3. 그때 어떤 코끼리 우두머리350)가 수코끼리들과 암코끼리들과 어린 코끼리들과 젖먹이 코끼리들에 둘러싸여 머물고 있었다. 그는 끝이 잘려나간 풀들을 먹고 그들은 그가 여기저기서 끌어내려 준 가지들을 먹었다. 그는 휘저은 물을 마셨고 물에 들어가고 나올 때 암코끼리들이 몸으로 그를 밀치고 갔다. 둘러싸여서 고통스러울 뿐 편안하게 머물지 못하였다. 그때 그 코끼리 우두머리에게 이런 생각

희들이 이 논쟁과 말다툼과 언쟁과 분쟁을 해결하겠습니다."(M128 §4)라고 말씀드릴 뿐 해결되지 않았다는 사실을 든다. 그래서 세존께서는 그들을 떠나신 것이라고 설명한다.
「오염원 경」(M128) §7에서는 세존께서 우빨리 장자(Upāli-gaha-pati)가 소유한 발라깔로나까라 마을(Bālakaloṇakāra-gāma)로 가신 것으로 나타나고 여기서는 이처럼 빠릴레야까(Pālileyyaka)로 가신 것으로 나타난다.

349) '보호받는 숲에서 상서로운 살라 나무 아래에'는 Rakkhitavanasaṇḍe Bhaddasālamūle를 옮긴 것이다. 주석서는 이렇게 설명한다.
"빠릴레야에 사는 사람들(Pālileyya-vāsino)이 세존께 보시를 하여 빠릴레야에서 멀지 않은 곳에 있는 '보호받는 숲(Rakkhitavanasaṇḍa)'이라는 곳에서 세존을 위해서 나뭇잎으로 만든 거처(paṇṇa-sāla)를 만들었다. 거기에 이 '상서로운 살라 나무(Bhadda-sāla)'가 있었다. 세존께서 빠릴레야까를 의지하여 이 나무 아래(rukkha-mūla)에 머무신 것을 말한다."(SA.ii.305, *cf.* UdA.250)

350) '코끼리 우두머리'는 hatthināga를 옮긴 것이다. 본경에 해당하는 주석서는 "'코끼리 우두머리(hatthināga)'는 큰 코끼리(mahāhatthī)요 무리의 지도자(yūthapati)이다."(UdA.250)라고 설명하고 있어서 이렇게 옮겼다.
이 'nāga'는 중국에서 주로 용(龍)으로 옮겼다. 초기불전에서 이 나가(nāga)는 힘센 존재로 나타나고 있는데 사대왕천 권속 중의 하나인 용들을 뜻하기도 하고, 코브라 뱀을 뜻하기도 하는데, 주로 힘센 코끼리를 뜻한다. 번뇌 다한 자(khīṇāsava)도 나가(nāga)라 불리는데 여기에 대해서는 『맛지마 니까야』 제1권 「흠 없음 경」(M5) §33의 주해와 「개미집 경」(M23) §4를 참조하기 바란다. 그리고 부처님도 네 가지 이유로 나가(nāga)라 불린다.(AA.iii.78) 여기에 대해서는 『맛지마 니까야』 제2권 「우빨리 경」(M56) §29의 주해를 참조하기 바란다.

이 들었다.

'나는 요즘 수코끼리들과 암코끼리들과 어린 코끼리들과 젖먹이 코끼리들에 둘러싸여 머물고 있다. 나는 끝이 잘려나간 풀들을 먹고 그들은 내가 여기저기서 끌어내려 준 가지들을 먹는다. 나는 휘저은 물을 마시고 물에 들어가고 나올 때 암코끼리들이 몸으로 나를 밀치고 갔다. 나는 둘러싸여서 고통스러울 뿐 편안하게 머물지 못한다.'

4. 그때 그 코끼리 우두머리는 무리로부터 떨어져서 빠릴레야까에서 보호받는 숲에서 [42] 상서로운 살라 나무 아래에 계신 세존께로 갔다. 거기서 그 코끼리 우두머리는 세존이 머물고 계시는 그 지역을 풀이 없게 만들고 세존을 위해서 마실 물을 코로 날라 왔다.

5. 그때 세존께서 한적한 곳에 가셔서 홀로 앉아 [명상하시던] 중에 이런 생각이 마음에 떠올랐다.

'나는 전에 비구들과 비구니들과 청신사들과 청신녀들과 왕들과 대신들과 외도들과 외도의 제자들에 둘러싸여 머물렀다. 둘러싸여서 고통스러울 뿐 편안하게 머물지 못하였다.

그런 나는 지금은 비구들과 비구니들과 청신사들과 청신녀들과 왕들과 대신들과 외도들과 외도의 제자들에 둘러싸여 있지 않고 머문다. 나는 둘러싸여 있지 않고 행복하고 편안하게 머문다.'

6. 그 코끼리 우두머리에게도 이런 생각이 마음에 떠올랐다.

'나는 전에 수코끼리들과 암코끼리들과 어린 코끼리들과 젖먹이 코끼리들에 둘러싸여 머물렀다. 나는 끝이 잘려나간 풀들을 먹었고 그들은 내가 여기저기서 끌어내려 준 가지들을 먹었다. 나는 휘저은 물을 마셨고 물에 들어가고 나올 때 암코끼리들이 몸으로 나를 밀치고 갔다. 나는 둘러싸여서 고통스러울 뿐 편안하게 머물지 못하였다.

그런 나는 지금은 수코끼리들과 암코끼리들과 어린 코끼리들과 젖먹이 코끼리들에 둘러싸이지 않고 머문다. 나는 끝이 잘려나간 풀들을 먹지 않고 그들은 내가 여기저기서 끌어내려 준 가지들을 먹지 않는다. 나는 휘저어지지 않은 물을 마시고 물에 들어가고 나올 때 암코끼리들이 몸으로 나를 밀치고 가지 않는다. 나는 둘러싸여 있지 않고 행복하고 편안하게 머문다.'

7. 그때 세존께서는 자신의 한거를 아시고 아울러 마음으로 그 코끼리 우두머리의 마음에 일어난 생각을 잘 아시고 그 즉시 바로 이 우러나온 말씀을 읊으셨다.351)

"[수레의] 끌채만 한 상아를 가진352)
용인 [코끼리]의 이 마음은
용인 [나]의 마음과 일치하나니
혼자 숲에서 노닐도다." {35}

---

351) "'자신의 한거를 아시고(attano ca pavivekaṁ viditvā)'라고 하였다. 남들에 의해서 둘러싸이지 않은 상태가 되셔서(anākiṇṇabhāvaladdhaṁ) 육체적으로 멀리 여읨을 아시고(kāyavivekaṁ jānitvā), 다른 사람들은 세존으로부터 멀리 떨어져 있어서 모든 시간 동안(sabbakālaṁ) 오직 세존을 찾고 있다(vijjantiyeva)는 뜻이다. '이 우러나온 말씀을(imaṁ udānaṁ)'이라는 것은 [세존] 자신과 코끼리 왕이 한거(閑居)를 기뻐하여(pavivekābhiratiyā) 같은 성향을 가졌음을 밝히는(samānajjhāsayabhāvadīpanaṁ) 이 우러나온 말씀을 읊으신 것이다."(UdA.251)

352) '[수레의] 끌채만 한 상아를 가진'은 īsādantassa를 옮긴 것이다. 주석서에서 이것을 "수레의 끌채와 닮은 상아를 가진(ratha-īsā-sadisa-dantassa)"(UdA.251)으로 설명하고 있어서 이렇게 옮겼다.

뻰돌라 경(Ud4:6)

Piṇḍola-sutta

1. 이와 같이 나는 들었다. 한때 세존께서는 사왓티에서 제따 숲의 아나타삔디까 원림(급고독원)에 머무셨다. 그때 삔돌라 바라드와자 존자353)가 세존으로부터 [43] 멀지 않은 곳에서 가부좌를 틀고 상체를 곧추세우고 앉아있었다. 그는 숲속에서 사는 자요 탁발음식만을 수용하는 자요 분소의를 입는 자요 세 벌 옷[三衣]만 지니는 자요354) 소욕하고 지족하고 한거하고 교제하지 않고 열심히 정진하고

353) 삔돌라 바라드와자 존자(āyasmā Piṇḍola-Bhāradvāja)는 꼬삼비 우데나(Udena) 왕의 궁중 제관의 아들이며 바라드와자 바라문 가문 출신이다. 그는 삼베다에 능통하였으며 500명의 바라문 학도들을 가르치다가 그것이 무의미함을 느끼고 출가하였다고 한다.(AA.i.198) 그는 탁발음식을 구하고 찾다가 출가하였다(piṇḍaṁ ulamāno pariyesamāno pabbajito)고 해서 삔돌라(Piṇḍola), 즉 식탐이 많은 자라 불렸다고 하며 바라문인 그의 재물은 점점 줄어들지만(parijiṇṇabhoga) 비구 승가는 많은 이득과 존경(lābha-sakkāra)을 받는 것을 보고 탁발음식을 위하여 집을 떠나 출가하였다고 『우다나 주석서』는 설명한다.(UdA.252)

그는 식탐이 아주 많은 자였는데 부처님의 조언으로 그것을 극복하고 아라한이 되었다 한다. 아라한이 되던 날에 각 승원을 다니면서 도든 과든 의문이 되는 것은 다 물어보라고 외쳤으며 다시 부처님의 면전에서 어느 비구의 의문이든 모두 해결해 주겠다고 사자후(sīhanāda)를 토했다고 한다.(AA.i.198) 그래서 『앙굿따라 니까야』 제1권 「하나의 모음」 제14장 으뜸 품에서 세존께서는 "사자후를 토하는 자(sīha-nādika)들 가운데 삔돌라(식탐 많았던) 바라드와자가 으뜸"(A1:14:1-8)이라고 꼽으신 것이다.

그가 번뇌 다한 아라한이라고 자신을 드러내는 것은 『상윳따 니까야』 제5권 「삔돌라 경」(S48:49) §2에 나타나는데, 세존께서는 §5에서 그것을 인정하셨다. 삔돌라 바라드와자 존자와 관련된 경으로는 『상윳따 니까야』 제4권 「바라드와자 경」(S35:127)과 제5권 「삔돌라 경」(S48:49)이 있다. 율장(Vin. ii.111~112)도 참조할 것.

354) 이상의 네 가지는 '두타행(dhutaṅga)'에 포함된다. 이런 두타행은 13가지로 정리되어서 『청정도론』 제2장에 상세히 설명되어 있으니 참조할 것. 13가지 두타행은 ① 분소의를 입는 수행 ② 삼의(三衣)만 수용하는 수행 ③ 탁발음

두타행을 설하고 높은 마음[增上心]에 몰두하였다.[355] 세존께서는 숲

식만 수용하는 수행 ④ 차례대로 탁발하는 수행 ⑤ 한자리에서만 먹는 수행 ⑥ 발우 [한 개]의 탁발음식만 먹는 수행 ⑦ 나중에 얻은 밥을 먹지 않는 수행 ⑧ 숲에 머무는 수행 ⑨ 나무 아래 머무는 수행 ⑩ 노천에 머무는 수행 ⑪ 공동묘지에 머무는 수행 ⑫ 배정된 대로 머무는 수행 ⑬ 눕지 않는 수행이다.(Vis.II.2)

355) "'높은 마음[增上心]에 몰두하였다(adhicittamanuyutto).'라고 하였다. 여기서는 여덟 가지 증득(초선부터 비상비비상처까지)과 결합되었거나(aṭṭha-samāpatti-sampayoga) 아라한과의 증득과 결합되었기(arahattaphala-samāpatti-sampayoga) 때문에 마음의 높은 마음이 된 상태(adhicitta-bhāva)를 알아야 한다. 그런데 여기서는 아라한과의 마음(arahattaphala-citta)을 말한다. 일반적인 증득들에서는(taṁtaṁsamāpattīsu) 삼매(samā-dhi)가 높은 마음이지만 여기서는 아라한과의 삼매(arahattaphala-samādhi)라고 알아야 한다.

그런데 어떤 사람들은 "비구들이여, 높은 마음을 닦는(adhicittamanuyutta) 비구는 때때로 세 가지 표상(tīṇi nimittāni)을 마음에 잡도리해야 한다." (「불순물 제거하는 자 경」(A3:100) §11)라는 이 높은 마음의 경에서(adhicittasutte)처럼 사마타와 위빳사나의 마음(samathavipassanācitta)이 높은 마음이라는 [설명]이 여기에 적용된다(adhippeta)고 말한다. 그러나 이것은 좋지 못하다(na sundaraṁ). 처음에 설명한 뜻대로 취해야 한다."(UdA.253)

그런데 담마빨라 스님이 여기서 인용하는 『앙굿따라 니까야』 제1권 「불순물 제거하는 자 경」(A3:100)에 해당하는 『앙굿따라 니까야 주석서』는 "여기서 '높은 마음'은 사마타와 위빳사나의 마음이다."(AA.ii.364)라고 설명한다. 그리고 『맛지마 니까야』 제1권 「사유를 가라앉힘 경」(M20) §2의 "비구들이여, 높은 마음[增上心]에 몰두하는 비구는 다섯 가지 표상을 때때로 마음에 잡도리해야 한다."를 설명하면서 『맛지마 니까야 주석서』는 "열 가지 유익한 업의 길[十善業道, dasa-kusala-kamma-patha]로 나타난 마음은 그냥 마음[心, citta]이라 하고, 위빳사나의 기초가 되는 여덟 가지 증득의 마음(vipassanā-pādaka-aṭṭha-samāpatti-citta, 초선부터 비상비비상처까지의 마음)은 십선업도의 마음보다 높기(adhika) 때문에 '높은 마음[增上心, adhicitta]'이라 한다."(MA.ii.87)라고 설명한다.

그러나 경에서 설하신 부처님 말씀은 문맥에 따라 다르다. 경에 나타나는 부처님 말씀은 대기설법이기 때문에 이 두 경에서의 높은 마음의 경지와 본경에서의 높은 마음의 경지는 본경에 해당하는 『우다나 주석서』의 이러한 설명처럼 서로 다르다고 하는 것이 어찌 보면 당연하다 하겠다.

속에서 사는 자요 탁발음식만을 수용하는 자요 분소의를 입는 자요 세 벌 옷[三衣]만 지니는 자요 소욕하고 지족하고 한거하고 교제하지 않고 열심히 정진하고 두타행을 설하고 높은 마음[增上心]에 몰두하는 삔돌라 바라드와자 존자가 세존으로부터 멀지 않은 곳에서 가부좌를 틀고 상체를 곧추세우고 앉아있는 것을 보셨다.

2. 그때 세존께서는 이 의미를 아시고 그 즉시 바로 이 우러나온 말씀을 읊으셨다.356)

"모욕하지 않고 해치지 않고
계목으로 단속하고
음식에 대해서 적당함을 알고
외딴 곳에 침상과 좌구가 있고
높은 마음에 몰두하는 것 —
이것이 부처님들의 교법이다." {36}357)

---

356) "'이 의미를 아시고(etamatthaṁ viditvā)'라고 하였다. 삔돌라 바라드와자 존자가 가진 확고함과 관련된 필수품들을 나누어 가짐을 구족하여(adhiṭṭhāna-parikkhāra-sampadāna-sampanna) 높은 마음[增上心, adhicitta]에 몰두함이라 불리는 이 의미를 모든 측면에서 아시고라는 뜻이다."(UdA. 252)

여기서 필수품(parikkhāra)은 『디가 니까야』 제3권 「합송경」(D33)에 나타나는 바른 견해[正見], 바른 사유[正思惟], 바른 말[正語], 바른 행위[正業], 바른 생계[正命], 바른 정진[正精進], 바른 마음챙김[正念]의 '일곱 가지 삼매의 필수품(samādhi-parikkhāra)'(D33 §2.3 (3); *cf* M117 §3)으로 보는 것이 좋겠다.(Masefield, 제2권 702쪽 616번 주해를 참조할 것.)
그리고 '나누어 가짐'은 Be: sampadā 대신에 Se: sampadāna로 읽어서 옮긴 것이다.

357) 본 우러나온 말씀은 『법구경』(Dhp) {185}번 게송으로도 나타난다.

사리뿟따 경(Ud4:7)

Sāriputta-sutta

1. 이와 같이 나는 들었다. 한때 세존께서는 사왓티에서 제따 숲의 아나타삔디까 원림(급고독원)에 머무셨다. 그때 소욕하고 지족하고 한거하고 교제하지 않고 열심히 정진하고 높은 마음[增上心]에 몰두하는 사리뿟따 존자가 세존으로부터 멀지 않은 곳에서 가부좌를 틀고 상체를 곧추세우고 앉아있었다. 세존께서는 소욕하고 지족하고 한거하고 교제하지 않고 열심히 정진하고 높은 마음[增上心]에 몰두하는 사리뿟따 존자가 세존으로부터 멀지 않은 곳에서 가부좌를 틀고 상체를 곧추세우고 앉아있는 것을 보셨다.

2. 그때 세존께서는 이 의미를 아시고 그 즉시 바로 이 우러나온 말씀을 읊으셨다.358)

> "높은 마음을 [구족하고]359) 방일하지 않는
> 성자는 지혜360)의 길에서 공부지으며361)

---

358) 본경의 산문 부분에 나타나는 단어들은 바로 앞의 「삔돌라 경」(Ud4:6)에 모두 나타난다. 그래서 주석서는 "앞 [경]에 없는 [용어는] 없다(apubbaṁ natthi)."(UdA.255)라는 두 단어만 나열하고 바로 다음의 게송을 설명한다.

359) "'높은 마음을 [구족하고](adhicetaso)'는 높은 마음을 가진(adhicittavato), 모든 마음들 가운데 빼어난(adhika) 아라한과의 마음을 구족한(arahatta-phalacittena samannāgata)이라는 뜻이다."(UdA.255)

360) 여기서 '지혜'는 mona를 옮긴 것이다. 주석서에서 "mona는 지혜를 말한다(monaṁ vuccati ñāṇaṁ)."(UdA.255)라고 설명한다.

361) "'지혜의 길에서 공부지으며(monapathesu sikkhato)'라는 것은 아라한됨의 지혜라 불리는(arahattañāṇasaṅkhāta) 지혜의 길(monassa pathā)인 37가지 깨달음의 편에 있는 법들[37菩提分法, sattatiṁsabodhipakkhiya-dhammā]과 세 가지 공부지음[三學, sikkhā]에서 공부짓는다는 말이다. 여기서는 예비단계의 도닦음(pubbabhāga-paṭipadā)을 취해서 말씀하셨

여여한 그에게 슬픔이란 없으니
고요하고 항상 마음챙기는 자이다."362) {37}

순다리 경(Ud4:8)363)

Sundarī-sutta

1. 이와 같이 나는 들었다. 한때 세존께서는 사왓티에서 제따 숲의 아나타삔디까 원림(급고독원)에 머무셨다. 그 무렵 세존께서는 존경받고 존중받고 공경받고 숭배받고 경배받으면서 의복과 탁발음식과 거처와 병구완을 위한 약품을 얻으셨다. 비구 승가도 역시 존경

다."(UdA.255)

362) 본 게송은 『장로게』의 {68}번 게송(Thag.10)으로도 나타나고 있다. 『장로게』에서는 이 게송이 Ekudāniyattheragāthā, 즉 『우다나』의 말씀을 따라 외우는 어떤 장로의 게송이라는 일반적 호칭(samaññā)으로 언급되고 있다.

『장로게 주석서』는 이 게송을 설명하면서 먼저 이 게송이 본경(Ud4:7)에서 사리뿟따 존자를 보고 세존께서 읊으신 우러나온 말씀이라는 것을 간략하게 소개한다. 그런 뒤 "이것을 듣고 어떤 비구가 오랫동안 수행하기 위해서 숲에 머물면서도(araññe viharantopi) 자주자주 이 게송을 읊었다고 한다(gāthaṁ udāneti). 그래서 그에게는 『우다나』의 말씀을 따라 외우는 자라는 일반적 호칭이 생겼다(ekudāniyoti samaññā udapādi). 그는 어느 날 마음이 한 끝에 집중됨을 얻은 뒤(cittekaggataṁ labhitvā) 위빳사나를 증장시켜(vipassanaṁ vaḍḍhetvā) 아라한됨을 증득하였다."(ThagA. i.164)라고 소개하고 있다.

363) 본경에 나타나는 순다리 유행녀의 사건(Sundari-vatthu)은 『맛지마 니까야』 제3권 「외투 경」(Bāhitika Sutta, M88)의 배경이 된다. 「외투 경」(M88)에서는 이 순다리 사건이 아직 계류 중이었으므로 빠세나디 왕이 그것을 아난다 존자에게 묻고 있다.(MA.iii.346)
본경의 이 사건은 『우다나 주석서』(UdA.256ff.)와 『법구경 주석서』(DhpA.iii.474f.)와 『숫따니빠따 주석서』(SNA.ii.528f.)와 『자따까』(J.ii.415f.) 등에도 나타나고 있다.
본경에 대해서는 「외투 경」(M88) §8의 주해도 참조하고 경의 이름인 '외투(bāhitikā)'에 대해서는 「외투 경」(M88) §18의 주해를 참조할 것.

받고 존중받고 공경받고 숭배받고 경배받으면서 의복과 탁발음식과 거처와 병구완을 위한 약품을 얻었다. 그러나 외도 유행승들은 존경받지 못하고 존중받지 못하고 공경받지 못하고 숭배받지 못하고 경배받지 못하며 의복과 탁발음식과 거처와 병구완을 위한 약품을 얻지 못했다.

2. 그러자 그 외도 유행승들은 세존과 비구 승가가 존경받는 것을 견디지 못해서 순다리 유행녀[364]에게 다가갔다. 가서는 [44] 순다리 유행녀에게 이렇게 말했다.

"누이여, 그대는 친척들의 이익을 도모할 용기가 있습니까?"

"존자들이시여, 제가 무엇을 하면 됩니까? 제가 못할 일이 무엇이 있겠습니까? 친척들의 이익을 위해서라면 저의 목숨도 바치겠습니다."

"누이여, 그렇다면 그대는 매일 빠짐없이 제따 숲에 가시오."

"그렇게 하겠습니다, 존자들이시여."라고 순다리 유행녀는 그 외도 유행승들에게 대답하고 매일 빠짐없이 제따 숲에 갔다.

3. '순다리 유행녀가 매일 빠짐없이 제따 숲에 간다고 많은 사람이 이제 인정하는구나.'라고 외도 유행승들이 알게 되었을 때 그들은 그녀를 살해하여 그곳 제따 숲 도랑의 구덩이에 묻어버렸다.[365]

---

364) 문자적으로 '순다리(sundari)'는 예쁜 여자를 뜻하며 우리말 예쁜이와 상통하는 표현으로 지금도 인도 시골에서 가장 흔한 이름 가운데 하나이다. 주석서는 이렇게 설명한다.
"그녀는 그 시대에 모든 여자 유행승들(sabbaparibbājikā) 가운데서 가장 멋있고 가장 아름답고 가장 우아하고 으뜸가는 미모를 구족하였다고 한다. 그래서 이름도 '예쁜이(sundari)'로 알려진 것이다."(UdA.256)

365) 유행승들은 자객들을 고용하여 순다리를 청부살인하게 하였다. 주석서는 이렇게 설명한다.

그런 뒤 빠세나디 꼬살라 왕에게 다가갔다. 가서는 빠세나디 꼬살라 왕에게 이렇게 말했다.

"대왕이시여, 순다리라는 유행녀가 있는데 그녀가 보이지 않습니다."

"당신들은 어디를 의심하십니까?"

"제따 숲입니다, 대왕이시여."

"그렇다면 제따 숲을 조사해 보십시오."

4. 그때 그 외도 유행승들은 제따 숲을 조사한 뒤 묻어버렸던 시신을 도랑의 구덩이로부터 끄집어내어 나무 침상에 올린 뒤 사왓티로 들어갔다. 그들은 이 거리 저 거리 이 골목 저 골목을 다니면서 사람들의 공분을 일으켰다.

"귀인들이시여, 사꺄의 후예들이 저지른 업을 보시오. 사꺄의 후예인 이 사문들은 부끄러워하지 않고 계행이 나쁘고 사악한 법을 가졌고 거짓말을 하고 청정범행을 닦지 않습니다. 이들은 법을 따르고 바르게 행하고 청정범행을 닦고 진실을 말하고 계를 구족하고 좋은 성품을 지녔다고 주장합니다. 그렇지만 이들에게 사문됨이란 없습니다. 이들에게 바라문됨이란 없습니다. 이들의 사문됨은 파멸되었습니다. 이들의 바라문됨은 파멸되었습니다. 어디에 이들의 사문됨이 있습니까? 어디에 이들의 바라문됨이 있습니까? 이들은 사문됨을 잃어버렸습니다. 이들은 바라문됨을 잃어버렸습니다. 어떻게 남자가 성폭행366)을 한 뒤 여인을 살해한다는 말입니까?"라고.

"며칠이 지나서 외도가 자객들(dhuttā)에게 까하빠나 돈을 [청부살인 대금으로] 지불한 뒤 '가서 순다리를 죽여서(sundariṁ māretvā) 사문 고따마의 간다꾸띠(Gandhakuṭi, 香室) 근처의 화환 쓰레기 더미 근처에(mālā-kacavarantare) 내려놓고 오너라.'고 말하였다. 그들은 시키는 대로 하였다."(UdA.259)

366) '성폭행'은 purisakicca를 의역하여 옮긴 것이다. 이것은 purisa(남자)-

5. 이 때문에 그 무렵 사왓티에서 사람들은 비구들을 보고 오만불손하고 거친 말로 욕하고 비난하고 분노하고 힐난하였다.

"사꺄의 후예인 이 사문들은 부끄러워하지 않고 계행이 나쁘고 사악한 법을 가졌고 거짓말을 하고 청정범행을 닦지 않는다. 이들은 법을 따르고 바르게 행하고 청정범행을 닦고 진실을 말하고 계를 구족하고 좋은 성품을 지녔다고 주장한다. 그렇지만 이들에게 사문됨이란 없다. 이들에게 바라문됨이란 없다. 이들의 사문됨은 파멸되었다. 이들의 바라문됨은 파멸되었다. 어디에 이들의 사문됨이 있는가? 어디에 이들의 바라문됨이 있는가? 이들은 사문됨을 잃어버렸다. 이들은 바라문됨을 잃어버렸다. 어떻게 남자가 성폭행을 한 뒤 여인을 살해한다는 말인가?"라고.

6. 그러자 많은 비구들이 오전에 옷매무새를 가다듬고 발우와 가사를 수하고 사왓티로 [45] 탁발을 갔다. 사왓티에서 탁발하여 공양을 마치고 탁발에서 돌아와서 세존께 다가갔다. 가서는 세존께 절을 올리고 한 곁에 앉았다. 한 곁에 앉은 그 비구들은 세존께 이렇게 말씀드렸다.

"세존이시여, 요즈음 사왓티에서 사람들은 비구들을 보고 오만불손하고 거친 말로 욕하고 비난하고 분노하고 힐난합니다.

'사꺄의 후예인 이 사문들은 부끄러워하지 않고 계행이 나쁘고 사악한 법을 가졌고 거짓말을 하고 청정범행을 닦지 않는다. 이들은 법을 따르고 바르게 행하고 청정범행을 닦고 진실을 말하고 계를 구족

---

kicca(일)의 합성어인데 '남자 짓' 정도로 직역할 수 있겠다. 주석서는 성행위에 빠지는 것(methuna-ppaṭi sevana)을 두고 한 말이라고 설명하고 있어서(UdA.260) 이렇게 옮겼다.

하고 좋은 성품을 지녔다고 주장한다. 그렇지만 이들에게 사문됨이란 없다. 이들에게 바라문됨이란 없다. 이들의 사문됨은 파멸되었다. 이들의 바라문됨은 파멸되었다. 어디에 이들의 사문됨이 있는가? 어디에 이들의 바라문됨이 있는가? 이들은 사문됨을 잃어버렸다. 이들은 바라문됨을 잃어버렸다. 어떻게 남자가 성폭행을 한 뒤 여인을 살해한다는 말인가?'라고."

7. "비구들이여, 그런 말은 오래 가지 않을 것이다. 7일을 넘기지 않을 것이다. 7일이 지나면 사라질 것이다. 비구들이여, 그러니 비구들을 보고 오만불손하고 거친 말로 욕하고 비난하고 분노하고 힐난하는 사람들에게 그대들은 이 게송으로 대응하라.

거짓으로 남을 비난하는 자 지옥에 떨어지고,
하고도 하지 않았다 하는 자들 또한 그와 같다.
둘 모두 저 세상에 가서는 같게 되나니
저열한 업을 지은 인간들은 다른 세상으로 간다."367)

---

367) "'둘 모두 저 세상에 가서는 같게 되나니(ubhopi te pecca samā bhavanti)'라는 것은 이들 두 부류의 사람들은 여기서부터 저 세상에 가서는 지옥에 떨어져서(nirayūpagamanena) 태어날 곳이 같게 된다(gatiyā samā bhava-nti)는 뜻이다. 그들의 태어날 곳(gati)은 [같은 곳으로] 제한되어 있지만(paricchinnā) 수명(āyu)은 제한되어 있지 않다(aparicchinnā). 많은 악을 저지르고서는(pāpaṁ katvā) 오랫동안 지옥(niraya)에서 고통받고, 조금 짓고는 적은 시간 고통받는다. 그런데 이 두 부류는 아주 저열한 업이다(lāmakameva kammaṁ). 그래서 '저열한 업을 지은 인간들은 다른 세상으로 간다(nihīnakammā manujā parattha).'라고 하셨다.
여기서 '다른 세상에(parattha)'라는 이 단어(pada)는 앞의 '저 세상에 가서(pecca)'라는 단어와 연결되어 있다(sambandha). 저 세상에 가서, 즉 여기서부터 다른 세상에 가서(pecca parattha ito gantvā), 저열한 업을 지은(nihīnakammā) 그들은 저 세상에서(paraloke) 같게 된다(samā bhavanti)는 뜻이다."(UdA.260~261)

8. 그때 그 비구들은 세존의 곁에서 이 게송을 배운 뒤 비구들을 보고 오만불손하고 거친 말로 욕하고 비난하고 분노하고 힐난하는 사람들에게 이 게송으로 대응하였다.

"거짓으로 남을 비난하는 자 지옥에 떨어지고,
하고도 하지 않았다 하는 자들 또한 그와 같다.
둘 모두 저 세상에 가서는 같게 되나니
저열한 업을 지은 인간들은 다른 세상으로 간다."

9. 사람들에게 이런 생각이 들었다.

'사꺄의 후예인 이 사문들은 그런 짓을 할 사람들이 아니다. 이들은 그런 짓을 하지 않았다. 사꺄의 후예인 이 사문들은 맹세하고 있다.'

그 말은 오래가지 않았다. 7일을 넘어가지 않았다. 7일이 지나자 사라졌다.368)

---

368) "왕도 순다리가 살해되자 그들을 조사할 목적으로(jānanatthaṁ) 밀정들을 풀었다(purise āṇāpesi). 그때 그 [순다리를 살해한] 자객들은 그들이 받은 까하빠나 돈으로 술을 마시면서 서로 싸움을 하였다(kalahaṁ kariṁsu). 그중 한 사람이 다른 한 사람에게 '너는 순다리를 한 방에 죽여서 화환 쓰레기 더미 근처에 내려놓았다. 그래서 받은 까하빠나 돈으로 술을 마신다. 건배, 건배(hotu hotu)!'라고 하였다. 왕의 밀정들이 그것을 듣고 그 자객들을 잡아서 왕에게 데려갔다. 왕이 자객들에게 물었다.
'너희들이 죽였느냐?'
'그렇습니다, 폐하.'
'누가 죽이라고 하였느냐?'
'외도들이옵니다, 폐하.'
왕은 외도들을 소환하여(titthiye pakkosāpetvā) 이 사실을 알게 한 뒤에 '이 순다리는 그분 사문 고따마를 비방할 목적으로 그대들이 죽였소. 그러니 '고따마와 고따마의 제자들에게는 잘못(dosa)이 없습니다. 우리의 잘못입니다.'라고 말하면서 그대들은 도시를 돌아다니시오.'라고 명령을 하였다. 그들은 시키는 대로 하였다. 많은 사람들은 바르게 믿게 되었다. 외도들에게는 저주를 하였고 외도들은 사람을 살해한 처벌(manussavadhadaṇḍa)을 받

10. 그러자 많은 비구들은 세존께 다가갔다. 가서는 세존께 절을 올리고 한 곁에 앉았다. 한 곁에 앉은 그 비구들은 세존께 이렇게 말씀드렸다.

"경이롭습니다, 세존이시여. 놀랍습니다, 세존이시여. 세존이시여, 세존께서는 '비구들이여, 그런 말은 오래 가지 않을 것이다. 7일을 넘기지 않을 것이다. 7일이 지나면 사라질 것이다.'라고 좋은 말씀을 하셨습니다. 세존이시여, 그 말은 사라졌습니다."

11. 그때 세존께서는 이 의미를 아시고 그 즉시 바로 이 우러나온 말씀을 읊으셨다.369)

"제어되지 못한 사람들은 말로 사람을 꿰찌르니
마치 화살로 전쟁터의 코끼리를 꿰찌르는 것과 같구나.
자기에게 쏟아진 거친 말을 듣더라도
비구370)는 성 내지 않는 마음으로371) 감내해야 하리." {38}

았다. 그로부터 시작하여 부처님과 부처님의 승가는 더욱더 존경을 받았다." (UdA.261~262)

369) "'이 의미를 아시고(etamatthaṁ viditvā)'라고 하였다. 어리석은 자들이 마르마를 끊을 때[斷末魔, mammacchedana] 내뱉는 견디기 힘든 말일지라도(duruttavacana) 인욕의 힘을 구족한 현자에게(khantibalasamannā-gatassa dhīrassa) 관용하기 힘든 것(duttitikkhā)이란 없다는 이 의미를 모든 측면에서 아시고라는 뜻이다. '이 우러나온 말씀을(imaṁ udānaṁ)'이라고 하였다. 견뎌내는 인욕의 힘을 설명하시는(adhivāsanakhantibala-vibhāvana) 이 우러나온 말씀을 읊으신 것이다."(UdA.262)

여기서 '마르마를 끊음'은 mammacchedana를 mamma(말마를)-cchedana(끊음)로 직역한 것이고 이것은 단말마(斷末魔)로 우리에게도 알려져 있다. 말마(末魔, mamma, Sk. marma)는 가장 큰 급소인 명치를 나타내며 베다에서부터 나타나는 오래된 단어이다.

370) 이 문맥에서 담마빨라 스님은 "'이것이 윤회의 고유성질이다(saṁsāra-sabhāvo eso).'라고 윤회에서(saṁsāre) 두려움을 보는 습성을 가진 비구

우빠세나 경(Ud4:9)

Upasena-sutta

1. 이와 같이 나는 들었다. 한때 세존께서는 라자가하에서 대나무 숲의 다람쥐 보호구역에 머무셨다. 그때 [46] 왕간따의 아들 우빠세나 존자[372]가 한적한 곳에 가서 홀로 앉아 [명상하던] 중에 이런

(bhayaṁ ikkhaṇasīlo bhikkhu)"(UdA.263)로 '비구(bhikkhu)'라는 단어를 설명해 내고 있다. 즉 bhikkhu라는 단어를 bh+ikkhu로 분석해서 이것을 bhayaṁ ikkhaṇa(두려움을 봄)로 풀이하고 있다.
같은 설명이 『청정도론』(Vis.I.7)에도 나타난다. 본경에 담고 있는 순다리 유행녀의 일화는 비구가 왜 윤회에서 두려움을 봐야 하는지를 잘 보여주고 있다 하겠다.

371) "여기서 '성 내지 않는 마음으로(aduṭṭhacitto)'라는 것은 자애의 힘(mettā-bala)으로 악의가 잘 억압되었기 때문에(vikkhambhita-byāpādatāya) 악의로 망가지지 않은 마음(adūsita-citta)을 뜻한다."(ItA.i.93)
『이띠웃따까』「자애 수행 경」(It1:27) §5 |2|의 해당 주해도 참조할 것.

372) 왕간따의 아들 우빠세나 존자(āyasmā Upasena Vaṅgantaputta)는 사리뿟따 존자의 동생(kaniṭṭha-bhātika)이다.(UdA.266; SA.ii.368) 여기서처럼 여러 곳에서는 그를 왕간따의 아들 우빠세나(Upasena Vaṅgantaputta)라 부르고 있다. 그의 부친이 왕간따 바라문(Vaṅganta-brāhmaṇa)이었기 때문이다.(UdA.266)

그는 날라까(Nāḷaka)에서 루빠사리(Rūpasārī)의 아들로 태어났다. 이처럼 사리뿟따 존자는 어머니인 사리의 아들로 불리고 있고, 우빠세나 존자는 아버지인 왕간따의 아들로 불리고 있다. 『장로게』(Thag) {577~586}은 그의 게송이다. 그는 베다에 통달했지만 출가하여 부처님 제자가 되었다. 그는 출가하여 두 안거 만에 출가자의 수를 늘리기 위해 상좌를 두어서 그를 데리고 부처님께 갔다. 세존께서는 그의 성급함을 나무라셨고 그는 세존으로부터 모든 면에서 신뢰받는 제자가 되려고 결심하고 정진에 몰두하여 육신통과 무애해체지를 갖춘 아라한이 되었다고 한다.(UdA.266) 그 후 존자는 여러 가지 두타행을 닦았으며 많은 회중을 거느렸다고 한다.(AA.i.271~272)

그는 설법을 잘하기로 유명하였으며 그래서 많은 사람들이 부처님의 신도가 되었다고 한다. 그래서 세존께서는 『앙굿따라 니까야』 제1권 「하나의 모음」 제14장 으뜸 품에서 "모든 면에서 청정한 믿음을 내게 하는 자(samanta-pāsādika)들 가운데서 왕간따의 아들 우빠세나가 으뜸"(A1:14:3-5)이라

생각이 마음에 떠올랐다.

'이것은 참으로 내게 이득이구나. 이것은 참으로 내게 큰 이득이구나. — 세존・아라한・정등각께서 나의 스승이시다. 나는 집을 나와 잘 설해진 법과 율 안에 출가하였다. 나의 동료 수행자들은 계행을 구족하였고 선한 법을 가졌다. 나는 계행을 완전하게 실천한다. 나는 잘 삼매에 들어 마음이 전일하다. 나는 번뇌 다한 아라한이다. 나는 크나큰 신통력과 크나큰 위력을 가졌다. 나의 삶은 복되고 죽음도 복될 것이다.'373)

2. 그때 세존께서는 마음으로 왕간따의 아들 우빠세나 존자의 마음에 일어난 생각을 잘 아시고 그 즉시 바로 이 우러나온 말씀을 읊으셨다.374)

고 하셨다.

사리뿟따 존자에게는 세 명의 남동생, 즉 쭌다(Cunda), 우빠세나(Upasena), 레와따(Revata)와 세 명의 여동생, 즉 짤라(Cālā), 우빠짤라(Upacālā), 시수빠짤라(Sīsūpacālā)가 있었는데 모두 출가하였다.(DhpA.ii.188) 이에 서운함을 금할 수 없었던 그의 어머니 루빠사리(Rūpasārī)는 삼보를 공경하지 않았다. 자신의 임종이 가까워졌음을 안 맏아들 사리뿟따 존자는 어머니를 찾아가서 어머니를 불법에 귀의하게 하고 자기가 태어난 방에서 임종을 하였다.(DA.ii.553 이하) 세존께서 반열반하시기 몇 달 전의 일이었다.

373) "'나의 삶은 복되고(bhaddakaṁ me jīvitaṁ)'라고 하였다. 이러한 계행 등의 덕을 구족한(evaṁvidhasīlādiguṇasamannāgata) 내가 이와 같이 몸을 지탱하고 있는 동안에는 중생들에게 이익과 행복(hitasukha)을 증장시키면서 복밭이 되기 때문에(puññakkhettabhāvato) 나의 삶도 복되고 아름답다(bhaddaka sundara)는 말이다.
'죽음도 복될 것이다(bhaddakaṁ maraṇaṁ).'라고 하였다. 그런데 만일 이 다섯 가지로 된 무더기[五蘊, khandhapañcaka]가 오늘이나 바로 이 순간에 땔감(취착)이 다한 것[離垢, anupādāna]처럼 불이 꺼져버리면(jātavedo nibbāyati) 그것은 재생연결이 없는(appaṭisandhika) 반열반이라 불리는 죽음(parinibbānasaṅkhāta maraṇa)이어서 그것도 나에게는 복될 것이다. 이처럼 둘 다에 여여함(tādibhāva)을 밝힌 것이다."(UdA.269)

374) "스승께서는 간다꾸띠(Gandhakuṭi, 香室)에 앉아 계시면서도 일체지의 지

"삶이 들볶지 않고[375)]
죽음에서 슬퍼하지 않는
이러한 경지를 분명하게 본 현자는
슬픔 속에서 슬퍼하지 않는다. |1|

존재의 갈애를 잘라버렸고
마음이 평화로운 비구에게
태어남의 윤회는 이것으로 끝났으니
이제 다시 태어남은 없을 것이로다." |2|[376)] {39}

혜[一切知智, sabbaññutaññāṇa]로 이것을 아시고 그에게 삶과 죽음에서 여여함을 설명하시는(tādibhāvavibhāvana) [다음의] 이 우러나온 말씀을 읊으셨다."(UdA.262)

일반적으로 간다꾸띠(Gandhakuṭi, 香室)는 사왓티 제따와나의 급고독원에 있는 부처님의 거처를 나타내지만(본서 「순다리 경」(Ud4:8) §3의 주해와 「쭐라빤타까 경」(Ud5:10) §1의 주해 참조) 본경에 대한 주석서의 이 부분과 AA.i.226 이하 등에서는 세존께서 머무시는 곳들을 이렇게 간다꾸띠(Gandhakuṭi)라고 칭하고 있다.(DPL; DPPN *s.v.* Gandhakuṭi)

375) "'삶이 들볶지 않고(yaṁ jīvitaṁ na tapati)'라고 하셨다. 번뇌 다한 사람이 가진 삶은(khīṇāsavapuggalaṁ jīvitaṁ) 미래에(āyatiṁ) 오온의 전개(khandhappavatti)가 어떤 경우에도 없기 때문에(abhāvato) [그를] 들볶지 않고(na tapati) 억압하지 않는다(na bādhati). 혹은 바로 이 현재의 삶도(vattamānameva jīvitaṁ) 모든 측면에서 형성된 법이기 때문에(saṅkhatadhammattā) 마음챙김과 통찰지로 충만함을 얻어(satipaññāvepulla-ppattiyā) 모든 곳에서 마음챙김과 알아차림과 결합되어 있기 때문에(sati-sampajaññasamāyogato) [그를] 억압하지 않는다(na bādhati). 그러나 눈먼 범부(andhaputhujjana)는 사악한 사람을 섬기고(pāpajanasevī) 지혜롭게 마음에 잡도리함을 많이 짓지 않고 유익함을 행하지 않고 공덕을 짓지 않아서 '나는 선행을 하지 않았다.'라는 등의 후회(vippaṭisāra)로 들볶는다. 이처럼 그의 삶은 그를 들볶는다(tassa jīvitaṁ taṁ tapati)고 한다." (UdA.269)

376) 이 마지막 구절은 『상윳따 니까야』 제1권 「아누룻다 경」(S9:6) §6의 {777}번 게송의 마지막 구절로도 나타난다.

사리뿟따의 고요함 경(Ud4:10)

Sāriputtaupasama-sutta

1. 이와 같이 나는 들었다. 한때 세존께서는 사왓티에서 제따 숲의 아나타삔디까 원림(급고독원)에 머무셨다. 그때 사리뿟따 존자가 세존으로부터 멀지 않은 곳에서 가부좌를 틀고 상체를 곧추세우고 자신의 고요함377)을 반조하면서 앉아있었다. 세존께서는 사리뿟따 존자가 세존으로부터 멀지 않은 곳에서 가부좌를 틀고 상체를 곧추 세우고 자신의 고요함을 반조하면서 앉아있는 것을 보셨다.

2. 그때 세존께서는 이 의미를 아시고 그 즉시 바로 이 우러나온 말씀을 읊으셨다.378)

"마음이 고요하고 평화로우며
인도자를 잘라버린379) 비구에게

---

377) "'자신의 고요함(attano upasama)'이란 으뜸가는 도로써(agga maggena) 자신의 오염원을 남김없이 가라앉힌 것(anavasesakilesa-vūpasama)이니, 이것은 제자들이 최고의 바라밀을 얻게 하는 원인이 된다(sāvaka-pāramīmatthakappattiyā hetubhūta)."(UdA.270)

378) "'이 의미를 아시고(etamattharh viditvā)'라고 하였다. 사리뿟따 존자가 가진, 제자들 가운데서 다른 자들과 공통되지 않고(anaññasādhāraṇaṁ) 큰 통찰지 등의 원인이 되는(mahāpaññatādihetubhūtaṁ), 오염원을 제거한 으뜸가는 과위를(kilesappahānaṁ aggaphalaṁ) [세존께서는] 고요함의 법문(upasamapariyāya)을 통해서 말씀하셨다. 그가 가진 반조라 불리는(paccavekkhaṇasaṅkhāta) 의미를 모든 측면에서 아시고 그 위력을 밝히는(tadanubhāvadīpaka) 이 우러나온 말씀을 읊으신 것이다."(UdA.271)

379) "'인도자를 잘라버린(netticchinnassa)'이라고 하셨다. 여기서 '인도자(netti)'는 존재의 갈애(bhavataṇhā)를 말하는데 윤회로 인도하기 때문(saṁsārassa nayanato)이다. 이것에 의해서 이러한 인도자가 잘라졌다고 해서(sā netti chinnā etassāti) 인도자를 잘라버림이다. 이러한 인도자를 잘라버린 자는 갈애를 제거한 자(pahīnataṇha)라는 뜻이다."(UdA.272)

태어남의 윤회는 이것으로 끝이 났으니
그는 마라의 속박에서 벗어났도다." {40}

제4품 메기야 품이 끝났다.

네 번째 품에 포함된 경들의 목록은 –

① 메기야 ② 경솔함 ③ 소치는 사람
④ 약카 ⑤ 다섯 번째로 나가
⑥ 삔돌라 ⑦ 사리뿟따 ⑧ 여덟 번째 순다리
⑨ 왕간따의 아들 우빠세나 ⑩ 사리뿟따의 열 가지이다.

『이띠웃따까』의 「태어나지 않음 경」(It2:16) §2에서 netti는 그곳의 문맥에 따라 '사슬'로 옮겼다. 여기에 대해서는 『이띠웃따까』 198쪽의 196번 주해를 참조하기 바란다.

제5품

소나 품

Soṇa-vagga(Ud5:1～10)

더 사랑스러움 경(Ud5:1)[380]

Piyatara-sutta

1. 이와 같이 [47] 나는 들었다. 한때 세존께서는 사왓티에서 제따 숲의 아나타삔디까 원림(급고독원)에 머무셨다. 그 무렵 빠세나디 꼬살라 왕은 말리까 왕비[381]와 함께 왕궁의 위층 누각으로 올라갔다. 그때 빠세나디 꼬살라 왕은 말리까 왕비에게 말했다.

"말리까여, 그대 자신보다 더 사랑스러운 자가 있습니까?"

2. "대왕이시여, 제게는 제 자신보다 더 사랑스러운 자가 없습

---

380) 우러나온 말씀을 포함한 본경은 『상윳따 니까야』 제1권 「말리까 경」(S3:8)과 같다.

381) 말리까 왕비(Mallikā devi)는 빠세나디(Pasenadi) 꼬살라 왕의 아내였다. 문자적으로 말리까(mallikā)는 재스민 꽃을 뜻한다. 말리까는 꼬살라의 화환 만드는 가난한 자(duggata-mālā-kāra)의 딸이었으며 16세에 부처님을 뵙고 죽을 공양 올렸는데 세존께서는 그녀가 왕비가 될 것이라고 하셨다고 한다.(SA.i.140; J.iii.405) 바로 그날에 빠세나디 왕은 아자따삿뚜에게 패하여 그녀가 있는 곳으로 가게 되었고, 그런 인연으로 그녀는 왕비가 되었다고 한다. (SA.i.140; DhpA.iii.119 이하) 이렇게 부처님과 왕을 만난 인연을 가진 그녀는 그 후로 부처님의 변함없는 재가신도였다. 그녀에 관계된 경들이 다수 전해 온다.

니다. 대왕이시여, 그런데 폐하께는 자기 자신보다 더 사랑스러운 자가 있습니까?"

"말리까여, 나에게도 나 자신보다 더 사랑스러운 자는 없습니다."

3. 그러자 빠세나디 꼬살라 왕은 궁전을 내려와서 세존께 다가갔다. 가서는 세존께 절을 올리고 한 곁에 앉았다. 한 곁에 앉은 빠세나디 꼬살라 왕은 세존께 이렇게 말씀드렸다.

"세존이시여, 여기 저는 말리까 왕비와 함께 왕궁의 위층 누각으로 올라가서 말리까 왕비에게 말했습니다.

'말리까여, 그대 자신보다 더 사랑스러운 자가 있습니까?'

'대왕이시여, 제게는 제 자신보다 더 사랑스러운 자가 없습니다. 대왕이시여, 그런데 폐하께는 자기 자신보다 더 사랑스러운 자가 있습니까?'

'말리까여, 나에게도 나 자신보다 더 사랑스러운 자는 없습니다.'"

4. 그때 세존께서는 이 의미를 아시고 그 즉시 바로 이 우러나온 말씀을 읊으셨다.[382]

"마음으로 모든 방향을 찾아보건만

382) 『상윳따 니까야』 제1권 「말리까 경」(S3:8)에는 "그러자 세존께서는 이 의미를 아시고 그 즉시 바로 이 게송을 읊으셨다(atha kho bhagavā etamatthaṁ viditvā tāyaṁ velāyaṁ imaṁ gāthaṁ abhāsi)."로 나타난다. 즉 본경의 '우러나온 말씀을 읊으셨다(udānaṁ udānesi).' 대신에 '게송을 읊으셨다(gāthaṁ abhāsi).'로 나타나는 것만 다르고 나머지는 같다. 이처럼 같은 시구(詩句)가 게송으로도 불리고 우러나온 말씀으로도 불리고 있다. 『우다나 주석서』는 이렇게 설명한다.

"'이 의미를 아시고'라는 것은 '세상에서 모든 중생들(sabbasattā)에게는 자기 자신이 더 사랑스러운 것(attāva attano piyataro)'이라고 왕이 말한 이 의미를 모든 면에서 아시고 그 의미를 밝히는 이 우러나온 말씀을 읊으신 것이다."(UdA.275)

자신보다 사랑스러운 자 볼 수가 없네.
이처럼 누구에게나 자신이 사랑스러운 법
그러므로 자기를 사랑하는 자, 남을 해치지 마세."[383] {41}

단명함 경(Ud5:2)

Appāyuka-sutta

1. 이와 같이 나는 들었다. 한때 세존께서는 사왓티에서 제따 숲의 아나타삔디까 원림(급고독원)에 머무셨다. 그때 아난다 존자는 [48] 해거름에 [낮 동안의] 홀로 앉음에서 일어나 세존을 뵈러 갔다. 가서는 세존께 절을 올리고 한 곁에 앉았다. 한 곁에 앉아서 아난다 존자는 세존께 이렇게 여쭈었다.

"경이롭습니다, 세존이시여. 놀랍습니다, 세존이시여. 세존이시여, 참으로 세존의 어머니[384]께서는 단명하셨습니다. 세존께서 태어나신 지 7일이 되었을 때 세존의 어머니께서는 임종하셔서 도솔천의

---

383) 이 잘 알려진 게송은 『청정도론』에도 자애 수행(mettābhāvanā)의 본보기(sakkhi)로 나타나고 있다. 자기를 본보기로 삼을 때 다른 중생들의 이익과 행복에 대한 원(願)이 일어나기 때문이다.(Vis.IX.10) 자신이 가장 사랑스럽기 때문에 이기적이 되는 것이 아니라 자신이 가장 사랑스러운 사람은 결코 남을 해쳐서는 안 된다는 세존의 이 말씀은 진정한 자비가 무엇인지를 생각하게 해준다.

384) '세존의 어머니(bhagavato mātā)는 부처님의 어머니인 마하마야 왕비(Mahāmāyā devī)를 말한다. 마하마야 왕비는 사꺄(Sākya, 석가족)의 성읍인 데와다하(Devadaha) 출신으로 데와다하(Devdaha)의 안자나(Añja-na)의 딸이라고도 하며(Mhv.ii.17) 마하숩빠붓다(Mahā-Suppabuddha)의 딸이었다고도 한다.(ThigA.141) 마하마야 왕비가 세존을 낳은 지 칠 일 만에 돌아가시자 동생인 마하빠자빠띠(Mahāpajāpati)가 세존의 양어머니가 된다. DPPN(*s.v.* Koliyā)에는 데와다하가 라마가마(Rāmagāma)와 더불어 꼴리야 족(Koliyā)의 양대 도시로 언급되어 있고, DPPN(*s.v.* Devadaha)에는 데와다하가 사꺄의 성읍으로 나타나고 있다.

몸을 받아 태어나셨습니다."

2. "참으로 그러하다, 아난다여. 아난다여, 참으로 보살[385]의

---

385) '보살(菩薩)'은 bodhisatta를 옮긴 것이다. 보살로 옮긴 bodhisatta(Sk. bodhisattva)은 bodhi[覺, √budh, *to enlighten*]와 satta[有情, √as, *to be*]의 합성어이다. 그래서 중국에서는 각유정(覺有情)으로 옮기기도 하였다. 그러나 주로 보리살타(菩提薩埵)로 음역하였고, 보살(菩薩)로 줄여서 옮긴 경우도 많다. 문자적인 의미는 '깨달음(bodhi)을 추구하는 존재(satta)'이다.

빠알리 주석가들은 보살(보디삿따, bodhi-satta)을 두 가지 어원으로 해석하고 있다. 산스끄리뜨로 적어보면, 첫째는 bodhi-sattva(깨달음의 중생)이요 둘째는 bodhi-sakta(깨달음에 몰두함, Sk. sakta는 √sañj(*to hang*)의 과거분사임)이다. 주석서를 인용한다.

"여기서 '깨달음(bodhi)'이란 지혜(ñāṇa)이다. ① 깨달음을 가진 중생(bodhimā satta)이 '보살(bodhi-satta)'이다. 지혜를 가지고(ñāṇavā) 통찰지를 가진(paññavā) 현자(paṇḍita)라는 뜻이다. 이전의 부처님들의 발아래서 마음을 기울였을(abhinīhārata) 때부터 시작해서 그는 현명한 중생이었다. 암둔(闇鈍, andha-bāla)하지 않다고 해서 보살이라 한다. 예를 들면 다 자란 연꽃(paduma)이 물 위로 솟아올라서 햇빛을 받으면 필연적으로(avassaṁ) 활짝 피게 되나니 이것을 만개한 연꽃(bujjhanaka-paduma, 문자적으로는 깨달은 연꽃)이라 하는 것과 같다. 그와 같이 이전의 부처님들의 곁에서 수기(授記, vyākaraṇa)를 받았기 때문에 필연적으로(avassaṁ) 끊임없이(anantarāyena) 바라밀(pāramī)을 완성하여 깨달을 것이다(bujjhissati)라고 해서 깨달을 중생(bujjhanaka-satta)이라 한다. 그래서 보살이다.

② 그리고 네 가지 도에 대한 지혜라 불리는 깨달음(bodhi)을 지속적으로 원하면서(patthayamāna) [삶을] 영위한다(pavattati)고 해서, 깨달음에 몰두(satta, Sk. sakta)하고 전념(āsatta)한다고 해서 보살이라 한다."(SA.ii.21)

중요한 것은 초기불전들에서 '보살(bodhisatta)'은 예외 없이 깨닫기 전의 부처님들께만 적용되는 술어라는 점이다. 『상윳따 니까야』 제2권 「위빳시 경」(S12:4) §4 등에서는 위빳시 부처님도 깨달으시기 전에는 '위빳시 보살(Vipassi bodhisatta)'이라 불리고 있다. 초기불전에서는 부처님들이 깨달음을 성취해서 붓다라고 불리기 이전의 상태만을 보살, 즉 보디삿따로 부르지 그 외의 다른 존재들을 결코 보살이라 부르지 않는다. 그러나 이미 초기불전에서 부처님은 석가모니 부처님 한 분만 계시는 것이 아니다. 『디가 니까야』 「대전기경」(D14)에 칠불이 나타나고, 부처님들의 역사를 담은 『붓

어머니는 단명하셨다. 보살이 태어난 지 7일이 되었을 때 보살의 어머니는 임종하셔서 도솔천의 몸을 받아 태어나셨다."

3. 그때 세존께서는 이 의미를 아시고 그 즉시 바로 이 우러나온 말씀을 읊으셨다.386)

"누구든 존재하거나 누구든 존재하게 될387)

다왐사』(Buddhavaṁsa)에서는 28분 부처님이 나타난다. 이 28분 부처님 가운데 네 번째가 우리가 잘 아는 연등불(Dīpaṅkara)이시다. 이런 부처님들도 모두 보살의 과정을 거쳐서 부처님이 되셨다.

대승불교 운동을 주도하던 사람들은 당연히 이 점을 중시하여 보살이라는 개념을 보편화시키기 시작했다고 역자는 보고 있다. 즉 석가모니 부처님 한 분이나 28분 부처님들의 깨달음을 추구하는 과정을 보살이라 한다면 당연히 깨달음을 성취하기 위해서 노력하는 모든 생명체들도 보살이라 불러야 한다는 아주 설득력 있는 주장을 하게 되고 이렇게 보살이라는 개념을 보편화시키는 데(universalize) 성공하여 대승불교 운동은 도도한 흐름을 타고 지금까지 전개되고 있는 것이다.

386) "'이 의미를 아시고(etamatthaṁ viditvā)'라고 하였다. 보살의 어머니(bodhisattamātu)이든 다른 모든 중생들의(sabbasattānaṁ) [어머니들]이든 자기의 존재 안에서(attabhāve) 수명은 죽음으로 귀결될 수밖에 없음(āyussa maraṇapariyosānatā)을 아시고 그 의미를 규명하는 것을 방법으로 하여(tadatthavibhāvanamukhena) 비난받지 않는 도닦음에서(anavajja-ppaṭipattiyaṁ) 용맹심을 밝히는(ussāhadīpakaṁ) 이 우러나온 말씀을 읊으신 것이다."(UdA.278)

387) '누구든 존재하거나 누구든 존재하게 될'은 ye keci bhūtā bhavissanti ye vāpi를 옮긴 것이다. 주석서는 이렇게 설명한다.

"여기서 '누구든(ye keci)'은 정해지지 않은 것[不定]에 대한 해설(aniyama-niddesa)이다. '존재한(bhūta)'은 태어난 것(nibbattā)이고 '존재하게 될(bhavissanti)'은 미래에 태어날 것(anāgate nibbattissanti)을 말한다. '~나, ~든(vāpi)'에서 '~나(vā)'는 추측하는 뜻(vikappattha)이고 '~든(api)'은 접속의 뜻(sampiṇḍanattha)이다. 여기에는 태어나고 있는 것도(nibbattamānepi) 포함된다. 이렇게 하여 과거 등을 통해서 삼세에 속하는(tiyaddhapariyāpannā) 중생들(sattā)을 남김없이 다 포함한다.
여기에다 태중에 있는[胎生] 중생들(gabbhaseyyakasattā)도 모태로부터 나오는 시간부터 시작해서(nikkhantakālato paṭṭhāya) '존재한(bhūtā)'이

그들은 모두 몸을 버리고 떠나가게 되나니
모두는 버려진다는 그 사실을[388] 능숙한 자는 체득하여
근면한 그는 청정범행을 닦아야 하노라." {42}

나환자 숩빠붓다 경(Ud5:3)

Suppabuddhakuṭṭhi-sutta

1. 이와 같이 나는 들었다. 한때 세존께서는 라자가하에서 대나무 숲의 다람쥐 보호구역에 머무셨다. 그때 라자가하에 숩빠붓다라는 나환자[389]가 있었다. 그는 가난한 인간이었고 불쌍한 인간이었고

라고 하고 그보다 이전은 '존재할 것이다(bhavissanti).'라고 한다. 습생으로 태어나는 자들(saṁsedajūpapātikā)은 재생연결식 이후(paṭisandhicittato parato)가 '존재한'이 되고 그보다 이전에 생겨나야 하는 상태(uppajjitabbabhava)를 통해서 '존재할 것이다.'라고 한다. 혹은 이 모두도 현재 상태(paccuppannabhava)를 통해서 '존재한'이라고 하고 미래에 다시 존재함(āyatiṁ punabbhava)을 통해서 '존재할 것이다.'라고 한다. 번뇌 다한 분들(khīṇāsavā)은 '존재한'이라고 한다. 그들은 존재할 뿐이고(bhūtā eva) 다시 존재할 것이 아니기(na puna bhavissanti) 때문에 그것과는 다르게 존재할 것이다(tadaññe bhavissanti)라고 한다."(UdA.278)

이처럼 담마빨라 스님은 여기서 '존재한'이나 '존재하는'으로 옮기고 있는 bhūtā에는 과거와 현재가 포함되고, '존재할 것이다.'로 옮기고 있는 bhavissanti에는 미래가 포함된다고 설명한다. 한편 냐나몰리 스님도 여기서 '존재한'이나 '존재하는'으로 옮기고 있는 bhūta의 의미를 '(1) *been*(존재한); (2) *actually existing*(실제로 존재하고 있는); (3) *entity*(*the 4 maha-*, 근본이 됨, 근본[물질]); (4) *living being*(살아있는 존재)'(def. MA.i,31; Vis.366; Dhs.663)의 네 가지로 설명한다.(NMD)

388) '모두는 버려진다는 그 사실을'은 taṁ sabbajāniṁ을 풀어서 옮긴 것이다. 주석서는 "모든 중생의 버려짐인(sabbassa sattassa jāni) 쇠퇴(hāni), 죽음(maraṇa)인 바로 이것을(tadetaṁ), 혹은 모든 중생의 버려짐인 파멸(vināsa), 부서짐(pabhaṅgutā)을"(UdA.278)으로 설명한다.

389) 숩빠붓다라는 나환자(Suppabuddha nāma kuṭṭhī)의 일화는 빠알리 문헌 가운데서 본경이 가장 자세하다. 본경 §9에 의하면 그는 옛날에 이 라자가하에서 상인의 아들(Rājagahe seṭṭhiputta)이었다.

가였은 인간이었다.

2. 그 무렵 세존께서는 많은 회중390)에 에워싸여 법을 설하며 앉아 계셨다. 나환자 숩빠붓다는 많은 사람들의 무리가 모여 있는 것을 멀리서 보았다. 그것을 보고 이런 생각이 들었다.

'분명히 여기서는 딱딱한 음식이나 부드러운 음식을 나누어줄 것이다. 그러니 나는 저 많은 사람들의 무리에 들어가야겠다. 그러면 여기서 어떻게든 딱딱한 음식이나 부드러운 음식을 얻게 될 것이다.'

주석서에 의하면 옛날에 그는 바라나시의 왕이었다(Bārāṇasirājā hutvā). 그는 나이든 벽지불(paccekabuddha)에게 악의로 가득한 욕설을 퍼부었다고 한다. 그 업의 과보로 그는 지옥에 태어났으며 그 나쁜 업의 과보가 아직 남아있어서 인간으로 태어나서도 라자가하의 지지리도 가난한 곳에 태어나서 나병에 걸린 거지가 되었다.(SA.i.349)

어느 날 그는 구걸을 하다가 본경 §3 이하에서처럼 부처님께서 설법하시는 것을 듣고 예류과를 얻었다. 그런 후 얼마 되지 않아서 본경 §7에서 보듯이 그는 사나운 소에 받혀서 죽었다. 『상윳따 니까야 주석서』는 『상윳따 니까야』 제1권 「가난한 자 경」(S11:14)에서 언급되는 거지가 바로 이 숩빠붓다이며(SA.i.350) 본경 §9와 S11:14 §3 이하에서처럼 그는 죽어서 삼십삼천에 태어났다고 한다.

390) '회중(會衆)'은 parisā[pari(*around*)+√sad(*to sit*)]를 옮긴 것이다. 니까야에서 catasso parisā, 즉 사부대중의 문맥으로 나타나지 않을 때에는 "'회중(parisā)'은 8가지 회중을 말한다."(SA.i.176)

『맛지마 니까야』 「사자후의 긴 경」(M12/i.72) §29와 『디가 니까야』 「합송경」(D33) §3.1(8)에 의하면 여덟 가지 회중(parisā)은 끄샤뜨리야의 회중, 바라문의 회중, 장자의 회중, 사문의 회중, 사대왕천의 회중, 삼십삼천의 회중, 마라의 회중, 범천의 회중이다.

그리고 이 parisā가 catasso parisā(4회중)로 나타날 때는(D4 §6, M32 §4 등) 우리에게 익숙한 '사부대중(四部大衆)'으로 옮겼다. 사부대중(catu-parisā)은 비구, 비구니, 청신사(upāsaka, 남자신도), 청신녀(upāsikā, 여자신도)를 말한다.

그러나 여기 본경에서는 문맥상 비구 회중과 청신사 회중을 뜻한다.(bhikkhu-parisāya ceva upāsakaparisāya ca, UdA.279)

3. 나환자 숩빠붓다는 많은 사람들의 무리로 들어갔다. 거기서 나환자 숩빠붓다는 많은 회중에 에워싸여 법을 설하며 앉아 계시는 세존을 보았다. 보고는 이런 생각이 들었다.

'여기서는 딱딱한 음식이나 부드러운 음식을 나누어주지 않는구나. 이 사문 고따마가 회중에서 법을 설하고 있다. 그러니 나는 법을 들어야겠다.'

그는 "나도 법을 들으리라."라고 하면서 거기 한 곁에 앉았다.

4. 그때 세존께서는 '누가 여기서 법을 알게 될 가능성이 있을까?'라고 마음으로 마음을 통하여 모든 회중을 [49] 마음에 잡도리하셨다. 세존께서는 나환자 숩빠붓다가 그 회중에 앉아있는 것을 보셨다. 그를 보시고 '이 사람이 여기서 법을 알게 될 가능성이 있구나.'391)라는 생각이 드셨다. 그래서 나환자 숩빠붓다를 염두에 두시고 순차적인 가르침392)을 설하셨다. 보시의 가르침, 계의 가르침, 천상

---

391) "'법을 알게 될 가능성이 있구나(bhabbo dhammaṁ viññātuṁ).'라는 것은 도와 과의 법(maggaphaladhamma)을 증득하는 것이 가능하다(adhigantuṁ samattho), 강하게 의지하는 [조건]을 구족하였다(upanissaya-sampanna)라는 뜻이다."(UdA.281)

392) 여기에 "세존께서는 '순차적인 가르침(ānupubbi-kathā)'을 설하셨다."고 나타난다. 한국불교에는 돈오돈수와 돈오점수에 대한 논쟁이 있어 왔다. 초기불교는 어떠한가? 『맛지마 니까야』 제2권 「끼따기리 경」(M70)에서 세존께서는 "나는 구경의 지혜가 단박에 성취된다고 말하지 않는다(nāhaṁ ādikeneva aññārādhanaṁ vadāmi)."(M70 §22)라고 하셨다. 그리고 "순차적인 공부지음(anupubba-sikkhā)"과 "순차적인 실천(anupubba-kiriyā)"과 "순차적인 도닦음(anupubba-paṭipadā)"으로 구경의 지혜는 이루어지는 것이라고 하셨으며(Ibid), 그 방법으로 "여기 스승에 대해 믿음이 생긴 자는 스승을 친견한다."(M70 §23)로 시작하는 12단계로 말씀하신다. 그리고 특히 『맛지마 니까야』 제4권 「가나까 목갈라나 경」(M107) §3 이하에서도 세존께서는 이 순차적인 공부지음과 순차적인 실천과 순차적인 도닦음을 계를 지님부터 네 가지 禪까지의 8단계로 설명하신다.

의 가르침, 감각적 쾌락들의 위험과 타락과 오염원,393) 출리의 공덕을 밝혀주셨다.

5. 세존께서는 나환자 숩빠붓다의 마음이 준비되고 마음이 부드러워지고 마음의 장애가 없어지고 마음이 고무되고 마음에 깨끗한 믿음이 생겼음을 아시게 되었을 때 부처님들께서 직접 얻으신 괴로움[苦]과 일어남[集]과 소멸[滅]과 도[道]라는 법의 가르침을 드러내셨다. 마치 얼룩이 없는 깨끗한 천이 바르게 잘 염색되는 것처럼 그 자리에서 '생긴 것은 무엇이든 모두 멸하기 마련이다[集法卽滅法].'라는 티끌 없고 때 없는 법의 눈[法眼]이 나환자 숩빠붓다에게 생겼다.

6. 그때 나환자 숩빠붓다는 법을 보았고,394) 법을 얻었고, 법을 체득했고, 법을 간파했고, 의심을 건넜고, 혼란을 제거했고, 무외를 얻었고, 스승의 교법에서 다른 사람에게 의지하지 않게 되었다. 그는 자리에서 일어나 세존께 다가갔다. 가서는 세존께 절을 올리고 한 곁에 앉았다. 한 곁에 앉아서 나환자 숩빠붓다는 세존께 이렇게 말씀드

'순차적인 공부지음(anupubba-sikkhā)'과 '순차적인 가르침(ānupubbi-kathā)'에 대해서는 『맛지마 니까야』 제1권 역자 서문 §8-(8)도 참조하기 바란다.

393) 여기서 '위험과 타락과 오염원'은 ādīnavaṁ okāraṁ saṅkilesaṁ을 옮긴 것이다. 주석서는 이렇게 설명한다.
"여기서 '위험(ādīnava)'은 결점(dosa)이다. '타락(okāra)'은 저열한 고유성질(lāmakasabhāva)이니 수승하지 않은 것들을 받들어 행하고(aseṭṭhehi sevitabbaṁ) 수승한 것들을 받들어 행하지 않는 퇴보하는 고유성질(nihīna-sabhāva)이라는 뜻이다. '오염원(saṁkilesa)'이라는 것은 이런 것들로 중생들을 윤회에서 고통받게 하는 것(saṁsāre saṁkilissana)이다. 그래서 [앙굴리말라 존자는] "중생들은 참으로 고통받고 있구나(kilissanti)."(M86 §14)라고 하였다."(UdA.282)

394) "'법을 보았고(diṭṭha-dhamma)'란 성스러운 진리의 법[四聖諦, ariya-sacca-dhamma]을 보았다는 말이다. 이 방법은 나머지 구절에도 다 적용된다."(UdA.285; MA.iii.92)

렸다.

"경이롭습니다, 세존이시여. 놀랍습니다, 세존이시여. 마치 넘어진 자를 일으켜 세우시듯, 덮여있는 것을 걷어내 보이시듯, [방향을] 잃어버린 자에게 길을 가리켜주시듯, 눈 있는 자 형색을 보라고 어둠 속에서 등불을 비춰주시듯, 세존께서는 여러 가지 방편으로 법을 설해 주셨습니다. 저는 이제 세존께 귀의하옵고 법과 비구 승가에 귀의합니다. 세존께서는 저를 재가신자로 받아주소서. 오늘부터 목숨이 붙어있는 그날까지 귀의하옵니다."

7. 그때 나환자 숩빠붓다는 세존으로부터 법다운 말씀으로 가르침을 받고 격려를 받고 분발되고 기뻐하여 세존의 말씀을 좋아하고 감사드리면서 자리에서 일어나 세존께 절을 올리고 오른쪽으로 돌아 [경의를 표한] 뒤 물러갔다. 오래지 않아서 송아지를 가진 암소가 나환자 숩빠붓다를 공격하여 생명을 빼앗아 버렸다.

8. 그때 많은 [50] 비구들이 세존께 다가갔다. 가서는 세존께 절을 올리고 한 곁에 앉았다. 한 곁에 앉아서 그 비구들은 세존께 이렇게 말씀드렸다.

"세존이시여, 세존으로부터 법다운 말씀으로 가르침을 받고 격려를 받고 분발되고 기뻐하였던 숩빠붓다라는 나환자가 임종을 하였습니다. 그가 태어날 곳[行處]은 어디이고 그는 내세에 어떻게 되겠습니까?"

"비구들이여, 나환자 숩빠붓다는 현자이다. 그는 법답게 도를 닦았다. 그는 법을 이유로 나를 성가시게 하지 않았다. 비구들이여, 나환자 숩빠붓다는 세 가지 족쇄[395]를 완전히 없애고 흐름에 든 자가 되

395) '세 가지 족쇄(tīṇi saṁyojanāni)'는 ① [불변하는] 존재 더미가 있다는 견해[有身見, sakkāyadiṭṭhi] ② 의심[疑, vicikicchā] ③ 계행과 의례의식

어 [악처에] 떨어지지 않는 법을 가졌고 [해탈이] 확실하며 바른 깨달음으로 나아가는 자가 되었다[預流者].”

9. 이렇게 말씀하시자 어떤 비구가 세존께 이렇게 말씀드렸다.

“세존이시여, 무슨 원인과 무슨 이유로 숩빠붓다는 나환자가 되어 가난한 인간이 되었고 불쌍한 인간이 되었고 가엾은 인간이 되었습니까?”

“비구들이여, 옛날에 나환자 숩빠붓다는 이 라자가하에서 상인의 아들이었다. 그는 정원에 앉아서 따가라시키 벽지불396)이 탁발을 위해서 도시로 들어오는 것을 보았다. 그를 보고 ‘나환자의 옷을 입고 방황하는 저 나환자가 누구인가?’라는 생각이 들었다. 그는 그에게 침을 뱉고 반대로 돌아서 나갔다. 그는 그 업이 익어서 수백 년, 수천 년, 수십만 년을 지옥에서 고통을 받았다.

에 대한 집착[戒禁取, sīlabbataparāmāsa]이다.(M2 §11 등) 이 세 가지 족쇄를 비롯한 10가지 족쇄에 대해서는 『맛지마 니까야』 제1권 「뿌리에 대한 법문 경」(M1) §99의 주해와 『이띠웃따까』 「강의 흐름 경」(It4:10) §2의 주해 등을 참조할 것. 그리고 경에서 설하는 족쇄와 아비담마에서 설하는 족쇄의 차이점에 대해서는 『아비담마 길라잡이』 제7장 §§10~11을 참조할 것.

396) “‘벽지불[獨覺, pacceka-buddha]’이란 스스로 진리를 깨달으신 분(paccekaṁ saccāni buddhavanto)을 말한다. 모든 성자들도 스스로 진리를 꿰뚫고(paṭivijjhanti) 가르침을 스스로 경험하거늘(paccattaṁ vedanīya-bhāva) 왜 벽지불을 두고는 스스로 진리를 깨달은 분이라고 하는가? 물론 모든 성자들도 스스로 진리를 깨달았지만 여기서는 그런 통찰(paṭivedha)을 두고 말하는 것이 아니다.
예를 들면 제자들은 다른 사람을 의지하여(nissaya-bhāva) 진리를 통찰한다. 다른 이로부터 가르침을 듣지 않고는 예류도를 얻지 못하기 때문이다. 바르게 깨달음을 성취한 분(정등각자, sammāsambuddha)은 다른 이들의 의지처가 되면서 진리를 깨닫는다. 그러나 이 벽지불들은 다른 이의 도움도 없고(aparaneyya) 또한 다른 이를 인도할 인연이 없이(apariṇāyakabhāva) 진리를 깨닫는다. 그러므로 스스로(paccekaṁ) 진리를 깨달았기 때문에(buddhavanta) 벽지불들(paccekabuddhā)이라고 한다.”(MAṬ.i.115)

그리고 그는 그 업의 과보가 남아서 이 라자가하에서는 나환자가 되어 가난한 인간이 되었고 불쌍한 인간이 되었고 가엾은 인간이 되었다. 그는 여래가 선언한 법과 율을 만나서 믿음을 받아 지녔고[受持, 攝受][397] 계행을 받아 지녔고 배움[398]을 받아 지녔고 보시를 받아 지녔고 통찰지를 받아 지녔다. 그는 여래가 선언한 법과 율을 만나서 믿음을 받아 지니고 계행을 받아 지니고 배움을 받아 지니고 보시를 받아 지니고 통찰지를 받아 지닌 뒤에 몸이 무너져 죽은 뒤 좋은 곳[善處], 천상 세계에 태어나서 삼십삼천의 신들의 동료가 되었다. 그는 거기서 용모와 명성으로 다른 신들을 훨씬 능가한다."

10. 그때 세존께서는 이 의미를 아시고 그 즉시 바로 이 우러나온 말씀을 읊으셨다.[399]

---

397) "'믿음을 받아 지녔고[受持, 攝受, saddhaṁ samādiyi]'라고 하셨다. '세존은 정등각자이시고, 법은 세존에 의해 잘 설해졌고, 세존의 제자들의 승가는 잘 도를 닦는다.'(M27 §3 등)라고 삼보를 의지하여(ratanattayasannissaya) 예비단계의 믿음(pubbabhāgasaddhā)과 출세간의 믿음(lokuttarasaddhā)이라는 이 두 가지 믿음을 바르게 받아 지녔다(sammā ādiyi)는 말이다. 즉 다시 받아 지니지 않게 되어서(na puna ādātabbā hoti) 이와 같이 존재가 멸할 때까지(yāva bhavakkhayā) 호지하였고(gaṇhi) 자신의 마음의 흐름에서 일어나게 하였다(cittasantāne uppādesi)는 뜻이다. '계행을 받아 지녔고(sīlaṁ samādiyi)' 등에도 이 방법이 적용된다."(UdA.292~293)

398) "'배움(suta)'이라고 하셨다. 여기서는 교학을 많이 배움(pariyatti-bāhusacca)과 통찰(꿰뚫음)을 많이 배움(paṭivedha-bāhusacca)의 두 가지가 배움이다. 교학으로서의 법들(pariyattidhammā)도 그 법을 배우는 시간에(dhammassavanakāle) 진리를 통찰하기 위해서(saccappaṭivedhāya) 제자들이 처한 상태에 따라(yathāladdhappakāraṁ) 듣고(sutā) 익숙해지고(paricitā) 마음으로 숙고하고(manasānupekkhitā) 견해로 잘 통찰하기(diṭṭhiyā suppaṭividdhā) 때문이다."(UdA.293)

399) "'이 의미를 아시고(etamatthaṁ viditvā)'라고 하였다. 사악함은 피하지 않으면(pāpānaṁ aparivajjane) 위험(ādīnava)이고 피하면 이익임(ānisaṁsa)을 모든 측면에서 아시고 그 의미를 설명하는 이 우러나온 말씀을 읊으신 것이다."(UdA.293)

"눈을 가진 사람이 몸을 움직일 때400)
애를 써서 위험한 곳을 피하듯이
현자는 살고 있는 세상에서
사악함을 피해야 한다." {43}

아이 경(Ud5:4)

Kumāraka-sutta

1. 이와 같이 [51] 나는 들었다. 한때 세존께서는 사왓티에서 제따 숲의 아나타삔디까 원림(급고독원)에 머무셨다. 그때 많은 아이들이 사왓티와 제따 숲 사이에서 물고기를 괴롭히고 있었다.

2. 그때 세존께서는 오전에 옷매무새를 가다듬고 발우와 가사를 수하시고 사왓티로 탁발을 가셨다. 세존께서는 그 많은 아이들이 사왓티와 제따 숲 사이에서 물고기를 괴롭히는 것을 보셨다. 그들을 보시고는 그 아이들에게로 가셨다. 가셔서는 이렇게 말씀하셨다.

"얘들아, 너희들은 괴로움을 두려워하지 않느냐? 너희들은 괴로움을 좋아하지 않지 않느냐?"

"세존이시여, 그렇습니다. 세존이시여, 저희들은 괴로움을 두려워합니다. 저희들은 괴로움을 좋아하지 않습니다."

3. 그때 세존께서는 이 의미를 아시고 그 즉시 바로 이 우러나온 말씀을 읊으셨다.401)

---

400) '몸을 움직일 때'는 vijjamāne(존재할 때)를 옮긴 것인데 주석서에서 "몸을 움직일 때(sarīre vahante)"(UdA.294)로 설명하고 있어서 이렇게 옮겼다.

401) "'이 의미를 아시고(etamatthaṁ viditvā)'라고 하였다. 이 중생들은(sattā) 각자 자신의(attano) 괴로움을 원하지 않지만(anicchantā) 괴로움의 원인

"만일 그대들이 괴로움을 두려워하고
만일 그대들이 괴로움을 좋아하지 않는다면
드러나든 드러나지 않든
사악한 업을 짓지 말라. |1|

만일 그대들이 사악한 업을
지으려고 하거나 짓고 있다면
그대들이 아무리 위로 날아 도망친다 하더라도
괴로움으로부터 벗어나지 못하리라." |2| {44}402)

포살 경(Ud5:5)403)

Uposatha-sutta

1. 이와 같이 나는 들었다. 한때 세존께서는 사왓티에서 동쪽 원림[東園林]에 있는 미가라마따(녹자모) 강당404)에 머무셨다. 그때 세

을 저지르면서(dukkhahetuṁ paṭipajjantā) 각자 자신의 그것(괴로움)을 원하는 자들이 되어버린다는 이 의미를 모든 측면에서 아시고라는 뜻이다. '이 우러나온 말씀을(imaṁ udānaṁ)'이라고 하였다. 악한 행위의 물리침(pāpakiriyāya nisedhana)과 위험을 설명하는(ādīnavavibhāvana) 이 우러나온 말씀을 읊으신 것이다."(UdA.295)

402) 본경의 첫 번째 우러나온 말씀의 뒤 구절과 두 번째 우러나온 말씀은 『상윳따 니까야』 제1권 「사누 경」(S10:5) §3의 {820}번 게송의 뒤 구절과 {821}번 게송과 일치한다.

403) 우러나온 말씀을 포함한 본경은 율장 『쭐라왁가』 제9편 빠띠목카의 중지 편(Pātimokkhaṭṭhapanakkhandhaka)에도 '이 법과 율에 있는 여덟 가지 경이로운 것(imasmiṁdhammavinayeaṭṭhacchariya, Vin.ii.236~240)'으로 나타난다. 우러나온 말씀을 제외한 본경은 『앙굿따라 니까야』 제5권 「포살 경」(A8:20)과 같고 본경 §§7~8의 내용은 『앙굿따라 니까야』 제5권 「빠하라다 경」(A8:19)의 내용과도 일치한다.

404) 동쪽 원림[東園林, Pubbārāma]과 미가라마따(녹자모) 강당(Migāramātu

존께서는 비구 승가에 둘러싸여 앉아 계셨고, 그날은 포살일405)이었다. 그때 아난다 존자는 밤이 깊어져서 초저녁[初夜]이 지나갈 즈음 자리에서 일어나서 한쪽 어깨가 드러나게 윗옷을 입고 세존을 향해 합장하여 인사를 올린 뒤 이렇게 말씀드렸다.

"세존이시여, 밤이 깊어져서 초저녁[初夜]이 지나갑니다. 비구 승가는 오래 앉아있었습니다. 세존께서는 비구들에게 빠띠목카(戒目) 암송406)을 허락해 주십시오."

-pāsāda)에 대해서는 본서 「위사카 경」(Ud2:9) §1의 주해들을 참조할 것.

405) '포살일(布薩日)' 혹은 줄여서 '포살'은 uposatha의 음역이며 불교의 계율 준수일을 말한다. 주석서는 이렇게 설명한다.
"이날에 준수한다(upavasati)고 해서 포살이라 한다. 준수한다는 것은 계(sīla)나 금식(anasana)을 지키면서 머문다는 뜻이다."(SA.i.276)

일반적으로 포살은 음력 초하루와 보름에 거행되며 이날에 비구들은 함께 모여서 『비구 빠띠목카』를 암송한다. 이러한 포살 가운데서 안거가 끝나는 마지막 보름밤에 모여서 행하는 의식을 '자자(自恣, pavāraṇā)'라고 한다. 자자는 연장자부터 자신의 잘못을 발로참회(發露懺悔)하고, 본경에서처럼 혹시 자신이 모르는 가운데 지은 잘못이 있는가를 대중들에게 묻고 대중들의 책망을 기꺼이 받아들이는 의식이다. 포살과 자자는 지금 한국 승가의 대중처소에서도 잘 지켜지고 있다.
한편 포살로 음역한 우빠와사타(Sk. upavasatha)는 『제의서』(祭儀書, Brā-hmaṇa) 등의 베딕 문헌에서도 제사를 지내기 전에 지키는 금식일로 나타나고 있으며, 자이나교 등의 다른 사문·바라문 전통에서도 이미 준수하던 것이었다. 자연스럽게 일찍부터 불교 교단에 채용되었다.

406) '세존께서는 비구들에게 빠띠목카(戒目) 암송을 허락해 주십시오.'는 uddisatu bhante bhagavā bhikkhūnaṁ pātimokkhaṁ을 옮긴 것이다. 주석서들은 이것을 "[아난다] 장로가 세존께 빠띠목카의 암송을 요청한 것(thero bhagavantaṁ pātimokkhuddesaṁ yāci)"(UdA.296; VinAṬ.iii.426 등)이라고 설명한다.

여기서 '빠띠목카의 암송(pātimokkha-uddesā)'은 포살일에 빠띠목카를 암송하는 방법을 말한다. 주석서에 의하면 빠띠목카를 암송하는 방법에는 "비구들에게는 5가지가 있고 비구니들에게는 4가지가 있어서 모두 9가지 빠띠목카의 암송이 인정된다(nava pātimokkhuddesā paññattā)."(AA.ii.164) 율장 『마하왁가』(대품)에 의하면 비구들이 행하는 다섯 가지 방법은

이렇게 말씀드렸지만 세존께서는 침묵하고 계셨다.407)

2. 아난다 존자는 밤이 깊어져서 한밤중[中夜]이 지나갈 즈음 자리에서 일어나 한쪽 어깨가 드러나게 윗옷을 입고 세존을 향해 합장하여 인사를 올린 뒤 두 번째로 이렇게 말씀드렸다.

"세존이시여, 밤이 깊어져서 한밤중[中夜]이 지나갑니다. 비구 승가는 오래 앉아있었습니다. 세존께서는 비구들에게 빠띠목카 암송을

다음과 같다.
첫 번째는 서언(nidāna)만 암송하고(uddisitvā) 나머지는 들었다고 선언함.(avasesaṁ sutena sāvetabbaṁ) 두 번째는 서언과 4바라이(pārājika)를 암송하고 나머지는 들었다고 선언함. 세 번째는 서언과 4바라이와 13승잔(saṅghādisesa)을 암송하고 나머지는 들었다고 선언함. 네 번째는 서언과 4바라이와 13승잔과 2부정(不定, aniyata)을 암송하고 나머지는 들었다고 선언함. 다섯 번째는 전부 다 암송하는 것이다(vitthāreneva). 이것이 비구가 암송하는 다섯 가지 방법이다.(Vin.i.112) 비구니들의 경우에는 부정법이 없기 때문에 네 번째를 제외한 나머지 네 가지 암송 방법이 있다.

여기서 빠띠목카(戒目)는 pātimokkha를 음역한 것이다. 『청정도론』은 다음과 같이 설명한다.
"'빠띠목카(pātimokkha, 戒目)'란 학습계율(sikkhāpada-sīla)을 뜻한다. 이것은 이것을 보호하고(pāti) 지키는 사람을 해탈케 하고(mokkheti), 악처 등의 고통으로부터 벗어나게 한다. 그러므로 빠띠목카(pāṭimokkha)라고 한다."(Vis.I.43)

빠띠목카는 비구 빠띠목카(비구 계목)와 비구니 빠띠목카(비구니 계목)의 두 가지 빠띠목카(ubhayāni pātimokkhāni)로 구성되어 있다. 초기불전연구원에서는 pātimokkha를 여기서처럼 빠띠목카(계목, 戒目)라고 음역하기도 하고 계목(戒目)으로 뜻번역을 하기도 하였음을 밝힌다. 본서에서는 빠띠목카로 음역하고 있다.

407) '세존께서는 침묵하고 계셨다.'는 bhagavā tuṇhī ahosi를 옮긴 것이다. 주석서는 그 이유를 다음과 같이 설명한다.
"세존께서는 앉아서 비구들의 마음을 굽어보신 뒤 계행이 나쁜 한 사람(eka dussīlapuggala)을 발견하시고는 '만약 내가 이 사람이 앉아있음에도 불구하고 빠띠목카를 설한다면 7일 후에 이 사람의 머리가 깨어질 것이다(muddhā phalissati).'라고 아신 뒤 그에 대한 연민 때문에(anukampāya) 침묵하고 계셨던 것이다."(UdA.296; AA.iv.112)

허락해 주십시오."

두 번째에도 역시 세존께서는 침묵하고 [52] 계셨다.

3. 아난다 존자는 밤이 깊어져서 여명이 떠오르고 기쁜 얼굴을 한 이른 새벽[後夜]이 지나갈 즈음 자리에서 일어나서 한쪽 어깨가 드러나게 윗옷을 입고 세존을 향해 합장하여 인사를 올린 뒤 세 번째로 이렇게 말씀드렸다.

"세존이시여, 밤이 깊어져서 여명이 떠오르고 기쁜 얼굴을 한 이른 새벽[後夜]이 지나갑니다. 비구 승가는 오래 앉아있었습니다. 세존께서는 비구들에게 빠띠목카 암송을 허락해 주십시오."

"아난다여, 회중이 청정하지 않다."

그때 마하목갈라나 존자에게 이런 생각이 들었다.

'세존께서는 어떤 사람을 두고 '아난다여, 회중이 청정하지 않다.' 라고 말씀하셨을까?'

4. 그때 마하목갈라나 존자는 자기의 마음으로 승가의 모든 비구들의 마음을 통하여 주의를 기울였다. 마하목갈라나 존자는 계를 지키지 않고, 사악한 성품을 가지고, 불결하고, 의심하는 습관을 가지고, 비밀리에 행하고, 사문이 아니면서 사문이라 주장하고, 청정범행을 닦지 않으면서 청정범행을 닦는다고 주장하고, [썩은 업에 의해] 안이 썩었고, [여섯 감각의 문을 통해 탐욕 등 오염원들이] 흐르고, [탐욕 등의] 쓰레기를 가져 [청정하지 않은] 사람이 비구 승가 가운데 앉아있는 것을 보았다. 보고는 자리에서 일어나 그 사람에게 다가가서 이렇게 말했다.

"도반이여, 일어나시오. 세존께서는 그대를 보셨습니다. 그대는 비구들과 함께 머물지 못합니다.”

그 사람은 침묵하고 있었다. 두 번째로 마하목갈라나 존자는 그 사람에게 말했다.

“도반이여, 일어나시오. 세존께서는 그대를 보셨습니다. 그대는 비구들과 함께 머물지 못합니다.”

두 번째에도 그 사람은 침묵하고 있었다. 세 번째로 마하목갈라나 존자는 그 사람에게 말했다.

“도반이여, 일어나시오. 세존께서는 그대를 보셨습니다. 그대는 비구들과 함께 머물지 못합니다.”

세 번째에도 그 사람은 침묵하고 있었다.

5. 그러자 마하목갈라나 존자는 그 사람의 팔을 붙잡아 바깥문의 현관으로 끌어낸 뒤 빗장을 잠그고는 세존께 다가갔다. 가서는 세존께 이렇게 말씀드렸다.

“세존이시여, 제가 그 사람을 쫓아냈습니다. 이제 회중은 청정합니다. 세존께서는 비구들에게 빠띠목카 암송을 허락해 주십시오.”

“경이롭구나, 목갈라나여. 놀랍구나, 목갈라나여. 저 쓸모없는 인간은 팔이 붙잡힐 때까지 기다리고 있었구나!”

그때 [53] 세존께서는 비구들을 불러서 말씀하셨다.

6. “비구들이여, 이제 오늘부터는 나는 포살을 준수하지 않을 것이고 빠띠목카를 암송하지 않을 것이다.408) 이제 그대들이 포살을

---

408) “‘이제 오늘부터는 나는 포살을 준수하지 않을 것이고 빠띠목카를 암송하지 않을 것이다(ahaṁ uposathaṁ na karissāmi, pātimokkhaṁ na uddisissāmi).’라고 하셨다. 두 가지 빠띠목카가 있다. ① 명령(권위, 보호)으로서의 빠띠목카(āṇā-pātimokkha)와 ② 교계로서의 빠띠목카(ovāda-pāti

준수하고 빠띠목카를 암송하라.409) 비구들이여, 여래가 청정하지 못한

-mokkha)이다.

이 가운데 '존자들이시여, 저의 말에 귀 기울이십시오.'(Vin.iii.140)라는 등으로 [거행하는 것이] ① 명령으로서의 빠띠목카이다. 이것은 제자들이 [함께 모여] 암송하고 부처님들은 아니시다. 이것을 보름마다 암송한다.(D14 §3.28 참조)

"관용이 [그 특징인] 인욕은 최상의 고행이고
열반은 최상이라고 부처님들은 설하신다.
남을 해치는 자는 출가자가 아니며
남을 괴롭히는 자는 사문이 아니기 때문이다.(Dhp {184})

모든 악을 행하지 않고
유익함[善]을 구족하며
자신의 마음을 깨끗하게 하는 것 —
이것이 모든 부처님들의 교법이다.(Dhp {183})

모욕하지 않고 해치지 않고
계목으로 단속하고
음식에 대해서 적당함을 알고
외딴 곳에 침상과 좌구가 있고
높은 마음에 몰두하는 것 —
이것이 부처님들의 교법이다."(Dhp {185}; Ud4:6. 설명은 D14 §3.28의 주해들을 참조할 것.)

이 세 개의 게송을 ② 교계로서의 빠띠목카(ovādapātimokkha)라 한다. 이것은 부처님들만이 암송하시고 제자들은 아니다.(buddhāva uddisanti, na sāvakā). [제자들은] 육 년(여섯 안거)이 지나면 암송하게 된다(channampi vassānaṁ accayena uddisanti). 긴 수명을 가지신 부처님들이 외우던 시기에는(dīghāyukabuddhānañhi dharamānakāle) 이것이 계목의 암송(pātimokkhuddesa)이었지만 수명이 짧은 부처님들(appāyuka-buddhā)은 첫 번째 깨달으셨을 때만(paṭhamabodhiyaṁyeva) [외우셨다.] 그 후에는 다른 것을(tato paraṁ itaro), [즉 세 개의 게송 대신에 비구 227계목을]?? 여기까지 비구들이 암송하고 있고 부처님들은 아니시다. 그래서 우리의 세존께서도 20안거만(vīsativassamatta) 교계로서의 빠띠목카를 암송하신 뒤 그것이 장애(antarāya)가 됨을 보시고 그 뒤에는 암송하지 않으신 것이다."(UdA. 298~299)

409) 한편 『앙굿따라 니까야』 제5권 「포살 경」(A8:20) §6에는 여기 본문의 '비구들이여'부터 '암송하라.'까지가 'tumheva dāni, bhikkhave, uposathaṁ kareyyātha, pātimokkhaṁ uddiseyyātha. na dānāhaṁ, bhikkhave,

회중에서 빠띠목카를 암송하는 것은 있을 수 없고 이치에 맞지 않다."

7. "비구들이여, 큰 바다에는 여덟 가지 경이롭고 놀랄 만한 것들이 있다. 이것을 볼 때마다 아수라들410)은 큰 바다를 기뻐한다. 무엇이 여덟인가?

비구들이여, ① 큰 바다는 점차 기울어지고 점차 비탈지고 점차 경사지지, 갑작스럽게 절벽이 되지 않는다. 비구들이여, 큰 바다가

---

ajjatagge uposathaṁ karissāmi, pātimokkhaṁ uddisissāmi.'로 나타난다. 즉 '비구들이여, 이제 그대들이 포살을 준수하고 빠띠목카를 암송하라. 비구들이여, 이제 오늘부터는 나는 포살을 준수하지 않을 것이고 빠띠목카를 암송하지 않을 것이다.'로 순서가 바뀌어서 나타나고 있다.

한편 PTS본 「포살 경」(A8:20) §6(A.iv.206)에는 na dānāhaṁ bhikkha-ve ajjatagge pātimokkhaṁ uddisissāmi(비구들이여, 이제 오늘부터는 나는 빠띠목카를 암송하지 않을 것이다.)로만 나타난다. uposathaṁ kareyyātha(그대들이 포살을 준수하라.)가 누락되었다.

410) '아수라들(asurā)'은 신(deva)들과 항상 싸우는 존재들로 『리그베다』에서부터 나타나며, 그 후 많은 인도의 고대 신화에 등장한다. 전투의 신인 인드라(Indra, Sakka)는 그래서 아수라를 물리치는 왕으로 『리그베다』에 아주 많이 묘사되고 있으며 초기불전에서도 『상윳따 니까야』 제1권 「삭까 상윳따」(S11)의 25개 경들 가운데 첫 번째 품에 포함된 10개의 경들(S11:1~10)은 삼십삼천의 신들과 아수라들 간의 지속적인 전쟁과 반목을 묘사하고 있다. 특히 처음 여섯 개 경들(S11:1~6)은 신들과 아수라들 간의 전쟁이 있었음을 말하고 있다. 물론 여기서 삭까(Sakka, Sk. Śakra)는 중국에서 제석(帝釋) 혹은 석제(釋提)로 음역되었고 천주(天主)로 번역되기도 한 신이며, 인도의 베다에서부터 등장하는 인도의 유력한 신인 인드라(Indra)를 말한다.

아수라는 어원으로 보면 서아시아에서 유력했던 조로아스터교의 『아베스타』에 나타나는 신이나 주(主)의 개념인 아후루(ahuroo)를 나타낸다고 학자들은 말하고 있다.(PED *s.v.* asura) 이런 의미에서 대승불교에서는 아수라를 악도에 포함시키지 않고 인간보다도 수승한 존재로 설정하기도 한다. 그러나 『디가 니까야』 제3권 「빠띠까 경」(D24) §1.7에서처럼 저열한 아수라들은 신들과 버금가는 아수라는 아니다. 그래서인지 아비담마에서는 아수라를 악도에 포함시키고 있다.(『아비담마 길라잡이』 제5장 §4의 해설 4와 §11의 해설 3 참조)

점차 기울어지고 점차 비탈지고 점차 경사지지, 갑작스럽게 절벽이 되지 않는 이것이 큰 바다의 첫 번째 경이롭고 놀랄 만한 것이다. 이것을 볼 때마다 아수라들은 큰 바다를 기뻐한다.

다시 비구들이여, ② 큰 바다는 머무는 특징을 가져서 해안을 넘어가지 않는다. 비구들이여, 큰 바다가 머무는 특징을 가져서 해안을 넘어가지 않는 이것이 큰 바다의 두 번째 경이롭고 놀랄 만한 것이다. 이것을 볼 때마다 아수라들은 큰 바다를 기뻐한다.

다시 비구들이여, ③ 큰 바다는 죽은 시체와 함께 머물지 않는다. 큰 바다에 죽은 시체가 있으면 그것을 즉시 기슭으로 실어가서 땅으로 밀어내 버린다. 비구들이여, 큰 바다가 죽은 시체와 함께 머물지 않아서, 큰 바다에 죽은 시체가 있으면 그것을 즉시 기슭으로 실어가서 땅으로 밀어내 버리는 이것이 큰 바다의 세 번째 경이롭고 놀랄 만한 것이다. 이것을 볼 때마다 아수라들은 큰 바다를 기뻐한다.

다시 비구들이여, ④ 강가, 야무나, 아찌라와띠, 사라부, 마히와 같은 큰 강들이 큰 바다에 이르면 이전의 이름과 성을 버리고 큰 바다라는 명칭을 가지게 된다. 비구들이여, 강가, 야무나, 아찌라와띠, 사라부, 마히와 같은 큰 강들이 큰 바다에 이르면 이전의 이름과 성을 버리고 큰 바다라는 명칭을 가지게 되는 이것이 큰 바다의 네 번째 경이롭고 놀랄 만한 것이다. 이것을 볼 때마다 아수라들은 큰 바다를 기뻐한다.

다시 비구들이여, ⑤ 이 세상에 강은 그 어떤 것이든 큰 바다로 이르고 또 허공에서 비가 떨어지지만 그것 때문에 큰 바다가 모자라거나 넘친다고 알려져 있지 않다. 비구들이여, [54] 이 세상에 강은 그 어떤 것이든 큰 바다로 이르고 또 허공에서 비가 떨어지지만 그것 때문에 큰 바다가 모자라거나 넘친다고 알려져 있지 않은 이것이 큰 바다의 다섯 번째 경이롭고 놀랄 만한 것이다. 이것을 볼 때마다 아수라들은 큰 바다를 기뻐한다.

다시 비구들이여, ⑥ 큰 바다는 하나의 맛인 짠맛을 가지고 있다. 비구들이여, 큰 바다가 하나의 맛인 짠맛을 가지고 있는 이것이 큰 바다의 여섯 번째 경이롭고 놀랄 만한 것이다. 이것을 볼 때마다 아수라들은 큰 바다를 기뻐한다.

다시 비구들이여, ⑦ 큰 바다는 진주, 수정, 녹주석, 소라, 규석, 산호, 은, 금, 루비, 묘안석과 같은 여러 종류의 많은 보배를 가지고 있다. 비구들이여, 큰 바다가 진주, 수정, 녹주석, 소라, 규석, 산호, 은, 금, 루비, 묘안석과 같은 여러 종류의 많은 보배를 가지고 있는 이것이 큰 바다의 일곱 번째 경이롭고 놀랄 만한 것이다. 이것을 볼 때마다 아수라들은 큰 바다를 기뻐한다.

다시 비구들이여, ⑧ 큰 바다는 띠미, 띠밍갈라, 띠미띠밍갈라,[411] 아수라, 나가, 간답바와 같은 큰 존재들의 거주처이다. 큰 바다에는 백 요자나의 몸을 가진 존재도 있고, 이백 요자나, 삼백 요자나, 사백 요자나, 오백 요자나의 몸을 가진 존재도 있다. 비구들이여, 큰 바다가 띠미, 띠밍갈라, 띠미띠밍갈라, 아수라, 나가, 간답바와 같은 큰 존재들의 거주처여서 큰 바다에는 백 요자나의 몸을 가진 존재도 있고, 이백 요자나, 삼백 요자나, 사백 요자나, 오백 요자나의 몸을 가진 존

---

411) '띠미(Timi)'와 '띠밍갈라(Timiṅgala)'와 '띠미띠밍갈라(Timitimiṅgala)'는 [깊은 바다에 사는] 물고기의 종류(macchajāti)라고 주석서는 설명한다.(UdA.303)

재도 있는 이것이 큰 바다의 여덟 번째 경이롭고 놀랄 만한 것이다. 이것을 볼 때마다 아수라들은 큰 바다를 기뻐한다.

비구들이여, 큰 바다에는 이러한 여덟 가지 경이롭고 놀랄 만한 것들이 있다. 이것을 볼 때마다 아수라들은 큰 바다를 기뻐한다."

8. "비구들이여, 그와 같이 이 법과 율에는 여덟 가지 경이롭고 놀랄 만한 것들이 있다. 이것을 볼 때마다 비구들은 이 법과 율을 기뻐한다. 무엇이 여덟인가?

비구들이여, ① 예를 들면 큰 바다가 점차 기울어지고 점차 비탈지고 점차 경사지지, 갑작스럽게 절벽이 되지 않는 것처럼, 이 법과 율에는 순차적인 공부지음과 순차적인 실천과 순차적인 도닦음이 있지,[412] 갑작스럽게 완전한 지혜를 꿰뚫음이 없다. 비구들이여, 이 법

---

412) "순차적인 공부지음 등에서 '순차적인 공부지음(anupubba-sikkhā)'에는 삼학(三學, tisso sikkhā)이 포함되고, '순차적인 실천(anupubba-kiriyā)'에는 열세 가지 두타행(dhutaṅga)이 포함되며, '순차적인 도닦음(anupubba-paṭipadā)'에는 일곱 가지 수관(隨觀, anupassanā), 열여덟 가지 큰 위빳사나(mahāvipassanā), 서른여덟 가지 대상의 분석(ārammaṇa-vibhatti), 서른일곱 가지 보리분법(bodhipakkhiya-dhamma)이 포함된다."(AA.iv.111, *cf.* UdA.303)

복주서에 의하면 7가지 수관(隨觀)은 무상의 수관(anicca-anupassanā), 괴로움의 수관(dukkha-anupassanā), 무아의 수관(anatta-anupassanā), 염오의 수관(nibbida-anupassanā), 이욕의 수관(virāga-anupassanā), 소멸의 수관(nirodha-anupassanā), 놓아버림의 수관(paṭinissagga-anupassanā)이다.(AAṬ.i.67)

그리고 13가지 두타행의 명칭은 본서 「삔돌라 경」(Ud4:6) §1의 해당 주해를 참조하고 상세한 설명은 『청정도론』 제2장(II)을 참조할 것. 그리고 18가지 큰 위빳사나는 『청정도론』 XX.90을, 38가지 대상의 분석은 『청정도론』 제3장(III) 이하와 『아비담마 길라잡이』 제9장의 40가지 명상주제를, 37가지 보리분법은 『청정도론』 제22장(XXII) §33 이하와 『아비담마 길라잡이』 제7장 §24 이하를 참조하기 바란다.

과 율에 순차적인 공부지음과 순차적인 실천과 순차적인 도닦음이 있으며, 갑작스럽게 완전한 지혜를 꿰뚫음이 없는 이것이 이 법과 율의 첫 번째 경이롭고 놀랄 만한 것이다. 이것을 볼 때마다 비구들은 이 법과 율을 기뻐한다.

다시 비구들이여, ② 예를 들면 [55] 큰 바다가 머무는 특징을 가져서 해안을 넘어가지 않는 것처럼, 내가 제자들을 위해서 제정한 학습계목을 내 제자들은 목숨을 버릴지언정 범하지 않는다. 비구들이여, 내가 제자들을 위해서 제정한 학습계목을 내 제자들이 목숨을 버릴지언정 범하지 않는 이것이 이 법과 율의 두 번째 경이롭고 놀랄 만한 것이다. 이것을 볼 때마다 비구들은 이 법과 율을 기뻐한다.

다시 비구들이여, ③ 예를 들면 큰 바다가 죽은 시체와 함께 머물지 않아서 큰 바다에 죽은 시체가 있으면 그것을 즉시 기슭으로 실어가서 땅으로 밀어내 버리는 것처럼, 승가는 계를 지키지 않고, 사악한 성품을 가지고, 불결하고, 의심하는 습관을 가지고, 비밀리에 행하고, 사문이 아니면서 사문이라 주장하고, 청정범행을 닦지 않으면서 청정범행을 닦는다고 주장하고, [썩은 업에 의해] 안이 썩었고, [여섯 감각의 문을 통해 탐욕 등 오염원들이] 흐르고, [탐욕 등의] 쓰레기를 가져 [청정하지 않은] 사람과는 함께 머물지 않는다. 승가는 함께 모여 즉시 그를 내쳐버린다. 설혹 그가 비구 승가 가운데 앉아 있다 하더라도 그는 승가로부터 멀고 승가는 그로부터 멀다.

비구들이여, 승가가 계를 지키지 않고, 사악한 성품을 가지고, 불결하고, 의심하는 습관을 가지고, 비밀리에 행하고, 사문이 아니면서 사문이라 주장하고, 청정범행을 닦지 않으면서 청정범행을 닦는다고 주장하고, [썩은 업에 의해] 안이 썩었고, [여섯 감각의 문을 통해 탐욕 등 오염원들이] 흐르고, [탐욕 등의] 쓰레기를 가져 [청정하지 않은] 사람과는 함께 머물지 않고, 승가가 함께 모여 즉시 그를 내쳐버리며, 설혹 그가 비구 승가 가운데 앉아있다 하더라도 그는 승가로부터 멀고 승가는 그로부터 먼 이것이 이 법과 율의 세 번째 경이롭고 놀랄 만한 것이다. 이것을 볼 때마다 비구들은 이 법과 율을 기뻐한다.

다시 비구들이여, ④ 예를 들면 강가, 야무나, 아찌라와띠, 사라부, 마히와 같은 큰 강들이 큰 바다에 이르면 이전의 이름과 성을 버리고 큰 바다라는 명칭을 가지게 되는 것처럼, 끄샤뜨리야, 바라문, 와이샤, 수드라의 네 가지 계급이 여래가 선언한 법과 율에 의지해서 집을 나와 출가하면 이전의 이름과 성을 버리고 사꺄의 아들[釋子] 사문이라는 명칭을 가지게 된다. 비구들이여, 끄샤뜨리야, 바라문, 와이샤, 수드라의 네 가지 계급이 여래가 선언한 법과 율에 의지해서 집을 나와 출가하면 이전의 이름과 성을 버리고 사꺄의 아들 사문이라는 명칭을 가지게 되는 이것이 이 법과 율의 네 번째 경이롭고 놀랄 만한 것이다. 이것을 볼 때마다 비구들은 이 법과 율을 기뻐한다.

다시 비구들이여, ⑤ 예를 들면 이 세상에 강은 그 어떤 것이든 큰 바다로 이르고 또 허공에서 비가 떨어지지만 그것 때문에 큰 바다가 모자라거나 넘친다고 알려져 있지 않은 것처럼, 많은 비구들은 취착이 없는 열반의 요소로 반열반에 들지만 그것 때문에 열반의 요소가 모자라거나 넘친다고 알려지지 않는다. 비구들이여, 많은 비구들이 취착이 없는 열반의 요소로 반열반에 들지만 그것 때문에 열반의 요소가 모자라거나 넘친다고 알려져 있지 않은 이것이 이 법과 율의 다섯 번째 경이롭고 놀랄 만한 것이다. 이것을 볼 때마다 비구들은 이 법과 율을 기뻐한다.

다시 비구들이여, ⑥ 예를 들면 [56] 큰 바다가 하나의 맛인 짠맛을 가지고 있는 것처럼, 이 법과 율도 하나의 맛인 해탈의 맛을 가지고 있다. 비구들이여, 이 법과 율은 하나의 맛인 해탈의 맛을 가지고 있는 이것이 이 법과 율의 여섯 번째 경이롭고 놀랄 만한 것이다. 이것을 볼 때마다 비구들은 이 법과 율을 기뻐한다.

다시 비구들이여, ⑦ 예를 들면 큰 바다가 진주, 수정, 녹주석, 소라, 규석, 산호, 은, 금, 루비, 묘안석과 같은 여러 종류의 많은 보배를 가지고 있는 것처럼, 이 법과 율도 네 가지 마음챙김의 확립[四念處], 네 가지 바른 노력[四正勤], 네 가지 성취수단[四如意足], 다섯 가지 기능[五根], 다섯 가지 힘[五力], 일곱 가지 깨달음의 구성요소[七覺支], 여덟 가지 구성요소로 된 성스러운 도[八支聖道]와 같은 많은 보배를 가지고 있다. 비구들이여, 이 법과 율이 네 가지 마음챙김의 확립[四念處], 네 가지 바른 노력[四正勤], 네 가지 성취수단[四如意足], 다섯 가지 기능[五根], 다섯 가지 힘[五力], 일곱 가지 깨달음의 구성요소[七覺支], 여덟 가지 구성요소로 된 성스러운 도[八支聖道]와 같은 여러 종류의 많은 보배를 가지고 있는 이것이 이 법과 율의 일곱 번째 경이롭고 놀랄 만한 것이다. 이것을 볼 때마다 비구들은 이 법과 율을 기뻐한다.

다시 비구들이여, ⑧ 예를 들면 큰 바다는 띠미, 띠밍갈라, 띠미띠밍갈라, 아수라, 나가, 간답바와 같은 큰 존재들의 거주처이다. 큰 바다에는 백 요자나의 몸을 가진 존재도 있고, 이백 요자나, 삼백 요자나, 사백 요자나, 오백 요자나의 몸을 가진 존재도 있는 것처럼, 이 법과 율도 큰 존재들의 거주처여서 그곳엔 예류자, 예류과를 실현하기 위해 도닦는 자, 일래자, 일래과를 실현하기 위해 도닦는 자, 불환자, 불환과를 실현하기 위해 도닦는 자, 아라한, 아라한과를 실현하기 위해 도닦는 자가 있다. 비구들이여, 이 법과 율이 큰 존재들의 거주처여서 예류자, 예류과를 실현하기 위해 도닦는 자, 일래자, 일래과를 실현하기 위해 도닦는 자, 불환자, 불환과를 실현하기 위해 도닦는 자, 아라한, 아라한과를 실현하기 위해 도닦는 자가 있는 이것이 이 법과 율의 여덟 번째 경이롭고 놀랄 만한 것이다. 이것을 볼 때마다 비구들은 이 법과 율을 기뻐한다.

비구들이여, 이 법과 율에는 이러한 여덟 가지 경이롭고 놀랄 만한 것들이 있다. 이것을 볼 때마다 비구들은 이 법과 율을 기뻐한다."

9. 그때 세존께서는 이 의미를 아시고 그 즉시 바로 이 우러나온 말씀을 읊으셨다.[413)]

"[오염원의 비는] 덮인 것은 흠뻑 적시지만[414)]
열린 것은 흠뻑 적시지 못한다.

---

413) "'이 의미를 아시고(etamattharn viditvā)'라고 하였다. 자신의 법과 율에서(attano dhammavinaye) 죽은 시체와 같은(matakuṇapasadisa) 계행이 나쁜 인간(dussīlapuggala)과는 함께 머물지 않는다고 일컬어지는(saṁ-vāsābhāvasaṅkhāta) 이 의미를 모든 측면에서 아시고라는 뜻이다. '이 우러나온 말씀을(imaṁ udānaṁ)'이라고 하였다. 함께 머물 수 없는 자와 함께 머물 수 있는 자를 설명하는 이유를 원만하게 밝히는(asaṁvās-āraha-saṁvāsāraha-vibhāgakāraṇa-paridīpana) 이 우러나온 말씀을 읊으신 것이다."(UdA.306)

414) "'덮인 것은 흠뻑 적신다(channamativassati).'라는 것은 계를 범한 뒤(āpattiṁ āpajjitvā) 감추면(paṭicchādento) 다른 새로운 계를 범하게 된다. 그래서 계속 연이어(tato paraṁ tato paraṁ) 계를 범함을 통해서 오염원의 비(kilesa-vassa)를 아주 많이(ativiya) 맞게 된다는 말이다."(UdA.306)

그러므로 덮인 것을 드러내라.
그러면 그것을 흠뻑 적시지 못한다."415) {45}

소나 경(Ud5:6)416)

Soṇa-sutta

1. 이와 같이 [57] 나는 들었다. 한때 세존께서는 사왓티에서 제따 숲의 아나타삔디까 원림(급고독원)에 머무셨다. 그때 마하깟짜나 존자417)가 아완띠418)에서 꾸라라가라의 빠왓따 산에419) 머물렀다. 그

---

415) "'그러면 그것을 흠뻑 적시지 못한다(evaṁ taṁ nātivassati).'라는 것은 이와 같이 하면 그 계를 범한 사람이 계를 범한 자가 자기 자신임을 꿰뚫어 본 뒤(ativijjhitvā) 오염원의 비에 맞지도 않고 젖지도 않는다(na temeti)는 말이다. 이와 같이 그는 오염원들이 흐르지 않고(anavassuta) 계행이 청정하고 삼매에 들고 위빳사나를 확립하여 명상하면서(sammasanta) 순차적으로 열반을 증득하게 된다는 것이 특별함(adhippāya)이다."(UdA.306)

416) 우러나온 말씀을 포함한 본경은 율장 『마하왁가』 제5편 가죽 편(Camma-kkhandhaka, Vin.i.197)에도 나타나고 있다.

417) 마하깟짜나(Mahā-Kaccāna) 혹은 마하깟짜야나(Mahā-Kacāyana, 니까야에는 두 가지 표현이 다 나타남. 대가전연(大迦旃延, 摩訶迦旃延) 혹은 가전연(迦旃延)으로 한역되었음.) 존자는 아완띠(Avanti, 아래 주해 참조)의 수도인 웃제니(Ujjeni, 지금 인도 맛댜쁘라데쉬의 우자인 지방)의 짠다빳조따(Caṇḍappajjota) 왕의 궁중 제관의 아들로 태어났으며 바라문 가문 출신이다. 깟짜나는 그의 족성이다. 그는 베다에 능통했으며 그의 부친이 죽은 뒤 대를 이어 궁중 제관이 되었다. 그는 짠다빳조따 왕의 명으로 일곱 명의 친구들과 함께 부처님을 웃제니로 초대하기 위해서 부처님께 갔다가 설법을 듣고 무애해체지를 갖춘 아라한이 되어 출가하였다.(AA.i.206)

『앙굿따라 니까야』 제1권 「하나의 모음」 제14장 으뜸 품에서 마하깟짜나 존자는 "간략하게 설한 것에 대해 상세하게 그 뜻을 설명하는 자들 가운데서 마하깟짜나가 으뜸"(A1:14:1-10)이라고 언급되고 있다. 주석서는 이 보기로 「꿀 덩어리 경」(M18)과 「깟짜나 뻬얄라」(M133인 듯)와 「도피안 경」(Pārāyana Sutta)을 들고 있다.(AA.i.209) 이 가운데 특히 『맛지마 니까야』 제1권 「꿀 덩어리 경」(M18)은 멋진 보기가 된다. 그리고 『맛지마 니까야』 제4권 「마하깟짜나 존자와 지복한 하룻밤 경」(M133)과 「요약의 분석 경」(M138)에서도 마하깟짜나 존자는 같은 방법으로 부처님이 요약해서

무렵 소나 꾸띠깐나[420] 청신사가 마하깟짜나 존자의 시자로 있었다.

2. 그때 소나 꾸띠깐나 청신사가 한적한 곳에 가서 홀로 앉아 [명상하던] 중에 이런 생각이 마음에 떠올랐다.

말씀하신 것을 상세하게 분석하고 있다. 나아가서 『상윳따 니까야』 제3권 「할릿디까니 경」 1/2(S22:3~4)와 제4권 「할릿디까니 경」(S35:130)과 「로힛짜 경」(S35:132) 등도 이러한 그의 재능을 잘 드러내고 있다. 북방에서도 깟짜나(가전연) 존자는 논의제일(論議第一)로 꼽힌다.

418) 아완띠(Avanti)는 옛 인도 중원의 16국(Mahājanapada) 가운데 하나로 마가다(Magadha)와 꼬살라(Kosala)와 왐사(Vaṁsa, Vatsa)와 더불어 4대 강국으로 꼽혔다고 한다. 수도는 웃제니(Ujjenī, 지금의 Ujain)와 마힛사띠(Māhissati)였다. 한때 아완띠는 북쪽과 남쪽(Avanti Dakkhiṇā-patha)으로 분리되어 있었다고 하며, 이 둘은 각각의 수도였다고도 한다. 부처님 당시에는 빳조따 왕이 통치하였으며, 그는 그의 불같은 성품 때문에 짠다빳조따(Caṇḍa-Pajjota)로 잘 알려졌다.(Vin.i.277)

마하깟짜나 존자는 아완띠와는 인연이 많으며 특히 본경에서 언급되는 꾸라라가라(Kuraraghara)와는 많은 인연이 있었던 듯하다. 그리고 본경의 주요 인물이며 『앙굿따라 니까야』 제1권 「하나의 모음」 제14장 으뜸 품에서 으뜸가는 사부대중으로 언급되고 있는 소나 꾸띠깐나(Soṇa Kuṭikaṇṇa) 존자(A1:14:2-9 참조)와 까띠야니(Kātiyānī) 청신녀(A1:14:7~8 참조)도 이곳 출신이었다.

419) '빠왓따 산에'는 Pavatte pabbate를 옮긴 것이다. 주석서도 "빠왓따라 불리는 산에서(Pavattanāmake pabbate)"(UdA.307)라고 설명한다. 『상윳따 니까야』 「할릿디까니 경」 1/2(S22:3~4)에는 Papāte pabbate로 나타난다.

420) 소나 꾸띠깐나(Soṇa Kuṭikaṇṇa) 존자는 아완띠(Avanti)의 여기 꾸라라가라(Kuraraghara) 출신이다. 그는 본경 §5에서 보듯이 여기 꾸라라가라에서 마하깟짜나 존자 문하로 출가를 하였다. 그 후 §11에서 세존을 뵙고 『숫따니빠따』의 「앗타까 왁가」(Aṭṭhaka-vagga, 제4장 여덟 편의 시품)를 낭랑하게 외워 부처님을 크게 기쁘게 하였다. 그래서 그는 『앙굿따라 니까야』 「하나의 모음」 으뜸 품에서 "감미로운 목소리로 말하는 자(kalyāṇa-vākkaraṇa)들 가운데서 소나 꾸띠깐나가 으뜸"(A1:14:2-9)이라 불리는 것이다.(AA.i.237) 한편 주석서는 꾸띠깐나에 대해서 이렇게 설명한다.

"소나는 그의 이름이고 꾸띠깐나는 수식어인데 그가 재가자였을 때 천만 냥(koṭi) 값어치의 귀걸이(kaṇṇa)로 장식을 하고 다녔기 때문에(kaṇṇa-piḷandhana) 그렇게 불렸다."(AA.i.237)

'마하깟짜나 존자께서 법을 설하시는 것과 같이 재가에 살면서 더 할 나위 없이 완벽하고 지극히 청정한 소라고둥처럼 빛나는 청정범행을 실천하기란 쉽지 않다. 그러니 나는 이제 머리와 수염을 깎고 물들인 옷을 입고 집을 떠나 출가하리라.'라고.

3. 그때 소나 꾸띠깐나 청신사는 마하깟짜나 존자에게 다가갔다. 가서는 마하깟짜나 존자에게 절을 올리고 한 곁에 앉았다. 한 곁에 앉아서 소나 꾸띠깐나 청신사는 마하깟짜나 존자에게 이렇게 말했다.

"존자시여, 제가 한적한 곳에 가서 홀로 앉아 [명상하던] 중에 이런 생각이 마음에 떠올랐습니다.

'마하깟짜나 존자께서 법을 설하시는 것과 같이 재가에 살면서 더 할 나위 없이 완벽하고 지극히 청정한 소라고둥처럼 빛나는 청정범행을 실천하기란 쉽지 않다. 그러니 나는 이제 머리와 수염을 깎고 물들인 옷을 입고 집을 떠나 출가하리라.'라고.

존자시여, 마하깟짜나 존자께서는 제가 출가하도록 해 주십시오."

4. 이렇게 말했을 때 마하깟짜나 존자는 소나 꾸띠깐나 청신사에게 이렇게 말했다.

"소나여, 죽을 때까지 하루에 한 끼만 먹고 혼자 잠자는 청정범행은 행하기가 어렵다. 소나여, 그러니 그대는 재가자로서 부처님들의 교법에 헌신해라. 하루에 한 끼만 먹고 혼자 잠자는 청정범행은 한시적으로 적용시켜라."

그러자 소나 꾸띠깐나 청신사의 출가에 대한 의도는 가라앉아 버렸다.

5. 두 번째로 … 세 번째로 소나 꾸띠깐나 청신사가 한적한 곳에 가서 홀로 앉아 [명상하던] 중에 이런 생각이 마음에 떠올랐다.

'마하깟짜나 존자께서 법을 설하시는 것과 같이 재가에 살면서 더할 나위 없이 완벽하고 지극히 청정한 소라고둥처럼 빛나는 청정범행을 실천하기란 쉽지 않다. 그러니 나는 이제 머리와 수염을 깎고 물들인 옷을 입고 집을 떠나 출가하리라.'라고.

그때 소나 꾸띠깐나 청신사는 마하깟짜나 존자에게 다가갔다. 가서는 마하깟짜나 존자에게 절을 올리고 한 곁에 앉았다. 한 곁에 앉아서 소나 꾸띠깐나 청신사는 마하깟짜나 존자에게 이렇게 말했다.

"존자시여, [58] 제가 한적한 곳에 가서 홀로 앉아 [명상하던] 중에 이런 생각이 마음에 떠올랐습니다.

'마하깟짜나 존자께서 법을 설하시는 것과 같이 재가에 살면서 더할 나위 없이 완벽하고 지극히 청정한 소라고둥처럼 빛나는 청정범행을 실천하기란 쉽지 않다. 그러니 나는 이제 머리와 수염을 깎고 물들인 옷을 입고 집을 떠나 출가하리라.'라고.

존자시여, 마하깟짜나 존자께서는 제가 출가하도록 해 주십시오."

그때 마하깟짜나 존자는 소나 꾸띠깐나 청신사를 출가시켰다. 그 무렵 아완띠의 남쪽 지역에는 비구가 적었다. 그래서 마하깟짜나 존자는 3년이 지나서야 겨우 어렵게 이곳저곳에서 10명의 무리로 된 비구 승가를 모아서[421] 소나 존자에게 구족계를 받게 하였다.

---

421) "'10명의 무리로 된 비구 승가를 모아서(dasavaggaṁ bhikkhusaṅghaṁ sannipātetvā)'라고 하였다. 그 당시 세존께서는 변방에서도(paccanta-desepi) 10명의 무리로 된 승가를 통해서만 구족계를 받는 것을 허락하셨다(upasampadā anuññātā). 이 일화 이후로(itonidānañhi) 장로의 요청에 의해서 다섯 명으로 된 승가에 의해서(pañcavaggena saṅghena) 변방에서는 구족계 수계가 허락되었다(anujāni). 그래서 [본문에] '3년이 지나서야

6. 그때 안거를 마친 소나 존자가 한적한 곳에 가서 홀로 앉아 [명상하던] 중에 이런 생각이 마음에 떠올랐다.

'나는 그분 세존을 직접 대면한 적이 없다. 나는 단지 그분 세존께서는 이러하고 이러하신 분이다라고 들었을 뿐이다. 만일 은사 스님께서 허락하신다면 나는 그분 세존·아라한·정등각을 뵈러 가리라.'

그때 소나 존자는 해거름에 [낮 동안의] 홀로 앉음에서 일어나 마하깟짜나 존자에게 다가갔다. 가서는 마하깟짜나 존자에게 절을 올리고 한 곁에 앉았다. 한 곁에 앉아서 소나 존자는 마하깟짜나 존자에게 이렇게 말했다.

"존자시여, 제가 한적한 곳에 가서 홀로 앉아 [명상하던] 중에 이런 생각이 마음에 떠올랐습니다.

'나는 그분 세존을 직접 대면한 적이 없다. 나는 단지 그분 세존께서는 이러하고 이러하신 분이다라고 들었을 뿐이다. 만일 은사 스님께서 허락하신다면 나는 그분 세존·아라한·정등각을 뵈러 가리라.'라고."

7. "장하고 장하구나, 소나여. 소나여, 그대는 그분 세존·아라한·정등각을 친견하러 가거라. 소나여, 그대는 청정한 믿음을 내게 하시고 믿음을 주시고 감각기능[根]들이 고요하시고 마음도 고요하시고 최상의 제어를 통한 [최상의] 사마타에 드셨으며 제어되었고

겨우 어렵게 이곳저곳에서 10명의 무리로 된 비구 승가를 모아서(tiṇṇaṁ vassānaṁ accayena kicchena kasirena tato tato dasavaggaṁ bhikkhusaṅghaṁ sannipātetvā)'라고 언급되고 있는 것이다."(UdA.310)

10명의 무리로 된 승가를 통해서 구족계를 받는 이 제도는 삼사칠증(三師七證)으로 불리며 우리나라 승단에서도 바르게 정착이 되었다. 여기서 삼사(三師), 즉 세 명의 스승은 계(戒)를 전해 주는 전계아사리[傳戒師]와 표백(表白) 및 갈마(羯磨)를 진행하는 갈마아사리[羯磨師]와 위의작법(威儀作法)을 교수하는 교수아사리[敎授師]를 말하고 칠증(七證)은 수계를 증명(證明)하는 7명의 증명 아사리[證明師], 즉 입회비구(立會比丘)를 말한다.

보호되었고 감각기능들이 고요하고 용이신 그분 세존을 뵙게 될 것이다. 그분을 뵙고는 내 이름으로 세존의 발에 머리 조아리고, '세존이시여, 저의 은사이신 마하깟짜나 존자가 세존의 발에 머리 조아려 절을 올립니다. 그리고 병은 없으신지 어려움은 없으신지, 가볍고 힘 있고 편안하게 머무시는지 문안을 여쭙니다.'라고 세존께서 병은 없으신지 어려움은 없으신지, 가볍고 힘 있고 편안하게 머무시는지 문안드려라."

8. "그렇게 하겠습니다, 존자시여."라고 소나 존자는 마하깟짜나 존자의 말을 좋아하고 감사드리면서 자리에서 일어나 마하깟짜나 존자에게 절을 올리고 오른쪽으로 돌아 [경의를 표한] 뒤 거처를 정돈하고 발우와 가사를 수하고 사왓티 제따 숲의 아나타삔디까 원림으로 떠났다. 차례로 유행을 하여 사왓티 제따 숲의 아나타삔디까 원림에 도착하여 [59] 세존을 뵈러 갔다. 뵈러 가서 세존께 절을 올리고 한 곁에 앉았다. 한 곁에 앉아서 소나 존자는 세존께 이렇게 말씀드렸다.

"세존이시여, 저의 은사이신 마하깟짜나 존자가 세존의 발에 머리 조아려 절을 올립니다. 그리고 병은 없으신지 어려움은 없으신지, 가볍고 힘 있고 편안하게 머무시는지 문안을 여쭙니다."

"비구여, 견딜 만한가? 지낼 만한가? 길을 오는 데 힘들지는 않았는가? 탁발하는 데 어려움은 없었는가?"

"견딜 만하였습니다, 세존이시여. 지낼 만하였습니다, 세존이시여. 제가 길을 오는 데 힘들지는 않았습니다, 세존이시여. 탁발하는 데 어려움은 없었습니다."

9. 그때 세존께서는 아난다 존자를 불러서 말씀하셨다.

"아난다여, 이 방문객 비구의 거처를 정해 주어라."

그러자 아난다 존자에게 이런 생각이 들었다.

'세존께서 내게 명하시기를 '아난다여, 이 방문객 비구의 거처를 정해 주어라.'라고 하실 때에는 세존께서 그 비구와 더불어 독대를 원하시는 경우인데 세존께서는 소나 존자와 더불어 독대를 원하고 계시는구나.'

그는 세존께서 머무시는 그 승원에 소나 존자의 거처를 정하였다.

10. 그때 세존께서는 밤의 대부분을 노지에 앉아서 보내신 뒤 발을 씻고 승원으로 들어가셨다. 소나 존자도 밤의 대부분을 노지에 앉아서 보낸 뒤 발을 씻고 승원으로 들어갔다. 그때 세존께서는 새벽녘에 일어나셔서 소나 존자에게 명하셨다.422)

"비구여, 그대가 배운 대로 법을 외워보아라."

11. "그렇게 하겠습니다, 세존이시여."라고 소나 존자는 세존께 응답한 뒤 [『숫따니빠따』 제4품의] 여덟 편으로 된 게송 16절을 모두 음조에 맞추어 암송하였다. 그때 세존께서는 소나 존자의 음조에 맞춘 암송이 끝나자 크게 기뻐하셨다.

"장하고 장하구나, 비구여. 그대는 여덟 편으로 된 [게송] 16절을 잘 파악하고 잘 마음에 잡도리하고 잘 호지하였구나. 그대는 선한 말씨를 가졌고 명확하고 흠이 없고 뜻을 바르게 전달하는 언변을 구족하였구나. 비구여, 그대는 몇 안거를 하였는가?"

"세존이시여, 저는 한 번의 안거를 하였습니다."

---

422) '명하셨다.'는 ajjhesi를 옮긴 것인데 주석서는 āṇāpesi(명하였다)로 설명한다.(UdA.312) 여기서 ajjhesi는 adhi+√iṣ1(*to desire*)의 애오리스트 과거(Aor.)인데 요구하다의 뜻이다. āṇāpesi는 ā+√jñā(*to know*)의 애오리스트 과거이다.

"비구여, 왜 그대는 이처럼 늦었는가?"423)

"세존이시여, 저는 오랫동안 감각적 쾌락에서 위험을 보아왔습니다. 그런데도 재가의 삶이란 번잡하고 해야 할 일이 많고 바빴기 때문입니다."

12. 그때 세존께서는 이 의미를 아시고 그 즉시 바로 이 우러나온 말씀을 읊으셨다.424)

"세상에 대해서 위험을 보고425)

---

423) "'왜 그대는 이처럼 늦었는가(evaṁ ciraṁ akāsi)?'라고 하셨다. 이와 같이 오래 걸렸는가(evaṁ cirāyi)[라는 뜻인데] 무슨 이유(kāraṇa)로 이와 같이 오랜 시간(cirakāla) 출가를 하지 않고(pabbajjaṁ anupagantvā) 세간에 살았는가(agāramajjhe vasi)라는 뜻이다."(UdA.313)

424) "'이 의미를 아시고(etamatthaṁ viditvā)'라고 하였다. 감각적 쾌락에서 있는 그대로 위험을 보는 자의(kāmesu yathābhūtaṁ ādīnavadassino) 마음은 비록 오래 되었다 하더라도(cirāyitvāpi) 잘 확립되지 않는다(na patiṭṭhāti). 오히려(aññadatthu) 연잎에 물방울처럼(padumapalāse udakabindu viya) 오직 되돌아가 버린다(vinivattatiyeva)는 이 의미를 모든 측면에서 아시고라는 뜻이다. '이 우러나온 말씀을(imaṁ udānaṁ)'이라고 하였다. [괴로움의] 발생(pavatti)과 정지(nivatti)를 바르게 알면서 발생에서 그 표상에(tannimitte) 결코 기뻐하지 않는다(na kadācipi ramati)는 이 의미를 밝히는 이 우러나온 말씀을 읊으신 것이다."(UdA.313)

여기서 발생과 정지로 옮긴 pavatti와 nivatti는 『청정도론』에서 각각 고성제와 멸성제의 특징을 드러내는 용어로 쓰이고 있다.(Vis.XVI.23) 본서 「왕 경」(Ud2:2) §3의 해당 주해도 참조할 것.
역자는 본서에서 pavatti를 문맥에 따라 전개, 진행, 발생, 삶의 과정의 네 가지 정도로 옮기고 있다. 냐나몰리 스님은 pavatti를 "(1) *occurrence*(발생); (2) *course of an individual existence (excluding paṭisandhi and cutti*, 재생연결식과 죽음의 마음을 제외한 삶의 과정)"으로 설명한다.(NMD *s.v.* pavatti)

425) "'세상에 대해서 위험을 보고(disvā ādīnavaṁ loke)'라는 것은 모든 형성된 세상[有爲世間, saṅkhāra-loka]에 대해서 무상하고 괴로움이고 변하기 마련인 법이라는 등으로 위험, 즉 결점(dosa)을 통찰지로써 본 뒤에(paññāya passitvā)라는 뜻이다. 이것으로 위빳사나의 부문(vipassanā-vāra)

재생의 근거가 없는 법을 알아서
성자는 사악함에서 노닐지 않노라.
청정한 자는 사악함에서 노닐지 않노라." {46}

깡카레와따 경(Ud5:7)

Kaṅkhārevata-sutta

1. 이와 같이 [60] 나는 들었다. 한때 세존께서는 사왓티에서 제따 숲의 아나타삔디까 원림(급고독원)에 머무셨다. 그 무렵 깡카레와따 존자426)가 세존으로부터 멀지 않은 곳에서 가부좌를 틀고 상체를 곧추세우고 자신의 의심을 극복함에 의한 청정[度疑淸淨]을 반조하면

을 말씀하셨다."(UdA.313)
'세상(loka)'에 대해서는 본서 「세상 경」(Ud3:10) §1의 해당 주해를 참조할 것.

426) 깡카레와따 존자(āyasmā Kaṅkhārevata)는 사왓티의 아주 부유한 집안 출신이었다. 그는 출가하여 禪의 증득(jhāna-samāpatti)을 통해서 십력(十力, dasa-bala, M12와 『청정도론』 XII.76 주해 참조)을 갖춘 아라한이 되었다고 한다. 그래서 세존께서는 『앙굿따라 니까야』 제1권 「하나의 모음」 제14장 으뜸 품에서 "禪을 얻은 자(jhāyī)들 가운데서 깡카레와따가 으뜸"(A1:14:2-7)이라고 칭찬하신다. 그는 아라한이 되기 전에 [율장에서] 무엇이 허용되고 무엇은 허용되지 않았는가를 두고 고심을 많이 하였다고 한다.(UdA.314) 그래서 주석서는 이렇게 적고 있다.

"후회하는 성품을 지녔기 때문에 깡카레와따(Kaṅkhā-Revata)라고 부른다. 여기서 깡카(kaṅkhā)는 후회를 말하고 후회하는 자란 뜻이다. 물론 다른 사람들도 후회를 하지만 이 장로는 옳은 일에조차도 후회를 하였다. 이 장로의 후회하는 성품이 너무 잘 알려져 있기 때문에 깡카레와따라고 불리게 되었다."(AA.i.230)

레와따 존자(āyasmā Revata)로는 카디라와니야 레와따(Khadiravaniya Revata)와 깡카 레와따(Kaṅkhā-Revata)의 두 명의 존자가 있다. 그중에서 카디라와니야 레와따는 법의 대장군인 사리뿟따 존자의 막내 동생인데 이 두 분을 구분하기 위해서 각각 카디라와니야 레와따와 깡카 레와따로 부르고 있다.

서[427] 앉아있었다.[428] 세존께서는 깡카레와따 존자가 세존으로부터

---

427) "'자신의 의심을 극복함에 의한 청정[度疑淸淨]을 반조하면서(attano kaṅkhā-vitaraṇavisuddhiṁ paccavekkhamāno)'라고 하였다. 이것은 [성스러운] 도의 통찰지(maggapaññā)인데 '나는 과거에 존재했을까? …'라는 등의 방법으로 전개되는 16가지 경우의 의심(soḷasavatthukā, M2 §7, S12:20 §6, Vis. XIX.5~6)이 있고, '부처님(스승)에 대해서 회의하고 … 이것에게 조건이 되는[此緣性] [법들]과 조건 따라 일어난[緣而生] 법들에 대해서 회의하고 의심한다.'라고 설해지는 8가지 경우의 의심(aṭṭhavatthukā, Dhs §1108 등)이 있다. 나아가서 그 외 다른 모든 의심을 남김없이 건너고 넘어섰기 때문에(vitaraṇato samatikkamanato) 그리고 버려야 하는 자신의 다른 오염원들로부터(pahātabbakilesehi) 전적으로 청정해졌기 때문에(accanta-visujjhanato) '의심을 극복함에 의한 청정[度疑淸淨, kaṅkhā-vitaraṇa-visuddhi]'이라고 하는데 이것이 여기서 뜻하는 것이다.

이런 이것을 존자는 오랫동안 의심하는 것이 자연스러웠기 때문에(kaṅkhā-pakatattā) '이러한 도의 법을 증득하여 이러한 나의 의심은 남김없이 제거되었다.'라고 귀중하게 여겨 반조하면서 앉아있었던 것이다. 조건을 가진 정신·물질을 보는 것(sappaccayanāmarūpadassana)은 궁극적인 것이 아니기 때문에(anaccantikattā) 이러한 의심을 극복함은 [본경]에는 해당되지 않는다."(UdA.315)

여기서 '궁극적인 것이 아니기 때문에'는 Masefield가 제안한 anaccantika-ttā로 읽어서 옮긴 것이다. VRI본과 PTS본 주석서에는 둘 다 anicca-ntikattā(항상하지 않음의 가까이에 있기 때문에)로 나타나지만 문맥상 옳지 않다고 해야 한다. anaccantikattā로 읽어야 바로 위의 '전적으로 청정해졌기 때문에(accantavisujjhanato)'와도 맥락이 같아진다. 그래서 역자는 Masefield의 제안을 받아들여 이렇게 옮겼다. Masefield는 '*on account of the non-perpetual nature of such(latter)*'로 옮겼다. 여기에 대해서는 Masefield, Vol. II, 786쪽의 번역과 843~844쪽의 692번 주해를 참조하기 바란다.

그리고 『우다나 주석서』의 이러한 설명에 따르면 여기서 의심을 극복함에 의한 청정은 7청정 가운데 네 번째에 속하며 16가지 의심과 8가지 의심을 극복함을 뜻하는 의심을 극복함에 의한 청정[度疑淸淨, 바로 다음 주해 참조]을 넘어서서, 특히 일곱 번째 청정인 지와 견에 의한 청정[知見淸淨]에 해당하는 도의 통찰지가 여기서 말하는 의심을 극복함에 의한 청정에 해당된다고 해야 한다.

428) 한편 상좌부 불교에서는 ① 계의 청정[戒淸淨] ② 마음의 청정[心淸淨] ③ 견해의 청정[見淸淨] ④ 의심을 극복함에 의한 청정[度疑淸淨] ⑤ 도와 도 아님에 대한 지와 견에 의한 청정[道非道知見淸淨] ⑥ 도닦음에 대한 지와

멀지 않은 곳에서 가부좌를 틀고 상체를 곧추세우고 자신의 의심을 극복함에 의한 청정을 반조하면서 앉아있는 것을 보셨다.

2. 그때 세존께서는 이 의미를 아시고 그 즉시 바로 이 우러나온 말씀을 읊으셨다.429)

"어떤 의심이든 여기에 관한 것이든 저 너머에 관한 것이든430)

견에 의한 청정[行道知見淸淨] ⑦ 지와 견에 의한 청정[知見淸淨]의 일곱 가지를 전통적으로 칠청정(七淸淨, 일곱 가지 청정, satta visuddhi)이라는 술어로 부르면서 상좌부 교학과 수행 체계를 설명하는 중요한 가르침으로 전승하고 있다. 이 가운데 네 번째가 '의심을 극복함에 의한 청정(kaṅkhā-vitaraṇavisuddhi)'이다. 『청정도론』은 "이 정신·물질에 대한 조건[緣, paccaya]을 파악함으로써 삼세에 대한 의심을 극복하여 확립된 지혜를 의심을 극복함에 의한 청정[度疑淸淨, kaṅkhā-vitaraṇa-visuddhi]이라 한다."(Vis.XIX.1)로 이것을 정의하고 있다.

이 칠정정(七淸淨), 혹은 '일곱 단계의 청정(sattavidha visuddhi)'이 처음 언급되고 있는 경은 『맛지마 니까야』 제1권 「역마차 교대 경」(M24)이다. 여기서 뿐나 만따니뿟따 존자는 사리뿟따 존자에게 이 일곱 단계의 청정은 차례대로 얻어지고 각 단계는 바로 다음 단계를 떠받쳐 주고 있는 것을 역마차를 교대로 타고 목적지에 가는 것에 비유해서 잘 설명하여 그의 감탄을 자아내게 한다.

그리고 『맛지마 니까야』 「모든 번뇌 경」(M2) §7과 「갈애 멸진의 긴 경」(M38)과 『상윳따 니까야』 제2권 「조건 경」(S12:20) §6에도 나타나고 있는 과거와 현재와 미래에 대한 16가지 의심(kathaṁ-kathī)이 말끔히 해소되는 것을 이 의심을 극복함에 의한 청정[度疑淸淨]이라 부르고 있다. 이 청정에 대해서는 『아비담마 길라잡이』 제9장 §31과 『청정도론』 XIX.1 이하를 참조하기 바란다.

429) "'이 의미를 아시고(etamatthaṁ viditvā)'라고 하였다. 성스러운 도(ariya-magga)에 있는 남김없이 의심을 극복함이라 불리는(anavasesakaṅkhā-vitaraṇa-saṅkhāta) 이 의미를 모든 측면에서 아시고 그 의미를 밝히는 이 우러나온 말씀을 읊으신 것이다."(UdA.315)

430) "'어떤 의심이든 여기에 관한 것이든 저 너머에 관한 것이든(yā kāci kaṅkhā idha vā huraṁ vā)'이라고 하셨다. '여기(idha)'라는 것은 지금의 이 자기 존재에 대해서(imasmiṁ paccuppanne attabhāve) '나는 존재하기는 하는가? 나는 존재하지 않는가?'(M22 §7)라는 등으로 [일어난 의심]

자신과 관련된 것이든 남과 관련된 것이든[431]
참선하는 자들은 이 모두를 제거하나니
근면하여서 청정범행을 닦는다."[432] {47}

이고 '저 너머(huraṁ vā)'라는 것은 과거와 미래의 자기 존재들에 대해서 (atītānāgatesu attabhāvesu) '나는 과거에 존재했을까?'(M22 §7)라는 등으로 일어난 의심(uppajjanakā kaṅkhā)이다."(UdA.315)

본 주석서에 나타나는 '나는 존재하기는 하는가? 나는 존재하지 않는가?'라거나 '나는 과거에 존재했을까?'라는 이러한 의심은 『맛지마 니까야』 제1권 「모든 번뇌 경」(M22) §7과 『상윳따 니까야』 제2권 「조건 경」(S12:20) §6에 실려 있는 16가지 의심의 정형구에 포함되어 나타나므로 참조하기 바란다. 과거와 현재와 미래에 대한 이러한 16가지 의심(kathaṁkathī)은 『맛지마 니까야』 제2권 「갈애 멸진의 긴 경」(M38) §23에도 문답식으로 나타나고 있기도 하다.

431) '자신과 관련된 것이든 남과 관련된 것이든'은 sakavediyā vā paravediyā vā를 주석서를 참조하여 문맥에 맞게 의역한 것이다. 주석서는 이렇게 설명한다.

"그러한 어떤 의심, 즉 의문은(yā kāci kaṅkhā vicikicchā) [앞의 주해에서] 이미 설명한 방법대로 자신과 자기 존재에 관계된 대상을 통해서 (sakāttabhāve ārammaṇavasena) 얻어지고 전개되는(paṭilabhitabbāya pavattiyā) '자기에 대해서 아는 것에 의해서(sakavediyā)' [생긴다.] 혹은 ① 남의 존재에 대해서 얻어지거나(parassa attabhāve paṭilabhitabbāya) ② '부처님인가, 아닌가?'라는 등으로 남에게 있는 탁월하고 으뜸가는 것에 대해서(parasmiṁ padhāne uttame) 얻어지고 전개되는 '남에 대해서 아는 것에 의해서(paravediyā)' 생긴다."(UdA.315)

432) "이처럼 세존께서는 禪을 방법으로 하여(jhānamukhena) 깡카레와따 존자가 禪의 정점(jhānasīsa)으로 성스러운 도를 증득함을 칭송하시면서(ariya-maggādhigamaṁ thomento) 칭송을 통해서 이 우러나온 말씀을 읊으신 것이다. 그래서 그를 두고 "비구들이여, 나의 성문 비구들 가운데 禪을 얻은 자들 가운데서 깡카레와따가 으뜸이다."(*cf.* A1:14:2-7)라고 하시면서 참선하는 자의 경지(jhāyībhāva)를 통해서 그를 으뜸(agga)에 놓으셨다."(UdA.316)

승가의 분열 경(Ud5:8)[433]

Saṅghabheda-sutta

1. 이와 같이 나는 들었다. 한때 세존께서는 라자가하에서 대나무 숲의 다람쥐 보호구역에 머무셨다. 그때 아난다 존자는 포살일에 오전에 옷매무새를 가다듬고 발우와 가사를 수하고 사왓티로 탁발을 갔다.

2. 데와닷따[434]는 아난다 존자가 라자가하에서 탁발을 하는 것

---

433) 우러나온 말씀을 포함한 본경은 율장 『쭐라왁가』 제7편 승가의 분열 편(Saṅghabhedakakkhandhaka)의 다섯 가지 요구에 대한 설명(Pañca-vatthuyācanakathā, Vin.ii.198)에도 나타나고 있다.

434) 초기불전을 대하면 나타나는 사람이 데와닷따(Devadatta)이다. 그래서 그런지 부처님의 내면에서 우러나온 말씀을 담고 있는 본 『우다나』에도 본경을 통해서 이처럼 그는 등장하고 있다. 데와닷따의 일화는 니까야에서 「분열 경」(S17:31)이나 「데와닷따 경」(A4:68; A8:7) 등에 적지 않게 나타난다. 그리고 그와 관계된 일화는 율장 『소품』(Vin.ii.180~203)과 『법구경 주석서』(DhpA.i.133~149)에 상세하게 언급되어 있다. 이 둘을 참조하여 요약하면 다음과 같다.

데와닷따는 부처님의 외삼촌이었던 숩빠붓다(Suppabuddha)의 아들이라고 한다.(Mhv.ii.22; MṬ.136) 데와닷따는 부처님께서 성도 후 까삘라왓투를 방문하셨을 때 밧디야(Bhaddiya), 아누룻다(Anuruddha), 아난다(Ānanda), 바구(Bhagu), 낌빌라(Kimbila)와 이발사였던 우빨리(Upāli) 등과 함께 출가하였다. 이들은 아누삐야(Anupiyā, 까삘라왓투 동쪽에 있던 성읍)에서 출가하였다고 한다.(Vin.ii.180; AA.i.108; DhpA.i.133; iv.127) 데와닷따는 출가한 다음 해에 신통을 얻었다고 하며 부처님께서 언급하신 12명의 뛰어난 장로들 가운데 그가 포함된 곳이 나타날 정도로 출중했던 것이 분명하다.(DhpA.i.64f.) 주석서에 의하면 그는 다섯 가지 신통지를 갖추었다고 한다.(MA.ii.231) 율장(Vin.ii.189)에는 사리뿟따 존자가 데와닷따를 칭송하면서 라자가하를 다녔다는 언급도 있다.

그러나 뛰어난 그도 야심에 사로잡히자 삿된 길로 들어서게 된다. 율장에 의하면 그는 부처님이 연로해지시자 부처님께 가서 교단의 지도자의 위치를 그에게 물려줄 것을 요청하고 부처님께서는 그를 꾸짖으신다.(Vin.ii.188;

을 보았다. 그를 보고 아난다 존자에게 다가갔다. 다가가서는 아난다 존자에게 이렇게 말했다.

"도반 아난다여, 오늘부터 이제 나는 세존과 관계없고 비구 승가와 관계없이 [따로] 포살도 거행하고 승가의 갈마[僧伽羯磨]435)도 거

M58 §3) 화가 난 데와닷따는 보복하겠다고 맹세한다. 그때쯤 그는 아자따삿뚜를 선동하여 그의 아버지 빔비사라 왕을 시해하게 하고, 자신은 부처님을 시해할 계획을 세우게 된다. 그는 독수리봉 산의 비탈길에서 바위를 굴려서 부처님 발에 피가 맺히게 하였으며, 술 취한 코끼리를 내몰아 부처님을 시해하려 했으나 코끼리가 부처님의 자애의 힘 때문에 유순해져서 실패로 돌아가고 만다. 이러한 소식을 들은 신도들은 그를 배척하였으며 그의 악명은 아주 높아졌다. 그러자 그는 꼬깔리까(Kokālika) 등 그를 추종하는 비구들과 함께 승가를 분열시키고자 다섯 가지를 승가에 제안한다.

그것은 "① 모든 비구는 살아있는 동안 숲속에 거주해야 한다. ② [공양청에 응하면 안 되고] 반드시 탁발로 생계를 유지해야 한다. ③ 분소의만 입어야 하고 [신도들이 주는 옷은 받으면 안 된다.] ④ 나무 아래에만 거주해야 하고 [지붕 아래에 머물면 안 된다.] ⑤ 모든 육류와 생선을 먹으면 안 된다.(yāvajīvaṁ āraññakā assu, piṇḍa-pātikā, paṁsu-kūlikā, rukkha-mūlikā, maccha-maṁsaṁ na khādeyyuṁ)"(DhpA.i.141)라는 것이다.

그러나 부처님께서는 우기철에 나무 아래서 자는 것만 제외하고 이렇게 살고자 하는 비구는 그렇게 살아도 된다고 하셨지만, 이것을 승가의 규칙으로 삼는 것은 승낙하지 않으셨다. 간교한 데와닷따는 이것을 빌미로 그를 추종하는 비구들과 왓지족 출신(Vajjiputtaka) 신참 비구 오백 명을 데리고 승단을 떠나서 가야시사(Gayāsīsa)로 가버렸다.

부처님께서는 사리뿟따와 목갈라나 존자를 보내서 비구들을 다시 승가에 들어오게 하셨으며, 그 소식을 들은 데와닷따는 입에서 피를 토했으며 9개월 동안 심한 병에 걸렸다고 한다. 죽음이 가까워진 것을 안 그는 세존을 만나기 위해서 들것에 실려 사왓티의 제따 숲으로 떠났다. 제따 숲에 도착하여 연못에서 몸을 씻으려 하는 순간에 땅이 두 쪽으로 갈라져서 그를 무간지옥(Āvīcī)으로 빨아들이고 말았다. 그는 십만 겁을 무간지옥에서 고통을 받은 뒤에 인간으로 태어나서 앗팃사라(Aṭṭhissara)라는 벽지불이 될 것이라고 한다.(DhpA.i.148)

435) '승가의 갈마[僧伽羯磨]'는 saṅghakammāni를 옮긴 것이다. 승가의 갈마는 포살(布薩, uposatha)이나 자자(自恣, pavāraṇā)와 같은 승가의 규칙적인 행사를 비롯하여, 수계를 하고, 새로운 의결 사항이나 쟁사(諍事, adhikaraṇa) 등이 생겼을 경우에 승가 구성원들의 의견을 확인하기 위하여

행할 것입니다."

3. 그때 아난다 존자는 라자가하에서 탁발하여 공양을 마치고 탁발에서 돌아와서 세존께 다가갔다. 가서는 세존께 절을 올리고 한 곁에 앉았다. 한 곁에 앉은 아난다 존자는 세존께 이렇게 말씀드렸다.

"세존이시여, 여기 저는 포살일 오전에 옷매무새를 가다듬고 발우와 가사를 수하고 라자가하로 탁발을 갔습니다.

데와닷따는 제가 라자가하에서 탁발을 하는 것을 보았습니다. 저를 보고 제게 다가왔습니다. 다가와서는 제게 이렇게 말했습니다.

'도반 아난다여, 오늘부터 이제 나는 세존과 관계없고 비구 승가와 관계없이 [따로] 포살도 거행하고 승가의 갈마도 거행할 것입니다.'라고.

세존이시여, 오늘 데와닷따는 승가를 분열시킬 것입니다. [따로] 포살도 거행하고 승가의 갈마도 거행할 것입니다."

4. 그때 세존께서는 이 의미를 아시고 그 즉시 바로 이 우러나온 말씀을 읊으셨다.436)

행하는 공식적인 회의나 업무를 말한다. 『율장 복주서』는 포살이나 자자도 승가의 갈마에 속하지만 이 둘이 따로 언급이 되면 이 둘을 제외한 구족계를 설하는 등(upasampadādi)의 다른 승가의 업무를 승가의 갈마라 한다고 설명한다.(VinAṬ.ii.34)

포살(布薩, uposatha)에 대해서는 본서 「포살 경」(Ud5:5) §1의 해당 주해를 참조할 것.

436) "'이 의미를 아시고(etamatthaṁ viditvā)'라고 하였다. 이러한 무간 대지옥에 떨어지게 하고(avīcimahānirayuppatti-saṁvattaniya) 겁 동안 머물게 하고(kappaṭṭhi) [참회하여도] 치유될 수 없는(atekiccha), 승가를 분열시키는 업(saṅghabhedakamma)을 데와닷따가 저지른 것을 모든 측면에서(sabbākārato) 다 아신 뒤에 이 우러나온 말씀을 읊으신 것이다."(Ud A.317)

"좋은 사람이 [61] 좋은 일을 하기는 쉽지만
사악한 사람이 좋은 일을 하기란 어렵다.
사악한 사람이 사악한 일을 하기는 쉽지만
성자들이 사악한 일을 하기란 어렵다." {48}

무례함 경(Ud5:9)

Sadhāyamāna-sutta

1. 이와 같이 나는 들었다. 한때 세존께서는 많은 비구 승가와 함께 꼬살라에서 유행하셨다. 그때 많은 바라문 학도들이 세존으로부터 멀지 않은 곳에서 무례한 모습437)으로 지나갔다. 세존께서는 많은 바라문 학도들이 세존으로부터 멀지 않은 곳에서 무례한 모습으로 지나가는 것을 보셨다.

2. 그때 세존께서는 이 의미를 아시고 그 즉시 바로 이 우러나온 말씀을 읊으셨다.438)

"[마음챙김을] 놓아버리고 현자인양 말을 하면서439)

---

437) "'무례한 모습(sadhāyamānarūpā)'이란 조롱하면서 생긴(uppaṇḍanajātika) 말(vacana)을 두고 한 것이다. 남들에게 조롱하면서 무례하게 대하는 그러한 뜻을 가진 말의 행실(tadatthavacanasīlā)이라는 뜻이다."(UdA.318)

Ireland는 이 sadhāyamāna라는 용어가 Sk. śardhati(√śṛdh, *to be defiant*, 도전적이다, 무례하다)에서 파생된 것으로 보고 있다. Ireland의 206쪽 21번 주해를 참조할 것.

438) "'이 의미를 아시고(etamatthaṁ viditvā)'라고 하였다. 그들의 말이 제어되어 있지 않음(asaññatabhāva)을 아시고 법에 대한 절박함(dhamma-saṁvega)을 통해서 그 의미를 밝히는 이 우러나온 말씀을 읊으신 것이다."(UdA.318~319)

439) '[마음챙김을] 놓아버리고 현자인양 말을 하면서'는 parimuṭṭhā paṇḍitā-bhāsā를 주석서를 참조하여 옮긴 것이다. 주석서는 이렇게 설명한다.

말꼬리만 물고 늘어진다.440)
입이 움직이는 대로 맘대로 내뱉으니
무엇에 인도되어 그러는지 그것을 모른다."441) {49}

"여기서 '[마음챙김을] 놓아버리고(parimuṭṭhā)'라는 것은 우둔해서(dandhā) 마음챙김을 놓아버린 자들(muṭṭhassatino)을 말한다. '현자인양 말을 하면서(paṇḍitābhāsā)'라는 것은 현자를 가장하여(paṇḍitapatirūpakā) '어떤 다른 사람들이 알겠는가? 여기서 오직 우리만이 알고 있다.'라고 이런저런 주제(attha)에 오직 자신들만을 아는 자들로 만들어서 행동하는 것(samudā-caraṇa)이다."(UdA.319)

440) '말꼬리만 물고 늘어진다.'는 vācāgocarabhāṇino를 의역한 것이다. 이 용어는 말을(vācā)-대상으로 삼아(gocara)-말을 늘어놓는 자들(bhāṇino)로 직역할 수 있다. Masefield는 '*Those reciting with speech as their pasture.*'로 옮겼다.

본경에 해당하는 『우다나 주석서』는 다음과 같이 세 가지로 이 용어를 설명한다.

"① 그들의 말 자체를 영역으로 삼고 대상으로 삼는 자들이(yesaṁ vācā eva gocaro visayo) 말을 대상으로 삼아 말을 늘어놓는 자들이다. 단지 말을 토대 삼아(vācāvatthumattasseva) 내뱉으며 말하는 자들의(bhāṇino) 뜻은 알아지지 않기 때문이다.(atthassa apariññātattā)
② 혹은 말의 영역이 없어(vācāya agocaraṁ) 성자들의 말을 대상으로 하지 않고(ariyānaṁ kathāya avisayaṁ) 거짓말을 늘어놓는다고 해서(musāvādaṁ bhaṇantīti) 말을 대상으로 삼아 말을 늘어놓는 자들이다.
③ 혹은 여기서 gocara**a**bhāṇino는 [gocar**ā**bhāṇino의] **ā** 음절이 단음이 되어 나타난 것이다. [그래서 이것은 vācāgocarā abhāṇino로 풀이가 되어] 말의 영역인 마음챙김의 확립 등의 영역들을(satipaṭṭhānādigocarā) 말하지 않는 자들일 뿐이다(na … bhāṇinova)[로 해석된다]."(UdA.319)

여기서 ①은 vācāgocara를 yesaṁ vācā eva gocaro te로 바후워르히(Bahuvrīhi, 有財釋) 합성어로 해석을 하였고 ②는 vācāgocara를 vācāya agocara로 해석하였으며 ③은 vācāgocarabhāṇino를 vācā-gocarā abhāṇino로 해석하였다.

이 게송이 나타나고 있는 M128 §6에 해당되는 복주서는 vācāgocara를 "시비(kalaha)로 인해 생긴 그 말이 바로 영역(gocara)이다."(MAṬ.ii.349)라고 설명한다. 이런 것들을 참조하여 '말꼬리만 물고 늘어진다.'라고 의역을 하였다.

441) 이 우러나온 말씀은 『맛지마 니까야』 제4권 「오염원 경」(M128) §6의 두

쭐라빤타까 경(Ud5:10)

Cūḷapanthaka-sutta

1. 이와 같이 나는 들었다. 한때 세존께서는 사왓티에서 제따 숲의 아나타삔디까 원림(급고독원)에 머무셨다. 그때 쭐라빤타까 존자[442]는 세존으로부터 멀지 않은 곳에서 가부좌를 틀고 상체를 곧추 세우고 전면에 마음챙김을 확립하여 앉아있었다.[443] 세존께서는 쭐

번째 게송과 같다.

442) 쭐라빤타까(Cullapanthaka) 존자는 라자가하의 부유한 상인의 딸에게서 태어났다. 그의 어머니는 하인과 눈이 맞아서 라자가하를 도망 나가서 살았다고 한다. 그의 형은 마하빤타까(Mahāpanthaka)라 불린다. 두 형제는 길(pantha)에서 태어났기 때문에(jātattā) 빤타까(Panthaka)라는 이름을 얻었다고 한다.(Vis.XII.60) 그는 후에 형과 함께 외갓집으로 보내져서 양육되었다. 그의 형은 외할아버지를 따라 부처님을 뵈러 다녔기 때문에 먼저 출가하여 아라한이 되었다.(DhpA.i.239ff)

그도 형의 권유로 출가하여 형이 준 게송(A5:195 §1/iii.239; Vis.XII.60)을 넉 달이나 외우려고 노력했지만 외울 수 없었다. 그는 승단에서 바보 빤타까로 알려질 정도였다. 그러나 부처님께서는 그에게 천 조각을 주시면서 '먼지 닦기(rajo-haraṇa), 먼지 닦기'라고 반복해서 외우라 하셨고 그런 방법을 통해서 무애해체지와 육신통을 갖춘 아라한이 되었다고 한다.(Vis.XII.59~66)

세존께서는 『앙굿따라 니까야』 제1권 「하나의 모음」 제14장 으뜸 품에서 존자를 두고 "마음으로 만들어진 몸을 창조하는 나의 비구 제자들 가운데서 쭐라빤타까가 으뜸"(A1:14:2-1)이라고도 말씀하시고 "마음의 전개에 능숙한 자들 가운데서 쭐라빤타까가 으뜸"(A1:14:2-2)이라고도 말씀하시어 이처럼 두 곳에서 80명의 위대한 제자들 사이에 그를 두셨다.(UdA.319~320)

주석서는 쭐라빤타까 존자는 네 가지 색계 禪(rūpāvacara-jjhāna)을 얻었기 때문에 마음의 전개에 능숙(ceto-vivaṭṭa-kusala)하다고 하고 그의 형 마하빤타까 존자는 네 가지 무색계 禪을 얻었기 때문에 인식(saññā)의 전개에 능숙하다고 설명한다.(AA.i.210)

그가 왜 마음으로 만들어진 몸을 창조하는 자(manomayaṁ kāyaṁ abhinimminanta)들 가운데서 으뜸인지는 『청정도론』 제12장(XII) §§60~67에 잘 나타나 있으니 참조하기 바란다.

443) 주석서에 의하면 쭐라빤타까 존자는 어느 날 공양을 마치고 탁발에서 돌아와서(piṇḍapātappaṭikkanta) 자신의 거처에서 낮 동안의 머묾(divāvihāra)

라빤타까 존자가 멀지 않은 곳에서 가부좌를 틀고 상체를 곧추세우고 전면에 마음챙김을 확립하여 앉아있는 것을 보셨다.

2. 그때 세존께서는 이 의미를 아시고 그 즉시 바로 이 우러나온 말씀을 읊으셨다.444)

"서있거나 앉아있거나 누워있거나 간에
확고한 몸과 확고한 마음으로
비구는 이 마음챙김을 확고하게 하여
이전보다 이후가 특별한 경지를 얻어야 하노라.445)

으로 증득(samāpatti)에 들어 한낮을 보냈다. 그는 해거름에 신도들이 법문을 들으러(dhammassavanatthaṁ) 오지 않자 승원의 안으로 들어갔다. 그때 세존께서는 간다꾸띠(Gandhakuṭi, 香室)에 앉아 계셨는데 그는 아직 세존께 시중을 들기 위해서 뵈러 갈(upaṭṭhānaṁ upasaṅkamituṁ) 적당한 시간이 아니라고 생각하고 간다꾸띠 앞의(pamukhe) 어떤 곳에 가부좌를 틀고 앉아있었다(nisīdi pallaṅkaṁ ābhujitvā)고 한다.(UdA.320)

444) "'이 의미를 아시고(etamatthaṁ viditvā)'라고 하였다. 쭐라빤타까 존자의 몸과 마음이 바르게 지향됨이라 불리는(sammāpaṇihitabhāva-saṅkhāta) 이 의미를 아시고라는 뜻이다. '이 우러나온 말씀을(imaṁ udānaṁ)'이라고 하였다. 몸이 편안하고(passaddhakāyo) 모든 몸의 동작들에서(sabbiriyā-pathesu) 마음챙김이 잘 확립되고(upaṭṭhitassati) 집중되면(samāhito) 이 비구뿐만 아니라 다른 비구에게도 드러나는 취착 없는 반열반으로 귀결되는(anupādā parinibbānapariyosāna) 특별함의 증득(visesādhigama)을 설명하는 이 우러나온 말씀을 읊으신 것이다."(UdA.320)

445) 여기서 '이전보다 이후가 특별한 경지'는 pubbāpariyaṁ visesaṁ을 문맥에 맞추어 풀어서 옮긴 것이다. 여기서 pubbāpariya는 앞을 뜻하는 pubba와 뒤를 뜻하는 apara의 합성어 pubbāpara의 곡용형으로 일차적으로는 '앞과 뒤에 속하는'으로 해석이 된다.
복주서들은 pubbāpariyaṁ을 "앞의 시간보다 뒤의 시간에 있는 상태(pubba-kālato aparakāle bhavaṁ pubbāpariyaṁ)"(VbhAMṬ.84; Pm.ii.242)라고 설명하고 있다. 그래서 주석서를 참조해서 이것이 수식하는 visesaṁ을 넣어서 '이전보다 이후가 특별한 경지'로 풀어서 옮겨 보았다. 본서 『우다나』의 주석서는 이 의미를 다음과 같이 설명한다.

이전보다 이후가 특별한 경지를 얻으면446)

죽음의 왕이 보지 못하는 곳으로 간다." {50}

제5품 소나 품이 끝났다.

다섯 번째 품에 포함된 경들의 목록은 –

① 사랑스러움 ② 단명함 ③ 나환자

④ 아이 ⑤ 포살

⑥ 소나 ⑦ 레와따 ⑧ 분열

⑨ 무례함 ⑩ 빤타까이다.

"'이전보다 이후가 특별한 경지를 얻어야 하노라(labhetha pubbāpariyaṁ visesaṁ).'라고 하셨다. 그는 마음챙김으로 보호된 마음을 통해서(sati-ārakkhena cetasā) 명상주제(kammaṭṭhāna)를 뒤로 갈수록(uparūpari) 더 확장시키고 증가시키고 증장시켜서(vaḍḍhento brūhento phātiṁ karo-nto) 이전 보다 이후가(pubbāpariyaṁ), 앞으로부터 뒤의 부분으로 전개되면서(pubbāparabhāgena pavattaṁ) 점점 더 고결해지는 등으로 구분되는 특별한 경지(uḷāruḷāratarādibheda-visesa)를 얻어야 한다는 말씀이다.

여기서 두 가지 '이전보다 이후가 특별한 경지(pubbāpariya-visesa)'가 있다. ① 사마타에 의한 것과 ② 위빳사나에 의한 것이다.

① 사마타에 의한 것은 — 표상이 생겼을 때(nimittuppattita)부터 시작해서 비상비비상처에 자유자재함(vasībhāva)까지 이렇게 나타나는 수행의 특별한 경지(bhāvanāvisesa)가 이전보다 이후가 특별한 경지이다.

② 위빳사나에 의한 것은 — 물질을 방법으로 하여(rūpamukhena) 천착하는 자(abhinivisanta)에게는 물질의 법을 파악하는 것(rūpadhamma-pari-ggaha)부터, 그 외에는 정신의 법을 파악하는 것(nāmadhamma-pari-ggaha)부터 시작하여 아라한됨을 증득하는 것(arahattādhigama)까지 이렇게 나타나는 수행의 특별함이 이전보다 이후가 특별한 경지이다. 이 후자가 여기서 뜻하는 것이다."(UdA.321)

446) "'이전보다 이후가 특별한 경지를 얻으면(laddhāna pubbāpariyaṁ visesaṁ)'이라고 하셨다. 이전보다 이후가 특별한 경지라 불리는 최고조의 바라밀을 얻은(ukkaṁsa-pāramippatta) 아라한됨을 얻으면(arahattaṁ labhitvā)이라는 말씀이다."(UdA.321)

제6품
선천적으로 눈먼 사람 품

Jaccandha-vagga(Ud6:1~10)

수명(壽命)**의 형성을 놓아버리심 경**(Ud6:1)[447]

Āyusaṅkhārossajjana-sutta

1. 이와 같이 [62] 나는 들었다. 한때 세존께서는 웨살리[448] 큰 숲[大林][449]의 중각강당[450]에 머무셨다. 그때 세존께서는 오전에 옷

---

447) 세존께서 짜빨라 탑묘에서 석 달 후 반열반에 드시기로 마라에게 약속하시는 잘 알려진 사건을 담고 있는 본경은 『디가 니까야』 제2권 「대반열반경」(D16) §§3.1~10과 동일하고 『상윳따 니까야』 제6권 「탑묘 경」(S51:10)과 『앙굿따라 니까야』 제5권 「대지의 진동 경」(A8:70)과도 동일하다.

448) 웨살리(Vesāli)는 공화국 체제를 유지했던 왓지(Vajji) 족들의 수도였다. 주석서는 "번창하게 되었기 때문에(visālabhāva-upagamanato) 웨살리라 한다."(DA.i.309)라고 설명한다. 웨살리와 부처님 교단은 많은 인연이 있었으며 많은 경들이 여기서 설해졌다.

특히 웨살리는 자이나교(니간타)의 창시자인 마하위라(Mahāvīra)의 고향인데, 자이나교의 『깔빠 수뜨라』(Kalpa Sūtra, sect. 122)에 의하면 마하위라는 42하안거 가운데 12안거를 웨살리에서 보냈다고 한다. 특히 『맛지마 니까야』 제1권 「사자후의 긴 경」(M12) 뿐만 아니라 제2권 「우빨리 경」(M56)과 「아바야 왕자 경」(M58) 등을 통해서 니간타들이 그들의 신도들이 불교로 전향하는 것을 막기 위해서 안간힘을 쓰는 것을 볼 수 있다.

449) '큰 숲[大林]'은 Mahā(큰)-vana(숲)를 직역한 것이다. 세존께서 웨살리에 머무실 때는 주로 이 큰 숲의 중각강당에 계셨던 것으로 나타난다. 초기경에는 몇 군데 큰 숲[大林]이 언급되고 있다. 여기 웨살리의 마하와나(D6, M35; M36 M71; M105 등)와 까삘라왓투의 마하와나(D20; M18 등)와 말

매무새를 가다듬고 발우와 가사를 수하고 탁발을 위해서 웨살리로 들어가셨다. 웨살리에서 탁발을 하여 공양을 마치고 탁발에서 돌아와 아난다 존자를 불러서 말씀하셨다.

"아난다여, 좌구를 챙겨라. 낮 동안의 머묾을 위해서 짜빨라 탑묘451)로 가자."

라의 우루웰라깝빠에 있는 마하와나(A9:41)와 네란자라(Nerañjarā) 강 언덕의 마하와나(DhA.i.86) 등이다.

450) '중각강당'은 Kūṭāgārasālā를 옮긴 것인데 kūṭa(위층 누각 [이 있는])-āgāra(집의)-sālā(강당)라는 뜻이다. 여기 kūṭa는 뾰족한 지붕(우리의 기와지붕이나 태국의 사원들처럼 위가 솟은 지붕)을 뜻하기도 하고 누각 등의 위층을 뜻하기도 하였다. 그래서 꾸따가라는 크고 좋은 저택을 뜻하는 의미로 쓰였다. 문맥에 따라 누각을 가진 저택으로도 옮겼고(A3:1 등) 누각이 있는 집으로도 옮겼다.(A5:12 §3) 중국에서 중각강당(重閣講堂)이라 한역하였으며 역자도 이를 따랐다.

451) '탑묘'로 옮긴 cetiya(*Sk.* caitya)는 √ci(*to heap up*)에서 파생된 명사로서 돌이나 흙, 벽돌 등을 쌓아서 만든 '기념물, 분묘'를 지칭하는 것이 일차적인 의미이다. 『샤따빠따 브라흐마나』 등의 제의서에도 짜이따(caitya)라는 단어가 나타나며 짜이따에 가서 제사 지내는 것이 기술되어 있다. 아마 조상신이나 그 지역의 토지신 아니면 유력한 신을 모시고 그 지방 부족들이 모여서 제사 지내거나 숭배하던 장소를 말하는 것일 것이다. 지금도 인도의 시골에 가보면 곳곳에 이런 크고 작은 건물이나 조형물이 있으며 이런 곳을 짜이따라 부르고 있다.

초기경에서 쩨띠야(cetiya, *Sk.* caitya)는 불교의 탑묘를 지칭하는 말로서는 거의 쓰이지 않는다. 불교의 탑묘를 나타낼 때는 대부분 투빠(thūpa, *Sk.* stūpa, 스뚜빠)라는 단어를 사용한다. 스뚜빠라는 단어는 브라흐마나(제의서) 문헌에서 묘지 — 초기 아리야족들은 화장이 아닌 매장을 하였다 — 라는 뜻으로 나타나고 있다. 초기경에서 쩨띠야는 불교 이전부터 있었던 신성한 곳을 말하며 불교 수행자들뿐 아니라 여러 종교의 수행자들의 좋은 거주처가 되었고 부처님께서도 이런 쩨띠야에 많이 머무셨다.
후대로 내려오면서 불교 사원에서 불상이나 탑을 모시고 예배드리는 곳은 쩨띠야(cetiya)라 부르고, 스님들이 머무는 곳은 문자 그대로 위하라(vihāra)라고 부르고 있다. 우리 식으로 말한다면 대웅전, 관음전, 명부전 등은 쩨띠야이고 스님들이 거주하는 요사채는 위하라라고 부른다고 이해하면 되겠다.

"그렇게 하겠습니다, 세존이시여."라고 아난다 존자는 세존께 대답한 뒤 좌구를 챙겨서 세존의 뒤를 따라갔다.

2. 세존께서는 짜빨라 탑묘로 가셔서 마련된 자리에 앉으셨다. 아난다 존자도 세존께 절을 올린 뒤 한 곁에 앉았다. 한 곁에 앉은 아난다 존자에게 세존께서는 이렇게 말씀하셨다.

"아난다여, 웨살리는 아름답구나. 우데나 탑묘도 아름답고, 고따마까 탑묘도 아름답고, 삿땀바 탑묘도 아름답고, 바후뿟따 탑묘(다자탑)도 아름답고, 사란다다 탑묘도 아름답고, 짜빨라 탑묘도 아름답구나."452)

3. "아난다여, 누구든지 네 가지 성취수단[四如意足]453)을 닦고, 많이 [공부]짓고, 수레로 삼고, 기초로 삼고, 확립하고, 굳건히 하고, 부지런히 닦은 사람은 원하기만 하면 일 겁을 머물 수도 있고, 겁의 남은 기간을 머물 수도 있다.454) 아난다여, 여래는 네 가지 성취수단

---

452) 본경에 나타나듯이 웨살리에는 우데나(Udena), 고따마까(Gotamaka), 삿땀바(Sattamba), 바후뿟따(Bahuputta, 多子塔), 사란다다(Sārandada), 짜빨라(Cāpāla) 등의 많은 탑묘(cetiya)들이 있었다. 주석서에서 "우데나 탑묘라는 것은 우데나 약카(yakkha, 야차)의 탑묘 자리에 만든 거처(vihāra)를 말한다. 고따마까 탑묘 등도 같은 뜻이다."(DA.ii.555)라고 설명하고 있듯이 이들은 약카를 섬기는 곳이었다고 한다.
약카는 특히 자이나 문헌에서 숭배의 대상으로 많이 등장하는데 이것은 자이나 창시자인 마하위라가 이곳 웨살리 출신이며 웨살리의 니간타(자이나)들이 초기경에서 다수 등장하는 것과도 무관하지 않은 것 같다. 웨살리에 대해서는 『디가 니까야』 제1권 「마할리 경」(D6) §1의 주해를 참조할 것.

453) 열의(chanda), 정진(vīriya), 마음(citta), 검증(vīmaṁsa)을 '네 가지 성취수단[四如意足, 4여의족, cattaro iddhipādā]'이라 한다. 니까야에서 이 네 가지 성취수단은 ① 삼매를 성취하는 수단도 되고 ② 신통을 성취하는 수단도 되며 ③ 깨달음과 열반을 성취하는 수단도 된다고 세 가지 경우로 나타나고 있다. '네 가지 성취수단'은 졸저 『초기불교 이해』 317쪽 이하를 참조할 것.

454) '일 겁을 머물 수도 있고, 겁의 남은 기간을 머물 수도 있다.'는 kappaṁ vā tiṭṭheyya kappāvasesaṁ vā를 옮긴 것이다. 『우다나 주석서』를 위시한

을 닦고, 많이 [공부]짓고, 수레로 삼고, 기초로 삼고, 확립하고, 굳건히 하고, 부지런히 닦았다. 여래는 원하기만 하면 일 겁을 머물 수도 있고 겁의 남은 기간을 머물 수도 있다."

4. 세존께서는 이와 같이 분명한 암시를 주시고 분명한 빛을 드러내셨다.455) 그러나 아난다 존자는 그 [뜻]을 꿰뚫어 보지 못했으니, 그의 마음이 마라456)에게 사로잡혔기 때문이다. 그래서 그는 세

주석서들은 이렇게 설명한다.

"여기서 '겁(kappa)'은 수명겁(āyukappa)이다. '머물 수도 있다(tiṭṭheyya).'라는 것은 이런저런 시대마다(tasmiṁ tasmiṁ kāle) 인간들의 수명의 한계(āyuppamāṇa)가 있는데 그것을 채우고 머물 수 있고 유지할 수 있다(tiṭṭheyya dhareyya)는 말이다. '겁의 남은 기간을(kappāvasesaṁ vā)'이라는 것은 "오래 살아도 백 년(vassasata)의 이쪽저쪽이다"(D14 §1.7)라고 말씀하셨듯이 백 년보다 조금 더(vassasatato atirekaṁ vā)를 뜻한다."(UdA.323; DA.ii.554; SA.iii.251; AA.iv.149)

초기불전에 나타나는 겁(劫, kappa)이라는 시간 단위에는 ① 중간겁(antara-kappa)과 ② 아승기겁(阿僧祇劫, asaṅkheyya-kappa)과 ③ 대겁(大劫, mahā-kappa)의 세 가지가 있고 여기에다 이 수명겁(āyu-kappa)을 더하면 네 가지 겁이 된다.(PdṬ.206) 여기에 대해서는 『아비담마 길라잡이』 제5장 §14의 1번 [해설]을 참조하기 바란다.

455) '분명한 암시를 주시고 분명한 빛을 드러내셨다.'는 oḷārike nimitte kayira-māne, oḷārike obhāse kayiramāne를 옮긴 것이다. 주석서는 여기서 '분명한 암시(oḷārika nimitta)'란 위의 말씀을 통해서 아난다 존자에게 명백한 인식을 심어주신 것(saññuppādana)이라고 설명하고, '분명한 빛(oḷārika obhāsa)'이란 위에서 하신 분명한 말씀(pākaṭavacana)이라고 설명한다.(UdA.324)

456) 마라(Māra)는 초기경의 다양한 문맥에서 아주 많이 나타나며, 초기경에 나타나는 마라를 연구하는 자체가 하나의 논문감에 해당한다.
전통적으로 빠알리 주석서는 이런 다양한 마라의 언급을 다섯 가지로 정리한다. 그것은 오염원(kilesa)으로서의 마라(ItvA.197; ThagA.ii.70 등), 무더기[蘊, khandha]로서의 마라(S.iii.195 등), [업]형성력(abhisaṅkhāra)으로서의 마라, 신(devaputta)으로서의 마라, 죽음(maccu)으로서의 마라이다.(ThagA.ii.46; 46; Vis.VII.59 등) 『청정도론』에서는 부처님은 이러한 다섯 가지 마라를 부순 분(bhaggavā)이기에 세존(bhagavā)이라 한다

존께 "세존이시여, 세존께서는 많은 사람의 이익을 위하고, 많은 사람의 행복을 위하고, 세상을 연민하고, 신과 인간의 이상과 이익과 행복을 위하여, 일 겁을 머물러 주소서. 부디 선서께서는 일 겁을 머물러 주소서."라고 간청하지 않았다.457) [63]

고 설명한다.(Vis.VII.59) 그러므로 열반이나 출세간이 아닌 모든 경지는 마라의 영역에 속한다고 할 수 있다.
특히 신으로서의 마라는 자재천(Vasavatti)의 경지에 있는 다마리까 천신(Dāmarika-devaputta)이라고도 불리는데 마라는 욕계의 최고 천상인 타화자재천(Paranimmitavasavatti)에 거주하면서 수행자들이 욕계를 벗어나 색계·무색계·출세간의 경지로 향상하는 것을 방해하는 자이기 때문이다.(SnA.i.44; MA.i.28) 그리고 그는 신들의 왕인 인드라(삭까)처럼 군대를 가지고 있으며 이를 마군(魔軍, Mārasena)이라고 한다. 이처럼 그는 유력한 신이다.

주석서들에서는 Māra의 어원을 한결같이 √mṛ(*to kill, to die*)로 본다. 물론 산스끄리뜨 문헌들에서도 죽음을 뜻하는 √mṛ로 보기도 하지만 역자는 기억을 뜻하는 √smṛ(*to remember*)로 보는 입장이다. 왜냐하면 Māra의 산스끄리뜨는 인도 최고의 희곡인 『샤꾼딸라』 등에서 Smāra로 나타나기 때문이다. 스마라는 바로 기억을 뜻하는 √smṛ에서 파생된 명사이다.
힌두 신화에서 마라는 사랑의 신을 뜻하는 까마데와(Kāmadeva)이며 이 신의 많은 별명 가운데 하나가 스마라이다. 까마데와는 로마 신화의 사랑의 신인 큐피드(*Cupid*)에 해당한다. 사랑의 신 까마데와도 큐피드처럼 사랑의 화살을 가지고 다니면서 화살을 쏜다. 이 화살에 맞으면 사랑의 열병에 걸린다.

산스끄리뜨 문학 작품에 의하면 마라는 수련화(Aravinda), 아소까 꽃(Aśoka), 망고 꽃(Cūta), 재스민(Navamālikā), 청련화(Nīlotpala)의 다섯 가지 꽃 화살을 가지고 있다고 하며, 이러한 까마데와의 꽃 화살에 맞게 되면 사랑에 빠지게 된다고 한다. 불교 주석서들에서도 이러한 다섯 가지 마라의 꽃 화살은 언급되고 있다. 이처럼 마라는 유혹자이다. 이성을 서로 유혹하게 한다. 이런 의미에서 마라는 *Tempter*(유혹자, 사탄)이다. 그래서 마라를 *Tempter*라고 옮기는 서양학자도 있다.

그리고 이 √smṛ(*to remember*)에서 파생된 것이 빠알리의 sati이고 이것이 마음챙김이다. 마음챙김과 마라는 이렇게 대비가 된다. 이렇게 마라의 어원을 √smṛ(*to remember*)로 이해하면 마음챙김의 중요성을 새삼 절감케 하는 아주 의미심장한 해석이 된다.

457) 아난다 존자가 세존께 오래 머무시기를 간청하지 않은 이것은 부처님 입멸 후에 마하깟사빠(대가섭) 존자를 비롯한 승가 대중으로부터 크게 비판받는

5. 두 번째로 … 세 번째로 세존께서는 아난다 존자를 불러서 말씀하셨다.

"아난다여, 웨살리는 아름답구나. 우데나 탑묘도 아름답고, 고따마까 탑묘도 아름답고, 삿땀바 탑묘도 아름답고, 바후뿟따 탑묘(다자탑)도 아름답고, 사란다다 탑묘도 아름답고, 짜빨라 탑묘도 아름답구나.

아난다여, 누구든지 네 가지 성취수단[四如意足]을 닦고, 많이 [공부]짓고, 수레로 삼고, 기초로 삼고, 확립하고, 굳건히 하고, 부지런히 닦은 사람은 원하기만 하면 일 겁을 머물 수도 있고 겁의 남은 기간을 머물 수도 있다. 아난다여, 여래는 네 가지 성취수단을 닦고, 많이 [공부]짓고, 수레로 삼고, 기초로 삼고, 확립하고, 굳건히 하고, 부지런히 닦았다. 여래는 원하기만 하면 일 겁을 머물 수도 있고 겁의 남은 기간을 머물 수도 있다."

세존께서 이와 같이 분명한 암시를 주시고 분명한 빛을 드러내셨다. 그러나 아난다 존자는 그 [뜻]을 꿰뚫어 보지 못했으니, 그의 마음이 마라에게 사로잡혔기 때문이다. 그래서 그는 세존께 "세존이시여, 세존께서는 많은 사람의 이익을 위하고, 많은 사람의 행복을 위하고, 세상을 연민하고, 신과 인간의 이상과 이익과 행복을 위하여, 일 겁을 머물러 주소서. 부디 선서께서는 일 겁을 머물러 주소서."라고 간청하지 않았다.

6. 그러자 세존께서는 아난다 존자를 불러서 말씀하셨다. "아난다여, 그대는 가보아라.[458] 이제 그럴 시간이 된 것 같구나."

것 가운데 하나이다.(Vin.ii.289) 한편 이런 간청은 청불주세원(請佛住世願)이라 해서 『화엄경』에서 보현보살 10대원에 포함될 정도로, 후대 모든 불교 교파에서는 아난다 존자가 부처님께 오래 머무시기를 청하지 않은 것을 애통해하고 있다.

"그렇게 하겠습니다, 세존이시여."라고 아난다 존자는 세존께 대답한 뒤 자리에서 일어나 세존께 절을 올리고 오른쪽으로 돌아 [경의를 표한] 뒤 멀지 않은 곳에 있는 어떤 나무 아래 앉았다.

7. 그러자 마라 빠삐만459)이 아난다 존자가 떠난 지 오래되지 않아서 세존께 다가갔다. 가서는 한 곁에 섰다. 한 곁에 서서 마라 빠삐만은 세존께 이렇게 말씀드렸다.

"세존이시여, 이제 세존께서는 반열반(般涅槃)460)에 드십시오. 선서께서는 반열반에 드십시오. 세존이시여, 지금이 세존께서 반열반에 드실 시간입니다. 세존이시여, 세존께서는 [전에] 이렇게 말씀하셨습니다. '빠삐만이여, 나는 나의 비구 제자들이461) 입지가 굳고, 수행이 되고, 출중하며462), 많이 배우고[多聞]463), 법을 잘 호지(護持)하

---

458) "'아난다여, 그대는 가보아라(gaccha tvaṁ, ānanda).'라고 하셨다. '아난다여, 그대는 낮 동안의 머묾을 위해서(divāvihāratthāya) 여기에 왔다(idhāgato).(본경 §1 참조) 그러니 그대가 좋아하는 장소(yathārucita ṭhāna)로 낮 동안의 머묾을 위해서 가거라.'라는 말씀이다. 그래서 '이제 그럴 시간이 된 것 같구나(yassadāni kālaṁ maññasi).'라고 말씀하시는 것이다."(UdA.325)

459) "중생들에게 불행을 불러일으켜 죽게 한다고 해서 마라라고 한다.(satte anatthe niyojento māretīti māro) 빠삐만(pāpiman)이란 그의 별명이다. 그는 참으로 사악한 법(pāpa-dhamma)을 고루 갖추고 있기 때문에 빠삐만(사악한 자)이라 부른다. 깐하(Kaṇha, 검은 자), 안따까(Antaka, 끝을 내는 자), 나무찌(Namuci, 해탈하지 못한 자), 방일함의 친척(pamatta-bhandu)이라는 다른 이름들도 그는 가지고 있다."(UdA.325; DA.ii.555)

460) '반열반(般涅槃)'은 parinibbāna의 음역이다. 무여열반을 반열반이라 부른다. 무여열반과 유여열반에 대해서는 『이띠웃따까』 「열반의 요소 경」(It2:17)과 해당 주해와 『디가 니까야』 제2권 「대반열반경」(D16) §3.20의 주해와 『아비담마 길라잡이』 제6장 §31의 해설을 참조할 것.

461) 마라가 인용하는 세존의 이런 말씀을 통해서 세존께서 바라는 참된 비구의 모습을 알 수 있다. 그래서 아래 주해들에서는 주석서의 설명을 통해서 이 각각의 의미를 살펴본다.

고[464], [출세간]법에 적합한 법을 닦고[465], 합당하게 도를 닦고[466],

---

462) '입지가 굳고, 수행이 되고, 출중하며'는 viyattā vinītā visāradā를 옮긴 것이다. 『우다나 주석서』는 이렇게 설명한다.
"'입지가 굳고(viyattā)'란 성스러운 도를 증득함(ariyamaggādhigama)을 통해서 분명해졌다(byattā)는 말이다. '수행이 되고(vinītā)'라는 것은 이처럼 오염원을 길들임(kilesavinayana)에 의해서 수행이 되었다는 뜻이다. '출중하고(visāradā)'라는 것은 의기소침하게 만드는(sārajjakarāna) 사견과 의심 등을 제거하여 출중한 상태를 얻었다는 말이다."(UdA.326)

『디가 니까야 주석서』는 이렇게 설명한다.
"'입지가 굳고(viyattā)'란 도에 의해서 입지가 굳다는 말이다. 이와 같이 [도에 의해서 오염원들을 잘라 버리는] '수행이 되고(vinīta)', 이와 같이 [성스러운 도에 의해서 스승의 교법에서] '출중하다(visārada)'는 말이다."(DA.ii.556)

463) "삼장(三藏, tepiṭaka)에 대해서 많이 배운 자들이라고 해서 '많이 배운 자들(bahussutā)'이다."(UdA.326; DA.ii.556)

464) "법을 호지한다고 해서 '법을 호지하는 자들(dhammadharā)'이다. 혹은 교학(pariyatti)을 많이 배우고 통찰(paṭivedha)을 많이 배웠다는 뜻이다. 교학과 통찰의 법들을 호지하기 때문에 법을 호지하는 자들이라고 알아야 한다."(UdA.326; DA.ii.556)

465) '[출세간]법에 적합한 법을 닦고'로 옮긴 원어는 dhamma-anudhamma-paṭipanno이다. 먼저 몇몇 주석서들의 설명을 살펴보면 다음과 같다.
"아홉 가지 출세간법(lokuttara-dhamma)을 따르는 법을 닦는 것이다."(DA.ii.578)
"출세간법을 따르는 법이 되는 그 이전의 도닦음을 닦는 것(pubbabhāga-paṭipattiyā paṭipajjana)이다."(DA.iii.1020)
"출세간인 열반의 법을 따르는 법인 [그 이전의] 도닦음을 닦는 것이다."(SA.ii.34)
"여기서 '그 이전의 도닦음(pubbabhāgapaṭipatti)'이란 위빳사나에 몰두하는 것(vipassanānuyoga)이다."(DAṬ.iii.307)

그래서 「대반열반경」(D16)에 해당하는 『디가 니까야 주석서』는 "성스러운 법(ariya-dhamma)에 적합한 법인 위빳사나의 법을 닦는 것이다."(DA.ii.556)라고 설명을 하고 있는데 『우다나 주석서』도 본경의 이 부분을 주석하면서 이와 똑같이 'ariyadhammassa anudhammabhūtaṁ vipassanā-dhammaṁ paṭipannā'(UdA.326)라고 설명한다.
여기서 '아홉 가지 출세간법'이란 예류도·예류과부터 아라한도·아라한과까지의 여덟 가지 성자[四雙八輩]와 열반, 즉 네 가지 도와 네 가지 과와 열반

법을 따라 행하며467), 자기 스승에게 속하는 것을 파악한 뒤 그것을 천명하고 가르치고 알게 하고 확립하고 드러내고 분석하고 명료하게 설명하며, 다른 [삿된] 교설이 나타날 때 그것을 법으로468) 잘 제압하고 제압한 뒤 [해탈을 성취하는] 기적을 갖춘 법을 설할 수 있게 되기까지는469) 반열반에 들지 않을 것이다.'라고."

을 말한다. 어떤 경우에는 dhamma-anudhamma를 "법과 적합한 법(dhammañca anudhammañca)"(DA.iii.929)으로 병렬복합어로 이해한 곳도 있는데 이 경우에는 '[출세간]법과 [그것에] 적합한 법'이라는 뜻이다.

466) "'합당하게 도를 닦고(sāmīci-ppaṭipannā)'란 [7청정의 마지막인] 지와 견의 청정[知見淸淨, ñāṇadassanavisuddhi]에 적당한(anucchavika) [계청정부터 행도지견청정까지 여섯 가지] 청정의 연속적인 도닦음(visuddhi-paramparā-paṭipada)을 닦는 것이다."(UdA.326)

467) "법을 따라 행하는 자들(anudhammacārino)이란 [오염원을] 지워 없애는(sallekhika, *cf* M122 §12) 소욕(少欲, appicchatā) 등의 법을 따라 행하는 습성을 가진 자들(caraṇasīlā)이다."(UdA.326)

468) "여기서 '법으로(sahadhammena)'라는 것은 원인을 갖추고(sahetuka) 이유를 갖춘(sakāraṇa) 말(vacana)로 제압한다는 뜻이다."(UdA.326; DA.ii.556)

469) "'[해탈을 성취하는] 기적을 갖춘(sappāṭihāriya)'이란 출리(出離)로 인도함을 만드는(niyyānika)이라는 뜻이고 '법을 설할 수 있게 되기까지는(dhammaṁ desessanti)'은 아홉 가지 출세간법(navavidha-lokuttara-dhamma)을 깨달을 수 있게 되고(pabodhessanti) 드러낼 수 있게 되기까지는(pakāsessanti)이라는 뜻이다."(UdA.326)

아홉 가지 출세간법이란 예류도와 예류과부터 아라한도와 아라한과까지의 8가지와 열반을 말한다.
한편 '기적'으로 옮긴 pāṭihāriya는 초기불전에서 iddhi-pāṭihāriya(신통의 기적)로 나타나며 이것은 신통변화(iddhividha, 신족통)와 동의어로 쓰인다. 그래서 여기서도 sa-pāṭihāriya를 '기적을 갖춘'이라고 옮겼다. 사실 범부를 성자로 만들고, 범부로 하여금 최상의 해탈·열반을 실현하게 만드는 부처님의 가르침이야말로 기적 중의 기적이 아닐 수 없다. 그러니 중생들이 욕계 천상을 벗어나는 것을 견디지 못하는 마라가 부처님의 출현에 안절부절 못하여 빨리 반열반에 드시라고 권하는 것은 당연한지도 모른다.

8. "세존이시여, 그러나 지금 세존의 비구 제자들은 입지가 굳고, 수행이 되고, 출중하며, 많이 배우고, 법을 잘 호지하고, [출세간]법에 이르게 하는 법을 닦고, 합당하게 도를 닦고, 법을 따라 행하며, 자기 스승에게 속하는 것을 파악한 뒤 그것을 천명하고 가르치고 알게 하고 확립하고 드러내고 분석하고 명료하게 설명하며, 다른 [삿된] 교설이 나타날 때 그것을 법으로 잘 제압하고 제압한 뒤 [해탈을 성취하는] 기적을 갖춘 법을 설할 수 있습니다. 세존이시여, 그러니 이제 세존께서는 반열반에 드십시오. 선서께서는 반열반에 드십시오. 세존이시여, 지금이 세존께서 반열반에 드실 시간입니다."

9. "세존이시여, 세존께서는 [전에] 이렇게 말씀하셨습니다. '빠삐만이여, 나는 나의 비구니 제자들이 입지가 굳고, 수행이 되고, 출중하며, 많이 배우고, 법을 잘 호지하고, [출세간]법에 이르게 하는 법을 닦고, 합당하게 도를 닦고, 법을 따라 행하며, 자기 스승에게 속하는 것을 파악한 뒤 그것을 천명하고 가르치고 알게 하고 확립하고 드러내고 분석하고 명료하게 설명하며, 다른 [삿된] 교설이 나타날 때 그것을 법으로 잘 제압하고 제압한 뒤 [해탈을 성취하는] 기적을 갖춘 법을 설할 수 있게 되기까지는 반열반에 들지 않을 것이다.'라고.

세존이시여, 그러나 지금 [64] 세존의 비구니 제자들은 입지가 굳고, 수행이 되고, 출중하며, 많이 배우고, 법을 잘 호지하고, [출세간]법에 이르게 하는 법을 닦고, 합당하게 도를 닦고, 법을 따라 행하며, 자기 스승에게 속하는 것을 파악한 뒤 그것을 천명하고 가르치고 알게 하고 확립하고 드러내고 분석하고 명료하게 설명하며, 다른 [삿된] 교설이 나타날 때 그것을 법으로 잘 제압하고 제압한 뒤 [해탈을 성취하는] 기적을 갖춘 법을 설할 수 있습니다. 세존이시여, 그러니 이제 세존께서는 반열반에 드십시오. 선서께서는 반열반에 드십시오. 세존이시여, 지금이 세존께서 반열반에 드실 시간입니다."

10. "세존이시여, 세존께서는 [전에] 이렇게 말씀하셨습니다. '빠삐만이여, 나는 나의 청신사 제자들이 입지가 굳고, 수행이 되고, 출중하며, 많이 배우고, 법을 잘 호지하고, [출세간]법에 이르게 하는 법을 닦고, 합당하게 도를 닦고, 법을 따라 행하며, 자기 스승에게 속하는 것을 파악한 뒤 그것을 천명하고 가르치고 알게 하고 확립하고 드러내고 분석하고 명료하게 설명하며, 다른 [삿된] 교설이 나타날 때 그것을 법으로 잘 제압하고 제압한 뒤 [해탈을 성취하는] 기적을 갖춘 법을 설할 수 있게 되기까지는 반열반에 들지 않을 것이다.'라고.

세존이시여, 그러나 지금 세존의 청신사 제자들은 입지가 굳고, 수행이 되고, 출중하며, 많이 배우고, 법을 잘 호지하고, [출세간]법에 이르게 하는 법에 따라 도를 닦고, 합당하게 도를 닦고, 법을 따라 행하며, 자기 스승에게 속하는 것을 파악한 뒤 그것을 천명하고 가르치고 알게 하고 확립하고 드러내고 분석하고 명료하게 설명하며, 다른 [삿된] 교설이 나타날 때 그것을 법으로 잘 제압하고 제압한 뒤 [해탈을 성취하는] 기적을 갖춘 법을 설할 수 있습니다. 세존이시여, 그러니 이제 세존께서는 반열반에 드십시오. 선서께서는 반열반에 드십시오. 세존이시여, 지금이 세존께서 반열반에 드실 시간입니다."

11. "세존이시여, 세존께서는 [전에] 이렇게 말씀하셨습니다. '빠삐만이여, 나는 나의 청신녀 제자들이 입지가 굳고, 수행이 되고, 출중하며, 많이 배우고, 법을 잘 호지하고, [출세간]법에 이르게 하는 법을 닦고, 합당하게 도를 닦고, 법을 따라 행하며, 자기 스승에게 속하는 것을 파악한 뒤 그것을 천명하고 가르치고 알게 하고 확립하고

드러내고 분석하고 명료하게 설명하며, 다른 [삿된] 교설이 나타날 때 그것을 법으로 잘 제압하고 제압한 뒤 [해탈을 성취하는] 기적을 갖춘 법을 설할 수 있게 되기까지는 반열반에 들지 않을 것이다.'라고.

세존이시여, 그러나 지금 세존의 청신녀 제자들은 입지가 굳고, 수행이 되고, 출중하며, 많이 배우고, 법을 잘 호지하고, [출세간]법에 이르게 하는 법을 닦고, 합당하게 도를 닦고, 법을 따라 행하며, 자기 스승에게 속하는 것을 파악한 뒤 그것을 천명하고 가르치고 알게 하고 확립하고 드러내고 분석하고 명료하게 설명하며, 다른 [삿된] 교설이 나타날 때 그것을 법으로 잘 제압하고 제압한 뒤 [해탈을 성취하는] 기적을 갖춘 법을 설할 수 있습니다. 세존이시여, 그러니 이제 세존께서는 반열반에 드십시오. 선서께서는 반열반에 드십시오. 세존이시여, 지금이 세존께서 반열반에 드실 시간입니다."

12. "세존이시여, 세존께서는 [전에] 이렇게 말씀하셨습니다. '빠삐만이여, 나는 나의 이러한 청정범행470)이 잘 유지되고, 번창하고, 널리 퍼지고, 많은 사람들이 따르고, 대중적이어서 신과 인간들 사이에서 잘 설명되기까지는 반열반에 들지 않을 것이다.'라고.

세존이시여, 그러나 지금 세존의 이러한 청정범행은 잘 유지되고, 번창하고, 널리 퍼지고, 많은 사람들이 따르고, 대중적이어서 신과 인간들 사이에서 잘 설명되었습니다. 세존이시여, 그러니 이제 세존께서는 반열반에 드십시오. 선서께서는 반열반에 드십시오. 세존이시여, 지금이 세존께서 반열반에 드실 시간입니다."

---

470) "'청정범행(梵行, brahma-cariya)'이란 [계·정·혜] 삼학(sikkhattaya)을 모두 합친 전체 교법(sāsana)이라는 청정범행이다."(UdA.327; DA.ii.556)

13. 이렇게 말씀드리자 세존께서는 마라 빠삐만에게 이렇게 말씀하셨다. "빠삐만이여, 그대는 조용히 있어라. 오래지 않아 여래는 반열반에 들 것이다. 지금부터 3개월이 넘지 않아서 여래는 반열반에 들 것이다."

14. 그리고 세존께서는 짜빨라 탑묘에서 마음챙기고 알아차리시면서 수명(壽命)의 형성을 놓아버리셨다.471) 세존께서 수명의 형성을 놓아버리시자, 무시무시하고 털을 곤두서게 하는 큰 지진이 있었으며 천둥번개가 내리쳤다.

15. 그때 세존께서는 이 의미를 아시고 그 즉시 바로 이 우러나온 말씀을 읊으셨다.472)

---

471) '수명(壽命)의 형성을 놓아버리셨다.'는 āyusaṅkhāraṁ ossajji를 옮긴 것이다. 이것의 명사인 āyusaṅkhārossajjana(수명의 형성을 놓아버리심)가 본경의 명칭이다. 주석서는 이렇게 설명한다.

"여기서 세존께서는 손으로 흙덩이(leḍḍu)를 [버리]듯이 그렇게 수명의 형성(āyu-saṅkhāra)을 놓아버리시지 않았다. 앞으로 석 달간만 증득(samā-patti, 等至, 본삼매)을 유지하시고(samāpajjitvā) 그 후에는 증득을 유지하지 않을 것이라고 마음을 일으키셨다는 뜻이다. 이것을 두고 '놓아버리셨다(ossajji)'고 말씀하셨다."(UdA.327; DA.ii.556; AA.iv.151)

본경에 해당하는 『우다나 주석서』는 '수명의 형성(āyu-saṅkhāra)'이 구체적으로 무엇인지에 대해서는 주석을 하지 않고 있다. 그런데 『상윳따 니까야』 제2권 「궁수 경」(S20:6) §3에도 '수명의 형성들(āyu-saṅkhārā)'이 나타나는데 그곳에 해당되는 주석서는 "물질적인 생명의 기능(rūpa-jīvitindriya, 즉 몸의 수명)을 두고 한 말"(SA.ii.227)이라고 설명한다. 그러므로 이것은 아비담마에서 말하는 생명기능(jīvit-indriya)이나 생명의 형성(jīvita-saṅkhāra, S47:9 §4와 주해를 참조할 것)과 같은 뜻으로 봐야 하며, 생명을 지속시키는 역할을 하는 요소로 여겨진다. 그리고 『맛지마 니까야 주석서』는 '수명의 형성(āyu-saṅkhāra)'을 설명하면서 "그 뜻은 그냥 수명이다(āyum eva)."(MA.ii.350, M43 §23에 대한 주석)라고 설명하기도 한다.

472) "'이 의미를 아시고(etamatthaṁ viditvā)'라고 하였다. 형성된 것들이 [업]

"잴 수 있는 것과 잴 수 없는 것을 생성하는[473]
존재의 [업]형성을 성자는 놓아 버렸고[474]
안으로 기쁘고[475] 삼매에 들어[476]

형성을 멈춤(saṅkhāra-visaṅkhāra)의 특별함이라 불리는(visesasaṅkhāta) 이 의미를 모든 측면에서 아시고라는 뜻이다. '이 우러나온 말씀을(imaṁ udānaṁ)'이라고 하였다. 남김이 없이 형성된 것들을 놓아버리고(an-avasesasaṅkhāre vissajjetvā) 자신의 [업]형성의 멈춤으로 감을 밝히신(visaṅkhāragamanadīpaka) 이 우러나온 말씀을 읊으신 것이다."(UdA. 328)

473) '잴 수 있는 것과 잴 수 없는 것을 생성하는'은 tulamatulañca sambhavaṁ을 주석서를 참조하여 옮긴 것이다. 『우다나 주석서』는 이렇게 설명한다.

"개와 자칼 등(soṇasiṅgālādi)에게서도 직접 볼 수 있기 때문에(paccakkha-bhāvato) 잴 수 있고(tulita) 제한되었다(paricchinna)고 해서 '잴 수 있는 것(tula)'이라 하는데 욕계의 업을 말한다.
잴 수 없기 때문에 '잴 수 없는 것(atula)'이다. 혹은 잴 수 있는 다른 세간적인 업(lokiyakamma)이 없다고 해서 '잴 수 없는 것'이라 한다. 이것은 고귀한 업(mahaggatakamma, 색계와 무색계 업)을 말한다.
혹은 욕계와 색계는 '잴 수 있는 것'이고 무색계는 '잴 수 없는 것'이다. 혹은 적은 과보를 가져오는 것(appavipāka)이 '잴 수 있는 것'이고 많은 과보를 가져오는 것(bahuvipāka)이 '잴 수 없는 것'이다.
'생성하는(sambhava)'은 여기서는 생성의 원인이 되는 것(sambhavassa hetubhūta)을 뜻하는데 태어남을 생산하는 것(upapattijanaka)을 말한다."(UdA.329; *cf.* DA.ii.557, AA.iv.153~154)

474) '존재의 [업]형성을 성자는 놓아 버렸고'는 bhavasaṅkhāram avassaji muni를 옮긴 것이다. 『우다나 주석서』는 이렇게 설명한다.

"'존재의 [업]형성(bhavasaṅkhāra)'은 다시 태어남[再生]의 [업을] 형성하는 것(punabbhava-saṅkhāraṇaka)이다. '놓아 버렸고(avassaji)'는 버리셨다(vissajjesi)는 뜻이고 '성자(muni)'는 성자이신 부처님(buddhamuni)이다. 그분은 잴 수 있는 것과 잴 수 없는 것이라 불리는(tulātulasaṅkhāta) 세속적인 업(lokiyakamma)을 '놓아버리셨다(ossaji).'는 뜻이다."(UdA.329)

475) '안으로 기쁘고'는 ajjhattarato를 옮긴 것이다. 『우다나 주석서』는 여기서 '안(ajjhatta)'은 자기 것으로서의 안(niyakajjhatta)이라고 설명한다.(UdA. 329) 그러므로 안으로 기쁘다는 것은 자기 내면으로 기쁘다는 말이다.

한편 『담마상가니 주석서』는 "안[內, ajjhatta]이라는 단어는 ① 영역으로서의 안(gocarajjhatta)과 ② 자기 것으로서의 안(niyakajjhatta)과 ③ 안

외투를 벗듯이 자신의 생성을[477] 벗어버렸노라."[478] {51}

헝클어진 머리를 한 일곱 고행자 경(Ud6:2)

Sattajaṭila-sutta[479]

에 있는 것으로서의 안(ajjhattajjhatta)과 ④ 대상으로서의 안(visay-ajjhatta)이라는 네 가지 의미가 있다."(DhsA.46)라고 설명한다. 계속해서 주석서는 "그러므로 자신의 흐름 안에서 전개되는 개개인에 속하는 법들이 '안의 법들'이라고 알아야 한다."(Ibid)라고 설명하고 있는데 이 설명을 여기에 가져오면 여기서 안으로 기쁘다는 것은 자신의 흐름 안에서 전개되는 법들에 대해서 기쁘다는 뜻이 된다.

그래서 「대지의 진동 경」(A8:70)에 해당하는 『앙굿따라 니까야 복주서』는 "계속해서 일어나는 자기의 법들에 대해서(sasantānadhammesu) 위빳사나를 하고 또 영역을 반복함(gocarāsevana)으로써 기쁘다(nirato)."(AAṬ.iii.258)라고 덧붙이고 있다.

476) "'삼매에 들어(samāhito)'라는 것은 근접삼매와 본삼매를 통해서(upacār-appanā-samādhivasena) 삼매에 드는 것이다."(UdA.329; AA.iv.153)

『디가 니까야 주석서』는 종합해서 이렇게 주석하고 있다.
"위빳사나를 통해서 '안으로 기쁘고', 사마타를 통해서 '삼매에 드셨다.'"(DA.ii.557)

477) '외투를 벗듯이 자신의 생성을 벗어버렸노라.'는 abhindi kavacamivatta-sambhavaṁ을 옮긴 것이다. 주석서는 여기서 '자신의 생성(attasambhava)'을 "자신에게서 생긴 오염원(attani sañjātaṁ kilesaṁ)"(UdA.329; DA.ii.557; AA.iv.153)으로 설명한다.

478) 『우다나 주석서』는 이 우러나온 말씀을 다음과 같이 명쾌하게 압축해서 주석하고 있다.

"과보를 가져온다(savipāka)는 뜻에서 '생성(sambhava)'이라 하고, 여러 존재[諸有, bhavābhava]의 [업]형성(bhavābhava-abhisaṅkharaṇa)이라는 뜻에서 '존재의 [업]형성(bhavasaṅkhāra)'이라 한다. 그리고 이러한 이름을 얻은, 잴 수 있는 것과 잴 수 없는 것이라 불리는 세속적인 업(tulātula-saṅkhāta lokiyakamma)을 '놓아버리셨다(ossaji).' 그리고 전쟁터(saṅgāma-sīsa)에서 위대한 전사(mahāyodha)이신 [세존께서] '갑옷(kavaca)'과도 같은 '자신의 생성(attasambhava)'인 오염원(kilesa)을 '안으로 기쁘고 삼매에 들어(ajjhattarato samāhito)' '벗어버리셨다(abhindi).'"(UdA.329)

479) 본경은 『상윳따 니까야』 제1권 「헝클어진 머리를 한 일곱 고행자 경」(S3:

1. 이와 같이 나는 들었다. 한때 세존께서는 사왓티에서 동쪽 원림[東園林]에 있는 미가라마따(녹자모) 강당에 머무셨다. 그때 [65] 세존께서는 해거름에 [낮 동안의] 홀로 앉으심을 풀고 자리에서 일어나 바깥문의 현관에 앉아 계셨다. 그때 빠세나디 꼬살라 왕이 세존께 다가갔다. 가서는 세존께 절을 올리고 한 곁에 [78] 앉았다.

2. 그 무렵 일곱 명의 헝클어진 머리를 한 고행자들과 일곱 명의 니간타들과 일곱 명의 나체 수행자들과 일곱 명의 한 벌 옷만 입는 수행자들과 일곱 명의 유행승들이480) 겨드랑이의 털과 손톱과 몸

---

11)과 같다. 그러나 본경의 마지막에 실려 있는 우러나온 말씀과 S3:11 §8에 나타나는 게송({399}~{400})은 다르다. 주해를 포함한 본경의 번역도 「헝클어진 머리를 한 일곱 고행자 경」(S3:11)을 본경의 문맥에 맞추어 전재(轉載)한 것이다.

480) 여기서 '헝클어진 머리를 한 고행자'는 jaṭila를, '니간타'는 nigaṇṭha(자이나교 수행자)를, '나체 수행자'는 acela를, '한 벌 옷만 입는 수행자'는 ekasāṭaka를, '유행승'은 paribbājaka를 옮긴 것이다.

'유행승(遊行僧)'으로 옮긴 paribbājaka는 pari(*around*)+√vraj(*to proceed, to wander*)에서 파생된 명사이다. 초기불전에서 많이 나타나며 집을 떠나 수행하는 부처님 제자를 제외한 출가자들을 통칭하는 말이다. 그래서 『맛지마 니까야 주석서』에서는 "재가의 속박을 버리고 출가한 자(gihibandhanaṁ pahāya pabbajjūpagata)"(MA.ii.7)라고 설명한다.
여기서 보듯이 니간타와 나체 수행자의 무리 등은 유행승이라 표현하지 않고 그들에 해당하는 이름인 니간타와 나체 수행자 등으로 각각 부르고 있으며, 그 외 별다른 특징이나 큰 집단을 이루지 않은 일반 출가자들은 유행승이라는 용어로 부르고 있는 듯하다. 『디가 니까야』 제3권 「우둠바리까 사자후 경」(D25)에 의하면 니그로다(Nigrodha) 유행승은 3,000명의 무리를 거느리기도 했다.

주석서와 복주서에 의하면 유행승에도 옷을 입는 유행승(channa-paribbājaka)과 옷을 입지 않는 유행승(nagga-paribbājaka)이 있었으며, 옷을 입지 않는 유행승을 나체 수행자(acela)라 부른다.(DA.ii.349; DAṬ.i.472, 등) 한편 초기불전에서는 비구들의 출가를 빱밧자(pabbajjā, pra+√vraj, pabbajati)라 표현하여 일반 유행승에 관계된 빠립바자까(paribbājaka,

의 털을 길게 기른 채 여러 가지 필수품을 가지고481) 세존으로부터 멀지 않은 곳을 지나고 있었다.

3. 그때 빠세나디 꼬살라 왕은 자리에서 일어나 한쪽 어깨가 드러나게 윗옷을 입고 땅에다 오른쪽 무릎을 꿇고 일곱 명의 헝클어진 머리를 한 고행자들과 일곱 명의 니간타들과 일곱 명의 나체 수행자들과 일곱 명의 한 벌 옷만 입는 수행자들과 일곱 명의 유행승들을 향해 합장하여 인사한 뒤 세 번 자신의 이름을 아뢰었다.

"존자들이시여, 저는 빠세나디 꼬살라 왕입니다. 저는 빠세나디 꼬살라 왕입니다. 저는 빠세나디 꼬살라 왕입니다."라고.

일곱 명의 헝클어진 머리를 한 고행자들과 일곱 명의 니간타들과 일곱 명의 나체 수행자들과 일곱 명의 한 벌 옷만 입는 수행자들과 일곱 명의 유행승들이 떠나간 지 오래되지 않아서 빠세나디 꼬살라 왕은 다시 세존께 다가갔다. 가서는 세존께 절을 올리고 한 곁에 앉았다. 한 곁에 앉은 빠세나디 꼬살라 왕은 세존께 이렇게 말씀드렸다.

"세존이시여, 세상에는 아라한들이나 아라한의 길을 증득한 자들이 있는데 저분들은 그들 가운데 일부입니다."

4. "대왕이여, 그대는 재가자여서 감각적 쾌락을 즐기고 자식들이 북적거리는 집에서 살고 까시에서 산출된 전단향을 사용하고 화환과 향과 연고를 즐겨 사용하고 금은을 향유합니다. 그런 그대가 이들이 아라한들인지 아니면 아라한의 길을 증득한 자들인지 알기란

---

pari+√vraj)라는 이 용어와 구분하여 사용하고 있다.

481) '여러 가지 필수품을 가지고'는 khārivividham ādāya를 옮긴 것이다. 주석서는 "소금 등의 여러 가지(khārādi-nānappakāra)의 출가 생활의 필수품이 되는 여러(vividha) 물품(pabbajita-parikkhāra-bhaṇḍika)을 가지고(gahetvā)"(UdA.331)라고 설명한다.

어렵습니다."

5. "대왕이여,[482] 계행은 함께 살아야 알 수 있습니다. 그것도 오랜 세월이 지난 뒤 알 수 있고, 그렇지 않고서는 알 수 없습니다. 그것은 그것에 주의를 기울이는 사람에 의해서 알 수 있고, 그렇지 않고서는 알 수 없습니다. 그것은 통찰지를 갖춘 사람에 의해 알 수 있고, 어리석은 사람에 의해서는 알 수 없습니다.

대왕이여, 깨끗함은 함께 대화를 나눔으로써 알 수 있습니다. 그것도 오랜 세월이 지난 뒤 알 수 있고, 그렇지 않고서는 알 수 없습니다. 그것은 그것에 주의를 기울이는 사람에 의해서 알 수 있고, 그렇지 않고서는 알 수 없습니다. 그것은 통찰지를 갖춘 사람에 의해 알 수 있고, 어리석은 사람에 의해서는 알 수 없습니다.

대왕이여, [지혜의] 힘[483]은 역경에 처했을 때 알 수 있습니다. 그것도 오랜 세월이 지난 뒤 알 수 있고, 그렇지 않고서는 알 수 없습니다. 그것은 그것에 주의를 기울이는 사람에 의해서 알 수 있고, 그렇지 않고서는 알 수 없습니다. 그것은 통찰지를 갖춘 사람에 의해 알 수 있고, 어리석은 사람에 의해서는 알 수 없습니다.

대왕이여, 통찰지는 담론을 함으로써 알 수 있습니다. 그것도 오랜 세월이 지난 뒤 알 수 있고, 그렇지 않고서는 알 수 없습니다. 그것은 그것에 주의를 기울이는 사람에 의해서 알 수 있고, 그렇지 않고서는 알 수 없습니다. 그것은 통찰지를 갖춘 사람에 의해 알 수 있고, 어리석은 사람에 의해서는 알 수 없습니다." [66]

---

482) 본경 §5는 『앙굿따라 니까야』 제1권 「경우 경」(A4:192) §1과 같은 내용을 담고 있다.

483) "여기서 '힘(thāma)'은 지혜의 힘(ñāṇa-thāma)이다."(UdA.333)

6. "경이롭습니다, 세존이시여. 놀랍습니다, 세존이시여. 세존께서는 참으로 이런 금언을 말씀하셨습니다.

'대왕이여, 그대는 재가자여서 감각적 쾌락을 즐기고 자식들이 북적거리는 집에서 살고 까시에서 산출된 전단향을 사용하고 화환과 향과 연고를 즐겨 사용하고 금은을 향유합니다. 그런 그대가 이들이 아라한들인지 아니면 아라한의 길을 증득한 자들인지 알기란 어렵습니다. … 그것은 통찰지를 갖춘 사람에 의해 알 수 있고, 어리석은 사람에 의해서는 알 수 없습니다.'라고."

7. "세존이시여, 몰래 정탐을 하는 저의 측근 밀정들[484]이 지방을 정탐하고 돌아옵니다.[485] 그들이 먼저 정탐한 것을 토대로 제가

---

484) 여기서 '밀정들'은 carā를 옮긴 것이다. 역자가 저본으로 삼고 있는 VRI본과 PTS본의 본경과 M21 §20과 M28 §9에는 corā(도둑들)로 나타나고 VRI본과 PTS본 S3:11 §7에는 carā(밀정들)로 나타나고 있고 담마빨라 스님의 『우다나 주석서』에도 그러하다. 여러 판본들에 대해서는 보디 스님, CDB 403쪽 222번 주해를 참조하기 바란다. 그리고 정탐하는 사람으로 옮길 수 있는 cara-purisa도 UdA.333, Vis.IV.16, DhpA.i.193 등의 주석서 문헌 여러 곳에 나타나고 있다. 역자는 문맥을 고려하고 『우다나 주석서』를 따라서 carā로 읽었다.

485) '세존이시여, 몰래 정탐을 하는 저의 측근 밀정들이 지방을 정탐하고 돌아옵니다.'는 ete, bhante, mama purisā carā ocarakā janapadaṁ ocaritvā gacchanti를 풀어서 옮긴 것이다. 즉 '몰래 정탐을 하는'은 ocara-kā(정탐하는 자들)를, '저의 측근'은 mama purisā를, '밀정들이'는 carā를 옮긴 것이다. 주석서는 이렇게 설명한다.

"여기서 '밀정들(carā)'은 출가자가 아니지만(apabbajitā) 출가자의 모습을 하고(pabbajitarūpena) 마을에서 탁발을 하여(raṭṭhapiṇḍaṁ) 먹으면서 숨어서 일을 하기 때문이다.(paṭicchannakammantattā) '몰래 정탐을 하는 자들(ocarakā)'이란 낮은 첩자들(heṭṭhā carakā)이다. 밀정들은 산의 꼭대기에도 올라가지만 낮은 첩자들은 비천한 일을 하기 때문이다(nihīna-kammattā). 혹은 낮은 첩자들이란 정탐하는 사람들(carapurisā)이다. '정탐하고(ocaritvā)'란 숨어서 다니고(avacaritvā) 검증을 하고(vīmaṁsi-tvā)라는 뜻인데 이런저런 지방(desa)에서 생기는 일을 알고(pavattiṁ

나중에 결론을 내리게 됩니다.

세존이시여, 이제 그들이 먼지와 때를 없애고 잘 씻고 기름을 바르고 머리와 수염을 가지런히 하고 흰옷을 입으면 그들은 다섯 가닥의 감각적 쾌락들을 갖추고 완비하여 즐길 것입니다."

8. 그때 세존께서는 이 의미를 아시고 그 즉시 바로 이 우러나온 말씀을 읊으셨다.[486]

"모든 곳에서 노력해서는 안 되고[487]
남의 사람이 되어서는 안 된다.[488]
남을 의지하여 살아서는 안 되고
법으로 장사를 해서는 안 된다."[489] {52}[490]

ñatvā)라는 뜻이다."(UdA.333)

486) "'이 의미를 아시고(etamatthaṁ viditvā)'라고 하였다. 그 왕의 밀정들(rāja-purisā)이 자신의 배를 [채우기] 위해서(attano udarassa kāraṇā) 출가자로 변장(pabbajita-vesa)하여 세상을 속인 것이라 일컬어지는(loka-vañcana saṅkhāta) 이 의미를 모든 측면에서 아시고라는 뜻이다. '이 우러나온 말씀을(imaṁ udānaṁ)'이라고 하였다. 남에게 의지해 있거나 남을 속이는 것과 반대되는 것을 설명하는(parādhīnatā-paravañcanatā-paṭi-kkhepa-vibhāvana) 이 우러나온 말씀을 읊으신 것이다."(UdA.334)

487) "전령이나 몰래 정탐을 하는 일 등과 같은(dūteyyaocarakakammādike) 모든 삿된 법에 대해서(pāpadhamme) 이 왕의 사람들(rājapurisā)이 하듯이 출가자(pabbajita)는 '노력해서는 안 되고(na vāyameyya)' 애를 써서도 안 된다(ussāhaṁ na kareyya)는 말씀이다."(UdA.334)

488) "출가자의 모습으로(pabbajitarūpena) 다른 사람을 섬기는 사람(sevaka-purisa)이 되어서는 안 된다는 말씀이다. 왜? 이러한 [출가자의] 모습을 하고 몰래 정탐을 하는 등의 악업(ocarakādi-pāpakamma)을 지어야 하기 때문이다(kattabbattā)."(UdA.334)

489) "'법으로 장사를 해서는 안 된다(dhammena na vaṇiṁ care).'라는 것은 재물 등을 위해서(dhanādiatthāya) 법을 설해서는 안 된다는 말씀이다. ① 재물 등을 원인으로(dhanādihetu) 남들에게 법을 설하는 자는 법으로 장사를 하는 것(dhammena vāṇijjaṁ karoti)이 된다. 이와 같이 법(dhamma)

반조 경(Ud6:3)

Paccavekkhaṇa-sutta

1. 이와 같이 나는 들었다. 한때 세존께서는 사왓티에서 제따 숲의 아나타삔디까 원림(급고독원)에 머무셨다. 그 무렵 세존께서는 자신에게서 제거된 여러 가지 사악하고 해로운 법들과491) 닦아서 성

으로 그런 행위를 해서는 안 된다. ② 혹은 재물 등을 위해서 꼬살라 왕의 사람처럼 몰래 정탐을 하는 등의 일(ocarakādikamma)을 하면서 남들에게 의심을 받지 않기 위해서(anāsaṅkanīyatāya) 출가자의 행색을 하는 등(pabbajjāliṅgasamādānādīni)으로 생계를 꾸려나가는 것이(anutiṭṭhanto) 법으로 장사를 하는 것이 된다. ③ 그리고 여기 [이 세상에서] 지극히 깨끗한(parisuddha) 청정범행을 실천하더라도 어떤 신들의 무리(devanikāya)로 태어나기를 염원하고(paṇidhāya) 청정범행을 행하면 그도 법으로 장사를 하는 것이 되고 만다. 이와 같이 법으로 장사를 해서는 안 된다는 말씀이다."(UdA.334)

490) 『상윳따 니까야』 제1권 「헝클어진 머리를 한 일곱 고행자 경」(S3:11) §8에는 다음과 같이 나타난다.

그때 세존께서는 이 의미를 아시고 이 게송을 읊으셨다.
"사람은 외관으로만 쉽게 알 수 없으며
성급한 관찰로도 신뢰해서는 안 되나니
잘 제어된 것 같은 모습을 하고도
제어되지 않은 자들이 이 세상에 다니도다. {399}

마치 진흙으로 만든 가짜 귀걸이처럼
마치 금을 입힌 반 푼짜리 동전처럼
어떤 자들은 변장을 하고 다니나니
안으로는 더럽지만 밖으로는 아름답도다." {400}

491) '세존께서는 자신에게서 제거된 여러 가지 사악하고 해로운 법들을 반조하면서 앉아 계셨다.'는 bhagavā attano aneke pāpake akusale dhamme pahīne paccavekkhamāno nisinno hoti를 옮긴 것이다. 주석서는 이렇게 설명한다.

"세존께서는 자신의 흐름[相續, santāna]에서 시작 없는 옛적부터 전개되어 온(anādikālapavatta) 1,500가지의 오염원들(diyaḍḍhasahassakilesā)과 이와 더불어 여러 가지 사악하고(pāpakā) 저열하고(lāmakā) 능숙하지 못함에서 발생했다는 뜻에서(akosallasambhūtaṭṭhena) 해로운 것들인 이

취된 여러 가지 유익한 법들을492) 반조하면서 앉아 계셨다.

2. 그때 세존께서는 자신에게서 제거된 여러 가지 사악하고 해

러한 법들을 반조하시면서(paccavekkhamāna) '이것도 역시 나에게서 제거된 오염원이고 이것도 역시 나에게서 제거된 오염원이다.'라고 차례에 따른 반조로 반조하시면서(anupadapaccavekkhaṇāya paccavekkhamāno) 앉아 계셨다. 물론 이들은 훈습(vāsanā)과 더불어 보리수 아래에서(bodhi-mūleyeva) 남김없이(anavasesaṁ) 제거하셨고 성스러운 도로 뿌리 뽑으셨던 것(samucchinnā)이다."(UdA.335)

이렇게 설명하면서 주석서는 니까야의 여러 경들에서 부처님께서 언급하신 불선법들을 탐욕, 성냄, 어리석음, 전도된 마음에 잡도리함, 양심 없음, 수치심 없음(lobha-dosa-moha-viparītamanasikāra-ahirika-anottappa)부터 시작하여 108가지 갈애의 일어남(A4:199) 등으로 구분되는 것까지(aṭṭha-satataṇhāvicaritādippabhede) 열거하고 있는데 다 합하면 1,500개는 되어 보인다.(UdA.335)

492) '닦아서 성취된 여러 가지 유익한 법들을'은 aneke ca kusale dhamme bhāvanāpāripūriṁ gate를 옮긴 것이다. 계속해서 주석서는 니까야의 경들 등에서 부처님께서 언급하신 선법들을 계행, 삼매, 통찰지, 해탈, 해탈지견(sīla-samādhi-paññā-vimutti-vimuttiñāṇadassana)부터 시작하여 끝없는 세계에 있는 끝없는 중생들의 성향 등을 설명하는 지혜들(tathā an-antāsu lokadhātūsu anantānaṁ sattānaṁ āsayādivibhāvanañāṇāni)까지 나열하고 있다.(UdA.335~336) 계속해서 주석서는 이렇게 설명한다.

"자신에게 있는 이와 같은 여러 가지 유익하고 비난받지 않는 법들(anavajjadhammā)은 끝없는 시간 동안(anantakālaṁ) 바라밀을 완전하게 수행하고(pāramiparibhāvanā) 도를 수행하여서(maggabhāvanā) 완성하고 증장시키신 것이다(pāripūriṁ vuddhiṁ gatā). 세존께서는 '이러한 비난받지 않는 법들이 나에게 존재한다. 이러한 비난받지 않는 법들이 나에게 존재한다.'라고 흡족함을 통해서(rucivasena) 마음에 잡도리함으로 대면하시면서(manasikārābhimukhe) 부처님의 덕들을(buddhaguṇe) 품과 품으로(vaggavagge) 장과 장으로(puñjapuñje) 만들어서 반조하시면서 앉아 계셨다.

세존께서는 이들을 단지 부분적으로(sappadesato) [반조하셨지] 전체적으로(nippadesato) [반조하신] 것은 아니다. 부처님의 덕들을 차례대로(anu-padaṁ) 모두 남김없이(anavasesato) 마음에 잡도리함은 세존께도 불가능한 것이니(na sakkā) 끝이 없고 측량하지 못하는 것이기 때문이다(ananta-aparimeyya-bhāvato)."(UdA.336)

로운 법들과 닦아서 성취된 여러 가지 유익한 법들을 아시고 그 즉시 바로 이 우러나온 말씀을 읊으셨다.493)

"전에 있었던 것이 그 [도의 순간에는] 없었고494)
전에 없었던 것이 그때는 있었다.495)
전에 없었던 것은 [앞으로도] 존재하지 않을 것이고
지금에도 존재하지 않는다."496) {53}

---

493) "이와 같이 반조하신 뒤에(paccavekkhitvā) 일어난 희열과 기쁨을 직접 드러내시는(uppannapītisomanassuddesabhūta) 이 우러나온 말씀을 읊으신 것이다."(UdA.337)

494) "'전에 있었던 것이(ahu pubbe)'라고 하셨다. 아라한과의 지혜가 생기기(arahattamaggañāṇuppattita) 전의 모든 갈망 등의 오염원의 무리(kilesa-gaṇa)는 나의 흐름에(mayhaṁ santāne) 존재하고 있었다. 이 오염원의 무리에 있었던 어떤 오염원도 없었던 적이 없었다는 뜻이다.
'그 [도의 순간에는] 없었고(tadā nāhu)'라는 것은 그때 그 성스러운 도의 순간에(tasmiṁ kāle ariyamaggakkhaṇe) 그 오염원의 무리는 없었다. 즉 그때는 티끌만큼의 오염원도 최상의 도의 순간에 제거되지 않은 것이 없었다는 뜻이다. 이것은 '그다음에는 없었고(tato nāhu)'로도 적혀있기도 하다. [이 경우에는] 그 아라한도의 순간의 뒤에는 없었다(tato arahattamagga-kkhaṇato paraṁ nāsi)는 뜻이다."(UdA.337)

495) "'전에 없었던 것이(nāhu pubbe)'라고 하셨다. 나의 이 셀 수 없이 많은(aparimāṇa) 비난받지 않는 법(anavajjadhamma)은 지금은 수행을 통해서 성취되었지만(bhāvanāpāripūriṁ gata) 그것도 성스러운 도의 순간(ariyamaggakkhaṇa) 이전에는 없었다는 뜻이다.
'그때는 있었다(tadā ahu).'는 것은 내가 최상의 도의 지혜(aggamagga-ñāṇa)를 얻었을 때 그때는 나의 모든 비난받지 않는 법은 있었다. 최상의 도를 증득함(aggamaggādhigama)과 함께 모든 일체지의 공덕(sabbaññu-guṇā)도 부처님들의 손안에 든 것과 같기 때문(buddhānaṁ hatthagatā)이다."(UdA.337)

496) "'전에 없었던 것은 [앞으로도] 존재하지 않을 것이고 / 지금에도 존재하지 않는다(na cāhu na ca bhavissati, na cetarahi vijjati).'라고 하셨다. 그 비난받지 않는 법인 성스러운 도(ariyamagga)는 내가 보리좌(bodhi-maṇḍa)에서 증득했고 그래서 모든 오염원의 무리가 남김없이 제거되었지만(an-avasesaṁ pahīno) 그것은 나의 도의 순간(maggakkhaṇa) 이전에는 없

여러 외도 경1(Ud6:4)

Nānātitthiya-sutta

1. 이와 같이 나는 들었다. 한때 세존께서는 사왓티에서 제따 숲의 아나타삔디까 원림(급고독원)에 머무셨다. 그 무렵 여러 외도의 사문들과 바라문들과 유행승들이 [67] 사왓티에 거주하고 있었다. 그들은 각각 다른 견해를 가지고 각각 다른 신념을 가지고 각각 다른 취향을 가져서 각각 다른 견해의 의지처에 의지하고 있었다.

2. 어떤 사문들이나 바라문들은 ① '세상은 영원하다. 이것만이 진리이고 다른 것은 쓸모가 없다.'라는 이런 주장과 이런 견해를 가졌다.

그러나 어떤 사문들이나 바라문들은 ② '세상은 영원하지 않다. 이것만이 진리이고 다른 것은 쓸모가 없다.'라는 이런 주장과 이런 견해를 가졌다.

어떤 사문들이나 바라문들은 ③ '세상은 유한하다. 이것만이 진리이고 다른 것은 쓸모가 없다.'라는 이런 주장과 이런 견해를 가졌다.

그러나 어떤 사문들이나 바라문들은 ④ '세상은 무한하다. 이것만

었다.
이와 같이 자신에 의해서 버려져야 하는 오염원이 존재하지 않기 때문에(pahātabbakilesābhāvato) 그 오염원들처럼(te kilesā viya) 이 [성스러운 도]도 [다시] 존재하지 않을 것이고 미래에 일어나지 않을 것이고 지금 현재에도(etarahi paccuppannakāle pi) 역시 존재하지 않고 얻을 수 없다. 자신에 의해서 더 해야 할 역할이 존재하지 않기 때문이니(kattabbakicca-abhāvato), 성스러운 도는 여러 번(anekavāraṁ) 존재하는 것이 아니기 때문이다. 그래서 말씀하시기를 "저 언덕은 두 번 가지 않는다(na pāraṁ diguṇaṁ yanti)."(Sn.137)라고 하셨다."(UdA.337~338)

아비담마에서도 도의 마음은 오직 한 번만 그것도 한 심찰나에만 일어난다고 설명한다.(여기에 대해서는 『아비담마 길라잡이』 제4장 §22를 참조할 것.)

이 진리이고 다른 것은 쓸모가 없다.'라는 이런 주장과 이런 견해를 가졌다.

어떤 사문들이나 바라문들은 ⑤ '생명이 바로 몸이다. 이것만이 진리이고 다른 것은 쓸모가 없다.'라는 이런 주장과 이런 견해를 가졌다.

그러나 어떤 사문들이나 바라문들은 ⑥ '생명은 몸과 다른 것이다. 이것만이 진리이고 다른 것은 쓸모가 없다.'라는 이런 주장과 이런 견해를 가졌다.

어떤 사문들이나 바라문들은 ⑦ '여래497)는 사후에도 존재한다.

---

497) "여기서 '여래(tathāgata)'는 중생(satta)을 말한다."(UdA.340; MA.iii.141)

계속해서 『우다나 주석서』는 이렇게 설명한다.

"왜냐하면 사견을 가진 자(diṭṭhigatika)는 행하는 자나 느끼는 자 등으로 불리거나(kārakavedakādisaṅkhāta) 항상함과 견고함 등으로 불리는(nicca-dhuvādisaṅkhāta) 그러한 상태로 갔기 때문에(tathābhāvaṁ gatoti) 여래(그렇게 갔다)라는(tathāgatoti) 인습적 표현을 가진다(voharati). 그는 죽어서 여기서의 몸이 무너지면(idhakāyassa bhedato) 다른 뒤의 것이 있어서(paraṁ uddhaṁ hoti) 그것이 있고 존재한다(atthi saṁvijjati)는 뜻이다. 이러한 항상함을 취착하는 것을 방법으로 하여(sassataggāha-mukhena) 16가지 [사후에 자아가] 인식을 가진 것이라는 주장(saññī-vādā)과 8가지 [사후에 자아가] 인식을 가지지 않는다는 주장(asaññīvādā)과 8가지 [사후에 자아가] 인식을 가진 것도 아니고 인식을 가지지 않은 것도 아니라는 주장(nevasaññīnāsaññīvādā)이 알려져 있다."(UdA.340)

여기서 16가지 [사후에 자아가] 인식을 가진 것이라는 주장은 『디가 니까야』 제1권 「범망경」(D1) §2.38에 나타나고 8가지 [사후에 자아가] 인식을 가지지 않는다는 주장은 「범망경」(D1) §3.2와 『위방가』(Vbh17) §958에, 8가지 [사후에 자아가] 인식을 가진 것도 아니고 인식을 가지지 않은 것도 아니라는 주장은 「범망경」(D1) §3.5와 『위방가』(Vbh17) §959에 나타나고 있다.

『상윳따 니까야 복주서』는 여기에 대해서, "중생은 과거 겁과 과거 생에서 업과 오염원들에 의해서 태어났듯이 지금도 그와 같이 왔다(**tathā** etarahi pi **āgato**)고 해서 여래라 한다. 혹은 업을 지은 대로 자기 존재가 생긴다(**tathā** taṁ taṁ attabhāvaṁ **āgato**)고 해서 여래이고 이것은 중생을 말한다."(SAṬ.ii.149)라고 설명한다. 『상윳따 니까야』 제2권 「사후(死後) 경」(S16:12) §3에 해당하는 주석서(SA.ii.201)와 제3권 「야마까 경」(S22:85)

이것만이 진리이고 다른 것은 쓸모가 없다.'라는 이런 주장과 이런 견해를 가졌다.

그러나 어떤 사문들이나 바라문들은 ⑧ '여래는 사후에 존재하지 않는다. 이것만이 진리이고 다른 것은 쓸모가 없다.'라는 이런 주장과 이런 견해를 가졌다.

어떤 사문들이나 바라문들은 ⑨ '여래는 사후에 존재하기도 하고 존재하지 않기도 한다. 이것만이 진리이고 다른 것은 쓸모가 없다.' 라는 이런 주장과 이런 견해를 가졌다.

그러나 어떤 사문들이나 바라문들은 ⑩ '여래는 사후에 존재하는 것도 아니고 존재하지 않는 것도 아니다. 이것만이 진리이고 다른 것은 쓸모가 없다.'라는 이런 주장과 이런 견해를 가졌다.498)

---

§11에 해당하는 주석서(SA.ii.311)에도 이런 설명이 나타나고 있다.

498) 이상의 열 가지는 전통적으로 '설명하지 않음[無記, avyākata]'으로 불리었으며 이것은 십사무기(十事無記)로 우리에게 알려져 있다. 이 십사무기 혹은 무기는 『상윳따 니까야』 제3권의 「왓차곳따 상윳따」(S33)에 포함된 모든 경들에 나타나며, 제5권의 「설명하지 않음[無記] 상윳따」(S44)에 포함된 열 개의 경들(S44:1~S44:10)의 기본 주제이기도 하다.

특히 이 십사무기는 한역 『중아함』의 「전유경」(箭喩經, 독화살 비유 경)으로 우리에게 잘 알려진 『맛지마 니까야』 제2권 「말룽꺄 짧은 경」(M63)의 기본 주제이다. 말룽꺄뿟따 존자는 「전유경」에서 존자 만동자(尊者 鬘童子)로 번역되어 알려진 분이며, 세존께서 세상은 유한한가 하는 등의 열 가지 문제[十事]에 대해서 명확한 답변을 해 주시지 않는다고 환속하려고 했던 사람이기도 하다.
이 십사무기는 『맛지마 니까야』 제1권 「미끼 경」(M25) §10과 제3권 「왓차곳따 불 경」(M72) §§3~14에도 나타난다. 특히 왓차곳따는 이 십사무기와 관련이 많은 사람으로 초기불전에 나타나는데 여기에 대해서는 「왓차곳따 불 경」(M72) §3의 주해를 참조하기 바란다.

그리고 『디가 니까야』 제1권 「뽓타빠다 경」(D9) §§25~27과 『맛지마 니까야』 제1권 「미끼 경」(M25) §§10~11 등과 『앙굿따라 니까야』 제2권 「초연함 경」(A4:38) 등과 『상윳따 니까야』 제6권 「사색 경」(S56:8) 등 초기불전의 여러 곳에서도 같은 10가지로 정형화되어서 나타나고 있다.

그들은 '이런 것이 법이고 저런 것은 법이 아니다. 이런 것은 법이 아니고 저런 것이 법이다.'499)라고 하면서 논쟁을 하고 말다툼을 하고 분쟁하면서 혀를 무기 삼아 서로를 찌르면서 머물고 있었다.

3. 그때 많은 비구들이 오전에 옷매무새를 가다듬고 발우와 가사를 수하고 탁발을 위해서 사왓티로 들어갔다. 사왓티에서 탁발을 하여 공양을 마치고 탁발에서 돌아와 세존께 다가갔다. 가서는 세존께 절을 올리고 한 곁에 앉았다. 한 곁에 앉아서 그 비구들은 세존께 이렇게 말씀드렸다.

"세존이시여, 여기 여러 외도의 사문들과 바라문들과 유행승들이 사왓티에 거주하고 있습니다. 그들은 각각 다른 견해를 가지고 각각 다른 신념을 가지고 각각 다른 취향을 가져서 각각 다른 견해의 의지처에 의지하고 있습니다.

어떤 사문들이나 바라문들은 ① '세상은 영원하다. 이것만이 진리이고 다른 것은 쓸모가 없다.'라는 이런 주장과 이런 견해를 가졌습니다. … 그러나 어떤 사문들이나 바라문들은 ⑩ '여래는 사후에 존재하는 것도 아니고 존재하지 않는 것도 아니다. 이것만이 진리이고 다른 것은 쓸모가 없다.'라는 이런 주장과 이런 견해를 가졌습니다.

그들은 '이런 것이 법이고 저런 것은 법이 아니다. 이런 것은 법이 아니고 저런 것이 법이다.'라고 하면서 논쟁을 하고 말다툼을 하고 분쟁하면서 혀를 무기 삼아 서로를 찌르면서 머뭅니다."

---

499) "'이런 것이 법이고(ediso dhammo)'라는 것은, 법은 그 본성이 변하지 않는 것(aviparītasabhāva)이어서 내가 말한 대로 ① '세상은 영원하다.'는 이런 것이고 이런 모습이라는 뜻이다.
'저런 것은 법이 아니다(nediso dhammo).'라는 것은 그대가 말한 ② '세상은 영원하지 않다.'는 저런 것은 법이 아니라는 뜻이다. 나머지 구절에도 이 방법이 적용된다."(UdA.340)

4. "비구들이여, 외도 유행승들은 눈먼 사람들이고 눈이 없는 사람들이다.500) 그들은 이로운 것을 모른다.501) 그들은 이롭지 않은 것을 모른다. 그들은 법을 모른다. 그들은 비법(非法)을 [68] 모른다. 그들은 이로운 것을 모르고 이롭지 않은 것을 모르고 법을 모르고 비법을 모르기 때문에 '이런 것이 법이고 저런 것은 법이 아니다. 이런 것은 법이 아니고 저런 것이 법이다.'라고 하면서 논쟁을 하고 말다툼을 하고 분쟁하면서 혀를 무기 삼아 서로를 찌르면서 머문다."

5. "비구들이여, 옛날에 이 사왓티에 어떤 왕이 있었다. 비구들이여, 그때 그 왕은 어떤 사람을 불러서 말했다.

"이리 오너라. 이 사람아, 사왓티 안에서 선천적으로 눈먼 사람들을 모두 함께 모이도록 하여라."

"그렇게 하겠습니다, 폐하."라고 그 사람은 그 왕에게 응답한 뒤 사왓티 안에서 선천적으로 눈먼 사람들을 모두 함께 모은 뒤 그 왕에게 다가갔다. 다가가서는 왕에게 이렇게 말했다.

"폐하, 사왓티 안에서 선천적으로 눈먼 사람들은 모두 다 모였습

---

500) '눈먼 사람들이고 눈이 없는 사람들이다.'는 andhā acakkhukā를 옮긴 것이다. 주석서는 이렇게 설명한다.
"여기서 '눈먼 사람들(andhā)'이란 통찰지의 눈이 없음(paññācakkhuviraha)에 의해서 눈먼 사람들이다. 그래서 '눈이 없는 사람들(acakkhukā)'이라고 하셨다. 통찰지는 참으로 여기서 눈과 동의어(adhippetā)이기 때문이다." (UdA.341)

501) "'그들은 이로운 것을 모른다(attharin na jānanti).'라고 하셨다. 그들은 이 세상에서의 이로운 것(idhalokattha)을 모르고 저 세상에서의 이로운 것(paralokattha)을 모르고 이 세상과 저 세상에서의 향상(vuddhi)과 증장(abbhudaya)을 깨닫지 못했다(nāvabujjhanti). 하물며 궁극적 이로움[勝義, paramattha]인 열반에 대해서는 무슨 말이 필요하겠는가(kathāvakā). 참으로 전개되는 과정에 대해서조차(pavattimattepi) 미혹한 자들(sammūḷhā)이 어떻게 결론(nivatti)을 알겠는가?"(UdA.341)

니다."

"여봐라, 그렇다면 선천적으로 눈먼 사람들에게 코끼리를 보여주어라."[502]

비구들이여, "그렇게 하겠습니다, 폐하."라고 그 사람은 왕에게 응답한 뒤 선천적으로 눈먼 사람들에게 코끼리를 보여주었다."

6. "어떤 선천적으로 눈먼 사람에게는 코끼리의 머리를 [만지게 하여] '선천적으로 눈먼 사람이여, 이런 것이 코끼리라네.'라면서 보여주었다. 어떤 선천적으로 눈먼 사람에게는 코끼리의 귀를 [만지게 하여] '선천적으로 눈먼 사람이여, 이런 것이 코끼리라네.'라면서 보여주었다. 어떤 선천적으로 눈먼 사람에게는 코끼리의 상아를 … 코를 … 몸을 … 다리를 … 넓적다리를 … 꼬리를 … 꼬리 끝의 털 뭉치를 [만지게 하여] '선천적으로 눈먼 사람이여, 이런 것이 코끼리라네.'라면서 보여주었다."[503]

---

502) "각각의 선천적으로 눈먼 사람(ekeka jaccandha)이 코끼리(hatthi)의 머리 등 각각 한 부분만을(ekekaṁyeva aṅgaṁ) 만진 뒤(phusitvā) '나는 코끼리를 봤다(hatthī mayā diṭṭho).'는 인식(saññā)이 생기도록 그렇게 하라는 뜻이다."(UdA.342)

여기 본경 §§5~8은 '장님 코끼리 만지기의 비유'로 우리에게 알려져 있다. 비슷한 비유로는 '장님 줄서기의 비유(andhaveṇūpama)'가 있다. 이 장님 줄서기의 비유는 『디가 니까야』 제1권 「삼명경」(D13) §13과 『맛지마 니까야』 제3권 「짱끼 경」(M95) §13과 「수바 경」(M99) §9 등에서 "마치 서로를 잡고 줄을 서 있는 장님과 같아서 맨 앞에 선 사람도 보지 못하고 가운데 사람도 보지 못하고 마지막 사람도 보지 못하는 것과 같다."(M95 §13; M99 §9)로 나타난다.

503) 여기서는 순서대로 머리(sīsa), 귀(kaṇṇa), 상아(danta), 코(soṇḍa), 몸(kāya), 다리(pāda), 넓적다리(satthi), 꼬리(naṅguṭṭha), 꼬리 끝의 털 뭉치(vāladhi)라는 아홉 가지 코끼리의 부위(hatthissa aṅga)가 언급되고 있다.

7. “비구들이여, 그 사람은 선천적으로 눈먼 사람들에게 [만지게 하여] 코끼리를 보여준 뒤에 그 왕에게 다가갔다. 다가가서는 그 왕에게 이렇게 말했다.

“폐하, 그 선천적으로 눈먼 사람들에게 코끼리를 [만지게 하여] 보여주었습니다. 이제 적당하다고 생각하시는 것을 실행하십시오.”

비구들이여, 그러자 그 왕은 그 선천적으로 눈먼 사람들에게 다가갔다. 다가가서는 그 선천적으로 눈먼 사람들에게 이렇게 말하였다.

“선천적으로 눈먼 사람들이여, 그대들은 코끼리를 [만져]보았는가?”

“그렇습니다, 폐하. 저희들은 코끼리를 [만져]보았습니다.”

“선천적으로 눈먼 사람들이여, 말해 보라. 코끼리는 무엇과 같은가?”

8. “비구들이여, 코끼리의 머리를 [만져]본 선천적으로 눈먼 사람들은 ‘폐하, 코끼리는 항아리와 같습니다.’라고 대답하였다.

비구들이여, 코끼리의 귀를 [만져]본 선천적으로 눈먼 사람들은 ‘폐하, 코끼리는 곡식을 까부르는 키와 같습니다.’라고 대답하였다.

비구들이여, 코끼리의 상아를 [만져]본 선천적으로 눈먼 [69] 사람들은 ‘폐하, 코끼리는 보습의 날과 같습니다.’라고 대답하였다.

비구들이여, 코끼리의 코를 [만져]본 선천적으로 눈먼 사람들은 ‘폐하, 코끼리는 쟁기의 기둥과 같습니다.’라고 대답하였다.

비구들이여, 코끼리의 몸을 [만져]본 선천적으로 눈먼 사람들은 ‘폐하, 코끼리는 창고와 같습니다.’라고 대답하였다.

비구들이여, 코끼리의 다리를 [만져]본 선천적으로 눈먼 사람들은 ‘폐하, 코끼리는 말뚝과 같습니다.’라고 대답하였다.

비구들이여, 코끼리의 넓적다리를 [만져]본 선천적으로 눈먼 사람들은 ‘폐하, 코끼리는 절구와 같습니다.’라고 대답하였다.

비구들이여, 코끼리의 꼬리를 [만져]본 선천적으로 눈먼 사람들은 '폐하, 코끼리는 공이와 같습니다.'라고 대답하였다.

비구들이여, 코끼리의 꼬리 끝의 털 뭉치를 [만져]본 선천적으로 눈먼 사람들은 '폐하, 코끼리는 빗자루와 같습니다.'라고 대답하였다.504)

그들은 '이런 것이 코끼리이고 저런 것은 코끼리가 아니다. 이런 것은 코끼리가 아니고 저런 것이 코끼리다.'라고 서로서로 주먹으로 싸웠다. 비구들이여, 이것으로 그 왕은 흡족해하였다."

9. "비구들이여, 그와 같이 외도 유행승들은 눈먼 사람들이고 눈이 없는 사람들이다. 그들은 이로운 것을 모른다. 그들은 이롭지 않은 것을 모른다. 그들은 법을 모른다. 그들은 비법을 모른다. 그들은 이로운 것을 모르고 이롭지 않은 것을 모르고 법을 모르고 비법을 모르기 때문에 '이런 것이 법이고 저런 것은 법이 아니다. 이런 것은 법이 아니고 저런 것이 법이다.'라고 하면서 논쟁을 하고 말다툼을 하고 분쟁하면서 혀를 무기 삼아 서로를 찌르면서 머문다."

10. 그때 세존께서는 이 의미를 아시고 그 즉시 바로 이 우러나온 말씀을 읊으셨다.505)

---

504) 여기서 언급되는 9가지는 순서대로 항아리(kumbha), 곡식을 까부는 키(suppa), 보습의 날(khīla), 쟁기의 기둥(naṅgalīsā), 창고(koṭṭha), 말뚝(thūṇa), 절구(udukkhala), 공이(musala), 빗자루(sammajjani)이다.

505) "'이 의미를 아시고(etamatthaṁ viditvā)'라고 하였다. 마치 선천적으로 눈먼 사람들(jaccandhā)이 [각자의] 손(hatthi)을 통해서 안 것을 따라(yathādassanaṁ) [그릇된 것에 고착되는 것처럼] 법의 고유성질(dhamma-sabhāva)을 있는 그대로 알지 못하고 보지 못하는(yathābhūtaṁ ajānantā apassantā) 외도들(titthiyā)이 그릇된 것에 고착되어(micchābhinivesa) 거기서 분쟁이 일어난 것(vivādāpatti)을 모든 측면에서 아시고 그 뜻을 보여주시는 이 우러나온 말씀을 읊으신 것이다."(UdA.343)

"어떤 사문들이나 바라문들은
참으로 이런 것들에 집착한다.[506]
한 부분만을 보는 사람들은
그것을 두고 논쟁하고 다툰다." {54}

여러 외도 경2(Ud6:5)[507]

1. 이와 같이 나는 들었다. 한때 세존께서는 사왓티에서 제따 숲의 아나타삔디까 원림(급고독원)에 머무셨다. 그 무렵 여러 외도의 사문들과 바라문들과 유행승들이 사왓티에 거주하고 있었다. 그들은 각각 다른 견해를 가지고 각각 다른 신념을 가지고 각각 다른 취향을 가져서 각각 다른 견해의 의지처에 의지하고 있었다.

2. 어떤 사문들이나 바라문들은 ① '자아와 세상은[508] 영원하

506) "'어떤 사문들이나 바라문들은 / 참으로 이런 것들에 집착한다(imesu kira sajjanti, eke samaṇabrāhmaṇā).'라고 하셨다. 여기 어떤 자는 출가를 결행함에 의해서 사문이고(pabbajjūpagamanena samaṇā) 단지 태생에 의해서 바라문이다(jātimattena brāhmaṇā). 그들은 '세상은 영원하다.'라는 등의 방법으로 전개되는 ① 이들 심재가 없는(asārā) 그릇된 견해에 빠져 사견에 의한 기뻐함(diṭṭhābhinandana)을 통해서 ② 이처럼 무상하고 괴롭고 변하기 마련인 법인 이 물질 등의 취착의 [대상인] 다섯 가지 무더기들(오취온, upādānakkhandhā)에 대해서 갈애에 의한 기뻐함과 사견에 의한 기뻐함(taṇhābhinandana-diṭṭhābhinandanā)을 통해서 — 이것은 나의 것이라는 등으로 '집착한다(sajjanti).' '오, 그들의 미혹함이여(aho nesaṁ sammoho)!'라고 하시면서 [이런 사실을] 드러내신 것이다."(UdA.343)

507) 본경은 자아와 세상(attā ca loko ca)에 관계된 16가지 견해를 담고 있다. 이러한 16가지 견해가 모두 정형구로 함께 언급되는 경우는 본경과 『디가 니까야』 제3권 「정신경」(D29) §34와 §36에만 나타나는 것으로 조사되었다. 해당 주석서들에는 이들 견해에 대한 별다른 설명과 언급이 없다.

508) 주석서는 다음과 같이 자아와 세상에 여러 측면을 대입하여 살펴보고 있다.

다. 이것만이 진리이고 다른 것은 쓸모가 없다.'라는 이런 주장과 이런 견해를 가졌다.

그러나 어떤 사문들이나 바라문들은 ② '자아와 세상은 영원하지 않다. 이것만이 진리이고 다른 것은 쓸모가 없다.'라는 이런 주장과 이런 견해를 가졌다.

어떤 사문들이나 바라문들은 ③ '자아와 세상은 영원하기도 하고 영원하지 않기도 하다. 이것만이 진리이고 다른 것은 쓸모가 없다.'라는 이런 주장과 이런 견해를 가졌다.

그러나 어떤 사문들이나 바라문들은 ④ '자아와 세상은 영원한 것도 아니고 영원하지 않은 것도 아니다. 이것만이 진리이고 다른 것은 쓸모가 없다.'라는 이런 주장과 이런 견해를 가졌다.

어떤 사문들이나 바라문들은 ⑤ '자아와 세상은 스스로가 만든 것이다.[509] 이것만이 진리이고 다른 것은 쓸모가 없다.'라는 이런 주장과 이런 견해를 가졌다.

그러나 어떤 사문들이나 바라문들은 ⑥ '자아와 세상은 남이 만든 것이다.[510] 이것만이 진리이고 다른 것은 쓸모가 없다.'라는 이런 주

"'자아(atta)'는 나라는 생각의 토대(ahaṅkāravatthu)이고 '세상(loka)'은 내 것이라는 생각의 토대(mamaṅkāravatthu)인데 나에 속하는 것이(attaniya)라 불린다. '자아'는 자기 자신(sayaṁ)이고 '세상'은 남(para)이다. '자아'는 취착의 대상이 되는 다섯 가지 무더기(오취온) 가운데 하나의 무더기이고 나머지가 '세상'이다. '자아'는 알음알이를 가진(saviññāṇaka) 무더기의 흐름(khandhasantāna)이고 알음알이가 없는 것(aviññāṇaka)이 '세상'이다."(UdA.344)

509) "'스스로가 만든 것이다(sayaṁkato).'란 자신에 의해서 만들어졌다(attanā kato)는 말이다. 마치 이런저런 중생들의 자아가 자신의 법과 일치하는 법(dhammānudhamma)을 만들어서 즐거움과 괴로움을 경험하는 것(sukha-dukkhāni paṭisaṁvedeti)과 같다. … 이것도 그들의 신념(laddhi)이다."(UdA.344)

510) "'남이 만든 것이다(paraṁkato).'란 남에 의해서 만들어졌다. 자신이 아닌

장과 이런 견해를 가졌다.

어떤 사문들이나 바라문들은 ⑦ '자아와 세상은 스스로가 만든 것이기도 하고 남이 만든 것이기도 하다.[511] 이것만이 진리이고 다른 것은 쓸모가 없다.'라는 이런 주장과 이런 견해를 가졌다.

그러나 어떤 사문들이나 바라문들은 ⑧ '자아와 세상은 스스로가 만든 것도 남이 만든 것도 아닌 우연히 생긴 것이다.[512] 이것만이 진리이고 다른 것은 쓸모가 없다.'라는 이런 주장과 이런 견해를 가졌다.

어떤 사문들이나 바라문들은 ⑨ '자아와 세상처럼 즐거움과 괴로움은 영원하다.[513] 이것만이 진리이고 다른 것은 쓸모가 없다.'라는

남에 의해서, 즉 자재천(issara)이나 뿌루사[原人, purisa, Sk. puruṣa]나, 빠자빠띠[世主, pajāpati]나 시간(kāla)이나 자연(pakati)에 의해서 자아와 세상은 만들어졌다, 창조되었다(nimmita)는 뜻이다."(UdA.344)

511) "'스스로가 만든 것이기도 하고 남이 만든 것이기도 하다(sayaṁkato ca paraṁkato ca).'라고 하였다. 자신과 세상을 창조한 자재천 등(issarādayo)은 그것을 전적으로 스스로 창조하지는 않고(na kevalaṁ sayameva nim-minanti) 대신에 이런저런 중생들의 법들이나 비법들(dhammādhammā)과 같은 조력자들의 도움(sahakārīkāraṇa)을 얻어서 그리하였다. 그래서 '자아와 세상은 스스로가 만든 것이기도 하고 남이 만든 것이기도 하다.'라고 어떤 자들에게는 이러한 신념(laddhi)이 있다."(UdA.344~345)

512) "'스스로가 만든 것도 남이 만든 것도 아닌(asayaṁkāro aparaṁkāro)'이라고 하였다. 이것은 이 둘의 결점을 보고(ubhayattha dosaṁ disvā) 둘 다를 배척하는 것이다(ubhayaṁ paṭikkhipati). 그러면 어떻게 해서 생긴다고 말하는가? '우연히 생긴 것이다(adhiccasamuppanno).'라고 한다. 생기는 것은 어떤 이유(kāraṇa)가 없이 생긴다고 우연발생론(adhicca-sam-uppannavāda)을 드러내 보인 것이다. 무인론(ahetuka-vāda)도 역시 여기에 포함된다(saṅgahita)."(UdA.345)

513) '자아와 세상처럼 즐거움과 괴로움은 영원하다.'는 sassataṁ sukhadukkhaṁ attā ca loko ca를 옮긴 것이다. 이것은 '즐거움과 괴로움 그리고 자아와 세상은 영원하다.'로 옮겨야 할 것 같지만 (1) 문법을 고려하고 (2) 주석서를 참조하여 이렇게 옮겼다.

(1) 먼저 여기 나타나는 16가지 견해와 관계된 문장의 문법적인 측면을 살펴보자. ①은 sassato attā ca loko ca(모두 남성명사 주격 단수이다.)이고 ⑤

이런 주장과 이런 견해를 가졌다.514)

그러나 어떤 사문들이나 바라문들은 ⑩ '자아와 세상처럼 즐거움과 괴로움은 영원하지 않다. 이것만이 진리이고 다른 것은 쓸모가 없다.'라는 이런 주장과 이런 견해를 가졌다.

어떤 [70] 사문들이나 바라문들은 ⑪ '자아와 세상처럼 즐거움과 괴로움은 영원하기도 하고 영원하지 않기도 하다. 이것만이 진리이고 다른 것은 쓸모가 없다.'라는 이런 주장과 이런 견해를 가졌다.

그러나 어떤 사문들이나 바라문들은 ⑫ '자아와 세상처럼 즐거움과 괴로움은 영원한 것도 아니고 영원하지 않은 것도 아니다. 이것만이 진리이고 다른 것은 쓸모가 없다.'라는 이런 주장과 이런 견해를

도 sayaṁkato attā ca loko ca(여기도 모두 남성명사 주격 단수이다.)이다. 그러나 ⑨는 sassataṁ sukhadukkhaṁ attā ca loko ca(attā와 loko만 남성명사 주격 단수이고 sassataṁ과 sukhadukkhaṁ은 중성명사 주격 단수이다.)이고 ⑬은 sayaṁkataṁ sukhadukkhaṁ attā ca loko ca(이것도 같음)이다. 그러므로 ⑨와 ⑬에서 보어가 sassataṁ으로 중성명사 형태이기 때문에 남성명사인 attā ca loko ca는 문법적으로 주어가 될 수 없다. 같은 중성명사인 sukhadukkhaṁ만이 주어가 될 수 있다. 그래서 ⑨는 즐거움과 괴로움은(sukhadukkhaṁ) 영원하다(sassataṁ)로 ⑬은 즐거움과 괴로움은(sukhadukkhaṁ) 스스로가 만든 것이다(sayaṁkataṁ)로 해석되어야 한다.

(2) 그러면 어떻게 봐야 하는가? 당연히 주석서를 참조해야 한다. 『우다나 주석서』는 'attānaṁ viya sukhadukkhampi'로 해석했다.(UdA.345) 즉 '자아처럼(attānaṁ viya) 즐거움과 괴로움을 영원하다는 등으로 완고하게 고집한다.'로 viya(처럼)를 넣어서 해석을 하였다.(아래 주해 참조) 그러므로 '자아와 세상처럼 즐거움과 괴로움은 영원하다.'로 해석하면 문법적으로도 정확하고 문맥으로 봐도 그 의미도 분명하게 드러난다. ①부터 ⑧까지가 자아와 세상의 문제를 다룬 것이라면 ⑨부터 ⑯까지는 즐거움과 괴로움의 문제를 다룬 것이 되어 의미가 분명해지기 때문이다.

514) "이제 견해에 빠진 자는 자아처럼 즐거움과 괴로움도 그것이 공덕이 되든 다른 것이 되든(guṇabhūtaṁ kiñcanabhūtaṁ vā) 영원하다는 등으로 완고하게 고집한다(abhinivissa voharanti). 그것을 보여주시기 위해서 [⑨번 이하를] 말씀하셨다."(UdA.345)

가졌다.

어떤 사문들이나 바라문들은 ⑬ '자아와 세상처럼 즐거움과 괴로움은 스스로가 만든 것이다. 이것만이 진리이고 다른 것은 쓸모가 없다.'라는 이런 주장과 이런 견해를 가졌다.

그러나 어떤 사문들이나 바라문들은 ⑭ '자아와 세상처럼 즐거움과 괴로움은 남이 만든 것이다. 이것만이 진리이고 다른 것은 쓸모가 없다.'라는 이런 주장과 이런 견해를 가졌다.

어떤 사문들이나 바라문들은 ⑮ '자아와 세상처럼 즐거움과 괴로움은 스스로가 만든 것이기도 하고 남이 만든 것이기도 하다. 이것만이 진리이고 다른 것은 쓸모가 없다.'라는 이런 주장과 이런 견해를 가졌다.

그러나 어떤 사문들이나 바라문들은 ⑯ '자아와 세상처럼 즐거움과 괴로움은 스스로가 만든 것도 남이 만든 것도 아닌 우연히 생긴 것이다. 이것만이 진리이고 다른 것은 쓸모가 없다.'라는 이런 주장과 이런 견해를 가졌다.

그들은 '이런 것이 법이고 저런 것은 법이 아니다. 이런 것은 법이 아니고 저런 것이 법이다.'라고 하면서 논쟁을 하고 말다툼을 하고 분쟁하면서 혀를 무기 삼아 서로를 찌르면서 머물고 있었다.

3. 그때 많은 비구들이 오전에 옷매무새를 가다듬고 발우와 가사를 수하고 탁발을 위해서 사왓티로 들어갔다. 사왓티에서 탁발을 하여 공양을 마치고 탁발에서 돌아와 세존께 다가갔다. 가서는 세존께 절을 올리고 한 곁에 앉았다. 한 곁에 앉아서 그 비구들은 세존께 이렇게 말씀드렸다.

"세존이시여, 여기 여러 외도의 사문들과 바라문들과 유행승들이 사왓티에 거주하고 있습니다. 그들은 각각 다른 견해를 가지고 각각 다른 신념을 가지고 각각 다른 취향을 가져서 각각 다른 견해의 의지처에 의지하고 있습니다.

어떤 사문들이나 바라문들은 ① '자아와 세상은 영원하다. 이것만이 진리이고 다른 것은 쓸모가 없다.'라는 이런 주장과 이런 견해를 가졌습니다. …

그러나 어떤 사문들이나 바라문들은 ⑯ '자아와 세상처럼 즐거움과 괴로움은 스스로가 만든 것도 남이 만든 것도 아닌 우연히 생긴 것이다. 이것만이 진리이고 다른 것은 쓸모가 없다.'라는 이런 주장과 이런 견해를 가졌습니다.

그들은 '이런 것이 법이고 저런 것은 법이 아니다. 이런 것은 법이 아니고 저런 것이 법이다.'라고 하면서 논쟁을 하고 말다툼을 하고 분쟁하면서 혀를 무기 삼아 서로를 찌르면서 머뭅니다."

4. "비구들이여, 외도 유행승들은 눈먼 사람들이고 눈이 없는 사람들이다. 그들은 이로운 것을 모른다. 그들은 이롭지 않은 것을 모른다. 그들은 법을 모른다. 그들은 비법을 모른다. 그들은 이로운 것을 모르고 이롭지 않은 것을 모르고 법을 모르고 비법을 모르기 때문에 '이런 것이 법이고 저런 것은 법이 아니다. 이런 것은 법이 아니고 저런 것이 법이다.'라고 하면서 논쟁을 하고 말다툼을 하고 분쟁하면서 혀를 무기 삼아 서로를 찌르면서 머문다."

5. 그때 세존께서는 이 의미를 아시고 그 즉시 바로 이 우러나온 말씀을 읊으셨다.515)

---

515) "'이 의미를 아시고(etamatthaṁ viditvā)'라고 하였다. 그런데 여기 [본경]에서는 선천적으로 눈먼 사람의 비유(jaccandhūpamā)는 나타나지 않지만 앞의 [「여러 외도 경」1(Ud6:4) §§5~9]에서 설하신 방법대로 그 뜻을 적용해야 한다."(UdA.345)

"어떤 사문들이나 바라문들은
참으로 이런 것들에 집착하여
발판516)을 얻지 못하고
중간에서 가라앉아 버린다." {55}

여러 외도 경3(Ud6:6)

1. 이와 같이 나는 들었다. 한때 세존께서는 사왓티에서 제따 숲의 아나타삔디까 원림(급고독원)에 머무셨다. 그 무렵 여러 외도의 사문들과 바라문들과 유행승들이 사왓티에 거주하고 있었다. 그들은 각각 다른 견해를 가지고 각각 다른 신념을 가지고 각각 다른 취향을 가져서 각각 다른 견해의 의지처에 의지하고 있었다.

2. 어떤 사문들이나 바라문들은 ① '자아와 세상은 영원하다. 이것만이 진리이고 다른 것은 쓸모가 없다.'라는 이런 주장과 이런 견해를 가졌다.

그러나 어떤 사문들이나 바라문들은 ② '자아와 세상은 영원하지 않다. 이것만이 진리이고 다른 것은 쓸모가 없다.'라는 이런 주장과 이런 견해를 가졌다.

어떤 사문들이나 바라문들은 ③ '자아와 세상은 영원하기도 하고 영원하지 않기도 하다. 이것만이 진리이고 다른 것은 쓸모가 없다.'

---

516) "여기서 '발판(ogadha)'이라고 하셨다. 이것에 의해서 굳건하게 선다(ogādh-anti). 혹은 여기에 확고하게 선다(patiṭṭhahanti)고 해서 발판(ogādha)인데 성스러운 도와 열반(ariyamaggo nibbānañca)을 뜻한다. 여기서는 ogādha의 [모음을] 축약하여 ogadha라고 하셨다."(UdA.345)

즉 원래 단어는 ogādha(ava+√gāh, *to plunge*)에서 파생된 ogādha인데 운율을 맞추기 위해서 ogadha로 말씀하셨다는 뜻이다.

라는 이런 주장과 이런 견해를 가졌다.

그러나 어떤 사문들이나 바라문들은 ④ '자아와 세상은 영원한 것도 아니고 영원하지 않은 것도 아니다. 이것만이 진리이고 다른 것은 쓸모가 없다.'라는 이런 주장과 이런 견해를 가졌다.

어떤 사문들이나 바라문들은 ⑤ '자아와 세상은 스스로가 만든 것이다. 이것만이 진리이고 다른 것은 쓸모가 없다.'라는 이런 주장과 이런 견해를 가졌다.

그러나 어떤 사문들이나 바라문들은 ⑥ '자아와 세상은 남이 만든 것이다. 이것만이 진리이고 다른 것은 쓸모가 없다.'라는 이런 주장과 이런 견해를 가졌다.

어떤 사문들이나 바라문들은 ⑦ '자아와 세상은 스스로가 만든 것이기도 하고 남이 만든 것이기도 하다. 이것만이 진리이고 다른 것은 쓸모가 없다.'라는 이런 주장과 이런 견해를 가졌다.

그러나 어떤 사문들이나 바라문들은 ⑧ '자아와 세상은 스스로가 만든 것도 남이 만든 것도 아닌 우연히 생긴 것이다. 이것만이 진리이고 다른 것은 쓸모가 없다.'라는 이런 주장과 이런 견해를 가졌다.

어떤 사문들이나 바라문들은 ⑨ '자아와 세상처럼 즐거움과 괴로움은 영원하다. 이것만이 진리이고 다른 것은 쓸모가 없다.'라는 이런 주장과 이런 견해를 가졌다.

그러나 어떤 사문들이나 바라문들은 ⑩ '자아와 세상처럼 즐거움과 괴로움은 영원하지 않다. 이것만이 진리이고 다른 것은 쓸모가 없다.'라는 이런 주장과 이런 견해를 가졌다.

어떤 사문들이나 바라문들은 ⑪ '자아와 세상처럼 즐거움과 괴로움은 영원하기도 하고 영원하지 않기도 하다. 이것만이 진리이고 다른 것은 쓸모가 없다.'라는 이런 주장과 이런 견해를 가졌다.

그러나 어떤 사문들이나 바라문들은 ⑫ '자아와 세상처럼 즐거움과 괴로움은 영원한 것도 아니고 영원하지 않은 것도 아니다. 이것만이 진리이고 다른 것은 쓸모가 없다.'라는 이런 주장과 이런 견해를 가졌다.

어떤 사문들이나 바라문들은 ⑬ '자아와 세상처럼 즐거움과 괴로움은 스스로가 만든 것이다. 이것만이 진리이고 다른 것은 쓸모가 없다.'라는 이런 주장과 이런 견해를 가졌다.

그러나 어떤 사문들이나 바라문들은 ⑭ '자아와 세상처럼 즐거움과 괴로움은 남이 만든 것이다. 이것만이 진리이고 다른 것은 쓸모가 없다.'라는 이런 주장과 이런 견해를 가졌다.

어떤 사문들이나 바라문들은 ⑮ '자아와 세상처럼 즐거움과 괴로움은 스스로가 만든 것이기도 하고 남이 만든 것이기도 하다. 이것만이 진리이고 다른 것은 쓸모가 없다.'라는 이런 주장과 이런 견해를 가졌다.

그러나 어떤 사문들이나 바라문들은 ⑯ '자아와 세상처럼 즐거움과 괴로움은 스스로가 만든 것도 남이 만든 것도 아닌 우연히 생긴 것이다. 이것만이 진리이고 다른 것은 쓸모가 없다.'라는 이런 주장과 이런 견해를 가졌다.[517]

그들은 '이런 것이 법이고 저런 것은 법이 아니다. 이런 것은 법이 아니고 저런 것이 법이다.'라고 하면서 논쟁을 하고 말다툼을 하고 분쟁하면서 혀를 무기 삼아 서로를 찌르면서 머물고 있었다.

3. 그때 많은 비구들이 오전에 옷매무새를 가다듬고 발우와 가사를 수하고 탁발을 위해서 사왓티로 들어갔다. 사왓티에서 탁발을

---

517) 이 16가지 견해는 바로 앞의 「여러 외도 경」 2(Ud6:5)와 같다.

하여 공양을 마치고 탁발에서 돌아와 세존께 다가갔다. 가서는 세존께 절을 올리고 한 곁에 앉았다. 한 곁에 앉아서 그 비구들은 세존께 이렇게 말씀드렸다.

"세존이시여, 여기 여러 외도의 사문들과 바라문들과 유행승들이 사왓티에 거주하고 있습니다. 그들은 각각 다른 견해를 가지고 각각 다른 신념을 가지고 각각 다른 취향을 가져서 각각 다른 견해의 의지처에 의지하고 있습니다.

어떤 사문들이나 바라문들은 ① '자아와 세상은 영원하다. 이것만이 진리이고 다른 것은 쓸모가 없다.'라는 이런 주장과 이런 견해를 가졌습니다. …

그러나 어떤 사문들이나 바라문들은 ⑯ '자아와 세상처럼 즐거움과 괴로움은 스스로가 만든 것도 남이 만든 것도 아닌 우연히 생긴 것이다. 이것만이 진리이고 다른 것은 쓸모가 없다.'라는 이런 주장과 이런 견해를 가졌습니다.

그들은 '이런 것이 법이고 저런 것은 법이 아니다. 이런 것은 법이 아니고 저런 것이 법이다.'라고 하면서 논쟁을 하고 말다툼을 하고 분쟁하면서 혀를 무기 삼아 서로를 찌르면서 머뭅니다."

4. "비구들이여, 외도 유행승들은 눈먼 사람들이고 눈이 없는 사람들이다. 그들은 이로운 것을 모른다. 그들은 이롭지 않은 것을 모른다. 그들은 법을 모른다. 그들은 비법을 모른다. 그들은 이로운 것을 모르고 이롭지 않은 것을 모르고 법을 모르고 비법을 모르기 때문에 '이런 것이 법이고 저런 것은 법이 아니다. 이런 것은 법이 아니고 저런 것이 법이다.'라고 하면서 논쟁을 하고 말다툼을 하고 분쟁하면서 혀를 무기 삼아 서로를 찌르면서 머문다."

5. 그때 세존께서는 이 의미를 아시고 그 즉시 바로 이 우러나온 말씀을 읊으셨다.518)

> "중생의 무리519)는 [자아와 세상이]
> 스스로 만든 것이라고 집착하고520)
> 남이 만든 것이라고 연관을 짓는다.521)
> 이러한 것을 최상의 지혜로 알지 못했던 어떤 자들은
> 이것을 화살이라고 보지 못하였다. |1|

---

518) "본경에서는 모든 것이 앞에서 설하신 방법대로 [적용되어야 한다.] '이 우러나온 말씀을(imaṁ udānaṁ)'이라고 하였다. 그런데 여기서는 사견과 갈애와 자만에서(diṭṭhitaṇhāmānesu) 잘못을 본 뒤(dosaṁ disvā) ① 그들을 멀리 여의고(dūrato vajjetvā) 형성된 것들[行]을(saṅkhāre) 있는 그대로 보는 자와 ② 거기에 대해서 위험이 없다고 보아서(anādīnavadassitāya) 그릇되게 고집하여(micchābhiniviṭṭha) 있는 그대로 보지 못하는 자에 대해서, 순서대로(yathākkamaṁ) 윤회에서(saṁsārato) ① 벗어남과 ② 벗어나지 못함을 밝히는(ativattana-anativattana-dīpaka) 이 우러나온 말씀을 읊으신 것이다."(UdA.345~346)

519) 여기서 '중생의 무리'는 pajā를 옮긴 것이다. pajā는 pra(앞으로)+√jan(*to generate*)에서 파생된 여성 명사인데 항상 단수로 나타나지만 복수의 뜻을 나타내며, 보통 백성, 후손, 인류, 인간, 생명체(본서 8:5 §5) 등의 뜻으로 쓰인다. 여기서는 주석서에서 "중생의 무리(pajā sattakāyo)"(UdA.347)라고 설명하고 있어서 이렇게 옮겼다.

520) "'중생의 무리는 [자아와 세상이] 스스로 만든 것이라고 집착하고(ahaṅkāra-pasutāyaṁ pajā)'라고 하셨다. 이것은 ⑤ '자아와 세상은 스스로가 만든 것(sayaṁ-kata)이다.'라고 이와 같이 주장하는 그런 견해와 관련된 것이다. 이처럼 스스로가 만든 것이라고 불리는 '나'라고 그렇게 생긴 견해를(ahaṅ-kāraṁ tathāpavattaṁ diṭṭhiṁ) 거듭하고 몰두하기 때문에(pasutā anuyuttā) 이 중생의 무리는 그릇됨을 천착한다(micchābhiniviṭṭha)는 뜻이다."(UdA.346)

521) "'남이 만드는 것이라고 연관을 짓는다(paraṁkārūpasaṁhitā).'라는 것은 남이나 다른 자나 자재천의 신 등(issarādika)이 모든 것을 만든다고 그렇게 생긴, 남이 만든 것이라는 견해를 의지하고 있기 때문에(pavatta-paraṁkāra-diṭṭhi-sannissitā) 그와 연관을 짓는다고 하신 것이다."(UdA.346)

그러나 이것을 화살과 관련지어 보는 자는[522)]
내가 만든다는 그런 것이 없고
남이 만든다는 그런 것이 없다. |2|

이 중생의 무리는 자만에 빠지고
자만에 묶이고 자만에 속박되어
견해들에 대해서 뻔뻔스럽게 말하나니
윤회를 넘어서지 못한다." |3| {56}

수부띠 경(Ud6:7)

Subhūti-sutta

1. 이와 같이 [71] 나는 들었다. 한때 세존께서는 사왓티에서 제따 숲의 아나타삔디까 원림(급고독원)에 머무셨다. 그때 수부띠 존자[523)]는 세존으로부터 멀지 않은 곳에서 가부좌를 틀고 상체를 곧추

---

522) "'그러나 이것을 화살과 관련지어 보는 자는(etañca sallaṁ paṭikacca passato)'이라고 하셨다. 위빳사나를 시작한 자(āraddha-vipassaka)는 취착의 [대상인] 다섯 가지 무더기들(오취온)을 무상이라고 괴로움이라고 무아라고 관찰한다(samanupassati). 그러면 그는 [항상하고, 즐겁고, 자아라는] 세 가지 전도된 견해(viparītadassana)와 다른 모든 그릇된 천착(micchābhinivesa)과 그들의 토대가 되는 오취온에 대해서도 꿰찌르지만(tujjanato) 빼내기 어렵기 때문에(duruddhārato) '화살(salla)'이라는 것과 관련지어 먼저 위빳사나의 통찰지로(vipassanā-paññāya) 본다는 말씀이다. 이렇게 보면 성스러운 도의 순간에는(ariyamaggakkhaṇe) '내가 만든다는 그런 것이 없다(ahaṁ karomīti na tassa hoti).'고 말씀하신다." (UdA.347)

즉 여기서 말하는 '화살(salla)'은 명상의 지혜부터 상카라에 대한 평온의 지혜까지의 10가지 위빳사나의 지혜(vipassanā-ñāna)를 뜻하는 위빳사나의 통찰지이고 이런 화살은 오취온을 무상 · 고 · 무아라고 꿰찌른다는 설명이다. 10가지 위빳사나의 지혜의 10가지 명칭에 대해서는 본서 「깟짜나 경」(Ud7:8) §2의 해당 주해를 참조할 것.

세우고 일으킨 생각이 없는 삼매를 증득하여[524] 앉아있었다. 세존께서는 수부띠 존자가 멀지 않은 곳에서 가부좌를 틀고 상체를 곧추세우고 일으킨 생각이 없는 삼매를 증득하여 앉아있는 것을 보셨다.

---

523) 수부띠 존자(āyasmā Subhūti)는 수마나 상인(Sumana-seṭṭhi)의 아들이자 급고독(아나타삔디까, Anāthapiṇḍika) 장자의 동생이다. 제따 숲의 아나타삔디까 원림(급고독원) 개원식 때 부처님의 설법을 듣고 출가하였으며 자애와 함께하는 禪(mettā-jhāna)을 닦아서 아라한이 되었다. 중국에서 수보리(須菩提)로 음역이 되어 『금강경』을 통해서 우리에게 수보리 존자로 알려진 분이다. 그는 주로 숲에 머물면서 평화롭게 지냈다고 한다. 그래서 세존께서는 『앙굿따라 니까야』 제1권 「하나의 모음」 제14장 으뜸 품에서 "다툼 없이 머무는 자들[無諍住, araṇa-vihāri, 평화롭게 머무는 자들] 가운데서 수부띠(수보리)가 으뜸"(A1:14:2-4)이라고 하시는 것이다. araṇa를 중국에서 무쟁(無諍)으로 옮겼다. 『맛지마 니까야』 제4권 「무쟁의 분석 경」(Araṇavibhaṅga Sutta, M139)에서도 부처님께서는 수부띠 존자를 이렇게 칭송하고 계신다.

한편 대승의 『금강경』(제9품)에서도 수부띠 존자를 "다툼 없이 머무는 자들 가운데 으뜸(araṇāvihāriṇām agryo nirdiṣṭaḥ, 得無諍三昧人中 最爲第一 是第一離欲阿羅漢)"이라고 밝히고 있고, "수부띠 선남자는 다툼 없이 머무는 자들 가운데서 제일(araṇāvihāriṇām agryaḥ Subhūtiḥ kula-putro, 須菩提 是樂阿蘭那行, 현장: 得無諍住最爲第一)"이라고 언급되고 있다. 여기서 보듯이 '다툼 없이 머무는 자들[無諍住]로 옮긴 araṇa-vihāri를 구마라집 스님은 무쟁삼매(無諍三昧)로도 옮기고 아란나행(阿蘭那行)이라고도 옮겼으며 현장 스님은 무쟁주(無諍住)라고 직역하였다. (『금강경 역해』 제9품, 179~181쪽 참조) 그러나 북방에서 수부띠 존자는 해공제일(解空第一)이라 불리는데 이것은 아마 공의 이치를 잘 드러낸다는 『금강경』이 세존과 수부띠 존자와의 대화로 이루어져 있기 때문일 것이다. 그러나 『금강경』과 여기서 보듯이 수부띠 존자는 무쟁제일(無諍第一)이라 해야 할 것이다.

524) "'일으킨 생각이 없는 삼매를 증득하여(avitakkaṁ samādhiṁ samāpann-aṁ)'라고 하셨다. 여기서 제2선부터의 색계 삼매(rūpāvacarasamādhi)와 모든 무색계 삼매(arūpāvacarasamādhi)가 '일으킨 생각이 없는 삼매(avitakka samādhi)'이다. 그러나 여기서는 제4선을 기초가 되는 것으로 한(catutthajjhānapādaka) 아라한과의 삼매(arahattaphalasamādhi)가 일으킨 생각이 없는 삼매이다."(UdA.348)

2. 그때 세존께서는 이 의미를 아시고 그 즉시 바로 이 우러나온 말씀을 읊으셨다.525)

"일으킨 생각을 흩어버려
안으로 남김없이 잘 정리하였으니
그런 결박 넘어선 무색의 인식 가진 자526)
네 가지 속박527) 뛰어넘어 다시는 태어나지 않노라." {57}

---

525) "'이 의미를 아시고(etamattharn viditvā)'라고 하였다. 수부띠 존자의 모든 그릇된 생각과 모든 오염원을 제거함이라 불리는(sabbamicchāvitakka-sabbasaṁkilesapahāna-saṅkhāta) 이 의미를 모든 측면에서 아시고 그 뜻을 보여주는 이 우러나온 말씀을 읊으신 것이다."(UdA.348)

526) "'그런 결박 넘어선 무색의 인식 가진 자(taṁ saṅgamaticca arūpasaññī)'라고 하셨다. 그릇된 일으킨 생각들을 뿌리 뽑았기 때문에(micchāvitakkā samucchinnā) 갈망의 결박 등(rāgasaṅgādika)의 '다섯 가지 결박(pañca-vidha saṅga)'이나 모든 '오염원의 결박(kilesasaṅga)'을 '넘어섰다(aticca atikkamitvā)'.
[넘어서서는] 넘어섬의 원인인 물질의 고유성질이 없기 때문에(rūpasabhāva-abhāvato), 그리고 변형됨이라 불리는(ruppanasaṅkhāta) 변화(vikāra)도 거기에는 없기 때문에(abhāvato), 혹은 확고부동한 원인이 되기 때문에(nibbikārahetubhāvato) '무색'이라는 이름을 얻은 열반(arūpanti laddha-nāmaṁ nibbānaṁ)을 대상으로 가진다(ārammaṇaṁ katvā). [이렇게 하여] 전개되는 도와 과의 인식들을 통해서(pavattāhi maggaphalasaññāhi) '무색의 인식을 가진 자(arūpasaññī)'라 한다."(UdA.349)

주석서의 설명처럼 여기서 무색(arūpa)을 공무변처부터 비상비비상처까지의 무색의 경지로 해석해서는 안 된다. 여기서 무색은 열반 그 자체를 뜻한다고 주석서는 설명한다. 그래서 바로 앞의 주해에서 이미 여기서 '일으킨 생각이 없는 삼매'는 제4선을 기초가 되는 것으로 하여 [열반을 대상으로 한] 아라한과의 삼매를 뜻한다고 주석서는 설명하였다.
'다섯 가지 결박'에 대해서는 본서 「상가마지 경」(Ud1:8) §5의 해당 주해를 참조할 것.

527) '네 가지 속박(yoga)'은 ① 감각적 쾌락의 속박(kāmayoga) ② 존재의 속박(bhava-yoga) ③ 사견의 속박(diṭṭhiyoga) ④ 무명의 속박(avijjāyoga)이다.(D33 §1.11 (32), D34 §1.5 (2), S45:172)

기녀 경(Ud6:8)

Gaṇika-sutta

1. 이와 같이 나는 들었다. 한때 세존께서는 라자가하에서 대나무 숲의 다람쥐 보호구역에 머무셨다. 그 무렵 라자가하에는 두 파벌이 어떤 기녀(妓女)528)에 홀리고 마음이 묶여있었다. 그들은 논쟁을 하고 말다툼을 하고 분쟁하면서 서로 두 손으로 때리기도 하고 흙덩이를 던지기도 하고 몽둥이로 때리기도 하고 칼로 찌르기도 하여 거기서 죽거나 죽음에 버금가는 고통을 당하였다.

2. 그때 많은 비구들이 오전에 옷매무새를 가다듬고 발우와 가사를 수하고 라자가하로 탁발을 갔다. 라자가하에서 탁발을 하여 공양을 마치고 탁발에서 돌아와 세존께 다가갔다. 가서는 세존께 절을 올리고 한 곁에 앉았다. 한 곁에 앉아서 그 비구들은 세존께 이렇게 말씀드렸다.

"세존이시여, 여기 라자가하에는 두 파벌이 어떤 기녀에 홀리고

'속박'으로 옮긴 yoga는 √yuj(*to yoke*)에서 파생된 남성명사로서 '메다, 멍에를 메다'는 문자적인 뜻에서 '속박, 구속, 얽맴, 족쇄'를 뜻한다. 초기경에서 √yuj에서 파생된 단어들은 거의 예외 없이 모두 이런 정신적인 구속, 속박, 족쇄의 의미로 쓰이고 있다. 예를 들면 [10가지] '족쇄'로 옮기는 saṁyojana(saṁ+√yuj)의 어원도 바로 이것이다. 요가학파에서 설하는 수행의 의미로 쓰이는 것은 주석서에서부터이다. 예를 들면『청정도론』에는 yogaṁ karoti가 수행을 한다는 의미로 나타나며(Vis.XVIII.23 등) 수행자를 뜻하는 요가짜라(yogācāra)라는 단어도『청정도론』에 한 번 언급되고 있다.(Vis.II.22)

이 네 가지는 번뇌(āsava)라고 부르기도 하고 폭류(ogha)라고 부르기도 하는데 이들을 다시 속박(yoga)이라 부르는 이유는 이들은 중생들을 괴로움에 속박시켜 버리며 도망치지 못하게 하기 때문이다.

528) '기녀(妓女)'는 gaṇikā를 옮긴 것이다. 주석서는 nagara-sobhini, 즉 도시의 멋쟁이 여인이라고 설명한다.(UdA.350)

마음이 묶여있었습니다. 그들은 논쟁을 하고 말다툼을 하고 분쟁하면서 서로 두 손으로 때리기도 하고 흙덩이를 던지기도 하고 몽둥이로 때리기도 하고 칼로 찌르기도 하여 거기서 죽거나 죽음에 버금가는 고통을 당하였습니다."

3. 그때 세존께서는 이 의미를 아시고 그 즉시 바로 이 우러나온 말씀을 읊으셨다.529)

"지금 얻은 것과 앞으로 얻어야 하는 것이 있으니530) 병고에 시달

---

529) "'이 의미를 아시고(etamattharin viditvā)'라고 하였다. 감각적 쾌락들에 대한 애착(gedha)은 다양한 뿌리를 가지고 있으며(vivādamūla) 모든 이롭지 못한 것의 뿌리(sabbānatthamūla)라고 모든 측면에서 아시고 양극단(antadvaya)과 중간의 도닦음[中道, majjhimā paṭipatti]의 위험과 이익을 설명하는(ādīnavānisaṁsa-vibhāvana) 이 우러나온 말씀을 읊으신 것이다."(UdA.350)

여기서 보듯이 우러나온 말씀(우다나, 감흥어)은 운문으로만 된 것이 아니다. 이처럼 산문 형태로 된 우러나온 말씀도 당연히 우러나온 말씀으로 존재한다.

530) '지금 얻은 것과 앞으로 얻어야 하는 것'은 yañca pattaṁ yañca pattabbaṁ을 옮긴 것이다. 주석서는 이 둘을 다음과 같이 설명한다.

"여기서 '지금 얻은 것(yañca pattaṁ)'이라고 했는데, 형색 등의 다섯 가닥의 감각적 쾌락의 무더기가(rūpādipañcakāmaguṇajāta) '얻은 것'이다. 이것은 '감각적 쾌락에는 결점이 없다(natthi kāmesu doso).'라는 사견을 내세우기도 하고(purakkhatvā) 내세우지 않기도 하는데(apurakkhatvā) 지금 얻어서(etarahi laddha) 경험하는 것(anubhuyyamāna)이다.
그리고 '앞으로 얻어야 하는 것(yañca pattabbaṁ)'이란 감각적 쾌락의 무더기(kāmaguṇajāta)이다. '감각적 쾌락은 즐겨야 하는 것(bhuñjitabbā)이고, 감각적 쾌락은 철저하게 즐겨야 하는 것(paribhuñjitabbā)이고, 감각적 쾌락은 받들어 행해야 하는 것(āsevitabbā)이고, 감각적 쾌락은 철저하게 받들어 행해야 하는 것(paṭisevitabbā)이다. 감각적 쾌락을 즐기는 자(yo kāme paribhuñjati)는 세상을 증장시키고(vaḍḍheti) 세상을 증장시키는 자는 많은 공덕을 쌓는다(puññaṁ pasavati).'라는 사견을 의지하여(diṭṭhiṁ upanissāya) 그것을 버리지 않고(anissajjitvā) 지은 업으로 미래에 얻어야 하는 것(anāgate pattabba)이고 경험해야 하는 것

리는 자가 [이 둘을] 따라 배우기 때문에 이 둘은 먼지가 뿌려진 것이다.[531] 그리고 공부지음을 심재(心材)로 삼아서 금계와 서계, 생계를 꾸림, 청정범행 — [이 셋을] 확립하는 것을 심재로 삼는 것,[532]

(anubhavitabba)이다."(UdA.350)

531) '병고에 시달리는 자가 [이 둘을] 따라 배우기 때문에 이 둘은 먼지가 뿌려진 것이다.'는 ubhayametaṁ rajānukiṇṇaṁ, āturassānusikkhato를 옮긴 것이다. 주석서는 이렇게 설명한다.

"'이 둘은 먼지가 뿌려진 것이다(ubhayametaṁ rajānukiṇṇaṁ).'라고 하셨다. 이 둘, 즉 '지금 얻은 것과 앞으로 얻어야 하는 것'은 갈망의 먼지 등이 뿌려진 것이다. 왜냐하면 이러한 토대인 감각적 쾌락이 생기면(sampatte hi vatthukāme) 그것을 경험할 때(anubhavanto) ① 갈망의 먼지(rāgaraja)가 섞이기(vokiṇṇa) 때문이다. 그러나 마음이 오염된 자(saṁkiliṭṭha-citta)의 경우, 결과(phala)가 미래에 얻어질 때(āyatiṁ āpanne) 정신적 괴로움을 일으킬(domanassuppatti) ② 성냄의 먼지(dosaraja)가 섞이게 된다. 그리고 둘 다에서 ③ 어리석음의 먼지(moharaja)가 섞인다.

그러면 어떤 사람에게 이것은 '먼지가 뿌려진 것(rajānukiṇṇa)'인가? 말씀하신다. — '병고에 시달리는 자가 [이 둘을] 따라 배우기 때문이다(āturassa anusikkhato).' 즉 ① 감각적 쾌락에 대한 염원(kāmapatthana)으로 인해 오염원의 병고에 시달리는 자(kilesātura)와 ② 이것의 결과(phala)로 괴로움의 병고에 시달리는 자(dukkhātura)가 이 두 곳에서 치유를 바라서(paṭi-kārābhilāsāya) 오염원의 결과(kilesaphala)를 뒤쫓기 때문이다(anu-sikkhato)."(UdA.350~351)

532) '공부지음을 심재(心材)로 삼아서 금계와 서계, 생계를 꾸림, 청정범행 — [이 셋을] 확립하는 것을 심재로 삼는 것'은 ye ca sikkhāsārā sīlabbataṁ jīvitaṁ brahmacariyaṁ upaṭṭhānasārā를 옮긴 것이다. 이들에 대한 주석서의 설명을 살펴보면 다음과 같다.

"'공부지음을 심재(心材)로 삼아서(ye ca sikkhāsārā)'라고 하셨다. 각각 받아 지니는(yathāsamādinna) 금계와 서계 등의(sīlabbatādisaṅkhāta) 공부지음을 심재로 삼아서(sikkhaṁ sārato gahetvā) '이것으로 윤회에서 청정해진다(saṁsārasuddhi).'라고 말하는 자들이 있다. 그래서 '금계와 서계(sīlabbata), 생계를 꾸림(jīvita), 청정범행(brahmacariya) — [이 셋을] 확립하는 것을 심재로 삼는 것(upaṭṭhānasārā)'이라고 하셨다.
여기서 내가 범하지 않기 때문에 금하는(oramati) 것이고, 그것이 '금계(sīla)'이다. 독을 먹고 고행을 하는 등(visabhojanakicchācaraṇādika)이 '서계(vata)'이다. 채소를 먹는 것 등(D8 §14; M12 §45 등)으로 생계를 유

이것은 하나의 극단이다.[533] 그리고 '감각적 쾌락에는 잘못이 없다.'라고 주장하는 것은 두 번째 극단이다.[534] 이러한 이들 [72] 두 가지 극단[535]은 공동묘지를 증가시키고 공동묘지들은 사견을 증장시킨다.[536] 이런 양극단을 최상의 지혜로 알지 못하여 어떤 자들은 굼뜨

지하기 때문에(sākabhakkhatādijīvikā) '생계를 꾸림(jīvita)'이다. 성행위를 금하는 것(methunavirati)이 '청정범행(brahmacariya)'이다. 이것에 확고하게 서 있는 것(anutiṭṭhana)이 '확립(upaṭṭhāna)'이다.

이와 같이 여기서 언급한 이런 금계 등으로 윤회에서 청정해진다(saṁsāra-suddhi)고 이들을 심재라고 거머쥐어서(sārato gahetvā) 확립된(ṭhitā) 사문들이나 바라문들은, 공부지음을 심재로 삼아서 금계와 서계, 생계를 꾸림, 청정범행이라는 [이 셋을] 확립하는 것을 심재로 삼는 자들이라고 알아야 한다."(UdA.351)

533) "'이것은 하나의 극단이다(ayameko anto).'라고 하셨다. 이것은 금계와 서계에 대한 취착(sīlabbataparāmāsa)을 통해서 자기 학대에 빠지는 것이라 불리며(atta-kilamatha-anuyoga-saṅkhāta) 중간의 도닦음[中道, majjhimā paṭipatti]을 벗어나서(uppathabhūta) 저열하다는 뜻(lāmakaṭṭha)에서 하나의 극단이다."(UdA.351)

534) "'이것은 두 번째 극단이다(ayaṁ dutiyo anto).'라고 하셨다. 이것은 감각적 쾌락에 빠지는 것(kāma-sukhallika-anuyoga)으로 감각적 쾌락에 탐닉하는 것(pātabyatā)이라 불리며 앞에서 설명한 방법에 의해서 두 번째 극단이다."(UdA.351)

535) "'이러한 이들 두 가지 극단(iccete ubho antā)'이라고 하셨다. 감각적 쾌락에 빠지는 것(kāma-sukhallika-anuyoga)과 자기 학대에 빠지는 것(atta-kilamatha-anuyoga)이라는 이러한 이들 두 가지 극단이 있다."(UdA.351)

여기에 대해서는 『상윳따 니까야』 제6권 「초전법륜 경」(S56:11) §3과 제4권 「라시야 경」(S42:12) §4의 주해도 참조할 것.

536) "'공동묘지를 증가시키고(kaṭasivaḍḍhanā)'라고 하셨다. 이것은 눈먼 범부들(andhaputhujjanā)이나 열망하는 것이라는 의미로(abhikaṅkhitabbaṭṭhena) 공동묘지라 불리는(kaṭasi-saṅkhātā) 갈애와 무명(taṇhā-avijjā)을 증장시킨다(abhivaḍḍhanā)는 뜻이다.

'공동묘지들은 사견을 증장시킨다(kaṭasiyo diṭṭhiṁ vaḍḍhenti).'라고 하셨다. 그런데 그 [갈애와 무명이라는] 공동묘지(kaṭasi)는 여러 측면의 사견을 증가시킨다는 말씀이다. … 이와 같이 양극단을 의지하여(antadvay-ūpanissayena) 갈애와 무명을 통한 사견을 증가시키는 것(diṭṭhivaḍḍha-

게 되고 어떤 자들은 넘어서 버린다.537) 그러나 최상의 지혜로 안 자들은538) 거기에 [떨어지지] 않았고539) 그것으로 사량(思量)하지 않

katā)이라고 알아야 한다.

그런데 어떤 자들은 '공동묘지(kaṭasi)'는 오온(pañca khandhā)과 동의어(adhivacana)라고 말한다. 그러나 그들의 이런 측면의 [주장]으로 그 양극단으로부터 윤회의 청정(saṃsārasuddhi)은 있지 않다. 이런 측면에 의해서 그들은 취착의 [대상인 다섯 가지] 무더기들[五取蘊, upādānakkhandhā]을 증가시킬 뿐이라는 것(abhivaḍḍheti)이 여기서 그들의 특별함(adhippāya)이다.

또 다른 자들은 '공동묘지들을 증가시킴'이라는 단어는 계속적으로 일어나는(aparāparaṁ) 늙음과 죽음들(jarāmaraṇā)을 통해서 공동묘지들을 증가시키는 것이라고 그 뜻을 말한다. 그들도 역시 단지 양극단(antadvaya)의 윤회에서 청정해지는 원인이 있고 없음(saṃsārasuddhihetubhāvābhāva)을 말한 것에 지나지 않는다. 그러나 여기서는 공동묘지들에 의해서 사견이 증가하는 이유가 됨(diṭṭhivaḍḍhana-kāraṇa-bhāva)을 말씀하신 것이다." (UdA.351~352)

537) "'어떤 자들은 굼뜨게 되고(olīyanti eke)'라는 것은 어떤 자들은 감각적 쾌락의 즐거움에 빠져(kāma-sukhallika-anuyoga) 위축됨에 빠진다(saṅkocaṁ āpajjanti)는 말이다. '어떤 자들은 넘어서 버린다(atidhāvanti eke).'라는 것은 자기 학대에 빠져(atta-kilamatha-anuyoga) 지나쳐버린다(ati-kkamanti)는 것이다.

감각적 쾌락의 즐거움에 빠진 자들(kāmasukham anuyuttā)은 정진(vīriya)을 하지 않기 때문에 게으름(kosajja)에 의해서 바른 도닦음[正道, sammā-paṭipatti]으로부터 위축됨을 얻어서 굼뜨게 된다. 그러나 자기를 태우는데 빠진 자들(attaparitāpanamanuyuttā)은 게으름(kosajja)을 버리고 방편(anupāya)이 없이 정진을 감행하여(vīriyārambhaṁ karontā) 바른 도닦음으로부터 지나쳐버려 넘어서 버리게 된다(atikkamanato atidhāvanti). 그래서 말씀하시기를 '이런 양극단을 최상의 지혜로 알지 못하여 어떤 자들은 굼뜨게 되고 어떤 자들은 넘어서 버린다.'라고 하셨다. 여기서 갈애에 의한 기뻐함(taṇhābhinandana)을 통해서 굼뜨게 되고 사견에 의한 기뻐함(diṭṭhābhinandana)을 통해서 넘어서 버리게 된다고 알아야 한다."(UdA.352)

538) "'그러나 최상의 지혜로 안 자들은(ye ca kho te abhiññāya)'이라고 하셨다. 즉 성스러운 제자들(ariyapuggalā)은 앞에서 설한 양극단(ubho ante)에 대해서 '이렇게 거머쥔(evaṃgahitā) 이 극단들은(ime antā) 이렇게 거머쥐었고(evaṃgahitā) 이렇게 확정되었고(evaṃanuṭṭhitā) 이와 같은 행

았기 때문에[540] 그것을 표명하기 위한 [업과 과보와 오염원의] 회전이 존재하지 않는다."[541] {58}

치달려 감 경(Ud6:9)

Upātidhāvanti-sutta

1. 이와 같이 나는 들었다. 한때 세존께서는 사왓티에서 제따 숲의 아나타삔디까 원림(급고독원)에 머무셨다. 그때 세존께서는 칠흑

처를 가졌고(evaṃgatikā) 이와 같은 미래 생을 가졌다(evaṃ-abhisamparāya).'라고 아주 특별한 지혜로(abhivisiṭṭhena ñāṇena) 위빳사나를 수반하는(vipassanāsahita) 도의 통찰지로 알고서 중간의 도닦음[中道]을 바르게 수행하였다(sammāpaṭipannā). 그러므로 이것은 그 바른 도닦음[正道, sammāpaṭipatti]을 통해서 안 분들을 말씀하신 것이다."(UdA.353)

539) "'거기에 [떨어지지] 않았고(tatra ca nāhesuṁ)'라는 것은 거기 그 양극단에 떨어짐(patitā)이 없었다, 그 양극단을 제거했다는 뜻이다(pajahiṁsūti attho)."(UdA.353)

540) "'그것으로 사량하지 않았기 때문에(tena ca nāmaññiṁsu)'라는 것은 그 양극단을 제거함에 의해서 '이것이 내가 제거한 양극단이다. 나는 이 양극단을 제거하였다. 양극단을 제거한 이것이 뛰어나다.'라는 등으로 갈애와 사견과 자만의 사량으로(taṇhādiṭṭhimāna-maññanāvasena) 사량하지 않았다는 말씀이다. 모든 사량함(sabbamaññanā)을 바르게 제거하였기 때문이다(sammadeva pahīnattā)."(UdA.353)

541) '그것을 표명하기 위한 [업과 과보와 오염원의] 회전이 존재하지 않는다.'는 vaṭṭaṃ tesaṃ natthi paññāpanāya를 옮긴 것이다. 주석서는 여기서 '회전(vaṭṭa)'을 업과 과보와 오염원의 세 가지 회전(kamma-vipāka-kilesa-vasena tividhampi vaṭṭaṃ)이라고 적고 있다.(UdA.353)

『청정도론』은 세 가지 회전을 12연기의 12가지 구성요소를 통해서 이렇게 설명한다.

"여기서 [업]형성들[行]과 존재[有]는 업(kamma)의 회전이고, 무명과 갈애와 취착은 오염원(kilesa)의 회전이고, 알음알이[識]와 정신·물질[名色]과 여섯 감각장소[六入]와 감각접촉[觸]과 느낌[受]은 과보(vipāka)의 회전이다. 세 가지 회전을 가진 존재의 바퀴는 오염원의 회전이 끊어지지 않는 한 쉼이 없다. 왜냐하면 조건이 끊어지지 않았기 때문이다. 계속해서 회전하면서 굴러간다고 알아야 한다."(Vis.XVII.298)

같이 어두운 밤에 기름 등불들이 타고 있을 때 노지에 앉아 계셨다. 그때 많은 날벌레들이 여러 곳에서 그 기름 등불들에 날아들어 떨어져서[542] 곤경에 처하고 재난에 처하고 재앙에 처하였다. 세존께서는 그 많은 날벌레들이 여러 곳에서 그 기름 등불들에 떨어져서 곤경에 처하고 재난에 처하고 재앙에 처하는 것을 보셨다.

2. 그때 세존께서는 이 의미를 아시고 그 즉시 바로 이 우러나온 말씀을 읊으셨다.[543]

"치달려 가기만 하고 심재로 향하지 않아서[544]

---

542) '날아들어 떨어져서'는 āpātaparipātaṁ을 주석서의 설명을 참조하여 옮긴 것이다. 주석서의 설명대로 이것은 āpāta[ā+√pat(*to fly, to fall*)]와 paripāta(pari+√pat)의 두 단어가 합성된 것이다. 주석서는 이렇게 설명한다.

"'날아들어 떨어져서'로 옮긴 apātaparipātaṁ은 āpātaṁ과 paripātaṁ으로 되어 있다. 이것은 계속해서 날아와서(āpatitvā āpatitvā) 계속해서 돌다가(paripatitvā paripatitvā) 그리고 얼굴을 향하여 날아다니다가(abhimukhapātaṁ) 빙빙 돈 뒤에(paribbhamitvā) 떨어지다가 하는(pātañca katvā) 것이라는 뜻이다."(UdA.355)

543) "'이 의미를 아시고(etamatthaṁ viditvā)'라고 하였다. 날벌레라는 곤충들(adhipātakapāṇakā)이 자신에게 이로운 것(attahita)을 모르기 때문에 스스로 뛰어들어(attupakkamavasena) 헛되이 재난에 빠지는 것(niratthaka-byasanāpatti)을 아시고 그들처럼 사견에 빠진 자들(diṭṭhigatikā)도 사견에 천착함을 통해서(diṭṭhābhinivesena) 재난에 빠짐을 밝히는(anaya-byasanāpattidīpaka) 이 우러나온 말씀을 읊으신 것이다."(UdA. 355)

544) "'치달려 가기만 하고 심재로 향하지 않아서(upātidhāvanti na sāramenti)'라고 하셨다. 계와 삼매와 통찰지와 해탈 등으로 분류되는 심재(心材, sāra)로 향하지 않고 네 가지 진리를 관통하여(catusaccābhisamaya) 체득하지(adhigacchanti) 않는다는 말씀이다. 단지 방편을 가진 심재에(saupāye sāre) 머물러 있을 뿐이다.(tiṭṭhanteyeva) 해탈을 열망하여(vimuttābhi-lāsāya) 그곳으로 가는 것처럼 여겨지지만(upentā viya hutvāpi) 견해가 전도되어(diṭṭhivipallāsa) '치달려 가고' 다가간다. 취착의 [대상인] 다섯 가지 무더기[五取蘊]에 대해서 항상하고[常] 깨끗하고[淨] 즐겁고[樂] 자아[我]라고 완고하게 고집하여(abhinivisitvā) 거머쥔다(gaṇhantā)는 뜻이

거듭거듭 새로운 속박을 불어나게 하나니545)
날벌레들이 등불에 떨어지는 것처럼
어떤 자들은 본 것, 들은 것에 고착되어 버린다."546) {59}

다."(UdA.356)

여기서 '치달려 가다'로 옮긴 upātidhāvati(upa+ati+√dhāv, *to run*)는 앞의 Ud6:8 §3에서 '넘어서 버리다'로 옮긴 atidhāvati(ati+√dhāv)에 접두어 upa가 더 붙은 것이다.

545) "'거듭거듭 새로운 속박을 불어나게 하나니(navaṁ navaṁ bandhanaṁ brūhayanti)'라고 하셨다. 여기서 [오취온을] 움켜쥐고(gaṇhantā) 갈애와 사견이라 불리는(taṇhādiṭṭhisaṅkhāta) 새롭고 새로운 속박을 불어나게 하고 증장시킨다(vaḍḍhayanti)는 뜻이다."(UdA.356)

546) "'어떤 자들은 본 것, 들은 것에 고착되어 버린다(diṭṭhe sute itiheke niviṭṭhā).'라고 하셨다. 갈애와 사견의 속박들(taṇhādiṭṭhibandhanā)로 묶여서(baddhattā) 어떤 사문들이나 바라문들은 자신의 눈의 알음알이로 본 것이나, 사견과 철학(diṭṭhidassana)으로 본 것이나, 들어서 얻은 것만(anussavūpalabbhamatta)으로 들어서는 '이렇다고 하더라, 전적으로 이와 같다.'라고 고집하고(niviṭṭhā), 사견에 고착되어서(diṭṭhābhinivesa) '영원하다'는 등으로 집착한다(abhiniviṭṭhā). 혹은 전적으로 이익이 되는(ekantahita) 벗어남(nissaraṇa)을 알지 못하기 때문에 갈망 등의 11가지 불(ekādasa aggī)에 의해서 타고 삼계(三界, bhavattaya)라고 불리는 숯불 구덩이(aṅgārakā)에 떨어진다. 마치 이 곤충들(adhipātakā)처럼 이 타오르는 불에 떨어져서 거기서 머리조차 내밀 수도 없다(sīsaṁ ukkhipituṁ sakkonti)는 뜻이다."(UdA.356)

여기서 11가지 불(ekādasa aggī)은 갈망, 성냄, 어리석음, 태어남, 늙음, 죽음, 슬픔, 탄식, 육체적 고통, 정신적 고통, 절망이다.(rāga-dosa-moha-jāti-jarā-maraṇa-soka-parideva-dukkha-domanass-upāyāsa-saṅ-khātehi ekādasahi aggīhi, VinAṬ.ii.89)

요즈음 부처님의 가르침을 자연과학에서 찾으려는 분들의 행태가 이러하지는 않은지 감히 생각해 본다. 자연과학이란 것 자체가 보고 듣고 관측한 것만을 바탕으로 추론한 자료를 토대로 하니 그럴 수밖에 없을 것이다. 그러므로 자연과학은 기본적으로 유물론이고 단멸론이라고 역자는 생각한다. 그런데 이런 자연과학을 맹신하게 되면 배웠다는 허울을 쓰고 학식이라는 망토를 걸치고 당당하게 승가에 들어와서 승가 안에서도 버젓이 본 것, 들은 것만을 인정하려 든다. 그러면서도 똑똑한 척하고 합리적인 척하고 잘난 척하며 삼장을 무시하려 든다. 그리고 윤회는 없다는 말을 너무 쉽게 하려 들기

출현함 경(Ud6:10)

Uppajjanti-sutta

1. 이와 같이 나는 들었다. 한때 세존께서는 사왓티에서 제따 숲의 아나타삔디까 원림(급고독원)에 머무셨다. 그때 아난다 존자는 세존을 뵈러 갔다. 가서는 세존께 절을 올리고 한 곁에 앉았다. 한 곁에 앉아서 아난다 존자는 세존께 이렇게 말씀드렸다.

2. "세존이시여, 여래 · 아라한 · 정등각들께서 세상에 출현하지 않으시면 외도 유행승들이 존경받고 존중받고 공경받고 숭배받고 경배받으면서 의복, 음식, 거처, 병구완을 위한 약품을 얻습니다.

세존이시여, 그러나 여래 · 아라한 · 정등각들께서 세상에 출현하시면 외도 유행승들이 존경받지 못하고 존중받지 못하고 공경받지 못하고 숭배받지 못하고 경배받지 못하며 의복, 음식, 거처, 병구완을 위한 약품을 얻지 못합니다.

세존이시여, 지금은 오직 세존께서 [73] 존경받고 존중받고 공경받고 숭배받고 경배받으면서 의복, 음식, 거처, 병구완을 위한 약품을 얻고 계시고 비구 승가도 그러합니다."

3. "아난다여, 참으로 그러하다. 여래 · 아라한 · 정등각들이 세상에 출현하지 않으면 외도 유행승들이 존경받고 존중받고 공경받고 숭배받고 경배받으면서 의복, 음식, 거처, 병구완을 위한 약품을 얻는다.

아난다여, 그러나 여래 · 아라한 · 정등각들이 세상에 출현하면 외도 유행승들이 존경받지 못하고 존중받지 못하고 공경받지 못하고

도 한다. 자기가 보지 못했기 때문에 믿을 수 없다고 당당하게 말한다. 이들은 마치 저 불에 뛰어드는 날벌레와도 같아서 아름다워 보이는 저 등불(유물론과 단멸론) 속으로 뛰어들어 결국은 타 죽어 버리지 않겠는가.

숭배받지 못하고 경배받지 못하며 의복, 음식, 거처, 병구완을 위한 약품을 얻지 못한다.

아난다여, 지금은 여래만이 존경받고 존중받고 공경받고 숭배받고 경배받으면서 의복, 음식, 거처, 병구완을 위한 약품을 얻고 있고 비구 승가도 그러하다."

4. 그때 세존께서는 이 의미를 아시고 그 즉시 바로 이 우러나온 말씀을 읊으셨다.547)

"태양이 떠오르지 않는 동안
그 반딧불은 빛난다.548)
저 광휘로운 태양이 떠오르면
그 빛은 죽어버려 빛나지 않는다. |1|

그와 같이 정등각자가 세상에 출현하지 않으면
사변가들549)은 빛나는 듯 보인다.

---

547) "'이 의미를 아시고(etamattham̐ viditvā)'라고 하였다. 사견에 빠진 자들(diṭṭhigatikā)은 정등각자들께서 세상에 출현하지 않으셨을 때까지는 존경을 받지만(sakkārasammāna) 그분들이 출현하시면 그들은 이득과 존경이 죽어버려(hatalābhasakkārā) 빛을 잃어버리고(nippabhā) 광명이 없어져버린다(nittejāva honti). 그리고 나쁜 도닦음(duppaṭipatti) 때문에 괴로움으로부터 해탈하지 못한다(na muccanti). 이러한 의미를 모든 측면에서 아시고 그 의미를 밝히는(tadatthadīpana) 이 우러나온 말씀을 읊으신 것이다."(UdA.357~358)

548) 여기서 '반딧불'로 옮긴 kimi는 벌레를 뜻한다. 주석서에서 khajjupanaka-kimi(PTS: khajjopanaka-kimi), 즉 반딧불이로 설명하고 있어서 이렇게 옮겼다.(UdA.358)

549) '사변가들'은 takkikā를 옮긴 것이다. 주석서는 "그는 이와 같이 사유하고 사량한 뒤에(takketvā vitakketvā) 추측만으로(parikappanamattena) 견해를 취하기 때문에(diṭṭhīnam̐ gahaṇato) 사변가라고 하는 외도들(titthiyā)을 말한다."(UdA.358)라고 설명한다.

사변가들은 청정하지 못하고
그 제자들도 그러하다.550)
그릇된 견해는 괴로움으로부터
해탈하게 하지 못하기 때문이다." |2| {60}

제6품 선천적으로 눈먼 사람 품이 끝났다.

여섯 번째 품에 포함된 경들의 목록은 –

① 수명 ② 헝클어진 머리 ③ 반조
④~⑥ 세 가지 외도 ⑦ 수부띠
⑧ 기녀 ⑨ 치달려 감이 아홉 번째
⑩ 출현이 열 번째이다.

---

550) "'사변가들은 청정하지 못하고 / 그 제자들도 그러하다(na takkikā sujjhanti na cāpi sāvakā).'라고 하셨다. 그들은 법과 율이 그릇되게 설해졌고(durakkhātadhammavinayā) 바른 도닦음이 없고(sammāpaṭipatti-rahitā) 윤회로부터 청정해지지 못하나니(na saṁsārato sujjhanti) 그들의 교법이 출리(出離)로 인도하지 못하기 때문(aniyyānikasāsanattā)이다. 그래서 '그릇된 견해는 괴로움으로부터 해탈하게 하지 못하기 때문이다(duddiṭṭhī na dukkhā pamuccare).'라고 말씀하신 것이다."(UdA.358)

제7품

작은 품

Cūḷa-vagga(Ud7:1~10)

라꾼따까 밧디야 경1(Ud7:1)

Lakuṇḍakabhaddiya-sutta

1. 이와 같이 [74] 나는 들었다. 한때 세존께서는 사왓티에서 제따 숲의 아나타삔디까 원림(급고독원)에 머무셨다. 그 무렵 사리뿟따 존자는 여러 가지 방편을 써서 법다운 말씀으로 라꾼따까 밧디야 존자551)를 가르치고 격려하고 분발하게 하고 기쁘게 하였다.

---

551) 라꾼따까 밧디야 존자(āyasmā Lakuṇṭaka Bhaddiya)는 사왓티의 장자 가문에서 태어났다. 여기서 라꾼따까는 키 작은 사람, 난쟁이를 뜻한다. 그는 키가 아주 작았기 때문에(kāyassa rassattā) 라꾼따까라 불리었다고 한다.(UdA.360) 주석서에 의하면 육군비구(六群比丘, chabbaggiya, 여섯 무리의 비구)들이 난쟁이라고 그를 놀렸다고 한다.(SA.ii.236) 육군비구는 율장에 자주 나타나는 여섯 비구를 상수로 한 행실이 나쁜 비구들의 무리를 말한다. 그가 키 작은 사람으로 태어난 것은 풋사 부처님(Phussassa bhagavā) 시대에 건축가였는데 부처님의 사리탑을 작게 만든 전생의 업 때문이라고 한다.(ThagA.ii.196ff; ApA.519f)

그는 부처님에 대한 믿음으로 출가하여 예류과를 얻었다.(UdA.360) 그는 키가 작았지만 감미로운 목소리(mañjussara)를 가졌으며 그의 감미로운 목소리를 듣고 달려온 여인이 웃을 때 드러낸 치아를 보고 그것을 명상주제로 삼아 수행하여 불환자가 되었고 본경에서 보듯이 뒤에 사리뿟따 존자의 가르침으로 아라한이 되었다 한다.(AA.i.195~196) 그는 『앙굿따라 니까야』 제1권 「하나의 모음」 제14장 으뜸 품에서 "감미로운 목소리를 가진 자들 가운데서 라꾼따까 밧디야가 으뜸이다."(A1:14:1-7)로 언급되고 있다.

2. 그때 사리뿟따 존자가 여러 가지 방편을 써서 법다운 말씀으로 라꾼따까 밧디야 존자를 가르치고 격려하고 분발하게 하고 기쁘게 하여 라꾼따까 밧디야 존자는 취착 없이 마음이 번뇌로부터 해탈하였다.

3. 그때 세존께서는 사리뿟따 존자가 여러 가지 방편을 써서 법다운 말씀으로 라꾼따까 밧디야 존자를 가르치고 격려하고 분발하게 하고 기쁘게 하여 라꾼따까 밧디야 존자가 취착 없이 마음이 번뇌로부터 해탈한 것을 보셨다.

4. 그때 세존께서는 이 의미를 아시고 그 즉시 바로 이 우러나온 말씀을 읊으셨다.552)

"위로 아래로 모든 곳으로 해탈하여553)

그의 게송은 『장로게』(Thag) {466~472}에도 나타나고 있다.

552) "'이 의미를 아시고(etamatthaṁ viditvā)'라고 하였다. 라꾼따까 밧디야 존자가 구경의 지혜를 성취함이라 불리는(aññārādhanasaṅkhāta) 이 의미를 모든 측면에서 아시고 그 의미를 밝히는 이 우러나온 말씀을 읊으신 것이다."(UdA.361)

553) '위로 아래로 모든 곳으로 해탈하여'는 uddhaṁ adho sabbadhi vippamutto를 옮긴 것이다. 주석서는 먼저 여기서 위는 색계와 무색계(rūpadhātu arūpadhātu ca)이고 아래는 욕계(kāmadhātu)이고 모든 곳은 모든 형성된 것에 속하는 것(saṅkhāragata)이라고 설명한다. 그리고 '해탈하여(vippamutto)'를 설명하면서 먼저 앞의 단계(pubbabhāga)에서는 억압에 의한 해탈(vikkhambhanavimutti)로, 뒤의 단계(aparabhāga)에서는 근절에 의한 해탈과 편안히 가라앉음에 의한 해탈(samuccheda-paṭipassaddhi-vimutti)로 모든 측면에서 해탈한 것으로 설명한다.(UdA.361)

그리고 다시 이 경우에 위로 해탈하는 것(uddhaṁ vippamutta)은 다섯 가지 높은 단계의 족쇄[上分結, uddhambhāgiya-saṁyojana = 색계에 대한 탐욕, 무색계에 대한 탐욕, 자만, 들뜸, 무명]를 제거하는 것이고 아래로 해탈하는 것은 다섯 가지 낮은 단계의 족쇄[下分結, orambhāgiya-saṁ-

'이것이 나다.'라고 여기지 않는 자는
이렇게 해탈하여 다시 태어남이 없기 때문에
전에 건너지 못한 폭류를 건넜도다." {61}

라꾼따까 밧디야 경2(Ud7:2)

1. 이와 같이 나는 들었다. 한때 세존께서는 사왓티에서 제따 숲의 아나타삔디까 원림(급고독원)에 머무셨다. 그 무렵 사리뿟따 존자는 라꾼따까 밧디야 존자가 유학554)이라고 여겨서 더욱더 여러 가

---

yojana = 유신견(有身見), 의심, 계행과 의례의식에 대한 취착, 감각적 쾌락, 적의]를 제거하는 것이며 모든 곳으로 해탈하는 것(sabbadhi vippamutta)은 나머지 모든 해로움을 제거하는 것(avasiṭṭhasabbākusalapahāna)이라고 설명한다.

그리고 다른 해석을 소개하면서 위는 미래 시간을 취하는 것(anāgatakāla-ggahaṇa)이고 아래는 과거 시간을 취한 것이고 이 둘을 취하여 이 둘과 연결된(tadubhayapaṭisaṁyuttattā) 현재 시간을 취한 것이라고 덧붙인다. 여기서 미래 시간을 취하여서는 미래의 온·처·계(anāgatakkhandhāyatana-dhātuyo)를 취한 것이라고 설명한다.(UdA.361~362)

554) "'유학(有學, sekha/sekkha)'이라 했다. 무슨 의미에서 유학이라 하는가?
① 배워야 할 법이 있기(sekkha-dhamma-ppaṭilābha) 때문에 유학이라 한다. 이런 말씀이 있기 때문이다. "세존이시여, '유학, 유학'이라고들 합니다. 어떻게 해서 비구는 유학이 됩니까? 비구여, 여기 비구는 유학의 바른 견해[正見]를 구족하고, … 유학의 바른 삼매[正定]를 구족한다. 비구여, 비구는 이렇게 해서 유학이 된다."(「유학 경」(S45:13 §3)
② 그리고 공부짓는다(sikkhati)고 해서 유학이라 한다. 이런 말씀이 있기 때문이다. "비구여, 공부짓는다고 해서 유학이라 부른다. 그러면 무엇을 공부짓는가? 높은 계(adhisīla)를 공부짓고, 높은 마음(adhicitta)을 공부짓고, 높은 통찰지(adhipaññañā)를 공부짓는다. 비구여, 공부짓는다고 해서 유학이라 한다."(A3:84 §1)

유학에 대해서는 세존의 권유로 아난다 존자가 설하는 『맛지마 니까야』 제2권 「유학 경」(M53)을 참조할 것. 유학에는 예류도, 예류과, 일래도, 일래과, 불환도, 불환과, 아라한도의 일곱 부류가 있다. 아라한과는 무학(無學, asekha)이라 부른다.

지 방편을 써서 법다운 말씀으로 가르치고 격려하고 분발하게 하고 기쁘게 하였다.555)

2. 그때 세존께서는 사리뿟따 존자가 라꾼따까 밧디야 존자를 유학이라고 여겨서 더욱더 [75] 여러 가지 방편을 써서 법다운 말씀으로 가르치고 격려하고 분발하게 하고 기쁘게 하는 것을 보셨다.

3. 그때 세존께서는 이 의미를 아시고 그 즉시 바로 이 우러나온 말씀을 읊으셨다.556)

> "윤회를 끊었고 원함 없음을 얻었으니
> 말라버린 강물은 흐르지 않도다.
> 윤회를 자르면 회전하지 않나니557)

한편 초기불교에서는 깨달음을 실현한 예류자, 일래자, 불환자, 아라한의 성자(ariya)들을 10가지 족쇄(saṁyojana)를 얼마나 많이 풀어내었는가와 연결 지어서 설명한다. 여러 부류의 성자와 10가지 족쇄에 대해서는 『맛지마 니까야』 제1권 「뿌리에 대한 법문 경」(M1) §99의 주해나 『이띠웃따까』 「강의 흐름 경」(It4:10) §2의 주해를 참조할 것.

555) "라꾼따까 밧디야 존자는 [바로 앞의] 첫 번째 경(Ud7:1)에서(paṭhama-sutte) 설해진 방법으로 첫 번째 교계를 통해서 번뇌의 멸진을 얻었다(āsavakkhayappatto). 그러나 법의 대장군(사리뿟따 존자)은 그 [라꾼따까 존자]가 아라한이 된 것으로 전향하지 않아서(anāvajjanena) 그 사실을 모르고 그가 아직 유학(sekha)이라고 생각하고, 적은 것이 요청되었지만 많은 것을 주는 관대한 사람(uḷārapurisa)이 그렇게 하는 것처럼, 계속해서 여러 가지 방편으로(anekapariyāyena) 번뇌의 멸진(āsavakkhaya)을 위해서 법을 설한 것이다. 라꾼따까 밧디야 존자도 자신이 아라한이라고 뻐기지 않고 정법을 존중하여(saddhammagāravena) 앞에서처럼 정성을 다해서(sakkaccaṁ) 들었다."(UdA.363)

556) "세존께서는 간다꾸띠[香室, Gandhakuṭi]에 앉아 계시면서도 법의 대장군[사리뿟따 존자]가 그 [라꾼따까 밧디야 존자]의 오염원의 멸진(kilesa-kkhaya)을 아는 것과 같이 부처님의 위력(buddhānubhāva)으로 그렇게 아신 뒤 이 우러나온 말씀을 읊으신 것이다."(UdA.363)

557) '윤회를 자르면 회전하지 않나니'는 chinnaṁ vaṭṭaṁ na vattati를 옮긴 것

이것이 바로 괴로움의 끝이다." {62}

들러붙음 경1(Ud7:3)

Satta-sutta

1. 이와 같이 나는 들었다. 한때 세존께서는 사왓티에서 제따 숲의 아나타삔디까 원림(급고독원)에 머무셨다. 그 무렵 사왓티 사람들은 대체로 감각적 쾌락들에 지나치게 매달리고 탐하고 갈망하고 묶이고 홀리고 집착하여 감각적 쾌락들에 취해서 지내고 있었다.

2. 그때 많은 비구들이 오전에 옷매무새를 가다듬고 발우와 가사를 수하고 사왓티로 탁발을 갔다. 사왓티에서 탁발을 하여 공양을 마치고 탁발에서 돌아와 세존께 다가갔다. 가서는 세존께 절을 올리고 한 곁에 앉았다. 한 곁에 앉아서 그 비구들은 세존께 이렇게 말씀드렸다.

"세존이시여, 여기 사왓티 사람들은 대체로 감각적 쾌락들에 지나치게 매달리고 탐하고 갈망하고 묶이고 홀리고 집착하여 감각적 쾌락들에 취해서 지내고 있습니다."

3. 그때 세존께서는 이 의미를 아시고 그 즉시 바로 이 우러나온 말씀을 읊으셨다.558)

이다. 주석서는 "오염원의 회전을 뿌리 뽑음(kilesavaṭṭasamuccheda)에 의해서 자르면(chinna), 즉 근절하면(upacchinna) 업의 회전(kammavaṭṭa)은 돌아가지 않는다(na vattati), 전개되지 않는다(na pavattati)."(UdA. 364)로 해석하고 있다.

558) "'이 의미를 아시고(etamatthaṁ viditvā)'라고 하였다. 그 사람들이 큰 위험이 도사리고 있는(mahāpariḷāhesu) 술 마시는 장소에 매혹되고(āpāna-bhūmiramaṇīyesu) 여러 가지 이익을 주지 못하는 것에 묶여있고(aneka-anatthānubandhesu) 무시무시하고 견디기 힘들고 쓰디쓴 열매를 가져오

"감각적 쾌락들에 매달리고
감각적 쾌락의 속박에 매달리면
족쇄에서 허물을 보지 못하나니
족쇄의 속박에 매달리게 되면
광대하고 거대한 폭류559)를 건너지 못하리라." {63}

들러붙음 경2(Ud7:4)

1. 이와 같이 나는 들었다. 한때 세존께서는 사왓티에서 제따 숲의 아나타삔디까 원림(급고독원)에 머무셨다. 그 무렵 사왓티 사람들은 대체로 감각적 쾌락들에 지나치게 매달리고 탐하고 갈망하고 묶이고 홀리고 집착하고 눈이 멀어560) 감각적 쾌락들에 취해서 지내

는(ghorāsayhakaṭukaphalesu) 감각적 쾌락들에서(kāmesu) 위험을 보지 못하는(anādīnavadassitaṁ) 이것을 모든 측면에서 아시고 감각적 쾌락들과 오염원들의 위험을 설명하는(ādīnavavibhāvanaṁ) 이 우러나온 말씀을 읊으신 것이다."(UdA.365)

559) 주석서는 이 광대하고 거대한 폭류(vipula mahanta ogha)를 감각적 쾌락 등의 폭류(kāmādiogha)와 윤회의 폭류(saṃsārogha)로 설명한다.(UdA.366)
니까야에서 폭류는 감각적 쾌락의 폭류, 존재의 폭류, 사견(邪見)의 폭류, 무명의 폭류의 네 가지 폭류로 정리가 된다.(cattāro oghā – kāmogho, bhavogho, diṭṭhogho, avijjogho, D33 §1.11 (31) 등) 본서 「수부띠 경」(Ud6:7) §2의 주해도 참조할 것.

560) 앞의 「들러붙음 경」 1(Ud7:3)에는 '그 무렵 사왓티 사람들은 대체로 감각적 쾌락들에 지나치게 매달리고 탐하고 갈망하고 묶이고 홀리고 집착하여 감각적 쾌락들에 취해서 지내고 있었다(tena kho pana samayena sāvatthiyā manussā yebhuyyena kāmesu ativelaṁ sattā rattā giddhā gadhitā mucchitā ajjhopannā sammattakajātā kāmesu viharanti).'로 나타나는데 본경에서는 집착하고(ajjhopannā)와 취해서(sammattakajātā) 사이에 '눈이 멀어(andhīkatā)'가 나타나는 것이 다르다. 『우다나 주석서』도 이 사실을 들고 있다.(UdA.366)

고 있었다.

2. 그때 세존께서는 오전에 옷매무새를 가다듬고 발우와 가사를 수하시고 사왓티로 탁발을 가셨다. 세존께서는 사왓티 사람들이 대체로 [76] 감각적 쾌락들에 지나치게 매달리고 탐하고 갈망하고 묶이고 홀리고 집착하고 눈이 멀어 감각적 쾌락들에 취해서 지내는 것을 보셨다.

3. 그때 세존께서는 이 의미를 아시고 그 즉시 바로 이 우러나온 말씀을 읊으셨다.561)

"감각적 쾌락들에 눈멀고 그물에 걸리고
갈애의 덮개에 가려지고 방일의 속박에 묶여
통발에 걸린 물고기처럼 늙음·죽음을 따라가나니
마치 젖먹이 송아지가 어미 소를 그리하듯이." {64}

라꾼따까 밧디야 경3(Ud7:5)562)

Lakuṇḍakabhaddiya-sutta

1. 이와 같이 나는 들었다. 한때 세존께서는 사왓티에서 제따 숲의 아나타삔디까 원림(급고독원)에 머무셨다. 그때 라꾼따까 밧디야 존자는 많은 비구들의 뒤를 따라서 세존께 다가갔다.

---

561) "그때 세존께서는 승원에 들어가서 발을 씻고 잘 마련된 부처님의 자리에 앉으셔서 [통발에 걸린 물고기와 젖먹이 송아지라는] 뒤의 두 가지 일화(pacchima vatthudvaya)를 앞의 [감각적 쾌락들에 눈멀고 등에] 대한 비유(purimassa upamānabhāva)로 삼아서 이 우러나온 말씀을 읊으셨다." (UdA.367)

562) 우러나온 말씀을 제외한 본경의 산문 부분은 『상윳따 니까야』 제2권 「라꾼따까 밧디야 경」(S21:6)의 산문 부분과 같다.

2. 세존께서는 못생기고 보기 흉하고 기형이고 대부분의 비구들이 경멸하는 라꾼따까 밧디야 존자가 멀리서 많은 비구들의 뒤를 따라서 오는 것을 보셨다. 보시고서는 비구들을 불러서 말씀하셨다.

"비구들이여, 그대들은 못생기고 보기 흉하고 기형이고 대부분의 비구들이 경멸하는 저 비구가 오는 것을 보는가?"

"그렇습니다, 세존이시여."

"비구들이여, 이 비구는 크나큰 신통력과 크나큰 위력을 가졌다. 그리고 이 비구가 이미 얻지 못한 증득[等持]을 찾기란 쉽지 않다. 그리고 그는 좋은 가문의 아들들이 집에서 나와 출가하는 목적인 그 위없는 청정범행의 완성을 지금·여기에서 스스로 최상의 지혜로 알고 실현하고 구족하여 머문다."

3. 그때 세존께서는 이 의미를 아시고 그 즉시 바로 이 우러나온 말씀을 읊으셨다.563)

"흠집 없는 바퀴와 흰 차일을 가졌으며
하나의 바퀴살을 가진564) 수레가 구르나니
근심 없고 흐름을 끊었으며
속박 없이 오는 그를 보라."565) {65}

---

563) "'이 의미를 아시고(etamattharh viditvā)'라고 하였다. 라꾼따까 밧디야 존자가 크나큰 신통력과 크나큰 위력을 가졌음 등으로 구분되는(mahiddhikatā-mahānubhāvatādibheda) 덕의 무더기(guṇarāsi)를 갖추었음을 모든 측면에서 아시고 그 의미를 밝히는 이 우러나온 말씀을 읊으신 것이다."(UdA.369)

564) "마음챙김이라 부르는 하나의 바퀴살을 가졌다(eko satisaṅkhāto aro etassāti ekāro)는 뜻이다."(UdA.369)

565) 이 우러나온 말씀은 『상윳따 니까야』 제4권 「까마부 경」 1(S41:5) §3에도 게송으로 나타난다. 게송에 나타나는 모든 술어는 문자적으로는 마차(ratha)

갈애의 멸진 경(Ud7:6)

Taṇhāsaṅkhaya-sutta[566)]

에 해당하지만 비유적으로는 아라한에 해당한다. 자세한 설명은 『우다나 주석서』(UdA.370~371)에 나타난다. 이것을 요약하면 다음과 같다.

흠집(ela)이란 결점(dosa)을 뜻한다. 결점이 없는 것이 '흠집 없음(nela)'이다. 마차(ratha)는 '흠집 없는 바퀴(nelaṅga)'에 비유되는데 마차에서 가장 중요한 부분인 그것의 바퀴(aṅga)가 흠집이 없기 때문이다. 이 비유는 지극히 청정한 계(suparisuddha-sīla)를 나타나는데 그것은 아라한과의 계(arahattaphala-sīla)를 뜻한다. '차일(pachāda)'은 마차 위에 펼친 양털 옷감 등(attharitabbakambalādi)인데 '흰 차일(seta-pachāda)'은 지극히 청정하고 새하얀(suparisuddha-dhavalabhāva) 아라한과의 해탈(arahatta-phalavimutti)을 뜻한다. '근심 없고(anīgha)'란 번뇌의 동요(kilesa-pari-khobha)가 없음을 뜻하는데 그 마차는 흔들림(khobha)이 없기 때문이다. '흐름을 끊었으며(chinna-sota)'라고 한 것은, 보통의 마차는 굴대와 바퀴통에 계속해서 기름이 흐르지만 이 마차는 36가지 갈애의 흐름이 완전히 제거되었기 때문에 그런 흐름이 끊어진 것이다. '속박 없음(abandhana)'이라는 것은, 보통의 마차는 차축 등에 의해서 흔들리는 것을 막기 위해서 많은 묶음들을 가지고 있지만 이 마차에는 모든 속박들, 즉 족쇄(saṁyojana)들이 완전히 제거되었다. 그래서 속박이 없다고 한 것이다.

566) 같은 이름의 경이 『맛지마 니까야』 제2권에 「갈애 멸진의 짧은 경」(M37)과 「갈애 멸진의 긴 경」(M38)으로 나타나고 있다. 이 두 경 가운데 「갈애 멸진의 짧은 경」(M37)은 마하목갈라나 존자를 통해서 본경의 주제인 '갈애의 멸진을 통한 해탈(taṇhā-saṅkhaya-vimutti)'을 실현하기 위해서 수행하는 불교 교단의 출가자들의 정신적인 힘이 천상에서 유유자적하는 신들과 신들의 왕인 인드라(삭까)보다 뛰어남을 드러내는 경이라 할 수 있다.

그리고 「갈애 멸진의 긴 경」(M38)도 주목할 만하다. 많은 한국의 불자들은 마음이나 알음알이가 윤회한다고 굳게 믿고 있기 때문이다.
이것은 부처님 당시에도 마찬가지였던 것 같다. 심지어 부처님 문하로 출가한 스님도 이런 견해를 국집하여 거머쥐고 있었던 듯하다. 그래서 어부의 아들인 사띠 비구는 '내가 세존께서 설하신 법을 알기로는, 다름 아닌 바로 이 알음알이가 계속되고 윤회한다.'(M38 §2)라는 그릇된 견해를 내려놓지 않아서 동료들의 큰 걱정거리가 되었다.

이런 잘못된 견해를 바로잡기 위한 부처님의 간절한 가르침이 바로 이 「갈애 멸진의 긴 경」(M38)에 들어있다. 세존께서는 이 경에서 알음알이는 조건발생이라는 점을 강조하신다. 그래서 "알음알이가 눈과 형색들을 조건하

1. 이와 같이 나는 들었다. 한때 세존께서는 사왓티에서 제따 숲의 아나타삔디까 원림(급고독원)에 머무셨다. 그때 [77] 안냐따꼰단냐 존자567)는 세존으로부터 멀지 않은 곳에서 가부좌를 틀고 상체를

여 일어나면 그것은 눈의 알음알이[眼識]라고 한다. … 마치 어떤 것을 조건하여 불이 타면 그 불은 그 조건에 따라 이름을 얻나니, 장작으로 인해 불이 타면 장작불이라고 하고 … 쓰레기로 인해 불이 타면 쓰레기불이라고 하는 것과 같다."(§8)라고 명쾌하고 분명하게 말씀하신다.

오온 가운데 특히 알음알이의 무아와 조건발생[緣起]을 강조하며 심도 깊은 가르침을 전개하는 본경은 알음알이나 마음을 두고 무슨 불변하는 실체가 있는 줄로 잘못 이해하는 분들이 꼭 깊이 음미하고 사유해 봐야 할 가르침이다. 그리고 오온의 흐름이 윤회라는 사실도 분명히 해야 한다. 그렇지 않으면 마음 혹은 자아가 윤회한다는 힌두교적 윤회관에 빠지거나 죽으면 그만이라는 단멸론자가 되고 만다는 점을 우리 불자들은 명심해야 한다.

이런 측면에서 보자면 『맛지마 니까야』에 담겨 전승되어 오는 이 두 경은 본경에 나타나는 갈애의 멸진(taṇhāsaṅkhaya)이 무엇인가를 상세하게 드러내는 경이라 할 수 있다.

567) 안냐따꼰단냐 존자(āyasmā Aññātakoṇḍañña)의 이름의 표기부터 살펴보자. PTS본에는 여기처럼 Aññātakoṇḍañña로 나타나고 VRI본에는 Aññāsi koṇḍañña로 나타나는데 꼰단냐(Koṇḍañña)는 이 존자의 족성을 나타낸다. (UdA.371) 여기서 aññāta는 ā+√jñā(*to know*)의 동사 ājānāti의 과거분사이고 aññāsi는 이 ājānati의 애오리스트 과거 삼인칭 단수(Aor. 3. Sg)이다.

『상윳따 니까야』 제6권 「초전법륜 경」(S56:11)에서 세존께서는 오비구에게 중도인 팔정도를 천명하신 뒤 사성제를 설하셨는데 꼰단냐 존자가 제일 먼저 이를 이해하여 예류과를 얻었다. 그래서 「초전법륜 경」은 아래의 세존의 기쁨 가득한 우러나온 말씀(감흥어)으로 마무리가 된다.
"그때 세존께서는 우러나온 말씀을 읊으셨다. '참으로 꼰단냐는 완전하게 알았구나. 참으로 꼰단냐는 완전하게 알았구나.'라고. 이렇게 해서 꼰단냐 존자는 안냐따꼰단냐라는 이름을 가지게 되었다."(S56:11 §20; Vin.i.12)
여기서 '참으로 꼰단냐는 완전하게 알았구나.'는 aññāsi vata bho Koṇḍañño를 옮긴 것이다. VRI본은 이를 채택하여 Aññāsikoṇḍañña로 나타나고 있다.

한편 PTS본 『앙굿따라 니까야』 제1권 「하나의 모음」 제14장 으뜸 품의 맨 처음에는 "비구들이여, 나의 구참(久參) 비구 제자들 가운데서 안냐꼰단냐

곧추세우고 갈애의 멸진을 통한 해탈568)을 반조하면서 앉아있었다. 세존께서는 안냐따꼰단냐 존자가 멀지 않은 곳에서 가부좌를 틀고 상체를 곧추세우고 갈애의 멸진을 통한 해탈을 반조하면서 앉아있는 것을 보셨다.

2. 그때 세존께서는 이 의미를 아시고 그 즉시 바로 이 우러나온 말씀을 읊으셨다.569)

가 으뜸이다."(A1:14:1-1)라고 Aññākoṇḍañña로 나타나기도 한다. 이처럼 판본에 따라 Aññāsi-koṇḍañña로도 Aññāta-koṇḍañña로도 Aññākoṇḍañña로도 나타난다. 역자는 Aññātakoṇḍañña로 표기한다.

안냐따꼰단냐(AññātaKoṇḍañña) 존자는 까삘라왓투 근처에 있는 도나왓투(Doṇavatthu)라는 곳의 부유한 바라문 가문에 태어났다. 그는 고따마 싯닷타 태자(세존)가 태어났을 때 관상을 보기 위해서 온 8명의 바라문 가운데 한 명이었다고 한다. 관상학의 대가였던 그는 태자가 깨달은 분이 될 것을 예견하고 출가하기를 기다렸다가 다른 네 명과 함께 부처님의 제자로 출가하였으며 그래서 이들은 오비구(五比丘, Pañcavaggiyā bhikkhū)로 우리에게 잘 알려져 있다.(ThagA.iii.2) 그는 인간들 가운데서는 제일 먼저 법에 눈을 뜬 사람이다. 그래서 그는 안냐따꼰단냐(완전하게 안 꼰단냐)로 불리게 되었다. 그런 지 5일 뒤에 그는 『상윳따 니까야』 제3권 「무아의 특징 경」[無我相經, S22:59/iii.66f]을 듣고 아라한이 되었다.(Vin.i.13~14.)

568) "'갈애의 멸진을 통한 해탈(taṇhā-saṅkhaya-vimutti)'이라고 하셨다. ① 이것에 의해서 갈애가 멸진되었다(aṅkhīyati), 제거되었다(pahīyati)고 해서 갈애의 멸진이니, 즉 열반(nibbāna)이다. 그 갈애의 멸진에 해탈이 있다(taṇhāsaṅkhaye vimutti). ② 혹은 이것에 의해서 갈애가 멸진되었다, 제거되었다고 해서 갈애의 멸진이니, 즉 성스러운 도(ariyamagga)이다. 그것의 결실[果]이 되거나(phalabhūtā) 귀결점이 되는 것(pariyosānabhūtā)이 해탈(vimutti)이라고 해서 갈애의 멸진을 통한 해탈이다.
방편 없이 [말하면] 아라한과의 증득[等至]이다(arahattaphalasamāpatti). [존자는] 이것을 반조하면서 앉아있었다. 존자는 이 과의 증득(phala-samā-patti)에 많이 들었기 때문이다. 그러므로 여기서 이렇게 말씀하신 것이다."(UdA.371)

569) "'이 의미를 아시고(etamatthaṁ viditvā)'라고 하였다. 안냐따꼰단냐 장로가 으뜸가는 과위를 반조하는 것(aggaphalapaccavekkhaṇa)을 아시고 그 의미를 밝히는 이 우러나온 말씀을 읊으신 것이다."(UdA.371)

"뿌리도 없고 흙도 없으며
잎들도 없는데 어디에 덩굴이 있겠는가?570)
속박으로부터 벗어난 그 현자를
누가 비난할 수 있겠는가?
신들도 그를 칭송하고
범천도 그를 칭송하도다." {66}

사량분별의 멸진 경(Ud7:7)

Papañcakhaya-sutta

1. 이와 같이 나는 들었다. 한때 세존께서는 사왓티에서 제따 숲의 아나타삔디까 원림(급고독원)에 머무셨다. 그때 세존께서는 자신의 사량분별이 함께한 인식의 더미를 버렸음571)을 반조하면서 앉아

---

570) '뿌리도 없고 흙도 없으며 / 잎들도 없는데 어디에 덩굴이 있겠는가?'는 yassa mūlaṁ chamā natthi, paṇṇā natthi kuto latā를 옮긴 것이다. 주석서는 여기서 자기 자신이라는 나무의 '뿌리'가 되는 것(attabhāva-rukkha-mūlabhūtā)이 무명(avijjā)이고 이것이 뿌리내려 지탱하게 해준(patiṭṭhā hetubhūtā) '흙(chamā)', 즉 땅(pathavī)은 번뇌와 장애와 지혜 없이 마음에 잡도리함(āsava-nīvaraṇa-ayonisomanasikāra)이라고 설명한다.
그런 뒤 '덩굴(latā)'은 자만과 거만 등(māna-atimānādi)이고 이런 덩굴을 통해서 생기는 '잎들(paṇṇāni)'을 허영, 방일, 속임수, 사기 등(mada-ppamāda-māyā-sāṭheyyādi)으로 설명한다.(UdA.371)

571) '사량분별이 함께한 인식의 더미를 버렸음'은 papañcasaññāsaṅkhā-pahāna를 옮긴 것이다. 본서의 주석서인 『우다나 주석서』는 다음과 같이 이 용어를 자세하게 설명한다.

"스스로 생겨난(yattha sayaṁ uppannā) 그 흐름(santāna)을 사량분별하게 하고(papañcenti) 확장하고(vitthārenti) 오래 머물게 한다(ciraṁ ṭhapenti)고 해서 '사량분별들(papañcā)'인데 오염원들(kilesā)이다. 특히 갈망과 성냄과 어리석음과 갈애와 사견과 자만(rāga-dosa-moha-taṇhā-diṭṭhi-mānā)이다. 그래서 '갈망이 사량분별이고 성냄이 사량분별이고 어리석음이 사량분별이고 갈애가 사량분별이고 사견이 사량분별이고 자만이 사량분

계셨다.

별이다.'라고 하셨다.

나아가서 오염원이란 뜻(saṁkilesaṭṭha)이 사량분별이란 뜻(papañcaṭṭha)이고 쓰레기란 뜻(kacavaraṭṭha)이 사량분별이란 뜻이다. 여기서 갈망이라는 사량분별은 아름다움의 인식에 기인한다.(rāgapapañcassa subha-saññā nimittaṁ — 여기서는 nimittaṁ이 불변사로 쓰여서 '에 기인하는, ~의 탓인(*attributable to*)'의 뜻으로 쓰였다. NMD) 성냄이라는 사량분별은 원한이 생기는 토대(āghātavatthu)에, 어리석음이라는 사량분별은 번뇌들(āsavā)에, 갈애라는 사량분별은 느낌에, 사견이라는 사량분별은 인식에, 자만이라는 사량분별은 일으킨 생각에 기인한다. 이러한 사량분별들과 함께하는 인식(tehi papañcehi sahagatā saññā)이 '사량분별이 함께한 인식(papañcasaññā)'이다. 사량분별이 함께한 인식들의 더미, 몫, 부분(saṅkhā, bhāgā, koṭṭhāsā)이 '사량분별이 함께한 인식의 더미(papañcasaññā-saṅkhā)'이다.

뜻으로는 표상들과 함께(saddhiṁ nimittehi) 이런저런 사량분별들의 편들인(taṁtaṁpapañcassa pakkhiyo) 오염원의 무리(kilesagaṇa)이다. 여기서 인식[이란 용어를] 취한 것(saññāgahaṇa)은 이것이 이들의 공통적인 원인이 되기 때문이다(sādhāraṇahetubhāvena). "참으로 인식을 근원으로 하여(saññānidānā) 사량분별의 더미가 있다."(Sn {880})라고 말씀하셨기 때문이다.

이들을 '버렸음(pahāna)'은 각각의 도에 의해서(tena tena maggena) 갈망 등의 오염원들을 뿌리 뽑았음(rāgādikilesānaṁ samucchedana)이다." (UdA.372~373)

한편 『맛지마 니까야 주석서』는 「꿀 덩어리 경」(M18)을 주석하면서 다음과 같이 papañca-saññā-saṅkhā를 설명한다.

"'사량분별이 함께한 인식의 더미(papañca-saññā-saṅkhā)'라고 하셨다. 여기서 saṅkhā는 '더미(koṭṭhāsa)'를 뜻하고, papañca-saññā는 갈애와 자만과 사견에 의한 사량분별이 함께한 인식(taṇhā-māna-diṭṭhi-papañca-sampayuttā saññā)의 뜻이다. 혹은 인식이라는 이름으로 오직 사량분별을 말씀하셨다. 그러므로 사량분별의 더미(papañca-koṭṭhāsa)가 여기서 뜻하는 것이다."(MA.ii.75)

'사량분별(papañca)'과 '사량분별이 함께한 인식의 더미(papañca-saññā-saṅkhā)'에 대해서는 『맛지마 니까야』 제1권 「꿀 덩어리 경」(M18) §16 이하와, 「뿌리에 대한 법문 경」(M1) §3의 '땅을 땅이라 인식하고서는(pathaviṁ pathavito saññatvā)'에 대한 주해와 제2권 「우빨리 경」(M56) §29의 주해를 참조할 것.

2. 그때 세존께서는 자신의 사량분별이 함께한 인식의 더미를 버렸음을 아시고 그 즉시 바로 이 우러나온 말씀을 읊으셨다.572)

"사량분별들과 머묾이 없고573)
고삐와 빗장을 극복하여574)

---

572) "그때 참으로 세존께서는 ① 과거의 여러 백천 꼬띠(십만×천만) 번의(aneka-koṭisatasahassasaṅkhā) 자신의 태어남들(jāti)에서 이익을 주지 못하는 것(anattha)의 표상이 되는(nimittabhūte) 오염원들을 이 마지막 존재에서(carimabhave) 성스러운 도로 보리좌(bodhi-maṇḍa)에서 정신적 흔적[薰習, 餘習, vāsanā]과 더불어 제거하였음을 반조하신 뒤(paccavekkhitvā) ② 그리고 갈망 등의 오염원들로 오염되어 있고(rāgādikilesasaṁkiliṭṭha) 오염원들의 움직임(kilesacarita)인 저 중생들의 흐름(sattasantāna)을 쌀죽 찌꺼기로 가득 찬 호박(kañjiyapuṇṇalābu)처럼, 버터가 가득 담긴 항아리(takkabharitacāṭi)처럼, 기름에 흠뻑 젖은 넝마(vasāpītapilotika)처럼 벗어나기 어려움(dubbinimociya)을 보신 뒤(disvā) ③ '이와 같이 깊디깊은 것(gahana)이 이 오염원의 회전(kilesavaṭṭa)이어서 시작이 없는 시간 동안 자라온 것(anādikālabhāvita)을 내가 남김없이 제거하였으니(pahīna) 참으로 잘 제거하였구나(suppahīna).'라고 [생각하면서] 일어난 희열과 환희를 가지시어(uppanna-pītipāmojja) 이 우러나온 말씀을 읊으셨다."(UdA.373)

573) "'사량분별들과 머묾이 없고(yassa papañcā ṭhiti ca natthi)'라고 하셨다. 세존께서는 자신을 남과 같이 여기고 언급하셨는데(niddisati), 그것은 그런 으뜸가는 인간(aggapuggala)께는 이미 언급한 특징을 가진 사량분별들(papan$caa)과 이것들이 만들어낸 윤회에 머묾(ṭhiti)이 없기 때문이다.

574) '고삐와 빗장을 극복하여'는 sandānaṁ palighañca vītivatto를 옮긴 것이다. 여기서 '고삐(sandāna)'는 갈애와 사견(taṇhādiṭṭhiyo)을 뜻하고 '빗장(paligha)'은 무명(avijjā)을 뜻한다고 주석서는 설명한다. 그리고 분노(kodha)가 바로 고삐이므로 이것을 취해서는 안 된다는 다른 사람들의 주장도 소개하고 있다.(UdA.373~374)

그리고 이 '고삐(sandāna)'와 '빗장(paligha)'은 『맛지마 니까야』 제3권 「와셋타 경」(M98 = Sn.115ff) §11의 {29}번 게송에도 나타나는데 여기에 인용하면 다음과 같다.

"가죽끈, 채찍, 고삐와 굴레를 잘라버리고
빗장을 풀어버리고 깨달은 자,

갈애가 없이 유행하는 그 성자를
신들을 포함한 세상은 얕보지 못한다." {67}

깟짜나 경(Ud7:8)
Kaccāna-sutta

1. 이와 같이 나는 들었다. 한때 세존께서는 사왓티에서 제따 숲의 아나타삔디까 원림(급고독원)에 머무셨다. 그때 마하깟짜나 존자[575]는 세존으로부터 멀지 않은 곳에서 가부좌를 틀고 상체를 곧추 세우고 안으로 몸에 대한 마음챙김을 전면에 잘 확립하여 앉아있었다. 세존께서는 마하깟짜나 존자가 멀지 않은 곳에서 가부좌를 틀고 상체를 곧추세우고 안으로 몸에 대한 마음챙김을 전면에 잘 확립하여 앉아있는 것을 보셨다.

2. 그때 세존께서는 이 의미를 아시고 그 즉시 바로 이 우러나온 말씀을 읊으셨다.[576]

그를 나는 바라문이라 부른다.
(chetvā naddhiṁ varattañca,
sandānaṁ sahanukkamaṁ;
ukkhittapalighaṁ buddhaṁ,
tamahaṁ brūmi brāhmaṇaṁ.)" {29}

『맛지마 니까야 주석서』는 다음과 같이 설명한다.
"'가죽끈(naddhi)'이란 적의(upanāha)를 뜻하고, '채찍(varatta)'이란 갈애(taṇhā)를 뜻한다. '고삐(sandāna)'란 올가미(yuttapāsa)를 말하는데 이것은 견해에 묶여있음(diṭṭhi-pariyuṭṭhāna)과 동의어이다. '굴레(sahanukka-ma)'에서 anukkama는 올가미(pāsa)에 들어가게 만드는 매듭(pavesana-gaṇṭhi)을 말한다. 여기서 굴레는 견해의 잠재성향(diṭṭhānusaya)을 뜻한다. '빗장(paligha)'이란 무명을 말한다."(MA.iii.437)

575) 마하깟짜나 존자(āyasmā Mahākaccāna)에 대해서는 본서 「소나 경」(Ud5:6) §1의 해당 주해를 참조할 것.

"어디서나 [78] 늘 몸에 대한 마음챙김이 확립되어서[577]
'[업 지음이] 존재하지 않았다면[578]

---

576) "'이 의미를 아시고(etamattharn viditvā)'라고 하였다. 이것은(etarn) 마하깟짜나 존자가 마음챙김의 확립의 수행(satipaṭṭhānabhāvanā)을 통해서 성취한(adhigata) 禪을 기초로 하여(pādakarn katvā) 증득한 것임(samāpajjana)을 모든 측면에서 아시고 그 의미를 밝히는 이 우러나온 말씀을 읊으신 것이다."(UdA.375)

577) "'어디서나 늘 몸에 대한 마음챙김이 확립되어서(yassa siyā sabbadā sati, satataṃ kāyagatā upaṭṭhitā)'라고 하셨다. 위빳사나를 시작한 수행자(āraddhavipassaka)는 하루를 6등분 하여(cha koṭṭhāse katvā) 모든 시간에 정신과 물질의 구분(nāmarūpabheda)에 의해서 [자기 존재를] 두 부분으로 나눈다. 그리고 몸에서 몸을 대상으로 삼아서(kāye gatā kāy-ārammaṇā) 취착의 [대상인] 다섯 가지 무더기들(오취온)에 대해 무상 등의 명상(aniccādisammasana)을 통해서 지속적으로(satataṃ) 끊임없이(nirantaraṃ) 끈기 있는 가행정근(加行精勤)을 통해서(sātaccābhiyoga-vasena) 마음챙김을 확립해야 한다(sati upaṭṭhitā siyā)는 말씀이다."(UdA.375)

계속해서 주석서는 이렇게 설명한다.
"이것은 존자가 몸에 대한 마음챙김의 명상주제(kāyagatāsati-kamma-ṭṭhāna)를 통해서 처음으로(paṭhamaṃ) 禪에 든 것인데(jhānaṃ nibbatte-tvā) 이것을 기초가 되는(pādakaṃ) [禪으로] 한 뒤 몸에 대한 마음챙김의 확립을 방법(mukha)으로 하여 위빳사나를 확립하여 아라한됨을 얻었다고 한다. 그는 나중에도 역시 대체적으로 이 禪을 증득한 뒤에 출정하여(vuṭṭhāya) 여기에서 위빳사나를 하여(vipassitvā) 과의 증득(phala-samāpatti)에 들었다. 그가 아라한됨을 얻은 그 체계(vidhi)를 보여주시기 위해서 스승께서는 여기서 '어디서나 늘 몸에 대한 마음챙김이 확립되어서(yassa siyā sabbadā sati, satatarn kāyagatā upaṭṭhitā)'라고 말씀하신 뒤 그것을 확립하는 방법(upaṭṭhānākāra)을 설명하시기 위해서 '[업 지음이] 존재하지 않았다면 나의 [오온]도 존재하지 않을 것이다(no cassa no ca me siyā, na bhavissati na ca me bhavissati).'라고 말씀하시는 것이다."(Ibid)

578) '[업 지음이] 존재하지 않았다면 … 나에게는 [다시 태어남이] 존재하지 않을 것이다.'는 no cassa no ca me siyā, na bhavissati na ca me bhavissati를 옮긴 것이다. 이 구절은 『상윳따 니까야』 제3권 「감흥어 경」(S22:55) §2와 『맛지마 니까야』 제3권 「흔들림 없음에 적합한 길 경」(M106) §10과 『앙굿따라 니까야』 제6권 「꼬살라 경」 1(A10:29) §12에도

나의 [오온]도 존재하지 않을 것이다.

[업 지음은] 존재하지 않을 것이고

나에게는 [다시 태어남이] 존재하지 않을 것이다.'579) 라고580)

나타난다. 문맥에 따라 이 구절은 조금씩 다르게 번역되었는데 여기에 대해서는 「흔들림 없음에 적합한 길 경」(M106) §10의 해당 주해와 특히 「감흥어 경」(S22:55) §2의 해당 주해를 참조하기 바란다. 여기서는 「감흥어 경」(S22:55) §2의 해석을 따랐다.

「흔들림 없음에 적합한 길 경」(M106) §10에는 맨 마지막 구절의 na ca me bhavissati 대신에 na me bhavissati로 나타나고 "이것이 없었다면 이것은 내 것이 아니었을 것이고, 있지 않다면 내 것이 되지 않을 것이다."로 옮겼다. 그리고 「꼬살라 경」 1(A10:29) §12에서는 그곳의 문맥에 따라 "[만일 과거에] 내가 존재하지 않았다면 [지금] 내 존재는 있지 않을 것이고, [만일 미래에] 내가 없다면 내게 [장애도] 있지 않을 것이다."로 옮겼다. 이 문장에 대한 여러 가지 고찰은 특히 『상윳따 니까야』 제3권 「감흥어 경」(S22:55) §3의 주해에서 길게 설명하고 있으므로 관심있는 독자들의 정독을 권한다.

579) 본경에 나타나는 이 우러나온 말씀에 대한 『우다나 주석서』의 설명을 소개하기 전에 위에서 소개한 「감흥어 경」(S22:55) 등의 경들에 대한 주석서의 설명을 먼저 소개한다. 역자는 이렇게 하는 것이 본경의 이 우러나온 말씀에 대한 『우다나 주석서』의 설명을 더 잘 이해할 수 있다고 판단하기 때문이다.

먼저 『상윳따 니까야』 제3권 「감흥어 경」(S22:55) §3에 해당하는 『상윳따 니까야 주석서』는 이렇게 설명한다.
"'① [업 지음이] 존재하지 않았다면 나의 [오온]도 존재하지 않을 것이다.(no cassaṁ, no ca me siyā)': 만일 나에게 과거에(atīte) 업을 형성함(kamma-abhisaṅkhāra)이 존재하지 않았다면 지금의(etarahi) 이 오온(khandha-pañcaka)도 존재하지 않을 것이다.
② '[업 지음은] 존재하지 않을 것이고 나에게는 [다시 태어남이] 존재하지 않을 것이다.(nābhavissa, na me bhavissati)': 이제 나는 분투할 것이다(parakkamissāmi). 그래서 미래에(āyatiṁ) 나의 오온을 다시 태어나게 하는(khandha-abhinibbattaka) 업의 형성(kamma-saṅkhāra)은 존재하지 않을 것이다. 이것이 존재하지 않을 때(tasmiṁ asati) 미래에 재생(paṭisandhi)이라는 것은 나에게는 존재하지 않을 것이다."(SA.ii.275)

한편 『맛지마 니까야』 제3권 「흔들림 없음에 적합한 길 경」(M106) §10에 해당하는 『맛지마 니까야 주석서』는 이렇게 설명한다.

"전생에(pubbe) 다섯 종류의 업의 윤회(kamma-vaṭṭa)를 쌓지 않았다면 이와 같이 현재(etarahi) 다섯 종류의 과보의 윤회(vipāka-vaṭṭa)가 나에게 생기지 않았을 것이고, 만약 현재에 다섯 종류의 업의 윤회를 쌓지 않는다면 미래에(anāgate) 나에게 다섯 종류의 과보의 윤회가 생기지 않을 것이라는 뜻이다."(MA.iv.65)

『맛지마 니까야 복주서』는 여기에 대해서 다음과 같이 부연 설명을 한다.

"'전생에 다섯 종류의 업의 윤회(pubbe pañcavidhaṁ kammavaṭṭa)'란 전생의 업의 존재(purima-kamma-bhava)에서의 어리석음인 무명(moha avijjā), 쌓음인 [업]형성들(āyūhanā saṅkhārā), 갈망인 갈애(nikanti taṇhā), 집착인 취착(upagamana upādāna), 의도인 존재(cetanā bhava), 이러한 업의 연속(kamma-ppabandha)을 말하고, '현재 다섯 종류의 과보의 윤회(etarahi pañcavidhaṁ vipākavaṭṭa)'란 알음알이[識], 정신·물질[名色], 여섯 감각장소[六入], 감각접촉[觸], 느낌[受]이라 불리는 현재 과보의 연속(vipāka-ppabandha)을 말한다."(MAṬ.ii.257)

이처럼 주석서 문헌들은 이 게송을 12연기를 설명하는 정설인 삼세양중인과로 해석하고 있다. 즉 윤회의 괴로움의 원인으로는 무명-행-애-취-유의 다섯을, 그 과보의 전개로는 식-명색-육입-촉-수의 다섯을 들고 있다. 과거의 다섯 원인에 의해서 현재의 다섯 과보가 전개되고 현재의 다섯 원인을 조건으로 미래의 다섯 과보(식-명색-육입-촉-수는 미래의 태어남과 늙음·죽음을 한정하는 내용이므로 이 다섯을 취함)가 전개된다. 여기에 대해서는 『아비담마 길라잡이』 제8장 §§3~10, 특히 §7과 [해설]을 중심으로 참조하기 바란다.

580) 앞에서 소개한 『상윳따 니까야 주석서』와 『맛지마 니까야 주석서』의 설명을 바탕으로 이제 본경의 본 우러나온 말씀에 대한 『우다나 주석서』의 설명을 살펴보자. 『우다나 주석서』는 이것을 아래와 같이 두 가지 관점에서 설명한다.

"이 뜻은 두 가지로 봐야 한다. 첫째는 [이렇게 무상·고·무아로] 명상하기 전의 준비 단계를 통해서이고(sammasanato pubbabhāgavasena) 둘째는 [직접 이렇게] 명상하는 때를 통해서이다(sammasanakālavasena).

① [무상·고·무아로 명상하기 전의] 준비 단계를 통해서(pubbabhāga-vasena) — '[업 지음이] 존재하지 않았다면 나의 [오온]도 존재하지 않을 것이다(no cassaṁ, no ca me siyā).'라는 것은 과거 시간에(atītakāle) 나의 오염원인 업(kilesakamma)이 존재하지 않았다면 이 현재의 시간에(paccuppannakāle) 이 자기 존재(attabhāva)는 나에게 존재하지 않을 것이다, 즉 생기지 않을 것이다(na me uppajjeyya). 그러나 나의 과거의 업인 오염원들(kammakilesā)이 있었으며 그것 때문에 그것을 표상으로 한

(taṁnimitta) 지금(etarahi) 이 나의 자기 존재가 전개된다(pavattati).

'[업 지음은] 존재하지 않을 것이고 나에게는 [다시 태어남이] 존재하지 않을 것이다(na bhavissati na ca me bhavissati).'라는 것은 이 자기 존재에서 반대가 되는 증득(paṭipakkhādhigama)에 의해서 오염원인 업(kilesakamma)은 존재하지 않을 것이고, 즉 나에게 일어나지 않을 것이고, 미래에(āyatiṁ) 과보로 나타나는 윤회(vipākavaṭṭa)도 나에게 존재하지 않을 것이다, 즉 나에게 전개되지 않을 것이다(na me pavattissati)라는 뜻이다. 이와 같이 삼세의 시간에(kālattaye) 이 나의 자기 존재라 불리는 무더기 다섯 가지(오온)는 업인 오염원을 원인으로 하지(kammakilesahetuka) 자재신 등을 원인으로 하지 않는다(na issarādihetukaṁ). 나에게서 이렇듯이 그와 같이 모든 중생들에게도 그러하다라고 조건과 함께하는 정신·물질을 보여주시는 것(sappaccayanāmarūpadassana)이 밝혀진 것이다.

② [직접] 명상하는 시간을 통해서(sammasanakālavasena) — '[업 지음이] 존재하지 않았다면 나의 [오온]도 존재하지 않을 것이다(no cassaṁ, no ca me siyā).'라고 하셨다. 이 무더기 다섯 가지(오온)는 있었다가 없어진다는 뜻에서 무상이고(hutvā abhāvaṭṭhena aniccaṁ) 끊임없이 압박받기 때문에 괴로움이고(abhiṇha-paṭipīḷanaṭṭhena dukkhaṁ) 자재자가 아니라는 뜻에서 무아다(avasavattanaṭṭhena anattā, *cf.* Vis.XX.85). 이와 같이 만일 이 자아라는 것이 무더기 다섯 가지를 벗어나 있는 것도 아니라면 어떤 누구도 없었고(no cassa) 있을 수도 없고(no ca siyā) 있지도 않을 것이다(na bhaveyya). 만일 이와 같다면, 존자여, '나의 [오온]도 존재하지 않을 것이다.' 나의 곁에는(mama santakaṁ) 참으로 어떤 것도 존재하지 않을 것이다(kiñci na bhaveyya).

'[업 지음은] 존재하지 않을 것이고(na bhavissati)'라고 하셨다. 만일 자아와 자아에 속하는 것이 있다 해도(attani attaniye bhavitabbaṁ) 이 정신·물질은 현재에도 과거에도(etarahi ca atīte ca) 자아에 속하는 것이 공하듯이(attattaniyaṁ suññaṁ) 그처럼 이 정신·물질은 현재에도 과거에도(etarahi ca atīte ca) 자아에 속하는 것이 공하다(attattaniyaṁ suññaṁ). 그와 같이 '[업 지음은] 존재하지 않을 것이고 나에게는 [다시 태어남이] 존재하지 않을 것이다.' 미래에도(anāgatepi) 오온을 벗어난 자아(khandhavinimutto attā)라는 것은 어떤 누구도 아니고 나에게는 존재하지 않을 것이고 전개되지 않을 것이다(na koci na me bhavissati na pavattissati). 그래서 무엇이든 장애로 판명이 되는 것(palibodhaṭṭhāniyaṁ)은 나에게는 존재하지 않을 것이다. 미래에도(āyatimpi) 자아에 속하는 것(attaniya)이란 나에게는 어떤 것도 존재하지 않을 것이다.
이것에 의해서 삼세에서도 '나'라고 취할 만한 것(ahanti gahetabba)이 존재하지 않기 때문에 '내 것'이라고 취할 만한 것(mamanti gahetabba)도

이처럼 차례로 머무는[次第住] 자는581)

적절한 시간에 애착582)을 건널 것이다." {68}

존재하지 않음을 보여주신다. 그래서 네 가지 방식(catukoṭikā)으로 공함(suññatā)이 분명하게 드러났다.(즉 나는 어디에도 없다는 것이 첫째이고, 나는 누구에게 속한 것이 아니라는 것이 둘째이고, 내 것은 어디에도 없다는 것이 셋째이고, 누구에게도 내 것이라고 할 만한 것은 없다는 것이 넷째이다. — nāhaṁ kvacani kassaci kiñcanatasmiṁ, na ca mama kvacani kismiñci kiñcanaṁ natthi, M106 §8과 주해를 참조할 것.)" (UdA.376)

이렇게 본다면 앞에서 소개한 『상윳따 니까야』 제3권 「감흥어 경」(S22:55) §3에 대한 주석서의 설명과 『맛지마 니까야』 제3권 「흔들림 없음에 적합한 길 경」(M106) §10에 대한 주석서의 설명은 여기 『우다나 주석서』의 설명 가운데 ① [무상 · 고 · 무아로] 명상하기 위한 준비 단계(sammasanato pubbabhāga)의 설명과 같지 않은가 생각된다.

581) "'이처럼 차례로 머무는[次第住] 자는(anupubbavihāri tattha so)'이라고 하셨다. 이처럼 [과거 · 미래 · 현재의] 세 가지 시간 모두에 자아와 자아에 속하는 것이 공하다(attattaniyā suññatā). 거기서 형성된 것들을 관찰하면서 점차적으로(anukkamena) 생멸의 지혜 등의 위빳사나의 지혜들(udaya-bbayañāṇādivipassanāñāṇāni)이 생겨날 때 차례대로 위빳사나에 머묾(anupubbavipassanāvihāra)을 통해서 '차례로 머무는 자'가 된다는 말씀이다."(UdA.376)

여기서 생멸의 지혜는 『청정도론』과 『아비담마 길라잡이』에서 정리하고 있는 열 가지 위빳사나의 지혜 가운데 두 번째에 해당한다. 『아비담마 길라잡이』 제9장 §25는 10가지 위빳사나의 지혜(vipassanāñāṇa)를 ① 명상의 지혜(sammasanañāṇa) ② 생멸의 지혜(udayabbayañāṇa) ③ 무너짐의 지혜(bhaṅga-ñāṇa) ④ 공포의 지혜(bhayañāṇa) ⑤ 위험의 지혜(ādīnavañāṇa) ⑥ 염오의 지혜(nibbidāñāṇa) ⑦ 해탈하기를 원하는 지혜(muñcitukamyatāñāṇa) ⑧ 깊이 숙고하는 지혜(paṭisaṅkhāñāṇa) ⑨ 형성된 것들[行]에 대한 평온의 지혜(saṅkhār'upekkhā-ñāṇa) ⑩ 수순하는 지혜(anulomañāṇa)로 정리하고 있다.(9장 §25) 『청정도론』은 ④, ⑦, ⑨, ⑩을 제외한 나머지 6곳에서는 '지혜(ñāṇa)' 대신에 '관찰하는 지혜(anu-passanāñāṇa)'라는 용어를 사용하고 있다.(Vis.XXI.1) 10가지 위빳사나의 지혜에 대한 설명은 『아비담마 길라잡이』 제9장 §25의 [해설]과 『청정도론』 제21장(XXI) §1 이하를 참조하기 바란다.

582) '애착'은 visattikā(vi+√sṛj, *to cling*)를 옮긴 것인데 주석서는 갈애(taṇhā)와 동의어라고 설명한다(visattikā-saṅkhātā taṇhā, UdA.377).

우물 경(Ud7:9)

Udapāna-sutta

1. 이와 같이 나는 들었다. 한때 세존께서는 많은 비구 승가와 함께 말라[583]를 유행하시다가 투나[584]라는 말라들의 바라문 마을에 도착하셨다. 투나에 사는 바라문 장자들은 이렇게 들었다.

"사꺄의 후예이고, 사꺄 가문에서 출가한 사문 고따마가 많은 비구 승가와 함께 말라에서 유행하다가 투나에 도착했다."라고.

그들은 "까까머리 사문들이 물을 마시지 못하기를."이라고 하면서 우물을 풀과 왕겨로 가장자리까지 채워버렸다.[585]

---

583) 말라(Malla)는 인도 중원의 16국 가운데 하나였다. 부처님 시대에는 빠와(Pāvā)와 꾸시나라(Kusināra)의 두 부분으로 나누어져 있었는데 각각 빠와의 말라들은 빠웨이야까말라(Pāveyyaka-Malla)라 불리었고 꾸시나라의 말라들은 꼬시나라까(Kosināraka)라 불리었다. 이미 「대반열반경」(D16)에서 빠와의 말라들이 꾸시나라로 전령을 보내어서 부처님의 사리를 나누어 줄 것을 청한 데서도 이 둘은 다른 나라였음을 알 수 있다. 부처님께서 쭌다의 마지막 공양을 드신 곳도 바로 이 빠와였으며, 『디가 니까야』 「정신경」(D29) §1에 의하면 니간타 나따뿟따는 이곳에서 임종하였다. 이 두 곳 외에도 초기불전에서는 보가나가라(Bhoganagara)와 아누삐야(Anu-piyā)와 우루웰라깝빠(Uruvelakappa)가 언급되고 있다.
적지 않은 말라족에 속하는 사람들이 경들에 언급되고 있다. 릿차위와 말라는 같이 와싯타(Vasiṭṭha) 족성을 가졌다. 그래서 그들은 같이 와셋타(Vāseṭṭha)라고 경에서 호칭된다. 말라는 왓지족처럼 공화국 체제를 유지했으며, 말라의 수장들이 돌아가면서 정치를 했고, 그런 의무가 없을 때는 상업에 종사했다고 한다.(DA.ii.569)

584) 투나(Thūṇa)는 여기서 보듯이 말라에 있는 바라문 마을이었다. 그들은 삼보에 대한 믿음이 없고 천성적으로 인색한 사람들이었다고 한다.(ratanattaye appasannā maccherapakatā, UdA.378) 빠알리어 thūṇa에 해당하는 Sk. sthūṇa는 바라문교의 동물희생 제사에서 동물들을 묶어서 공물로 바치는 제사 기둥을 뜻한다.

585) 주석서에 의하면(UdA.378~379) 투나 마을에는 마을 밖의 세존이 오시는 길에(bhagavato āgamanamagge) '우물(udapāna)' 하나가 있었다고 한

2. 그때 세존께서는 길을 벗어나 어떤 나무 아래로 가셨다. 가셔서는 마련된 자리에 앉으셨다. 자리에 앉으신 세존께서는 아난다 존자를 불러서 말씀하셨다.

"아난다여, 그대는 나를 위해서 이 우물에서 물을 가져와 다오."

이렇게 말씀하시자 아난다 존자는 세존께 이렇게 말씀드렸다.

"지금 투나에 사는 바라문 장자들이 '까까머리 사문들이 물을 마시지 못하기를.'이라고 하면서 우물을 풀과 왕겨로 가장자리까지 채워버렸습니다."

3. 두 번째로 … 세 번째로 세존께서는 아난다 존자를 불러서 말씀하셨다.

"아난다여, 그대는 나를 위해서 이 우물에서 물을 가져와 다오."

"그렇게 하겠습니다, 세존이시여."라고 아난다 존자는 세존께 대답한 뒤 발우를 가지고 그 우물로 갔다. 그때 아난다 존자가 다가가자 그 우물은 가장자리로부터 그 모든 풀과 왕겨를 밀어 올려 맑고 깨끗하고 투명한 물로 가장자리까지 흘러넘치듯이 가득 채워져 있었다.

4. 그때 아난다 존자에게 이런 생각이 들었다.

'오, 여래의 크나큰 신통력과 크나큰 위력은 참으로 경이롭구나.

다. 그 해에는 그 우물 외의 모든 못과 동굴 등(kūpataḷākādīni)에 있는 물은 다 말라버려서 물이 없었다고 한다(visukkhāni nirudakāni ahesuṁ). 세존과 비구 승가가 투나에 오신다는 말을 듣고 삼보에 믿음이 없는 투나의 바라문들은 세존 일행이 빨리 자기 마을을 나가시도록 자기들이 마실 일 주일치 물(sattāhassa udaka)을 길어서 준비해 놓고 이 우물을 풀과 왕겨로 가장자리까지 채워버렸다(tiṇassa ca bhusassa ca yāva mukhato pūresuṁ)고 한다. 본문은 이 사건을 말하는 것이라고 한다.

참으로 놀랍구나. 이 우물은 내가 다가가자 가장자리로부터 그 모든 풀과 왕겨를 밀어 올려 맑고 깨끗하고 투명한 물로 가장자리까지 흘러넘치듯이 가득 채워져 있구나.'

그는 발우에 물을 담아서 [79] 세존께 다가갔다. 가서는 세존께 이렇게 말씀드렸다.

"세존이시여, 여래의 크나큰 신통력과 크나큰 위력은 참으로 경이롭습니다. 참으로 놀랍습니다. 제가 다가가자 그 우물은 가장자리로부터 그 모든 풀과 왕겨를 밀어 올려 맑고 깨끗하고 투명한 물로 가장자리까지 흘러넘치듯이 가득 채워져 있었습니다. 세존께서는 물을 드십시오. 선서께서는 물을 드십시오."

5. 그때 세존께서는 이 의미를 아시고 그 즉시 바로 이 우러나온 말씀을 읊으셨다.586)

"만일 모든 곳에 물이 있다면
우물이 뭐 필요하겠는가?
갈애를 뿌리부터 자른 뒤에는
무엇을 찾아 헤매겠는가?"587) {69}

---

586) "'이 의미를 아시고(etamatthaṁ viditvā)'라고 하였다. 결심이 없이도(adhi-ṭṭhānena vinā) 자신이 원하는 것을 성취함이라 불리는(icchitanipphatti-saṅkhāta) 이 의미를 모든 측면에서 아시고 그 의미를 밝히는 이 우러나온 말씀을 읊으신 것이다."(UdA.381)

587) "'갈애를 뿌리부터 자른 뒤에는 / 무엇을 찾아 헤매겠는가(taṇhāya mūlato chetvā, kissa pariyesanaṁ care)?'라고 하셨다. [이 말씀은] 중생들은 갈애에 묶여(taṇhāya vinibaddhā) 공덕을 짓지 않고(akatapuññā) 원하는 것을 얻지 못하는 괴로움[求不得苦, icchitālābha-dukkha]으로 혹사당한다(vihaññanti). 그런 갈애의 뿌리들을 잘라버리고 머무는 나와 같은 일체지자인 부처가(mādiso sabbaññubuddho) 무엇 때문에 물을 찾아(pānīyapariyesana) 헤매거나, 혹은 다른 조건을 찾아 헤매겠는가? — [라

우데나 경(Ud7:10)

Udena-sutta

1. 이와 같이 나는 들었다. 한때 세존께서는 꼬삼비의 고시따 원림에 머무셨다.[588] 그때 우데나 왕[589]의 정원에 있던 내전이 불에

는 뜻이다.] …

그분은 깨달음을 통해서(bodhiyā) 그 [깨달음]의 뿌리가 되는(mūlabhūta) 큰 서원[大誓願, mahā-paṇidhāna]으로부터 시작하여 한량없는(aparimita) 전체 공덕의 더미(puññasambhāra)를 자신을 위해서는 사량하지 않으시고(attano acintetvā) 오직 세상의 이익으로 회향하여 성취하시면서(lokahit-atthameva pariṇāmanavasena paripūrento) 뿌리부터 시작해서 갈애를 잘라버리셨다(mūlato pabhuti taṇhāya chettā). 그분은 갈애를 이유로 원하는 것을 얻지 못함이라는 것이 존재하지 않는데(taṇhāhetukassa icchitālābhassa abhāvato) 무엇 때문에 물을 찾아 헤매겠는가? 이 투나에 사는 사람들이 눈멀고 어리석어서(andhabālā) 이러한 이유(kāraṇa)를 모르고 이러한 짓을 하였다(evamakaṁsu)."(UdA.381~382)

588) 꼬삼비(Kosambi)와 고시따 원림(Ghositārāma)에 대해서는 본서 「나가 경」(Ud4:5) §1의 해당 주해를 참조할 것.

589) 우데나 왕(rājā Udena, VRI: rājā Utena)은 그의 아버지 빠란따빠(Paran-tapa)의 대를 이은 꼬삼비(Kosambi)의 왕이었다. 그의 어머니가 그를 임신하였을 때 왕이 정표로 값비싼 반지를 왕비의 손가락에 끼워주었는데 그때 코끼리 어금니만큼 큰 부리를 가진 큰 새(hatthiliṅga-sakuṇa)가 내려와서 그녀를 낚아채 가버려서 알라깝빠(Allakappa) 수행자 거처의 나무에 걸쳐놓고 가버렸다는 신비한 일화가 『법구경 주석서』에 나타난다. 그는 이렇게 알라깝빠의 교육으로 자라서 다시 꼬삼비의 왕이 되었다. 우데나 왕에 대한 자세한 이야기는 『법구경 주석서』(DhpA.i.161~227)에 나타나고 있다.

우데나 왕의 이야기는 주로 사마와띠(Sāmavati) 등의 세 명의 왕비의 일화와 연결되어있다. 첫 번째 왕비가 본경에 나타나는 사마와띠(Sāmāvati) 왕비이다. 사마와띠에 대해서는 아래 주해를 참조할 것.

두 번째 왕비가 웃제니의 짠다빳조따 왕의 딸인 와술라닷따(Vāsuladattā)였다.(DhpA.i.191f.) 여기서 난 아들이 보디 왕자(Bodhi rājakumāra)이다. 「보디 왕자 경」(M85)에 의하면 그는 코끼리 조련에 능숙하였으며(§§55~57) 어머니 뱃속에 있을 때 이미 삼귀의 계를 받은(§61) 불교 모태 신앙의 원조라 할 수 있다.

탔다. 사마와띠590)를 상수로 하는 오백 명의 여인들이 죽임을 당하

세 번째 왕비가 본경의 참화를 일으킨 당사자인 마간디야(Māgandiya/Māgaṇḍiya)이다. 마간디야는 그녀의 아버지가 세존께 마간디야를 시집보내려 하였으나 세존이 거절하여 그녀는 세존께 앙심을 품고 있었다고 하며 그녀의 부모는 출가하여 아라한이 되었다. 그녀의 아버지 마간디야 유행승(Māgandiya paribbājaka)의 일화를 담고 있는 경이 『맛지마 니까야』 제3권 「마간디야 경」(M75)이다. 이 경에서 세존으로부터 병 없음(ārogya)과 열반에 대한 가르침을 듣고 그는 출가하여 아라한이 되었다.(§28) 이처럼 이 세 왕비는 불교와는 인연이 깊었다.

590) 사마와띠(Sāmāvati)는 꼬삼비 우데나 왕의 왕비였다. 그녀에 대해서는 『법구경 주석서』의 사마와띠 일화(Sāmāvatīvatthu, DhpA.i.161~228, 특히 191쪽 이하)로 자세하게 전승되어 오며 『우다나 주석서』에 요약되어 나타난다.(UdA.383 이하) 이 일화는 『법구경』 불방일 품의 세 개의 게송(Dhp {21}~{23})에 대한 설명으로도 나타난다. 『법구경 주석서』에 의하면 『법구경』 {21}~{23}번 게송도 부처님께서 사마와띠와 500명의 시녀들의 참화를 듣고 이곳 고시따 원림에서 읊으신 것이라고 한다.(DhpA.i.161)

『법구경 주석서』(DhpA.i.161~228)와 『우다나 주석서』(UdA.383 이하)에 의하면 그녀는 밧다와띠(Bhaddavatī)의 밧다와띠야 장자의 딸이었는데 그곳에 질병이 돌자 장자는 가족을 데리고 친구인 고시따(Ghosita 혹은 Ghosaka) 장자가 살고 있는 꼬삼비로 피난을 왔다고 한다. 난민 수용소에 있던 첫날에 아버지가 돌아가시고 둘째 날에 어머니가 돌아가셨는데 그녀를 불쌍히 여긴 밋따(Mitta)라는 부자(kuṭumbika)가 양녀로 삼았고 고시따 장자가 그녀를 자신의 딸로 삼아 양육하였다. 후에 우데나 왕이 그녀에게 반해서 결혼을 하여 왕비가 되었다.

그녀는 쿳줏따라를 통해서 부처님 가르침을 듣고 환희심이 생겼으며 쿳줏따라가 사마와띠 왕비와 시녀들을 위해서 들려준 부처님 말씀은 『쿳다까 니까야』의 『이띠웃따까』로 합송이 되어서 지금까지 잘 전승되어 온다. 사마와띠는 이를 안 세 번째 왕비이자 부처님을 싫어한 마간디야(Māgandiya)의 모함과 계략에 여러 번 휘말려 들게 된다.
사마와띠 왕비는 마간디야의 계략에 빠진 우데나 왕이 자신을 쏘려던 화살을 자애의 마음으로 무력하게 만들기도 하였으며(Vis.XII.35) 그녀의 계략으로 끝내 죽음을 맞았지만 끝까지 그녀에 대해서 증오심을 내지 않고 자애의 마음을 가졌다고 한다. 그래서 세존께서는 『앙굿따라 니까야』 제1권 「하나의 모음」 제14장 으뜸 품에서 "자애가 가득한 마음으로 머무는 자들 가운데서 사마와띠가 으뜸"(A1:14:7-4)이라고 칭찬하셨다. 『청정도론』에서도 사마와띠 왕비는 '삼매가 충만함에 의한 신통(samādhivipphārā iddhi)'의 보기로 나타난다.(Vis.XII.35)

였다.591)

2. 그때 많은 비구들이 오전에 옷매무새를 가다듬고 발우와 가사를 수하고 꼬삼비로 탁발을 갔다. 꼬삼비에서 탁발을 하여 공양을 마치고 탁발에서 돌아와 세존께 다가갔다. 가서는 세존께 절을 올리고 한 곁에 앉았다. 한 곁에 앉아서 그 비구들은 세존께 이렇게 말씀

한편 사마와띠 왕비에게는 쿳줏따라(Khujjuttara)라는 곱정이 하녀가 있었는데 사마와띠 왕비의 부탁으로 쿳줏따라가 세존께서 우데나에 오셔서 설법을 하신 것을 듣고 와서 왕비와 500명의 시녀들에게 들려주면서 모은 것이 『쿳다까 니까야』에서 이 『우다나』 다음에 전승되어 오는 『이띠웃따까』(Itivuttaka)이다. 사마와띠 왕비와 쿳줏따라에 대한 더 자세한 이야기는 역자가 번역한 『이띠웃따까』의 역자 서문 §4. 쿳줏따라는 누구인가를 참조하기 바란다.

591) 본경에 나타나듯이 사마와띠 왕비는 시녀 500명과 함께 불에 타서 죽음에 이르렀다. 주석서에 의하면 마간디야(Māgaṇḍiya)의 삼촌(cūḷapitara)이 계략을 꾸며서 마간디야의 친지들이 사마와띠 왕비의 거처의 기둥들을 모두 기름에 흠뻑 적신 천으로 감싼 뒤에 왕비와 시녀들이 집 안에 있을 때 집에 불을 질렀다고 한다. 사마와띠 왕비는 그 불이 사방으로 활활 타오르는 것을 보고 시녀들에게 '자매들이여, 시작이 없는 윤회에서 배회하면서 이와 같이 우리가 불에 탈 수밖에 없는 상황(evameva agginā jhāmattabhāvānaṃ)에 대해서는 부처님의 지혜로도 가늠하기가 쉽지 않습니다(paricchedo na sukaro). 부디 방일하지 마시오.'라고 간곡한 교계를 하였다. 그들은 이미 쿳줏따라가 들려준 부처님 말씀을 통해서 예류과를 증득하였고(sotāpatti phalassa adhigatā) 사마와띠의 이러한 교계로 느낌을 파악하는 명상주제를 마음에 잡도리하여 어떤 자들은 일래자가 되고 어떤 자들은 불환자가 되어서(vedanāpariggahakammaṭṭhānaṁ manasikarontiyo kāci dutiya-phalaṁ, kāci tatiyaphalaṁ pāpuṇiṁsu) 임종을 하였다고 한다.(UdA.383~384; DhpA.i.221) 이러한 슬픈 소식을 비구들이 지금 세존께 말씀드리고 있다.

『법구경 주석서』에 의하면 우데나 왕은 이것이 마간디야의 삼촌(cūḷapitara)과 그 친지들(ñātigaṇa)이 꾸민 일임을 마간디야로부터 알아내고 그들에게 상을 주겠다고 모두 모이게 한다. 그들이 모이자 이미 파 둔 구덩이에 그들을 밀어 넣어서 짚으로 덮고 불로 태운 뒤 쟁기로 갈아엎게 하였다. 그리고 곁에 서서 이 광경을 보고 있는 마간디야에게 튀어서 몸에 묻은 타다 만 시신 조각들은 마간디야로 하여금 먹게 하였다고 한다.(DhpA.i.223)

드렸다.

"세존이시여, 여기 우데나 왕의 정원에 있던 내전이 불에 탔습니다. 사마와띠를 상수로 하는 오백 명의 여인들이 죽임을 당하였습니다. 세존이시여, 그 청신녀들의 태어날 곳[行處]은 어디이고 그들은 내세에 어떻게 되겠습니까?"

"비구들이여, 그 청신녀들 가운데는 예류자가 있고 일래자가 있고 불환자가 있다. 비구들이여, 그 청신녀들은 모두 결실이 없이 죽은 것은 아니다."

3. 그때 세존께서는 이 의미를 아시고 그 즉시 바로 이 우러나온 말씀을 읊으셨다.592)

"세상은 어리석음에 속박되어
가능성을 가진 것처럼 보인다.593)

---

592) "'이 의미를 아시고(etamatthaṁ viditvā)'라고 하였다. 사마와띠를 상수로 하는(sāmāvatīpamukhā) 그 여인들(itthī)이 불(aggi)에 의해서 재앙과 참혹함을 만난 원인(anayabyasanāpatti-hetu)과 마간디야가 친구와 친척들과 함께(samittabandhavā) 왕의 처벌(rājāṇā)로 재앙과 참혹함을 만난 표상(anayabyasanāpatti-nimitta)을 모든 측면에서 아시고 그 의미를 밝히는 이 우러나온 말씀을 읊으신 것이다."(UdA.385~386)

593) '세상은 어리석음에 속박되어 / 가능성을 가진 것처럼 보인다.'는 moha-sambandhano loko, bhabbarūpova dissati를 옮긴 것이다. 주석서는 이렇게 설명한다.

"여기 '세상은 어리석음에 속박되어(mohasambandhano loko)' [도와 과의 법을 증득할(maggaphaladhammaṁ adhigantuṁ), 본서 Ud5:3 §4의 해당 주해 참조] '가능성을 가진 것처럼 보인다(bhabbarūpo va dissati).' 즉 여기 어떤 중생(sattaloka)이 [도와 과를 증득할] 가능성을 가진 것처럼, [즉 아라한이 될(arahattappattiyā), BvA.91] 원인을 구족한 것처럼(hetu-sampanno viya) 보이지만 그 중생도 역시 어리석음에 속박되어 있고(mohasambandhana) 어리석음에 얽혀 있어서(paliguṇṭhita) 자신에게 이로운 것과 이롭지 않은 것을 알지 못하여(attahitāhitaṃ ajānanta) 이로운

[그러나] 어리석은 자는 재생의 근거에 속박되고
어둠에 휩싸여 있구나.
영원한 것 같지만 멸진하나니
보면 그 어떤 것도 없구나."594) {70}

제7품 작은 품이 끝났다.

일곱 번째 품에 포함된 경들의 목록은 –
①~② 두 가지 밧디야 ③~④ 두 가지 들러붙음
⑤ 라꾼따까 ⑥ 갈애의 멸진
⑦ 사량분별의 멸진 ⑧ 깟짜나
⑨ 우물 ⑩ 우데나이다.

것을 닦지 않는다(hite na paṭipajjati). 이롭지 않은 것은 괴로움을 실어 나르고(dukkhāvaha) 많은 비공덕을 쌓는다(bahuñca apuññaṃ ācināti).

594) "'보면 그 어떤 것도 없구나(passato natthi kiñcanaṁ).'라고 하셨다. 형성된 것들을 파악한 뒤(saṅkhāre pariggahetvā) 무상 등을 통해서 통찰하는 자는(yo … vipassati) 위빳사나의 통찰지와 함께한(vipassanāpaññā-sahitā) 도의 통찰지(maggapaññā)로 있는 그대로(yathābhūtaṃ) 보고 알고 꿰뚫기 때문에(passato jānato paṭivijjhato) 그를 윤회에 묶어두는(saṃsāre bajjheyya) 갈망 등의 그 무엇도(rāgādikiñcanaṃ) 그에게는 존재하지 않는다. 이처럼 보지 못하면 무명과 갈애와 사견 등의 속박들로(avijjā-taṇhā-diṭṭhiādi-bandhanehi) 윤회에(saṃsāre) 묶여있는 것(baddha)과 같다는 것이 여기서 뜻하는 바(adhippāyo)이다."(UdA.386~387)

제8품

빠딸리 마을 품

Pāṭaligāmiyavagga(Ud8:1~10)

열반과 관련됨 경1(Ud8:1)

Nibbānapaṭisaṁyutta-sutta

1. 이와 같이 [80] 나는 들었다. 한때 세존께서는 사왓티에서 제따 숲의 아나타삔디까 원림(급고독원)에 머무셨다. 그 무렵 세존께서는 열반과 관련된 법다운 말씀으로 비구들을 가르치고 격려하고 분발하게 하고 기쁘게 하셨다. 그 비구들은 뜻을 파악하고 마음에 잡도리하고 온 마음으로 몰두하고 귀를 기울여 법을 들었다.

2. 그때 세존께서는 이 의미를 아시고 그 즉시 바로 이 우러나온 말씀을 읊으셨다.595)

---

595) "'이 의미를 아시고(etamatthaṁ viditvā)'라고 하였다. 그 비구들이 그 열반과 관련된(nibbānapaṭisaṁyuttā) 법의 말씀(dhammakathā)을 들을 때(savana) 그것에 대한 공경심을 불러 일으키는(ādarakārita) 이 의미를 모든 측면에서(sabbākārato) 아시고라는 말이다.
'이 우러나온 말씀을(imaṁ udānaṁ)'이라고 하였다. 이 대적할 만한 것이 없는(vidhura = vigata-dhura) 법다운 가르침을 통해(tabbidhuradhamma-desanāmukhena) 궁극적인 의미에서(paramatthato) 열반이 있음을 설명하시는(vijjamānabhāvavibhāvanaṁ) 이 우러나온 말씀을 읊으신 것이다."(UdA.389)

주석서는 아래에서 이 '대적할 만한 것이 없는 법다운 가르침을 방법으로 함'을 대적할 만한 것이 없는, 법에 대한 배제를 방법으로 함(tabbidhura-

"비구들이여,[596] 그러한 경지[597]가 있으니[598] 거기에는 ① 땅이

dhamma-apohanamukhena)이라는 용어로 언급하고 있다. 아래 본경 §2의 599번 주해를 참조할 것.

596) 지금 부처님께서는 우러나온 말씀, 즉 감흥어를 읊으심에도 불구하고 일반적인 법문을 하실 때처럼 '비구들이여'라고 하시면서 비구들을 부르고 계신다. 스스로에서 우러나온 감흥어를 읊으시는데 왜 법문하실 때처럼 '비구들이여'라고 비구들을 부르실까? 주석서는 여기에 대해서 다음과 같이 설명한다.

"참으로 '우러나온 말씀'이란 것은 ① 희열과 기쁨에서 솟아 나오거나(pīti-somanassasamuṭṭhāpita) ② 법에 대한 절박감에서 솟아 나오거나(dhamma-saṁvegasamuṭṭhāpita) ③ 법을 받아들일 사람이 있는 것을 기대하지 않고 우러나온 것(dhammapaṭiggāhakanirapekkha udāhāra)이다. 이러한 [방법을 통해서 우러나온 말씀들은 경(sutta)이 아니라 본서와 같은 『우다나』의] 가르침들에서 전승되어 온다(āgata).
그런데 왜 여기서 세존께서는 우러나온 말씀을 하시면서, ['비구들이여'라고] 그 비구들을 부르시는가? 그 비구들에게 [열반의 중요성을] 인식시키기 위해서(saññāpanattha)이다. 세존께서는 그 비구들에게 열반과 연결된(nibbāna-paṭisaṁyutta) 법을 설하신 뒤에 이제 열반의 덕을 계속해서 마음챙김함을 통해서(nibbānaguṇa-anussaraṇena) 생겨난 희열과 기쁨의(uppanna-pītisomanassā) 우러나온 말씀을 읊으시기 때문이다."(UdA.389)

597) 여기서 '경지'로 옮긴 용어는 āyatana이다. āyatana는 ā(이리로)+√yat(*to strech*)에서 파생된 것으로 이해되기도 하고 ā +√yam(*to move*)에서 파생된 것으로 이해되는 중성 명사이다. 불교 이전부터 인도 바라문교의 『제의서』(祭儀書, Brāhmaṇa) 문헌에 많이 나타나는 단어인데 거기서는 주로 제사 지내는 장소를 아야따나라 부르고 있다. 그리고 동물들의 서식지를 아야따나로 부르기도 하였다.
초기불전에서 āyatana는 대부분 눈의 감각장소[眼處, cakkhu-āyatana] 등과 형색의 감각장소[色處, rūpa-āyatana] 등의 여섯 가지 안의 감각장소[六內處]와 밖의 감각장소[六外處], 즉 12처의 문맥에서 나타난다. 그 다음으로는 공무변처(空無邊處 ākāsanañc-āyatana)부터 비상비비상처(非想非非想處, nevasaññānāsaññ-āyatana)까지의 4처로 많이 나타난다. 이 경우에 초기불전연구원에서는 전자는 '감각장소'로 옮겼고 후자는 '처(處)' 혹은 '장소'로 옮겼다. 중국에서는 이쪽으로 온다는 문자적인 의미를 중시하여 '입(入)'으로 번역하기도 하였고, 이 단어가 장소(*base, sphere*)의 의미로 쓰이므로 '처(處)'라고 옮기기도 하였다. 『청정도론』 XV.5에 의하면 아야따나에는 ① 머무는 장소(nivāsa-ṭṭhāna) ② 광산(ākara) ③ 만나는 장

소(samosaraṇa) ④ 출산지(sañjāti-desa) ⑤ 원인(이유, kāraṇa)의 다섯 가지 의미가 있다고 한다. 본경에 나타나는 āyatana는 ⑤ 원인(이유, kāraṇa)의 뜻이라고 본서의 주석서는 설명하고 있다.(UdA.392)

주석서는 여기서 '그러한 경지(tadāyatana)'는 그러한 이유(taṁ kāraṇaṁ, 원인)를 나타내고 당연히 이것은 열반(nibbāna)을 뜻한다고 설명한다.(tasmimpi āyatane nibbāne, UdA.392; taṁ āyatananti vuttaṁ nibbānaṁ, UdA.393) Masefield는 āyatana를 *base*로, kāraṇa를 *cause*로 옮겼다. āyatana의 다양한 의미에 대해서는 『청정도론』 XV.4~7을 참조하기 바란다. 일반적으로 kāraṇa와 hetu는 영어로는 둘 다 주로 *cause*로 옮기고 한글로는 '원인'으로 옮긴다. 그러나 역자는 여기 본경의 주해에서는 이 둘을 구분하기 위해서 hetu는 '원인'으로 kāraṇa는 '이유'로 옮기고 있음을 밝힌다. 계속해서 주석서의 설명을 살펴보자.

"열반은 참으로 도와 과의 지혜 등에게 대상인 조건이 되기 때문에(ārammaṇa-paccayabhāvato) 이유라는 뜻에서(kāraṇaṭṭhena) 경지가 되기 때문이다. 이것은 마치 형색 등이 눈의 알음알이 등에게 대상인 조건이 되는 것과 같다. 이렇게 하여 세존께서는 그 비구들에게 형성되지 않은 요소(asaṅkhata dhātu)를 통해서 궁극적인 의미에서 있음 그 자체(paramatthato atthibhāva)를 드러내셨다.

여기서 이것이 법다운 추론(dhammanvaya)이다. — 여기서 형성된 법들이 존재하기 때문에 형성되지 않은 요소도 존재해야 한다(saṅkhatadhamm-ānaṁ vijjamānattā asaṅkhatāyapi dhātuyā bhavitabbaṁ). 고유성질을 가진 법들(sabhāvadhammā)과 정반대가 되기 때문이다(tappaṭipakkha-ttā). 마치 괴로움이 있으면 그와 정반대가 되는(tappaṭipakkhabhūta) 즐거움도 반드시 존재하는 것과 같고 그와 같이 뜨거움이 있으면 차가움이 있고 삿된 법들이 있으면 좋은 법들도 있는 것과 같다. 이렇게 말씀하셨다.

"① 마치 괴로움(dukkha)이 있으면 즐거움(sukha)도 참으로 있는 것처럼 그와 같이 존재가 있으면(bhave vijjamāne) 비존재도 역시 기대가 되어야 한다(vibhavopi icchitabbako). ② 마치 뜨거움(uṇha)이 있으면 그와 다른 차가움(sīta)이 있는 것처럼 그와 같이 [탐·진·치의] 세 가지 불이 있으면(tividhaggi vijjante) 열반이 기대가 되어야 한다(nibbānaṁ icchita-bbakaṁ). ③ 마치 사악함(pāpa)이 있는 것처럼 착함(kalyāṇa)도 역시 있다. 그와 같이 태어남이 있으면(jāti vijjante) 태어나지 않음도 기대가 되어야 한다(ajātimapi icchitabbakaṁ)."(Bv.7)는 등이다."(UdA.390)

598) "여기서 '있다(atthi)'는 것은 궁극적인 의미에서(paramatthato) 얻어진다(upalabbhati)는 뜻이다."(UdA.390)

없고 ② 물이 없고 ③ 불이 없고 ④ 바람이 없고599) ⑤ 공무변처도

여기서 우리가 주목해야 할 점은 여기 Ud8:1의 산문으로 된 이 우러나온 말씀에서도 세존께서는 'atthi, bhikkhave, tadāyatanaṁ(비구들이여, 그러한 경지가 있으니) …'으로 동사 atthi(있다)를 문두에 놓아서 열반이 실재함(nibbānassa atthibhāva, UdA.395)을 강조하고 계시며, 아래 Ud8:3의 산문으로 된 우러나온 말씀에서도 역시 세존께서는 'atthi, bhikkhave, ajātaṁ(비구들이여, 태어나지 않았고) …'으로 atthi(있다)를 문두에 놓아서 열반이 실재함을 강조하고 계신다는 것이다. 아래 주해들에서 언급되고 있듯이 본서의 주석서에서 담마빨라 스님도 이런 점을 강조하고 있다.

물론 지금 열반의 경지는 '있다(atthi)'고 강조하는 이것은 자칫하면 열반을 실유론적으로 편협하게 해석할 소지가 있다. 그래서 주석가 담마빨라 스님은 이것은 법을 실체화하기 위한 말씀이 아니라 열반의 덕(nibbānaguṇa, UdA.389)을 계속해서 마음챙겨서 생긴 그 희열과 기쁨에서 우러나온 말씀(우다나)이라고 설명하고 강조하고 있는 것이다.(여기에 대해서는 여기 본 문단의 '비구들이여'에 대한 주해를 참조할 것.)

599) "이와 같이 세존께서는 형성되지 않은 요소는 궁극적인 의미에서 존재 그 자체임(atthibhāva)을 [비구들과] 대면하여(sammukhena) 드러내신 뒤 이제 그 대적할 만한 것이 없는(tabvidhura = tad-vigata-dhura) 법에 대한 배제를 방법으로 하여(dhamma-apohana-mukhena) 그것의 고유성질을 드러내시기 위해서(sabhāvaṁ dassetuṁ) '거기에는 땅이 없고 물이 없고 불이 없고 바람이 없고(yattha neva pathavī, na āpo, na tejo, na vāyo)'라는 등을 말씀하셨다. 거기서 열반은 모든 형성된 것들[諸行]이 대적할 수 없는 고유성질을 가졌기(sabba-saṅkhāra-vidhura-sabhāva) 때문에 형성된 법들[有爲法] 가운데서는 그 어디에도 없다. [391] 그처럼 거기서는 모든 것이 형성된 법들이다. 형성되었거나 형성되지 않은 법들[有爲無爲法, saṅkhatāsaṅkhatadhammā]이 함께 모여 존재하는(samodhānaṃ sambhavati) 경우는 있지 않기 때문이다.

여기서 이것이 뜻의 분석이다. — 거기서 형성되지 않은 요소(asaṅkhata-dhātu)인 그 열반에는 거친(견고한) 특징을 가진(kakkhaḷalakkhaṇā) 땅의 요소도 없고, 응집하는 특징을 가진(paggharaṇalakkhaṇā) 물의 요소도 없고, 뜨거운 특징을 가진(uṇhalakkhaṇā) 불의 요소도 없고, 팽창하는(퍼지는) 특징을 가진(vitthambhanalakkhaṇā) 바람의 요소도 없다. 이처럼 네 가지 근본물질[四大]이 존재하지 않음을 언급함에 의해서(catumahābhūtābhāvavacanena) 모든 파생된 물질이 존재하지 않음도(upādārūpassa abhāvo) 말씀하신 것이니 [파생된 물질은] 그 [근본물질]에 의지하고 있기 때문이다(tannissitattā). 이와 같이 욕계와 색계의 존재(kāmarūpabhava)가 거기에 존재하지 않음이 남김없이 설해졌으니 이 [욕계와 색계]

없고 ⑥ 식무변처도 없고 ⑦ 무소유처도 없고 ⑧ 비상비비상처도 없

에 의지한 존재 방식을 가지고 있기 때문이다(tadāyattavuttibhāvato). 근본물질에 의지함이 없이 다섯 가지 무더기(오온)를 가진 존재(pañcavokāra-bhava)나 한 가지 무더기를 가진 존재(ekavokārabhava, 無想有情)는 발생하지 못하기 때문이다."(UdA.390~391)

주석서는 이처럼 이 우러나온 말씀을 '대적할 만한 것이 없는, 법에 대한 배제를 방법으로 함(tabbidhura-dhammāpohanamukha)'에 의해서 열반이 궁극적인 의미에서 존재하고 있음을 분석하는 우다나라고 찬사를 보내고 있다. 여기서 배제로 옮긴 apohana(아뽀하나)는 대승불교에서 불교 인식논리학의 거장 딕나가(Dignāga) 스님이 제창한 '아뽀하(apoha, 타(他)의 배제) 논리'에 해당하는 술어이다.

예를 들면 같은 담마빨라 스님이 지은 『청정도론』의 복주서인 『빠라맛타만주사』에는 "단어의 다른 의미를 배제함에 의해서 [특정] 단어는 그 의미를 드러내는데(saddantarattha-apohanavasena saddo atthaṁ vadatīti), 머리털(kesā)이라고 말하면 머리털이 아닌 것들이 아니다(akesā na honti)라는 이 의미를 알게 한다(ayamattho viññāyati)."(Pm.i.300, *cf.* UdA.12)라고 언급된다. 여기서 '단어의 다른 의미를 배제함(saddantarattha-apohana)'이 아뽀하 혹은 아뽀하나의 기본 의미이다.

본경에서도 세존께서는 '① 땅이 없고'부터 '⑳ 참으로 이것은 대상이 없다.'까지를 통해서 20가지를 배제하는 방법으로 열반을 드러내고 계시기 때문에 이것을 『우다나 주석서』의 저자 담마빨라 스님은 '법에 대한 배제를 방법으로 함(dhamma-apohana-mukha)'이라고 설명하여 다른 의미를 배제함(antaratthāpohana, UdA.12)을 통해서 열반을 드러내신 것으로 이해하고 있다.

한편 컴퓨터로 빠알리 문헌들을 검색해 보면 '배제'로 옮긴 이 apohana라는 용어는 빠알리 삼장과 붓다고사 스님이 지은 주석서 문헌들에는 나타나지 않고 담마빨라 스님이 지은 『우다나 주석서』와 『이띠웃따까 주석서』 및 복주서들에서 12회 정도 나타나는데 주로 앞에서 인용한 'saddantarattha-apohanavasena saddo atthaṁ vadati(단어의 다른 의미를 배제함에 의해서 [특정] 단어는 그 의미를 드러낸다.)'(UdA.12, Pm.i.300, DAṬ.i.48 등, *cf.* UdA.390)라는 문맥으로 나타나고 있다. 그리고 apoha도 itarāpohe vā 등으로 복주서 문헌에만 서너 번 정도 나타나는데 apohana와 같은 의미이지만 중요한 빠알리 용어로는 정착되지는 않은 듯하다.

그리고 apohana 혹은 apoha(apa+√ūh, ūhati, *to remove*, 중국에서 除나 離로 옮김)는 PED나 BDD 등의 어떤 빠알리 사전에도 표제어로 등재되지 않았고 불교 산스끄리뜨 사전인 BSD에도 나타나지 않으며 범영사전에는 *exclusion*으로 나타난다.

고[600] ⑨ 이 세상도 없고 ⑩ 저 세상도 없고[601] ⑪ 태양과 ⑫ 달 두 가지도 없다.[602] 비구들이여,[603] 거기에는 역시[604] ⑬ 옴이 없고 ⑭

600) "이제 무색의 고유성질을 가짐에 있어서도(arūpasabhāvattepi) 열반에는 무색계 존재에 포함된 법들이 존재하지 않음을 보여주시기 위해서(nibbāna-ssa arūpabhavapariyāpannānaṁ dhammānaṁ tattha abhāvaṁ dassetuṁ) '⑤ 공무변처도 없고 … ⑧ 비상비비상처도 없고'라고 말씀하셨다. 거기서 공무변처라고 하신 것은 그 대상과 함께 유익한 것이거나 과보로 나타난 것이거나 작용만 하는 것으로 구분되는(kusalavipākakiriyabheda) 이러한 세 가지 공무변처의 마음의 일어남도 없다는 뜻이다. 나머지에도 이 방법이 적용된다."(UdA.391)

601) "어떤 관점에서든(yadaggena) 열반에는 욕계 세상 등(kāmalokādi)이 존재하지 않는데 그런 관점에서(tadaggena) 거기 [열반]에는 이 세상과 저 세상도 존재하지 않는다고 '⑨ 이 세상도 없고 ⑩ 저 세상도 없고(nāyaṁ loko na paraloko)'라고 말씀하셨다.
그 뜻은 이러하다. ― '이러한 상태인 지금・여기가 이 세상이다(itthattaṁ diṭṭhadhammo idhaloko).'라는 인습적 표현을 얻은(laddhavohāra) 무더기(오온) 등의 세상(khandhādi-loka)과 '이와 다른 곳, 저쪽 [세상], 다음 생(tato aññathā paro abhisamparāyo)'이라는 인습적 표현을 얻은 무더기 등의 세상, 이 둘이 거기에는 있지 않다는 뜻이다."(UdA.391)

602) "'⑪ 태양과 ⑫ 달 두 가지도 없다(na ubho candimasūriyā).'라고 하셨다. 물질로 된 것이 있을 때(rūpagate sati) 어둠이라는 것이 있을 것이고(tamo nāma siyā) 이 어둠을 몰아내기 위하여(vidhamanattha) 달과 태양(candimasūriyā)이 있을 것이다. 그러나 거기에는 어떤 경우에도(sabb-ena) 물질로 된 것이 없는데 어떻게 어둠이 있겠는가? 어둠을 몰아내는 것(vidhamanā)이 달과 태양인데 달과 태양이라는 이 둘이 거기 열반에는 있지 않다는 뜻이다. 이것으로 열반이 광명을 고유성질로 가짐(ālokasabhāva-tā)을 드러내셨다."(UdA.391)

603) "이처럼 아직 [진리를] 철저하게 관통하지 못하였고(anabhisametāvī) 시작점이 없는 윤회(anādimati-saṁsārā)에서 꿈을 꾸고 있는(supinantā) 비구들에게 전에 체험하지 못한(ananubhūtapubba) 궁극적으로 심오하고(paramagambhīra) 지극히 보기 어렵고(atiduddasa) 매끄럽고 섬세하고(saṇhasukhuma) 생각과 고찰이 없고(atakkāvacara) 지극히 평화롭고(accantasanta) 현자들이 알아야 하고(paṇḍitavedanīya) 지극히 수승하고(atipaṇīta) 죽음이 아닌(amata) 열반을 분석하시면서, [392] 맨 처음에 '비구들이여, 그러한 경지가 있으니'라고 그들로 하여금 그것이 실재하고 있음(atthibhāvā)에도 알지 못함 등(aññāṇādīni)을 몰아내게 하신 뒤에

감이 없고 ⑮ 머묾이 없고 ⑯ 떨어짐이 없고 ⑰ 일어남이 없고 ⑱ 의지함이 없고605) ⑲ 진행됨이 없으며 ⑳ 참으로 이것은 대상이 없

(apanetvā), '거기에는 ① 땅이 없고 … ⑪ 태양과 ⑫ 달의 두 가지도 없다.'라고 그것과는 다른 법들을 배제함을 통해(tadañña-dhamma-apohana-mukhena) 법왕(dhammarāja)께서는 열반을 분석하셨다."(UdA. 391~392)

604) "이것으로 땅 등의 모든 형성된 법들로는 대적할 수 없는 고유성질을 가진(pathavīādi-sabbasaṅkhatadhamma-vidhura-sabhāvā) 형성되지 않은 요소(asaṅkhatā dhātu)가 바로 열반임을 밝히신다. 그래서 말씀하시기를 '비구들이여, 거기에는 역시 ⑬ 옴이 없고 … ⑳ 참으로 이것은 대상이 없다고 나는 말한다(tatrāpāhaṁ, bhikkhave, neva āgatiṁ vadāmi, … anārammaṇamevetaṁ).'라고 하셨다."(UdA.392)

605) "'비구들이여, 거기에는 역시(tatrāpāhaṁ, bhikkhave)'라는 등을 말씀하셨다. [이것은 다음과 같이 말씀하신 것이다.] — 비구들이여, 나는 어떤 곳에서 형성된 것들이 전개될 때 그것을 두고 누가 어디서 옴인지를 말하지 않는다. 거기에는 조건 따라(yathāpaccayaṁ) 단지 법이 일어날 뿐이기 때문이다.(dhammamattassa uppajjanato) 그와 같이 바로 그 경지, 즉 열반에도(tasmimpi āyatane nibbāne) 어디로부터 ⑬ 옴(āgati)이나 오는 것(āgamana)이 없다고 말한다. 와야 할 장소(āgantabbaṭṭhānatā)가 없기 때문이다(abhāvato). ⑭ 감(gati)도 어디로 가는 것(gamana)을 말하지 않나니 가야 할 장소가 없기 때문이다. 거기 중생들에게는 지혜를 통해서 대상이 됨(ñāṇena ārammaṇakaraṇa)을 제외하고는 ⑬ 옴과 ⑭ 감이 생겨나지 않기 때문이다. 나는 ⑮ 머묾과 ⑯ 떨어짐과 ⑰ 일어남도 말하지 않는다.

이것의 뜻은 이러하다. — 그 경지는 어떤 마을(gāmantara)로부터 다른 마을로 오는 것처럼 와야 하는 것이 아니기 때문에 '⑬ 옴이 없고(neva āgatiṁ)', 가야 하는 것이 아니기 때문에 '⑭ 감도 없으며(na gatiṁ)', 땅이나 산처럼 확립된 장소가 아니기 때문에(apatiṭṭhānatāya) '⑮ 머묾도 없다(na ṭhitiṁ).'
혹은 조건이 없기 때문에 일어남이 없고(apaccayattā vā uppādābhāvo), 죽음이 없는[不死, amara] 고유성질을 가졌기 때문에(tato amatasabhāva-ttā) 떨어짐이 없으며(cavanābhāvo), 일어나고 사라짐이 없기 때문에 그리고 이 둘을 완전히 끊어버렸고 머묾도 없기 때문에(uppādanirodhābhāvato ceva tadubhayaparicchinnāya ṭhitiyā ca abhāvato) '⑮ 머묾도 없고' '⑯ 떨어짐도 없고' '⑰ 일어남도 없다'고 나는 말한다. 독존이요(kevalaṁ) 비물질의 고유성질을 가졌기 때문에 그리고 조건이 없기 때문에(arūpa-sabhāvattā apaccayattā ca) 어디에서도 의지하지 않는다고 해서(na

다[606]고 나는 말한다. 이것이 바로 괴로움의 끝이다.[607]" {71}

열반과 관련됨 경2(Ud8:2)

1. 이와 같이 나는 들었다. 한때 세존께서는 사왓티에서 제따 숲의 아나타삔디까 원림(급고독원)에 머무셨다. 그 무렵 세존께서는 열반과 관련된 법다운 말씀으로 비구들을 가르치고 격려하고 분발하게 하고 기쁘게 하셨다. 그 비구들은 뜻을 파악하고 마음에 잡도리하고 온 마음으로 몰두하고 귀를 기울여 법을 들었다.

---

katthaci patiṭṭhitanti) '⑱ 의지함이 없다(appatiṭṭhaṁ).'"(UdA.392)

이 '의지함이 없고'로 옮긴 단어는 appatiṭṭha인데 이것은 본서 Ud1:10 §11의 주해에서 인용하고 있는 '의지처가 없는 반열반(appatiṭṭhita-parinibbāna)'이란 용어와 관련이 있어 보인다. 그리고 이 의지처가 없는 반열반은 무주처열반(無住處涅槃)으로 옮기는 대승 유식불교 계열의 apratiṣṭhita-nirvāṇa(Mvy 1728; MVB II.1; IV.12, IV.12)와 같은 표현이라 할 수 있다.

606) "거기에는 진행됨이 존재하지 않고(pavattappaṭipakkhato), 진행됨과 반대되기 때문에(pavattappaṭipakkhato) '⑲ 진행됨이 없다(appavatta).' 비물질(무색)의 고유성질을 가졌지만 느낌 등처럼 어떤 대상을 대상으로 삼지 않고(ārammaṇassa anālambanato) 지탱함을 기대하지 않기 때문에(upatthambhanirapekkhato) '⑳ 대상이 없고(anārammaṇa)', 그것을 경지(āyatana)라고 하고 열반이라 한다. 그리고 [⑳의 '참으로 이것은(evetaṁ)'이라는 말씀 가운데] '참으로'라는 단어는(evasaddo) ⑱ 의지함이 없고 ⑲ 진행됨이 없으며라는 이 두 곳에도 적용시켜야 한다."(UdA.392)

607) "'이것이 바로 괴로움의 끝이다(esevanto dukkhassa).'라고 하셨다. ⑱ '의지함이 없고' 등의 단어에 의해서 주석되고 칭송되고(vaṇṇita thomita) 이렇게 설해진 특징을 가진(yathāvuttalakkhaṇa) 열반이라는 이것이 바로 전체 윤회의 괴로움(vaṭṭadukkha)의 끝이고 귀결(pariyosāna)이어서 이것을 증득할 때 모든 괴로움이 존재하지 않기 때문이다(sabba-dukkha-abhāvato). 그래서 '괴로움의 끝(dukkhassa anto)'이라는 이것이야말로 그것의 고유성질(ayameva tassa sabhāvo)이라고 드러내신 것이다."(Ud A.392)

2. 그때 세존께서는 이 의미를 아시고 그 즉시 바로 이 우러나온 말씀을 읊으셨다.608)

"기울지 않음609)이란 참으로 보기 어렵나니
진리는 보기 쉬운 것이 아니기 때문이다.
갈애는 아는 자에 의해서 꿰뚫어지나니
보는 자에게는 어떤 [갈애]도 없다."610) {72}

---

608) "두 번째 [경]에서 '이 우러나온 말씀을(imaṃ udānaṁ)'이라고 하였다. 열반은 본래 심오한 상태이기 때문에(pakatiyā gambhīrabhāvato) 보기가 어려운 고유성질을 가졌음을 밝히는(duddasabhāvadīpanaṃ) [다음의] 이 우러나온 말씀을 읊으신 것이다.
여기서 보기가 어렵다는 것은 고유성질이 심오하기 때문에(sabhāva-gambh-īrattā) 그리고 아주 미세하고 섬세한 고유성질을 가졌기 때문에(atisukhuma-saṇhasabhāvattā) 지혜의 더미를 모으지 않고서는(an-upacitañāṇa-sambhārehi) 볼 수가 없고 보기 어렵다는 뜻이다. 이렇게 말씀하셨기 때문이다. "마간디야여, 통찰지의 눈(paññācakkhu, 원본에는 성스러운 눈(ariya cakkhu)으로 나타남)이라야 병 없음(ārogya)을 알고 열반을 볼 수 있다." (M75 §21) [여기서 '성스러운 눈(ariya cakkhu)'이란 청정한(parisuddha) 위빳사나의 지혜(vipassanā-ñāṇa)와 도의 지혜(magga-ñāṇa)를 말한다.(MA.iii.219)] 또 말씀하시기를 "사람들이 이런 경지(ṭhāna)를 보기는 어려울 것이다. 즉 모든 형성된 것들의 가라앉음 …"(M26 §19 등)이라고 하셨다."(UdA.393)

609) "'기울지 않음(anataṁ)'이라고 말씀하셨다. ① 형색 등의 대상들에게로 그리고 욕계 등의 존재들에게로(kāmādīsu ca bhavesu) 기울기 때문에 ② 그리고 거기로 기울어진 상태(tanninnabhāva)에서 [삶이] 전개되기 때문에 ③ 그리고 [삶의] 흐름(sattāna)을 거기로 기울이기 때문에 갈애(taṇhā)를 두고 기욺(natā)이라 한다. 여기에는 기욺이 없다고 해서 기울지 않음이고 (natthi ettha natāti anataṃ) 열반이라는 뜻이다."(UdA.393)

한편 PTS본에는 anataṁ(기울지 않음) 대신에 anattaṁ(무아)로 표기되어 있는데 Ireland의 지적처럼 이것은 주석서와 문맥이 맞지 않는다.(Ireland 214쪽 5번 주해 참조)

610) "'갈애는 아는 자에 의해서 꿰뚫어지나니 / 보는 자에게는 어떤 [갈애]도 없다(paṭividdhā taṇhā jānato, passato natthi kiñcanaṁ).'라고 하셨다.
[네 가지 성스러운 진리 가운데], 실현하고 관통하는(sacchikiriya-abhi-

열반과 관련됨 경3(Ud8:3)

1. 이와 같이 나는 들었다. 한때 세존께서는 사왓티에서 제따 숲의 아나타삔디까 원림(급고독원)에 머무셨다. 그 무렵 세존께서는 열반과 관련된 법다운 말씀으로 비구들을 가르치고 격려하고 분발하게 하고 기쁘게 하셨다. 그 비구들은 뜻을 파악하고 마음에 잡도리하고 온 마음으로 몰두하고 귀를 기울여 법을 들었다.

2. 그때 세존께서는 이 의미를 아시고 그 즉시 바로 이 우러나온 말씀을 읊으셨다.611)

---

samaya) 그런 관통함에 의해서 차이점과 역할과 대상을 통해서(visayato kiccato ca ārammaṇato ca) 대상을 꿰뚫음과 미혹하지 않음을 꿰뚫음에 의해서(ārammaṇappaṭivedhena asammohappaṭivedhena ca) [세 번째 진리인] 소멸의 진리(nirodhasacca)를 꿰뚫는다. 있는 그대로의 통달지로 관통함(yathāpariññābhisamaya)을 통해서는 [첫 번째인] 괴로움의 진리를, 수행으로 관통함(bhāvanābhisamaya)을 통해서는 [네 번째인] 도의 진리를 미혹하지 않기 때문에 꿰뚫게 된다. 이와 같이 버림으로 관통함(pahānābhisamaya)을 통해서는 '갈애(taṇhā)' [즉 두 번째인 일어남의 진리]를 미혹하지 않기 때문에 꿰뚫는다.

이와 같이 네 가지 진리[四諦]를 있는 그대로 성스러운 도의 통찰지로 알고 보는 자에게 존재 등에게로 기울어지는 갈애(bhavādīsu natabhūtā taṇhā)란 있지 않다. 이것이 존재하지 않을 때 모든 오염원의 회전(kilesavaṭṭa)이 존재하지 않는다. 그로부터 업과 과보의 회전(kammavipākavaṭṭa)이 발생하지 않는 것이다(asambhavoyeva). 이와 같이 세존께서는 그 비구들에게 윤회의 괴로움을 남김없이 가라앉히는 원인이 되는(anavasesa-vaṭṭa-dukkha-vūpasama-hetubhūta) 불사(不死)인 저 대열반(amata-mahā-nibbāna)의 위력(ānubhāva)을 드러내셨다."(UdA.393~394)

611) "세 번째 [경]에서 '그때 세존께서는 이 의미를 아시고(atha kho bhagavā etamatthaṁ viditvā)'라고 하였다. 그때 세존께서는 여러 가지 방법으로(anekapariyāyena) 윤회의 위험(saṁsārassa ādīnava)을 드러내신 뒤 보여주심 등을 통해서(sandassanādivasena) 열반과 관련된 법을 가르치셨다(dhammadesanā katā). 그때 그 비구들에게 이런 생각이 들었다. — "이 윤회는 무명 등의 이유를 통해서(avijjādīhi kāraṇehi) 원인을 가지고

"비구들이여, 태어나지 않았고 존재하지 않았고 만들어지지 않았고 형성되지 않은 것이 있다.612) 비구들이여, 만일 이러한 태어나지

있다는 것(sahetuka)을 세존께서 분명하게 말씀하셨다. 그러나 그것의 고요함인(tadupasama) 열반에 대해서는 어떤 이유(kāraṇa)도 설하지 않으셨으니 다시 말하면 원인을 가지지 않은 것이다(ahetuka). 어떻게 해서 참다운 의미와 궁극적인 의미에서(saccikaṭṭha-paramatthena) 그것을 얻을 수 있는가?"라고. 그러자 세존께서는 그 비구들의 이러한 분별심이라 불리는(parivitakka-saṅkhāta) 의미를 아신 뒤에 이 우러나온 말씀을 읊으셨다."(UdA.394)

계속해서 주석서는 부처님께서 본경에서 이 우러나온 말씀을 읊으신 이유를 다음의 세 가지로 정리하고 있다.
"① 그 비구들의 혼란을 흩어버리기 위해서(vimativìdhamanattha)이다. ② 그리고 사문・바라문들이 가지고 있는 '열반, 열반이라는 것은 단지 말의 대상일 뿐(vācāvatthumattameva) 궁극적인 의미에서 열반이란 것은 없다. 그 고유성질을 얻을 수가 없기 때문(anupalabbhamānasabhāvattā)이다.'라는 순세론자(順世論者, lokāyatika S12:48) 등처럼 잘못된 수행을 하는 자들(vippaṭipanna)과 다양한 그릇된 견해에 의지하는(puthu-diṭṭhigatikā) 그 외도들의 그릇된 주장을 부수어버리기 위해서(micchā-vādabhañjanattha)이다. ③ 이 죽음 없는 대열반(amata-mahānibbāna)은 궁극적인 의미에서(paramatthato) 실재하는 것임을 밝히기(atthibhāva-dīpana) 위해서이다. [그래서] 이 우러나온 말씀을 읊으셨다."(UdA.394)

612) '태어나지 않았고 존재하지 않았고 만들어지지 않았고 형성되지 않은 것이 있다.'는 atthi ajātaṁ abhūtaṁ akataṁ asaṅkhataṁ을 옮긴 것이다. 이 말씀은 열반을 설명하는 부처님 말씀으로 우리에게도 잘 알려져 있다. 주석서는 크게 세 가지로 이 말씀을 설명한다. 첫째는 이 네 단어는 동의어라고 밝힌다. 둘째는 이 넷을 순서에 따라 설명하는데 특히 인도 와이세시까(Vaiśesika, 勝論) 학파에서 일곱 가지 명제(padārtha)에 포함시키는 사마와야(samavāya, [원인과 조건의 분리할 수 없는] 친밀한 결합)를 통해서 설명한다. 셋째는 거꾸로(paṭilomato) 설명함이다.(UdA.394~395)

한편 친밀한 결합을 설하는 자(samavāya-vādi)는 『청정도론』 XVI.91에 나타난다. 그곳의 주해를 여기에 옮기면 다음과 같다.
"[친밀한 결합을 설하는 자(samavāya-vādi)는] 와이세시까(Vaiśesika, 勝論) 학파를 말한다. 와이세시까 학파에서는 존재를 일곱 가지 최소 단위(sapta-padārtha)로 환원시켜 고찰하는데 여기서 말하는 samavāya(분리할 수 없는 친밀한 결합)는 이 일곱 가지 최소 단위 가운데 하나이다. 예를 들어 부분을 가진 것과 부분의 관계, 속성을 가진 것과 속성의 관계가 바로

사마와야(분리할 수 없는 친밀한 결합)이다. 이것은 본래부터 분리할 수 없는 관계이고 결과는 원인과 분리할 수 없는 관계로 항상 함께한다고 주장한다."(Vis.XVI.91 주해)

와이세시까(Vaiśesika), 즉 승론(勝論) 학파에서 설정하는 명제(padārtha, Pāli. padattha)는 ① 본질(dravya, *substance*) ② 특성(guṇa, *quality*) ③ 활동(karma, *activity*) ④ 보편성(sāmānya, *generality*) ⑤ 특수성(viśeṣa, *particularity*) ⑥ 결합(samavāya, *inherence*)에다 조금 후대에 ⑦ 비존재(abhava, *non-existence*)를 추가하여 7가지가 된다. 여기 『우다나 주석서』에 나타나는 samavāya(분리할 수 없는 친밀한 결합)는 위의 여섯 번째에 해당한다.

한편 『맛지마 니까야 복주서』도 "'친밀한 결합(samavāya)'이란 서로가 서로에게 조건이 됨에 의해서 본래부터 가지고 있어서 함께 일어나는 상태를 말한다(aññamaññassa paccayabhāvena samavetatāya samudita-bhāvo)."(MAṬ.ii.163)로 설명한다. 이러한 이해를 가지고 이제 주석서의 설명을 살펴보자.

[1. 이 넷은 동의어이다]
"여기서 ① 태어나지 않았고 ② 존재하지 않았고 ③ 만들어지지 않았고 ④ 형성되지 않은 것이라는(ajātaṁ abhūtaṁ akataṁ asaṅkhatanti) 이들 모든 단어들은 서로서로 동의어(aññamaññavevacanāni)이다."(UdA.394~395)

[2. 이 넷은 분리할 수 없는 친밀한 결합(samavāya)이다]
"혹은 ① 느낌 등의 경우처럼 원인과 조건의 분리할 수 없는 친밀한 결합이라고 여겨지는(hetupaccaya-samavāyasaṅkhāta) 이유의 조화(kāraṇa-sāmaggi)에 의해서 [이 열반은] 태어나지 않았고 생겨나지 않았다고 해서 '태어나지 않았다(ajāta).'고 한다. 이유가 없기 때문이다(kāraṇena vinā). ② 스스로 존재하지 않았고 드러나지 않았고 발생하지 않았다고 해서 '존재하지 않았다(abhūta).'고 한다. ③ 이와 같이 태어나지 않았음과 존재하지 않았음은 어떤 이유에 의해서도(kenaci kāraṇena) 만들어지지 않았다(na kata)고 해서 '만들어지지 않았다(akata).'고 한다. ④ 정신과 물질들인 형성된 법들[有爲法, saṅkhatadhammā]에게는 태어났고 존재했고 만들어진 고유성질이 있다(jātabhūtakatasabhāva). 그러나 형성되지 않은 고유성질을 가진(asaṅkhatasabhāva) 열반에게는 [그런 것이] 없다는 것을 보여주시기 위해서(dassanattha) '형성되지 않았다(asaṅkhata).'고 말씀하셨다."(UdA.395)

[3. 거꾸로 설명함]
"혹은 거꾸로 [살펴보면] — 초래되었고 발생되었고 조건에 의해서 만들어

않았고 존재하지 않았고 만들어지지 않았고 형성되지 않은 것이 없다면613) 태어났고 존재했고 만들어졌고 형성된 것으로부터 벗어남

졌다(samecca sambhūya paccayehi kata)고 해서 형성되었다(saṅkhata)고 한다. 같이 하여, 형성되지 않았고 형성된 것의 특징이 없다(saṅkhata-lakkhaṇa-rahita)고 해서 ④ '형성되지 않았다.'고 한다.

이와 같이 여러 가지 원인들에 의해서 발생된 상태가 성취되었을 때(nibbattitabhāve paṭisiddhe) '한 가지 원인으로 만들어졌을지도 모른다.'라는 의심(āsaṅkā)에 대해서 '이런저런 것에 의해서 만들어지지 않았다.'라고 보여주시기 위해서 ③ '만들어지지 않았다'고 말씀하셨다.

이와 같이 이것은 조건이 아님(apaccaya)과 같으므로 '참으로 이것은 스스로(sayameva) 존재하고 드러난다.'라는 의심(āsaṅkā)에 대해서 그것이 존재하지 않았음을 [보여주시기] 위해서(tannivattanatthaṁ) ② '존재하지 않았다'고 말씀하셨다.

이것의 형성되지 않았고 만들어지지 않았고 존재하지 않은 상태(asaṅkhata-akatābhūtabhāva)는 어떤 것에 의해서도 어떤 식으로도(sabbena sabb-aṁ) 태어나지 않았음임(ajātidhammatta)을 보여주시기 위해서 ① '태어나지 않았다'고 말씀하셨다."(UdA.395)

[4. 맺는 말]

"이와 같이 이 네 가지 용어들(padāna)은 각각이 아주 유용한 의미를 가진 것(sātthakabhāva)을 아신 뒤 '비구들이여, 이제 이러한 열반이 있다(tay-idaṁ nibbānaṁ atthi, bhikkhave).'라고 궁극적인 의미(paramattha)에서 열반이 존재함(nibbānassa atthibhāva)을 드러내셨다고 알아야 한다. 여기서 우러나온 말씀을 읊으시면서 세존께서 '비구들이여'라고 부르신 이유에 대해서는 앞에서 설명한 방법대로 알아야 한다."(UdA.395)

613) [그 원인을 보여주시는 부분1 — 부정의 논법(byatirekavasa)을 통해서]

"이처럼 스승께서는 '비구들이여, ① 태어나지 않았고 ② 존재하지 않았고 ③ 만들어지지 않았고 ④ 형성되지 않은 것이 있다.'라고 말씀하신 뒤 그 원인을 보여주시면서(hetuṁ dassento) '비구들이여, 만일 이러한 태어나지 않았고 존재하지 않았고 만들어지지 않았고 형성되지 않은 것이 없다면(no cetaṁ, bhikkhave, abhavissa ajātaṁ abhūtaṁ akataṁ asaṅkhataṁ)'이라고 말씀하셨다.

이것이 그 간략한 의미이다. — 비구들이여, 만일 태어나지 않았음 등의 고유성질들(ajātādisabhāvā)을 가진 형성되지 않은 요소(asaṅkhatā dhātu)가 존재하지 않고 있지 않다면 여기 이 세상에는 태어났음 등의 고유성질을 가진(jātādisabhāva) 물질 등의 무더기로 된 다섯 가지라 불리는(rūpādi-kkhandha-pañcaka-saṅkhāta) 형성된 것(saṅkhata)으로부터 벗어남(nissaraṇa)인 남김없이 고요함(anavasesavūpasama)이 알려지지 않게

을 [81] 천명하지 못할 것이다. 비구들이여, 그러나 태어나지 않았고 존재하지 않았고 만들어지지 않았고 형성되지 않은 것이 있기 때문에614) 태어났고 존재했고 만들어졌고 형성된 것으로부터 벗어남을

되고 얻어지지 않게 되고 생기지 않게 될 것이다. 열반을 대상으로 일어나는(nibbānañhi ārammaṇaṁ katvā pavattamānā) 바른 견해 등의 성스러운 도의 법들(ariyamaggadhammā)은 오염원들을 남김없이(anavasesa-kilesā) 잘라버린다(samucchindanti). 그래서 여기서 모든 윤회의 괴로움(vaṭṭadukkha)의 진행되지 않음(appavatti)과 사라짐(apagama)과 벗어남(nissaraṇa)을 드러내는 것이다(paññāyati)."(UdA.395)

614) [그 원인을 보여주시는 부분2 — 추론의 논법(anvayavasa)을 통해서]
"이와 같이 부정하는 것(byatireka)을 통해서 열반이 존재함(nibbānassa atthibhāva)을 보여주신 뒤 이제 추론(anvayava)을 통해서 그것을 보여주시기 위해서 '비구들이여, 그러나 태어나지 않았고 존재하지 않았고 만들어지지 않았고 형성되지 않은 것이 있기 때문에(yasmā ca kho, bhikkhave, atthi ajātaṁ abhūtaṁ akataṁ asaṅkhataṁ)'라고 말씀하셨다. 이것에 대해서는 [앞에서] 그 의미를 설명하였다.
그리고 [396] 여기서 [더 언급하면] 이것은 "조건을 가지지 않은 법들(ma2-7-b), 형성되지 않은 법들[無爲法](ma2-8-b)"(Dhs 두 개 조 마띠까)로, "비구들이여, 그러한 경지가 있으니 거기에는 ① 땅이 없고 …"(Ud8:1)로, "모든 형성된 것들의 가라앉음, 모든 재생의 근거를 완전히 놓아버림, 갈애의 멸진, 탐욕의 빛바램, 소멸, 열반을 보기도 어려울 것이다."(M26 §19)로, "비구들이여, 그대들에게 무위와 무위에 이르는 길을 설하리라."(S43:2 §2)라는 등으로 여러 경의 구절들에 나타난다. 그리고 '비구들이여, 태어나지 않았고 …'(Ud8:3)라는 이러한 본경에 의해서 열반의 요소(nibbānadhātu)는 궁극적인 의미에서 존재하고(paramatthato sambhavo) 모든 세상을 연민하시는 정등각자에 의해서 설해졌다(sabbalokaṁ anu-kampamānena sammāsambuddhena desito)."(UdA.395~396)

[열반은 존재한다]
"그러므로 비록 직접 보지는 못한다 할지라도(apaccakkhakārīnampi) 그 지자들(viññū)의 의심(kaṅkhā)이나 혼란(vimati)은 존재하지 않는다. 그러나 남의 인도를 받아서 지혜가 생기는 사람들(paraneyyabuddhino pug-galā)이 있으니 그들의 혼란을 쓸어 없애기 위해서(vimativinodanatthaṁ), 취지(목적)를 통해서 연역해 내는 논법(adhippāya-niddhāraṇa-mukha)에 의해서 논리를 적용시키면(yuttivicāraṇā) 이러하다. —

감각적 쾌락들과 형색 등은 철저하게 알아져야 하기 때문에(pariññeyyatā) 종결됨이 있다(sauttara). 그러므로 이 [감각적 쾌락들과 형색 등]과 반대되

천명하게 된다."615) {73}

는(paṭipakkhabhūta) 대적할 만한 것이 없음을 고유성질로 가지는(tab-bidhurasabhāva) 벗어남(nissaraṇa)은 알려지게 된다. 이와 같이 그러한 고유성질들을 가진 모든 형성된 법들[有爲法, saṅkhatadhammā]과 반대되는(paṭipakkhabhūta) 대적할 만한 것이 없음을 고유성질로 가지는 벗어남(tabbidhurasabhāva nissaraṇa)은 존재해야 한다(bhavitabba). 여기서 이 벗어남(nissaraṇa)이라는 그것이 바로 형성되지 않은 요소[無爲界, asaṅkhatā dhātu]이다."(UdA.396)

[열반은 도의 마음의 대상이다]

"그런데 형성된 법들[有爲法]을 대상으로 가지는 위빳사나의 지혜(vipassanā-ñāṇa)가 아무리 수순하는 지혜(anulomañāṇa)라 할지라도 근절(samuccheda)을 통해서 오염원들을 버릴 수는 없다. 그처럼 인습적인 진리를 대상으로 가지는(sammutisaccārammaṇa) 초선 등에서도 지혜는 억압(vikkhambhana)을 통해서 오염원들을 제거하지만 근절을 통해서는 아니다.(Vis.XXII.110 이하 참조)

이와 같이 형성된 법들[有爲法]을 대상으로 하고 인습적 진리를 대상으로 하는 지혜는 근절을 통한 버림(samucchedappahāna)으로 오염원들을 버리는 것이 가능하지 않다(asamatthabhāva). 그러므로 근절을 통해서 이들을 버림을 행하는 성스러운 도의 지혜(ariyamaggañāṇa)는 이 둘과 상반되는 고유성질을 가진 대상(tadubhayaviparītasabhāva ārammaṇa)을 가져야 한다. 그것이 바로 형성되지 않은 요소[無爲界, asaṅkhatā dhātu]이다."(UdA.396)

여기서 형성되지 않은 요소[無爲界]는 바로 열반을 말한다.(nibbāna asaṅ-khatadhātu, UdA.191) 그리고 『아비담맛타상가하』는 "'출세간 마음들(lokuttara-cittāni, 도의 마음들과 과의 마음들)'이란 열반을 대상으로 가지는 마음(nibbānārammaṇāni)이다."(Abhi-Sgh.21 = 『아비담마 길라잡이』 제3장 §18의 62)라고 정의한다. 한편 『청정도론』 XXII.122도 [열반을 대상으로 하는] 성스러운 도의 지혜로 근절에 의한 버림을 갖추게 된다고 다음과 같이 설명한다.

"마치 벼락 맞은 나무가 다시 살아나지 못하는 것처럼 성스러운 도의 지혜(ariyamaggañāṇa)로 족쇄 등의 법을 다시 일어나지 못하도록 버림이 근절에 의한 버림(samucchedappahāna)이다. 이것을 두고 이와 같이 설하셨다. "부서짐으로 인도하는 출세간의 도(lokuttara khayagāmimagga)를 닦는 자에게 근절에 의한 버림이 있다.(Ps.i.27)"라고."(Vis.XXII.122)

615) "[여기 본경 §2의 우러나온 말씀의 처음에서 세존께서는] '비구들이여, 태어나지 않았고 존재하지 않았고 만들어지지 않았고 형성되지 않은 것이 있다(atthi, bhikkhave, ajātaṃ abhūtaṃ akataṃ asaṅkhataṁ).'라고 하셨

열반과 관련됨 경4(Ud8:4)

1. 이와 같이 나는 들었다. 한때 세존께서는 사왓티에서 제따 숲의 아나타삔디까 원림(급고독원)에 머무셨다. 그 무렵 세존께서는 열반과 관련된 법다운 말씀으로 비구들을 가르치고 격려하고 분발하게 하고 기쁘게 하셨다. 그 비구들은 뜻을 파악하고 마음에 잡도리하고 온 마음으로 몰두하고 귀를 기울여 법을 들었다.

2. 그때 세존께서는 이 의미를 아시고 그 즉시 바로 이 우러나온 말씀을 읊으셨다.616)

다. 이 말씀은 열반이란 경지(nibbānapada)는 궁극적인 의미에서 존재함을 밝히신 것(atthibhāvajotaka)이다. 이 전도되지 않음이라는 의미(aviparīt-attha)는 세존께서 설하셨기 때문이다(bhagavatā bhāsitattā). 그런데 "모든 형성된 것들은 무상하다. 모든 형성된 것들은 괴로움[苦]이다. [397] 모든 법들은 무아다."(A3:134)라고 세존께서 설하신 그것이 전도됨이 없는 의미(aviparītattha)이고 궁극적인 의미(paramattha)이다.

이와 같이 열반이란 용어(nibbānasadda)는 어떤 경지(visaya)에서도 있는 그대로의 궁극적인 의미의 경지(yathābhūtaparamatthavisaya)를 나타낸다. 접근하여 드러내는 방법이 실재하기 때문이다(upacāramatta-vutti-sabbhāvato). 예를 들면 사자라는 단어(sīhasadda)와 같다.

혹은 궁극적인 의미에서 형성되지 않은 요소[無爲界, asaṅkhatā dhātu]는 존재한다(attheva). 왜냐하면 땅의 요소나 느낌과 같은 이 이외의 것들과 반대가 되고 이들로부터 벗어나 있는 고유성질을 가지고 있기 때문(itara-tabbiparīta-vinimutta-sabhāvattā)이다. 이런 등의 방법들에 의해서 논리적으로도(yuttitopi) 무위의 요소는 궁극적인 의미에서 존재한다고 알아야 한다(asaṅkhatāya dhātuyā paramatthato atthibhāvo veditabbo)." (UdA.396~397)

616) "그때 세존께서는 그 비구들에게 앞에서 설하신 분별심이라 불리는(yathā-vuttaparivitakkasaṅkhāta, Ud8:3 §2의 주해 참조) 이 의미를 모든 측면에서 아시었다. '이 우러나온 말씀을(imaṁ udānaṁ)'이라고 하였다. 갈애로 인해 어떤 것에도 의지하지 않고(anissita) 몸과 마음이 편안하고 (passaddhakāyacitta) 위빳사나가 도닦음의 과정에 있는 자(vīthi-paṭi-panna-vipassana)의 성스러운 도에 의해서 남김없이(anavasesato) 갈애

"의지한 것에는 동요가 있지만[617] 의지하지 않은 것에는 동요가 없다.[618] 동요가 없으면 고요함이 있고 고요함이 있을 때는 기울이 없다. 기울이 없으면 오고 감이 없다. 오고 감이 없으면 죽음과 다시 태어남이 없다.[619] 죽음과 다시 태어남이 없으면 여기 [이 세상]도 없고 저기 [저 세상도] 없으며 이 둘의 가운데도 없다.[620] 이것이 바

를 제거하여(taṇhāpahānena) 열반을 증득함을 설명하는(nibbānādhigama-vibhāvana) 이 우러나온 말씀을 읊으셨다."(UdA.397)

617) "'의지한 것에는 동요가 있지만(nissitassa calitaṁ)'이라고 하셨다. 물질 등의 형성된 것들에 대해 갈애와 사견에 의지한 자는 동요하여 '이것은 나의 것이다. 이것은 나의 자아이다.'라는 갈애와 사견의 요동(taṇhādiṭṭhi-vipphandita)이 있다. 갈애와 사견이 제거되지 않은 사람(appahīnataṇhā-diṭṭhika)에게는 즐거움 등이 일어나면 그것을 지배하여 머물지 못하기 때문에(tāni abhibhuyya viharituṃ asakkontassa) '나의 느낌이다. 나는 느낀다.'라는 등으로 갈애와 사견에 붙잡히고 유익함으로부터 멀어져서 마음의 흐름(cittasantāna)이 동요하고 떨고 휩쓸려 들게(calana kampana ava-kkhalita) 된다는 뜻이다."(UdA.397~398)

618) "'의지하지 않은 것에는 동요가 없다(anissitassa calitaṁ natthi).'고 하셨다. 청정한 도닦음(visuddhipaṭipada)을 실천하는 자는 사마타와 위빳사나로 갈애와 사견을 억압한 뒤(vikkhambhetvā) 무상 등을 통해서 형성된 것들을 명상하면서 머문다(sammasanto viharati). 그가 앞에서 언급한 동요하고 휩쓸려 들어감을 의지하지 않으면 요동(vipphandita)이란 것은 없으니 그 이유가 잘 억압되었기 때문이다(kāraṇassa suvikkhambhitattā)." (UdA.398)

619) "'기울이 없으면(natiyā asati)'이라는 것은 아라한도에 의해서 갈애가 잘 제거되었기 때문에(taṇhāya suppahīnattā) 존재 등의 목적(bhavādi-attha)에 집착과 애착에 사로잡힘(ālayanikanti pariyuṭṭhāna)이 없으면이란 뜻이다. '오고 감이 없다(āgatigati na hoti).'라는 것은 재생연결(paṭisandhi)을 통해서 여기로 옴, 즉 돌아옴과 죽음(cuti)을 통해서 감, 즉 여기로부터 저 세상으로 감(ito paralokagamana), 즉 서거한 뒤(peccabhāva)가 없다, 진행되지 않는다는 뜻이다."(UdA.398)

여기서 '기울'으로 옮긴 nati는 √nam(*to bend, to bow*)에서 파생된 여성명사이다.

620) '여기 [이 세상]도 없고 저기 [저 세상도] 없으며 이 둘의 가운데도 없다(nevidha na huraṁ na ubhayamantarena).'는 본서 「바히야 경」

로 괴로움의 끝이다."[621] {74}

쭌다 경(Ud8:5)[622]

Cunda-sutta

1. 이와 같이 나는 들었다. 한때 세존께서는 많은 비구 승가와 함께 말라에서 유행(遊行)하시다가 빠와[623]라는 말라[624]들의 도시에 도착하셨다. 세존께서는 거기 빠와에서 대장장이의 아들 쭌다의 망고 숲에 미무셨다.[625]

(Ud1:10) §7에도 나타난다. 그곳의 해당 주해를 참조할 것.

621) "이처럼 세존께서는 여기서도 그 비구들에게 남김없이 윤회의 괴로움을 가라앉히는 원인이 되는(vaṭṭa-dukkha-vūpasama-hetubhūta) 죽음이 없는 [不死] 대열반(amata-mahānibbāna)의 위력(ānubhāva)을 바른 도닦음(sammāpaṭipatti)을 통해서 드러내셨다."(UdA.399)

622) 우러나온 말씀을 포함한 『우다나』의 본경은 『디가 니까야』 제2권 「대반열반경」(D16) §§4.13~4.43 가운데 §§4.26~4.38을 제외한 나머지 부분과 같다. 본서는 우러나온 말씀, 즉 우다나에 초점을 맞추어 결집한 것이라서 「대반열반경」(D16) §§4.13~4.43 가운데 본경의 우러나온 말씀(§14 = D16 §§4.43)과는 관계가 없이 뿍꾸사 말라뿟따의 일화를 담고 있는 §§4.26~4.38이 본서의 본경에는 제외되었을 것이다. 그리고 본서의 마지막 품인 본 품은 열반을 주제로 결집이 된 것이기 때문에 『디가 니까야』 제2권에 결집된 「대반열반경」(D16)의 이 부분은 본서에도 포함되어 합송되었다고 여겨진다.

623) 빠와(Pāva)에 대해서는 본서 「아자깔라빠까 경」(Ud1:7) §1의 주해를 참조할 것.

624) 말라(Malla)에 대해서는 본서 「우물 경」(Ud7:9) §1의 주해를 참조할 것.

625) 대장장이의 아들 쭌다(Kammāraputta Cunda)는 세존께 마지막 공양을 올린 바로 그 사람이다. 세존께서는 그가 올린 음식을 드신 다음 심한 적리(赤痢, 피와 곱이 섞여 나오는 이질)에 걸리셨고 꾸시나라에서 반열반에 드셨다. 쭌다는 금을 다루는 대장장이의 아들(suvaṇṇa-kāraputta)이었으며 전에 세존을 처음 뵙고 이미 예류자(sotāpanna)가 되었다고 한다. 그래서 자신의 망고 숲에 승원(vihāra)을 지었다고 하는데 지금 세존이 머무시는 바로 이곳이다.(UdA.399; DA.ii.568)

2. 대장장이의 아들 쭌다는 세존께서 많은 비구 승가와 함께 빠와에 오셨다고 들었다. 그러자 대장장이의 아들 쭌다는 세존께 갔다. 가서는 세존께 절을 올린 뒤 한 곁에 앉았다. 세존께서는 법다운 말씀으로 한 곁에 앉은 대장장이의 아들 쭌다를 가르치고 격려하고 분발하게 하고 기쁘게 하셨다. 그러자 대장장이의 아들 쭌다는 법다운 말씀으로 세존으로부터 가르침을 받고 격려를 받고 분발되고 기뻐하여 세존께 이렇게 말씀드렸다.

"세존이시여, 세존께서는 비구 승가와 함께 내일 저의 공양을 허락하여 주십시오."

세존께서는 침묵으로 허락하셨다.

3. 대장장이의 아들 쭌다는 세존께서 허락하신 것을 알고서 자리에서 일어나 세존께 절을 올리고 오른쪽으로 돌아 [경의를 표한] 뒤 물러갔다.

그리고 대장장이의 아들 쭌다는 그 밤이 지나자 자신의 집에서 딱딱한 음식과 부드러운 음식 등 맛있는 여러 음식과 부드러운 돼지고기로 만든 음식626)을 많이 준비하게 하여 세존께 시간을 알려드렸다.

---

626) '부드러운 돼지고기로 만든 음식'으로 옮긴 원어는 sūkaramaddava인데 주석서에서는 다음과 같이 세 가지 경우로 설명한다.
"수까라맛다와는 지나치게 어리지 않고 지나치게 늙지 않은 어떤 큰 돼지(jeṭṭhaka-sūkara)의 고기(maṁsa)이다. 이것은 부드럽고 기름지다고 한다. 이것을 장만하여 잘 요리하게 한 것이라는 뜻이다. 어떤 자들은 이렇게 말한다. '수까라맛다와는 부드러운 음식(mudu-odana)인데 소에서 생긴 다섯 가지 산출물(pañca-gorasa-yūsa)을 요리하는 과정의 이름이다. 마치 가와빠나(gava-pāna, 쇠고기국)라는 요리의 이름과 같다.'라고. 다른 사람들은 말한다. '수까라맛다와는 연금술(rasāyana-vidhi)이다. 연금술사들이 왔을 때 쭌다가 '세존께서 반열반에 드시지 않게 하리라.'하고 바로 이 연금술로 제조된 것(rasāyana)을 드린 것이다.'라고."(DA.ii.568)
같은 설명이 『우다나 주석서』에도 나타나고 있다.(UdA.399~400) 한편

"세존이시여, [가실] 시간이 되었습니다. 음식이 준비되었습니다."라고.

4. 그때 [82] 세존께서는 오전에 옷매무새를 가다듬고 발우와 가사를 수하시고 비구 승가와 함께 대장장이의 아들 쭌다의 집으로 가셨다. 가셔서는 비구 승가와 함께 마련된 자리에 앉으셨다. 앉으셔서는 대장장이의 아들 쭌다를 불러서 말씀하셨다.

"쭌다여, 부드러운 돼지고기로 만든 음식은 나에게 공양하고, 다른 여러 음식은 비구 승가에게 공양하여라."

"그렇게 하겠습니다, 세존이시여."라고 대장장이의 아들 쭌다는 세존께 대답하고서 부드러운 돼지고기가 든 음식은 세존께 공양하고, 다른 여러 음식은 비구 승가에게 공양하였다.

5. 그러자 세존께서는 대장장이의 아들 쭌다를 불러서 말씀하셨다.

"쭌다여, 부드러운 돼지고기로 만든 음식이 남은 것은 깊은 구덩이를 파서 묻어라. 쭌다여, 나는 신들을 포함하고 마라를 포함하고 범천을 포함한 세상에서, 사문·바라문을 포함하고 신과 인간을 포함한 생명체들 가운데서, 여래를 제외한 어느 누구도 이 음식을 먹고 바르게 소화시킬 사람을 보지 못한다."

"그렇게 하겠습니다, 세존이시여."라고 대장장이의 아들 쭌다는 세존께 대답한 뒤 부드러운 돼지고기로 만든 음식이 남은 것은 깊은 구덩이를 파서 묻고 세존께로 갔다. 가서는 세존께 절을 올리고 한 곁에 앉았다. 세존께서는 법다운 말씀으로 한 곁에 앉은 대장장이의

『디가 니까야 복주서』는 이 수까라맛다와는 "야생 멧돼지의 부드러운 고기(vanavarāhassa mudumaṁsa)"(DAṬ.ii.218)라고 적고 있다.

아들 쭌다를 가르치고 격려하고 분발하게 하고 기쁘게 하신 뒤 자리에서 일어나 떠나셨다.627)

6. 그때 세존께서는 대장장이의 아들 쭌다가 올린 음식을 드신 다음 혹독한 병에 걸리셨다.628) 피가 나오는 적리(赤痢)629)에 걸려서 죽음에 다다르는 극심한 고통이 생기셨다. 거기서 세존께서는 마음챙기고 알아차리시면서 흔들림 없이 그것을 감내하셨다. 그때 세존께서는 아난다 존자를 불러서 말씀하셨다.

"아난다여, 이제 꾸시나라로 가자."

"그렇게 하겠습니다, 세존이시여."라고 아난다 존자는 세존께 응답했다.

나는 이렇게 들었나니
대장장이 쭌다가 올린 음식을 드신 뒤
현자께서는 죽음에 다다르는 극심한 병에 걸리셨다.
부드러운 돼지고기로 만든 음식을 드신

---

627) 본경의 아래 §13(「대반열반경」 §4.42)에서도 나타나듯이 쭌다의 공양은 비난받지 않는 것이다. 그는 선한 의도로 나름대로 최상의 음식을 준비해서 세존께 공양을 올렸다. 승가도 이를 인정하였기 때문에 후대의 어떤 문헌에서도 쭌다를 비난하는 글은 발견되지 않는다. 만일 쭌다의 공양에 어떤 조그만 잘못이라도 발견되었더라면 분명히 경이나 주석서와 복주서에서 어떤 식으로든 이를 언급하였을 것이다. 그러나 본경 §13에서 그는 오히려 부처님께 마지막 공양을 올린 행운을 가진 사람으로 언급되고 있다.

628) '그때 세존께서는 대장장이의 아들 쭌다가 올린 음식을 드시고 혹독한 병에 걸리셨다.'는 'atha kho bhagavato cundassa kammāraputtassa bhattaṁ bhuttāvissa kharo ābādho uppajji.'를 옮긴 것이다. 이 가운데 'bhagavato cundassa kammāraputtassa bhattaṁ bhuttāvissa'는 소유격 관계절로 영어의 'when ~', 즉 '~ 하였을 때'를 나타낸다.

629) '적리(赤痢)'로 옮긴 lohita-pakkhandikā는 문자적으로 '피가 나오는'이란 뜻인데 이것은 발열과 복통이 따르고 피와 곱이 섞인 대변을 누는 이질(*diarrhoea*) 혹은 설사병을 말한다.

스승께 극심한 병이 생겼나니
그것을 깨끗하게 하시면서 세존께서는
꾸시나라 도시로 가자고 말씀하셨다.630)

물을 떠 옴

7. 그때 [83] 세존께서는 길을 가시다가 어떤 나무 아래로 가셨다. 가셔서는 아난다 존자를 불러서 말씀하셨다.

"아난다여, 가사를 네 겹으로 접어서 [자리를] 만들어라. 아난다여, 피곤하구나. 나는 좀 앉아야겠다."

"그렇게 하겠습니다, 세존이시여."라고 아난다 존자는 세존께 대답한 뒤 가사를 네 겹으로 접어서 [자리를] 만들었다.

세존께서는 만들어 드린 자리에 앉으셨다. 앉으신 뒤 세존께서는 아난다 존자를 불러서 말씀하셨다.

"아난다여, 그대는 나를 위해서 물을 좀 다오. 아난다여, 목이 마르구나. 나는 물을 마셔야겠다."

8. 이렇게 말씀하시자 아난다 존자는 세존께 이렇게 말씀드렸다.

"세존이시여, 지금 500대의 수레가 지나갔습니다. 수레바퀴로 휘저은 물은 좋지 않고 뒤범벅이 되어 혼탁해졌습니다. 세존이시여, 꾸꿋타 강631)이 멀지 않은 곳에 있습니다. 그 물은 맑고 만족을 주고

---

630) 태국본 「대반열반경」(D16)에는 이 게송의 말미에 '이 게송은 합송 때 합송자들이 읊은 것이다.(imā gāthāyo saṅgītikāle saṅgītikārakehi vuttā)'라고 나타난다.

631) '꾸꿋타 강'은 본서의 VRI본의 Kukuṭṭhā nadī를 옮긴 것이다. PTS본에도 똑같이 나타난다. 그런데 『디가 니까야』 제2권 「대반열반경」(D16)에서는 다르게 나타난다. 「대반열반경」 §4.22; §4.38 등의 PTS본에는 Kakutthā nadī로 나타나고 VRI본에는 Kakudhā nadī로 나타난다.

차갑고 투명하며, 튼튼한 제방으로 보호되어 있습니다. 거기서 세존께서는 물을 드시고 몸을 시원하게 하실 수 있습니다."

9. 두 번째로 … 세 번째로 세존께서는 아난다 존자를 불러서 말씀하셨다.

"아난다여, 그대는 나를 위해서 물을 좀 다오. 아난다여, 목이 마르구나. 나는 물을 마셔야겠다."

"그렇게 하겠습니다, 세존이시여."라고 아난다 존자는 세존께 대답한 뒤 발우를 가지고 그 작은 강으로 갔다. 아난다 존자가 다가가자 수레바퀴로 휘저어져서 좋지 않고 뒤범벅이 되어 혼탁해진 그 물은 맑고 투명하고 깨끗하게 되었다.

10. 그러자 아난다 존자에게 이런 생각이 들었다.

"여래의 크나큰 신통력과 크나큰 위력은 참으로 경이롭구나. 참으로 놀랍구나. 수레바퀴로 휘저어져서 좋지 않고 뒤범벅이 되어 혼탁해진 물이 내가 다가가자 맑고 투명하고 깨끗하게 되었구나."

아난다 존자는 발우로 물을 떠서 세존께 다가갔다. 가서는 세존께 이렇게 말씀드렸다.

"세존이시여, 여래의 크나큰 신통력과 크나큰 위력은 참으로 경이롭습니다. 세존이시여, 참으로 놀랍습니다. 세존이시여, 수레바퀴로 휘저어져서 좋지 않고 뒤범벅이 되어 혼탁해진 물이 제가 다가가자 맑고 투명하고 깨끗하게 되었습니다. 세존께서는 물을 드십시오. [84] 선서께서는 물을 드십시오."

그러자 세존께서는 물을 드셨다.

11. 632) 그리고 세존께서는 많은 비구 승가와 함께 꾸꿋타 강으로 가셨다. 가서는 꾸꿋타 강에 들어가서 목욕을 하고 물을 마시고

다시 나오셔서 망고 숲으로 가셨다. 가셔서는 쭌다까 존자[633]를 불러서 말씀하셨다.

"쭌다까여, 가사를 네 겹으로 접어서 [자리를] 만들어라. 쭌다까여, 피곤하구나. 나는 좀 앉아야겠다."

"그렇게 하겠습니다, 세존이시여."라고 쭌다까 존자는 세존께 대답한 뒤 가사를 네 겹으로 접어서 [자리를] 만들었다.

그러자 세존께서는 발과 발을 포개시고, 마음챙기고 알아차리시면서[正念正知] 일어날 시간을 인식하여 마음에 잡도리하신 후 오른쪽 옆구리로 사자처럼 누우셨다. 쭌다까 존자는 거기 세존의 앞에 앉았다.

12. 부처님은 꾸꿋타 강으로 가셨으니
맑고 만족을 주고 투명한 그 강물에
세상에서 비할 데 없는 큰 스승 여래께서는
심히 지친 몸을 담그셨다. |1|

목욕하고 물을 마시고 나오신 스승께서는

---

632) 「대반열반경」(D16)에 나타나는 <뿍꾸사 말라뿟따의 일화>와 "오늘 밤 삼경에 꾸시나라 근처에 있는 말라들의 살라 숲에서 한 쌍의 살라 나무[娑羅雙樹] 사이에서 여래의 반열반이 있을 것이다."라고 선언하신 것까지의 「대반열반경」(D16) §§4.26~4.38에 해당하는 내용은 본경에는 나타나지 않고 D16 §4.39 이하에 해당하는 아래 내용이 바로 나타나고 있다.

633) 주석서에 의하면 이때 아난다 존자는 목욕할 때 입은 옷을 짜기 위해서 나가 있었고 쭌다 장로(Cundatthera)가 옆에 있어서 세존께서는 그를 부르셨다고 한다.(DA.ii.568) 이처럼 주석서는 이 쭌다까 존자를 쭌다 장로로도 부르고 있다.
니까야에는 두 명의 쭌다 존자가 나타나는데 DPPN은 이 쭌다까 존자(āyasmā Cundaka)는 쭌다 사미(Cunda samaṇuddesa)로도 불리던 사리뿟따 존자의 동생인 쭌다(Cunda) 존자라고 설명한다. 그에게는 구족계를 받은 후에도 이 사미라는 호칭이 애칭이 되어서 없어지지 않았다고 한다.(DA.iii.907) 한때 그는 세존의 시자 소임을 맡기도 하였다.(ThagA.ii.124; Jā.iv.95 등)

비구 승가 가운데서 앞에 모시는 분634)이시니
여기 [이 세상에서] 법을 설하시는 분
대선인(仙人)635)이신 그분 세존께서는 망고 숲으로 가셔서
쭌다까라는 비구를 불러서 말씀하셨으니
'네 겹으로 접은 가사 위에 나는 누우리라.'라고. |2|

자신을 잘 닦은 분에게서 명을 받은 쭌다636)는
네 겹으로 가사를 접어서 [자리를] 만들었다.
스승께서는 피로한 몸을 누이셨나니
쭌다도 그분 앞에 앉았다. |3|

---

634) '앞에 모시는 분'은 purakkhato를 직역하여 옮긴 것이다. 이 단어는 puraḥ(앞에)+√kṛ(*to do*)의 동사 purakkharoti의 과거분사이다. PED에서 '*honoured, esteemed, preferred*'로 풀이하고 있다. 『우다나 주석서』는 이렇게 설명한다.

"'앞에 모시는 분(purakkhato)'이란 덕의 특별함으로 중생들의 으뜸가는 존중을 받기 때문에(guṇavisiṭṭha-sattuttamagarubhāvato) 신들을 포함한 세상이 예배와 공경을 통해서(pūjāsammānavasena) 앞에 모시는 분이라는 뜻이다."(UdA.404)

635) '선인(仙人)'으로 옮긴 원어 isi(Sk. ṛṣi)는 √ṛṣ(*to rush, to push*)에서 파생된 단어로 '진리를 찾아서 다니는 자'라는 의미에서 *seer*로 영역되고 있다. 산스끄리뜨 문헌에서는 "지혜로 윤회의 피안으로 달려가는 자(ṛṣati jñānena saṁsārapāram)"(Uṇ.iv.119에 대한 주석)라고 정의하고 있다.

불교 주석서들은 "높은 계를 공부지음[增上戒學, 높은 계학, adhisīlasikkhā] 등을 구한다는 뜻에서(esanaṭṭhena) 선인이라 한다."(ThagA.iii.18)라거나, "제어와 절제 등을 찾는다는 뜻에서(esanaṭṭhena) 선인들이라 한다."(PvA.98)라거나, "禪 등의 공덕(guṇa)을 찾는다는 뜻에서 선인들이라 한다."(PvA.163)라는 등으로 설명하는데 여기서 보듯이 isi를 구함, 찾음을 뜻하는 esana[ā(앞으로)+√iṣ(*to seek, to desire*)]에서 파생된 명사로 설명한다.

636) 본 게송에서 언급되는 쭌다(Cunda)는 쭌다까 존자(āyasmā Cundaka)이다. 대장장이 쭌다가 아니다. 게송의 운율을 맞추기 위해서 '-ka'어미를 생략했다. 그리고 '-ka' 어미는 이름이나 직업의 명칭 등에 자유로이 붙여 쓰기 때문에 Cundaka라 하든 Cunda라 하든 차이는 없다.

13. 그런 후 세존께서는 아난다 존자를 불러서 말씀하셨다.

"아난다여, 그런데 대장장이의 아들 쭌다가 이렇게 자책할지도 모른다. '여보게 쭌다여, 여래께서는 네가 드린 탁발음식을 마지막으로 드시고 반열반에 드셨으니 이건 참으로 너의 잘못이고 너의 불행이로구나.'

아난다여, 대장장이 쭌다의 아들에게 이와 같이 말하여 [85] 자책감을 없애주어야 한다.

'도반 쭌다여, 여래께서는 그대가 드린 탁발음식을 마지막으로 드시고 반열반에 드셨으니 이건 그대의 공덕이고 그대의 행운입니다. 도반 쭌다여, 모든 곳에서 두루 결실을 가져오고637) 모든 곳에서 두루 과보를 가져오는 두 가지 탁발음식이 다른 탁발음식들을 훨씬 능가하는 더 큰 결실과 더 큰 이익을 가져다준다고 나는 세존의 면전에서 직접 듣고 세존의 면전에서 직접 받아 지녔습니다.

어떤 것이 둘입니까? 그 탁발음식을 드시고 여래께서 위없는 정등각을 깨달으신 것과 그 탁발음식을 드시고 여래께서 무여열반의 요소[界]로 반열반을 하신 것입니다. 이런 두 가지 탁발음식은 더 큰 결실과 더 큰 이익을 가져다줍니다. 다른 탁발음식들을 훨씬 능가합니다.

이제 대장장이의 아들 쭌다님은 긴 수명을 가져다줄 업을 쌓았습니다. 이제 대장장이의 아들 쭌다님은 좋은 용모를 가져다줄 업을 쌓았습니다. 이제 대장장이의 아들 쭌다님은 행복을 가져다줄 업을 쌓

637) '모든 곳에서 두루 결실을 가져오고'는 samasamaphalā를 옮긴 것이다. 주석서는 "모든 측면에서 동등한 결실을 가져오는(sabbākārena samānaphalā)"(UdA.405; DA.ii.571)으로 설명하고 있고 복주서는 "한 곳이 아닌(na ekadesa) 모든 곳에서 고르게 되어(sabbathā samameva hutvā) 고른 결실을 가진 것이다(samaṁ phalaṁ etesaṁ)."(DAṬ.ii.222)라고 설명하고 있어서 이렇게 옮겼다.

았습니다. 이제 대장장이의 아들 쭌다님은 명성을 가져다줄 업을 쌓았습니다. 이제 대장장이의 아들 쭌다님은 천상에 태어날 업을 쌓았습니다. 이제 대장장이의 아들 쭌다님은 위세를 가질 업을 쌓았습니다.'라고.

아난다여, 이렇게 대장장이의 아들 쭌다의 자책감을 없애주어야 한다."

14. 그때 세존께서는 이 의미를 아시고 그 즉시 바로 이 우러나온 말씀을 읊으셨다.638)

"베풂에 의해서 공덕은 증가하고
제어에 의해서 증오는 쌓이지 않는다.
지혜로운 자639) 사악함을 없애고
탐욕과 성냄과 어리석음을 멸진하여 열반을 얻는다." {75}

빠딸리 마을 경(Ud8:6)

Pāṭaligāmiya-sutta640)

---

638) "'이 의미를 아시고(etamatthaṁ viditvā)'라고 하였다. ① 이 보시(dāna)가 큰 결실을 가지고 있음(mahapphalatā)과 ② 자신의 계행 등의 공덕들(sīlādiguṇā)에 의해서 행하여진 위없는 베풂의 상태(anuttaradakkhiṇeyya-bhāva)와 ③ 취착 없는 반열반(anupādāparinibbāna)이라는 이 세 가지 의미를 모든 측면에서 아시고 그 의미를 밝히는 이 우러나온 말씀을 읊으신 것이다."(UdA.406)

639) 원어는 kusalo[善者, 능숙한 자]인데 주석서에서는 '지혜를 갖춘 자(ñāṇa-sampanno)'로 설명하고 있어서 이렇게 옮겼다.(DA.ii.572)

640) 우러나온 말씀을 포함한 본경은 『디가 니까야』 제2권 「대반열반경」(D16) §§1.19~1.34와 같다. 앞의 「쭌다 경」(Ud8:5)의 경우처럼 「대반열반경」(D16)의 첫 번째 바나와라도 §1.34에 나타나는 우러나온 말씀으로 마무리가 되기 때문에 「대반열반경」의 이 부분은 우러나온 말씀들(우다나)을 합송한 본서에도 포함되어 결집되었다고 이해하면 되겠다. 그리고 우러나온 말

1. 이와 같이 나는 들었다. 한때 세존께서는 많은 비구 승가와 함께 마가다641)에서 유행(遊行)하시다가 빠딸리 마을에 도착하셨다. 빠딸리 마을의 청신사들은 세존께서 많은 비구 승가와 함께 마가다에서 유행하시다가 빠딸리 마을에 도착하셨다고 들었다. 그러자 빠

씀을 포함한 본경은 율장 『마하왁가』 제6편 약품 편(Bhesajjakkhandhaka)의 빠딸리 마을에 대한 설명(Pāṭaligāmavatthukathā, Vin.i.226~230)으로도 나타나고 있다.

641) 마가다(Magadha)는 부처님 시대에 인도 중원의 16국 가운데서 꼬살라와 더불어 가장 강성했던 나라이며 결국은 16국을 통일한 나라이다. 물론 왕조는 바뀌었지만 마가다 지방에서 흥기한 마우리야(Maurya) 왕조의 3대 왕인 아소까 대왕이 인도를 통일하였다. 그러므로 인도는 마가다가 가장 정통이라고도 할 수 있다. 수도는 라자가하(Rājagaha)였으며 빔비사라(Bimbisāra) 왕과 그의 아들 아자따삿뚜(Ajātasattu)가 부처님 재세 시에 왕위에 있었다.

부처님 재세 시에 마가다는 동으로는 짬빠(Campā) 강, 남으로는 윈댜(Vin-dhyā) 산맥, 서로는 소나(Soṇa) 강, 북으로는 강가(Gaṅgā) 강이 그 경계였으며 강가 강 북쪽은 웨살리를 비롯한 릿차위(Licchavi)들의 땅이었다.

세니야 빔비사라 마가다 왕(rājā Māgadha Seniya Bimbisāra)은 15세에 왕위에 올라서 52년간을 왕위에 있었다고 한다. 부처님은 빔비사라 왕보다 5살이 위였다고 하며(Mhv.ii.25.; Dpv.iii.50) 빠세나디 꼬살라 왕은 부처님과 동갑이었다.(「법탑 경」(M89) §19 참조) 『숫따니빠따』 「빱바자 경」(Pabbajā Sutta, Sn.72 {405} 이하)에서 세존이 아직 깨달음을 증득하시기 전에 그와 나누는 대화가 나타난다. 주석서(SnA.ii.386)에 의하면 빔비사라 왕은 세존께서 깨달음을 얻으시면 제일 먼저 라자가하를 방문해 주시기를 청하였고 세존께서는 실제로 그렇게 하셨다.

그래서 세존께서 머물도록 지은 최초의 절이 우리에게 죽림정사로 알려진 웰루와나(Veḷuvana)이다. 이렇게 빔비사라 왕은 세존께서 깨달음을 증득하신 때부터 그가 아들 아자따삿뚜에게 시해될 때까지 37년간을 부처님의 든든한 후원자가 되어, 불교가 인도 중원에 정착하는 데 큰 기여를 한 왕이다.

수도인 라자가하(Rājagaha)는 중국에서 왕사성(王舍城)으로 옮겨져서 우리에게도 익숙한 지명이며, 지금도 전세계 불교도들의 순례 행렬이 끊이지 않고 있다. 이곳의 독수리봉 산(Gijjhakūṭa pabbata)은 초기불전의 여러 곳에 나타나고 있다. 「사밋디 경」(S1:20) 등에는 이곳의 온천정사, 즉 따뽀다 원림(Tapodā ārāma)도 나타난다.

딸리 마을의 청신사들은 세존께 다가갔다. 가서는 세존께 절을 올린 뒤 한 곁에 앉았다. 한 곁에 앉아서 빠딸리 마을의 청신사들은 세존께 이렇게 말씀드렸다. [86]

"세존이시여, 세존께서는 저희들의 공회당에 [머무실 것을] 허락하여 주십시오."

세존께서는 침묵으로 허락하셨다.

2. 그러자 빠딸리 마을의 청신사들은 세존께서 허락하신 것을 알고서 자리에서 일어나 세존께 절을 올리고 오른쪽으로 돌아 [경의를 표한] 뒤 공회당으로 갔다. 가서는 공회당을 덮개로 완전하게 덮고 자리를 준비하고 물 항아리를 마련하고 기름 등불을 매달고서 세존을 뵈러 갔다. 세존을 뵙고 절을 올리고 한 곁에 섰다. 한 곁에 서서 빠딸리 마을의 청신사들은 세존께 이렇게 말씀드렸다. "세존이시여, 공회당을 덮개로 완전하게 덮었고 자리를 준비하고 물 항아리를 마련하고 기름 등불을 매달았습니다. 세존이시여, 이제 세존께서 [가실] 시간이 되었습니다."

3. 그러자 세존께서는 옷매무새를 가다듬고 발우와 가사를 수하시고 비구 승가와 더불어 공회당으로 가셨다. 발을 씻으시고 공회당으로 들어가셔서는 중간 기둥 곁에 동쪽을 향하여 앉으셨다. 비구들도 역시 발을 씻고서 공회당에 들어가서 서쪽 벽 근처에 동쪽을 향하여 세존을 앞에 모시고 앉았다. 빠딸리 마을의 청신사들도 역시 발을 씻고 공회당에 들어가서 동쪽 벽 근처에 서쪽을 보고 세존을 앞에 모시고 앉았다.

계행이 나쁜 자의 위험

4. 그러자 세존께서는 빠딸리 마을의 청신사들을 불러서 말씀하셨다. "장자들이여, 계행이 나쁘고 계를 파한 자에게 다섯 가지 위험이 있다. 무엇이 다섯인가? 장자들이여, 여기 ① 계행이 나쁘고 계를 파한 자는 방일한 결과로 큰 재물을 잃는다. 이것이 계행이 나쁜 자가 계를 파해서 얻는 첫 번째 위험이다. 다시 장자들이여, ② 계행이 나쁘고 계를 파한 자는 악명이 자자하다. 이것이 계행이 나쁜 자가 계를 파해서 얻는 두 번째 위험이다. 다시 장자들이여, ③ 계행이 나쁘고 계를 파한 자는 끄샤뜨리야의 회중이든, 바라문의 회중이든, 장자의 회중이든, 사문의 회중이든, 그 어떤 회중에 들어가더라도 담대하지 못하고 의기소침하여 들어간다. 이것이 계행이 나쁜 자가 계를 파해서 얻는 [87] 세 번째 위험이다. 다시 장자들이여, ④ 계행이 나쁘고 계를 파한 자는 미혹해서 죽는다. 이것이 계행이 나쁜 자가 계를 파해서 얻는 네 번째 위험이다. 다시 장자들이여, ⑤ 계행이 나쁘고 계를 파한 자는 몸이 무너져 죽은 뒤에 처참한 곳, 불행한 곳, 파멸처, 지옥에 떨어진다. 이것이 계행이 나쁜 자가 계를 파해서 얻는 다섯 번째 위험이다."

계를 가진 자의 이익

5. "장자들이여, 계를 가진 자가 계를 받들어 지님에 다섯 가지 이익이 있다. 무엇이 다섯인가? 장자들이여, 여기 ① 계를 가지고 계를 갖춘 자는 방일하지 않은 결과로 큰 재물을 얻는다. 이것이 계를 가진 자가 계를 받아 지님으로써 얻는 첫 번째 이익이다. 다시 장자들이여, ② 계를 가지고 계를 갖춘 자는 훌륭한 명성을 얻는다. 이것

이 계를 가진 자가 계를 받아 지님으로써 얻는 두 번째 이익이다. 다시 장자들이여, ③ 계를 가지고 계를 갖춘 자는 끄샤뜨리야의 회중이든, 바라문의 회중이든, 장자의 회중이든, 사문의 회중이든, 그 어떤 회중에 들어가더라도 두려움 없고 당당하게 들어간다. 이것이 계를 가진 자가 계를 받아 지님으로써 얻는 세 번째 이익이다. 다시 장자들이여, ④ 계를 지니고 계를 갖춘 자는 미혹하지 않고 죽는다. 이것이 계를 가진 자가 계를 받아 지님으로써 얻는 네 번째 이익이다. 다시 장자들이여, ⑤ 계를 지니고 계를 갖춘 자는 몸이 무너져 죽은 뒤에 선처 혹은 천상세계에 태어난다. 이것이 계를 가진 자가 계를 받아 지님으로써 얻는 다섯 번째 이익이다."

6. 그때 세존께서는 법다운 말씀으로 빠딸리 마을의 청신사들을 가르치고 격려하고 분발하게 하고 기쁘게 하신 뒤 그들에게 떠날 것을 권하셨다.

"장자들이여, 밤이 깊어가는구나. 이제 그대들이 갈 시간이 되었다."

"그렇게 하겠습니다, 세존이시여."라고 빠딸리 마을의 청신사들은 세존께 대답한 뒤 자리에서 일어나 세존께 절을 올리고 오른쪽으로 돌아 [경의를 표한] 뒤 물러갔다.

빠딸리뿟따의 건설

7. 그 무렵 마가다의 대신인 수니다[642]와 왓사까라[643]가 왓지

---

642) 수니다(Sunidha)는 여기서 언급되고 있듯이 마가다의 대신(Magadha-mahāmatta)이었다. 왓사까라는 아래 주해에서 보듯이 다른 경들을 통해서도 등장하지만 수니다는 본경과 「대반열반경」의 이 문맥(D16 §§1.26~1.32)에서 '수니다와 왓사까라(Sunidha-Vassakārā)로만 언급되어 나타난다.

들을 침략하기 위해서 빠딸리 마을에 도시를 건설하고 있었다. [88] 그때 수천이나 되는 많은 신들이 빠딸리 마을에 터를 잡고 있었다. 그 지역에서 큰 위력을 가진 신들이 터를 잡고 있는 곳에는 큰 위력을 가진 왕의 측근 대신들이 거기에 거처를 건설하도록 그들의 마음을 움직였으며, 중간의 신들이 터를 잡고 있는 지역에는 중간의 왕의 측근 대신들이 거기에 거처를 건설하도록 그들의 마음을 움직였으

---

643) 왓사까라(Vassakāra)는 '마가다의 대신인 왓사까라 바라문(Vassakāra brāhmaṇa Magadhamahāmatta)'으로 다른 경들에서도 언급되고 있다. 율장의 문맥(Vin.iii.42ff.)을 통해서 유추해 보면 그는 선왕 빔비사라 때도 대신이었던 것 같다. 본경과 『디가 니까야』 제2권 「대반열반경」(D16) §1.26 이하에는 같은 마가다의 대신인 수니다(Sunidha)와 함께 왓지를 공격하기 위해서 빠딸리 마을에 도시를 건설하는 감독관으로 나타나고 있다.

「대반열반경」(D16) §§1.1～1.5에 의하면 마가다의 왕 아자따삿뚜 웨데히뿟따는 왓지를 정복하기 위해서 마가다의 대신인 이 왓사까라 바라문을 세존께 보내서 세존의 말씀을 듣게 한다. 세존께서는 일곱 가지 쇠퇴하지 않는 법들을 설하신다. 이 부분은 『앙굿따라 니까야』 제4권 「왓사까라 경」(A7:20)으로 독립되어 전승되어 오고 있기도 하다. 이 외에도 그와 관계된 경으로는 『앙굿따라 니까야』 제2권 「왓사까라 경」(A4:35)과 「들음 경」(A4:183)과 「왓사까라 경」(A4:187)을 들 수 있다.

그리고 세존께서 반열반하신 지 얼마 되지 않았을 때 아난다 존자와 고빠까 목갈라나 바라문 간의 대화를 담은 『맛지마 니까야』 제3권 「고빠까 목갈라나 경」(M108)에도 왓사까라 바라문은 나타나고 있다. 분량이나 내용으로 보면 이 경은 아난다 존자와 왓사까라 바라문 간의 대화가 훨씬 더 많고 중요하다고 할 수 있다. 이 경에서 세존께서 입멸하신 후에 불제자들은 누구를 의지하고 무엇을 의지해야 하는지에 대해서 그가 아난다 존자와 나눈 대화는 잘 알려져 있고 중요하다.

여기서 아난다 존자는 "바라문이여, 우리들은 귀의처가 없는 것이 아닙니다. 바라문이여, 우리는 법을 귀의처로 합니다."(§9)라고 강조하고 계속해서 §13 이하에서 부처님께서 설하신 열 가지 법을 들고 있다. 그리고 이 경(M108)에서 아난다 존자는 고빠까 목갈라나 바라문에게 강조한 "그분 세존께서는 일어나지 않은 도를 일으키셨고, 생기지 않은 도를 생기게 하셨으며, 설해지지 않은 도를 설하셨고, 도를 아시고, 도를 발견하셨고, 도에 정통하신 분이기 때문입니다. 지금의 제자들은 그 도를 따라서 머물고 나중에 그것을 구족하게 됩니다."(§§5～6; §29)도 잘 알려져 있다.

며, 낮은 신들이 터를 잡고 있는 지역에는 낮은 왕의 측근 대신들이 거기에 거처를 건설하도록 그들의 마음을 움직였다.

8. 세존께서는 인간을 넘어선 청정한 하늘눈으로 수천이나 되는 많은 신들이 빠딸리 마을에 터를 잡고 있는 것을 보셨다. 그러자 세존께서는 밤이 지나고 새벽이 되었을 때 일어나셔서 아난다 존자를 불러서 말씀하셨다.

"아난다여, 누가 지금 빠딸리 마을에 도시를 건설하고 있는가?"

"세존이시여, 마가다의 대신인 수니다와 왓사까라가 왓지들을 침략하기 위해서 빠딸리 마을에 도시를 건설하고 있습니다."

9. "아난다여, 마치 삼십삼천의 신들과 협의나 한 듯이 마가다의 대신 수니다와 왓사까라는 왓지들을 침략하기 위해서 빠딸리 마을에 도시를 건설하는구나. 아난다여, 여기서 나는 인간을 넘어선 청정한 하늘눈으로 수천이나 되는 많은 신들이 빠딸리 마을에 터를 잡고 있는 것을 보았다. 그 지역에서 큰 위력을 가진 신들이 터를 잡고 있는 곳에는 큰 위력을 가진 왕의 측근 대신들이 거기에 거처를 건설하도록 그들의 마음을 움직였으며, 중간의 신들이 터를 잡고 있는 지역에는 중간의 왕의 측근 대신들이 거기에 거처를 건설하도록 그들의 마음을 움직였으며, 낮은 신들이 터를 잡고 있는 지역에는 낮은 왕의 측근 대신들이 거기에 거처를 건설하도록 그들의 마음을 움직였다.

아난다여, 고귀한 사람들이 계속해서 머물고 상인들이 왕래를 계속하는 한, 이곳은 빠딸리뿟따라 불리는 [물품이 가득 든] 적재함들을 풀어놓는[644] 최고의 도시가 될 것이다.[645]

---

644) '[물품이 가득 든] 적재함들을 풀어놓는'으로 옮긴 원어는 puṭa-bhedana이

아난다여, 빠딸리뿟따는 세 가지 재난을 가질 것이니 불로 인한 재난[火災]과 물로 인한 재난[水災]과 상호불신이다."

10. 그때 마가다의 대신 수니다와 왓사까라가 세존께 다가갔다. 가서는 세존과 함께 환담을 나누고 유쾌하고 기억할 만한 이야기로 서로 담소를 나누고 한 곁에 섰다. 한 곁에 서서 마가다의 대신 수니다와 왓사까라는 [89] 세존께 이렇게 말씀드렸다.

"세존이시여, 고따마 존자께서는 비구 승가와 함께 내일 저희들의 공양을 허락하여 주십시오."

세존께서는 침묵으로 허락하셨다.

11. 그러자 마가다의 대신 수니다와 왓사까라는 세존께서 허락하신 것을 알고서 자리에서 일어나 세존께 절을 올리고 오른쪽으로 돌아 [경의를 표한] 뒤 물러갔다. 그리고 마가다의 대신 수니다와 왓사까라는 그 밤이 지나자 자신들의 집에서 딱딱한 음식과 부드러운 음식 등 맛있는 여러 음식을 준비하게 하여 세존께 시간을 알려드렸다. "고따마 존자시여, [가실] 시간이 되었습니다. 음식이 준비되었

고 문자적으로는 통(puṭa)을 부숨(bhedana)을 뜻한다. 주석서는 이렇게 설명한다.

"'통을 부숨(puṭa-bhedana)'이란 물품(bhaṇḍa)이 든 통을 부수는 곳, 물품 더미를 푸는(mocana) 곳이라는 말이다. 전 인도에서 얻을 수 없는 물품도 이곳에서는 얻을 수 있을 것이고 다른 곳에는 팔러 가지 않는 자도 여기에는 갈 것이다. 그러므로 여기에서 [물품이 든] 통들을 부술 것이라는 뜻이다."(DA.ii.541) 그래서 '[물품이 가득 든] 적재함들을 풀어 놓는 [곳]'이라고 옮겼다. 세계적인 상업 도시가 될 것이라는 뜻이다.

645) 본경에 적힌 대로 그 후 빠딸리 마을(gāma)은 빠딸리뿌뜨라(Paṭaliputra, Pāli. Paṭaliputta)로 불리게 되며 마우리야(Maurya) 왕조, 굽따(Gupta) 왕조 등 역대 인도 통일 국가의 수도로 그 이름을 떨쳤다. 현재 인도 비하르 주의 주도(州都)인 빠뜨나(Patna)이다.

습니다."라고

그때 세존께서는 오전에 옷매무새를 가다듬고 발우와 가사를 수하시고 비구 승가와 함께 마가다의 대신 수니다와 왓사까라의 집으로 가셨다. 가셔서는 비구 승가와 함께 마련된 자리에 앉으셨다. 그러자 마가다의 대신 수니다와 왓사까라는 부처님을 상수로 하는 비구 승가에게 딱딱한 음식과 부드러운 음식 등 맛있는 여러 음식을 자기 손으로 직접 대접하고 드시게 했다. 세존께서 공양을 마치시고 발우에서 손을 떼시자 마가다의 대신 수니다와 왓사까라는 어떤 낮은 자리를 잡아서 한 곁에 앉았다.

12. 세존께서는 한 곁에 앉은 마가다의 대신 수니다와 왓사까라를 다음의 게송으로 기쁘게 하셨다.

"어느 지방에 거주하든
현명하게 태어난 자는
계를 지니고 잘 제어된
청정범행을 닦는 자들을 부양한다. |1|

그곳에는 신들이 있어서
그는 그들에게 공양물을 드린다.
공경을 받은 [신들은] 그를 공경하고
존경을 받은 [신들은] 그를 존경한다. |2|

그래서 [신들은] 그를 연민하나니
마치 어머니가 친아들을 그리하듯이.
신들이 연민하는 사람은
항상 경사스러움을 보게 된다."646) |3|

세존께서는 이 게송으로 마가다의 대신 수니다와 왓사까라를 기쁘게 하신 뒤 자리에서 일어나 나가셨다.

13. 그러자 마가다의 대신 수니다와 왓사까라는 세존을 계속해서 뒤따라갔다. "이제 사문 고따마께서 문으로 나가시는 곳은 오늘부터 '고따마의 문'이 될 것이고, 그분이 강가 강을 건너시는 여울은 오늘부터 '고따마의 여울'이 될 것이다."라고 하면서. 그래서 세존께서 나가신 문은 '고따마의 문'이 [90] 되었다.

14. 그때 세존께서는 강가 강으로 가셨다. 그 무렵 강가 강은 까마귀가 [언덕에 앉아 그 강물을] 마실 수 있을 만큼 넘칠 정도로 가득 차 있었다. 이쪽 언덕에서 저쪽 언덕으로 가고자 하여, 어떤 사람들은 배를 찾고 있었고, 어떤 사람들은 뗏목을 찾고 있었고, 어떤 사람들은 뗏목을 묶고 있었다. 그러자 세존께서는 마치 힘 센 사람이 구부렸던 팔을 펴고 폈던 팔을 구부리는 것처럼 비구 승가와 함께 이쪽 언덕에서 사라져서 저쪽 언덕에 나타나셨다.

15. 세존께서는 사람들이 저쪽 언덕으로 가고자 하여, 어떤 사람들은 배를 찾고 있고, 어떤 사람들은 뗏목을 찾고 있고, 어떤 사람들은 뗏목을 묶고 있는 것을 보셨다.

16. 그때 세존께서는 이 의미를 아시고 그 즉시 바로 이 우러나온 말씀을 읊으셨다.647)

---

646) 즉 청정범행을 닦는 부처님 제자들을 부양하는 현자를 신들은 보호하고(ārakkhaṁ karonti) 연민하며(anukampanti) 그에게 항상 좋은 일들만(bhadrāni) 생기게 한다는 뜻이다.(UdA.423) 이런 말씀은 자연스럽게 후대에 불교의 신장(神將) 사상으로 발전하였다.

"바다나 호수나 연못을 건너려고
사람들은 다리를 만들거나
뗏목을 묶지만 지혜로운 자들은
이미 건너갔도다." {76}

두 갈래 길 경(Ud8:7)

Dvidhāpatha-sutta

1. 이와 같이 나는 들었다. 한 때 세존께서는 꼬살라에서 나가사말라 존자648)를 뒤따르는 사문으로 삼아서649) 먼 길을 가고 계셨다.650) 나가사말라 존자는 도중에 두 갈래 길651)을 보았다. 보고 나

---

647) "'이 의미를 아시고(etamattham̐ viditvā)'라고 하였다. ① 이 많은 사람(mahājana)이 단지 강가 강 정도(Gaṅgodakamatta)의 [작은 강]을 건너려고 하나 그렇게 하지 못하지만 ② 자신과 비구 승가는 아주 깊고 넓은(atigambhīravitthata) 윤회의 큰 바다(saṁsāramahaṇṇava)를 건너서(taritvā) [저쪽 언덕에] 서 있는 상태임(ṭhitabhāva)을 모든 측면에서 아시고 그 의미를 밝히는 이 우러나온 말씀을 읊으신 것이다."(UdA.424)

648) 나가사말라 존자(āyasmā Nāgasamāla)는 석가족(釋迦族, Sakkā) 출신이다. 존자는 세존께서 까삘라왓투를 방문하셨을 때 석가족 청년들과 함께 출가하였다. 그는 세존의 시자로도 있었는데 『맛지마 니까야』 제1권 「사자후의 긴 경」(M12) §64에도 나타나고 본경에도 그렇다. 세존의 시자 소임을 본 여덟 분에 대해서는 본서 「메기야 경」(Ud4:1) §1의 해당 주해를 참조할 것.

649) "'뒤따르는 사문(pacchāsamaṇa)'이란 소지품을 가지고 뒤따르는 사문이다. 자기 자신(즉 여기서는 세존)의 발우와 가사를 [그 사문이] 들게 한 뒤 뒤따르는 사문으로 삼아서 갔다는 뜻이다."(MA.iii.334)

650) '먼 길을 가고 계셨다.'는 addhānamaggappaṭipanno hoti를 옮긴 것인데 주석서는 여기서 addhānamagga를 긴 길(dīgha-magga)로 해석하고 있어서(UdA.425; DA.i.35) 이렇게 옮겼다.

651) "'두 갈래 길(dvidhāpatha)'이라고 하였다. 나가사말라 존자는 자신이 전에 살펴본 적이 있기 때문에(kataparicayattā) 지름길(ujubhāva)을 두고 '세존이시여, 이 길입니다. 세존이시여, 이리로 가십시오.'라고 말씀드린 것이

서 세존께 이렇게 말씀드렸다.

"세존이시여, 이 길입니다. 세존이시여, 이리로 가십시오."

이렇게 말씀드리자 세존께서는 나가사말라 존자에게 이렇게 말씀하셨다.

"나가사말라여, 이 길이다. 이리로 가자."

2. 두 번째로 … 세 번째로 나가사말라 존자는 세존께 이렇게 말씀드렸다.

"세존이시여, 이 길입니다. 세존이시여, 이리로 가십시오."

세 번째에도 세존께서는 나가사말라 존자에게 이렇게 말씀하셨다.

"나가사말라여, 이 길이다. 이리로 가자."

그러자 나가사말라 존자는 세존의 발우와 가사를 땅에다 내려놓고 "세존이시여, 이것이 세존의 발우와 가사입니다."라고 한 뒤에 떠나가 버렸다.652)

3. 그때 나가사말라 존자는 그 길로 가다가 도중에 도둑들을 만나서 손과 발로 구타를 당하고 발우가 부수어지고 가사가 찢어졌다. 그러자 [91] 나가사말라 존자는 발우가 부수어지고 가사가 찢어진 채로 세존께 다가갔다. 가서는 세존께 절을 올리고 한 곁에 앉았다. 한 곁에 앉아서 나가사말라 존자는 세존께 이렇게 말씀드렸다.

"세존이시여, 여기 저는 저 길로 가다가 도중에 도둑들을 만나서 손과 발로 구타를 당하고 발우가 부수어지고 가사가 찢어졌습니다."

다."(UdA.425)

652) "그는 '세존께서는 이 길로 가고자 하지 않으시는구나. 그런데 이것이 지름길(ujumagga)이다. 그러니 나는 세존께 발우와 가사를 드리고 이 길로 가야겠다.'라고 생각했지만 스승께 발우와 가사를 드릴 수가 없어서 땅에 내려놓고 괴로움을 겪어야 할 업에 쫓겨서(dukkhasaṁvattanikena kammunā codiyamāno) 세존의 말씀을 받아들이지 않고 가버렸다."(UdA.425)

4. 그때 세존께서는 이 의미를 아시고 그 즉시 바로 이 우러나온 말씀을 읊으셨다.653)

"함께 다니고 하나로 머물면서
지혜의 달인은 지혜 없는 자와 섞여 지낸다.
악한 것을 알고는 그것을 버리나니654)
왜가리가 우유를 마시고 물을 [버리]듯이." {77}

위사카 경(Ud8:8)
Visākhā-sutta

1. 이와 같이 나는 들었다. 한때 세존께서는 사왓티에서 동쪽 원림[東園林]에 있는 미가라마따(녹자모) 강당에 머무셨다. 그 무렵 위사카 미가라마따655)의 사랑스럽고 마음에 드는 손녀가 죽었다. 그때 위사카 미가라마따는 젖은 옷과 젖은 머리칼을 하고 한낮에 세존께 다가갔다. 가서는 세존께 절을 올리고 한 곁에 앉았다.

---

653) "'이 의미를 아시고(etamatthaṁ viditvā)'라고 하였다. 나가사말라 존자가 세존의 이러한 말씀(vacana)을 받아들이지 않고(anādiyitvā) 안은하지 않은 길로 간 것(akhemantamagga-gamana)과 세존께서는 안은한 길로 가신 것(khemantamagga-gamana)을 아시고 그 의미를 밝히는(tadattha-dīpana) [다음의] 이 우러나온 말씀을 읊으신 것이다."(UdA.426)

654) '악한 것을 알고는 그것을 버리나니'는 vidvā pajahāti pāpakaṁ을 옮긴 것이다. 주석서는 다음과 같이 두 가지로 해석한다.
"그 지혜의 달인(vedagū)은 악하고(pāpaka) 복이 되지 않은 것(abhaddaka)을 알고(jānanto) ① 자신에게 괴로움을 가져오는 것(dukkhāvaha)을 버린다. 혹은 ② 선하지 못한 사람(akalyāṇa-puggala)을 버린다는 뜻이다."(UdA.426)

655) 위사카 미가라마따(Visākhā Migāramātā)에 대해서는 본서 「위사카 경」(Ud2:9) §1의 주해를 참조할 것.

2. 한 곁에 앉은 위사카 미가라마따에게 세존께서는 이렇게 말씀하셨다.

"오, 위사카여. 그대는 젖은 옷과 젖은 머리칼을 하고 이 한낮에 어디서 여기를 왔는가?"

"세존이시여, 저의 사랑스럽고 마음에 드는 손녀가 죽었습니다. 그래서 저는 젖은 옷과 젖은 머리칼을 하고 이 한낮에 여기에 왔습니다."

"위사카여, 그대는 사왓티에 사는 사람만큼의 아들과 손자를 원하는가?"

"세존이시여, 저는 사왓티에 사는 사람만큼의 아들과 손자를 원하옵니다."

3. "위사카여, 그런데 사왓티에서 매일 얼마나 많은 사람들이 죽음을 맞이하는가?"

"세존이시여, 사왓티에서 매일 열 명의 사람들이 죽음을 맞이하기도 합니다. 세존이시여, 사왓티에서 매일 아홉 명의 … 여덟 명의 … 일곱 명의 … 여섯 명의 … 다섯 명의 … 네 명의 … 세 명의 … 두 명의 … 한 명의 사람들이 죽음을 맞이하기도 합니다. 세존이시여, 사왓티에서 죽음을 맞이하는 사람들이 없는 날은 없습니다."

"위사카여, 이를 어떻게 생각하느냐? 그렇다면 그대는 언제 어느 때 젖지 않은 옷과 젖지 않은 머리칼을 할 수 있겠는가?"

"그렇지 않습니다, 세존이시여. [92] 세존이시여, 저는 지금의 많은 아들들과 손자들로 충분합니다."

4. "위사카여, 백 명의 사랑하는 사람을 가진 자들에게는 백 개의 괴로움이 있다.656) 90명의 사랑하는 사람을 가진 자들에게는 90

---

656) "여기서 '백 명의 사랑하는 사람을(sataṁ piyāni)'이라는 것은 백 명의 사

개의 괴로움이 있다. 80명의 … 70명의 … 60명의 … 50명의 … 40명의 … 30명의 … 20명의 … 열 명의 … 다섯 명의 … 네 명의 … 두 명의 사랑하는 사람을 가진 자들에게는 두 개의 괴로움이 있다. 한 명의 사랑하는 사람을 가진 자들에게는 한 개의 괴로움이 있다. 사랑하는 사람이 없는 자들에게는 아무 괴로움이 없다. 그들은 슬픔이 없고 티끌이 없고 절망이 없다고 나는 말한다."

5. 그때 세존께서는 이 의미를 아시고 그 즉시 바로 이 우러나온 말씀을 읊으셨다.657)

"슬픔이건 탄식이건
세상에는 여러 형태의 괴로움이 있으니
이것들은 사랑을 반연하여 생긴다.
사랑이 없으면 이것들도 존재하지 않도다. |1|

그러므로 이 세상 그 어디에서든 사랑이 없는 자들
그들은 슬픔을 건너서 행복한 자들이로다.
그러므로 슬픔 없고 티끌 없음을 바라는 자는
이 세상 그 어디에서든 사랑을 만들지 말라." |2| {78}

랑해야 하는 대상들을(piyāyitabbavatthūni)이라는 뜻이다. 백 명의 사랑하는 사람을(sataṁ piyaṁ)로 어떤 자들은 [단수로] 읽기도 한다(keci paṭhanti)."(UdA.428)

657) "'이 의미를 아시고(etamatthaṁ viditvā)'라고 하였다. 슬픔과 탄식 등과 같은(sokaparidevādikaṁ) 정신적이거나 육체적인 괴로움은(cetasikaṁ kāyikañca dukkhaṁ) 사랑하는 대상을 표상으로 가진다(piyavatthu-nimittaṁ). 이것은 사랑하는 대상(piyavatthu)이 있으면 있고 없으면 없다. 이 의미를 모든 측면에서 아시고 그 의미를 철저하게 밝히는 이 우러나온 말씀을 읊으신 것이다."(UdA.428)

답바 경1(Ud8:9)

Paṭhamadabba-sutta

1. 이와 같이 나는 들었다. 한때 세존께서는 라자가하에서 대나무 숲의 다람쥐 보호구역에 머무셨다. 그때 말라의 후예 답바 존자[658]가 세존께 다가갔다. 가서는 세존께 절을 올리고 한 곁에 앉았다. 한 곁에 앉아서 말라의 후예 답바 존자는 세존께 이렇게 말씀드렸다.

"선서시여, 저는 이제 반열반에 들 시간입니다."

"답바여, 그대가 이제 그럴 시간이 된 것 같구나."

2. 그러자 말라의 후예 답바 존자는 자리에서 일어나 세존께 절을 올리고 오른쪽으로 돌아 [경의를 표한] 뒤 하늘에 올라간 뒤 허공의 빈 공간에서 가부좌를 틀고 앉아서 불의 요소를 통해서 삼매에 들었다가[659] 출정하여 반열반에 들었다.

---

658) 말라의 후예 답바 존자(āyasmā Dabba Mallaputta)는 아누삐야(Anupiya) 혹은 꾸시나라(Kusinara, Ap.473)에서 말라 족의 가문에 태어났다. 답바(dabba, Sk. dravya)는 목재나 나무를 뜻한다. 그가 모태에 있을 때 그의 어머니가 죽어서 화장을 하였는데 그는 자신의 공덕의 힘으로(attano puññabalena) 나무 장작(dabba-tthambha) 위로 떨어져서 발견되었으며 그래서 답바라고 불리게 되었다고 한다.(AA.i.274; ThagA.i.43)

그는 일곱 살에 부처님을 뵙고 할머니에게 출가하겠다고 하여 출가하였는데 머리를 깎는 순간에 아라한이 되었다고 한다. 그는 세존을 따라 라자가하로 갔으며 객스님들이나 신도들의 방을 배정하는 소임을 맡았다고 한다. 일곱 살의 아라한이 소임을 잘 본다는 소문을 듣고 각처에서 일부러 그를 보기 위해서 찾아오기도 하였다고 한다.(DhpA.iii.321 이하, AA.i.152 이하, AA.i.274 이하, Thag.v.5, ThagA.i.43 이하, Vin.ii.74 이하, Vin.iii.158 이하 등) 그래서 세존께서는 『앙굿따라 니까야』 제1권 「하나의 모음」 제14장 으뜸 품에서 "거처를 배당하는 자(senāsana-paññāpaka)들 가운데서 말라의 후예 답바가 으뜸"(A1:14:3-6)이라고 말씀하셨다.

659) "여기서 '불의 요소를 통해서 삼매에 들었다가(tejodhātuṁ samāpajjitvā)'

3. 그때 말라의 후예 답바 존자가 하늘에 [93] 올라간 뒤 허공의

라는 것은 불의 까시나를 통한 제4선의 증득(tejokasiṇa-catutthajjhāna-samāpatti)으로 삼매에 들었다가라는 뜻이다."(UdA.432)

니까야의 여러 경들에서 삼매(三昧, samādhi)는 '마음이 한 끝에 집중됨[心一境性, cittassa ekaggatā]'으로 정의되고 『청정도론』은 이를 다시 '유익한 마음이 한 끝에 집중됨[善心一境性, kusalacittekaggatā]'(Vis. III.2)으로 정의한 뒤 "마음[心]과 마음부수[心所]들을 하나의 대상(eka-ārammaṇa)에 고르고 바르게 모으고, 둔다는 뜻이다."(Vis.III.3)로 설명한다.

이러한 삼매 수행의 대상(ārammaṇa)을 『청정도론』을 비롯한 주석서들은 40가지 명상주제(kamma-ṭṭhāna)로 정리하고 있다. 특히 『청정도론』은 '명상주제의 습득에 대한 해설(kammaṭṭhānagahanāniddeso)'을 제3장의 제목으로 삼고 있으며 이 40가지 명상주제를 상세하게 설명하는 것으로 『청정도론』의 삼매 품[定品, 제3장부터 제13장까지]은 전개가 된다.
이 40가지 명상주제는 7가지 영역으로 나누어지는데 그 가운데 첫 번째가 10가지 까시나(kasiṇa)이다. 10가지 까시나는 땅, 물, 불, 바람, 푸른색, 노란색, 빨간색, 흰색, 광명, 한정된 허공의 까시나이다. 이 가운데 세 번째가 불의 까시나(tejo-kasiṇa)이다. 이 40가지 명상주제 가운데서 열 가지 까시나는 확장할 수 있고 이를 통해서 신통도 얻을 수 있다고 『청정도론』(Vis.III.109 이하)은 설명한다. 불의 까시나를 통해서 얻을 수 있는 신통을 『청정도론』은 "불의 까시나를 통해서는 연기를 내고, 불꽃을 일으키며, 숯불의 비를 쏟아지도록 하고, 불로 불을 끄고, 그가 태우기를 원하는 것만 태우는 능력을 가지고, 천안으로 형색을 볼 수 있도록 빛을 만들고, 반열반에 들 때 불의 요소로 몸을 태우는 것 등을 성취한다."(Vis.V.30)라고 적고 있다.

그리고 10가지 까시나와 까시나 수행(kasiṇa-bhāvanā)의 절차는 『청정도론』 제4장과 제5장에 상세하게 설명되어 있으니 참조하기 바란다. 이 10가지 까시나는 초기불전에서부터 나타나고 있는데 경에 나타나는 열 가지 까시나에 대해서는 『앙굿따라 니까야』 「까시나 경」(A10:25)과 「꼬살라 경」1(A10:29)과 「깔리 경」(A10:26)과 『디가 니까야』 제3권 「합송경」(D33) §3.3.(2)와 「십상경」(D34) §2.3.(2)와 『맛지마 니까야』 제3권 「사꿀루다이 긴 경」(M77) §24 등을 참조하기 바란다.
특히 불의 까시나를 대상으로 하여 허공에 앉아 화광삼매(火光三昧)의 힘으로 자신의 몸을 태워 없애버리고 반열반에 드는 광경을 담은 두 개의 경으로 막을 내리는 본서는 까시나 수행(kasiṇa-bhāvanā), 그 가운데에서도 불의 까시나 수행의 위력을 알게 해 준다.
그리고 40가지 명상주제에 대한 개관은 『청정도론』 제3장(III) §103 이하와 『아비담마 길라잡이』 제9장 §6 이하와 <도표 9.1>을 참조할 것.

빈 공간에서 가부좌를 틀고 앉아서 불의 요소를 통해서 삼매에 들었다가 출정하여 반열반에 들자 그의 몸은 불타고 다 타버려서 재는 물론이고 그을음조차도 찾아볼 수 없었다.

마치 버터기름이나 참기름이 불타고 다 타버리면 재는 물론이고 그을음조차도 찾아볼 수 없는 것처럼 말라의 후예 답바 존자가 하늘에 올라간 뒤 허공의 빈 공간에서 가부좌를 틀고 앉아서 불의 요소를 통해서 삼매에 들었다가 출정하여 반열반에 들자 그의 몸은 불타고 다 타버려서 재는 물론이고 그을음조차도 찾아볼 수 없었다.

4. 그때 세존께서는 이 의미를 아시고 그 즉시 바로 이 우러나온 말씀을 읊으셨다.660)

> "몸은 무너졌고 인식[想]은 소멸하였고
> 모든 느낌[受]은 싸늘하게 식어버렸으며
> 심리현상들[行]은 가라앉아 버렸고
> 알음알이[識]는 끝나버렸도다."661) {79}

---

660) "'이 의미를 아시고(etamattharin viditvā)'라고 하였다. 말라의 후예 답바 존자(āyasmā Dabba Mallaputta)의 이 취착 없는 반열반(anupādā-pari-nibbāna)을 모든 측면에서 아시고 그 의미를 철저하게 밝히는(tadattha-paridīpana) 이 우러나온 말씀을 읊으신 것이다."(UdA.433)

661) "이전에 이미 말라의 후예 답바 존자의 다섯 가지 무더기들[五蘊]의 오염원과 [업]형성들과 취착(kilesa-abhisaṅkhār-upādāna)은 남김없이 소멸하였다(anavasesato niruddhattā). 그래서 그는 마치 연료가 다한 불처럼 (anupādāno viya jātavedo) 재생연결을 가져오지 않는 소멸(appaṭisan-dhika-nirodha)을 [증득하였다.] 이러한 소멸된 상태(niruddha-bhāva)를 의지하여 세존께서는 희열의 전율을 내뿜는(pīti-vega-vissaṭṭha) 이 우러나온 말씀을 읊으신 것이다."(UdA.433)

답바 경2(Ud8:10)

Dutiyadabba-sutta

1. 이와 같이 나는 들었다. 한때 세존께서는 사왓티에서 제따 숲의 아나타삔디까 원림(급고독원)에 머무셨다. 거기서 세존께서는 "비구들이여."라고 비구들을 부르셨다.662) "세존이시여."라고 비구들은 세존께 응답했다. 세존께서는 이렇게 말씀하셨다.

2. "비구들이여, 말라의 후예 답바가 하늘에 올라간 뒤 허공의 빈 공간에서 가부좌를 틀고 앉아서 불의 요소를 통해서 삼매에 들었다가 출정하여 반열반에 들자 그의 몸은 불타고 다 타버려서 재는 물론이고 그을음조차도 찾아볼 수 없었다.

마치 버터기름이나 참기름이 불타고 다 타버리면 재는 물론이고 그을음조차도 찾아볼 수 없는 것처럼 말라의 후예 답바가 하늘에 올라간 뒤 허공의 빈 공간에서 가부좌를 틀고 앉아서 불의 요소를 통해서 삼매에 들었다가 출정하여 반열반에 들자 그의 몸은 불타고 다 타버려서 재는 물론이고 그을음조차도 찾아볼 수 없었다."

---

662) "'세존께서는 "비구들이여."라고 비구들을 부르셨다(bhagavā bhikkhū āmantesi).'고 하였다. 세존께서는 [앞의 경(Ud8:9)에서처럼] 라자가하에서 원하시는 만큼(yathābhirantaṁ) 머무신 뒤 지역을 따라 유행을 하시면서(janapada-cārikaṁ caranto) 순차적으로 사왓티에 도착하셔서 제따와나에 머무시면서 [본경을 말씀하셨다.] 그것은 [첫째는] 말라의 아들 답바 존자의 반열반을 직접 보지 못한(apaccakkhaṁ) 비구들에게 그것을 직접 본 것처럼(taṁ paccakkhaṁ katvā) 보여주시기 위해서이고, [둘째는] [공덕이 적은 신참비구인](bhikkhū navakā ceva honti appapuññā ca, Vin. iii.161] 멧띠야와 붐마자까(Mettiya-Bhummajakā)가 만든 있지도 않은 비난 때문에(katena abhūtena abbhācikkhaṇena) [답바 존자에 대한] 존경심이 없어져 버린(gāravarahitā) 범부인(puthujjanā) 장로들에게(there) [답바 존자에 대한] 존경심이 많이 생기게 하기 위해서이다(bahumān-uppādanattha). 그래서 그들을 부르신 것이다(āmantesi)."(UdA.434)

3. 그때 세존께서는 이 의미를 아시고 그 즉시 바로 이 우러나온 말씀을 읊으셨다.663)

"철로 만든 용광로에 갇혀서
활활 타오르던 저 불꽃이
서서히 식어들게 되면
그 행처는 알 수 없는 것처럼
그와 같이 바르게 해탈하였고
감각적 쾌락의 속박인 폭류를 건넜으며
흔들림 없는 행복을 증득한 분들의
행처는 찾아볼 수 없도다." {80}

제8품 빠딸리 마을 품이 끝났다.

여덟 번째 품에 포함된 경들의 [94] 목록은 —
①~④ 열반 네 가지가 설해졌고
⑤ 쭌다 ⑥ 빠딸리 마을
⑦ 두 갈래 길 ⑧ 위사카
⑨~⑩ [두 가지] 답바와 더불어 열 가지이다.

『우다나』에서 품들의 목록은 —

이 첫 번째 품은 수승한 깨달음이고
이 두 번째 품은 무짤린다이며
수승한 난다까 품은 세 번째요

---

663) "'이 의미를 아시고'라는 등에서 앞에 나타나지 않은 것은 없다. 바로 앞의 경에서 설명한 방법대로 알아야 한다."(UdA.435)

수승한 메기야 품이 네 번째이다.

다섯 번째 품은 여기서 수승한 소나이고
여섯 번째 품은 수승한 선천적으로 눈먼 사람이며
일곱 번째는 수승한 작은 품이요
빠딸리 마을이 여덟 번째 품이다.

80개에서 모자라지 않는 수승한 경들은
여기 8개 품들로 잘 분류가 되었다.
눈을 가지셨고 때 묻지 않은 그분이 보여주신
그것을 참으로 우러나온 말씀이라 부른다.

우러나온 말씀이 끝났다.

역자 후기

우다나(udāna)는 다른 사람들의 질문에 대한 법문으로 설하신 부처님의 가르침이 아니다. 담마빨라 스님이 '숨이 위로 솟구쳐 나옴(ud+√an, *to breathe*)'으로 설명하고 있듯이 우다나는 부처님의 내면에서, 저 가슴속에서 즉각적으로 우러나온 말씀이다. 그래서 북방의 『대승의장』(大乘義章)에서도 '질문을 하지 않았는데도 스스로 드러내어 말씀하셨기 때문에 '무문자설경'이라 한다.(不由諮請 而自宣唱 故名無問自說經也)'라고 설명하였다. 이처럼 중국에서는 『우다나』를 『무문자설경』(無問自說經)으로 이해하였다.

물론 부처님뿐만 아니라 다른 사람들이나 신들의 내면에서 솟구쳐 나온 감흥어도 모두 우다나가 될 수 있지만 『쿳다까 니까야』에 포함된 15개 경들 가운데 세 번째인 본서 『우다나』는 주석서의 설명처럼 부처님의 우러나온 말씀만을 모아서 담고 있다. 그래서 본서의 80개 경들은 부처님 내면의 생각이나 사유를 가장 분명하게 알 수 있을 뿐만 아니라 부처님의 직계 제자들을 위시한 초기불교 시대의 주요 인물들에 대해서 다시 한 번 살펴보는 기회를 제공하고 있다.

이제 2019년 6월에 시작한 『우다나』 번역 작업의 마무리를 하게 되어 감회가 새롭다. PTS본으로 본문이 94쪽인 『우다나』를 한글로 옮기면서는 660개가 넘는 주해를 달아 520쪽으로 출간을 하게 되었다. 주해가 성가시다고 여기시는 독자들은 주해는 무시하고 경문 위주로 읽으시는 것도 좋은 방법이라 생각한다.

『우다나』 번역을 마무리하면서 감사드려야 할 분들이 많다. 먼저 초기불전연구원장 대림 스님께 감사드린다. 본서의 기획과 표지 작업부터 교정과 인쇄 작업 전반에 이르기까지 원장 스님의 노고가 깊이 배어있지 않은 데가 없다. 본서에는 660개가 넘는 주해들이 담겨있다. 이 주해들 가운데 대부분은 『우다나 주석서』를 한글로 번역해서 넣은 것이다. 원장스님께서는 바쁜 일정을 쪼개어서 몇 달에 걸쳐 본서에 달려있는 이 660개가 넘는 주해들을 『우다나 주석서』 빠알리 원문과 꼼꼼하게 대조하면서 엄정하게 살펴서 잘 못 이해하였거나 애매하게 옮긴 부분들을 바로 잡아주셨고 여러 제언을 해주셨다. 역자가 이만큼이라도 안도감을 가지고 주해 작업을 마무리하고 본서를 출간할 수 있는 것은 원장 대림 스님께서 이렇게 주해들을 꼼꼼하게 살펴주셨기 때문이다. 원장 스님께 깊이 감사드린다.

그리고 본서 해제 §10에 실은 담마빨라 스님에 대한 글은 원장 대림 스님의 박사학위 청구 논문인 "*A Study in Paramatthamañjūsa (With Special Reference to Paññā)*"(Pune University, 2001)의 서문 부분을 한글로 옮겨서 전재한 것이다. 허락해 주신 원장 스님께 깊이 감사드린다.

그리고 이만큼이라도 오역과 탈역과 오자와 탈자를 바로잡아 본서를 출간하게 된 데는 초기불전연구원 윤문팀 법우님들의 노고가 큰 힘이 되었다. 본서를 출간하기 위해서 세 번에 걸쳐서 교정지를 출력하였고 윤문팀 법우님들이 진지하게 윤문을 해주셔서 이렇게 책으로 출간을 하게 되었다. 이번에는 특히 코로나 바이러스가 세계적으로 창궐을 하여 윤문팀 법우님들과 함께 모여서 윤문을 할 수가 없었다. 그래서 보이스톡으로도 윤문을 하였고 특히 윤문팀 법우님들이 깨알같이 적어서 보내주신 3차와 4차 교정지와 정성으로 만들어서 보내주신 교정-대조표와 자나난다 부회장님의 최종 점검이 큰 도움이 되었다.

말리까 이근순 회장님을 필두로 해서 진지하게 윤문에 임해주신 윤문팀의 수자따 채병화, 윗자부미 정춘태, 푸라한 오종근, 자나난다 송영상, 밧디야 김민성, 사로자 이순재, 빤냐와띠 송민영, 담마마야 나혜원, 케마와띠 김학란, 아누붓다 이향숙, 아라윈다 류미숙, 수완나 김청, 담마짜리 유미경, 무원향 오항해, 부리빤냐 이완기, 냐닌다 이문선, 빤냐디빠 고혜연, 담마딘나 이용문, 이상이 법우님께(무순) 깊이 감사드린다. 그리고 본원에서 번역 출간한 4부 니까야와 논장에 이어 본서까지 매번 크나큰 신심으로 꼼꼼한 교정을 해주신 울산 성광여고 교사이신 김성경 거사님과 부/경 공부모임의 수단따 정양숙 기획부장님께도 깊은 감사를 드린다. 이처럼 많은 법우님들의 노력과 정성과 헌신이 없었더라면 본서는 출간이 될 수 없었을 것이다. 다시 한 번 감사의 말씀을 드린다.

그리고 역자가 편히 번역 작업에만 전념할 수 있도록 배려를 아끼지 않으시는 역자의 재적사찰인 실상사의 회주이신 도법 큰스님과 주지 승묵 스님을 위시한 실상사 대중 스님들과 사부대중 여러분께 감사드린다. 실상사 대중이면서도 많은 시간을 밖에 나가서 머무는 역자를 큰 자비심으로 섭수해주시고 역자에게 큰 그늘이 되어주시는 실상사 사부대중이 계시기에 이번

『우다나』 번역 · 출판도 결실을 맺게 되었다.

본서도 여러 불자님들의 보시로 출간이 되었다. 대한불교 조계종 제17교구본사 금산사와 역자의 재적사찰인 실상사의 조실이신 월주 대종사님께서 역경불사 격려금을 보내주셨다. 큰스님의 격려의 말씀을 잊지 않고 마음에 잘 새겨서 빠알리 삼장 완역불사에 더욱 매진하리라고 다짐한다.

독거 어르신들을 위해서 30여 년간 국수 공양으로 사회에 기여를 하시고 여러 경로 봉사활동을 하시는 대전 구암사의 주지이신 북천스님께서도 많은 출판비를 보시해주셨고 봉녕사 지웅 스님께서 이번에도 많은 출판비를 보시해 주셨다. 스님들께 깊이 감사드린다.

그리고 매년 많은 보시로 초기불전연구원 역경불사를 후원해 주시는 인도네시아의 무상과 이미선 불자님께서 이번에도 많은 보시를 해주셨다. 무상과 법우님의 선의에 감사의 말씀을 전한다. 법열 최동엽 거사님의 아내이신 수담마 법우님도 많은 보시를 해주셨다. 늘 감사드린다.

냐난잘리 김미경 법우님은 시아버님 이영노 영가를 위해서 출판비를 보시해 주셨다. 행효자 이창석 복위 망엄부 전의 후인 이영노 영가께서 선처에 재생하시어 더욱 향상하시기를 기원 드린다.

그리고 고정곤 불자님은 역자의 태국 체류에 크게 보탬이 되어주셨고 말리까 이근순 회장님과 상가밋따 송정욱 고문님도 역자가 역경 작업에만 전념할 수 있도록 많은 도움 주셨고 이번 출간을 위해서도 많은 보시를 해주셨다. 이근순 회장님과 송정욱 고문님과 수자따 고문님과 고정곤 불자님께 깊이 감사드린다. 그리고 법열 최동엽 거사님께서는 초기불전연구원의 역경불사와 윤문팀의 윤문작업을 위해서 지속적으로 많은 후원을 해주고 계신다. 깊은 감사의 말씀을 드린다.

역경불사의 소중함을 아시고 매달 후원금을 꼬박꼬박 보내주시는 초기불전연구원 후원회원의 여러 불자님들께도 감사의 말씀을 드리고 초기불전연구원의 정신적 후원자인 초기불전연구원 다음 카페(cafe.daum.net/chobul)의 9,500명이 넘는 회원 여러분들과 동호회의 여러 법우님께도 감사의 말씀을 전한다. 그리고 본서의 표지를 디자인하고 마무리 작업까지 해준 이민주 불자님께 감사드리고 이번에도 인쇄를 맡아주신 <문성인쇄>의 관계자분들께도 감사드린다.

『우다나』 출판 작업을 마무리하고 출간을 하는 이즈음에도 세계적으로 코로나 바이러스가 창궐을 하고 있다. 우리의 탐욕과 성냄과 어리석음이라는 탐・진・치 삼독이 저 코로나19라는 악성 바이러스를 만들어 내어 괴로움을 증장시키는 것은 아닌지 반성을 해본다. 부처님의 가슴에서 우러나온 말씀인 『우다나』를 한글로 옮기는 이 조그마한 일을 마무리하면서 인류가 속히 코로나 바이러스를 극복하고 가라앉히고 자연과 이웃을 더 사랑하고 함께 더 성숙되고 더 향상된 삶을 살게 되기를 발원한다.

이번에 초기불전연구원에서 출간하는 『우다나』의 번역 작업은 2019년 6월부터 역자가 주로 치앙마이에 혼자 칩거하면서 진행을 하였고 이제 출판하여 한국 불자님들 앞에 내어놓게 되니 감회가 새롭다. 역자는 마지막 호흡이 멈출 때까지 빠알리 삼장 번역 작업에 매진하겠다고 다짐하고 부디 장애 없이 빠알리 삼장 완역 불사에 전념할 수 있도록 부처님께 엎드려 발원하면서 부처님께 우리말 『우다나』를 바친다.

이 땅에 부처님의 정법이 오래오래 머물기를!

불기 2564(2020)년 12월
담마 곶자왈에서

각묵 삼가 씀

참고 문헌

I. 『우다나』 및 그 주석서 빠알리 원본 및 영어 번역본

Udāna, edited by P. Steinthal, First published 1885. Reprint. London. PTS, 1975.

Udāna, Devanagari edition of the Pāli text of the Chaṭṭha Saṅgāyana, Igatpuri, Vipassana Research Institute (VRI), 1998.

Udāna, Sri Lanka Tripitaka Project, 2005.

Udāna-aṭṭhakathā, edited by F. L. Woodward published 1926, Reprint. London. PTS, 1977.

Udāna-aṭṭhakathā, Devanagari edition of the Pāli text of the Chaṭṭha Saṅgāyana, Igatpuri, VRI, 1998.

Udāna: F. L. Woodward, *Verses of uplift,* in Minor Anthologies of the Pali Canon, Part. II, published 1935. Reprint. London. PTS, 1985.

Udāna & Itivuttaka: Ireland J. *The Udāna and the Itivuttaka.* First published 1997. Reprint. 2007 BPS Kandy. Sri Lanka.

Udāna-aṭṭhakathā: Masefield. *The Udāna Commentary*(Vol. I, II) London. PTS, 1994-1995.

The Caṭṭha Saṅghāyana CD-ROM edition (3th version). Igatpuri: VRI, 1998.

II. 빠알리 삼장 및 그 주석서와 복주서 빠알리 원본

The Dīgha Nikāya. 3 vols. edited by Rhys Davids, T. W. and Carpenter, J. E. First published 1890. Reprint. London. PTS, 1975.

Dīgha Nikāya Aṭṭhakathā (Sumaṅgalavilāsinī) 3 vols. edited by Rhys David, T. W. and Carpenter J. E. and Stede, W. PTS, 1886-1932.

The Majjhimā Nikāya. 3 vols. edited by Rhys Davids, T. W. and Carpenter, J. E. First published 1890. Reprint. London. PTS, 1975.

Majjhimā Nikāya Aṭṭhakathā (Sumaṅgalavilāsinī) 3 vols. edited by Rhys David, T. W. and Carpenter J. E. and Stede, W. PTS, 1886-1932.

The Saṁyutta Nikāya. 5 vols. edited by Rhys Davids, T. W. and Carpenter, J. E. First published 1890. Reprint. London. PTS, 1991.

Saṁyutta Nikāya Aṭṭhakathā (Sāratthappakāsinī) 3 vols. edited by Rhys David, T. W. and Carpenter J. E. and Stede, W. PTS, 1886-1932.

The Aṅguttara Nikāya. 5 vols.

Vol. I and II, edited by Richard Morris, First published 1885. Reprint. London. PTS, 1961.

Vol III~V, edited by E. Hardy, First published 1897. Reprint. London. PTS, 1976.

Aṅguttara Nikāya Aṭṭhakathā (Manorathapūraṇī) 5 vols. edited by Max Walleser and Hermann Kopp, PTS, First published 1924-1956. Reprint. 1973-1977.

The Dhammasaṅgaṇi, edited by Edward Müller, First published 1885. Reprint. London. PTS, 1978.

Dhammasaṅgaṇīpāḷi, Devanagari edition of the Pāli text of the Chaṭṭha Saṅgāyana, Igatpuri, Vipassana Research Institute (VRI), 1998.

Dhammasaṅgaṇī-aṭṭhakathā, Devanagari edition of the Pāli text of the Chaṭṭha Saṅgāyana, Igatpuri, VRI, 1998.

The Aṭṭhasālinī: Buddhaghosa's commentary on the Dhamma-saṅgaṇī, 2 Vols., London, PTS, 1916.

The Vibhaṅga, edited by MRS. Rhys Davids, First published 1904. Reprint. London. PTS, 1978.

Vibhaṅgapāḷi, Devanagari edition of the Pāli text of the Chaṭṭha Saṅgāyana, Igatpuri, Vipassana Research Institute (VRI), 1998.

Vibhaṅga-aṭṭhakathā, Devanagari edition of the Pāli text of the Chaṭṭha Saṅgāyana, Igatpuri, VRI, 1998.

Mohavicchedanī(Abhidhammamātikāpāḷi sahitā), Devanagari edition of the Pāli text of the Chaṭṭha Saṅgāyana, Igatpuri, VRI, 1998.

The Chaṭṭha Saṅghāyana CD-ROM edition (3th version). Igatpuri: VRI, 1998.

III. 빠알리 삼장 및 주석서 번역본

Dīgha Nikāya: Rhys Davids, T.W. and C.A.F. *Dialogues of the Buddha.* 3 vols. London: PTS, 1899-1921 Reprinted 1977.

Walshe, Maurice. *Thus Have I Heard: Long Discourse of the Buddha.* London: Wisdom Publications, 1987.

각묵 스님, 『디가 니까야』 (전3권) 초기불전연구원, 2006, 4쇄 2014.

Majjhima Nikāya: Horner, I. B. *The Collection of the Middle Length Sayings,* PTS, 1954-59.

Ñāṇamoli Bhikkhu and Bodhi Bhikkhu. *The Middle Length Discourse of the Buddha,* Kandy: BPS, 1995.

대림 스님, 『맛지마 니까야』 (전4권) 초기불전연구원, 2012.

Saṁyutta Nikāya: Woodward, F. L. *The Book of the Kindred Sayings,* PTS, 1917-27.

Rhys Davids, C.A.F, and F.L. Woodward. *The Book of the Kindred Sayings.* 5 vols. London: PTS, 1917-30. Rhys Davids tr. 9(1917), 2(1922); Woodward tr. 3(1925), 4(1927), 5(1930).

Bodhi, Bhikkhu. *The Connected Discourses of the Buddha* (2 Vol.s). Wisdom Publications, 2000.

각묵 스님, 『상윳따 니까야』(전6권) 초기불전연구원, 2009, 3쇄 2016.

Aṅguttara Nikāya: Woodward and Hare. *Book of Gradual Sayings* (5 vols). London: PTS, 1932-38.

대림 스님, 『앙굿따라 니까야』(전6권) 초기불전연구원, 2006~2007, 2쇄 2013.

Vinaya Pitaka: Horner, I. B. *The Book of the Discipline.* 6 vols. London: PTS, 1946-66.

Dhammasaṅgaṇi: Rhys Davids, C.A.F., *A Buddhist Manual of Psychological Ethics*(Dhammasangaṇi 영역본), 1900. Reprint. London: PTS, 1974.

각묵 스님, 『담마상가니』(전2권) 초기불전연구원, 2016.

Vibhaṅga: Thiṭṭila, U. *The Book of Analysis* London: PTS, 1969.

각묵 스님, 『위방가』(전2권) 초기불전연구원, 2018.

Dhātukathā: Nārada, U. *Discourse on Elements.* London: PTS, 1962.

Puggalapaññatti: Law, B.C. *A Designation of Human Types.* London: PTS, 1922, 1979.

Kathāvatthu: Shwe Zan Aung and C.A.F. Rhys Davids. *Points of Controversy* London: PTS, 1915, 1979.

Paṭṭhana: U Nārada. *Conditional Relations* London: PTS, Vol.1, 1969; Vol. 2, 1981.

Atthasālinī (Commentary on the Dhammasāṅganī): Pe Maung Tin. *The Expositor* (2 Vol.s), London: PTS, 1920-21, 1976.

Sammohavinodanī (Commentary on the Vibhaṅga): Ñāṇamoli, Bhikkhu. *The Dispeller of Delusion.* Vol. 1. London: PTS, 1987; Vol. 2. Oxford: PTS, 1991.

Visuddhimagga: Ñāṇamoli, Bhikkhu. *The Path of Purification.* (tr. of Vism) Berkeley: Shambhala, 1976.

대림 스님, 『청정도론』(전3권) 초기불전연구원, 2004, 4쇄 2013.

Abhidhammasaṅgaha: Bodhi, Bhikkhu. *A Comprehensive Manual of Abhidhamma,* Kandy: BPS, 1993.

대림 스님/각묵 스님, 『아비담마 길라잡이』(전2권) 초기불전연구원, 2002, 10쇄 2014, 전정판 2017, 2쇄 2017.

IV. 사전류

(1) 빠알리 사전

Pāli-English Dictionary (PED), by Rhys Davids and W. Stede, PTS, London, 1923.

Pāli-English Glossary of Buddhist Technical Terms (NMD), by Ven. Ñāṇamoli, BPS, Kandy, 1994.

A Dictionary of the Pali Language (DPL), by R.C. Childers, London, 1875.

Buddhist Dictionary, by Ven. Ñāṇatiloka, Colombo, 1950.

Concise Pāli-English Dictionary (BDD), by Ven. A.P. Buddhadatta, 1955.

Dictionary of Pāli Proper Names (DPPN), by G.P. Malalasekera, 1938.

Critical Pāli Dictionary (CPD), by Royal Danish Academy of Sciences & Letters

A Dictionary of Pāli (Part I, II), by Cone, M. PTS. 2001.

(2) 기타 사전류

Buddhist Hybrid Sanskrit Grammar and Dictionary (BHD), by F. Edgerton, New Javen: Yale Univ., 1953.

Sanskrit-English Dictionary (MW), by Sir Monier Monier-Williams, 1904.

Practical Sanskrit-English Dictionary (DVR), by Prin. V.S. Apte, Poona, 1957.

Dictionary of Pāṇini (3 vols), Katre S. M. Poona, 1669.

A Dictionary of Sanskrit Grammar, Abhyankar, K. V. Baroda, 1986.

A Dictionary of the Vedic Rituals, Sen, C. Delhi, 1978.

Puranic Encyclopaedia, Mani, V. Delhi, 1975, 1989.

Root, Verb-Forms and Primary Derivatives of the Sanskrit Language, by W. D. Wintney, 1957.

A Vedic Concordance, Bloomfield, M. 1906, 1990.

A Vedic Word-Concordance (16 vols), Hoshiarpur, 1964-1977.

An Illustrated Ardha-Magadhi Dictionary (5 vols), Maharaj, R. First Edition, 1923, Reprint: Delhi, 1988.

Abhidhāna Rājendra Kosh (*Jain Encyclopaedia,* 7 vols), Suri, V. First Published 1910-25, Reprinted 1985.

Prakrit Proper Names (2 vols), Mehta, M. L. Ahmedabad, 1970.

Āgamaśabdakośa (Word-Index of Aṅgasuttāni), Tulasi, A. Ladnun, 1980.

『불교사전』 운허용하 저, 동국역경원, 1989.

『梵和大辭典』 鈴木學術財團, 동경, 1979.

『佛教 漢梵大辭典』 平川彰, 동경, 1997.

『パーリ語佛教辭典』 雲井昭善 著, 1997

V. 기타 참고도서

Banerji, S. Chandra. *A Companion to Sanskrit Literature,* Delhi, 1989.

Basham, *History and Doctrines of the Ājīvikas,* London, 1951.

Barua, B. M. *History of Pre-Buddhist Indian Philosophy,* Cal cutta, 1927.

__________, *Inacriptions of Aśoka(Translation and Glossary)*, Calcutta, 1943, Second ed. 1990.

Bhandarkar Oriental Research Institute, edited, *The Mahābhārata* (4 vols), Poona, 1971-75.

Bodhi, Bhikkhu. *A Comprehensive Manual of Abhidhamma* (CMA). Kandy: BPS, 1993. (Pāli in Roman script with English translation)

Bronkhorst, J. *The Two Traditions of Meditation in Ancient India*, Delhi, 1993.

Burlingame, E.W. *Buddhist Legends* (trans. of DhpA). PTS, 1921, 1969.

CBETA Chinese Electronic Tripitaka Collection, CD-ROM edition: Taisho Tripitaka(大正新修大藏經) Vol.1-55 & 85; Shinsan Zokuzokyo(Xuzangjing) Vol. 1-88, Chinese Buddhist Electronic Text Association(CBETA, 中華電子佛典協會), Taipei, 2008.

Chapple, Christopher. *Bhagavad Gita (English Tr.), Revised Edition* New York, 1984.

Collins, S. *Nirvana and Other Buddhist Felicities: Utopias of the Pali Imaginaire.* Cambridge, 1998.

_______, *Selfless Persons: Imagery and Thought in Theravāda Buddhism.* Cambridge 1982.

Cowell, E.B. ed. *The Jātakas or Stories of the Buddha's Former Births,* 6 vols, 1895-1907. Reprint, 3 vols. PTS, 1969.

Cowell, E.B. and R.A. Neil, eds. *Divyāvadāna,* Cambridge 1886.

Dutt, Nalinaksha. *Buddhist Sects in India.* Delhi, 1978.

Eggeling, J. *Satapatha Brahmana* (5 Vol.s SBE Vol. 12, 26, 41, 43-44), Delhi, 1989.

Enomoto, Fumio. *A Comprehensive Study of the Chinese Saṁyuktāgama. Part 1: Saṁgītanipāta.* Kyoto 2994.

Fahs, A. *Grammatik des Pali*, Verlag Enzyklopadie, 1989.

Fuminaro, Watanabe. *Philosophy and its Development in the Nikāyas and Abhidhamma*, Delhi, 1982.

Geiger, W. *Mahāvaṁsa or Great Chronicle of Ceylon*. PTS.

________. *Cūḷavaṁsa or Minor Chronicle of Ceylon (or Mahāvaṁsa Part II)*, PTS.

________. *Pali Literature and Language*, English trans. By Batakrishna Ghosh, 1948, 3th reprint. Delhi, 1978.

Geiger, Wilhelm. A Pāli Grammar. Rev. ed. by K.R. Norman. PTS, 1994.

Gethin, R.M.L. *The Buddhist Path to Awakening, A Study of the Bodhi-Pakkhiyā Dhammā*. Leiden, 1992.

Gombrich, Richard F. *How Buddhism Began: The Conditioned Genesis of the Early Teachings*. London, 1996.

Hamilton, Sue. *Identity and Experience: The Constitution of the Human Being according to Early Buddhism*. London, 1996.

Harvey, Peter. *The Selfless Mind: Personality, Consciousness, and Nirvāṇa in Early Buddhism*. Curzon, 1995.

___________. "Signless Meditation in Pāli Buddhism." *Journal of the International Association of Buddhist Studies* 9(1986): 28-51.

Hinüber, Oskar von. *A Handbook of Pāli Literature*, Berlin, 1996.

_______________. *Selected Papers on Pāli Studies*, Oxford: PTS, 1994.

Horner I. B. *Early Buddhist Theory of Man Perfected*, 1937.

________. *Milinda's Questions* (tr. of Mil). 2 vols. London: PTS, 1963-64.

International Buddhist Research & Information Center(IBRIC). *Ti-pitaka, The SLTP CD-ROM edition* , 2005.

http://jbe.gold.ac.uk/ibric.html

Ireland, John D. *Saṁyutta Nikāya: An Anthology,* Part I (Wheel No. 107/109). Kandy: BPS, 1967.

Jacobi, H. *Jaina Sūtras* (SBE Vol.22), Oxford, 1884, Reprinted 1989.

Jayatileke, K.N. Early Buddhist Theory of Knowledge. London, 1963.

Jayawardhana, Somapala. *Handbook of Pali Literature*, Colombo, 1994.

Jones, J.J., trans. *The Mahāvastu.* 3 vols. London, 1949-56.

Kangle, R. P. *The Kauṭilīya Arthaśāstra* (3 vols), Bombay, 1969.

Kloppenborg, Ria. *The Paccekabuddha: A Buddhist Ascetic.* BPS Wheel No. 305/307, 1983.

Law, B.C. *History of Pali Literature.* London, 1933 (2 Vol.s)

Macdonell, A.A., and Keith. *Vedic Index of Names and Subjects.* 2 vols., 1912. Reprint, Delhi, 1958.

Malalasekera, G. P. *The Pali Literature of Ceylon,* 1928. Reprint. Colombo, 1958.

Masefield, Peter. *The Udāna Commentary* (tr. of UdA). 2 vols. Oxford: PTS, 1994-5.

Mills, Laurence C.R. "The Case of the Murdered Monks." *Journal of the Pali Text Society* 16(1992):71-75.

Müller, F. Max. *The Upanishads.* 2 vols. Reprint, Delhi, 1987.

Ñāṇamoli, Bhikkhu. *The Guide* (tr. of Nett). London:PTS, 1962.

________________. *The Life of the Buddha according to the Pali Canon.* 1972.

________________. *The Middle Length Discoursed of the Buddha* (tr. of Majjhima Nikāya, ed. and rev. by Bhikkhu Bodhi), Boston; Kandy: BPS, 1995.

__________________. *Mindfulness of Breathing (ānāpānasati).* Kandy: BPS, 1964.

__________________. *Minor Reading and the Illustrator of Ultimate Meaning* (tr. of Khp and KhpA). London: PTS, 1962.

__________________, *The Path of Purification.* (tr. of Vism) Berkeley: Shambhala, 1976.

Naimicandriya, Commented by, *Uttarādhyayana-Sūtra,* Valad, 1937.

Nancy Accord, Translated by, *Introduction to Early Buddhism - An Accessible Explanation of the Core Theory of Early Buddhism,* 초기불전연구원, 2017(『초기불교 입문』 영역본)

Nārada Mahāthera, *A Manual of Abhidhamma.* 4th ed. Kandy: BPS, 1980. (Pāli in Roman script with English translation)

Norman, K.R. *Collected Papers* (5 vols), Oxford, 1990-93.

___________. *Elders' Verses I* (tr. of Thag). London: PTS, 1969.

___________. *Elders' Verses II* (tr. of Thig). London: PTS, 1971.

___________. *The Group of Discourses(SUTTA-NIPĀTA) Vol. II,* London: PTS, 1992.

___________. *Pāli Literature Including the Canonical Literature in Prakrit and Sanskrit of All the Hīnayāna Schools of Buddhism,* Wiesbaden, 1983.

Nyanaponika Thera. Ven. *Abhidhamma Studies,* Kandy: BPS, 1998.

______________________ *The Heart of Buddhist Medition.* London, 1962; BPS, 1992.

Nyanaponika Thera and Hellmuth Hecker. *Great Disciples of the Buddha: Their Lives, Their Works, Their Legacy.* Boston; Kandy: BPS, 1997.

Nyanatiloka Thera. *Guide through the Abhiddhamma Piṭaka,* Kandy: BPS, 1971.

Pe Maung Tin. *The Path of Purity.* P.T.S. 1922 (Vol. I), 1928 (Vol. II), 1931 (Vol. III)

____________, *The Expositor* (2 Vol.s). (Atthasālinī 영역본), London: PTS, 1920-21, 1976.

Pruitt, William. *Commentary on the Verses of the Theris* (tr. of ThigA). Oxford: PTS, 1998.

_____________. edited by, Norman, K. R. translated by, *The Pātimokkha*, London: PTS, 2001.

Radhakrishnan, S. *Indian Philosophy*, 2 vols Oxford, 1991.

______________. *Principal Upanisads.* Oxford, 1953, 1991.

Rāhula, Walpola Ven. *What the Buddha Taught*, Colombo, 1959, 1996.

_________________. *History of Buddhism in Ceylon.* Colombo 1956, 1993.

Rewata Dhamma. *The First Discourse of the Buddha: Turning the Wheel of the Dhamma.* Boston, 1997.

Rhys Davids, C.A.F, and F.L. Woodward. *The Book of the Kindred Sayings* (tr. of Saṁyutta Nikāya). 5 vols. London: PTS, 1917-30. Rhys Davids tr. 9(1917), 2(1922); Woodward tr. 3(1925), 4(1927), 5(1930).

Rhys Davids, T.W. *Buddhist India.* 1903. Reprint, Delhi, 1997.

Rhys Davids, T.W. and C.A.F. *Dialogues of the Buddha* (tr. of Dīgha Nikāya). 3 vols. London: PTS, 1899-1921.

Senart, edited, *Mahāvastu.* 3 vols. Paris, 1882-97.

Soma Thera, *The Way of Mindfulness,* 5th ed. Kandy: BPS, 1981.

Thomas, E. J. *The Life of the Buddha,* 1917, reprinted 1993.

Thittila, Ashin. *The Book of Analysis* (tr. of Vibh). London: PTS, 1969.

Umasvami, Acharya. *Tattvarthadhigama Sutra.* Delhi, 1953.

Vasu, Srisa Chandra. *Astadhyayi of Panini* (2 Vol.s). Delhi, 1988.

Vipassana Reserach Institute. *Ti-pitaka, The Caṭṭha Saṅghāyana CD-ROM edition* (3th version). Igatpuri: VRI, 1998.

Walshe, Maurice. *The Long Discourses of the Buddha* (tr. of Dīgha Nikāya). Boston, 1987, 1995.

______________. *Saṁyutta Nikāya: An Anthology,* Part III (Wheel No. 318/321). Kandy: BPS, 1985.

Warren, Henry C. & Dhammananda Kosambi. *Visuddhamagga,* Harvard Oriental Series (HOS), Vol. 41, Mass., 1950.

Wijesekera, O.H. de A. *Buddhist and Vedic Studies.* Delhi, 1994.

Winternitz, M. *History of Indian Literature* (3 vols), English trans. by Batakrishna Ghosh, Revised edition, Delhi, 1983.

Witanchchi, C. *"ānanda." Encyslopaedia of Buddhism,* Vol. I fasc. 4. Coombo, 1965.

Warder, A.K. *Indian Buddhism,* 2nd rev. ed. Delhi, 1980.

Yardi, M.R. *Yoga of Patañjali.* Delhi, 1979.

각묵 스님, *Development of the Vedic Concept of Yogakśema.* 『현대와 종교』 20집 1호, 대구, 1997

________, 「간화선과 위빳사나, 무엇이 같고 다른가」 『선우도량 제3호』 2003.

________, 『금강경 역해 — 금강경 산스끄리뜨 원전 분석 및 주해』 불광사 출판부, 2001, 9쇄 2017.

________, 『네 가지 마음챙기는 공부』 초기불전연구원, 2003, 개정판 3쇄 2008.

________, 『담마 상가니』 (전2권) 초기불전연구원, 2016.

________, 『디가 니까야』 (전3권) 초기불전연구원, 2006, 4쇄 2014.

________, 「범본과 한역 <금강경>의 내용 검토」 『승가학보 제8집』 조계종 교육원, 2008.

________, 「현대사회와 율장 정신」 동화사 계율학 대법회 제7회 발제문 2006.
________, 『상윳따 니까야』 (전6권) 초기불전연구원, 2009, 3쇄 2016.
________, 『초기불교 이해』 초기불전연구원, 2010, 5쇄 2015.
________, 『초기불교 입문』 초기불전연구원, 2017.
권오민, 『아비달마 구사론』 (전4권) 동국역경원, 2002, 2쇄 2007.
_____, 『아비달마 불교』 민족사, 2003.
김묘주 옮김, 『성유식론 외』 동국역경원, 2006.
김성구 등 옮김, 『본사경 외』 동국역경원, 2010.
김성철 옮김, 『중론』 불교시대사, 2004.
김인덕 지음, 『중론송 연구』 불광출판부, 2000.
김윤수 옮김, 『주석 성유식론』 한산암, 2006.
나까무라 하지메 지음, 김지견 옮김 『불타의 세계』 김영사, 2005.
대림 스님/각묵 스님, 『아비담마 길라잡이』 (전2권) 초기불전연구원, 2002, 11쇄 2015. 전정판 2쇄 2018.
대림 스님, *A Study in Paramatthamañjūsa (With Special Reference to Paññā)*, Pune University, 2001.(박사학위 청구논문)
________, 『들숨날숨에 마음챙기는 공부』 초기불전연구원, 개정판 2쇄 2008.
________, 『앙굿따라 니까야』 (전6권) 초기불전연구원, 2006~2007.
________, 『염수경 - 상응부 느낌편』 고요한소리, 1996.
________, 『청정도론』 (전3권) 초기불전연구원, 2004, 3쇄 2009.
대한불교조계종 교육원, 『주석본 조계종 표준 금강반야바라밀경』 2009.
동국역경원, 『출요경 외』 동국역경원, 2013.
라다끄리슈난, 이거룡 옮김, 『인도 철학사』 (전4권) 한길사, 1999.
마쓰타니 후미오, 이원섭 역, 『아함경 이야기』 1976, 22쇄 1997.
____________, 이원섭 역, 『불교개론』 현암사, 2001.
무념 · 응진 역, 『법구경 이야기』 (1/2/3) 옛길, 2008.

뿔라간들라 R. 이지수 역, 『인도철학』 민족사, 1991.
삐야다시 스님, 김재성 옮김, 『부처님, 그분』 고요한소리, 1990.
___________, 소만 옮김, 『마음 과연 무엇인가』 고요한소리, 1991.
사토우 미츠오, 김호성 역, 『초기불교교단과 계율』 민족사, 1991.
에띠엔 라모뜨, 호진 스님 옮김, 『인도불교사』 1/2 시공사, 2006
와타나베 후미마로 지음, 김한상 옮김, 『니까야와 아비담마의 철학과 그 전개』 동국대학교출판부, 2014.
이재숙, 『우파니샤드』 (전2권) 한길사, 1996.
일창 스님, 『부처님을 만나다』 이솔, 2012.
赤沼智善, 『漢巴四部四阿含互照錄』 나고야, 소화4년.
中華電子佛典協會, CBETA 電子佛典集(CD-ROM), 台北, 2008.
平川 彰, 이호근 역, 『印度佛教의 歷史』 (전2권) 민족사, 1989, 1991.
_______, 권오민 옮김, 『초기・부파불교의 역사』 민족사, 1989.
_______, 박용길 역, 『율장연구』 토방, 1995.

찾아보기

◎ 일러두기

문단 번호는 본서에서 역자가 채택한 문단 번호임
[설명]: 『우다나』 본문에 나타나는 용어가 각주에서 설명되는 경우
[각주]: 『우다나』 본문에는 나타나지 않고 각주에만 나타나는 경우
[각주설명]: 『우다나』 본문에 나타나지 않는 용어가 각주에서 설명되는 경우
참: 참조

【가】

가난한 인간(manussa-dalidda) 5:3 §1, §9.
가난한 자들이 사는 거리(dalidda-visikhā) 1:6 §2.
가다(upāgacchati) 8:5 §12.
가득 찬(pūra) 8:6 §14.
가라앉다1(vūpasameti, vi+upa+√śam, *to be quiet*) 8:9 §4.
가라앉다2(visīdati) 6:5 §4.
가르치다(sandasseti) 4:3 §2; 5:3 §7; 7:1~2 §1; 8:1~4 §1; 8:5 §2; 8:6 §6.
가벼운(lahuṭṭhāna) 2:8 §2; 5:6 §7.
가부좌(pallaṅka) 8:9 §2; 8:10 §2.
참 단 한 번의 가부좌로(ekapallaṅkena)
가사(saṅghāṭi) 8:5 §7, §11; 8:7 §3.
가야시사(Gayāsīsa) 1:9 §'1[설명].
가엾은 인간(manussavarāka) 5:3 §1, §9.
가장자리(mukha) 7:9 §§1~4.
가져가다, 가져오다(nīharati) 1:10 §§9~10; 2:6 §3.
가져서, 일으켜서(upādāya, upa+ā+√dā, *to give*, Grd.) 3:3 §5.
각각 다른 견해를 가진(nānādiṭṭhika) 6:4~6 §1, §3.
각각 다른 신념을 가진(nānākhanti-ka) 6:4~6 §1, §3.
각각 다른 취향을 가진(nānārucika) 6:4~6 §1, §3.
간답바(Gandhabbā) 5:5 §§7~8.
간략한(saṁkhitta) 1:10 §8.
갈망하는(giddha) 7:3 §1; 7:4 §1.

갈애(taṇhā) 1:1 §2; 1:3 §2; 3:10 §6; 7:9 §5; 8:2 §2[설명].
갈애 없음(nittaṇha) 7:7 §2.
갈애의 멸진(taṇhākhaya) 7:10 §3.
갈애의 멸진을 통한 해탈(taṇhā-saṅ-khaya-vimutti) 7:6 §1[설명].
감(gati) 8:1 §2.
감각기능[根, indriya] 1:10 §5 등.
감각기능들이 고요한(santindriya) 1:10 §5; 5:6 §7.
감각기능들이 고요한(yatindriya) 1:10 §5; 3:9 §5; 5:6 §7.
감각기능이 제어되어 있지 않은(pākatindriya) 4:2 §§1~2.
감각장소[處, 入, āyatana] ☞ 여섯 감각장소[六入, saḷāyatana].
㊟ 경지(āyatana)
감각적 쾌락(kāma) 2:1 §4; 5:3 §4; 5:6 §11; 6:8 §3; 7:3 §§1~3; 7:4 §§1~2 등.
감각적 쾌락에 눈먼(kāmandha) 7:4 §3.
감각적 쾌락에 대한 생각(kāmavitakka) 4:1 §6.
감각적 쾌락을 즐기는(kāmabhogi) 6:2 §4.
감각적 쾌락의 가닥(kāmaguṇa) 6:2 §7.
감각적 쾌락의 가시덤불(kāmakaṇṭaka) 3:2 §11; 3:3 §12.
감각적 쾌락의 속박에 매달린 (kāma-saṅgasatta) 7:3 §3.
감각적 쾌락의 속박인 폭류를 건넌 (kāmabandhoghatāri) 8:10 §3.
감각적 쾌락의 즐거움(kāmasukha) 2:2 §4.
감각접촉[觸, phassa] 1:1 §2; 1:3 §2; 2:4 §3.
감각접촉에 압도되어(phassapareta) 3:10 §3[설명]
감각접촉의 감각장소들(phassāyatanā) 3:5 §2.
감내한(udīrita) 4:8 §11.
감사드린 뒤(anumoditvā) 2:8 §5; 5:3 §7; 5:6 §8; 8:6 §6, §12.
감지함(muta) 1:10 §7[설명].
강1(nadī) 3:3 §4; 4:1 §§2~3; 8:5 §§8~11; 8:6 §§13~14.
강2(nadika) 8:5 §12.
강의 언덕(tīra) ☞ 언덕(tīra)
강가 강1(Gaṅga nadi) 5:5 §7; 8:6 §§13~14.
강가 강2(Gaṅgā) 5:5 §7.
강당(upaṭṭhānasālā) 2:2 §1; 2:2 §2.
강물(saritā) 7:2 §3.
갖춘(samappita) 6:2 §7.
거들먹거리는(unnaḷā) 4:2 §1.
거리(rathiya) 4:8 §4.
거절한 뒤(paṭikkhipitvā) 1:6 §2; 3:7 §2.
거주처(āvāsa) 5:5 §§7~8.
거주함(vāsa) 8:6 §12.
거짓말을 하는(musāvādi) 4:8 §§4~6.
거처(nivesana) 3:7 §3; 4:3 §4; 8:5 §§3~4; 8:6 §§6~9.
거처, 침구와 좌구(senāsana) 3:3 §1; 3:3 §2; 3:3 §3.
거친1(khara) 2:6 §4; 2:8 §§1~3; §3; 3:1 §§1~2; 8:5 §6.
거친2(pharusa) 2:4 §1; 4:8 §§5~8.
건너다(tarati) 7:3 §3; 7:8 §2; 8:6 §15.
건넌1(nittiṇṇa) 3:2 §11[설명].
건넌2(tiṇṇa) 2:8 §10; 5:3 §8; 5:6

§7[설명].
그릇된 견해에 빠진(micchādiṭṭhi-hata) 4:2 §3.
그물에 걸린(jālasañchanna) 7:4 §3.
그을음(masi) 8:9 §3; 8:10 §2.
극심한(pabāḷha) 8:5 §6.
근면하고(ātāpi) 1:1 §3[설명]; 3:2 §8; 3:3 §5; 4:1 §14; 5:2 §3; 5:7 §2.
글 쓰는 기술1(kāveyyasippa) 3:9 §§2~3.
글 쓰는 기술2(lekhāsippa) 3:9 §§2~3.
금계와 서계(sīlabbata) 6:8 §3.
기녀(妓女)(gaṇikā) 6:8 §1[설명].
기능 ☞ 다섯 가지 기능[五根]
기대되는(pāṭikaṅkha) 4:1 §13; 4:1 §13; 4:1 §13; 4:1 §13.
기둥(thambha) 8:6 §3.
기름, 참기름(tela) 2:6 §§1~4; 8:9 §3; 8:10 §2.
기름 등불(telappadīpa) 6:9 §1; 8:6 §2.
기름을 바른(suvilittā, su+√lip, *to smear*, PPP) 6:2 §7.
기뻐하고 즐거워하는(pītisoma-nassajāta) 2:8 §5, §12.
기뻐하는(attamana) 2:8 §5, §12; 3:3 §5; 6:4 §8.
기뻐하다(abhiramati) 3:2 §6; 5:5 §§7~8.
기뻐한 뒤 ☞ 크게 기뻐하고(abhinand-itvā)
기쁘게 하였다(sampahaṁseti) 4:3 §2; 5:3 §7; 7:1~2 §1; 8:1~4 §1; 8:5 §2; 8:6 §6.
기쁜 얼굴을 한(nandimukhī) 3:3 §10; 5:5 §3.
기술(sippa) 3:9 §§1~3.
기억할 만한(sārāṇīya) 1:4 §2; 8:6 §10.
기욺(nati) 8:4 §2[설명].
기적(pāṭihāriya) 6:1 §7[설명].
기초로 삼는(vatthukata) 6:1 §3; 6:1 §3; 6:1 §5; 6:1 §5.
기형인(okoṭimaka) 7:5 §2.
기회(pariyāya) 2:5 §1.
긴 수명을 가져다 줄 [업](āyu-saṁ-vattanika) 8:5 §13.
길(pantha) 8:7 §§1~3.
깊어가는(abhikkanta) 3:2 §9; 3:3 §§9~10; 5:5 §§1~2; 5:5 §3; 8:6 §6. 참 경이로운(abhikkanta)
까까머리(muṇḍaka) 7:9 §1; 7:9 §2.
까레리 원형천막(Karerimaṇḍalamāḷa) 3:8 §1[설명], §3.
까마귀가 [언덕에 앉아 그 강물을] 마실 수 있을 만큼(kākapeyya) 8:6 §14.
까시에서 산출된 전단향(kāsika-candana) 6:2 §4, §6.
깔리고다(Kāḷīgodhā) 2:10 §1[설명].
깔리고다의 아들 밧디야 존자(Bha-ddiya Kāḷīgodhāya putta) 2:10 §1[설명] 이하.
깡카레와따 존자(Kaṅkhārevata) 5:7 §1[설명] ☞ 레와따 존자
깨끗하게 하면서(viriccamāna) 8:5 §6.
깨끗한1(suddha) 5:3 §5.
깨끗한2(vippasanna) 7:9 §§3~4; 8:5 §§9~10.
깨닫다(abhisambujjhati) 8:5 §13.
깨달은 분들(buddhā) 1:5 §3[설명].
깨달은 자(buddha) 4:1 §15[설명].
깨달음으로 나아가는(sambodhi-parā-yaṇa) 5:3 §8.
깨달음을 증득하신 뒤 49일 동안의 행적 1:4 §1[각주].

깨달음의 구성요소[七覺支](bojjhaṅga) 5:5 §8.
깨달음의 나무[菩提樹], 보리수(bodhi-rukkha) 1:1 §1[설명]; 1:2~3 §1; 3:10 §1.
꼬리(naṅguṭṭha) 6:4 §6; 6:4 §8.
꼬리 끝의 깃털 뭉치(vāladhi) 6:4 §8.
꼬살라(Kosala) 1:5 §1[각주]; 2:2 §1; 2:6 §1; 2:9 §§1~2; 4:3 §1[설명]; 4:8 §3; 5:1 §1; 5:9 §1; 6:2 §1, §3; 8:7 §1.
꼬삼비(Kosambi) 4:5 §1[설명]; 7:10.
꼬시야(Kosiya) 3:7 §4[설명].
꼴리야(Koliya/Koḷiya) 2:8 §1[설명].
꼴리야의 딸 [숩빠와사](Koliya-dhītā) 2:8 §§1~12.
꼴리야의 후손(Koliyaputta) 2:8 §3, §5, §7.
꾸꿋타 강(Kukuṭṭhā nadi) 8:5 §8, §§11~12.
꾸띠깐나(Kuṭikaṇṇa) ☞ 소나 꾸띠깐나 존자
꾸라라가라의 빠왓따 산(Kuraraghara Pavatta pabbata) 5:6 §1[설명].
꾸시나라(Kusinārā) 4:2 §1[설명]; 8:5 §6.
꾸짖다(rosenti) 2:4 §1; 4:8 §§5~8.
꾼다다나 숲(Kuṇḍadhānavana) 2:8 §1[설명].
꾼디까(Kuṇḍikā) 2:8 §1[설명].
꿇다 [오른쪽 무릎을 ~](nihanti, ni+√han) 6:2 §3.
꿰뚫다(paṭivijjhati) 6:1 §4; 6:1 §5.
꿰뚫어지는(paṭividdhā) 8:2 §2[설명].
꿰뚫어 알다(pajānāti) 1:1 §3.
끄샤뜨리야의 회중(khattiyaparisa) 8:6 §§4~5.
끊임없이, 빠짐 없이(abhikkhaṇaṁ): 끊임없이 - 2:10 §§1~6; 빠짐 없이 - 4:8 §§2~3.
끌채만 한 상아를 가진 [수레의 ~](īsā-danta) 4:5 §7[설명].
끝내다(tīreti, √tṝ, Caus.) 2:5 §1; 2:9 §§1~2.
끝이 난(vikkhīṇa) 4:9 §2; 4:10 §2.
끝이 잘려나간(chinnagga) 4:5 §3, §6.
끼미깔라 강(Kimikāḷā) 4:1 §2; 4:1 §2; 4:1 §3; 4:1 §3.

【나】

나가, 코끼리 우두머리(nāga) 4:4 §3; 4:5 §3[설명].
나가다(nikkhamati, nis+√kram, *to stride*) 1:10 §5, §9; 2:1 §2; 3:3 §§9~10; 3:7 §3; 5:5 §§1~2; 8:6 §13; 8:7 §3.
나가사말라 존자(Nāgasamāla) 8:7 §1[설명] 이하.
'나는 있다.'라는 자만(asmimāna) 2:1 §4[설명]; 4:1 §14[설명].
나는 포살을 준수하지 않을 것이다(uposatha) 5:5 §6[설명].
나라에서 제일가는 미녀(janapada-kalyāṇi) 3:2 §4[설명], §5.
나무껍질로 만든 옷을 입은 바히야(Bāhiya Dārucīriya) 1:10 §1[설명].
나무 아래(rukkhamūla) 1:8 §2; 2:10 §§1~6; 4:1 §6; 4:3 §1; 6:1 §6; 7:9 §2; 8:5 §7.
나뭇잎으로 만든 움막(paṇṇakuṭi) 3:3

4:7 §2[설명].
놓아버리고 [마음챙김을 ~](pari-muṭṭhā) 5:9 §2[설명].
누운(sayāna) 5:10 §2.
누이(bhagini) 4:8 §2.
눈 있는 자(cakkhumā) 5:3 §6, §10.
눈이 내리는 시기1(hemantikā) 1:9 §1[설명], §2.
눈이 내리는 시기2(himapātasamaya) 1:9 §1[설명], §2.
눕다(nipajjati) 8:5 §§11~12.
느낌(vedanā) 1:1 §2; 1:3 §2; 2:6 §4; 2:8 §§1~3; 3:1 §1; 8:5 §6; 8:9 §4.
늙음·죽음(jarāmaraṇa) 1:1 §2; 1:3 §2; 7:4 §3.
능가하다(upacita) 8:5 §13.
니간타, 자이나교 수행자(nigaṇṭha) 6:2 §§2~3.

【다】

다가가다, 들어가다(upasaṅkamati) 1:4 §2; 1:7 §2 등등; 8:6 §§4~6.
다람쥐 보호구역(Kalandakanivāpa) 1:6 §1[설명]; 3:6~7 §1; 4:4 §1; 4:9 §1; 5:3 §1; 5:8 §1; 6:8~9 §1.
다른 [삿된] 교설(parappavāda) 6:1 §§7~11.
다른 사람의 시주물로만 사는(para-dattavutta) 2:10 §6.
다른 세상(parattha) 4:8 §7[설명], §8.
다리1(setu) 8:6 §15.
다리2(pāda) 6:4 §6, §8. 참 발(pāda)
다섯 가지 기능[五根](pañcindriyāni) 5:5 §8.
다시 태어남(punabbhava) 3:10 §6; 4:9 §2.
다투다(vivadati) 6:4 §10.
다한, 멸진한(khīṇā) 3:2 §8.
닦다(sandhāreti) 3:2 §§1~4.
닦아서 성취된(bhāvanāpāripūri) 6:3 §§1~2.
단 한 번의 가부좌로(ekapallaṅkena) 1:1 §1[설명]; 1:2~4 §1; 2:1 §1; 3:7 §1[설명]; 3:10 §1.
참 가부좌(pallaṅka)
단속(saṁvara) 4:6 §2.
단지 봄만(diṭṭhamatta) 1:10 §7[설명].
단출한(lahu) 3:9 §5.
달(candimā) 1:10 §11;.
달과 태양(candimasūriyā) 8:1 §2.
달밤(juṇhā) 4:4 §§1~2.
담론(sākaccha) 6:2 §§5~6.
답바 존자 [말라의 후예 ~](Dabba Mallaputta) 8:9 §§1[설명] 이하; 8:10 §2.
당도한, 도착한(anuppatta) 1:8 §1; 2:2 §2; 2:5 §1; 3:2 §11; 3:3 §§1~3; 3:8 §3; 3:9 §3; 7:9 §1; 8:5 §2; 8:6 §1.
당하다(nigacchati) 6:8 §§1~2; 8:6 §4.
닿다 ☞ 겪다(phusati);
닿은 ☞ 겪은(phuṭṭha)
대선인(仙人)(mahesi) 8:5 §12[설명].
대나무 숲[竹林](Veḷuvana) 1:6 §1[설명]; 3:6~7 §1; 4:4 §1; 4:9 §1; 5:3 §1; 5:8 §1; 6:8~9 §1.
대나무 숲의 다람쥐 보호구역(Veḷu-vana Kalandakanivāpa) ☞ 다람쥐 보호구역(Kalandakanivāpa)
대답한 뒤(paṭissutvā) 1:10 §10; 2:8 §3 등.
대왕(mahārāja) 4:8 §3; 5:1 §2; 6:2

등불을 비추는(telapajjota) 5:3 §6.
따가라시키 벽지불(Tagarasikhi) 5:3 §9.
딱딱한 음식(khādanīya) 2:8 §11; 5:3 §§2~3; 8:5 §§3~4; 8:6 §11.
땅1(pathavī) 1:10 §11; 6:2 §3; 8:1 §2.
땅2(thala) 5:5 §7; 5:5 §7; 5:5 §8.
땅3(chamā) 8:7 §2. 참 흙(chamā).
때(samaya) 1:1 §1 등등.
때 묻지 않은(vimala) 8:10 §3.
때리다(hanati) 2:3 §1.
떠오르다(unnamati) 6:10 §4.
떠오른1(uggata) 6:10 §4.
떠오른2 [여명이 ~](uddhasta) 3:3 §10; 5:5 §3.
떨어지다1(papatati) 5:5 §§7~8.
떨어지다2(patati) 6:9 §2.
떨어지다3(upeti) 4:8 §§7~8.
떨어짐(cuti) 8:1 §2.
뜻을 파악함(aṭṭhi) 8:1~4 §1.
띠미(Timi) 5:5 §7; 5:5 §7; 5:5 §8.
띠미띠밍갈라(Timitimiṅgala) 5:5 §7; 5:5 §7; 5:5 §8.
띠밍갈라(Timiṅgala) 5:5 §7; 5:5 §7; 5:5 §8.

【라】

라꾼따까 밧디야(Lakuṇḍakabhaddiya) 7:1 §1[설명] 이하; 7:2 §§1~2; 7:5 §§1~2.
라따나, 큐빗(ratana) 4:4 §3[설명].
라자가하(Rājagaha) 1:6 §1[설명]; 3:6~7 §1; 4:4 §1; 4:9 §1; 5:3 §1; 5:8 §1; 6:8~9 §1.
레와따 존자(Revata) 1:5 §1[설명]. *cf.* 5:7 §1[설명].
루비(lohitaṅga) 5:5 §7; 5:5 §7; 5:5 §8.

【마】

마가다(Magadha) 8:6 §1[설명].
마가다의 대신(Magadha-mahāmatta) 8:6 §§7~13.
마가다의 대신인 수니다와 왓사까라(Sunidha-Vassakārā Magadha-mahāmattā) 8:6 §7[설명], §8, §§10~13.
마라(Māra) 3:10 §§6~7; 4:2 §3; 6:1 §4[설명]; 8:5 §5.
마라 빠삐만(Māra Pāpimā) 6:1 §7 [설명]. ☞ 마라(Māra)
마라를 포함한(samāraka) 8:5 §5.
마라의 군대(Mārasena) 1:3 §3; 6:1 §4[설명].
마라의 속박(Mārabandhana) 4:10 §2.
마련한(paññatta) 5:5 §8; 5:5 §8.
마른(visukkha) 7:2 §3.
마시다(pivati) 2:6 §3; 4:5 §3; 7:9 §4; 8:5 §10.
마을의 경계(sīmantarikā) 4:3 §§4~5.
마음(citta) 1:10 §8; 3:2 §10; 4:5 §7; 7:1 §§2~3; 4:3 §6; 4:4 §7; 8:6 §§7~9.
마음에 깨끗한 믿음이 생긴(pasanna-citta) 5:3 §5.
마음에 일어난 생각(cetoparivitakka) 1:10 §2; 4:5 §7; 4:9 §2.
마음의 장애가 없어진(vinīvaraṇa-citta) 5:3 §5.

마음의 해탈[心解脫](cetovimutti) 3:2 §9[설명], §10; 4:1 §§7~12.
마음으로 마음을 통하여(cetasā ceto paricca) 3:2 §10; 3:3 §6; 5:3 §4; 5:5 §4;
마음이 고무된(udaggacitta) 5:3 §5.
마음이 고요하고 평화로운(upasanta -santacitta) 4:10 §2.
마음이 묶인(paṭibaddhacitta) 6:8 §§1~2.
마음이 보호된(rakkhitacitta) 4:2 §3.
마음이 부드러워진(muducitta) 5:3 §5.
마음이 사로잡힌(pariyuṭṭhitacitta) 6:1 §§4~5.
마음이 산란한(vibbhantacitta) 4:2 §1.
마음이 산란한 자(bhantacitta) 4:1 §14.
마음이 전일한(ekaggacitta) 4:9 §1.
마음이 준비가 된(kallacitta) 5:3 §5.
마음이 평화로운(santacitta) 4:9 §2.
마음에 드는, 소중한(manāpa) 2:7 §1; 3:8 §2; 8:8 §1.
마음에 잡도리하였다(manasākāsi = manasi akāsi(UdA.38) 1:1 §1; 1:2 §1; 1:3 §1; 5:3 §4; 5:5 §4.
마음이 고요한(santamānasa) 1:10 §5; 5:6 §7.
마음챙김(sati) 1:1 §2; 1:3 §2; 3:4 §1; 3:5 §§1~2; 5:10 §1; 7:8 §§1~2; 8:4 §2.
마음챙기는 자(satima) 3:7 §7; 4:1 §14; 4:7 §2.
마음챙김을 놓아버린(muṭṭhassati) 4:2 §§1~2.
마음챙김의 확립(satipaṭṭhāna) 5:5 §8.
마차를 모는 기술(rathasippa) 3:9 §2.
마하깝삐나 존자(Mahākappina) 1:5 §1[설명].
마하깟사빠 존자(Mahākassapa) 1:5 §1; 1:6 §1[설명]; 3:7 §1.
마하깟짜나 존자(Mahākaccāna) 1:5 §1; 5:6 §1[설명]; 7:8 §1.
마하꼿티따 존자(Mahākoṭṭhita) 1:5 §1[설명].
마하목갈라나 존자(Mahāmoggallāna) 1:5 §1; 2:8 §8; 3:5 §1[설명]; 4:4 §1; 5:5 §3.
마하빠자빠띠 고따미(Mahāpajāpati Gotami) 3:2 §1[각주설명].
마하쭌다 존자(Mahācunda) 1:5 §1[설명]. *cf.* 8:5 §11[설명] ☞ 쭌다까 존자
마히 강(Mahī) 5:5 §7.
만들어낸 뒤(abhinimminitvā, abhi +nis+√ mā, *to measure*, Grd) 만들어 낸 뒤 - 2:1 §3; 나투어서 - 3:7 §3.
만들어주다, 정해주다, 드러내다(paññāpeti) 5:6 §9; 8:5 §7, 8:6 §2; §11; 8:10 §3.
만족하는(tuṭṭha) 2:1 §4.
많은 사람들의 무리(mahājanakāya) 5:3 §2.
많은 사람의 이익(bahujanahita) 6:1 §§4~5.
많은 사람의 행복(bahujanasukha) 6:1 §§4~5.
많은, 큰(mahatā) 4:3 §1; 5:9 §1; 7:9 §1; 7:9 §1; 8:5 §1; 8:5 §2; 8:5 §11; 8:6 §1; 8:6 §1.
많이 [공부]짓는(bahulīkatā) 6:1 §3,

§5.
많이 배운(bahussuta) 2:5 §2[설명]; 6:1 §7[설명], §§8~11.
말1(vācā) 6:1 §§7~12
말2(vākya) 4:8 §11.
말꼬리만 물고 늘어지는(vācāgocara-bhāṇi) 5:9 §2[설명].
말다툼을 하는(kalahajāta) 6:4 §3; 6:5 §2; 6:6 §2; 6:8 §1.
말라(Malla) 4:2 §1[설명]; 7:9 §1[설명]; 8:5 §1; 8:9 §1; 8:10 §.
말리까 왕비(Mallikā devi) 5:1 §1[설명].
말씀, 말(vacana) 2:8 §2, §6; 2:10 §4; 3:2 §3; 3:3 §2; 3:6 §2; 5:6 §7.
맛(rasa) 3:8 §2; 3:8 §2; 3:8 §3.
맛있는(paṇīta) 2:8 §11; 8:5 §3; 8:6 §11.
맛있는 부드러운 음식(appodaka-pāyasa) 4:3 §§4~5.
매혹적인(rajanīya) 4:4 §7.
맹세하는(sapanta) 4:8 §9.
머리 위(uparimuddha) 2:1 §2.
머리와 수염(kesamassu) 5:6 §§2~5.
머리와 수염을 가지런히 한(kappita-kesamassu) 6:2 §7.
머무는 특징을 가진(ṭhitadhamma) 5:5 §7; 5:5 §7; 5:5 §8.
머물다(vasati) 3:6 §4.
머물다, 지내다(viharati) 1:1 §1 등등.
머묾1(ṭhiti) 7:7 §2[설명]; 8:1 §2.
머묾2(vihāra) 3:3 §5; 5:6 §§9~10.
먹은(paribhutta) 8:5 §5.
먹을(paribhojanīya) 4:5 §4.
먼지(raja) 3:1 §3.
먼지가 뿌려진(rajānukiṇṇa) 6:8 §3 [설명].
먼지와 때(rajojalla) 6:2 §7.
멀리서(dūratova) 1:5 §2; 3:7 §3; 5:3 §2; 7:5 §2.
메기야 존자(Meghiya) 4:1 §1[설명].
멧띠야와 붐마자까(Mettiya-Bhum-majakā) 8:10 §1[각주].
멸진(khaya) 1:2 §3; 3:2 §§9~10; 3:10 §6. 참 다한(khīṇā)
명료하게 설명하다(uttānīkaroti) 6:1 §§7~11.
명성(kittisadda) 8:6 §§4~5.
명지(vijjā) 3:3 §5.
명칭1(saṅkha) 5:5 §§7~8.
명칭2(saṅkhya) 3:2 §5.
명확한(vissaṭṭha) 5:6 §11.
모두는 버려진다는 그 사실(sabbajāni) 5:2 §3[설명].
모든 곳에서 두루 결실을 가져오는 (samasamaphala) 8:5 §13[설명].
모든 곳에서 두루 과보를 가져오는 (samasamavipāka) 8:5 §13.
모습(rūpa) 1:8 §4; 2:5 §2. 참 물질, 형색, 형태(rūpa)
모욕하다(vihesati) 1:10 §10; 2:4 §1; 4:8 §§5~8; 5:3 §8.
모자람(ūnatta) 5:5 §7.
목(phaṇa) 2:1 §2.
목숨이 붙어있는(pāṇupeta) 5:3 §6.
목욕하다(nhāyati) 1:9 §3; 8:5 §11.
목이 마른(pipāsita) 8:5 §7, §9.
몰두하여(samannāharitvā) 8:1~4 §1.
몰두한(ussukka) 1:6 §2; 3:7 §2.
몰래 정탐을 하는 자들(ocarakā) 6:2 §7[설명].
몸1(kāya) 2:1 §2; 2:2 §2; 3:8 §3; 3:9 §3 등.
몸2(deha) 5:2 §3.

【바】

비꾸어 [자신의 모습을 ~](paṭisaṁharitvā) 2:1 §3.
바라는(patthayāna) 8:8 §5.
바라는 대로(yathādhippāyaṁ) 2:9 §1; 2:9 §2.
바라문(brāhmaṇa) 1:1 §3[설명]; 1:2 §3; 1:3 §3; 1:4 §§2~3; 1:5 §2; 1:6 §3; 1:7 §3; 1:8 §5; 1:9 §3; 1:10 §11; 2:6 §1[설명], §3; 3:6 §4; 3:10 §4; 5:5 §8.
바라문 마을(brāhmaṇagāma) 7:9 §1.
바라문 장자(brāhmaṇagahapatika) 7:9 §§1~2.
바라문 출신(māṇavikā) 2:6 §1 [설명].
바라문 출신의 젊은 아내(daharamāṇavikā) 2:6 §1[설명].
바라문 태생(brāhmaṇajātika) 1:5 §2.
바라문 회중(brāhmaṇaparisa) 8:6 §§4~5.
바라문됨(brahmaññā) 4:8 §§4~6.
바라문을 만듦(brāhmaṇakaraṇa) 1:4 §2[설명]; 1:5 §2.
바라문이라는 말(brahmavāda) 1:4 §3.
바라문 학도(māṇavaka) 2:1 §3; 5:9 §1.
바람 없음, 원함 없음(nirāsa) 3:6 §4; 3:9 §5; 7:2 §3.
바람[風, vāyo] 1:10 §11; 8:1 §2.
바르게, 바른(sammā) 4:1 §12; 8:5 §5.
바르게 해탈한(sammāvimutta) 8:10 §3.
바르게 행하는(samacāri) 4:8 §§4~6.
바른 견해[正見]를 앞세우고 (sammādiṭṭhipurekkhāra) 4:2 §3.
바른 노력(sammappadhānā) 5:5 §8.
바른 사유[正思惟]를 자신의 영역으로 삼은(sammāsaṅkappagocara) 4:2 §3.
바른 통찰지(sammappaññāya) 3:10 §6.
바른 깨달음으로(sambodhāya) 4:1 §10[설명].
바위(sela) 3:4 §2.
바위산을 닮은(selūpama) 4:4 §7.
바치는(pariccatta) 4:8 §2.
바후뿟따 탑묘(Bahuputta cetiya) 6:1 §2, §5.
반딧불(kimi) 6:10 §4[설명].
반연하여 생기다(paṭiccappabhavati) 8:8 §5.
반열반(般涅槃)(parinibbāna) 6:1 §7 [설명], §§8~11; 8:9 §1.
반열반에 든(parinibbuta) 1:10 §10 (완전한 열반에 든); 8:5 §13; 8:9 §3; 8:10 §2.
반열반에 들다(parinibbāyati) 5:5 §8; 6:1 §9, §§7~12; 8:5 §13; 8:9 §2.
반조(paccavekkhaṇa) 4:10 §1.
반조하면서(paccavekkhamāna) 4:10 §1; 5:7 §1; 6:3 §1[설명]; 7:6 §1; 7:7 §1.
반쯤 빗은(upaḍḍhullikhita) 3:2 §4.
받아 지녀(samādāya) 4:1 §9, §13.
받아 지니다(paṭiggahita) 8:5 §13.
받아주다(dhāreti, √dhṛ, *to hold*) 5:3 §6.
발(pāda) 8:7 §3. 참 다리2(pāda)
발에 머리를 조아리고(pāde sirasā) 1:10 §5; 2:8 §§2~3, §§6~7; 5:6

5:3 §6.
법을 들은(sutadhamma) 2:1 §4.
법을 따라 행하는 자들(anudhamma-cārino) 6:1 §7[설명], §9, §11.
법을 따르는(dhammacāri) 4:8 §§4~6.
법을 보았고(diṭṭha-dhamma) 5:3 §6[설명].
법을 본(diṭṭhadhamma) 5:3 §6[설명].
법을 얻음(pattadhamma) 5:3 §6.
법을 이유로 함(dhammādhikaraṇa) 1:10 §10; 5:3 §8.
법을 잘 호지하는 자(dhammadhara) 6:1 §§7~11.
법을 체득함(viditadhamma) 5:3 §6.
법의 가르침(dhammạdesana) 1:10 §8; 5:3 §5.
법의 눈[法眼](dhammacakkhu) 5:3 §5.
법의 대장군(dhammasenāpati) 2:8 §12.
벗어난(mutta) 1:8 §5; 4:10 §2; 7:6 §2; 풀려난 3:2 §10
벗어남(nissaraṇa) 3:10 §4; 8:3 §2.
베(tanta) 3:7 §3.
벽(bhitti) 8:6 §3.
벽지불[獨覺, 빳쩨까 부처님](pacceka-buddha) 5:3 §9[설명].
변하기 마련인 법(vipariṇāmadhamma) 3:10 §5.
별(sukka) 1:10 §11.
병(ābādhā) 1:6 §1; 8:5 §6.
병고에 시달리는 자가 따라 배우기 때문(āturassānusikkhato) 6:8 §3[설명].
병이 없는(aroga) 2:8 §~4~9.
보기 쉬운(sudassana) 8:2 §2.
보기 어려운(duddasa) 8:2 §2.
보기 흉한(duddasika) 7:5 §2; 7:5 §2.
보는, 보면, 본 자(passanta) 2:1 §4[설명], 3:10 §6; 6:6 §5; 7:10 §3[설명]; 8:2 §2.
보리수(bodhirukkha)
☞ 깨달음의 나무[菩提樹]
보면서(sampassamāna) 2:10 §5; 2:10 §6.
보배(ratana) 5:5 §§7~8.
보살(菩薩)(bodhisatta) 5:2 §2[설명].
보시1(dāna) 3:7 §§5~6.
보시에 대한 이야기(dānakatha) 5:3 §4.
보시2(cāga) 5:3 §9.
보시하고자 함(dātukāma) 3:7 §3.
보증, 보증인(pāṭibhoga) 2:8 §10[설명]; 3:2 §6[설명], §7, §10.
보태야 할 것(paticaya) 4:1 §4[설명], §5.
보호받는 숲(Rakkhitavanasaṇḍa) 4:5 §2[설명].
본 것, 봄(diṭṭha) 1:10 §7; 6:4 §8; 6:9 §2[설명].
본 뒤(disvā) 2:4 §1; 4:4 §4; 4:8 §§5~8; 5:5 §7; 5:5 §§7~8; 5:6 §12.
본 뒤(disvāna) 1:5 §2; 1:10 §5, §9; 2:8 §5; 3:7 §3; 4:1 §3; 4:4 §2; 5:4 §2; 5:5 §4; 5:6 §7; 5:8 §2; 5:8 §3; 6:2 §3; 7:5 §2; 8:7 §1.
볼썽사나운 [모습](vippakāra) 1:8 §4[설명].
부드러운 돼지고기로 만든 음식(sūkara-maddava) 8:5 §3[설명], §§4~6.
부드러운 음식(bhojanīya) 2:8 §11; 5:3 §§2~3; 8:5 §§3~4; 8:6 §11.
부러워하다(pihayati) 3:7 §7; 3:8 §5.

부순(maddita) 3:2 §11.
부정함(asubha) 4:1 §13.
부처님(Buddha) 8:5 §12.
부처님들(Buddhā) 4:6 §2; 5:3 §5; 5:6 §§4~5.
부처님을 상수로 하는(Buddha-ppamukha) 2:8 §§6~11; 4:3 §4; 8:6 §11.
부처의 눈[佛眼](Buddha-cakkhu) 3:10 §2[설명]
북(tasara) 3:7 §3.
분노(kopa) 2:10 §7.
분노를 쫓아버린(panuṇṇakodha) 3:6 §4.
분노하기 마련인(kopaneyya) 4:4 §7.
분노하다(kuppati) 4:4 §7.
분명하게 드러나다(pātubhavati) 1:1~3 §3.
분발하게 하다(samuttejeti) 4:3 §2; 5:3 §7; 7:1~2 §1; 8:1~4 §1; 8:5 §2; 8:6 §6.
분석하다(vibhajati) 6:1 §§6~11.
분소의를 입는 자(paṁsukūlika) 4:6 §1.
분쟁하면서(vivādāpanna) 6:4 §§3~4, §9; 6:5 §§2~3; 6:6 §§2~4.
불(aggi) 1:9 §§1~2; 6:9 §2[11가지 불 - 각주설명]; 8:6 §9.
불결함(asuci) 5:5 §4, §8.
불쌍한 인간(manussakapaṇa) 5:3 §1.
불운한 자들이 사는 거리(kapaṇavi-sikhā) 1:6 §2; 1:6 §2.
불의 요소(tejodhātu) 8:9 §2; 8:10 §2.
불타는(jhāyamāna) 6:9 §1; 8:9 §3; 8:10 §2.
불행한 곳(duggati) 4:2 §3; 8:6 §4.
불환자(anāgāmi) 5:5 §8; 7:10 §2.
비교(upanidhi) 3:2 §5.
비교함, 견줌(upanidhā) 3:2 §5.
비구(bhikkhu) 1:5 §2; 2:10 §4; 3:1 §3[설명]; 4:8 §11[설명] 등.
비구 승가1(bhikkhusaṅgha) 2:4 §1; 2:8 §§6~11; 4:3 §1, §4; 4:5 §2; 4:8 §§1~2; 5:3 §6; 5:5 §1, §4; 5:6 §5; 5:8 §§2~3; 6:10 §2; 8:5 §4; 8:6 §3, §11.
비구 승가2(bhikkhugaṇa) 8:5 §12.
비구니(bhikkhuni) 4:5 §5; 6:1 §9.
비난하는(ninditum) 7:6 §2.
비난하다(paribhāsati) 2:4 §§1~2;; 4:8 §§5~8.
비둘기 협곡 승원(Kapotakandarā) 4:4 §1[설명].
비둘기의 발을 가진 [자들](Kakuṭa-pādāni) 3:2 §5[설명], §6, §7, §10.
비밀리에 행하는(paṭicchanna-kammanta) 5:5 §4, §8.
비상비비상처(nevasaññānāsaññ-āyatana) 8:1 §2.
비천하다는 말(vasalavāda) 3:6 §3 [설명].
비치다, 빛나다(bhāti, √bhā, *to shine*) 1:10 §11.
빈 공간(antalikkha) 3:7 §§5~6; 5:5 §7; 8:9 §§2~3; 8:10 §2.
빈 집(suññāgāra) 2:10 §§1~6; 8:6 §6.
빗자루(sammajjani) 6:4 §8.
빗장1(paligha) 7:7 §2[설명].
빗장2(sūcighaṭika) 5:5 §5.
빛(obhāsa) 1:3 §3; 6:1 §4[설명], §5.
빛나다(obhāsati) 3:2 §9; 6:10 §4.
빠딸리 마을(Pāṭaligāma) 8:6 §1.

빠딸리뿟따(Pāṭaliputta) 8:6 §9.
빠띠목카(戒目)(pātimokkha) 4:6 §2; 5:5 §1[설명],§§2~3, §6[설명].
빠띠목카의 암송(pātimokkha-uddesā) 5:5 §1[설명], §6.
빠릴레야까(Pālileyyaka) 4:5 §2[설명].
빠삐만(Pāpimā) 6:1 §7[설명], §§9~13. = 마라 빠삐만(Māra Pāpimā) ☞ 마라(Māra)
빠세나디 꼬살라 왕(Pasenadi Kosala rājā) 2:2 §1[설명]; 2:6 §§3~4; 2:9 §1; 4:8 §3; 5:1 §1; 6:2 §§1~3.
빠와(Pāvā) 1:7 §1[설명]; 8:5 §1.
빠왓따 산 ☞ 꾸라라가라의 빠왓따 산(Pavatta pabbata)
빠져있는(anvāsatta, anu+ā+√ sañj, *to hang,* PPP) 4:1 §6; 4:1 §7.
빠짐없이(abhikkhaṇaṁ) 4:8 §§2~3. 참 끊임 없이(abhikkhaṇaṁ)
뻔뻔스럽게 말함(sārambhakathā) 6:6 §5.
뿌리(mūla) 7:6 §2[설명]; 7:9 §5.
삔돌라 바라드와자 존자(Piṇḍola-bhāradvāja) 4:6 §1[설명].
삘린다 왓차 존자(Pilindavaccha) 3:6 §1[설명] 이하.
삡빨리 동굴(Pippaliguhā) 1:6 §1[설명]; 3:7 §1.

【사】

사견, 견해(diṭṭhi) 6:6 §5; 6:8 §3.
사꺄 가문(Sakyakulā) 7:9 §1.
사까의 여인(Sākiyānī) 3:2 §§4~5.
사꺄의 후예들(Sakyaputtiyā) 4:8 §§4~6, §9; 5:5 §8.
사라부 강(Sarabhū) 5:5 §7.
사라지다(vapayati) 1:1 §3; 1:2 §3.
사란다다 탑묘(Sārandada cetiya) 6:1 §2, §5.
사람1(puggala) 5:5 §§3~5, §8.
사람2(purisa) 3:2 §5; 3:3 §7; 4:3 §4; 4:8 §4; 6:2 §7; 6:4 §5; 8:6 §14.
사람3(posa1) 8:6 §12.
사랑하는(piya) 8:8 §4[설명].
사랑스러운 자(piya) ☞ 더 사랑스러운 자(piyatara)
사랑스러운 모습(piyarūpa) 2:7 §3; 2:8 §13.
사량분별들(papañcā) 7:7 §1[설명].
사량분별이 머물러 남아있음(papañca-ṭhiti) 7:7 §2[설명].
사량분별이 함께한 인식(papañca-saññā) 7:7 §1[설명].
사리뿟따 존자(Sāriputta) 1:5 §1; 2:8 §11; 3:4 §1[설명]; 4:4 §1; 4:7 §1; 4:10 §1; 7:1 §1; 7:2 §1.
사마와띠(Sāmāvati) 7:10 §1[설명].
사문(samaṇa) 1:7 §2; 1:8 §§2~4; 2:6 §3; 3:6 §4; 3:10 §4; 4:4 §2; 4:8 §§4~9; 5:3 §3; 5:5 §8; 7:9 §1; 8:6 §13.
사문됨(sāmañña) 4:8 §§4~6.
사문의 회중(samaṇaparisa) 8:6 §4; 8:6 §5.
사문이라 주장함(samaṇapaṭiñña) 5:5 §4, §8.
사문·바라문(samaṇabrāhmaṇā) 6:4 §2, §10; 6:5 §2; 6:6 §§2~3.
사변가(takkika) 6:10 §4[설명].
사악함(pāpa) 5:3 §10; 5:6 §12; 5:8 §4; 8:5 §14; 8:7 §4.

성숙한(paripāka) 4:1 §§7~12.
성스러운(ariya) 2:2 §3[설명]; 3:8 §4; 3:9 §4; 4:1 §§12~13; 5:5 §8; 5:6 §12; 8:6 §9.
성자(muni) 1:10 §11; 4:7 §2; 6:1 §15; 7:7 §2.
성취되다(vussati, √vas3, vasati, *to dwell*, Pass) 3:10 §3.
성취된 [청정범행이 ~](vusita, vusita brahmacariya) 3:2 §8.
성취수단[四如意足, 4여의족, cattaro iddhipādā] 5:5 §8; 6:1 §3[설명].
성폭행(purisakicca) 4:8 §4[설명], §§5~6.
세니야 빔비사라 마가다 왕(Māgadha Seniya Bimbisāra rājā) 2:2 §1 [설명].
세 벌 옷[三衣]만 지니는 자(tecīvarika) 4:6 §1.
세상(loka) 1:10 §1; 3:10 §2[설명]; 6:5 §2[설명]; 등.
세상을 연민함(lokānukampa) 6:1 §§4~5.
세우고 [상체를 곧추~](paṇidhāya, ujuṁ kāyaṁ ~) 3:1 §1; 3:4 §1; 3:5 §1; 4:6 §1; 4:7 §1; 4:10 §1; 5:7 §1; 5:10 §1; 6:7 §1; 7:6 §1; 7:8 §1.
세존의 가계 3:2 §1[각주설명].
세존의 시자 소임을 본 여덟 분 4:1 §1[각주설명].
셈하는 기술(gaṇanasippa) 3:9 §2[설명], §3.
소나 꾸띠깐나 존자(Soṇa Kuṭikaṇṇa) 5:6 §1[설명] 이하.
소라(saṅkha) 5:5 §§7~8.
소라고둥처럼 빛나는(saṅkhalikhita) 5:6 §§2~5.
소리(sadda) 3:8 §2; 3:8 §2; 3:8 §3; 4:8 §§7~10.
소멸(nirodha) 1:2 §2; 1:3 §2[설명]; 4:1 §10[설명]; 5:3 §5.
소멸하다(nirujjhati) 1:2 §2; 1:3 §2.
소멸하는 구조[還滅門](paṭiloma) 1:2 §1[설명].
소욕(appiccha) 4:6 §1; 4:7 §1.
소치는 사람(gopālaka) 4:3 §2[설명]; §§3~5.
소화시키는(pariṇāma) 8:5 §5.
속박1 [네 가지](yoga) 6:7 §2[설명].
속박2(bandhana) 3:3 §12; 6:9 §2; 7:6 §2.
속임수(māyā) 3:6 §4.
속재목 ☞ 심재(心材, sāra)
손(pāṇi) 6:8 §§1~2.
손녀(nattā) 8:8 §§1~3.
손을 써서 셈을 하는 기술(muddāsippa) 3:9 §2[설명].
솟아오르다(ummujjati) 1:9 §1.
솟아오르고 내려가는(ummujjanimujja) 1:9 §1; 1:9 §2.
송아지를 가진(taruṇavaccha) 1:10 §8; 5:3 §7.
수니다(Sunidha) 8:6 §7[설명], §8, §§10~13.
수드라(sudda) 5:5 §8.
수렁(paṅka) 3:2 §11[설명].
수레(sakaṭa) 8:5 §8.
수레로 삼는(yānīkata) 6:1 §3, §5.
수레바퀴로 휘저은(cakkacchinna) 8:5 §§8~10.
수매꾼이라는 말(upakkitakavāda) 3:2 §7[설명].
수부띠 존자(Subhūti) 6:7 §1[설명].
수정(maṇi) 5:5 §§7~8.

(sāra) 1:6 §3[설명]; 6:9 §2[설명].
쌀밥(odana) 3:7 §3.
쌓이다(cīyati) 8:5 §14.
쓰러뜨리다(osādeti) 4:4 §3; 4:4 §5.
쓰레기를 가져 [청정하지 않은](kasambujāta) 5:5 §4, §8.
씁쓰레함(kasāvā) 1:4 §3[설명].
씁쓰레함이 없는(nikkasāva) 1:4 §3.
씻다(pakkhāleti) 5:6 §10; 8:6 §3.

【아】

아나타삔디까(급고독) 장자(Anāthapiṇḍika) 4:3 §2[각주].
아나타삔디까의 원림(급고독원)(Anāthapiṇḍikassa ārāma) 1:5 §1[설명] 등등.
아난다 존자(Ānanda) 1:5 §1; 3:3 §2; 5:2 §1; 5:6 §9; 5:8 §1; 6:1 §1; 6:10 §1; 7:9 §2; 8:5 §6; 8:6 §8.
아내(pajāpati) 2:6 §1
아누룻다 존자(Anuruddha) 1:5 §1 [설명].
아누삐야(Anupiyā) 2:10 §1[설명].
아들(putta) 1:8 §4; 2:8 §§4~9, §12; 2:10 §4; 8:6 §12.
아라한(阿羅漢)(Arahan) 1:10 §1 [설명].
아라한도(arahattamagga) 1:10 §§1~3; 6:2 §3; 6:2 §4, §6.
아라한됨(arahatta) 1:10 §3; 5:5 §8; 5:5 §8.
아름다운1(manuñña) 4:1 §§2~3.
아름다운2(ramaṇīya) 4:1 §2; 6:1 §2; 8:5 §8.
아름다운3(dassanīya) 3:2 §5.
아무 번뇌가 없는(anāsava) 3:2 §9[설명], §10.
아뽀하(배제, 타(他)의 배제, apoha, apohana) 8:1 §2[주해설명].
아수라(asura) 5:5 §7[설명], §8.
아수라의 여인 수자(Sujā asurakaññā) 3:7 §3[설명].
아신 뒤(viditvā) 1:1 §3 등등.
아완띠(Avanti) 5:6 §1[설명].
아이(kumāraka) 2:3 §1; 5:4 §§1~2.
아자깔라빠까 약카(Ajakalāpaka yakkha) 1:7 §1[설명].
아자깔라빠까 탑묘(Ajakalāpaka cetiya) 1:7 §1[설명].
아찌라와띠 강(Aciravatī) 5:5 §7.
악의에 대한 생각(byāpādavitakka) 4:1 §§6~7.
악한 것(pāpaka) 8:6 §4; 8:7 §4[설명].
안냐따꼰단냐 존자(Aññātakoṇḍañña/Aññāsi-) 7:6 §1[설명].
안냐시꼰단냐 존자(Aññāsikoṇḍañña) ☞ 안냐따꼰단냐 존자
앉은(niyyanta) 5:3 §9.
알게 하다(paññapeti) 6:1 §§8~11.
알고 있다(jaññā, √jñā, *to know*, Opt. 3th sg) 3:5 §2.
알고서 [잘 ~] aññāya(ā+√jñā, Grd. 1:10 §2; 4:5 §7; 4:9 §2.
알릴 필요가 있다(√lap, *to prate*, Inf.)(lapetave) 3:1 §3.
알아차리는(sampajāna) 3:1 §1; 6:1 §14; 8:5 §6, §11.
알음알이(viññāṇa) 8:9 §4; 1:1 §2; 1:3.
암소(gāvī) 1:10 §8; 5:3 §7.
암시(nimitta) 6:1 §4; 6:1 §5.
압도된(pareta) 3:10 §5.

압사라(accharā) 3:2 §5[설명], §7.
앞에 모시고(purakkhatvā) 8:6 §3.
앞에 모시는 분(purakkhata) 8:5 §12[설명].
약속(paṭissava) 3:2 §10[설명].
애를 씀(parakkama) 5:3 §10.
애착(visattikā) 7:8 §2[설명].
야무나 강(Yamunā) 5:5 §7.
야소자 존자(Yasoja) 3:3 §1[설명] 이하.
약카(yakkha) 1:7 §1[설명]; 4:4 §2.
양극단(antadvaya) 6:8 §3[각주설명].
어둠(tamo) 1:10 §11; 7:10 §3.
어떤 존재[로도](itthatta) 3:2 §8.
어려운(kasira) 5:6 §5.
어리석은 사람(duppañña) 6:2 §5.
어리석은 인간(moghapurisa) 5:5 §5.
어리석은 자(bāla) 7:10 §3.
어리석음에서 생긴(mohaja) 3:10 §2.
어리석음의 멸진(mohakkhaya) 3:2 §11; 3:4 §2.
어린 아들(khuddaputta) 1:8 §§2~3.
어린 코끼리(hatthikalabha) 4:5 §3.
어린애(dāraka) 1:8 §1, §4; 1:8 §4; 2:8 §11.
어머니(mātā) 5:2 §1; 7:4 §3; 8:6 §12.
언덕, 강의 언덕(tīra) 1:1 §1; 1:2 §1; 1:3 §1; 1:4 §1; 2:1 §1; 3:3 §4; 3:3 §7; 3:3 §8; 3:10 §1; 4:1 §2; 4:1 §3.
언제나(satataṁ) 3:5 §2; 7:8 §2.
얻는 자(lābhī) 1:10 §1; 2:4 §1; 4:8 §1; 6:10 §2.
얻어야 하는 것(pattabba) 6:8 §2[설명].
얻은(byaga) 7:2 §3.
얻은 것(patta) 6:8 §2[설명].
얻을 것이다(lacchāma,√labh, Fut. 1st pl) 3:8 §§2~3.
얻음(paṭilābha) 3:2 §§6~7, §10;.
얽매이는 마음(paṭibandhacitta) 2:6 §5.
얽매이는 모습(paṭibandharūpa) 2:5 §2.
엄격하고 마음을 여는 데 도움이 되는(cetovivaraṇasappāya) 4:1 §10, §13.
업(kamma) 4:8 §4; 5:3 §9; 5:4 §3; 8:5 §13.
업이 익어서 생긴(kammavipākaja) 3:1 §1.
업형성들[行, saṅkhārā] 1:1 §2; 1:3 §2.
없애주어야 하는(paṭivinodetabba) 8:5 §13.
에워싸고(vihacca, vi+√han, *to smite*, Grd) 2:1 §2.
에워싸인(parivuta) 5:3 §§2~3.
여기, 여기 [이 세상](idha):
여기 - 2:2 §2; 2:9 §2; 3:8 §3; 3:9 §3; 4:1 §7; 4:4 §5; 5:3 §4; 5:6 §3; 5:7 §2; 6:4 §3; 6:5 §3; 6:6 §3; 6:8 §2; 7:3 §2; 7:10 §2; 8:5 §12; 8:6 §4; 8:7 §3; 4:1 §8.
여기 [이 세상] - 1:10 §7[설명]; 8:4.
여기에 오는(idhāgamana) 2:5 §1.
여기는(maññamāna) 7:2 §§1~2.
여기저기서 끌어내려준(obhagg-obhagga) 4:5 §3, §6.
여덟 편으로 된 [게송](Aṭṭhaka-vaggika) 5:6 §11.
여래(tathāgata) 2:8 §5; 5:5 §6; 6:1 §3, §5, §13; 6:4 §2[설명], §3; 6:10 §3; 7:9 §4; 8:5 §5, §10, §13.
여래가 선언한(tathāgatappavedita) 5:3 §9; 5:3 §9.

여러 가지(pahūta) 4:3 §4; 8:5 §3.
여명(aruṇa), 여명이 떠오르고(uddhaste aruṇe) 3:3 §10; 5:5 §3.
여섯 감각장소[六入](saḷāyatana) 1:1 §2; 1:3 §2.
여여한 자(tādi) 3:1 §3[설명]; 3:7 §7; 3:8 §5; 3:10 §6; 4:7 §2.
연기(緣起)(paṭiccasamuppāda) 1:1 ~3 §1.
연못1(sara) 8:6 §15.
연못2(pallala) 8:6 §15.
연민(anukampa) 1:10 §2; 3:3 §5; 8:6 §12.
열린(vivaṭa) 5:5 §9.
열반(nibbāna) 2:8 §§1~3; 3:5 §2[설명]; 3:10 §6; 4:1 §10[설명], §13.
열반과 관련된(nibbānapaṭisaṁyutta) 8:1~4 §1.
열반을 얻는(sanibbuta) 8:5 §14.
열반의 요소(nibbānadhātu) 5:5 §8.
열병[熱惱](pariḷāha) 3:10 §2.
열심히 정진하는(āraddhavīriya) 4:1 §11, §13; 4:6 §1; 4:7 §1.
열심히 정진함에 대한 이야기(vīriyārambhakathā) 4:1 §10, §13.
염색(rajana) 5:3 §5.
영감이 떠오르다(paṭibhāti) 4:4 §2.
예류과를 실현함(sotāpattiphalasacchikiriyā) 5:5 §8; 5:5 §8.
예배하면서(namassamāna, Denom. PAP) 2:1 §3.
오고 감(āgatigati) 8:4 §2.
오른쪽(dakkhiṇa) 8:5 §11.
오른쪽 무릎을 꿇고(dakkhiṇajāṇu maṇḍala) 6:2 §3.
오염원(saṅkilesa) 5:3 §4[설명].
오전(pubbaṇhasamaya) 1:6 §2; 2:3 §1 등.
온, 전체(kevalakappa) 3:2 §9.
올라간 뒤 [하늘에 ~](abbhuggantvā, abhi+ud+√gam, *to go*) 3:7 §5~6; 8:9 §§2~3; 8:10 §2.
옴(āgati) 8:1 §2.
옷매무새를 가다듬고(nivāsetvā) 1:6 §2; 2:3 §1 등.
와이샤(상인계급)(vessa) 5:5 §8.
왁구무다 강(Vaggumudā nadi) 3:3 §4[설명].
완비하여(samaṅgibhūta) 6:2 §7.
완전하게 실천하는(paripūrakāri) 4:9 §1.
완전한 염오(ekantanibbidā) 4:1 §10 [설명], §13.
완전한 지혜를 꿰뚫음(aññāpaṭivedha) 5:5 §8.
완전히 없앰(parikkhaya) 5:3 §8.
왓사까라(Vassakāra) 8:6 §7[설명], §8, §§10~13.
왓지(Vajji) 3:3 §4[설명]; 8:6 §7이하.
왕(rāja) 2:2 §1; 2:9 §1; 2:10 §7; 4:5 §1, §5; 4:8 §3; 5:1 §1; 6:2 §§1~3; 6:4 §§5~8.
왕겨(bhusa) 7:9 §§1~4.
왕비(devī) 5:1 §3.
왕의 즐거움(rajjasukha) 2:10 §2.
왕의 측근 대신들(rājamahāmattā) 4:5 §1, §5; 8:6 §§7~9.
왜가리(koñca) 8:7 §4.
외도(titthiyā) 4:5 §1, §5; 6:10 §4.
외도의 제자(titthiyasāvaka) 4:5 §1, §5.
외딴 곳(panta) 4:6 §2.
외투, 갑옷(kavaca) 6:1 §15[설명].
용(nāga) 1:10 §4; 5:5 §7; 5:6 §7.

의심(kaṅkhā) 1:1 §3; 1:2 §3; 5:7 §2.
의심을 극복함에 의한 청정[度疑淸淨, kaṅkhāvitaraṇavisuddhi] 5:7 §1[설명].
의심 없는(nissaṁsaya) 2:10 §2; 5:3 §2;.
의심을 건넌(tiṇṇavicikiccha) 5:3 §6.
의심하는 습관을 가진(saṅkassara-samācāra) 5:5 §4, §8.
의심하다(āsaṅkati) 4:8 §3.
의지하여(nissāya) 6:2 §8; 8:6 §3.
이득(lābha) 4:9 §1; 8:5 §13.
이러한(etassa) 1:1 §2[설명].
이런저런 것(itibhavābhavatā) 2:10 §7[설명].
이름(nāma) 6:2 §3.
이름과 성(nāmagotta) 5:5 §§7～8.
이리저리 경행하는(anucaṅkamamāna) 4:1 §§2～3.
이미 거주하고 있는(nevāsika, ni+√vas3, *to dwell*) 3:3 §§1～3.
이복동생(mātucchāputta) 3:2 §1[설명], §2, §§9～10.
이와 같이(evaṁ) 1:1 §2[설명].
이익1(atthavasa) 2:10 §§5～6.
이익2(hita) 1:10 §§5～6; 6:1 §§4～5.
이익을 바라는 자(hitesi) 3:3 §5.
이전의(purima) 5:5 §7; 5:5 §7; 5:5 §8; 5:5 §8; 5:5 §8.
이전의 배우자(purāṇadutiyikā) 1:8 §1[설명], §§2～4.
이쪽 언덕(orimatīra) 8:6 §14.
이처럼(iti) 1:1 §2[설명]; 1:2～3 §2; 1:10 §11[각주설명]; 3:7 §4.
인간1(manuja) 4:8 §7; 4:8 §8.
인간2(manussa) 2:7 §3; 4:8 §5 등.
인도자를 잘라버린(netticchinna) 4:10 §2[설명].
인사법들 (경들에 나타나는 다섯 가지) 1:4 §2[각주].
인사올리다(paṇāmeti1) 5:5 §§1～3; 6:2 §3.
인식(saññā) 8:9 §4.
인정한(voditṭha, vi+ava+√diś, *to point*) 4:8 §3.
일래과를 실현하기 위한(sakadāgāmi-phalasacchikiriya) 5:5 §8; 5:5 §8.
일래자(sakadāgāmi) 5:5 §8; 7:10 §2.
일어나고 사라짐1(udayabbaya) 4:2 §3.
일어나고 사라짐2(udayatthagāmini) 4:1 §12.
일어나다(uṭṭheti) 5:5 §4; 5:5 §4.
일어나다, 출현하다(uppajjati) 1:1 §2; 1:3 §2; 6:10 §§2～4.
일어남(upapatti) 8:1 §2.
일어난, 출정한(vuṭṭhita) 2:2 §2; 3:8 §3; 3:9 §3; 4:1 §7; 5:2 §1; 5:6 §6; 6:2 §1.
일어날 시간을 인식하는(uṭṭhāna-sañña) 8:5 §11.
일어남[集], 발생(samudaya) 1:1 §2; 1:3 §2; 5:3 §5.
일으켜 세우다(ukkujjeti) 5:3 §6.
일으킨 생각(vitakka) 2:8 §§1～3; 4:1 §6; 4:1 §§6～7, §14; 6:7 §2.
일으킨 생각을 자름(vitakkupacche-da) 4:1 §13.
일치하다(sameti) 4:5 §7.
잃어버린(apagata) 4:8 §§4～6.
잃어버린 자 [방향을 ～](mūḷha) 5:3 §6.
임산부(gabbhinī) 2:6 §1; 2:10 §7.
임신 중이다(gabbhaṁ dhāreti) 2:8 §§1～3; 2:8 §§6～9.

【자】

전생의 업이 익어서 생긴(purāṇakammavipākaja) 3:1 §§1~2.
전쟁에서 승리한(vijitasaṅgāma) 3:10 §6.
전체(kevala) 1:1 §2; 1:2 §2; 1:3 §2.
전치태반(前置胎盤, 難産, mūḷhagabbhā) 2:8 §1[설명]; §§2~3, §§6~9.
절구(udukkhala) 6:4 §8.
절망 없음(anupāyāsa) 8:8 §4.
절박함이 생긴(saṁvejita) 1:10 §4.
절벽(papāta) 5:5 §§7~8.
절을 올린 뒤(abhivādetvā) 1:10 §10; 2:4 §2; 2:5 §1; 2:7 §2; 2:8 §3; 2:8 §5; 2:8 §7; 2:9 §2; 2:10 §3; 2:10 §4; 3:2 §2; 3:2 §3; 3:2 §9; 3:2 §10; 3:3 §3; 3:3 §4; 3:6 §1; 3:6 §2; 3:7 §5; 4:1 §1; 4:1 §3; 4:1 §6; 4:1 §7; 4:3 §2; 4:3 §3; 4:3 §5; 4:8 §6; 4:8 §10; 5:1 §3; 5:2 §1; 5:3 §6; 5:3 §7; 5:3 §8; 5:6 §3; 5:6 §5; 5:6 §6; 5:6 §8; 5:6 §8; 5:8 §3; 6:1 §6; 6:2 §1; 6:2 §3; 6:4 §3; 6:5 §3; 6:6 §3; 6:8 §2; 6:10 §1; 7:3 §2; 7:10 §2; 8:5 §2; 8:5 §3; 8:5 §5; 8:6 §1; 8:6 §2; 8:6 §2; 8:6 §6; 8:7 §3; 8:8 §1; 8:9 §1; 8:9 §2.
절하다(vandati) 2:8 §3; 5:6 §7.
정등각(sammāsambuddha) 1:10 §§3~4; 4:9 §1; 5:6 §6; 6:10 §§2~4.
정리하는(paṭisāmayamāna, prati+√śram, *to be weary*, PAP) 3:3 §1; 3:3 §2; 3:3 §3.
정리한 뒤(saṁsāmetvā) 3:3 §4; 4:5 §2; 5:6 §8.
정복한(abhibhūta) 3:10 §6.
정신・물질[名色, nāmarūpa] 1:1 §2; 1:3 §2.
정원(uyyāna) 7:10 §1.
정진(padhāna) 4:1 §§2~5.
정탐하고(ocaritvā) 6:2 §7[설명].
정하다(kappeti) 3:3 §5; 8:5 §11; 8:6 §12.
젖먹이 코끼리(hatthicchāpa) 4:5 §3.
제거하다(pajahāti) 3:10 §6; 4:1 §14; 5:7 §2; 8:7 §4.
　제거된(pahīna) 6:3 §1.
제따 숲(Jetavana) ☞ 아나타삔디까의 원림(급고독원, Anāthapiṇḍikassa ārāma); 제따 숲 안에 있는 네 개의 큰 숙소(Jetāvana mahā-geha) 3:8 §1[각주설명].
제사 지내다(juhati, √hu, *to sacrifice*) 1:9 §1.
제압하다(niggaheti) 6:1 §§7~11.
제어(saṁyamato) 2:1 §4[설명]; 8:5 §14.
제어된1(danta) 1:6 §3; 1:10 §5; 5:6 §7.
제어된2(saṁvuta) 3:5 §2.
제자1(sāvaka) 5:5 §8; 6:1 §§7~8, §10; 6:10 §4.
제자2 [비구니 ~](sāvikā) 6:1 §9.
제정한 ☞ 마련한(paññatta)
조건(paccaya) 1:2 §3; 5:3 §9.
족쇄(saṁyojana) 1:5 §3; 5:3 §8[설명]; 7:3 §3.
　족쇄를 부수어버린(khīṇasaṁyojana) 1:5 §3.
　족쇄의 속박에 매달리는(saṁyojana-saṅgasatta) 7:3 §3.
존경(sakkāra) 2:4 §1; 4:8 §2.

증득[等持](samāpatti) 7:5 §2.
증득한1(samāpanna) 1:10 §§1~2; 6:2 §§3~6; 6:7 §1.
증득한2(patta) 8:10 §3.
증오(vera) 8:5 §14.
증장시키다(vaḍḍheti) 6:8 §3.
지극히 청정한(ekantaparisuddha) 5:6 §2~5.
지나친(ativela) 7:3 §§1~2.
지내다(viharati)
☞ 머물다, 지내다(viharati)
지낼만 한(yāpanīya) 2:8 §11; 4:4 §4; 5:6 §8.
지방(janapada) 1:10 §3; 2:10 §6; 6:2 §7.
지배(vasa) 2:7 §3; 4:2 §3; 8:7 §4.
지배를 할 수 있는 것(issariya) 2:9 §3.
지역(padesa) 4:5 §4; 8:6 §§7~9, §12; 8:6 §12.
지옥(niraya) 4:8 §~7~8; 5:3 §9; 8:6 §4.
지족(santuṭṭha) 4:6~7 §1.
지족에 대한 이야기(santuṭṭhi-kathā) 4:1 §10, §13.
지혜1[智, ñāṇa] 3:2 §9[설명].
지혜2(mona) 1:10 §11; 4:7 §2[설명].
지혜로운 자1(kusala) 8:5 §14[설명].
지혜로운 자2(medhāvi) 8:6 §15.
지혜의 달인(vedagu) 2:6 §5[설명]; 8:7 §4.
지혜의 끝에 도달했고(vedantagū) 1:4 §3[설명].
직공들이 사는 거리(pesakāravisikha) 1:6 §2.
직접(sammukhā) 3:3 §8; 5:6 §6; 8:5 §13.
직접 얻은(sāmukkaṁsika) 5:3 §5.
진리(sacca) 1:9 §3[설명]; 2:10 §5; 3:2 §4; 3:6 §2; 6:4 §2; 6:5 §2; 6:6 §2; 8:2 §2;.
진실을 말하는(saccavādi) 4:8 §§4~6.
진주(mutta) 5:5 §§7~8.
집(ghara) 2:6 §§3~4; 2:8 §5; 3:2 §4; 3:7 §3.
집착한다(sajjanti) 6:4 §10[설명]; 6:5 §4.
짜다 [베를 ~](vināti) 3:7 §3.
짜빨라 탑묘(Cāpāla cetiya) 6:1 §2, §5, §14.
짠맛(loṇarasa) 5:5 §§7~8.
짤리까(Cālikā) 4:1 §1[설명].
쭌다 대장장이의 아들(Cunda Kammāraputta) 8:5 §1[설명].
쭌다 사미(Cunda samaṇuddesa) 1:5 §1[각주]; 8:5 §11[각주]; 8:7 §1[각주] ☞ 쭌다까 존자
쭌다까 존자(Cundaka) 8:5 §11[설명] *cf.* 1:5 §1 ☞ 마하쭌다 존자
쭐라빤타까 존자(Cūḷapanthaka) 5:10 §1[설명].
찌르는(kaṭuka) 2:6 §4; 2:8 §§1~3; 3:1 §§1~2.
찌르면서(vitudanta) 6:4 §§3~4, §9; 6:5 §§2~3; 6:6 §§2~4.
찢어지다(vipphāleti, vi+√sphar, *to expand*) 8:7 §3.

【차】

차가운 바람이 휘몰아치는 사나운 날씨가 계속됨(sītavātaduddinī) 2:1 §2[설명].

§7; 3:3 §§1～3; 5:6 §§6～7.
친척(ñāti) 4:8 §2; 4:8 §2.
칠흑같이 어두운 밤(rattandhakāratimisā) 1:7 §1; 6:9 §1.
침략(paṭibāha) 8:6 §§7～9.
침묵함(tuṇhībhāva) 2:2 §3[설명]; 3:8 §4; 3:9 §4; 4:3 §3; 8:5 §2; 8:6 §1.
침상과 좌구(sayanāsana) 4:6 §2.
침을 뱉고(niṭṭhubhitvā) 5:3 §9.
칭송과 명성에 기대는(saddasilokanissi-ta) 3:8 §5.
칭송하다(pasaṁsati) 7:6 §2.

【카】

칼 쓰는 기술(tharusippa) 3:9 §2.
코(ghāna) 3:8 §§2～3.
　코(soṇḍa) 4:5 §4; 6:4 §6, §8.
코끼리(hatthi) 4:5 §3, §6; 6:4 §§6～8.
　코끼리(kuñjara) 4:8 §11.
　코끼리 우두머리(hatthināga) 4:5 §3[설명], §§6～7.
큐빗(ratana) ☞ 라따나(ratana)
크게 기뻐하고(abhinanditvā) 2:8 §5; 5:3 §7; 5:6 §8; 8:6 §6.
크나큰 신통력, 큰 번영(mahiddhikatā) 2:2 §1; 2:8 §5; 4:4 §2; 4:9 §1; 7:5 §2; 7:9 §4; 8:5 §10.
큰(mahā, mahatā) 2:1 §2; 4:4 §3.
　큰 강(mahānadiyo) 5:5 §7; 5:5 §7; 5:5 §8.
　큰 바다(mahāsammudda) 5:5 §§7～8.
　큰 숲(Mahāvana) 3:3 §6; 6:1 §1[설명].
　큰 용(mahā-nāga) 4:4 §6[설명].
　큰 위력을 가진(mahesakkha) 8:6 §§7～9.
　큰 지진(mahābhūmicāla) 6:1 §14.

【타】

타락(okāra) 5:3 §5[설명].
타버린(ḍayhamāna) 8:9 §3; 8:10 §2.
탁발음식(piṇḍapāta) 3:7 §3; 8:5 §13.
탄식(paridevita) 8:8 §5.
탐욕(rāga) 4:1 §13.
　탐욕과 성냄과 어리석음을 멸진함(rāgadosamohakkhaya) 8:5 §14.
　탐욕에서 생긴(rāgaja) 3:10 §2.
　탐욕의 빛바램(virāga) 2:1 §4; 4:1 §10[설명].
탐하는(ratta) 7:3 §1; 7:4 §1.
탑묘1(cetiya) 1:7 §1; 6:1 §1[설명], §2, §5.
탑묘2(thūpa) 1:10 §§9～10.
태양1(pabhaṅkara) 6:10 §4.
태양2(sūriya) 1:3 §3.
태어날 곳[行處, gati) 1:10 §10; 5:3 §8; 7:10 §2; 8:10 §3.
태어남(jāti) 1:1 §2; 1:3 §2; 3:2 §8.
　태어남의 윤회(jātisaṁsāra) 4:9 §2; 4:10 §2.
터(vatthu) 8:6 §§7～9.
　참 경우(vatthu)
　터를 잡다(vatthūni pariggaṇhati) 8:6 §§7～9.
털이 곤두서게 함(lomahaṁsa) 1:7 §2; 6:1 §14.
통달함(pāragu) 1:7 §3.
통발(kumina) 7:4 §3.

【파】

【하】

한시적인(kālayutta) 5:6 §§4~5.
한적한 곳에 간(rahogata) 1:10 §1; 4:5 §5; 4:9 §1; 5:6 §2; 5:6 §§5~6.
한쪽 어깨가 [드러나게](ekaṁsaṁ) 3:3 §§9~10; 5:5 §§1~3; 6:2 §3.
할 수 있다(sakkoti) 2:6 §4; 3:2 §§1~4.
할 일, 해야 할 것(karaṇīya) 2:2 §3; 2:5 §1; 3:2 §8; 3:7 §4; 3:8 §4; 3:9 §4; 4:1 §4; 4:4 §2.
함께 대화를 나눔(saṁvohāra) 6:2 §5.
함께 머물다(saṁvasati) 5:5 §§7~8.
함께 머묾, 함께 삶(saṁvāsa) 5:5 §4; 6:2 §§5~6.
함께 모인(sannipatitānaṁ) 2:2 §§1~3; 3:8 §3; 3:9 §4; 5:5 §8.
함께 앉은(sannisinnā) 2:2 §§1~3; 3:8 §3; 3:9 §4.
함께하는 것(sādhāraṇa) 2:9 §3[설명].
합당하게 도를 닦음(sāmīcippaṭi-pannā) 6:1 §7[설명], §§8~11.
합장을 한(pañjalika) 2:1 §3.
항상한, 영원한(sassata) 6:4~6 §§2~3.
항아리(kumbha) 6:4 §8.
해거름(sāyanhasamaya) 2:2 §2; 3:8 §3; 3:9 §3; 4:1 §7; 5:2 §1; 5:6 §6; 6:2 §1.
해로운(akusala) 4:1 §§6~7, §13; 6:3 §§1~2.
해안(velā) 5:5 §§7~8.
해안가 언덕(samuddatīra) 1:10 §1.
해야 할 일(kiccakaraṇīya) 2:5 §1.
해치다(hiṁsati) 2:3 §2; 5:1 §4.
해코지에 대한 생각(vihiṁsāvitakka) 4:1 §§6~7.
해탈1 [다섯 가지~](vimutti) 1:1 §1[각주].
해탈의 맛(vimuttirasa) 5:5 §8.
해탈의 행복을 누리는(vimutti-sukha-paṭisaṁvedī) 1:1 §1[설명]; 1:2~4 §1; 2:1 §1; 3:10 §1.
해탈지견(vimuttiñāṇadassana) 4:1 §10, §13.
해탈한1(vimutta) 3:2 §10; 7:1 §3.
해탈2(vippamokkha) 3:10 §4.
해탈한2(vippamutta) 3:9 §5; 7:1 §4 [설명].
해탈하다(pamuccati) 1:10 §11; 6:10 §4.
해태와 혼침에 덮인(thinamiddhābhi-bhūta) 4:2 §3[설명].
행복(sukha) ☞ 즐거움(sukha)
행복을 가져다 줄 [업](sukha-saṁ-vattanika) 8:5 §13.
행복을 바라는(sukhakāma) 2:3 §2.
행실과 행동의 영역을 갖추고 [바른~] (ācāragocarasampanna) 4:1 §9; 4:1 §13.
행하기 어려운(dukkara) 5:6 §§4~5; 5:8 §4.
향유하는(sādiyanta) 6:2 §§4~5.
허락(adhivāsana) 4:3 §3; 8:5 §3; 8:6 §2, §11.
허락을 받아서(saññāpetvā) 2:8 §10.
허락을 받은(saññatta) 2:8 §10.
허락하다1(adhivāseti) 2:8 §§1~3; 3:1 §1; 4:3 §3; 8:5 §2; 8:5 §6; 8:6 §1; 8:6 §10.
허락하다2(anujānāti) 4:1 §§2~5; 5:6 §6.
허락하다3(uddisati) 5:5 §§1~6.
허물(vajja) 4:1 §9; 7:3 §3.
헝클어진 머리를 한 고행자(jaṭila) 1:9 §1[설명]; 6:2 §§2~3.

혀를 무기 삼는(mukhasattī) 6:4 §3; 6:4 §3; 6:4 §4; 6:4 §9; 6:5 §2; 6:5 §3; 6:5 §3; 6:6 §2; 6:6 §3; 6:6 §4.
현명하게 태어난 자(paṇḍitajāti) 8:6 §12.
현자1(dhīra) 4:9 §2; 7:6 §2; 8:5 §6.
현자2(paṇḍita) 1:10 §10; 5:3 §8, §10.
　현자인양 말을 하면서(paṇḍitābhāsā) 5:9 §2[설명].
형색(rūpa) 3:8 §§2~3.
　참 물질. 모습. 형태.
형태(= 이런 형태, evarūpa) 2:8 §1; 3:7 §4; 4:4 §6.
형성되지 않은(asaṅkhata) 8:3 §2[설명].
호위(rakkhā) 2:10 §6.
혼자 다니는 자(ekacara) 3:9 §5.
홀로 앉음 [낮 동안의 ~](paṭisallāna) 2:2 §2; 3:8 §3; 3:9 §3; 4:1 §7; 5:2 §1; 5:6 §6; 6:2 §1.
　홀로 앉아 [명상함](paṭisallīna) 1:10 §1; 4:5 §5; 4:9 §1; 5:6 §§2~6.
홀린1(mucchita) 7:3 §§1~2; 7:4 §1.
홀린2(sāratta) 6:8 §§1~2.
화살(salla) 6:6 §5[설명].
화장하다(jhāpeti) 1:10 §§9~10.
화환과 향과 연고(mālāgan-dhavilepana) 6:2 §4, §6.
확고한(patiṭṭhita) 1:6 §3[설명].
확고한, 서있는(ṭhita) 1:4 §2; 3:1 §3; 3:2 §9; 3:3 §12; 4:4 §7; 5:10 §2; 7:9 §4, 8:6 §2, §10.
확립, 시중듦(upaṭṭhāna) 3:2 §5; 6:8 §2[설명].
　확립된(upaṭṭhita) 3:5 §2; 7:8 §2.
확립되다(saṇṭhāti) 4:1 §13.
확립하게 하다(paṭṭhapeti) 6:1 §§8~11.
확립하는 것을 심재로 삼음(upaṭṭhāna-sāra) 6:8 §3[설명].
확립하다(gādhati) 1:10 §11.
확실한 [해탈이 ~](niyata) 5:3 §8.
환희로운(pamudita) 2:8 §5, §12.
활 쏘는 기술(dhanusippa) 3:9 §§2~3.
회상하면서(anussaramāna) 2:10 §§2~3; 3:2 §4.
회전(vaṭṭa) 6:8 §2[설명]; 7:2 §3.
회중(會衆)(parisā) 5:3 §2[설명]; 5:5 §3, §§5~6; 8:6 §§4~5.
훈습(薰習)(vāsanā) 3:6 §3[설명].
훌륭한(kalyāṇa) 8:6 §5.
휩싸인(parivārita) 7:10 §3.
흐르는 [여섯 감각의 문을 통해 오염원들이 ~](avassuta) 5:5 §4, §8.
흐르다(sandati) 7:2 §3; 8:5 §§8~10.
흐르던(sandamāna, √syand, *to move on*, PAP) 8:5 §9; 8:5 §10; 8:5 §10.
흐름 = 비(dhārā, √dhāv1, *to run*) 5:5 §§7~8.
흐름에 든 자[預流者](sotāpanno) 5:3 §8; 7:10 §2.
흐름을 끊었음(chinna-sota) 7:5 §3[설명].
흐름을 끊은(chinnasota) 7:5 §3.
흔들리다(anupakampati) 4:4 §7.
흔들림 없는(acala) 3:4 §2; 8:10 §3.
흔들림 없는 삼매(āneñjasamādhi) 3:3 §8[설명].
흘러넘치는(vissandanta) 7:9 §3; 7:9 §4; 7:9 §4.
흙, 땅(chamā):

흙 - 7:6 §2[설명]. 땅 - 8:7 §2.
흙덩이(leḍḍu) 6:8 §1; 6:8 §2.
흙먼지 도깨비(paṁsupisācaka) 4:4 §6[설명].
흠뻑 적신다(ativassati) 5:5 §9[설명].
흠집 없는 바퀴(nelaṅga) 7:5 §3[설명].
흥흥거리는(huṁhuṅkajātika, VRI: huhuṅkajātika) 1:4 §1[설명], §2.
흩어버리다(vidhūpeti, vi+√dhūp, *to fumigate*) 1:3 §3; 6:7 §2.
흰옷을 입음(odātavatthavasana) 6:2 §7.
흰 차일(seta-pachāda) 7:5 §3[설명].
힘 [지혜의 ~](thāma) 6:2 §5[설명].
힘들이지 않고 얻는(nikāmalābhī) 4:1 §10; 4:1 §13.

『우다나』 출판은 초기불전연구원을 후원해 주시는 아래 스님들과
신심단월님들의 보시가 있었기에 가능하였습니다.
깊이 감사드립니다.

특별후원: 월주 대종사님
설판재자: 북천 스님, 지웅 스님,
무상과 이미선 불자님, 수담마 이명자 불자님
자문위원: 고산스님, 덕광스님, 대우스님, 북천스님, 일연스님, 재연스님, 정보스님, 현묵스님, 혜안스님, 박웅석, 배인혜, 송민영, 송정욱, 이근순, 이현옥, 정상진, 차분남, 최동엽, 최윤호

후원회원: 강명주, 강인숙, 고정곤, 고현주, 곽정인, 구지연, 금현진, 김경연, 김경희, 김기래, 김덕순, 김명희, 김미경, 김상호, 김석화, 김성경, 김수정, 김숙자, 김승석, 김승옥, 김신우, 김연주, 김은희, 김의철, 김정숙, 김정애, 김준우, 김준태, 김차희, 김하용, 김학란, 나제진, 류미숙, 박상호, 박영호, 박재홍, 박종운, 박청자, 박흥식, 박희구, 박희순, 배성옥, 배현호, (주)보성스톤, 서정례, 손동란, 송문자, 송영상, 송영태, 송원영, 송정욱, 신영천, 신혜경, 여연숙, 예원자, 유욱종, 유지현, 육종일, 이미선, 이미영, 이상열, 이상이, 이송자, 이수일, 이순자, 이유현, 이정훈, 이정희, 이창준, 이향숙, 이희도, 임주연, 장상재, 전미옥, 정규관, 정미자, 정인화, 제따부미, 조향숙, 주호연, 진병순, 차곡지, 차병진, 채병화, 초불후원금, 최두리, 최은영, 최정식, 최혜륜, 하영준, 한미애, 한정만, 허인구, 허종범, 화엄경보현행, 황금심, 황성문,
故 김두문, 故 류화숙, 故 아리야와사, 故 안순덕, 故 이동징, 故 이영노

역자 각묵스님

1957년 밀양생. 1979년 화엄사 도광 스님을 은사로 사미계 수지. 1982년 범어사에서 자운 스님을 계사로 비구계 수지. 7년간 제방 선원에서 안거 후 인도로 유학, 인도 뿌나 대학교(Pune University)에서 10여 년간 산스끄리뜨, 빠알리, 쁘라끄리뜨 수학. 현재 실상사 한주, 대한불교조계종 교육아사리, 초기불전연구원 지도법사.
역·저서로 『금강경 역해』(2001, 9쇄 2017), 『아비담마 길라잡이』(전2권, 대림 스님과 공역, 2002, 12쇄 2016, 전정판 2쇄 2018), 『네 가지 마음챙기는 공부』(2003, 개정판 4쇄 2013), 『디가 니까야』(전3권, 2006, 4쇄 2014), 『상윳따 니까야』(전6권, 2009, 3쇄 2016), 『초기불교 이해』(2010, 5쇄 2015), 『니까야 강독』(I/II, 2013), 『담마상가니』(전2권, 2016), 『초기불교 입문』(2017), 『위방가』(전2권, 2018), 「간화선과 위빳사나 무엇이 같고 다른가」(『선우도량』 제3호, 2003) 외 다수의 논문과 글이 있음.

우다나

2021년 1월 10일 초판 1쇄 발행

옮긴 이 | 각묵 스님
펴낸 이 | 대림 스님
펴낸 곳 | 초기불전연구원
경남 김해시 관동로 27번길 5-79
전화: (055) 321-8579
홈페이지 | http://cafe.daum.net/chobul
이 메 일 | kevala@daum.net
등록번호 | 제13-790호(2002.10.9)
계좌번호 | 국민은행 604801-04-141966 차명희
하나은행 205-890015-90404(구.외환147-22-00676-4) 차명희
농협 053-12-113756 차명희
우체국 010579-02-062911 차명희

ISBN 978-89-91743-43-4(03220)

값 | 30,000원